U0954374

全国统计教材编审委员会"十二五"规划教材

调查研究方法与分析

新编

万崇华 许传志 主编

中国统计出版社
China Statistics Press

图书在版编目(CIP)数据

调查研究方法与分析 / 万崇华，许传志主编. —— 北京：中国统计出版社，2016.12(2023.1 重印)

ISBN 978-7-5037-8087-5

Ⅰ. ①调… Ⅱ. ①万… ②许… Ⅲ. ①调查研究—研究方法 Ⅳ. ①C31

中国版本图书馆 CIP 数据核字(2016)第 294407 号

调查研究方法与分析

作　　者/万崇华　许传志
责任编辑/梁　超
封面设计/黄　晨
出版发行/中国统计出版社
通信地址/北京市丰台区西三环南路甲 6 号　邮政编码/100073
电　　话/邮购(010)63376909　书店(010)68783171
网　　址/http://www.zgtjcbs.com
印　　刷/河北鑫兆源印刷有限公司
经　　销/新华书店
开　　本/787×1092mm　1/16
字　　数/600 千字
印　　张/27.75
版　　别/2016 年 12 月第 1 版
版　　次/2023 年 1 月第 2 次印刷
定　　价/75.00 元

《调查研究方法与分析》
编委会

主　　编　万崇华　许传志

副主编　常　巍　肖俊辉　张晋昕　李英利

编　　委　(按姓氏笔划排序)

万崇华(广东医科大学人文与管理学院)
王　冬(南方医科大学卫生管理学院)
石武祥(桂林医学院人文与管理学院)
许传志(昆明医科大学公共卫生学院)
全　鹏(广东医科大学人文与管理学院)
孙艳春(复旦大学公共卫生学院)
李济宾(中山大学肿瘤防治中心临床研究部)
李英利(桂林医学院人文与管理学院)
李丽霞(广东药科大学公共卫生学院)
陈　莹(昆明医科大学公共卫生学院)
肖俊辉(广东医科大学人文与管理学院)
肖媛媛(昆明医科大学公共卫生学院)
杨　风(桂林医学院人文与管理学院)
张晋昕(中山大学公共卫生学院)
张开翼(广州中医药大学经济与管理学院)
张利周(广东医科大学人文与管理学院)
罗家洪(昆明医科大学公共卫生学院)
周舒冬(广东药科大学公共卫生学院)
周凌明(南方医科大学卫生管理学院)
周　丽(广州中医药大学经济与管理学院)
郭振友(桂林医学院人文与管理学院)
郭　艳(中山大学公共卫生学院)
宣　辉(广东医科大学人文与管理学院)
常　巍(昆明医科大学公共卫生学院)
傅崇辉(广东医科大学人文与管理学院)
谭健烽(广东医科大学人文与管理学院)

学术秘书　肖俊辉　刘钰曦

出版说明

全国统计教材编审委员会是国家统计局领导下的、全国统计教材建设工作的最高指导机构和咨询机构,自1988年成立以来,分别组织编写和出版了"七五"至"十一五"全国统计规划教材。

"十二五"时期,是我国全面实施素质教育,全面提高高等教育质量,深化教育体制改革,推动教育事业科学发展,提高教育现代化水平的时期。"十二五"伊始,统计学迎来了历史性的重大变革和飞跃。2011年2月,在国务院学位委员会第28次会议通过的新的《学位授予和人才培养学科目录(2011)》(以下简称"学科目录")中,统计学从数学和经济学中独立出来,成为一级学科。这一变革和飞跃将对中国统计教育事业产生巨大而深远的影响,中国统计教育事业将在"十二五"时期发生积极变化。

正是在这一背景下,全国统计教材编审委员会制定了《"十二五"全国统计教材建设规划》(以下简称"规划")。根据"学科目录"在统计学下设有数理统计学,社会经济统计学,生物卫生统计学,金融统计、风险管理与精算学,应用统计5个二级学科的构架,"规划"对"十二五"全国统计规划教材建设作了全面部署,具有以下特点:

第一,打破以往统计规划教材出版学科单一的格局。全面发展数理统计学,社会经济统计学,生物卫生统计学,金融统计、风险管理与精算学,应用统计5个二级学科规划教材的出版,使"十二五"全国统计规划教材涵盖5个二级学科,形成学科全面并平衡发展的出版局面。

第二,打破以往统计规划教材出版层次单一的格局。在编写出版好各学科本科生教材的基础上,对研究生教材出版进行深入研究,出版一批高水平高层次的研究生教材,为我国研究生教育、尤其是应用统计研究生教育提供教学服务。同时,积极重视统计专科教材出版,联合各专科院校,组织编写和出版适应统计专科教学和学习的优秀教材。

第三,打破以往统计规划教材出版品种单一的格局。鼓励内容创新,联系统计实践,具有教学内容和教学方法特色的、各高校自编的相同内容选题的精品教材出版,促进统计教学向创新性、创造性和多样性发展。

第四,重视非统计专业的统计教材出版。探讨对非统计专业学生的统计教学问题，为非统计专业学生组织编写和出版概念准确、叙述简练、深入浅出、表达方式活泼、练习题贴近社会生活的统计教材，使统计思想和统计理念深入非统计专业学生，以达到统计教学的最大效果。

第五，重视配合教师教学使用的电子课件和辅助学生学习使用的电子产品的配套出版，促进高校统计教学电子化建设，以期最后能形成系统，提高统计教育现代化水平。

第六，重视对已经出版的统计规划教材的培育和提高，本着去粗存精、去旧加新、与时俱进的原则，继续优化已经出版的统计教材的内容和写作，强化配套课件和习题解答，使它们成为精品，最后锤炼成为经典。

“十二五”期间，编审委员会将本着“重质量，求创新，出精品，育经典”的宗旨，组织我国统计教育界专家学者，编写和编辑出版好本轮教材。本轮教材出版后，将能够形成学科齐全、层次分明、品种多样、配套系统的高质量立体式结构，使我国统计规划教材建设再上新台阶，这将对推动我国统计教育和统计教材改革，推动我国统计教育事业科学发展，提高我国统计教育现代化水平产生积极意义。

让教师的教学和学生的学习事半功倍，并使学生在毕业之后能够学以致用的统计教材，是本轮教材的追求。编审委员会将努力使本轮教材好教、好学、好用，尽力使它们在内容上和形式上都向国外先进统计教材看齐。限于水平和经验，在教材的编写和编辑出版过程中仍会有不足，恳请广大师生和社会读者提出批评和建议，我们将虚心接受，并诚挚感谢！

国家统计局

全国统计教材编审委员会

2012年7月

前　言

调查研究是最基本最常用的研究方法，是一大类研究方法的总称，几乎可以用于所有学科，是科研活动和科研工作者不可或缺的重要手段。因此，大部分院校都开设有相关的课程，如《调查研究理论与方法》《现场调查技术》《现代社会调查方法》等。尤其现在日益强调通识教育和学生综合素质以及创新创业能力培养，很多学校纷纷设立大学生科研创新培育中心(平台)、开设相关课程、建立激励机制鼓励各种形式的科研活动。比如，广东医科大学人文与管理学院鉴于专业和承担课程较多等实际情况(5个专业140多门课程)，实施了学生复合竞争力提升暨“五个一”项目：一项体育方面的强项、一项艺术方面的强项、一种专业沟通能力(专业英语好)、一种探究习惯和能力(科研与统计分析能力强)、一些人文气质(生命文化与人文情怀高)。从新生入学开始，采取多种措施培养学生综合素质、提升复合竞争力。其中，课程建设方面把《科研方法与论文写作》《调查研究方法与分析》作为重点课程建设，每个学生必修，加之统计学课程(如国际经济与贸易专业的经济统计学、社会工作专业的社会统计学)构成了强化科研统计分析能力的具体措施之一。

为更好实现课程培养要求，我们特邀请从事教学科研一线工作的高校教师撰写了本书，力图体现以下几个特色：

1. 主要定位于管理类、经济类、社会学类等文科类专业，以及公共卫生与预防医学、全科医学、社会医学与卫生事业管理、应用心理学等医学或医学紧密相关专业本科生、研究生的教学用书。

2. 理论方法与相关的统计分析相结合。针对调查性资料的特点，强化了列联相关分析，介绍了多元线性回归分析与Logistic回归分析、因子分析，尤其是专门介绍了病例对照研究与队列研究资料分析，定性资料分析等。

3. 突出“实用性”和“知识性”两个主要特点。“实用性”一是体现在让读者对调查方法有一个系统性的学习，阅读本书后可以掌握基本的调查方法，独立完成科研调查任务，突出本书作为科研工作的工具书性质；二是简明扼要，简单实用，重点突出，尽量使用表格对比、图形展示、要点归纳等，免去学生记笔记。“知识性”体现在注重引导读者对部分知识的扩展性阅读，做到由此及彼的启发，力求知识的系统性和全面性。

4. 兼具专著和教材的性质。既有一定深度、广度、知识性，体现认知与学术水平，又采用案例、实例、操作等，体现教学经验与改革。除了按一般教材撰写外，还增加目的要求、实例(案例)分析、延伸阅读、本章小结、思考练习等。目的要求指明了学习的方向和重点；实例分析给出分析思路、结果、解释并适当引申推广；延伸阅读将与本章相关的知识点和书籍做适当介绍，学生若感兴趣可以自行阅读；本章小结对这一章做一个总体性回顾；思考练习给出少量思考题和一定数量的应用分析题，通过练习帮助学生掌握基本概念和方法。

全书共分四篇：第一篇总论、第二篇一般调查方法、第三篇专用调查方法、第四篇分析与报告。参与本书撰写工作的具体分工如下：第 1 章由宣辉和万崇华撰写，第 2 章由张利周撰写，第 3 章由全鹏撰写，第 4 章由许传志撰写，第 5 章由孙艳春撰写，第 6 章由王冬和周凌明撰写，第 7 章由肖俊辉撰写，第 8 章由张开翼撰写，第 9 章由郭艳撰写，第 10 章由杨风和石武祥撰写，第 11 章由肖媛媛撰写，第 12 章由周丽撰写，第 13 章由常巍撰写，第 14 章由万崇华和常巍撰写，第 15 章由陈莹撰写，第 16 章由万崇华和宣辉撰写，第 17 章由李丽霞撰写，第 18 章由傅崇辉撰写，第 19 章由李济宾和张晋昕撰写，第 20 章由周舒冬撰写，第 21 章由郭振友和李英利撰写，附录 2 由罗家洪撰写，附录 3 由谭健烽撰写。

本书在撰写过程中，得到了广东医科大学、昆明医科大学、中山大学、桂林医学院等有关院校和部门的支持。中国统计出版社为本书的顺利出版做了大量的工作。本书还参考了众多国内外学者的著作和研究成果，在此一并感谢！

由于知识水平所限，不足甚至错误之处难免，请广大读者不吝批评指正。

万崇华　2016 年 12 月于广东医科大学

许传志　2016 年 12 月于昆明医科大学

目　　录

第一篇　总论

第1章　调查研究概述 …… 3
1.1　调查研究的概念与特征 …… 3
1.1.1　调查研究的概念 …… 3
1.1.2　调查研究的特征 …… 4
1.1.3　调查研究的基本原则 …… 5
1.2　调查研究的发展简史 …… 6
1.2.1　古代调查研究 …… 6
1.2.2　近代调查研究 …… 7
1.2.3　现代调查研究 …… 7
1.3　调查研究的方法体系 …… 9
1.3.1　方法论 …… 9
1.3.2　基本方式 …… 10
1.3.3　具体方法 …… 10
1.4　调查研究的分类 …… 11
1.4.1　探索性、描述性与解释性调查研究 …… 11
1.4.2　普查、抽样调查、典型调查和个案调查 …… 13
1.4.3　横向调查研究与纵向调查研究 …… 14
1.4.4　应用性调查研究与理论性调查研究 …… 14
1.4.5　问卷调查与实地研究 …… 15
1.4.6　民意测验和市场调查 …… 16
第2章　调查研究的一般过程 …… 19
2.1　选题阶段 …… 19
2.1.1　选题的重要性 …… 19
2.1.2　选题的标准 …… 19

2.1.3 选题的途径和方法 …… 20
2.1.4 调查课题的明确化 …… 20
2.2 准备阶段 …… 21
2.2.1 调查总体规划 …… 21
2.2.2 抽样设计 …… 21
2.2.3 设计收集资料的工具与方法 …… 22
2.3 实施阶段 …… 23
2.3.1 调查的组织与实施 …… 24
2.3.2 保证调查的回收率 …… 25
2.4 分析阶段 …… 25
2.4.1 原始资料的审核与复查 …… 25
2.4.2 资料的转换与录入 …… 26
2.4.3 数据清理 …… 26
2.4.4 资料的统计分析 …… 27
2.5 总结阶段 …… 27
第 3 章 指标与测量 …… 31
3.1 概念 …… 31
3.2 测量 …… 32
3.2.1 测量的目的 …… 32
3.2.2 测量的步骤 …… 33
3.2.3 概念化和操作化 …… 33
3.2.4 测量的层次 …… 35
3.3 指标与量表的设计 …… 35
3.3.1 指标与量表的概念 …… 35
3.3.2 指标建立的步骤 …… 36
第 4 章 抽样方法 …… 38
4.1 抽样方法概述 …… 38
4.1.1 抽样的概念 …… 38
4.1.2 抽样调查的原理 …… 38
4.1.3 抽样的分类 …… 38
4.1.4 抽样的一般程序 …… 39
4.2 随机抽样 …… 40

4.2.1 单纯随机抽样 …… 40
4.2.2 系统抽样 …… 40
4.2.3 分层抽样 …… 41
4.2.4 整群抽样 …… 41
4.2.5 多阶段抽样 …… 42
4.2.6 PPS 抽样 …… 42
4.3 非随机抽样 …… 43
4.3.1 偶遇抽样 …… 43
4.3.2 判断抽样 …… 43
4.3.3 定额抽样 …… 44
4.3.4 雪球抽样 …… 44
4.4 抽样误差与样本含量 …… 44
4.4.1 抽样误差 …… 44
4.4.2 样本含量 …… 45
4.5 抽样调查的优缺点 …… 46

第二篇 一般调查方法

第 5 章 问卷调查法 …… 51
5.1 问卷调查法概述 …… 51
5.1.1 问卷的类型 …… 51
5.1.2 问卷的基本结构 …… 53
5.2 问卷设计与评估 …… 55
5.2.1 问卷设计 …… 55
5.2.2 问卷评估 …… 59
5.3 问卷调查法的实施与质量控制 …… 61
5.3.1 设计阶段的质量控制 …… 61
5.3.2 资料收集阶段的质量控制 …… 61
5.3.3 资料整理和分析阶段的质量控制 …… 62
5.4 问卷调查法的评价 …… 62
5.4.1 问卷调查法的优点 …… 62
5.4.2 问卷调查法的缺点 …… 63

第 6 章 实地观察法 …… 65
6.1 实地观察法概述 …… 65
6.1.1 实地观察法的历史 …… 65
6.1.2 实地观察法的含义 …… 65
6.1.3 实地观察法的特点 …… 66
6.1.4 实地观察法的分类 …… 66
6.1.5 实地观察的基本原则 …… 68
6.2 实地观察法的实施 …… 69
6.2.1 准备阶段 …… 70
6.2.2 实施阶段 …… 72
6.2.3 资料分析与处理阶段 …… 74
6.3 减少观察误差 …… 75
6.3.1 产生观察误差的原因 …… 75
6.3.2 观察时应注意的问题 …… 76
6.4 实地观察法的评价 …… 77
6.4.1 实地观察法的优点 …… 77
6.4.2 实地观察法的缺点 …… 77
6.4.3 实地观察法的伦理困境 …… 78
第 7 章 访谈调查法 …… 83
7.1 访谈调查法概述 …… 83
7.1.1 访谈调查法的含义与特点 …… 83
7.1.2 访谈调查法的优缺点 …… 84
7.1.3 访谈调查法的类型 …… 85
7.2 访谈的实施 …… 87
7.2.1 准备阶段 …… 87
7.2.2 访谈阶段 …… 89
7.2.3 结束阶段 …… 91
7.3 集体访谈法 …… 91
7.3.1 集体访谈法的概念 …… 91
7.3.2 集体访谈法的种类 …… 92
7.3.3 集体访谈的实施 …… 92
7.3.4 头脑风暴法 …… 94

7.3.5 集体访谈法的优缺点 …… 95
7.4 动机式访谈法 …… 96
7.4.1 动机访谈法的定义 …… 96
7.4.2 动机式访谈的理论 …… 96
7.4.3 动机式访谈的四大原则 …… 97
7.4.4 动机式访谈的四个过程 …… 98
7.4.5 动机式访谈的基本技巧 …… 99
7.4.6 动机式访谈的应用 …… 100
第 8 章 文献调查法 …… 103
8.1 文献调查法概述 …… 103
8.1.1 文献的概念、种类和发展趋势 …… 103
8.1.2 文献调查法 …… 106
8.2 文献的搜集 …… 107
8.2.1 搜集文献的基本要求 …… 107
8.2.2 查找文献的具体方法 …… 108
8.2.3 搜集文献的主要途径 …… 110
8.3 信息的摘取 …… 111
8.3.1 信息摘取的主要原则 …… 111
8.3.2 信息摘取的一般程序 …… 111
8.3.3 网络信息的搜集与摘取 …… 113
8.3.4 记录信息的主要方法 …… 115
8.4 对文献调查法的评价 …… 116
8.4.1 文献调查法的优点 …… 116
8.4.2 文献调查法的缺点 …… 117

第三篇 专用调查方法

第 9 章 敏感问题调查法 …… 121
9.1 敏感问题概述 …… 121
9.2 随机应答技术 …… 122
9.2.1 Warner 模型 …… 122
9.2.2 Simmons 模型 …… 124
9.2.3 改进的 RRT …… 128

9.3 其他调查法 …… 129
第 10 章 德尔菲调查法 …… 133
10.1 引入案例 …… 133
10.2 德尔菲调查法概述 …… 134
10.2.1 德尔菲调查法的基本特点 …… 135
10.2.2 德尔菲调查法的优缺点 …… 135
10.2.3 德尔菲调查法与其他决策法的比较 …… 136
10.3 德尔菲调查法工作流程 …… 137
10.3.1 实施步骤 …… 137
10.3.2 调查过程 …… 137
10.3.3 质量控制 …… 138
10.4 德尔菲调查法的发展与应用 …… 140
10.4.1 德尔菲调查法的最新发展 …… 140
10.4.2 德尔菲调查法的应用 …… 141
第 11 章 电话调查与网络调查法 …… 153
11.1 电话调查概述 …… 153
11.1.1 电话调查的概念及特点 …… 154
11.1.2 电话调查的发展及应用 …… 154
11.1.3 电话调查的种类 …… 154
11.1.4 电话调查的抽样设计 …… 155
11.1.5 电话调查的优缺点 …… 158
11.2 计算机辅助电话调查系统 …… 159
11.2.1 计算机辅助电话调查系统简介 …… 159
11.2.2 CATI 的实施步骤 …… 160
11.2.3 应用 CATI 系统进行调查时需要注意的问题 …… 162
11.2.4 CATI 实施方案实例 …… 163
11.3 网络调查 …… 166
11.3.1 网络调查的概念及应用范围 …… 166
11.3.2 网络调查的类型 …… 167
11.3.3 网络调查中误差的来源及其控制 …… 168
11.3.4 网络调查所面临的突出问题 …… 170
11.3.5 网络调查的优缺点 …… 171

第 12 章 市场调查与预测 …… 174
12.1 市场调查概述 …… 174
12.1.1 市场调查的含义及重要作用 …… 174
12.1.2 市场调查的产生与发展 …… 176
12.1.3 常见的市场调查机构 …… 177
12.1.4 市场调查对象及类型 …… 178
12.1.5 市场调查的内容 …… 179
12.1.6 市场调查的步骤 …… 180
12.2 市场调查的特殊方法 …… 181
12.2.1 文案调查 …… 181
12.2.2 观察法 …… 182
12.2.3 访问法 …… 183
12.2.4 抽样调查法 …… 186
12.2.5 问卷调查法 …… 187
12.2.6 网络调查法 …… 188
12.3 市场预测 …… 189
12.3.1 市场预测的含义及作用 …… 189
12.3.2 市场预测的类型 …… 191
12.3.3 市场预测的内容 …… 191
12.3.4 市场预测的主要方法 …… 192
12.3.5 市场预测的程序 …… 194
第 13 章 病例-对照研究与队列研究 …… 197
13.1 病例-对照研究 …… 197
13.1.1 病例-对照研究概述 …… 197
13.1.2 病例-对照研究基本类型 …… 199
13.1.3 病例-对照研究的设计和实施 …… 200
13.1.4 病例-对照中常见的偏倚及其控制 …… 204
13.1.5 病例-对照研究的优缺点 …… 205
13.2 队列研究 …… 205
13.2.1 队列研究概述 …… 206
13.2.2 队列研究基本类型 …… 208
13.2.3 队列研究的设计和实施 …… 209

13.2.4 队列研究中常见的偏倚及其控制 …… 213
13.2.5 队列研究的优缺点 …… 214
13.3 病例－对照研究与队列研究的比较 …… 215
13.3.1 基本原理比较 …… 215
13.3.2 研究设计分类的比较 …… 215
13.3.3 研究设计与实施过程的比较 …… 216
13.3.4 优缺点比较 …… 216
第14章 量表测验——基于量表的调查法 …… 220
14.1 量表测验概述 …… 220
14.1.1 量表的概念及构成 …… 220
14.1.2 量表的分类 …… 222
14.1.3 量表测验的程序 …… 223
14.1.4 量表测验的应用 …… 224
14.2 量表的研制方法 …… 225
14.2.1 量表研制概述 …… 225
14.2.2 量表研制步骤 …… 226
14.2.3 条目分析与筛选 …… 227
14.2.4 西方量表中文版本的研制 …… 231
14.3 量表的评价与选择 …… 232
14.3.1 信度及其评价方法 …… 232
14.3.2 效度及其评价方法 …… 234
14.3.3 反应度及其评价方法 …… 236
14.3.4 其他特性评价 …… 238
14.3.5 量表的选择 …… 239
14.4 常用的普适性测定量表 …… 240
14.4.1 生命质量/健康状况常用量表 …… 240
14.4.2 心理健康常用量表 …… 242

第四篇 分析与报告

第15章 调查资料整理 …… 249
15.1 资料整理的意义和原则 …… 249
15.1.1 资料整理的意义 …… 249

15.1.2 资料整理的原则…… 250
15.2 问卷资料的整理…… 250
15.2.1 问卷资料的审核…… 251
15.2.2 调查问卷的编码…… 252
15.2.3 问卷编码时应该注意的问题…… 254
15.3 数据资料的整理…… 255
15.3.1 数据资料整理的步骤…… 255
15.3.2 数据资料录入的注意事项…… 258
15.3.3 数据清理…… 259
15.3.4 缺失值的处理…… 261
15.4 文字资料的整理…… 264
第16章 调查资料分析概况 …… 268
16.1 调查资料的特点及分析步骤…… 268
16.1.1 调查资料的特点…… 268
16.1.2 分析步骤…… 269
16.2 调查资料的描述分析…… 269
16.2.1 调查资料的描述指标…… 270
16.2.2 调查资料的统计图…… 272
16.3 调查资料的推断分析…… 272
16.3.1 参数估计…… 273
16.3.2 假设检验…… 273
16.4 调查资料的两变量及多变量分析…… 275
16.4.1 列联表分析…… 275
16.4.2 相关分析…… 275
16.4.3 回归分析…… 275
16.4.4 潜变量分析…… 276
16.5 调查研究中的定性资料分析…… 276
16.6 病例一对照研究资料的分析…… 277
16.6.1 成组设计资料的分析…… 277
16.6.2 匹配设计资料的分析…… 279
16.7 队列研究资料的分析…… 282
16.7.1 队列研究的分析指标…… 282

16.7.2 队列研究资料的统计推断 …… 283

第 17 章 列联分析 …… 291

17.1 基础列联相关 …… 291

17.1.1 2×2 列联表资料 …… 291

17.1.2 双向无序 $R \times C$ 列联表资料 …… 295

17.1.3 双向有序 $R \times C$ 列联表资料 …… 298

17.1.4 配对设计的 2×2 列联表和 $R \times C$ 列联表资料 …… 301

17.2 多维列联相关 …… 304

17.2.1 对数线性模型的基本原理 …… 304

17.2.2 对数线性模型软件实现方法 …… 307

第 18 章 多重线性回归与 Logistic 回归分析 …… 313

18.1 多重线性回归 …… 313

18.1.1 案例引入 …… 313

18.1.2 多重线性回归的数据结构和模型 …… 314

18.1.3 多重线性回归分析软件实现方法 …… 315

18.2 Logistic 回归 …… 319

18.2.1 案例引入 …… 319

18.2.2 Logistic 回归的数据结构和模型 …… 320

18.2.3 Logistic 回归分析软件实现方法 …… 322

第 19 章 因子分析 …… 328

19.1 因子分析的原理 …… 328

19.1.1 因子分析的基本思想 …… 328

19.1.2 因子分析的数学模型 …… 329

19.1.3 因子分析中的有关统计量 …… 331

19.2 因子载荷矩阵的估计 …… 332

19.2.1 因子载荷矩阵的求解过程 …… 332

19.2.2 约相关矩阵 R^* 的估计方法 …… 333

19.2.3 因子数目的确定方法 …… 334

19.2.4 因子旋转 …… 340

19.2.5 因子分析的流程 …… 342

19.3 因子得分与因子模型的应用 …… 343

19.3.1 因子得分 …… 343

19.3.2 综合评价 …… 344
19.3.3 探索量表的因子结构 …… 345
19.3.4 共性因子与潜在变量 …… 345
19.4 因子分析的注意事项 …… 345
19.4.1 样本量 …… 345
19.4.2 因子分析的前提条件 …… 345
19.4.3 因子分析与主成分分析的区别 …… 346
第 20 章 定性研究资料的整理分析 …… 350
20.1 研究对象及样本的特征 …… 351
20.1.1 访谈对象 …… 351
20.1.2 实地观察 …… 352
20.1.3 次级资料(文献或其他类型资料) …… 354
20.2 定性研究资料整理 …… 355
20.2.1 整理原则 …… 355
20.2.2 整理工具 …… 355
20.2.3 编码 …… 356
20.3 定性研究资料分析 …… 357
20.3.1 内容分析法 …… 357
20.3.2 模板分析法 …… 358
20.3.3 编辑分析法 …… 358
20.3.4 融入化分析 …… 358
20.3.5 语义分析 …… 364
20.4 定性资料分析注意事项 …… 366
20.4.1 获得结论并论述结论的可靠性 …… 366
20.4.2 结束分析时应检查的几个要点 …… 367
第 21 章 调查研究报告的撰写与评估 …… 369
21.1 调查研究报告的特点与类型 …… 374
21.1.1 调查研究报告的特点 …… 374
21.1.2 调查研究报告的类型 …… 374
21.2 调查研究报告的结构与体例 …… 376
21.2.1 普通调查报告的结构 …… 379
21.2.2 学术研究报告的结构 …… 381

21.3 调查研究报告的写作步骤与要则 …… 387
21.3.1 确立主题 …… 388
21.3.2 材料取舍 …… 389
21.3.3 拟定提纲 …… 389
21.3.4 撰写研究报告 …… 390
21.3.5 修改研究报告和作必要的补充调查 …… 390
21.3.6 调查研究报告撰写的注意事项 …… 391
21.4 调查研究报告的评估 …… 392
21.4.1 调查研究成果评价的原则 …… 392
21.4.2 调查研究成果评估的内容 …… 393
21.4.3 调查研究成果评估的指标体系 …… 393

附录 1 生命质量/健康状况测评常用量表 …… 396

附录 2 SPSS 统计软件包简介 …… 405

附录 3 定性资料分析常用软件简介 …… 417

第一篇

总 论

第 1 章　调查研究概述

【目的要求】

了解调查研究的发展历史。

掌握调查研究的概念、特征以及进行调查研究应遵循的原则，掌握调查研究的功能以及调查研究的分类。

1.1　调查研究的概念与特征

1.1.1　调查研究的概念

调查研究(survey research)是社会科学研究中经常使用的一种研究方式。调查(survey)是指通过各种途径，运用各种方式方法，有计划、有目的地了解事物真实情况。研究(research)从字面上是指“反复探索”的意思，英文“research”前缀“re”是“反复”的意思，search是“探索”的意思。本质是指对调查材料进行去粗取精、去伪存真、由此及彼、由表及里的思维加工，以获得对客观事物本质和规律的认识。二者既有明显区别又有紧密的联系，调查是研究的前提和基础，研究是调查的发展和深化。当然，也可以不细分，survey 本身也可以指调查研究。

调查研究是指人们有目的、有意识地在系统地、直接地搜集有关社会现象的经验材料基础上，通过对资料的分析、研究，从而科学地阐明社会现象状况及其规律的一种认识活动。调查研究主要包括抽样、问卷设计、访谈和数据处理等几个步骤。这些具体的内容将在本书的后续章节中详细展开讲述。

我们经常会听到或者见到社会调查(social investigations; social surveys)、市场调查(market research)、经济调查(economic surveys)等，实际上，它们都是调查研究方法体系中的一种具体表现。

社会调查一般指直接收集社会资料或数据的过程与方法，以进行社会研究。社会调查研究又称为社会调查，是人类社会实践的主要形式，是人们正确认识世界和改造世界的重要途径和科学方法，是辩证唯物主义认识论在实际工作中的具体运用。社会调查包含感性认知和理性认识，调查是一种感性认识，而基于调查获取的资料进行的研究则是理性认识。也正是这两点决定了社会调查要实事求是。

社会调查据其分析单位的不同，可分为宏观调查(如对国家、省、县或人口普查等大范围或大规模的调查)和微观调查(一般包括两三人或数人的小群体的调查)。根据其调查内容和功能的不同，可分为研究性的调查(为解决理论性或政策性的问题而进行)和工作性的调查(为解决当前实际工作中的问题而进行)两类。

市场调查又称市场调研、市场研究、营销调研,有时也简称市调。市场调查是指采用科学方法解决市场营销中的各种问题。市场调查可分为狭义的市场调查和广义的市场调查。狭义的市场调查主要针对顾客所做的调查,即以购买商品、消费商品的个人或工厂为对象,以探讨商品的购买、消费等各种事实、意见及动机;广义的市场调查包括从认识市场到制订营销决策的全过程。如产品分析,从商品的使用及消费角度对产品的形态、大小、重量、美观、色彩、价格等进行分析,同时,对销售的途径、市场营销的方法、销售组织、经销人员培训、广告作用、促销活动等问题进行分析。

市场调查是一种有目的的活动,是一个有系统的过程,是对信息的判断、搜集、记录、整理,是一项市场信息工作。我们可以将市场调查定义为:对那些可用来解决特定营销问题的信息所进行的设计、搜集、分析和报告的过程。

经济调查是针对人们从事经济活动时产生和需要的信息进行系统搜集的活动和过程,这种活动和过程有助于进行或改进人们的决策行为,纠正人们主观认知上存在的偏差,从而有利于人们找到实现目标的正确途径和手段。社会调查和经济调查有时难以截然分开,常常统称为社会经济调查(socio-economic surveys;socio-economic investigations)。

※ 延伸阅读

《辞海》中对调查研究的释义:"调"具有计算、统计的意思;"查"指查究、查核、考查。"研"指审查、细磨;"究"指穷尽、追根究底。在《现代汉语大词典》中,"调查"的解释为:"为了了解情况而进行考察(多指到现场)。"《中国大百科全书》对"调查研究"作了如下定义:"调查研究是人们了解情况取得正确认识的根本方法。

1.1.2 调查研究的特征

调查研究是一种科学的探索活动,也是一种认识活动。作为一种特定的科学研究类型,调查研究的典型特点是不能完全随机地分组以及不能人为地施加处理因素,正因为如此,调查研究只能"被动"地观察客观存在的现象。具体说来,有以下几个方面的特征:

1. 调查研究是一种自觉的认识活动。任何一项调查研究都是在一定的理论指导下,遵循科学的研究程序,采用科学的研究方法,有目的、计划和系统地了解当前社会状态,并对观察到的社会现象作出科学解释。

2. 调查研究的对象是社会事实。可以从三个方面理解这一特征,首先,调查对象是已经发生或正在发生的,客观存在的事物,其次,调查研究的对象是集体性的现象,而不是个人情况或者个别事件,最后,调查研究的对象是人们外显的社会行为。

3. 调查研究必须包含调查和研究两个部分,只有调查不进行研究或者只是研究而不进行调查,都不能称之为调查研究。

4. 调查研究的目的是对社会现象作出科学解释,反映的是总体情况,揭示的是社会现象内在本质的必然联系,并提出解决问题的途径和方法,其结论具有社会意义,而不仅仅停留在对个人情况或者个别事件的分析与解释。

5. 调查研究必须利用第一手资料进行分析和研究。调查研究就是要对某一社会现象进行实地考察，直接获得资料和数据，进而进行分析研究。依赖间接、第二手资料进行社会现象分析的研究，不能称之为调查研究。

6. 调查研究是建立在经验观察和归纳法基础之上的，包含感性认识方法(考察、了解实际情况等)和理性认识方法(主要指对搜集的感性材料进行思维加工)。从另一角度来看，社会调查研究也是实验法在社会领域的运用。

1.1.3 调查研究的基本原则

调查研究作为一种特定的科学研究类型，必须遵循科学研究的一般原则，只有通过科学的方法和设计，才能获得真实准确的信息，得出可靠的结论。因此，调查研究的基本原则主要包括以下几条：

1. 客观性原则。客观性原则是任何科学研究都必须遵循的原则，它要求调查者必须以客观事实为基础，实事求是，坚持物质第一性、意识第二性。在对社会现象进行调查和研究时，不附加任何的主观成分，更不能歪曲或虚构事实。社会研究与自然研究又有不同，社会研究不具有统一的标准或尺度进行衡量，这也导致研究结论各不相同。这就要求调查研究人员应尽可能秉持唯物主义的观点，以客观事实为基础，详细占有材料，处理好主观与客观的关系，对调查过程和研究分析过程中可能出现的偏差进行分析和估计，尽可能消除主观因素对结论的影响。

【案例】马克思在《资本论》中指出："研究必须充分地占有材料，分析它的各种发展形式，探寻这些形式的内在联系。只有这项工作完成以后，现实的运动才能适当地叙述出来。"马克思把从客观事实出发，充分占有材料提到首位。为此，他经年累月地，每天都在伦敦大不列颠博物院图书馆里面工作10小时，博览一切有关的材料。列宁写《俄国资本主义的发展》一文时，也曾阅读并批判地运用了583册书籍。

2. 科学性原则。研究以及研究结论的实证性和逻辑性即是科学性。科学应该建立在系统的经验观察和明确的逻辑推理之上。只有在全面的、具有内在逻辑的事实基础上，方能得到科学的结论，而不应该以个别或偶然现象得出结论。坚持科学性原则，必须注意由客观事实到结论还需要经过正确的逻辑推理，而且结论也必须能经得起实践的检验。在研究的过程中要十分注意科学的精确，防止可能产生的各种误差，特别在理论分析阶段更要注意抽象思维，透过现象寻求与把握事物的本质。

3. 定性与定量相结合原则。质和量是社会现象的两个方面，是一切社会现象都具备的。所以在进行调查研究时，就应该把定性研究与定量研究统一起来，通过对于社会现象本身的量变以及它们之间的数量关系的分析，来达到对于它们之间质的差异的把握。要把定性研究与定量研究贯彻于研究过程之始终。这就要求调查研究者在搜集整理经验材料时，对情况和问题一定要注意到它们的数量方向，要有基本的数量分析；要通过量的分析去把握被研究对象的质；在对科学成果进行评估时，既要注意质的评估，又要注意量的评价。

※ 延伸阅读

所谓定性研究，就是对于事物的质的方面的分析和研究。一事物的质是它区别于其他事物的内部所固有的属性。矛盾分析法和系统分析方法就是定性分析的重要方法。所谓定量研究，就是对事物的量的方面的分析与研究。事物的量就是事物存在和发展的规模、程度、速度,以及构成事物的成分在空间上的排列等等。区分事物的质是认识事物的开始,是认识量的前提,定性是定量的基础;同时,由于质总是一定的量的基础上的质,因此,由质进到量,则会导致对事物的认识的深化。正是在这个意义上,在没有对事物进行定量研究、弄清数量关系、找到决定事物的质的数量界限以前,我们对事物的性质的认识就只是初步的、肤浅的,就难以对实践提出十分明确而具体的指导。

4. 系统性原则。系统性是事物的根本属性,所以在进行调查研究时必须遵循系统性原则。所谓的系统就是指具有特定功能的、相互之间具有有机联系的许多要素所构成的整体。系统并不等于各孤立要素之和,系统的整体特性和功能是组成系统的要素,只有它们作为整体存在时才表现出来。在系统中,要素之间相互联系、相互影响,它们之间的内在联系表现为一定的因果规律。调查研究是针对某一社会现象进行的,这一过程对研究的现象进行分解,在对各种复杂联系进行具体分析的基础上再综合分析。将研究对象的各个方面、各个部分有机结合形成统一的整体,从总体上把握,才能全面客观的认识社会现象。

5. 理论与实践相结合原则。调查研究中的理论与实践相结合是指在科学方法的指导下,对现有理论假设进行验证以及在此基础上进行理论解释的过程。调查研究的过程离不开理论的指导,脱离了理论指导的研究是没有实际意义的研究。实践是调查研究的出发点和归宿点,在实践中验证理论,修正理论、发展理论。坚持理论与实践相结合的原则是进行调查研究的最基本的原则,这一原则要求在科学方法论指导下,需要经验研究对理论假设的验证以及在此基础上所进行的理论解释过程。坚持理论与实践相结合的原则要求在进行调查研究时避免简单罗列,不做理论分析,同时也要避免用一些空洞的原理来解释现象,不针对社会现象作定性分析。

6. 方法多元化原则。调查研究的对象是某一社会现象,具有复杂性,研究的主体的差异性、实践活动的多样性以及方法对于理论的相对独立性,这些必然会要求研究方法、工作方法的多样化,必然会要求多元化的方法作为调查研究所遵循的基本原则之一。

1.2 调查研究的发展简史

调查研究是人类社会的一种基本活动,是社会生产力发展到一定阶段的产物,但是成为一种科学的方法是近代的产物。调查研究经历了漫长的历史发展,纵观调查研究的发展历程,大体上可以分为三个阶段(详见表 1.1):古代调查研究、近代调查研究和现代调查研究。研究调查研究的产生与发展过程,我们可以看出它在程序和方法上是如何发展完善的,发展变化有些什么规律,从而促进调查研究程序和方法的科学化。

1.2.1 古代调查研究

调查研究作为一种社会现象,是从人类的社会实践中产生的,它萌芽于原始社会的末期,作为一种认识活动起源于奴隶社会的初期。古代的调查研究泛指资本主义时代之前就已经形成的调查的雏形,也就是包括着奴隶制社会和封建制社会的调查研究。

这一时期的调查研究由于受到当时社会生产力发展水平的限制,没有自觉的系统和理论指导思想,也没有准确的调查时间与项目,所使用的调查研究方法,也是一些简单的观察、直接的访问以及有限的文献查阅。调查研究结果往往很粗糙,准确程度较低,也不能在本质上对社会现象作出正确解释，所以说古代调查研究具有很大的历史局限性，是处于调查研究产生的萌芽和发展中的初级阶段。

1.2.2　近代调查研究

近代调查研究主要是指17世纪末期到20世纪40年代资产阶级革命后的欧美资产阶级的调查研究和半殖民地半封建的中国调查研究。在这一时期，调查研究迅速发展和完善，逐渐形成了一套具有科学性的调查研究的方法体系。

在同一时期，以社会改良为目的的调查研究也得到广泛开展。调查者希望通过社会调查找出社会问题症结，以便对症下药，加以治疗。在这一时期部分研究者的调查过程中综合运用了调查的各种方法，如参观访问、问卷调查、统计分组法、图表法、综合指数法等，从而使调查方法系统运用于对社会状况的精确描述。部分调查研究有清楚的定义和正确测定的量度标准，因此，为进行定量与定性相结合的因果分析提供了范例，为近代调查的发展奠定了基础。这一时期，也有学者采取了系统观察、个别谈话、调查表法。《资本论》在调查过程中运用观察、访问和文献法，同时也使用了一些先进的分析技术。著名的匹兹堡调查使用社区系统研究方法，调查过程中使用个案调查法、区域划分法、图示描述法、实地观察法、访问法、调查表法等方法，并运用归纳方法得出正确的结论。而另一项著名的调查春田调查则开创了综合调查研究的先例。

到20世纪20、30年代，由于资本主义竞争进一步激化，企业迫切需要有关市场的详细情报，市场调查便应运而生。与此同时，为适应资产阶级议会、政府了解政策反响和对总统选举进行预测的需要，舆论调查也产生了。

在中国，应用近代调查理论进行调查是从20世纪初期开始的。这一时期中国的调查大多在外国教授的指导下进行的，如《洋车夫生活状况的调查》《北京——一个社会调查》。到了20世纪20年代，中国的学者已经能够独立进行本国的调查了。到了20世纪30年代我国调查研究有了很大的发展，其中比较著名的有《定县社会概况调查》《花兰瑶社会组织的调查》《江村经济》。

从上述历史过程可以看出，近代调查研究逐步形成了一套具有学科化特点的社会调查方法体系，它与古代萌芽状态的调查研究有着本质的不同。资产阶级调查研究比古代的调查研究有了很大发展，已经成为人们认识社会的自觉活动，并逐步地形成了一套具有科学化、现代化的调查研究方法和技术。但是，由于资产阶级的历史局限性，他们所进行的调查研究，往往是以形形色色的唯心史观，特别是实用主义作为指导理论的，加之调查者与被调查者的劳动人民之间的对立，尽管他们在调查中采用了一些科学的方法，有时也得出了一些正确的结论，对于消除社会弊病，促进社会的正常运转起到了一定的作用，但从总体上来说，在涉及到资本义生产关系及其政治制度等根本性的社会问题时，一些科学的调查研究往往会被扭曲，其结论往往是非科学的，甚至是错误的。近代中国知识界的学者专家们学习西方的调查，在半殖民地半封建旧中国所进行的大量深入、细致的调查工作，及其撰写和翻译的有关调查研究的著作，无疑是对调查研究的发展，同时也给我们后人研究旧中国的经济、政治、历史留下了宝贵的资料。但是，由于受到当时历史条件的限制，缺乏科学理论的指导。

1.2.3　现代调查研究

现代社会的调查研究，是从20世纪40年代中期以后，即第二次世界大战以后开始的。

在此期间，现代调查研究及其方法逐渐形成与发展。通过调查开展社会学研究，极大地促进了社会学的发展，也使得调查研究活跃起来。伴随第三次科技革命产生的电子计算机，更是使得调查研究发生了历史性的变化。纵观第二次世界大战至今的调查研究，有以下几个方面的典型特点：

1. 调查研究对象与范围越来越广泛。伴随经济社会的快速发展，现代社会结构更加复杂，社会信息量也更加庞大，很难凭借经验与既往资料准确了解社会状况。调查研究对象涉及到社会生活的各个领域，调查研究也开始不再局限于局部的、典型的、微型的范围内，逐渐呈现出复杂多样性，跨部门、多学科的系统综合性调查越来越多，活动范围从时间到空间、从微观到宏观都大大扩展了，并且取得了更好的调查研究效果。

2. 经验社会调查与理论研究、政策研究密切结合。20 世纪以来，经验社会调查开始与理论研究、政策研究密切结合。现代科学技术的发展和社会的进步，正在把自然科学和社会科学紧密结合起来，两者互相渗透和交叉，产生了一系列交叉学科和边缘学科，形成了由多种学科理论知识相互渗透、有机组合、系统的调查理论体系，使得跨部门、多学科的大系统综合性调查研究成为可能，取得了更佳的调查研究效果。

3. 调查研究方法更加专业化、综合化、多样化、科学化。伴随科学技术的快速发展，调查研究除了应用传统方法外，也产生了一些新的科学的方法，并逐渐形成体系。从经济学研究中吸取了统计方法，从心理学研究中吸取了测量方法，从民族学研究中吸取参与观察法，从数学研究中吸取了定量研究的分析手段等。现代调查研究最为突出的特点是它与数学的结合越来越紧密。数理统计方法和抽样理论被引入社会调查研究中，为调查研究开辟了新的广阔途径。调查研究方法更加专业化、综合化、多样化、科学化。

4. 调查研究手段科学化、现代化。现代科学技术迅猛发展，为人类科学地认识社会提供了有效的工具和技术手段，使调查研究技术得到长足的进步。20 世纪 50 年代，随着电子计算机技术的日趋成熟，调查研究中将数理统计与电子计算机结合起来，实现资料处理的自动化，只用少量人力，短时间内即可以顺利完成。调查手段的现代化是社会发展的客观要求，也是现代科学技术飞速发展的必然结果。

5. 调查研究的功能增强、应用领域扩大。调查研究日益有效地参与到社会生活当中，帮助人们更加深入的认识社会现象，对社会现象作出科学合理的解释，为科学决策、社会管理、预测社会发展趋势以及科学进行社会变革提供有效的帮助，其功能日益增强。此外，随着社会经济的发展，调查涉及的领域也在逐渐扩大。当今社会，民意调查（也称舆论调查）、市场调查应用就越来越广泛。民意调查的典型代表是盖洛普依据费希尔的抽样理论成功预测美国总统的选举。市场调查则是适应了现代社会中经济发展的需要。

从古代调查研究到现代调查研究，无一不是人们认识社会现象的过程，社会调查是认识社会现象的途径和基本手段。伴随社会的发展，其调查方法和调查手段越来越科学和专业。现代社会的调查研究也还是处于它的初级阶段，借鉴历史，深入学习研究调查研究的特征，推动调查研究的发展和应用，利用调查研究更好地推进社会的进步与发展。

表 1.1　调查研究不同发展阶段的特点

时期	时间	特点
古代调查研究	奴隶社会—封建社会	1. 无系统和理论的指导思想。 2. 无准确的调查时间与项目。 3. 调查方法简单单一。 4. 调查结果粗糙、准确度较低,不能对社会现象作出正确解释。
近代调查研究	17 世纪末期—20 世纪 40 年代	1. 逐步形成了一套具有学科化特点的社会调查方法体系。 2. 逐步形成了一套具有科学化、现代化的调查研究方法和技术。 3. 唯心史观,以实用主义作为指导理论。 4. 受政治环境影响,调查研究往往会被扭曲,结论往往是非科学,甚至是错误的。
现代调查研究	20 世纪 40 年代中期至今	1. 调查研究对象与范围越来越广泛。 2. 经验社会调查与理论研究、政策研究密切结合。 3. 调查研究方法更加专业化、综合化、多样化、科学化。 4. 调查研究手段科学化、现代化。 5. 调查研究的功能增强、应用领域扩大。

1.3　调查研究的方法体系

随着社会科学和自然科学的发展,特别是一些新兴学科理论知识的出现,调查研究逐步形成了一整套指导理论、程序、方法和技术,并日趋规范化、程序化和现代化,成为一门方法科学。所谓的方法是指实现目标的途径,完成任务的手段,解决问题的方式。离开科学方法,科学研究就无从谈起。调查研究作为一门实践性、方法性学科有其自身的方法体系,调查研究方法是由方法论、基本方式及具体方法组成的一套体系。了解熟悉调查研究的方法体系,对于掌握调查研究这门学科意义重大。

1.3.1　*方法论*

调查研究需要一定的理论和方法作为指导。调查研究的方法论在方法体系中是最高层次的,也是最抽象的。调查研究的方法论是指导研究的一般思维方法或哲学基础,它提供了调查研究的指导思想,主要探讨研究的理论公式、基本假设、研究逻辑、原则规则、程序等哲学社会科学的方法论问题。

任何研究都要以一定的理论和方法作为指导,方法论是与一定的哲学观点和学科理论相联系的。不同的理论学派有不同的方法论,不同的学科也有不同的方法论。长期以来存在两种相互对立的方法论:实证主义学派和人文主义学派。前者认为社会调查研究应该向自然科学看齐,通过具体客观的观察得出结论;后者则认为在进行研究时要考虑到人的社会性,区分自然现象和社会现象的差异,要求研究者发挥主观性。

调查研究中应遵循何种方法论,是一个实践的问题。在调查研究中,无论是设计、调查阶段,还是研究、总结阶段,都要以一定的理论和方法论作指导。方法论正确与否,直接关系着调查研究的成败。研究社会现象有各种可供选择的方法论，这就要求调查者对具体现象作具体分析。

1.3.2 基本方式

调查研究的基本方式也称研究方式，是依据一定的标准把调查研究活动划分成的不同类型。研究方式表明贯穿于整个研究过程的程序、步骤与操作方式，说明研究者是通过何种手段和途径得出研究结论的。把调查研究分成不同类型，便于我们认识和选择各种满足我们需要的调查程序和调查手段。从不同角度划分，研究方式可分为文献研究、调查研究、实验研究三大类。每种类型的研究方式都有其自身的特点，在运用的过程中有其自己的侧重点、进行步骤和方式。在选择了研究方式之后，就可以根据调查研究目的及客观条件决定使用什么样的调查手段。

1.3.3 具体方法

具体方法在方法体系中是最低层次的，也是最具体的。调查研究的具体方法是指研究各阶段使用的手段、技术、工具，表明研究者通过何种具体途径得出研究结论。大体上可将具体方法分为三类：资料搜集的具体方法、资料分析中的具体方法以及其他技术手段。在调查研究中，如果选择和使用了不恰当的方法，就可能不能获得我们所需要的资料或者是得出不符合事实的结论，所以方法的选择非常重要。随着经济社会的发展，调查研究的具体方法也在不断的发展与创新，这也要求我们在实践中不断总结与提升。

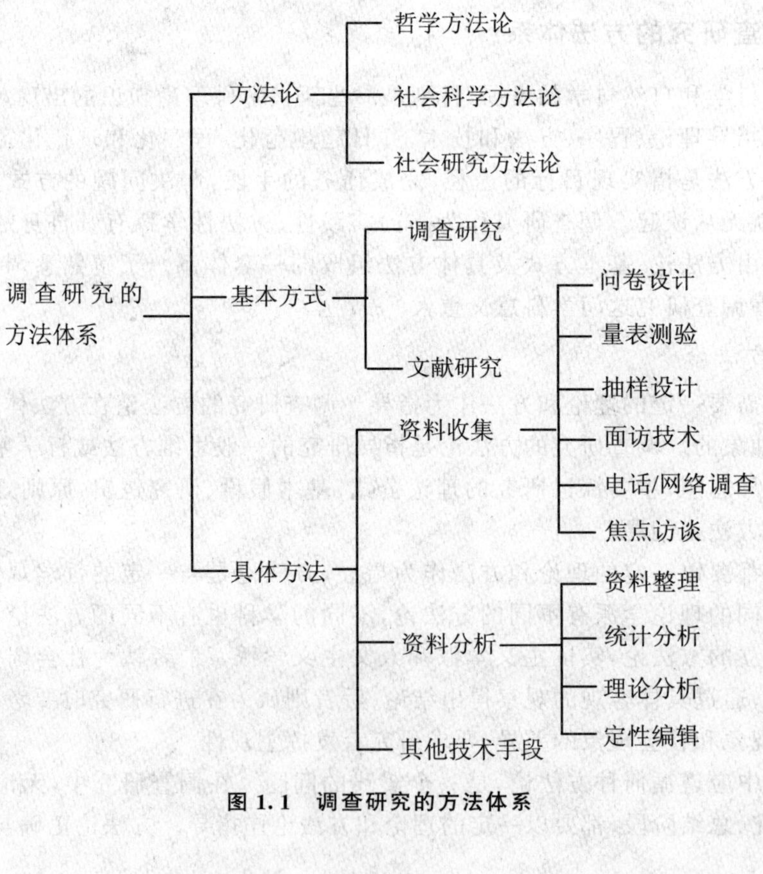

图 1.1 调查研究的方法体系

调查研究的三个层次的方法是有机联系的，贯穿于整个调查研究过程，缺一不可。在进行调查研究时，一定要在方法论的指导下，选用一定的研究方式和采用具体的方法进行研究。脱离了方法论的指导，调查研究就不能得出有价值的结论；没有选择正确的研究方式，就不能够系统的、有条理的进行研究；没有具体的方法或技术手段，就无法收集到资料或无法对资料进行整理分析，方法论和基本方式只能停留在设计阶段而不能实现其目的。因此，在实施调查研究时，一定要注意三者的联系，掌握每个层次的内容。具体的体系和实施方法见图1.1。图中所涉及到的研究方法我们将会在本书的第二篇和第三篇详细的呈现给读者。

1.4 调查研究的分类

调查研究的类型很多，且分法亦不一致，不同的分法都有一定的科学性和可行性。各类型的调查研究有自身的特点，可以在调查方式、方法、步骤、程序、使用范围等方面不同。各个类型虽各不相同，却都是运用社会调查的方法搜集资料，并通过资料分析得出对社会现象的理性认识。在实施调查研究时，应根据调查对象、时间、目的等因素确定适当的调查研究的类型，这样才能有效地制订调查方案，确定调查方法和调查程序。

对于调查方案的设计以及调查对象、调查方法与程序的选择有指导意义的分类主要有以下六种：①探索性、描述性与解释性调查研究；②普查、抽样调查、典型调查和个案调查；③横向研究与纵向研究；④应用性与理论性调查研究；⑤问卷调查与实地研究；⑥民意测验和市场调查。

1.4.1 探索性、描述性与解释性调查研究

依据调查研究的目的与作用，可将调查研究划分为探索性调查研究（exploratory survey）、描述性调查研究（descriptive survey）与解释性调查研究（explanatory survey）。这些调查研究中使用到的调查方法，如观察法、访谈法、问卷法等将会在本书的第二篇（第5章至第8章）具体呈现。

1. 探索性调查研究

探索性调查研究的主要目的是对社会现象或社会问题进行初步考察和了解，为后续研究提供基础和方向。可分为短期的、走访式的调查研究和先导性研究。探索性研究对方法要求不是很严格，主要是采用观察与无结构访问获取资料，因为调查对象范围较小，因此存在调查对象缺乏代表性的不足，调查结果不能用来检验理论假设。但是这种方法在新开发研究领域中应用价值较大。

※ 延伸阅读

先导性研究通常包括三个部分：实地考察、请教专家、查阅资料。

（1）实地考察。实地考察是在正式调查前先到调查现场去观察、询问、走访，以便明确调查内容、确定调查方法、设计调查方案。根据所了解的情况，就可以明确调查重点有哪些、应采取何种调查方法、应采用何种抽样方法、还要调查哪些有关内容等。

（2）请教专家。所谓"专家"是指熟悉这一调查课题内容的人。请教专家的目的是征求他们的意见和建议，了解他们的经验和想法，以便更全面地掌握课题的背景、现状、内容范围等。专家的意见能够提供许多宝贵的经验，能够使调研人员更好地制订调查方案。不过应

当注意,专家意见只是从不同角度、不同立场反映他们对问题的个人看法,这些看法可供调研人员参考,但不能取代调研人员本人的独立思考。

(3)查阅资料。已有的资料可提供许多与调查课题有关的信息。从以往的理论文献和调查报告中可知道其他人是从哪些角度、采用哪些方法研究这一课题的,他们得出了哪些结论,哪些经验值得吸取,哪些方法值得借鉴,有这些资料就能对课题有更全面的了解。

2. 描述性调查研究

描述性调查研究是通过收集的资料对总体特征的分布情况进行详细的描述,是对社会现象的全面认识和系统反应。描述性研究只回答“是什么”的问题,可以为正确认识与解释社会现象提供依据。

描述性调查研究通常采用严格的随机抽样选择调查对象,且样本量比较大,应用范围较广。主要采用问卷和结构式访谈获取资料,采用统计分析方法分析资料,进而得出调查结果并推论到总体。描述性研究通常直接从观察入手,而不是从理论或假设入手。因此它在调查方案设计上比解释性研究更简单一些。但是,在进行实际调查之前,应当对所要描述的问题、内容、对象、范围有明确的认识,而不能盲目地、无计划地进行调查。

※ 延伸阅读

流行病学中常用的横断面研究属于描述性研究,进行横断面研究的主要目的有描述疾病或健康状况的时间、地区和人群分布情况,描述某些因素或特征与疾病的关联。因为所获得的描述性资料是在某一时点或在一个较短时间区间内收集的,所以它客观地反映了这一时点的疾病分布以及人们的某些特征与疾病之间的关联。

3. 解释性调查研究

解释性调查研究主要是说明社会现象发生的原因,预测事物的发展后果,探讨社会现象之间的因果联系,也就是回答“为什么”的问题。解释性调查研究通常与描述性调查研究结合进行,但是解释性研究有较浓厚的理论色彩,通常会有理论假设。提出假设的方式一般有三种,即列出现象的原因或后果、提出主要原因(或后果)和次要原因(或后果)的假设、建立因果模型。有了理论假说和具体的因果命题,就可以制订调查方案,详细考虑搜集哪些资料、调查哪些内容、选取哪些调查对象、采用何种调查方法等等。

※ 延伸阅读

流行病学中的病例-对照研究(case-control study)、队列研究(cohort study)属于解释性研究。病例-对照研究亦称回顾性研究,是比较患某病者与未患某病的对照者暴露于某可能危险因素的百分比差异,分析这些因素是否与该病存在联系,是分析流行病学方法中最基本的、最重要的研究类型之一。队列研究的基本原理是在一个特定人群中选择所需的研究对象,根据目前或过去某个时期是否暴露于某个待研究的危险因素,或其不同的暴露水平而将研究对象分成不同的组,如暴露组和非暴露组,高剂量暴露组和低剂量暴露组等,随访观察一段时间,检查并登记各组人群待研究的预期结局的发生情况,比较各组结局的发生率,从而评价和检验危险因素与结局的关系。

1.4.2　普查、抽样调查、典型调查和个案调查

按照调查研究的对象，可将调查研究分为普查（census）、抽样调查（sampling survey）、典型调查（typical survey）和个案调查（case study）。

1. 普查

普查也称为整体调查或全面调查，它是对构成总体的每一个个体进行调查，全面准确的了解总体的基本情况，为认识事物全貌与整体规划提供可靠依据。

※ 延伸阅读

(1)全国经济普查

全国经济普查主要是为了全面掌握我国第二产业和第三产业的发展规模、结构和效益等信息，建立健全覆盖国民经济各个行业的基本单位名录库（含编码）及其数据库系统。认真搞好经济普查，对研究制订国民经济和社会发展规划，优化经济结构，改进宏观调控，开拓新的就业渠道，提高人民生活水平，全面建设小康社会，具有重要意义；对改革统计调查体系，完善国民经济核算制度，健全统计监测和预警、预报系统，将发挥重要作用。2003 年、2008 年、2013 年分别进行了全国第一、二、三次经济普查。全国经济普查的主要内容包括单位基本属性、从业人员、财务状况、生产经营情况、生产能力、原材料和能源及主要资源消耗、科技活动情况等。

(2)全国人口普查

全国人口普查目的是全面掌握全国人口的基本情况，为研究制定人口政策和经济社会发展规划提供依据，为社会公众提供人口统计信息服务。人口普查每 10 年进行一次，尾数逢 0 的年份为普查年度，标准时点为普查年度的 11 月 1 日零时。人口普查对象是指普查标准时点在中华人民共和国境内的自然人以及在中华人民共和国境外但未定居的中国公民，不包括在中华人民共和国境内短期停留的境外人员。人口普查主要调查人口和住户的基本情况，内容包括姓名、性别、年龄、民族、国籍、受教育程度、行业、职业、迁移流动、社会保障、婚姻、生育、死亡、住房情况等。我国分别在 1953 年、1964 年、1982 年、1990 年、2000 年和 2010 年进行过六次全国性人口普查。

2. 抽样调查

抽样调查是从调查对象的总体中抽取某些单位（或个人）作为样本进行调查，并以样本的状况来推论总体的状况。由于抽样调查的工作量相较普查少，并且准确性较高，它在调查研究中得到越来越广泛的应用。抽样的方法分为非概率抽样和概率抽样两种。具体的抽样方法会在本书第 4 章做详尽的表述。

3. 典型调查

典型调查是从调查对象的总体中选取一个或几个有代表性的单位进行全面、深入的调查，以少量典型来概括或反映全局。典型调查可分为两种：一种是调查对象具有较好的同质性，直接选取调查对象进行调查；另一种是调查对象具有较大的异质性，此时需对调查对象

进行分类，在每一类中选取典型进行调查。这种方法灵活多样，调查的资料深入细致，而且节省时间、人力和经费。应用典型调查时，一定要注意调查对象的选择要具有代表性。

4. 个案调查

个案调查也是从总体中选取一个或几个调查对象进行深入研究。它的主要作用不是由个体推论总体，而是要深入、细致地描述一个具体单位（如个人、整体、企业、城镇）的全貌和具体的社会过程。与典型调查不同，个案调查不要求调查对象具有代表性或典型性，它不试图以少量单位来概括或反映总体的状况。值得注意的是，个案调查是在对总体没有全面了解的情况下进行的，主要用于社会反常个体、事件或新生事物的调查，它的调查结果只能反映个案，不能推论到总体。

1.4.3 横向调查研究与纵向调查研究

依据调查的时间维度将调查研究分为横向调查研究（cross-sectional study）与纵向调查研究（longitudinal study）。

1. 横向调查研究

横向调查研究是在某一时点对调查对象进行横断面的研究，尤其适合描述性调查。人口普查就是典型的横向研究，其目的就是在搜集某一时点的人口信息。这种调查方法的优点是调查资料格式统一且来源于同一时间，便于对研究对象进行描述和比较，缺点是资料的深度不足。

2. 纵向调查研究

纵向调查研究是在较长时期的不同时点搜集资料，并对社会现象作纵向研究。纵向研究可以获得不同时点的资料，既可以描述现象的状况，又可以了解某一社会现象的历史发展过程，探寻现象之间的前后联系。这种方法与横向调查相比，周期长，耗时耗力，技术操作不太容易，而且调查范围小。纵向研究按照抽样的对象和目的，又可以分为三种形式：趋势研究（trend research）、同期群研究也称队列研究（cohort study）、追踪研究也称随访研究（follow-up study）。

趋势研究是对研究对象随时间的推移发生的变化进行的调查研究。采用该研究时要确保每次研究的内容相同，采用的测量方法也必须相同，否则就无法进行比较。同期群研究是指在一个较长的时期内对同一类型的研究对象随时间推移而发生的变化进行的调查研究。采用这种研究时，研究对象是同一群人，每次调查的对象可以是这一群体中的不同个体。追踪调查是对同一批研究对象随时间推移而发生的变化进行的调查研究。追踪研究每次都要求调查同一样本中的每一个个体，但是这种调查操作起来相当困难，往往难以实施。

1.4.4 应用性调查研究与理论性调查研究

调查研究从性质上划分为应用性调查研究（applied investigations）与理论性调查研究（theoretical investigations）两大类型，理论性调查研究又称为基础研究，应用性调查研究被称为应用研究。在社会科学中，应用性调查研究与理论性调查研究没有严格的划分，它只是说明两者在调查任务的侧重点上有所不同。

1. 应用性调查研究

应用性调查研究是以解决实际工作中的问题为主要目的的调查研究，主要包括社会状况研究、社会问题研究、社会政策研究、社会影响评估等研究类型。应用性调查研究侧重解答各个实际工作部门、各个社会领域中的具体问题。通过社会调查来了解不断出现的新现象和新问题,并运用社会理论对这些问题作出科学的说明和解释、提出解决问题的方案或政策性建议。应用性调查研究涉及的范围很广,在现代,应用性调查研究越来越受到政府部门和企事业单位的重视,许多部门都设立政策研究室,专门从事调查研究工作,以解决本部门的实际问题。除了为政府部门和企事业单位提供信息外,应用性调查研究更多的是用于对社会问题的调查和诊断。

※ 延伸阅读

在应用性研究方面,近年来国外开辟了一些新的研究领域,如政策评估研究和社会指标研究。前者是对政府制定的社会政策(或国家计划)的效果或预期效果进行调查和估测,它可以在政策之前或实施之后进行。后者是通过社会调查建立一些综合性的社会指标,以此来衡量社会生活各方面的状况和水平,为及时反映社会的发展和变化、为制定可行的社会发展计划、为有效地进行社会管理提供信息;这两种研究近年来在我国也开始使用。

2. 理论性调查研究

理论性调查研究主要是为研究和发展有关社会理论而进行的调查研究,侧重建立或检验各种社会理论假设。理论性调查研究是通过对社会现实问题的调查来发展和丰富社会理论,并提供有关社会发展一般规律的知识。广泛应用于社会学、政治学、人口学、经济学、教育学等社会学科领域。与应用性调查研究相比,理论性调查研究更注重分析社会现象的一般性和普遍性。

理论性研究与应用性研究在实践中难以严格区分。应用性研究关注如何具体的解决社会问题,而理论性研究更加关注如何发展出一般性的社会知识。任何调查研究都必须有理论的指导,都要以解答社会现实问题为目的,也就是说,它们都既包括理论的成分也包括应用的成分,只不过是研究的侧重点不同罢了。

1.4.5 问卷调查与实地研究

依据调查方法、资料分析方法和调查资料的特点,可以将调查研究的基本方式分为两种类型:问卷调查(questionnaires survey)与实地研究(field study)。

1. 问卷调查

问卷调查是一种结构化(或标准化)的调查方法,通过调查样本获得数据资料,并对资料进行统计分析的调查研究方式。目前在西方国家,它是一种最主要的调查方式。问卷调查有几个主要特点:利用标准化、结构化的调查方法搜集资料,调查资料可以精确地分类或转换为数据形式,可以对资料进行数量分析。在本书中,我们专门在第5章详细解说问卷调查的方法体系。

2. 实地研究

实地研究是调研者深入到调查现场,利用观察、访问、座谈等方式搜集少数研究对象的信息,对调查对象作深入的解剖分析的调查研究方法。实地研究主要包括参与调查、个案研究、蹲点调查等类型。它的主要特点是:只调查少数个案,并且对每个案的各种特征和各个方面长期深入、细致的调查；主要是依靠无结构的、非标准化的观察记录和访问记录了解社会事实，调查资料无法汇总统计；依靠主观的、洞察性的定性分析得出研究结论。在本书中，我们专门在第6章详细解说实地观察的方法体系。

1.4.6　民意测验和市场调查

根据调查研究的领域，可分为各种类型或各种专题的调查，如民意测验(polls)、市场调查、社区调查、人口调查和家庭调查、企业调查、犯罪调查、劳动问题调查、教育问题调查、民族问题调查、社会福利调查等等。

1. 民意测验

民意测验(也称民意调查、舆论调查)是一种通过抽样选取一部分有代表性的民众作为样本，询问他们对某些政治、经济、社会问题的意见和态度的调查方法，也是了解社会与群众意见的测量方法。其目的是通过对大样本的问卷调查来精确反映社会舆论或一般民意动向。

※ 延伸阅读

民意测验程序及方法

民意测验实际上是一种问卷调查。其调查范围大至国家，小至一个单位或群体。与问卷调查相类似，它的主要步骤是：①根据调查目的设计问卷，提出的问题不要过多；②确定调查对象的抽样方案，一般采用定额抽样或多段分层抽样方法；③对抽取样本进行问卷调查，调查采用邮寄、电话询问或调查员实地询问的方式；④回收问卷和整理资料；⑤对调查资料进行统计分析。民意测验的问卷设计不同于一般的问卷设计。它的主要设计要求是：①提出的问题不能超过40个，回答的时间控制在20分钟以内，在简单的民意调查中还要尽可能减少问题和回答时间；②提问和回答要尽可能简单明了，一般是采取封闭式回答，选择回答的类别要尽可能少；③要避免使用难懂的词语，要使一般人理解提问的内容和含义，要针对公众熟悉的或关心的问题提问。

2. 市场调查

市场调查是指采用科学方法解决市场营销中的各种问题。广义的市场调查也称为市场研究，包括从认识市场到制订营销决策的全过程。狭义的市场调查偏重于搜集和分析市场信息。市场调查是一种有目的的活动，是一个有系统的过程。在本书中，我们专门在第12章详细解说市场调查的方法体系。

※ 延伸阅读

市场调查内容

(1)市场环境调查：包括政治环境、经济环境、社会文化环境。

(2)消费者调查：包括购买本产品的消费者是个人还是团体，其性别、年龄、职业、居住区域、收入水平、消费结构、谁是主要购买者、谁是使用者、谁是购买决策者、消费者的欲望、动机、影响消费者购买决策的因素、消费者的购买习惯。消费者调查具体可细分为：消费者需求分析、消费习惯分析、消费动机分析、文化背景分析、消费各地域特征分析、消费者人口统计特征分析以及阶层差异分析。

(3)需求研究:包括产品的需求量和销售量是供不应求,还是供大于求;产品在市场上的占有率和覆盖率;市场潜在需求量有多少;同行竞争者的地位和作用、优势和劣势;细分市场对某种产品的需求情况;国内外市场的变化动态和趋势。

(4)产品研究:包括生命周期;产品形式与质量;产品销售前、后的服务工作;分析老产品的性能,研究如何改进老产品;大力开发新产品;对竞争产品进行比较和分析。

(5)大众传媒调查:销售排行榜是各种产品的年度销售排行榜和月销售排行榜,评估产品的受欢迎程度和企业销售工作的优劣;消费群与消费偏好调查;广告调查,消费者对广告的认知、记忆、评价:广告的诉求点是否与产品的市场定位一致及广告资源的分配;广播电视收视(听)率调查。

(6)其他调查:广告研究、价格研究、证券调查、房产调查、IT、汽车、家电、通讯、环保等各个行业的市场调查。

【本章小结】

调查研究是人们有目的、有意识地在系统地、直接地搜集有关社会现象的经验材料基础上,通过对资料的分析、研究,从而科学地阐明社会现象状况及其规律的一种认识活动。实施调查研究,需要熟悉调查研究的特征以及一些基本原则。本章第二节对调查研究的发展历史及其局限性做了简单的叙述,通过了解其发展历史,可以更加深入地把握社会调查研究的内涵。社会调查是一种科学的认识活动,也是一种科学的认识方法,有广泛的社会作用,正确认识调查研究的社会功能和作用,对合理开展社会调查至关重要。

调查研究是一门方法性科学,调查研究的方法体系包含高层次的方法论、中间层次的基本方式以及最低层次的具体方法和技术手段。实施调查研究在理论指导下需要选择正确合适的调查研究类型。调查研究可以按照不同的分类标准进行分类,每一种分类都具有一定的科学性,常见的几种调查研究类型见表1.2。

表1.2 不同角度的调查研究分类

分类角度	类别
调研性质	理论性调查研究、应用性调查研究
调研对象	普查、抽样调查、典型调查、个案调查
调研作用和目的	探索性调查研究、描述性调查研究、解释性调查研究
调查时间维度	横向调查研究、纵向调查研究
调查方式	问卷调查、实地研究
调查研究的领域	民意测验、市场调查

【思考练习】

1. 什么是调查研究?调查研究具有哪些特征?
2. 进行调查研究需要遵循哪些基本原则?
3. 调查研究方法可分为哪几个层次?它们之间有什么关系?

4. 常见的调查研究类型有哪些？它们各自有何特点？

【参考文献】

1. 陈婷，黎燕宁，罗红叶，等.《社会调查》课程设置的满意度及需求性调查分析[J]. 中国继续医学教育，2015，7(6)：7—9.
2. 范伟达，范冰. 社会调查研究方法[M]. 上海：复旦大学出版社，2010.
3. 风笑天. 现代社会调查方法[M]. 4 版. 湖北：华中科技大学出版社，2009.
4. 郝大海. 社会调查研究方法[M]. 北京：中国人民大学出版社，2015.
5. 侯典牧. 社会调查研究方法[M]. 北京：北京大学出版社，2014.
6. 刘昕."社会调查研究方法"课程改革初探[J]. 创新教育，2015(2)：122—122.
7. 罗会光.《社会调查》课程教学刍议[J]. 塔里木大学学报，2011，23(1)：91—93.
8. 任正洪. 现场调查技术及方法[J]. 中国社区医师，2006，22(24)：7—12.
9. 赛明明. 关于《社会调查研究方法》课程的教学反思与完善[J]. 考试周刊，2014(10)：162—163.
10. 沈红梅. 抽样调查方法与实践之再思考[J]. 统计研究，2002(6)：35—37.
11. 谭祖雪，周炎炎. 社会调查研究方法[M]. 北京：清华大学出版社，2013.
12. 万崇华，许传志. 科研方法与论文写作[M]，北京：中国统计出版社，2015.
13. 威廉·威司马，刘振汗. 调查设计[J]. 新疆教育学院学报，1986(1)：126—136.
14. 杨志强. 大数据时代的调查研究面临四个转变[N]. 华夏时报 2014—09—25(024).
15. 詹绍康，姜庆五. 现场调查技术[M]. 2 版. 上海：复旦大学出版社，2010.
16. 张蓉. 社会调查研究方法[M]. 北京：知识产权出版社，2013.
17. 张苏琳，徐厚明，孙骏. 药品不良事件现场工作研究[J]. 药物流行病学杂志，2009，18(22)：136—138.
18. 张晓琼. 社会调查研究方法教程[M]. 济南：山东人民出版社，2015.
19. 张性秀，常艳娥. 调查研究理论与方法[M]. 长沙：国防科技大学出版社，2001.
20. 卓子宏. 调查研究：取得正确认识的根本方法[D]. 山东师范大学，2014.

第 2 章　调查研究的一般过程

【目的要求】

熟悉调查研究的一般过程。

掌握各过程包含的主要内容，进而在调查实践中做到理论联系实际。

2.1　选题阶段

选择一个合适的调查问题在初学者看来也许并不困难，但在实际上却并非是一件十分简单的事情。从程序上看，选择调查问题是一项社会调查活动的起点，是整个调查工作的第一步。调查问题一旦确定，整个调查活动的目标和方向也就随之确定。调查问题选择的如何，在一定程度上决定着整个调查工作的成败，决定调查成果的好坏优劣。因此，应当对选题阶段的工作给予高度的重视。选题阶段的主要任务包括两个方面：一是从现实社会中存在的大量的现象、问题和焦点中，恰当地选择出一个有价值的、有创新的和可行的调查问题；二是将比较含糊、比较笼统、比较宽泛的调查问题具体化和精确化，明确调查问题的范围，理清调查工作的思路。

2.1.1　选题的重要性

有一种古老而智慧的说法，叫做"选好了问题也就解决了一半"。这一说法正确地解释了提出问题与解决问题之间的辩证关系，很好地体现了提出问题对于解决问题的重要意义。如果把这句话用到调查研究课题的选择上，以说明选择一个合适的调查课题对于整个调查研究工作所具有的意义，也是同样适用的。著名科学家爱因斯坦曾经说过："提出一个问题往往比解决一个问题更重要，因为解决一个问题也许仅是一个数学上或实验上的技术而已。而提出新的问题、新的可能性，从新的角度去看旧的问题，都需要有创造性的想象力，而且标志着科学的真正进步。"爱因斯坦的看法虽然主要是针对自然科学研究而言的，但对于社会科学研究以及调查研究来说，同样也是适用的。实际上，选择一个恰当的调查课题在整个调查中意义重大，它决定着调查的方向、体现调查者的水平、制约调查的过程和影响调查的质量。

2.1.2　选题的标准

为了选好题、选准题，必须明确进行选题时应该依据的标准。在实践中，人们通常采用下列几条标准作为选择调查课题的依据。这几条标准是：重要性，创新性，可行性和合适性。

这几条标准之间存在着某种层次上的联系：重要性是最基本的标准；创新性则是在它的基础上提出的新的标准；可行性在某种意义上可以说是课题选择中的决定性标准；而合适性则是在前三条标准的基础上提出的更进一步的标准。这四条标准层层深入，从几个不同的侧面，将一个理想的调查课题从最初众多不成熟的想法、思路和课题雏形中，逐渐分离出来。当然，除了上述的几条最基本的标准之外，还有其他几个方面的标准也可以作为选择调查课题的进一步的参考标准，比如，调查课题与研究者的兴趣相近、调查课题是清楚明确地表达的、调查课题得到了相关专家的肯定、大背景中的小问题，等等。

2.1.3 选题的途径和方法

掌握了选题的标准，并不能保证我们就一定能选择到一个恰当的调查课题，就像有了渔网和船并不一定就能打到鱼一样，我们还需要解决“哪儿有鱼”“到哪里才能打到鱼”的问题。对于选择调查课题来说，就是要解决“到哪里去找课题”，以及“用什么方法去找课题”的问题。这就是调查课题的来源问题，以及选择调查课题的途径问题、方法问题。

尽管在现实社会生活中存在着大量的尚未解决的一般问题，但是，要从中选择出一个有着明显研究需要和较大研究价值的特定的问题，也并不总是一件容易的事情。特别是对于初次独立进行一项调查研究的人来说，他常常会有这样一种感觉，那就是，要找到一个合适的调查研究课题似乎比实际去做这个课题还要困难。这主要是因为，要选择一个有价值的、有新意的、可行的并且适合个人情况的调查课题，并没有普遍适用的方法。有的课题可能主要来源于研究者的某种好奇；有的课题则可能起源于研究者偶然碰到的一件事情；有的课题可能来自于研究者与朋友的一次聚会或交谈；有的课题则来源于研究者无意之中读到的一篇文章、一本杂志或一部著作……当然，应当指出的是，我们不能总是寄希望于这种碰运气似的机会，或者总是期待着某种突发的“灵感”。与此相反，我们应该主要依靠自己所掌握的理论知识，所熟悉的生活经验，所面对的社会现实，所具有的观察、分析能力，以及对选择调查课题过程中的某些带规律性的方法和常见的选题途径的熟悉和了解。为了找到一个符合前述几条标准的合适的调查课题，我们可以从下面几种具体途径或来源进行考虑：从现实生活中寻找、从个人经历中寻找以及从相关文献中寻找。当然，在实际生活中，一项调查课题的选定，常常是各种不同来源共同作用的结果，而不单单是哪一个来源的产物。

2.1.4 调查课题的明确化

所谓课题的明确化(focus the problem)，指的是通过对调查课题进行某种界定，给予明确的陈述，将最初比较含糊的想法变成清楚明确的调查主题，将最初比较笼统、比较宽泛的研究范围或领域变成特定领域中的特定现象或特定问题。在实际选择一项调查课题时，初学者或缺乏经验的研究者经常犯的一个毛病，就是往往只选择某一个比较宽泛的或者是比较笼统的问题领域，甚至是某一类社会现象或社会问题，而不是一个明确的、具体的调查课题。对于初学者来说，要清楚地陈述所要调查的课题，可以采取先将宽泛的问题转化为狭窄的问题、将一般性问题转化为特定的问题的做法。同时，在对调查课题进行界定、陈述和明确化的过程中，最好能用变量的语言来对调查课题进行陈述。比如，学生甲的课题“青少年犯罪问题”是一个十分宽泛的问题，其内涵并不是某一个具体的调查研究所能包含得下的。一项具体的调查研究，通常只能选择其中的一个方面进行研究。我们可以限制和缩小课题的内容范围，将其转化为诸如“青少年犯罪的原因研究”，或“青少年犯罪的特点研究”等类似课题。当然，更好的调查课题是进一步缩小问题的范围，突出基本的研究变量后得到的诸如“家庭关系与青少年犯罪”“青少年初次犯罪的原因研究”这样的课题。又如，学生乙所选择的调查课题“农村青年的价值观研究”内容也十分宽泛，我们可以限制和缩小内容范围，将其转化为诸如“某省青年农民的生育观研究”或“家庭结构与农村青年的生育意愿”这样一些比较具体、比较确切的调查课题。同样，我们也可以对学生丙所选择的调查课题进行界定，缩小其内容范围，分别转化为诸如“城市家庭中的代际关系研究”“家庭结构对家庭关系的影响研究”“当前城乡家庭生活方式比较研究”等等课题。

在清楚、明确地定义调查课题之前，就匆匆忙忙地去收集资料，这种做法尽管是可行的，但却不是有效的。因为这样做的结果常常是：你所收集的资料中，许多是无用的，许多是错误的，许多又是残缺的。因此，每一个调查研究人员在具体从事一项调查研究课题时，都应该养成首先将课题内涵明确化的好习惯。

2.2　准备阶段

如果说选择调查问题的意义在于确定调查的目标，那么准备阶段的全部工作就可以理解成为实现调查目标而进行的道路选择和工具准备，也称为调查设计阶段。所谓道路选择，指的是为达到调查的目标而进行的调查设计工作，它包括从思路、策略到方式、方法和具体技术的各个方面。就像实施一项工程之前必须进行工程设计一样，要保证一项调查研究工作的顺利进行，保证调查目标的完满实现，也必须进行周密的调查设计。而所谓的工具准备，则主要指的是调查所依赖的测量工具或信息收集工具的准备，当然，同时还包括调查信息的来源、调查对象的选取工作。具体而言，准备阶段主要包括三个方面的工作：调查工作的总体规划、抽样设计、收集资料的工具与方法。

2.2.1　调查总体规划

调查研究的整个过程，工作项目相当繁杂，又牵涉到相当多的人员，因此必须对整个调查工作有一个总体规划，以保证整个过程顺利开展。调查的总体规划应以书面形式，形成一份计划书，内容主要包括对调查目的、调查内容和范围、调查经费预算和进度安排的说明。这种计划书有两种主要的功能：一是作为研究者开展调查研究的行动指南和整个调查研究过程的备忘录，二是向他人说明调查研究的目标、内容以及研究的方法及其可行性。为了能更有效地完成下一步的调查执行工作，最好能在调查准备阶段，形成一份比较详细的调查工作流程表，对调查访问过程中所需进行的工作加以分类，尽量完整列出每一类中的工作项目，并预设各工作项目的完成期限。调查工作流程表其实就是一个标准化调查程序，它在调查执行过程中能起到工作检查表的作用，能帮助研究者关注每一个调查环节，以免因遗漏某项工作而发生难以补救的缺失。

2.2.2　抽样设计

调查资料的收集工作，即调查的询问正是在组成样本的这些调查对象身上完成的，而样本的代表性程度又决定了调查结果推广到总体的可靠性和准确性。为了保证抽取到有代表性的样本，调查设计阶段的另一个重要内容就是进行抽样设计。抽样设计的目标就是要在研究者现有条件下，设计出一种既符合调查目的和要求、又便于抽取到有代表性的被调查者样本的方案。为了达到这一目标，研究者需要认真了解调查总体的现状和结构，了解收集被调查总体相关信息或接触被调查对象时所存在的困难和局限，分析自身所具有的各种现实条件（包括经费、时间、人力、关系等），并从这三个方面尽量协调和平衡的思路出发，来选择和确定抽取样本的方案。

1. 选择合适的抽样方法

抽样方法不仅可以分为概率抽样和非概率抽样两大类，同时，在每一类抽样中又都可以进一步分为不同的抽样方法，而每一种不同的抽样方法所适应的总体状况、所要求的前提条件和操作程序、所抽取的样本效果等也都互不相同。研究者的任务就是要根据调查研究的目标要求，以及研究者所面对的社会现实条件，设计恰当的抽样方法和程序，获得有最大代表性的样本。具体抽样方法的选择一定要符合调查目标的内在要求。一项调查研究是以弄清现状、描述特征为主要目标，还是以分析关系、解释原因为主要目标，抽样方法的设计就有所不同。对于以前者为主要目标的调查来说，样本的全面性、样本覆盖的范围等因素往往是最重要的考虑，多段抽样、PPS抽样等方法的运用相对会多一些，并且，样本的规模相对来说也要尽可能大一些。而对于以后者为目标的调查来说，样本的针对性和典型性则往往是最重要的考虑。因此，相对来说，分层抽样、整群抽样的运用往往会多一些，样本的规模也可以相对小一些。

2. 决定样本规模

影响到这种考虑的主要因素通常包括以下几个方面：一是用样本统计值推论总体参数值时的精确程度，即抽样误差的大小。在其他条件不变的情况下，它和样本规模成正比，即精确程度越高（抽样误差越小），所要求的样本规模越大；二是推论的把握性程度（置信度）。在其他条件不变的情况下，所要求的这种把握性程度越高，则所需要的样本规模也越大；三是研究者所拥有的人力、物力和时间，这是决定样本规模的更为客观的条件。

2.2.3 设计收集资料的工具与方法

调查研究要从具体的个人那里收集量化的资料，一个重要的前提，是可以通过特殊的工具，以及特定的应用这种工具的方法来对社会现实中各种各样的人们的特征、行为以及态度等进行系统的、客观的、精确的测量。因此，研究概念的操作化、测量指标的选择、调查问卷的设计、资料收集方法的制订等等，就构成了调查设计工作中另一块重要内容。

1. 基本变量确定及其操作化

除了选择调查对象方面的考虑外，确定调查内容是调查设计的另一个重要方面。虽然实际社会研究中的调查研究在具体内容上可能会千差万别，但有一点却是共同的，这就是它们都依赖于变量的语言。无论是以描述为目标的调查，还是以解释为目标的调查，它们在具体内容上都可以归结为两个大的方面：一是描述某些变量的特征，二是探讨某些变量相互之间的关系。因此，在调查中确定基本的研究变量、选择测量这些变量的指标、设计用于这种测量的特殊工具，也就成了调查研究的中心环节之一。在调查设计阶段，研究者一方面要依据调查研究的目标确立最基本的研究变量，包括研究者最为关注的因变量，也包括作为解释变量的各种自变量；另一方面，研究者还要对这些基本变量进行操作化，即研究者既要构建起一套需要进行测量的变量体系，以满足调查研究目的的需要，又要将这些变量操作化为一系列更为具体的测量指标，以便于在调查中收集相应的资料。前一方面的工作与调查的总目标密切相关，与调查的基本内容相关，而后一方面的工作则是为调查设计中的下一项具体任务——问卷设计——提供指引。

2. 设计调查问卷

问卷是调查研究中用来收集资料的主要工具。无论是采用自填问卷的方式，还是采用结构访问的方式，都离不开问卷的使用。因而问卷的设计始终是调查设计中一项既相对独立、同时又与调查目标特别是与概念操作化紧密相连的一项工作。问卷设计的实质是以书面的形式将研究者希望了解的信息、希望收集的资料、希望询问的问题编制成一份询问表，以便于系统地、客观地并且是定量地收集所有被调查者的情况，为探讨和回答研究问题收集经验材料和依据。

调查问卷的设计可以看成是前面研究变量操作化的后续工作。它在内容上与变量操作化具有一致性。研究者应该依据前面所确定的变量框架和操作化指标，并遵循问卷设计的基本原则和方法技巧，将这些变量和测量指标转化为适合被调查对象回答的各种具体问题。并在此基础上，最终合成一份与调查方式相配合的调查问卷。

3. 设计资料的收集方法

调查研究中的资料收集方法有多种不同的形式，从大的方面来划分，调查研究中的资料收集方法主要有两种基本类型：其一是自填问卷法(self-administered questionnaires)，其二是结构访问法(structured interview)。自填问卷法指的是调查员将问卷表发送给(或者邮寄给)被调查者，由被调查者自己阅读和填答，然后再由调查员收回的资料收集方法。这种方法可以说是调查研究中最常用的一种资料收集方法。结构访问法则是指调查员依据事先设计好的调查问卷，采取口头询问和交谈的方式，向被调查者了解社会情况、收集有关社会现象资料的方法。在这两个大的类别中，又根据具体操作方法的不同，可以进一步划分出不同的子类型。比如自填问卷法中又可分为个别发送法、集中填答法、邮寄调查法和网络调查法；结构访问法中又可分为当面访问与电话访问等等。各种具体的资料收集方法在操作程序上互不相同，分别具有不同的特点，同时也适用于不同的调查对象和不同的调查课题。为此，研究者在调查设计阶段，必须对各种资料收集方法的优缺点都十分熟悉，并依据调查中的多种因素综合考虑。这些因素包括调查总体及其调查对象的性质、调查样本规模的大小、调查内容的敏感程度、调查的目标和重点、调查课题完成的时间要求、调查者拥有的人力和物力是否充足等等。研究者应该在调查正式实施之前，全面地分析和考虑上述各项因素，选择恰当的资料收集方法，并做好相应的计划和安排，以达到最好的调查效果。

与资料收集方法的选择有关的另一个问题是对调查的过程以及调查的组织与实施安排进行考虑，包括调查人员的组织、培训、管理，经费的使用，时间的安排等等。同时，研究者在设计阶段要对所选择的资料收集方法在实施过程中所可能遇到的各种困难、所面临的各种障碍有一定的分析，并提前准备好对应的措施和处理的方法。

2.3 实施阶段

实施阶段也称作资料收集阶段或调查方案的执行阶段。这个阶段的主要任务，就是具体贯彻调查设计中所确定的思路和策略，按照调查设计中所确定的方式、方法和技术进行资料的收集工作。在这个阶段，调查者往往要深入实地，接触被调查者；调查工作中所投入的人力也最多，遇到的实际问题也最多，因此，需要很好地组织和管理。另外需要注意的是，由于社会现象的复杂性，或者由于现实条件的变化，我们事先所考虑的调查设计往往会在某些方面与现实之间存在一定的距离或偏差，这就需要我们根据实际情况进行修正或弥补，发挥研究者的灵活性和主动性。

2.3.1 调查的组织与实施

由于调查研究以大规模的样本为前提，因此，整个调查资料的收集工作需要很好地组织和实施。概括地说，一项具体调查在资料收集阶段的组织与实施工作主要包括以下几个方面：①调查员的招募；②调查员的培训；③联系被调查者；④对调查进展的质量监控。

1. 调查员的招募

无论是自填问卷法还是访问法，常常少不了调查员的参与。换句话说，调查员往往是调查研究中资料收集工作的主要承担者。因此，招募调查员是研究者在调查研究中的一项重要任务。可以通过登报、张贴海报或在互联网上公告的方式，公开征求调查员。招募海报或公告的内容应包括：调查项目的名称及内容简介、调查地点和预定的调查时间、调查员的应征条件、报名时间和方式、面试时间和地点等。对调查员的录取，最好采取面试的方式进行。通过面试，可以了解应征者的背景资料，并对他们进行初步的评估，以判断他们的语言表达能力和调查意愿。而且，在调查员的招募环节，尤其要依据所研究的主题、社区的性质、被调查者的特点等因素来挑选调查员。比如从研究主题来考虑，调查有关政治、经济问题时，应选择男性调查员为主；而在调查婚姻、家庭问题时，则选择女性调查员更合适。又如从社区的角度来考虑，所选择的调查员最好是当地的、同民族、同宗教信仰的人，这样的调查员由于熟悉被访地区的风俗习惯、文化传统、语言特点等，往往能够很顺利地开展访问调查工作。再如从被调查者的特点来考虑，当被调查者为青年时，应尽量选择青年调查员；而当被调查对象主要为年岁较大、资历较深、影响力较大的人时，则应选择年龄较大的调查员。这即是说，所选的调查员在年龄、职业、社会地位等背景条件上与被调查者越接近越好。

2. 调查员的培训

首先，研究人员要向调查员介绍该项调查的内容、意义、方法及其与调查项目有关的其他情况，以便调查员对该项工作有一个整体性的了解。同时，还要就调查访问的步骤、要求、时间安排、工作量、报酬等具体问题进行说明。其次，介绍和传授一些基本的调查访问技术。比如如何敲门，如何自我介绍，如何取得被调查者的信任，如何尽快与被调查者建立良好的合作关系，如何客观地提出问题，如何记录回答等等。同时，要组织调查员集中学习调查员须知、调查问卷、调查员手册等材料，特别是要逐字逐句、逐条逐项地弄清楚调查问卷的内容、填写方法、注意事项等。最后，要进行模拟调查或访问实习。最好是在一小范围中，让每个调查员都按正式调查的要求和步骤，从头到尾实际操作一遍。然后认真总结模拟调查或访问实习中存在的问题，并通过讨论或讲解，解决这些问题。

3. 联系被调查者

调查的实施要求调查员同样本中的每一位被调查者都建立暂时的联系。如何顺利地使调查员为调查对象所接受，是每一项调查研究都必须面临和解决的问题。国外的做法是：一方面取得某种正式的或官方的允许；另一方面事先给调查样本中的每一位对象寄去一封短信,以介绍即将进行的调查项目,从而为调查员实际登门接触被调查者打下基础。结合我国的情况,可以考虑以下各种不同的途径:①通过正式机构;②通过当地部门;③通过私人关系;④直接与被调查者联系。

4. 调查过程管理与质量监控

一项调查研究项目的实施和完成,一方面存在着一定的程序,整个调查过程也会持续一段时间。另一方面,实施调查通常也不是由研究者一个人进行,常常需要有一定数量的调查员的参与。因此,在调查的实施阶段,一项重要的工作是要加强对调查过程的管理和质量监控。这一工作的重点主要涉及以下几个方面:①合理组建调查队伍;②建立监督和管理的办法及规定;③实地抽样的管理和监控;④实地访问的管理与监控;⑤问卷回收和实地审核的管理与监控。

2.3.2　保证调查的回收率

调查的回收率(response rates)也称为调查的应答率或回答率,是调查者实际调查的个案数与计划调查的个案数之比,换句话说,就是调查研究过程中研究者成功完成调查询问的个案数占计划完成的样本总个案数的百分比。对于调查研究而言,回收率最常见同时也是最基本的方法论意义在于:它是决定和影响调查样本代表性的重要因素。调查研究中,研究者虽然可以通过科学的抽样设计,达到从总体中抽取具有代表性的样本的目的,然而,这种抽样所得到的样本的代表性并不能最终反映调查结果的代表性。因为抽样所得样本对总体的代表性是一种处于调查开始之前的衡量指标。在进行调查的过程中,会有许多因素导致抽样样本中部分个案的缺失或失效,使得最终完成调查的样本只是抽样样本中的一个部分。因此,抽样方式决定的是所抽的样本有没有代表性的问题,而回收率则是告诉我们实际调查的样本与所抽取的样本之间会不会存在很大的差异的问题。

2.4　分析阶段

分析阶段在有的书中也称为研究阶段。这一阶段的主要任务是:对实地调查所收集到的原始资料进行系统的审核、整理、统计、分析。就像农产品从地里收回后要经过很多道加工的工序,才能最终成为香甜可口的食品一样,从实地调查中所得到的众多信息和第一手资料,也要经过调查研究者的多种“加工”和“处理”,才能最终变成调查研究的结论。这里既有对原始资料的清理、转换和录入到计算机中等工作,也有用各种统计方法对资料进行分析的工作。需要特别指出的是,由现代调查研究的特定方式、方法以及所收集的资料的性质所决定,这种加工和处理的方式及手段主要是定量的统计分析。

2.4.1　原始资料的审核与复查

1. 资料的审核

资料的审核是资料处理的第一步工作。它是指研究者对调查所收集回的原始资料(主要是问卷)进行初步的审查和核实,校正错填、误填的答案,剔除乱填、空白和严重缺答的废卷。其目的是使得原始资料具有较好的准确性、完整性和真实性,从而为后续资料整理录入与统计分析工作打下较好的基础。资料的审核工作包含两方面的内容:一是检查出问卷资料中存在的问题,二是重新向被调查者核实。

2. 资料的复查

为了确保调查资料的真实性、准确性，除了要对原始资料进行上述审核工作外，通常还要进行复查的工作。所谓资料的复查，指的是研究者在调查资料收回后，又由其他人对所调查的样本中的一部分个案进行第二次调查，以检查和核实第一次调查的质量。复查的基本作法是：由研究者自己或者由研究者重新选择另外的调查员，从原来的调查员所调查过的样本中，随机抽取5%～15%的个案重新进行调查。一方面核实原来的调查员是否真的对个案进行过调查（有的调查员会由于各种原因自编自填问卷答案，而实际并没有发送给被调查者或访问被调查者）；另一方面可将两次调查的结果进行对比，以检查第一次调查的质量。在招聘调查员进行的市场调查中，这种复查工作更是必不可少的。

通过审核和复查，研究者可以发现并纠正原始资料中所存在的一些错误，可以剔除一些无法进行再调查但又有明显错误的问卷，还可以普遍了解整个资料收集工作的质量，从而对资料的真实性和准确性具有更大的信心。

2.4.2 资料的转换与录入

1. 问卷资料的转换

资料复查完成后，我们需要将被调查者对问卷中问题的回答转换成供计算机识别和统计的数字，这就是编码（coding）。编码就是给每个问题及答案分配一个数字作为它的代码。由于调查研究的样本规模通常都达到成百上千，而每一份调查问卷往往又会包括好几十个甚至上百个问题，问卷资料的转换任务往往十分繁重，需要多人共同完成。为了减少资料转换工作中的误差，保证数据的质量，研究者需要编制一份编码手册（也称编码簿）发给从事问卷资料转换工作的人员，以便他们按编码手册的要求，统一进行资料转换工作。在编码手册中，研究者要将需要编码的项目和问题一一列出，逐一规定它们的代码、宽度、栏码、简要名称、答案赋值方式及其他特殊规定等等。整个编码手册的格式要规范统一，指示要明确，且容易理解，便于操作。

2. 数据录入

经过前述的资料转换处理，调查所收回的问卷中的一个个具体答案都已成功地、系统地转换成了由0～9这10个阿拉伯数字构成的数码，接下来的任务就是将这些数码输入计算机内，以便进行统计分析了。这就是数据录入的工作。从目前的情况来看，研究者主要采用两种方法来输入数据。一种方法是直接在SPSS等数据统计软件上输入数据，另一种是采用专门的数据库管理软件来录入数据，如EpiData、Excel等。两种方法各有特点，直接输入有时候很容易出错，且输入时也不容易发现。借助专门性的数据库管理软件则往往更能保证输入的正确性，更能减少输入数据时产生的差错，但需要将数据转录到专门的统计分析软件，增加了出错的可能性。

2.4.3 数据清理

在调查资料从问卷上的回答转换为编码，以及录入到计算机中成为数据文件这一过程中，无论我们组织安排得多么仔细，工作多么认真，还是难免会出现一些小的差错。为了在正式统计运算前再次降低数据中的差错率，提高数据的质量，我们还要进行数据清理工作。数据清理工作是在计算机的帮助下进行的，通常研究者可采取下列几种清理方法。

1. 有效范围清理

对于问卷中的任何一个变量来说，它的有效的编码值往往都有某种范围，而当数据中的数字超出了这一范围时，可以肯定这个数字一定是错误的。比如，如果在数据文件的“性别”这一变量栏中，出现了4、6、7等数字，我们马上可以判定这是错误的编码值。因为根据编码手册中的规定，“性别”这一变量的赋值是1＝男，2＝女，0＝无回答。这就意味着，所有被调查者在这一变量上的编码值只能是这三者之一；凡是超出这三者范围的其他的编码值，都肯定是错误的，必须进行检查、核对、纠正。

2. 逻辑一致性清理

逻辑一致性清理则是从另一角度来查找数据中所存在的问题。其基本思路是依据问卷中的问题相互之间所存在的某种内在的逻辑联系，来检查前后数据之间的合理性。例如，在针对某个电视栏目进行的收视率调查数据中，出现了两个从未听说过该栏目，但却经常观看该栏目的被访者，那么这些数据就存在逻辑不一致的地方，需要进一步核查清理。

2.4.4　资料的统计分析

调查所得的原始资料经过审核、整理与汇总后，还需要进行系统的统计分析，才能揭示出调查资料所包含的众多信息，才能得出调查的结论，因而统计分析是现代调查研究中十分重要的一部分。统计分析方法的内容可以根据变量的多少划分为单变量分析、双变量分析和多变量分析。

1. 单变量统计分析

单变量统计分析可以分为两个大的方面，即描述统计和推论统计。描述统计的主要目的在于用最简单的概括形式反映出大量数据资料所容纳的基本信息。它的基本方法包括集中量数分析、离散量数分析等。而推论统计的主要目的，则是用从样本调查中所得到的数据资料来推断总体的情况，主要包括区间估计和假设检验等。

2. 双变量与多变量统计分析

单变量统计分析对我们认识和了解社会现象来说，只能起到某种最基本的描述作用。当我们希望进一步了解社会现象发生和变化的原因、揭示社会现象的发展规律时，仅靠这种描述就不够了。而双变量与多变量统计分析正是人们用来探索变量间的各种关系，探索社会现象发生、发展和变化规律的有用工具。双变量统计分析中主要包括相关分析、交互分类、方差分析等，多变量统计分析则有多元回归分析、因子分析、聚类分析、判别分析等。

2.5　总结阶段

总结阶段的任务主要是：撰写调查报告，评估调查质量，应用调查成果。调查报告是一种以文字和图表将整个调查工作所得到的结果系统地、集中地、规范地反映出来的形式。它是调查研究成果的集中体现。而撰写调查报告也可以说是对整个调查研究工作进行全面的总结。从调查的目的、方式，到资料的收集、分析方法，到调查得出的结论、调查成果的质量，都要在调查报告中进行总结和反映。同时，还要将调查研究的成果以不同的形式应用到社会实践中去，真正发挥调查研究在认识社会现象、探索社会规律中的巨大作用。

※ 延伸阅读

调查研究过程示例①

独生子女是20世纪70年代末以来出现在我国社会中的一代特殊人口。独生子女的产生引起了广大社会学、人口学、心理学、教育学研究人员以及整个中国社会的普遍关注。80年代以来，不少研究者对独生子女问题进行了研究。下面以风笑天1987年至1992年所做的一项研究为例，具体说明社会研究的一般程序。

(1)选择研究问题。1987年风笑天在北京大学社会学系攻读博士学位时，导师袁方教授给他提出了博士论文的选题：中国独生子女问题研究。可以说，导师所定的题目，只是确定了研究的主题(subject)。由于独生子女这一主题中包含众多的内容，涉及众多的方面，比如独生子女人口的结构及分布、独生子女家庭的结构与关系、独生子女家庭的生活方式、独生子女的教育问题、独生子女的社会化、独生子女的心理特征、独生子女家庭的老年保障等，因而需要将比较宽泛的研究主题转化为比较具体明确的研究问题。经过阅读和分析当时国内这一领域中的已有文献和一部分国外文献，风笑天发现，国内还没有关于独生子女家庭基本状况的研究结果，因而从社会学角度讨论各种独生子女问题尚缺乏经验的基础。另外，风笑天发现独生子女的教育问题是当时最为集中的研究焦点，但运用较大规模的调查资料进行分析和探讨的研究很少，多为一般性的、空泛的议论，而与独生子女家庭密切相关的养老问题则还没有引起人们的注意。根据这一情况，风笑天确定了三个方面的研究问题：第一，独生子女家庭在结构、关系等基本方面具有什么样的特征？第二，独生子女究竟是不是"小皇帝"？独生子女家长是不是更加"望子成龙"？独生子女的出现给当前的教育带来哪些冲击和影响？第三，独生子女家庭养老面临哪些挑战？

(2)调查设计。为了达到上述研究目标，研究者决定采用以调查研究为主的方式进行探讨。研究者选取了地处全国中部，在人口结构、家庭规模、人口出生率、独生子女比重、社会经济发展水平等方面均处于全国平均水平的湖北省作为调查地区，以武汉市、黄石市、沙市市、仙桃市、云梦县城关镇作为调查点(分别代表特大城市、大城市、中等城市、小城市、城镇，以及综合性的中心城市、重工业城市、轻工业城市、县级市和镇)，其目的是为了尽可能提高研究结果的代表性。根据研究者所拥有的时间、经费和人力等条件，研究采取了横剖调查的形式，确定了以描述为主的研究目标，选择了小学生中的独生子女作为分析单位、小学生中的非独生子女作为比较对象、小学生家长作为资料收集的对象。设计了分层、多阶段、整群随机的抽样方法，以及收集调查资料的主要工具——《小学生家长调查问卷》，并对问卷调查表的发放与回收、问卷调查资料的审核与输入、问卷调查资料的统计分析方法等均进行了比较周密的设计和考虑，并于1988年4月至5月间进行了试调查。然后根据试调查的结果再次修改了调查问卷。

(3)资料收集。1988年9月至11月，研究者在整整三个月的时间里，独自一人奔赴五个调查城市，开展问卷的发放与回收工作。在每一所抽中的小学里，研究者先与学校领导交谈，了解学校总的概况，并根据研究设计，分别从高年级和低年级中抽出两个调查的班级；然

---

① 该实例引自风笑天教授的《社会研究方法》(第四版)16～17页，中国人民大学出版社，2013。

后分别访问班主任老师，向他们了解小学独生子女与非独生子女在学习、个性、家庭等方面的情况；并布置好问卷调查的方式、方法、要求等有关事宜；此外，研究者还在老师和学生的帮助下，访问了一部分小学生家长，获得了比较丰富的个案资料。

(4)资料分析。问卷资料回收后，研究者首先对所有问卷进行了审核。经过核查，剔除了少数空白、未填完等不合格的问卷。然后，由北京大学社会学系的10名本科生对问卷资料进行了编码过录，并请一名博士生将编码过录后的问卷资料全部输入计算机。问卷资料的统计分析均在计算机上运用SPSS/PC＋软件进行。根据研究的目的、要求，同时兼顾到时间等客观条件的限制，研究者主要进行了单变量的描述统计、双变量的交互分类统计和相关分析。

(5)得出结果。通过对调查资料的系统分析和深入探讨，研究者得出了“三口之家是独生子女家庭的典型特征”“生育两个孩子是大部分独生子女父母的生育意愿”“小学独生子女父母的角色中增加了教师的角色及同龄伙伴的角色”“独生子女并非都是小皇帝”“独生子女家庭养老将面临精神交流与支持减少、居住分离、子女流动两难等严重挑战”等一系列研究结果和结论。当然，研究者也客观地指出了其研究所存在的局限性，提示了研究结果的适用范围，以及值得进一步研究的问题。1990年，研究者将这些结果撰写成博士论文。1992年，研究者又在这篇博士论文的基础上，形成了一本从社会学的角度系统研究我国独生子女问题的学术专著——《独生子女：他们的家庭、教育和未来》。

【本章小结】

作为一种系统的、科学的认识活动，调查研究有着一种比较固定的程序，这种固定的程序可以说是调查研究自身所具有的内在逻辑结构的一种体现。一般来说，我们可以将调查研究的过程分为五个阶段，即选题阶段、准备阶段、实施阶段、分析阶段和总结阶段。选题阶段的主要内容是如何选择一个调查研究的题目。准备阶段主要包括三个方面的工作：调查工作的总体规划、抽样设计、收集资料的工具与方法。实施阶段则主要包括调查员的招募、调查员的培训、联系被调查者、对调查进展的质量监控等主要内容。分析阶段的主要任务是对实地调查所收集到的原始资料进行系统的审核、整理、统计、分析。总结阶段的任务主要是撰写调查报告，评估调查质量，应用调查成果。调查研究的每个阶段都有其独特的功能性活动，各个阶段又相互联系。只有做好每一阶段的工作，整个调查研究才能顺利开展。

【思考练习】

1. 调查研究中应该如何进行选题？
2. 调查研究的准备阶段主要包括那几个方面的工作？
3. 调查研究的实施阶段，研究者需要开展哪些工作？
4. 调查研究的一般过程主要包括哪几个阶段？

【参考文献】

1. ［美］巴比．社会研究方法［M］．邱泽奇，译．11版．北京：华夏出版社，2009.

2. 陈可辉.调查研究是解决问题的重要前提[J].南方金融,2000(10):55－56.
3. 仇立平.社会研究方法[M].重庆:重庆大学出版社,2008.
4. 风笑天.现代社会调查方法 [M].5版.武汉:华中科技大学出版社,2014.
5. 郝大海.社会调查研究方法 [M].3版.北京:中国人民大学出版社,2015.
6. 李向红.调查设计[J].广西医学,1999,21(5):915－920.

第 3 章　指标与测量

【目的要求】

了解指标与测量的关系。

掌握概念操作化、测量的定义、测量的要素、测量的层次。

重点是测量的要素，难点是概念操作化。

3.1　概念

在生活中，我们会观察到不少东西，并且我们也知道它们是真实存在的。我们也听到不少人提到他们观察到的现象，例如：有些人会认为“女性不适合从事理工行业”。这个世界上，似乎存在着有特定观点的人。当我们讨论这些人时，有时候我们会根据上述表现为这些人分类，我们会叫这些人是“不想雇佣女性员工担任工程师的人”“歧视女性科学家的人”。但用这样长的名词来称呼这一类人会十分累赘，为何不用“偏见”来代替这累赘的称呼？我们也可以用“偏见”来代替一些有这些想法，却没有表现出上述行为的人。总之，不一定要做出上述行为，只要类似的观点的人都能这么归类。偏见根本就不是一个具体的事物，我们不知偏见的形状，有着什么样的颜色，我们也不曾见过偏见的实体。但是我们经常谈论偏见。

一般情况下，人们为方便交流形成共识，这就是偏见概念的起源。事实上偏见是不存在于这个社会的。我们也不曾见过偏见这个东西，只是为了方便，建立起这样一个名词来沟通。这个名词是我们用以表达在这个世界上观察到相关现象的集合，我们每个人都可以根据自己的经验发展出对该名字的一种解释。

每当我们提及偏见这个名词，每个人心中会产生一个心理形象。不同人之间的心理形象并不一样。你头脑中的偏见概念，是你所被告知有关偏见的意义，以及你所观察过所有与偏见有关的例子，而我头脑中的偏见概念，就是我从书本学习到的和被学校教育过的什么是偏见，以及我生活中观察过所有与偏见有关的例子的集合。每个人都有着不同的经验，所以也没有任何人有完全相同的观点。

日常生活所使用的语言所传达的意义是模糊不确定的，在科学研究中，我们则必须确立每一个使用的词的意义。概念(concept)就是如何将现实生活中的模糊观念转化为一些能够被人认知的，以及被测量的过程。

在人们的心中，对于量化那些生活中所常见到的想法的可能性，我们常抱着怀疑的态度，比如说：爱情、憎恨、偏见、激进、疏离、自由主义、宗教信仰等等这类情绪上的观念。是否可以测量(量化)？答案是肯定的。

科学有两个支柱：一个是“观察”、另一个则是“测量”。观察代表的是轻松、被动地；测量表示小心、细心、慎重地观察世界，藉由变量中的组成因素以描述事物。通常都有一种以上的方法来测量变量。

例如，要讨论的变量是支持公益事业的倾向，我们可能要调查志愿工作者团体的成员，分别研究他们的参加公益活动的次数，才能测量出人们支持公益事业的倾向。或者，在关于公益事业的访谈中，询问受访者对公益事业的态度，并以他们的回答为测量方式。

任何事物都能被量化、被测量，只是需要合适的方法。

3.2 测量

3.2.1 测量的目的

测量(measurement)就是用一个指标去表征一个概念，一般用数字指标。测量的目的是用科学手段度量我们的感觉，通过标准尺度来得到准确的信息，这些信息在测量前是不可见的(如用显微镜观察细菌，用天文望远镜观测星体)。测量的作用在于确定一个特定分析单位的特定属性的类别或水平，即能对事物的属性做定量或定性的说明。质化(qualitative)与量化(quantitative)研究不同。对于量化研究来说，需要对研究进行精细的规划和设计，而质化研究往往由研究者自己发挥自己的想法。量化研究者倾向于使用量化数据和数字，质化研究者更倾向于使用词汇、符号、图像。量化研究者在研究之前要对概念和变量深思熟虑，而质化研究者不需要这个步骤。

1. 测量包含四个不可缺少的要素

(1)测量的客体，就是测量的对象。是客观世界中所存在的事物或现象，是我们要解释和说明的对象。测量客体也就是“测量谁”。比如，我们测量某同学身高，该同学就是我们测量的客体。社会调查中最常见的客体是各种各样的人，以及群体、组织和社区等。

(2)测量的内容，就是测量客体的某种属性或特征。测量内容所对应的是“测量什么”的问题。在社会调查中，我们所测量的对象虽然是某一客体，但所测量的内容却并不是客体本身，而是这一客体的属性或特征。比如，箱子是我们测量的客体，但不是我们测量的内容，箱子的高度、颜色、重量才是我们的测量内容。当测量对象是社会时，测量内容是反映社会现象的指标，如国民经济状况、人民生活水平、社会福利状况等。

(3)测量法则，是用数字和符号表达事物各种属性或特征的操作规则。测量法则反映的是“怎么测”的问题。比如，标尺上对应的刻度就是某同学的身高。这就是测量身高的规则。再比如某人收入状况，“将被调查者的工资加奖金、利息、股金和外快，就是某人的月收入”，这就是一种测量法则。

(4)数字和符号是用来表示测量结果的工具。数字和符号所对应的是“如何表示”的问题。比如月收入 2000，身高 1.60 米。这些是用数字表示测量结果。还有很多用文字来表示的，如性别、对住房购买政策的态度(同意或反对)、或者用 1、2、3、4、5 分别表示“非常同意、同意、说不准、不同意、很不同意”。

2. 测量必须满足以下条件

(1)准确性：指用数字或符号表示的研究对象的属性、特征的差异必须是真实、可靠、有效的。

(2)完备性:指规则必须能包括研究对象的各种状态和变异。如性别有男女两种状态。

(3)互斥性:指每一个观察对象的属性和特征都能以一个数字或符号来表示,即研究变量的值必须互斥。如工人、农民、城市居民、干部等,工人、干部与城市居民则相容。

3.2.2 测量的步骤

测量一般包含下面的步骤:①选定一个欲测量的概念;②对概念下定义(概念化);③以概念定义为基础,明确指出测量的方法或步骤(操作化)。

3.2.3 概念化和操作化

1. 概念化

把有相似、共同点的观察经验连结在一起的一个方式,或使用一个名词。概念不见得存在于真实的世界。

如小王在公共汽车上,可以把座位让给老人、弱者、病人、残疾人、孕妇、幼儿;在课堂里,从不在别人发言时插话;在遇到身体有缺陷的人面前,毫不显示出歧视,不嘲笑、讥讽他,并伸出援助之手;在看到别人随意破坏自然环境,或猎杀小动物时,能及时出来阻止;看到暴力行为能报警、叫大人或自行制止;能包容别人的缺点,“宰相肚里能撑船”。小王是“善良”的人。由此可知,我们可互相沟通,我们同意用某个词汇,互相沟通一些真实的事。

概念是由人们一致赞同的心理意象观念总和而成的构念。我们的观念将看似相关的观察及经验的集结加以概括处理。

因此,凯普兰将概念界定为“一组观念”。概念就是一种构念。比如同情心,其实就是由大家对于这个名词的认知所构成的观念集合。同情心并不能直接的或是间接的被观察出来,因为它是不存在的,是我们创造出来的名词。

虽然观察和经验都是真实的或至少是主观的观念,而由观念所生的概念只是心理上所创造出来的。这些和概念相关的名词,都只是为了沟通目的而存在的。

把构念看成真实的作法叫做“具体化”,日常生活中概念的具体化是很平常的事,但对科学则要对自己真正要测量的事物十分清楚。

构念可以帮助我们组织、沟通以及了解“真实的”事物。虽然构念自身不真实或不可观察,但却和真实及可观察的事物之间,存在一种确认的关系,从直接到间接可观察的,再到有用的构念,称为概念化。

概念化制造一个特定而被大家同意的意义。确定准确意义的过程需要描述我们所使用的指标,以测量这些概念,以及概念的不同描述。

概念化过程最终就是产生一组在我们心中特定指标,这组指标可用来指明研究的概念行为是否出现。

概念有三种:

(1)可以直接观察,如颜色。

(2)可以间接观察,如在问卷中填的性别是女性,脑中会有女性的样子。

(3)不能直接或间接观察的抽象概念,如智商、同情心。

a construct(构念:抽象且假设性的概念)= a concept(概念)= a family of conceptions(由具体的观念组合而成的,是一种指标→indicators)。

2. 操作化

操作化是把概念的定义用一系列确定的程序定义下来，这些程序用来收集概念的数据。在研究中、理论中有许多概念，而变量就是概念。

观察变量可以分成

(1)容易观察的：如性别、种族、年龄。

(2)抽象的、难观察的：如自我尊重、性别主义。

概念化、操作化就是把抽象的变量变为具体的、可测量的变量的过程。

3. 概念化与操作化的过程

(1)在概念化当中，一个概念可能有不同的看法、意见分歧。此时，就要给概念化定义，如无助感。

(2)概念化定义：把模糊的观念说清楚，理清不同的观察、测量，使它适合自己的研究。

由概念定义发展到操作定义的过程中，需遵循"对应规则"或"辅助理论"。对应规则：一个逻辑陈述，说明测量指标如何与抽象构念对应。辅助理论：解释指标与构念如何及为何可以连结。

4. 操作化的两个错误

(1)系统误差(systematic error)：在所要测量的概念，可能因为收集数据的方式或受试者提供的数据出现误差，使研究者测量不到所要测量的东西；或是让研究者所测的，不是研究者要测量的。如：知、行的态度，态度和态度的显现是两回事。发问卷问要不要修建垃圾处理厂时，可能都回答可以，但是真正要盖垃圾处理厂时，小区居民又会抗议。

出现系统误差的原因：

①在问卷中，已经"暗示"受试者，研究者所想要的答案。

②研究者得到"支持假设"的答案时，点头微笑。

③受试者可能会同意研究者，因为他们想从研究者那边"得到好印象"(social desirability)。

④不同的"用语"，会引起不同的反应、偏见。同一件事，用语不同，所得到的支持也不同。

⑤来自"文化的差异"。例如，农村的经济条件较差，可能是因为所测量的题目都是与高收入阶层的生活有关，所以得分较低。

(2)随机误差(random error)：研究者所测量的东西不变，在随后的测量中所得的结果和第一次不同。也就是说，多次测量，但每次所得的结果都不同，前后不一致。

出现随机误差的原因：

①问卷太长，测量程序太累人，使受试者只想快点回答完问卷。

②测量用受试者不熟悉的用语。

(3)如何避免系统误差与随机误差：

①用非偏见的用语，也就是用受试者所懂得的语言。

②仔细训练调查人员，不要让调查人员知道研究的实验组、控制组。

③训练调查员对文化的敏感度，避免系统误差。

④不要使受试者察觉，他们正在被观察。

⑤用不同的研究方法收集数据，避免系统误差。如问卷＋访谈。

3.2.4 测量的层次

史蒂文斯1951年创立了测量层次分类法,他按照测量对数量化程度由低到高的顺序,将测量可分为四个层次,即定类测量(nominal scale)、定序测量(ordinal scale)、定距测量(interval scale)和定比测量(ratio scale)。

1. 定类测量

也称类别测量或分类测量,它是对测量对象的性质或类型的测量。其测量结果只能分类,标以各种类别名称,如用"0"代表女性、"1"代表男性;"1"代表农业、"2"代表工业、"3"代表商业等等。这些数字都是人们赋予某类事物的识别标志,它们丝毫不反映这些事物本身的数量状况,不能作加、减、乘、除等数学运算。定类测量的数量化最低,其测量结果只能用数学符号"="或"≠"来表示,只能做频率分布、在总体中所占比例等有限的几种数量统计。

2. 定序测量

也称顺序测量或等级测量,它是对测量对象的等级或顺序的测量。定序测量的数量化程度比定类测量高一个层次,它已具有了数量差别的含义,其测量结果可用数字符号"<"或">"来表示,可进行频率分布、比例关系等集中数量统计,但还不能进行加减运算,不能测量出不同等级、顺序社会现象在数量上的具体差距。

3. 定距测量

也称区间测量,它是对测量对象之间的数量差别或间隔距离的测量。对人的智商、初婚年龄、人均生活费用、家庭人数等可用某种基本单位表示数量差别或间隔距离的社会现象的测量,就属于定距测量,其测量结果可用具体数字来反映。定距测量不仅能反映社会现象的类别和顺序,而且能反映社会现象的数量状况,计算出它们之间的距离,

4. 定比测量

也称比例测量,它是对测量对象之间的比例或比率关系的测量。对出生率、死亡率、劳动力负担系数、工资增长速度等反映两个数值之间比例或比率关系的社会现象的测量,就属于定比测量,其测量结果一般用百分比来表示,有时也可用绝对数来表示。定比测量的数量化程度比定距测量又高一个层次,其测量结果不仅能进行加减运算,而且能进行乘除运算,并可作各种统计分析。

上述四个测量层次的数学特性是累进迭加的,这就是说前一种测量没有后一种测量的反映功能和运算功能,后一种测量都包含着前一种测量的反映功能和运算功能。

3.3 指标与量表的设计

对于同一个概念的测量或操作化常常不是只有一个作法。当然有一些概念的测量是相当直截了当的,如性别。但当概念的意义是抽象且复杂时,我们就需要用多个指标(indicators)来测量。

3.3.1 指标与量表的概念

指标(indexes)和量表(scale)都是一种综合性的测量(composite measures),也就是将一个潜变量(latent variable)的多个指标(indicators)经一定的程序合并后得到的测量。

指标的建立比量表简单。通常我们是将每个指标给予同等权重(weight)后合并。也就

是将个别的指标所测量到之特性给予分数后，再累加起来。

和指标不同，量表则是寻找指标间可能存在的结构后依照一定的方法建立得到的。因此，量表的建立是企图测量潜变量在强度和方向上的变化。

指标或量表所要反应的现象或构念(construct)之所以称之为潜变量是因潜变量的意义往往不是一个指标就能测量的，而是需要好几个指标，亦即这个变量本身是不被直接测量到的，是隐藏性的。此外，潜变量意味它本身和测量它的问题间有一特定的关系，亦即潜变量的强度或量是导致一组问题得到特定值或分数的共同原因。

3.3.2　指标建立的步骤

1. 在资料中找到研究者认为与潜变量有关联且至少有表面效度的几个问题(即指标)。然后，检视这些问题间之双变量和多变量间的相关。如果两个问题间并无相关，则它们应该不是反应同一潜变量。因此，指标所测量的潜变量是只有单一维度的(unidimensional)。

2. 选定一组问题后，要给予每一问题的答案一个分数，然后相加得出总分。如果某一问题被认为可能比其他问题更能反应潜变量之程度，或许此问题可以给较大之分数，也就是加权。

3. 所建立的指标应该有相当程度的变异。

4. 当指标建立后，应该检视此指标之效度，如看它是否和理论上应有关系之其他变量间相关(即看结构效度为何)。

量表和指标不同的是，量表并不假定测量潜变量的各项指标是有同样的强度。因此，量表是探索多个指标间的相对强度的结构。另一种说法是，量表是要估计其所测量之潜变量的真实分数(true score)，而此真实分数并非将指标视为对潜变量无误差测量并予以相加即可。如下图所示：

一个潜变量(Y)和构成量表的一组问题(Xi)间的关系：

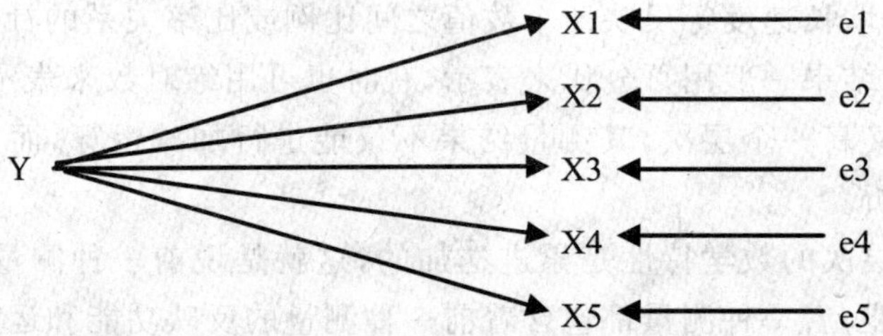

上图显示每一个 Xi 的变异是由一共同的潜变量(或因素)与一独立之误差或残差(residual)所影响。残差项是指所有其他未被明确描述会造成问题变化之原因。这个图所假定之潜变量、问题和误差间的关系是：

(1)个别问题连结之误差项的变异是随机的。当把一群人对个别问题之反应的误差加起来并平均后会是零。

(2)一个问题的误差项和另一个问题的误差项之间是不相关的。

(3)误差项和潜变量的真正分数间是不相关的。

(4)任何两个 X 间的相关是经过 Y。

【本章小结】

测量可以分为质化与量化测量。测量包含客体、内容、法则和结果四个不可缺少的要素，测量需要满足准确性、完备性、互斥性。把需要抽象的概念逐步转换成可以测量的指标，转化为可测量验证的数据的过程，称为概念操作化。操作化可能出现系统误差和随机误差。测量分为定类测量、定序测量、定距测量和定比测量四个层次。指标和量表都是综合性的测量。

【思考练习】

1. 概念是什么？
2. 解释"自我形象"这个定义如何被操作化为测量指标。
3. 测量的要素是什么？
4. 问卷太长，测量程序太累人，这会造成哪种测量误差？如何避免这种误差？
5. 需要用哪一种层次的测量来测量工资增长速度？

【参考文献】

1. Babbie，Earl. The Practice of Social Research(11th edition) [M]. Wadsworth Publishing，2006.
2. O'Leary，Zina. The Essential Guide to Doing Research[M]. London：SAGE Publications，2004.
3. Schofield，J. W. "Increasing the generalizability of qualitative research." Qualitative Inquiry in Education [M]，edited by E. W. Eisner and A. Peshkin. NY：Teachers College Press，1990.
4. 风笑天. 社会学研究方法[M]. 中国人民大学出版社，2009.
5. 高书国. 教育指标体系的特点与功能[J]. 教育与数学研究，2014，28(12)：1—6.
6. 克利福德·科布，克雷格·里克斯福德，宾建成. 社会指标的历史教训[J]. 经济社会体制比较，2011(5)：1—12.
7. 约翰·肖内西，尤金·泽克迈斯特，珍妮·泽克迈斯特. 心理学研究方法 [M]. 张明等，译. 7版. 人民邮电出版社，2010.
8. 张江甫. 略论西部农村现代化的社会指标体系[J]. 宜宾学院学报，2008，8(10)：52—54.

第4章 抽样方法

【目的要求】

了解样本规模的确定和抽样误差的控制。

熟悉抽样的程序与意义。

掌握抽样调查的原理和方法、概率抽样和非概率抽样的基本方法。

4.1 抽样方法概述

4.1.1 抽样的概念

通常根据是否将所定义的目标人群中的研究对象进行全部调查或部分调查分为普查(census)和抽样调查(sampling survey)。在实际调查工作过程中,由于普查涉及的人群范围较大,调查时人力、物力和时间消耗较多,所以通常采用抽样调查。抽样调查是指仅调查研究的目标人群中的一部分有代表的个体(individual),即样本(sample),根据样本的调查结果而估计总体的特征。通过对抽取的样本进行研究从而推断总体特征的研究方法称为抽样研究(sampling research)。由于抽样本身造成的样本指标与总体指标之间的差异称为抽样误差(sampling error)。

4.1.2 抽样调查的原理

抽样调查从总体中抽选出来进行调查并用以推断总体的调查样本,是按照随机化原则抽选出来的,由于不受任何主观意图的影响,因此总体中各个单位都有被同样的概率抽中,能够保证被抽中的调查样本在总体中的合理、均匀分布,调查出现倾向性偏差的可能性是极小的,样本对总体的代表性很强。抽样调查是以抽选出的全部调查样本作为一个"代表团"来代表总体的,而不是用随意挑选出来的个别单位来代表总体,使调查样本具有充分的代表性。

抽样调查所抽选的调查样本数量,是根据要调查的总体各个单位之间的差异程度和调查推断总体允许的误差大小,经过科学的计算确定的。由于在调查样本的数量上有可靠的保证,样本就会与总体实际十分接近。抽样调查中的样本误差,在调查前就可以根据调查样本数量和总体中各单位之间的差异程度进行估计,可以把样本误差控制在一定范围之内,调查结果的准确程度比较有把握。

4.1.3 抽样的分类

根据抽取对象的具体方式,我们把抽样分为随机抽样与非随机抽样两大类。两种抽样方法有着本质区别,随机抽样的样本必须遵循随机化原则,即保证总体中的每一个对象都有已知的、非零的概率被选入作为研究对象,以保证样本的代表性;而非随机抽样则主要是依据研究者的主观意愿、判断或是否方便等因素来抽取对象,它不遵循随机化原则,因而往往产生较大的误差,难以保证样本的代表性,常常在探索性研究或在研究的初期采用。若样本量足够大、调查数据可靠、分析正确,则可以把调查结果推论到总体。

随机抽样和非随机抽样还可以分成很多种不同的形式,如图 4.1 所示。

- 抽样
  - 随机抽样
    - 单纯随机抽样
    - 系统抽样
    - 分层抽样
    - 整群抽样
    - 多阶段抽样
  - 非随机抽样
    - 偶遇抽样
    - 定额抽样
    - 判断抽样
    - 雪球抽样

图 4.1　抽样的类型

4.1.4　抽样的一般程序

虽然不同的抽样方法有不同的抽样程序,但是可以归纳为以下五个程序:

1. 界定总体

这是抽样调查的前提和基础,我们在抽样调查前需明确调查的全部对象及其范围。抽样调查虽然仅对总体中的一部分具有代表性的个体进行调查,但其目的却是为了推断和描述总体的状况与特征,并且发现总体中存在的规律,如果不明确总体的范围与界限,那么,即使采用严格的抽样方法,也可能抽出严重缺乏代表性的样本。所以要有效地进行抽样,必须事先了解和掌握总体的结构及各方面的情况,并依据研究的目的明确地界定总体的范围。样本必须取自明确界定后的总体,样本中所得的结果,也只能推广到最初明确界定的总体中。

2. 制定抽样框

抽样框(sampling frame),又称抽样范围,是指一次直接抽样时,总体中所有抽样单位的名单,即所有被调查对象的详细名单。在没有现成名单的情况下,可由调查人员自己编写(如对调查对象进行标号)。需要注意的是,当抽样分几个阶段、在不同的抽样层次上进行时,则需要分别建立起几个不同的抽样框。

3. 设计抽样方案

抽样的方法有很多种,因为每种抽样方法的特点不一样,所以每种方法所适用的范围不一样，这就需要我们在实施抽样前，依据研究的目的和要求，依据各种抽样方法的特点来决定具体采用的抽样方法。确定抽样方法后，还要根据调查要求确定样本的规模和主要目标量。归纳一下就是，先确定抽样的技术(概率抽样还是非概率抽样)，再确定具体的抽样方法，最后按预定的调查要求选择调查的样本。

4. 实际抽取样本

完成以上步骤后，按照设计的抽样方案从制定的抽样框中抽取观察单位，构成调查样本。实际抽取样本可能是在实地调查之前就完成，然后到实地后调查员就按照制定好的方案进行调查，也可能因为调查的总体规模大，且抽样是采取多阶段的抽样，需要一边调查一边抽样。

5. 评估样本质量

对样本的质量、代表性、偏差等进行初步的检验和衡量，其目的是防止由于样本的偏差过大而导致调查的失败。评估样本的方法可以是研究者对抽样的方法和步骤进行核查，看其是否遵循随机化的基本原则。也可以将可得到的、反映总体的某些重要特征及其分布的资料与样本中的同类指标的资料进行对比，现两者之间的差距很小，它在一定程度上说明，样本的质量和代表性比较高。从这样的样本中得到的结果就能较好地反映和体现总体的情况。一般来说，用来进行比较的总体结构指标越多越好，各种指标对比的结果越接近越好。

4.2 随机抽样

随机抽样(random sampling)每个符合条件的受试对象被抽取的机会相等，即总体中的每一个体都有相同机会被抽到样本中来。它保证所得样本具有代表性，使得研究结论能从样本推广到总体。常用的随机抽样的方法有单纯随机抽样、系统抽样、分层抽样、整群抽样、多阶段抽样。

4.2.1 单纯随机抽样

单纯随机抽样(simple random sampling)，又称简单随机抽样，是最简单、最基本的抽样方法。从总体N个单位中，抽取n个单位作为样本，使得总体中的每个个体都有同等的概率被抽出来作为样本的一种抽样方法。

具体方法是将调查总体的全部观察单位编号，从而形成抽样框，再用抽签法或者随机数字表或者通过计算机编程产生伪随机数等方法在抽样框中抽取部分观察单位作为样本。

简单随机抽样的特点：

1. 简单随机抽样要求被抽取样本的总体个数N是有限的。
2. 简单随机抽样样本数n小于等于样本总体个数。
3. 简单随机抽样样本是从总体中逐个抽取的。
4. 简单随机抽样是一种不放回的抽样。
5. 简单随机抽样每个个体被抽中的概率相同，均为n/N。

在实际工作中，单纯随机抽样往往因为总体数量大，不容易编号，抽样复杂，抽到的样本分散难以调查等原因，以至于实际应用不多，但是它是其他各种抽样方法的基础。

4.2.2 系统抽样

系统抽样(systematic sampling)，又称机械抽样，是先将总体中的个体进行编号排序，根据某种确定的规则，机械的抽取单位的抽样方法。最常用的是等距抽样，即抽取相同间隔的号码的个体组成样本。样本的抽取直接从总体中来，无中间环节。

具体方法是：采用随机抽样的方法将总体 N 全部编号；将总体按编号进行分段，分段间隔为 K(K＝N/n)；在第一个 K 段由随机抽样抽取的起始个体为 L；抽取的个体则为 L，L＋K，L＋2K，L＋3K，L＋4K，…，L＋(n－1)K；将这些抽取的个体全部加起来就是该总体的样本。

系统抽样有一个十分重要的前提条件，总体中元素的排列，相对于研究的变量来说，应是随机的，即不存在某种与研究变量相关的规则分布。否则，系统抽样的结果将会产生极大的偏差。因此，我们在使用系统抽样方法时，一定要注意编号的方法。

4.2.3 分层抽样

分层抽样(stratified sampling)，又称分类抽样，是先将总体观察单位按某种特征(如性别、年龄、住址、职业等)分为若干层，再从每一层内随机抽取一定数量的观察单位合起来组成样本的一种抽样方法。分层可以提高总体指标估计值的精确度，它可以将一个内部变异很大的总体分成内部变异很小的次总体．若分层变量选择不当，层间差异小，层内变异较大时，分层抽样就失去意义。

分层的基本原则是层内方差小，层间方差大，具体包括：

1. 按调查对象的不同类型划分，使得层内单位具有相同的性质。

2. 层内单位的标志值越近越好，层间单位的标志值差异越大越好。

3. 现实应用中，为了抽样组织的方便，通常按照行政管理机构设置进行分层。

分层抽样又分为两类：一类叫按比例分配(proportional allocation)分层随机抽样，即各层内抽样比例相同；另一类叫最优分配(optimum allocation)分层随机抽样，即各层抽样比例不同，内部变异小的层抽样比例小，内部变异大的层抽比例大，此时获得的样本均数或样本率的方差最小。

我们采用不按比例分层抽样的方法，主要是便于对不同层次的次总体进行专门研究或进行相互比较，但若要用样本资料推断总体时，则需要先对各层的数据资料进行加权处理，即通过调整样本中各层的比例，使数据资料恢复到总体中各层原本的比例结构。

4.2.4 整群抽样

整群抽样(cluster sampling)是先将总体分成若干群体，再从总体中随机抽取其中部分群体作为观察单位组成样本，对每一个群体中的全部观察单位进行调查的一种抽样方法。整群抽样最大的特点是：抽样单位不是单个的个体，而是抽取一整个小群的个体构成样本。若被抽到的群组中的全部个体作为调查对象，成为单纯整群抽样(simple cluster sampling)；若通过再次抽样后调查部分个体，称为二阶段抽样(two stages sampling)。

1. 整群抽样的优点：

(1)它可以通过转换抽样单位扩大抽样的应用范围；

(2)易于组织、实施方便，可以节省人力、物力；

(3)群间差异小的，抽取的群就越多，精确度就越高；

(4)整群抽样通过将抽样单位由个人转换成群体，使由简单随机抽样和分层抽样所不能进行的抽样调查成为可能，扩大了抽样的应用范围。

2. 整群抽样的缺点：

(1)样本分布不均匀，样本的代表性较差，抽样误差较大，故通常在单纯随机抽样的基础上再增加 1/2；

(2)分析整群样本的资料比前面几种抽样方法复杂。

4.2.5 多阶段抽样

多段抽样(multi-stage sample)指有时因为总体的情况复杂而不能够一次性获得样本，将抽样过程分阶段进行，每个阶段使用的抽样方法都不一样的抽样。在大型流行病学调查中常用，我国进行的慢性病大规模调查就使用此法。

具体方法：先从总体中抽取范围较大的单位，作为抽样的第一级单位；将一级单位又按一定标志分为若干集体，作为抽样的第二级单位。以此类推。还可分为第三、第四级单位。依照随机原则，先在第一级单位中抽出若干单位作为第一级样本，再在第一级样本中抽出第二级样本。以此类推。最后抽取其中范围最小的单位作为调查单位。例如：在全国范围内抽取省、自治区、直辖市，再从中抽取再小一级的区、县，再抽取乡、镇；抽取街道、村；最后抽取户作为调查对象。

多段抽样的优点是节省人、财、物力；解决了低级抽样单位不易获得的抽样框问题；特别适用于调查范围大、单位多、情况复杂的调查对象。缺点是由于每个抽样阶段都会产生误差，因此多段抽样得到的样本误差也相应增加。在同等条件下减少多段抽样误差的方法是：相对增加开头阶段的样本数而适当减少最后阶段的样本数。

4.2.6 PPS 抽样

PPS 抽样(probability proportionate to size sampling) 又称按规模大小成比例的概率抽样。是一种使用辅助信息，从而使每个单位均有按其规模大小成比例的被抽中概率的一种抽样方法。其原理可以通俗地理解成以阶段性的(或暂时的)不等概率换取最终的、总体的等概率。其抽选样本的方法有汉森－赫维茨方法、拉希里方法等。

具体方法：在第一阶段，每个群按照规模实施大小不等的抽取概率。群越大，其被抽中的概率也越大。抽样的第二阶段，从每个抽中的群中都抽取同样多的个体(实际上也是不等概率的)。通过两个阶段的不等概率抽样，使得总体中的每一个元素最终都具有同样的被抽中的概率。就是将总体按一种准确的标准划分出容量不等的具有相同标志的单位在总体中不同比率分配的样本量进行的抽样。

PPS 抽样的优点是使用了辅助信息，减少抽样误差；缺点是：对辅助信息要求较高，方差的估计较复杂。

※ 延伸阅读

1. 简单随机抽样中的随机数表抽样

对于总体单位很多的情形，我们则采用随机数表来抽样。随机数表，表中的数码和排列都是随机形成的，没有任何一点规律性，故也称为乱数表。利用随机数表进行抽样的具体步骤是：先取得一份调查总体所有观察对象的名单(即抽样框)；将总体中所有观察对象按顺序一一编号;抽取样本单位,即从随机表中任意数码开始,按一定的顺序(如向左、向右、向上、上下均可)或间隔读数,超出范围的数码不选,重复的数码不再选,直至达到预定的样本容量为止;依据从随机数表中选出的数码,到抽样框中去找出它所对应的观察单位,并写出具体的名称。

2. 户内抽样(sampling within household),以家庭为单位时,从入选家庭中抽取一个成年人构成访谈对象的抽样方法。户内抽样的常用方法有科什选择法(kish)和生日法。

户内抽样不仅可以使研究者收集到样本家庭的资料,同时也可收集这些被访谈者所构成的个人样本的资料,这种资料可以用来描述这样地区所有成年人所构成的总体;并且按户内抽样方法抽出来的人所组成的样本,在年龄、性别、文化程度等方面的分步与总体的分别往往十分接近。

4.3 非随机抽样

非随机抽样不是按照概率均等的原则,而是根据研究者的意愿、判断或方便程度等条件来抽取样本。其样本的代表性往往较小,往往产生较大的抽样误差,而且又无法估计误差,难以保证样本的代表性。所以,在正式调查中,一般很少用非概率抽样。

4.3.1 偶遇抽样

偶遇抽样(accidental sampling)又称为便利抽样(convenience sampling),是指研究者根据实际情况,以自己觉得方便的情况,选择偶然遇到的人作为调查对象,或者选择那些离得最近的、容易找到的人作为调查对象。偶遇抽样的基本理论依据是,认为被调查总体的每个单位都是相同的,因此把谁选为样本进行调查,其调查结果都是一样的。而事实上并非所有调查总体中的每一个单位都是一样的。只有在调查总体中各个单位大致相同的情况下,才适宜应用任意抽样法。"街头拦人法"和"空间抽样法"是偶遇抽样的两种最常见的方法。

具体方法:"街头拦人法"是在街上或路口任意找某个行人,将他(她)作为被调查者,进行调查。很多人会将它误认为是随机抽样法,因为其排出了主观选择的原因,客观的选择遇到的人作为观察对象,但是遇到每个人的概率是不一样的,所以不属于随机抽样。"空间抽样法"是对某一聚集的人群,从空间的不同方向和方位对他们进行抽样调查。

偶遇抽样技术简便易行,可以及时取得所需的资料,节约时间和费用。这种方法适用于探测性调查,或调查前的准备工作。一般在调查总体中每一个体都是同质时,才能采用此类方法。但是在实际中并不会所有的个体都是一样的,所以抽样结果偏差较大,可信程度较低,它的样本没有足够的代表性。

4.3.2 判断抽样

判断抽样(judgment sample)又称立意抽样,是指调查人员根据研究的目标和主观经验从总体样本中选择那些被判断为最能代表总体的单位作样本的抽样方法。此法的运用结果如何往往与研究者的理论修养、实际经验以及对调查对象的熟悉程度有很大关系。当调查人员对自己的研究领域十分熟悉,对调查总体比较了解时可采用这种抽样方法。

判断抽样的主要优点在于可以充分发挥研究人员的主观能动作用,特别是当研究者对研究的总体情况比较熟悉，研究者的分析判断能力较强、研究方法与技术十分熟练、研究的经验比较丰富时，采用这种方法往往十分方便。但是因为调查者的主观经验对抽样起决定性作用，其所得样本的代表性往往难以判断。在实际调查中，这种抽样多用于总体规模小、调查所涉及的范围较窄或调查时间、人力等条件有限而难以进行大规模抽样的情况。

4.3.3 定额抽样

定额抽样(quota sampling)，又称配额抽样，是指调查人员将调查总体样本按一定标志分类或分层，确定各类(层)单位的样本数额，在配额内任意采用偶遇抽样或判断抽样的方法去选择调查对象的抽样方式。它是一种比偶遇抽样复杂一些的非随机化抽样方法。配额抽样适用于设计调查者对总体的有关特征具有一定的了解而样本数较多的情况。

配额抽样有两种：独立控制配额抽样和相互控制配额抽样。独立控制配额抽样是指调查人员只对样本独立规定一种特征(或一种控制特性)下的样本数额。相互控制配额抽样是指在按各类控制特性独立分配样本数额基础上，再采用交叉控制安排样本的具体数额的抽样方式。

配额抽样和分层随机都是事先对总体中所有单位按其属性、特征分类，但它与分层抽样又有区别。分层抽样是按随机原则在层内抽选样本，而配额抽样则是由调查人员在配额内主观判断选定样本定额抽样，优点是费用不高，易于实施，能满足总体比例的要求，缺点是容易掩盖不可忽略的偏差。

4.3.4 雪球抽样

雪球抽样(snowball sampling)是先随机选择一些被访者并对其实施访问，再请他们提供另外一些符合条件的人，扩大调查面，反复操作，直到完成所需的样本含量的一种抽样方法。雪球抽样多用于总体单位的信息不足或观察性研究的情况。

具体方法：滚雪球抽样以若干个具有所需特征的人为第一批调查对象，然后依靠他们提供认识的人为第二批调查对象，再由这些人提供第三批调查对象，依次类推，样本如同滚雪球般由小变大。第一批调查对象是按照随机化原则抽取的，第二批以后就是非随机化而来的。

雪球抽样的优点是可以根据某些样本特征对样本进行控制，能够寻找一些在总体中十分稀少的人物，或者针对某种特殊的人群进行调查。缺点是如果调查的总体不大，有时雪球滚不了几次就会接近饱和状况，就是后来访问的人再介绍的都是已经访问过的人。还有可能是最后因为许多原因会有许多需要调查的个体无法找到，还有些个体因某些私人原因被提供者故意漏掉不提，而导致抽样产生偏误，不能保证其代表性。

4.4 抽样误差与样本含量

4.4.1 抽样误差

抽样误差(sampling error)，是指用样本统计值与被推断的总体参数出现的偏差。它主要取决于总体的分布方差和样本规模，这两个因素都可以导致抽样误差的增加或降低。对于小样本来说，增加样本规模可以降低抽样误差；但对大样本来说，增加样本规模对降低抽样误差的作用并不明显。

抽样误差的大小直接影响样本对总体的代表性，抽样误差越大，样本代表性越小；抽样误差越小，样本代表性越大。抽样误差是由抽样本身引起的，是不可避免的，但抽样误差是有规律的，不仅可以控制，还可以估计其大小。因此，研究者知道影响抽样误差大小的因素后，可以将其控制和降低至最小限度。

抽样误差的影响因素：

1. 总体的异质性程度。如果总体的差异程度小，则随机抽取的观察对象构成的样本就能充分反映总体的特征，具有较高的代表性。反之，如果总体间的差异程度较大，则随机抽取的样本就不能充分代表总体，代表性就降低，导致抽样误差增大。

2. 样本含量。通常在其他因素完全相同的情况下，样本含量越少，抽样误差就越大；样本含量越大，抽样误差就越小。

3. 抽样方法。抽样方法不同，抽样误差也不同。四种随机抽样法的抽样误差大小：分层抽样＜系统抽样＜单纯随机抽样＜整群抽样。

4.4.2　样本含量

样本含量(sample size)又称为样本规模，指的是样本中观察例数的多少。样本规模过大，可能会造成人力、财力、物力的浪费，还可能增大调查的误差，样本规模过小的话，可能造成样本代表性差。所以在抽样调查中，样本规模的确立有很重要的意义。

一般情况下，调查中样本规模的确定主要受到以下四个方面因素的影响，即：①总体的规模；按照惯性思维方式，总体的规模越大，则样本的规模也就越大。但是实际工作中，当总体规模增大到一定程度时，样本规模增大不与总体规模一致。②估计的把握性与精确性要求；在其他条件相同时，置信水平越高，所需的样本规模越大。③总体的异质性程度；在同质程度较高的总体中，所需样本规模较小，在异质程度较高的总体中，所需的样本规模较大。④调查者所拥有的经费、人力和时间。从抽样误差的角度来看，样本规模大则代表性越好，但是考虑到经费、人力和时间，样本量会受到限制。

确定样本规模一般有两种方法。一种是凭研究者以往的经验。按照中心极限定理，当有样本含量足够大时($n\geqslant100$)，样本均数也服从正态分布，该正态分布的均数仍等于原总体均数。总体规模较小的调查的样本规模 100～300 之间，中型调查的样本规模在 300～1000 之间，大型调查的样本规模在 1000～3000 之间。

另一种方法是根据样本规模的计算公式对其进行计算。许多书中都给出了样本规模的计算公式。例如，简单随机抽样中推论总体平均数的样本规模计算公式为

$$n=\frac{t^2\times\delta^2}{e^2} \tag{4.1}$$

其中，t 为置信水平所对应的临界值，δ 为总体的标准差，e 为容许的抽样误差。

而推论总体百分比的样本规模计算公式为

$$n=\frac{t^2\times p(1-p)}{e^2} \tag{4.2}$$

其中，p 为总体的百分比，t、e 含义同上。

在上述计算公式中，由于置信水平是事先确定的，所以其临界值 t 可从标准正态分布表中查出，e 也是研究者根据需要事先确定的，但是总体的标准差、百分比我们很难得到。所以

在实际工作中，研究者往往不能够用公式直接计算样本规模，就会使用一些变通的方法，通常将 p 取 0.5。

影响样本的含量估计的因素：

1. 允许误差 δ 即样本统计量与相应总体参数之差应控制在什么范围，通常取可信区间长度的一半。δ 与样本含量成反比，允许误差 δ 越大，所需样本含量越少；允许误差 δ 越小，所需样本含量越大。

2. 总体标准差 σ 或总体率 π。σ 反应资料的变异性，一般 σ 越大，所需样本含量越大。π 决定了资料的变异性，π 越接近 0.5，变异性越大，所需样本含量越大。

3. 第Ⅰ类错误概率的大小 α，与样本含量成反比，α 越小，所需样本含量越大。对于相同的 α，双侧检验比单侧检验所需的样本含量多。α 通常取 0.05.

4. 第Ⅱ类错误概率的大小 β 或检验效能 $(1-\beta)$，β 为第Ⅱ类错误的概率，它与 α 成反比，α 越大，β 越小；反之 α 越小，β 越大。$1-\beta$ 与样木含量成工比，$1-\beta$ 越大，所需的样本含量越多。一般要求检验效度 $\geqslant 80\%$。

4.5 抽样调查的优缺点

抽样调查是一种非全面调查，它是从全部调查研究对象中，抽选一部分单位进行调查，并据以对全部调查研究对象做出估计和推断的一种调查方法。显然，抽样调查虽然是非全面调查，但它的目的却在于取得反映总体情况的信息资料，因而，也可起到全面调查的作用。

抽样调查和普查相比具有省时、省力、省材料、省经费的特点。由于调查的样本相对较小，因为较易集中人力、物力和器材设备，调查结果也易作细致、准确。但是抽样调查不适于患病率较低的疾病调查，因为小样本不能提供所需的资料，但是如果患病率样本量大到总体的 75%时，则不如进行普查。抽样调查的设计、组织实施以及数据分析等方面比较复杂，重复和遗漏不容易被发现，也不适用于变异过大的群体。

随机抽样的优点：

1. 随机抽样是按照随机化原则抽取样本，不受主观因素的影响，每一个个体都有相同的概率被抽中，保证样本的客观性。

2. 随机抽样使样本成为了总体的缩影，能够获得不同层次的总体信息，保证了样本对总体的代表性。

3. 每个样本的入样概率是已知的或是可以计算的，并且能够控制和计算抽样误差，因此可以根据调查结果推断整体。

随机抽样的缺点：

1. 由于抽样方法的随机性，随机抽样需要一个高质量的抽样框，比其他抽样方法操作复杂，且需要更多的时间和经费上的策划和实施。

2. 随机抽样中调查个体可能会比较分散，调查过程中不能轻易更换样本个体。

常用的随机抽样法有：单纯随机抽样、系统抽样、分层抽样、整群抽样，每种抽样方法的优缺点各不相同。详见表 4.1。

表 4.1 四种基本随机抽样方法的比较

	单纯随机抽样	系统抽样	分层抽样	整群抽样
优点	简单易行，是其他抽样方法的基础；均数（或比率）及标准误计算简便	易理解，简便易行，易得到按比例分配的样本；样本在总体中的分布较均匀	减少抽样误差，便于对不同层采用不同的抽样方法；可对不同层进行独立分析	便于组织调查，节省经费；容易控制调查质量
缺点	例数较多时，编号麻烦，实际工作中难以办到；样本分散，难以组织调查；当总体变异大时，代表性不如分层抽样	观察单位按顺序有周期趋势或单调递增（或递减）时，容易产生偏差	若分层变量选择不当，层间差异小，层内变异较大时，分层抽样就失去意义	样本例数一定时，抽样误差大于单纯随机抽样
适用范围	是其他抽样方法的基础，主要用于总体不大的情形	主要用于按抽样顺序个体随机分布的情形	主要用于层间差异较大的情形	主要用于群间差异小的对象
样本代表性	一般	较高	最高	差

非随机抽样的优点：

1. 简单易行、成本低、省时间，在统计上也比概率抽样简单。

2. 非随机抽样多用于探索性研究和预备性研究，以及总体边界不清难于实施概率抽样的研究。

3. 采用非随机抽样能够便捷的获取被调查者的详细信息。

非随机抽样的缺点：

1. 由于无法排除抽样者的主观性，无法控制和客观地测量样本代表性，因此样本不具有推论总体的性质。

2. 非随机抽样不能计算抽样误差。

3. 难以评价样本的代表性程度。

【本章小结】

1. 抽样调查有随机抽样和非随机抽样之分。随机抽样与非随机抽样的区别在于：总体中观察单位被抽中的概率是否是已知的或可以计算的。

2. 常用的随机抽样法有：单纯随机抽样、系统抽样、分层抽样、整群抽样。

3. 四种随机抽样法的抽样误差大小：分层抽样＜系统抽样＜单纯随机抽样＜整群抽样。

4. 常用的非随机抽样法有：偶遇抽样．配额抽样．判断抽样和雪球抽样。

5. 随机抽样的程序：①界定总体；②制定抽样框；③设计抽样方案；④实际抽取样本；⑤评估样本质量。

6. 估计样本含量需基本的基本条件：允许误差 δ；总体标准差 σ；第一类错误概率 α。

7. 在 PPS 抽样中，在第一个阶段中，大的群被抽中的概率大，而小的群被抽中的概率小;这样到了第二阶段,被抽中的大的群中的元素被抽中的概率显然就小于被抽中的小的群中的个体了。正是这一大一小,平衡了由于群的规模的不同带来的概率差异。

8. 抽样误差的大小直接影响样本对总体的代表性,抽样误差越大,样本代表性越小;抽样误差越小,样本代表性越大。

【思考练习】

1. 什么是抽样中的随机性?为什么随机抽样的方法能够保证样本对总体的代表性?
2. 什么情况下应选用分层抽样?什么情况下则应选用整群抽样?
3. 四种基本随机抽样方法的比较。
4. 抽样调查的优缺点?
5. 抽样误差的影响因素是什么?
6. 影响样本的含量估计的因素是什么?

【参考文献】

1. 方积乾,徐勇勇.卫生统计学[M].7版.北京:人民卫生出版社,2012:272—274.
2. 风笑天.现代社会调查研究方法[M].4版.武汉:华中科技大学出版社,2009:68—103.
3. 李坤.常用抽样方法概述[J].理论与方法,2012(11):38—39.
4. 刘冰.非随机抽样与随机抽样的比较优势[J].辽宁行政学院学报,2006,8(1):122—123.
5. 刘辉.系统抽样中托干问题研究[D].内蒙古工业大学,2014.
6. 罗家洪,徐天和.医学统计学[M].3版.北京:科学出版社,2008:164—170.
7. 郇春芹.社会调查方法[M].南京:东南大学出版社,2012:46—64.
8. 徐勇勇.中华医学统计百科全书.医学研究与临床统计设计分册[M].北京:中国统计出版社,2012:156—165.
9. 杨贵军,尹剑,王维真.应用抽样技术[M],中国统计出版社,2015.
10. 詹思延,叶冬青,谭红专.流行病学[M].7版.北京:人民卫生出版社,2012:48—50.
11. 张倩睿,龚文娟,彭惠,等.不同统计学抽样方法对处方点评结果的影响[J].医药导报,2015,34(5):697—700.
12. 邹灵果.随机抽样理论及其应用分析[J].湖南城市学院学报(自然科学版),2015,24(4):81—82.

第二篇

一般调查方法

第 5 章　问卷调查法

【目的要求】

了解问卷调查法与相关的概念及问卷类型的划分、问卷作为数据搜集方法的优缺点、问卷设计的程序和常见的答案格式、问卷的信度和效度、问卷调查实施的质量控制。

掌握问卷的基本结构,掌握一个好的问题的基本标准、问题设计的常见错误。能够将知识、技巧和对其理解应用到你自己的研究项目中。

5.1　问卷调查法概述

问卷调查法(survey through questionnaires)也称问卷法,是以书面提出问题的方式搜集资料的一种研究方法,是调查者运用统一设计的问卷向被选取的调查对象了解情况或征询意见的社会调查方法,是实证研究中研究者用来收集资料的一种常用方法。问卷方法通常不适合大量开放式问题的探究性研究,最适合调查的方法能够确信所有受访者能以同样的方式解释标准化问题。

问卷是社会研究中用来搜集资料的一种工具,通过问卷调查获取资料是一种比较经济、便捷的途径。问卷可以被用于描述性研究或解释性研究。描述性研究,如运用态度和意见问卷及组织实践问卷,能使你识别和描述不同现象的变异。与此相反,解释性或分析性研究使你能够检查、解释变量之间的关系,尤其是原因和结果之间的效应关系。虽然问卷可作为唯一的数据搜集方法,但在多种方法的研究设计中,将问卷与其他方法结合起来通常是更好的。例如,使用问卷来发现顾客的态度,使用深度访谈方法来探究和理解这些态度。

5.1.1　问卷的类型

问卷(questionnaire)是指调查者为实现调查目的、完成调查任务而设计的向调查对象了解实际情况的一种测量工具,由一系列与研究目标有关的问题组成和相应答案所构成的表格,故也称为调查表。问卷设计的类型,可以从不同角度进行划分。按填写方式,问卷可分为:自填式问卷和访谈式问卷(如图 5.1 所示)。按问卷结构,问卷可分为:封闭型问卷、开放型问卷和混合型问卷。

1. 按填写方式划分

(1)自填式问卷:由被调查者自己填答的问卷。一般采取邮寄或发送的方式,将问卷交给被调查者让其自行填写。一般要求有详细的填表说明,问题不宜太复杂。此类问卷通常使用互联网(以互联网为媒介的问卷)或内网(以内网为媒介的问卷)进行电子化管理;或邮寄给被调查者，被调查者完成后寄回问卷（邮寄或电子问卷）；或亲自发给被调查者待问卷完成后再收集起来（发放收集问卷）。

自填式问卷的优点：节省时间、经费和人力；具有很好的匿名性；可避免人为因素的影响。

自填式问卷的缺点：问卷的回收率有时难以保证；对被调查者的文化水平有一定的要求；调查资料的质量常常得不到保证。

（2）访谈式问卷：由访谈者将问题念给被访谈者听，再由访谈者根据被访谈者的回答进行填写。因此，填表说明可不列入调查表，由访谈者掌握，调查的问题也可以较复杂。此类问卷可采用电话进行（电话问卷）；或访谈者亲自接触被访谈者，并进行面对面的提问（结构化问卷有时称为访谈进度表），这样的方式不同于半结构化和非结构化（深度）访谈，因为其有一个明确的采访者不应偏离的问题进度表。

访谈式问卷的优点：调查的应答率较高；调查资料的质量较好；调查对象的适用范围广；当面访问还可以采集非语言信息。

访谈式问卷的缺点：调查者与被调查者之间的互动有时会影响到调查的结果；调查的匿名性较差；当面访问调查的费用高，时间长，代价大；访问法对调查员的要求更高。

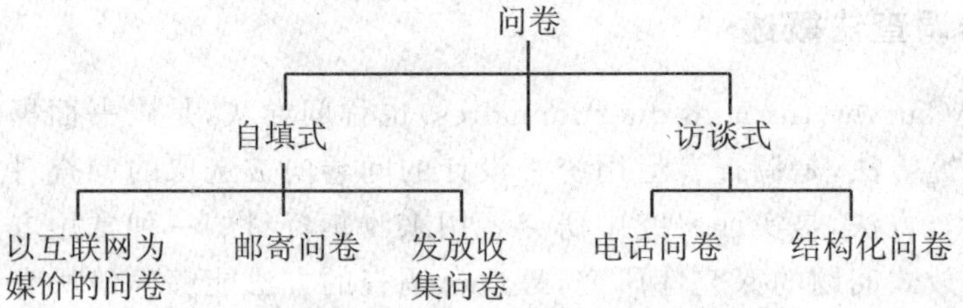

图 5.1 问卷的类型

2. 按问卷结构划分

（1）封闭型问卷（closed questionnaire）又称结构型问卷，它是指不仅问卷中列举一定数目的问题，而且在每个问题的后面给定可供选择的答案，研究对象可根据自己的情况选择填写。这种形式的问卷适合于大范围的调查或研究。例如：

请问您喝酒吗？①是 ②否

您对本次培训满意吗？①很满意 ②满意 ③一般 ④不满意 ⑤很不满意

封闭型问卷的优点：问题的答案是标准化的，调查结果便于统计分析；问题的答案简单，调查对象容易回答，节省时间，问卷应答率高；调查问题明确单一，结果的可信度高；在测量级别、程度、频率等一些等级问题方面有独特优势。

封闭型问卷的缺点：因事先设计了备选答案，限定了答案，使一些研究对象的创造性受到限制，不利于发现新问题；容易造成研究对象盲目回答，当研究对象不理解或不完全理解所列举的问题时，或所给答案不适合研究对象时，易造成盲目填写，这样就会产生偏倚。

（2）开放型问卷（opened questionnaire）又称无结构型问卷，它是指在问卷中只列举问题，不设立备选答案，研究对象根据自己的情况作自由回答。这种形式的问卷适合于有深度的调查人数较少的研究。例如：

您最敬佩什么人，为什么？

您如何看待在公共场所抽烟？

开放型问卷的优点：适合于探索性研究，对于不知道有几种答案的情况更加适用；让研究对象自由发挥，以便收集到生动的资料，甚至可以得到意想不到的结果；调查时的灵活性较大，回答者有较多的自我表现的机会，并进行详细的说明和论证，使研究者得到启发。

开放型问卷的缺点：由于研究对象的文化知识背景不同，对问题的认识存在着较大的差异，所得信息较为分散，有时无法使用，也会有些重要的信息没收集到；由于调查结果非标准化，统计分析难度大；花费时间长，易出现拒答，回收率低。

(3)混合型问卷(mixed questionnaire)问卷中问题的类型由封闭型和开放型组成，问题的答案既有固定的、标准的，也有让研究对象自由发挥的，吸取了两者的长处。这类问卷在实际调查中运用还是比较广泛的。例如：

请问您抽烟吗？①是　②否

请问您大约一天抽几支烟？________支。

您认为本次培训存在问题吗？①是　②否

您认为本次培训存在的主要问题是什么？

5.1.2　问卷的基本结构

尽管实际调查中所用的问卷各不相同，但是它们往往都包含这样几个部分：标题、封面信、指导语、调查项目、结束语、编码等。

1. 标题

问卷的标题是概括说明调查的研究主题，使调查对象对所要回答的问题有所了解。标题不宜过长，应简单明了，引起调查对象的兴趣。

2. 封面信

封面信又称说明信或卷首语，是一封致被调查者的短信。封面信是获得被调查者信任和合作的一个重要环节。封面信通常放在调查表的最前面，应简明扼要，每一句话都是为了一个明确的目的。自填式问卷的封面信通常要比访谈式问卷复杂些，还需要把填表的要求、方法、寄回的时间地点等内容写入信中。封面信的内容包括：调查者的身份，调查目的、意义和主要内容。写封面信应包括以下几个要点：

(1)说明调查者的身份：介绍调查者或组织的身份。自我介绍时，要让调查对象明白，体现调查的正规和有组织行为，给被调查者留下良好的印象，以利于得到他们的信任和配合。

(2)调查的目的和意义：目的说明要恰当，使被调查者认识调查的意义，尤其应指出该项调查与调查对象的利益密切相关，或指出被调查者的合作所具有的价值和意义，对调查者说明目的和意义，可增加被调查者的责任感，使其更易合作。

(3)调查内容：用较概括的方式说明调查的内容。

(4)恳请研究对象合作。

(5)如果是邮寄的问卷，写明最迟寄回问卷的时间。

(6)对被调查者回答问题的要求。

(7)匿名保证：有必要说明调查只用于分析研究，对被调查者提供的信息予以保密，不会损害被调查者的利益，以消除被调查者的顾虑。

(8)致谢:对被调查者的合作与支持表示感谢。

(9)登记调查者的单位和联系方式:这样一方面可以取得研究对象的信任,另一方面如果调查过程中研究对象有疑问便于咨询或提出意见和建议。

下面是一封封面信的例子:

×××患者生命质量测定量表

新区的患者:您好!

这份问卷是从整体上了解您最近一周内对自己健康状况的感受,从而方便医生有针对性地采取治疗和康复措施。请认真阅读以下每一个问题,并按照您自己的感觉或判断圈出最适合您情况的数字。答案无所谓对错,只要是您的真实感受即可,您所提供的资料将绝对保密。谢谢您的支持与配合!

例如:您觉得生活有乐趣吗?

如果您觉得生活比较有乐趣,就在"4"处打一个圈,如下。

一点也没有	有一点	一般	比较	非常
1	2	3	④	5

广东医科大学　昆明医科大学

年　　月　　日

3. 指导语

指导语是指导被调查者如何填写问卷和解释某些调查项目含义的部分,对某些特殊的或复杂的填答形式的举例等。指导语的形式及安排随问卷本身的复杂程度、填写方式的难易程度,以及调查对象的文化程度等情况的不同而不尽相同。有些问卷的填答方法比较简单,常常只在封面信中用一两句话说明即可,不再另外单独列出。比如:"请根据自己的实际情况在合适的答案号码上画圈或者在空白处直接填写"。有些比较复杂的问卷的指导语则集中在封面信之后,并标有"填答说明"的标题,其作用是对填表的方法、要求、注意事项等作一个总的说明。否则,调查对象填写的问卷就可能不规范,不统一。这就不利于统计,而且容易产生废卷。因此,指导语这一项在问卷中很重要。

4. 调查项目

(1)调查对象的一般情况

主要是对调查对象的一些基本情况的调查,通常包括调查对象的性别、年龄、民族、婚姻状况、职业、文化程度、收入等方面的信息。一般情况是各种问卷必不可少的一部分,在分析时常常需要以这些特征变量对后面资料的分布情况进行描述,或解释出现某现象的原因。在具体设计时,列入的调查项目的多少和内容应根据调查目的设计。

(2)主题内容的调查

调查的主题内容是指调查者最关注的内容,同时也是本次调查的目的所在,它是问卷的主体部分,一般包括调查对象的行为情况、态度情况:调查对象的意见、看法、感想、动机等,以及有关价值或人格方面。这部分的内容主要以提问的方式出现,它的设计关系到整个调查的成败,研究者可根据自己的研究目的和内容等选择适宜的问题类型开展调查。

5. 结束语

有的自填式问卷还有一个结束语。可以简短的几句话，对被调查者的合作表示真诚的感谢；也可以稍长一点，顺便征询一下对问卷设计和问卷调查的看法。

6. 编码

在问卷中，为了将被调查者的回答转换成数字，输入计算机进行处理和定量分析，需要对回答结果进行编码(coding)，即赋予每一个问题及答案一个数字作为它的代码。封闭式问卷每一个问题及答案在设计问卷时就设计好了编码，称为预编码(precoding)。开放式题目的答案，一般在结束调查后根据答案的具体情况再编代码，称为后编码(postcoding)。同时每份问卷也应该设计出问卷编号的填写位置，问卷的编号应考虑抽样的信息，如预留出省(市)、地区等编码的填写位置。

7. 调查者的签名

在调查表的最后，常需附上调查员的姓名、访问日期。若有必要，在征得调查对象同意后，获取调查对象的姓名、联系方式等信息。这些信息便于核查和随访调查。

5.2 问卷设计与评估

5.2.1 问卷设计

问卷本身的质量直接影响着参与者在填写问卷时的态度和行为。一份词不达意或语句唐突的问卷会使答卷者对研究人员失去信任，从而草草了事。一份冗长的问卷会使答卷者疲惫厌倦，其结果或是留空页不做答，或是在某一类问题中圈下同样的答案，以求迅速完成问卷。这些情况都会导致答卷的质量低下，而低质量的答卷直接影响了研究质量。因此，研究人员要在设计问卷上下大功夫。

1. 问卷设计的程序

问卷设计一般遵循以下几个程序，图5.2表示问卷设计程序。

(1)确定研究目的

在设计问卷之前，必须首先明确研究的目的是什么，并且将研究目的分解为一系列可测量的指标，以便用相应的问题条目来表达。例如：调查某种疾病患者的生命质量，可以将生命质量分解为生理状态、心理状态、社会功能状态等一系列可测量的指标，并对每一类指标用相应的问题条目来具体表达。

(2)建立问题库

问题的来源主要有两种途径：头脑风暴法和借用其他问卷的条目。

①头脑风暴法：可以由与调查有关的人员组成专题小组，让他们围绕研究目的和基本内容，自由发表意见，提出各种可能相关的问题。例如：调查某种疾病患者的生命质量，可由调查对象及其家属、医生、护士、心理学家、社会学家组成研究小组，让他们围绕生理、心理、社会生活等三方面提出各种可能的问题。然后将提出的问题进行归类、合并、删除等处理，消除无关的或重复的问题，以形成调查项目问题库。

②借用其他问卷的条目：从已有的问卷中筛选符合研究目的的条目，重新组合新的问卷。由于大多数问卷已经过反复应用和检验，借来的条目有较好的信度和效度。尽管如此，新设计组合的问卷仍然需要检验效度和信度。

(3)设计问卷初稿

问卷一般包括前言、主体和结语三部分。首先可根据研究目的写出封面信，在封面信中交代研究的目的和意义、匿名保证和致谢等。之后开始初步设计主体部分，根据研究目的和调查内容，从问题库中筛选合适的条目；将问题的描述标准化、规范化；进行初步的量化处理；按照一定的逻辑结构、对回答者的心理影响等合理排出问题顺序；合理编排组合成结构完整的初始问卷。

(4)初稿试用和修改

问卷初稿设计好后不能直接用于正式调查，而必须对问卷初稿进行试用和修改。试用的方法有两种，一种为客观检验法，即将问卷初稿进行一次试调查，以发现问卷中的问题。另外一种为主观评价法，即将问卷初稿分送给该领域的专家，请他们评论。如果有条件，最好两种方法都采用，先用主观评价法进行一次修改后，再用客观检查法进行一次修改，并通过效度和信度检验来评价问卷的质量。

(5)确定问卷

预调查后，针对问卷存在的问题不断完善问卷，最终形成可以正式使用的调查问卷。

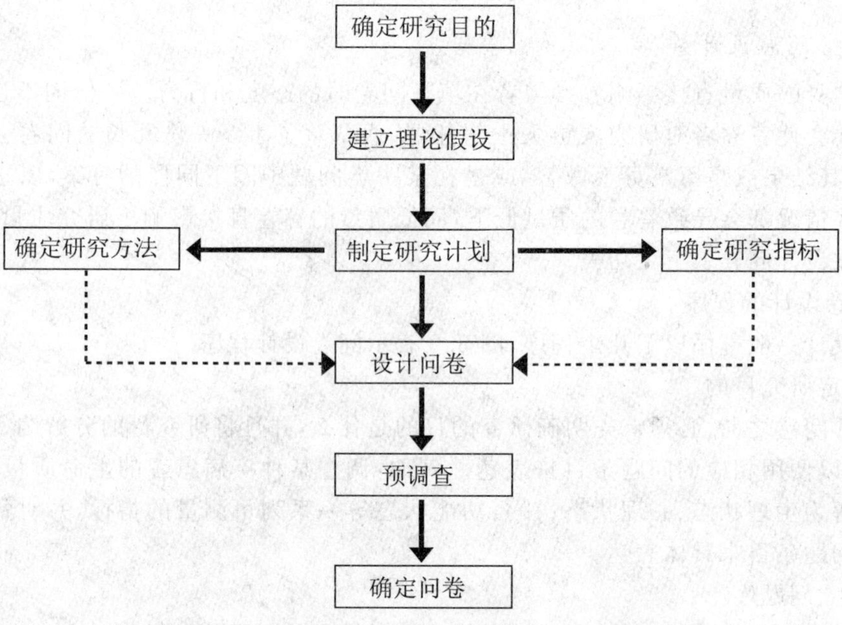

图 5.2　问卷设计程序

2. 问题的设计

问卷是由一系列与研究目标有关的问题和相应答案所组成，问题的好坏直接影响到问卷的质量。“什么问题才算是一个好的问题?”所谓好的问题是指它所引出的答案是对我们想要描述的东西可靠的、有效的测量。当思考一个问题是否是一个好的测量时，就必须要考虑问题本身、问题形式、问题措辞以及问题设计所引出的答案类型。

(1)一个好的测量过程的“问与答”的基本标准

①对问题的理解要一致。即所有的回答者应该用一致的方式来理解它,用与研究者所想要的表达相一致的方式来理解它。受访者可能不同于研究者,他们也可能在如何使用语言和理解语言上彼此各异,这一事实使之成为最难达到的一个标准。但是,它所表达到的程度对最终测量的质量至关重要。

②对问题的管理要一致,或与受访者的沟通要一致。用书写形式或让访员念问题的方式把问题呈现给受访者。如果用书写形式来呈现问题,好的问题的标准是所有受访者都应该能够读懂问题。如果由访员来念问题,好问题的标准是访员能够并会根据问题的书写格式来念问题。

③对“什么是一个充分的答案”应该有一致的理解。如果受访者对“什么是适当的答案”看法不一,就会出现各种各样的答案,甚至与我们所设法测量的东西不相关。

问题:你是什么时候出生的?

可能的回答:2000 年。

8 月份。

8 月 20 日。

“你是什么时候出生的?”不是一个好问题。“你是哪一年出生的?”是一个更好的问题,因为它详细说明了想要的答案类型。

④所有受访者都应该获得准确回答问题所需要的信息,除非问题的目标是测量知识。

⑤受访者必须愿意提供问题所需要的答案。如果有些受访者有意修饰了答案,就降低了测量的效度。

(2)设计问题应遵循的基本原则

①客观性原则,即设计的问题必须符合客观实际情况。

②必要性原则,即必须围绕调查课题和研究假设设计必要的问题。设计的问题数量过少、过于简略,无法说明调查所要什么的问题;数量过多、过于繁杂,不仅会大大增加工作量和调查成本,而且会降低回答质量,降低问卷的回复率和有效率,也不利于正确说明调查所要说明的问题。

③可能性原则,即必须符合被调查者回答问题的能力。凡是超越被调查者理解能力、记忆能力、计算能力、回答能力的问题,都不应该提出。

④自愿性原则,即必须考虑被调查者是否自愿真实回答问题。凡被调查者不可能自愿真实回答的问题,都不应该正面提出。

(3)表述问题应遵循以下原则:

①具体性原则,即问题的内容要具体,不要提抽象、笼统的问题。

②单一性原则,即问题的内容要单一,不要把两个或两个以上的问题合在一起提。

③通俗性原则,即表述问题的语言要通俗,不要使用被调查者感到陌生的语言,特别是不要使用过于专业化的术语。

④准确性原则,即表述问题的语言要准确,不要使用模棱两可、含混不清或容易产生歧义的语言或概念。

⑤简明性原则,即表述问题的语言应该尽可能简单明确,不要冗长和啰嗦。

⑥客观性原则，即表述问题的态度要客观，不要有诱导性或倾向性语言。

⑦非否定性原则，即要避免使用否定句形式表述问题。

(4)问题设计的常见错误

①双重装填，指一个问题包含了 2 个或 2 个以上的含义，使回答者难以做出一种选择。例如：您认为 360 度反馈是一个好的管理方法，可以提升员工的激励吗？就是一个双重意义的问题，如果答卷者回答非常同意，研究者就无从了解答卷者具体同意的是 360 度反馈本身，还是它对员工的激励作用。如果研究者有意了解员工对 360 度反馈的感受及其功效，应该用至少两个问题来分别测量。

②含糊不清，使用一个含糊不清的词义，或使用了一些专业术语或地方俗语，使人们不易准确理解问题。有时可能使用了过多的修饰语，反而使问题的准确意思表达不清。例如：您经常抽烟吗？这里的"经常"一词含义模糊，调查对象难以回答，若改成您一周平均抽几支烟？就易于回答。

③抽象提问，涉及幸福、爱、正义等一类抽象概念的提问往往难于回答。许多回答者遇到抽象的问题时，可能发现自己从未思考过这类问题。问卷如果需要涉及这类问题时，每个问题最好给出一个具体的看法，让回答者仅回答赞成与否。

④诱导性问题，这类问题人为地增加了某些倾向性回答的机会，从而产生偏误。因带有诱导性的提问容易使无知者和无主见者顺着提问的意思回答问题，所以最好采用中性的提问。

⑤敏感性问题，有些问题对于回答者而言属于敏感问题。如未婚先孕、同性恋、吸毒等。设计这类问题宜十分慎重，否则将造成回答者拒答或说谎。有时可在肯定存在敏感性问题的人群中做些恰到好处的诱导，不给予肯定或否定的答案。

(5)合成问卷

将研究的问题组合成一张问卷时，必须考虑多个问题在问卷中的顺序。在排列问题时，以下 4 方面可以作参考。

①先排列容易回答的问题，后排列敏感问题：年龄、性别、职业、文化程度等事实问题宜放在前面。一般情况下，敏感性问题如收入、性行为之类宜放在问卷的后面，以免引起回答人的反感，影响对后面问题的回答。

②先排列封闭式问题，后排列开放式问题：开放式问题需要时间考虑且不易回答，应放在后面。若将开放式问题放在前面，容易导致拒答，影响问卷的回收率。

③问题要按一定的逻辑顺序排列：应根据事物的发展规律以及人们的思维方式，根据事物发生发展的前后顺序排列问题，应按顺时间或逆时间的方向提问，不要随意更换问题的次序，以免打乱回答者的思维。

④检验信度的问题需分隔开来：在很多问卷中，研究者有意设计一些高度相关或内容相同但形式不同的问题，这些成对出现的问题，目的是检验问卷的信度，它们不能排列在一起，否则回答者很容易察觉，达不到检验的目的。

3. 答案的设计

设计答案应遵循以下原则：

(1)相关性原则，即设计的答案必须与询问问题具有相关关系；

(2)同层性原则,即设计的答案必须具有相同层次的关系;

(3)完整性原则,即设计的答案应该穷尽一切可能的、起码是一切主要的答案;

(4)互斥性原则,即设计的答案必须是互相排斥的;

(5)可能性原则,即设计的答案必须是被调查者能够回答、也愿意回答的。

4. 常见的答案格式

(1)填空式,常用于一些事实性的、能定量的问题。例如:您家有__个孩子。

(2)二项选择式,问题后给出"是"和"否"两个互斥的答案,这种答案格式称二项选择式。例如:您喝酒吗?①是　②否

(3)多项选择式,问题的答案超过两个。该格式在问卷设计中应用最广。具有连续性的变量,多设计成多项选择式。但是如果答案太少信度会下降,问卷测量的平稳性不佳,而答案数量太多,造成被询问者无所适从。一般认为对于连续性测量变量的多项选择式,给出5～7个答案为宜,最多不宜超过10～15个答案。在排列答案时,对于没有顺序关系的答案,无需考虑顺序,但是对于具有顺序关系的答案,应按顺序排列,避免逻辑混乱。例如:您的婚姻状况?①未婚　②初婚　③再婚　④离婚　⑤丧偶

(4)尺度式,尺度式是指将答案分成两个极端,中间分成若干个等距离线段,要求回答者在适当的位置上打"√",线段的两个极端分别表示两个极端的态度,中间分成等距的段,每一个线段代表不同的强度。例如:用药后您的疼痛程度?

不痛 0　1　2　3　4　5　6　7　8　9　10 很痛

(5)排序式,有些问题是想了解回答者对重要性的选择,答案列出要考虑的有关事情,让回答者排序。例如:您认为下列问题哪些对社会影响最大?请按对社会影响的重要程度,从1(最重要)排到5(最不重要)。环境污染问题____;交通秩序____;人口问题____;治安问题____;物价问题____。

(6)矩阵式,矩阵式是将同一类型的若干问题集中在一起,共用一组答案,从而构成一系列的表达方式。例如:在过去的一个月,这些症状在您身上发生的频率如何?

症状	一点也没有	有一点	一般	多数有	几乎总有
1. 感觉头疼	1	2	3	4	5
2. 感觉腰酸	1	2	3	4	5
……	1	2	3	4	5

(7)关联式,关联式是将一系列相互衔接的问题放到一起,后面问题的回答依赖于前面问题的回答。关联式问题的使用能使调查对象跳过与他们无关的问题。应特别注意关联式问题的设计形式,在需要跳过去的地方要有清晰的说明。例如:您结婚了吗?①是　②否(请跳过问题5～8,直接回答问题9)。

您目前吸烟吗?①是——→一天大约吸几支?____。
②否

5.2.2　问卷评估

问卷是调查研究中的常用工具,问卷在正式投入使用之前必须先对其信度和效度进行

分析，只有信度和效度在研究可接受的范围之内时，使用该问卷所采集的数据才有分析价值，其结果才能回答相应的研究问题。

1. 对问题的评估

问题的评估有两种类型：第一种类型旨在评估我们所要询问的问题究竟在多大程度上符合一个好的问题的基本标准，可以被视为过程标准；第二种类型旨在评估所获得的答案的效度。

(1)对问题符合过程标准程度的评估，可以采用以下三种可能的方法：

①专题小组讨论。专题小组讨论能够帮助检验有关人们被问现实的预设；评估有关词语的预设以及人们对调查问卷所使用的术语或概念理解方式的预设。

②深度个人访谈。在访谈中探查和评估人们对问题的理解及其回答问题的方式。

专题小组讨论只是评估过程的开端，它有助于发现一份好的问卷所要解决的一系列问题，就解决某些措辞和概念问题而言，它只不过是一个开端。但是，深度个人访谈和田野预调查必定要检验专题小组讨论无法解决的一些调查问题。专题小组讨论在一般的意义上来解决问题缺陷，而深度个人访谈则用来研究在理解和回答经历上的具体缺陷。在专题小组讨论和深度个人访谈之后，还必须在实际数据收集过程中来检验调查问题。

③田野预调查。在真实情景下的预调查。

一旦研究者收集了有关问题的信息，设法分析了缺陷的性质，提出了解决方案，那么实际上只有这样的办法才能弄清楚这一过程是否成功地提出了一个更好的问题：再做一次预调查，用同样的方法来评估问题，看一看能否把事情做得更好。

(2)对问题答案到底在多大程度上产生了有效的测量评估，可以采用以下策略：

①分析所获得的数据，来评估答案之间可预测关系的强度以及答案与受访者其他特征之间可预测关系的强度。

②对用措辞各异的问题询问类似样本所得到的数据进行比较。

③将答案与记录进行比较。

④测量同一个受访者在两个时间节点上答案的一致性。

2. 问卷的信度和效度

(1)信度(reliability)是指对同一事物进行重复测量时，所得结果一致性的程度，即测量的稳定性和可靠性，通常用信度系数来表示。一般将两种或两次测量结果的相关系数作为信度系数。

①复测信度(test-retest reliability) 同一问卷在不同时间对同一对象进行重复测量的一致程度。这是应用最多的一种方法。由于研究对象的特征可能随时间变化及重复测量受前一次的影响，故两次测量间隔的时间不宜太长，以 2～4 周为宜。一般而言，复测信度系数应该达到 0.70 以上。

②复本信度(alternative form reliability) 设计另外一种与研究问卷在测量内容、应答形式及统计方法等方面高度类似的问卷，同时测量同一研究对象，评价两个问卷测量结果的相关性。但是，要设计并保证真正的复本问卷是非常困难的。

③折半信度(split-half reliability) 将一个问卷分为两半，分别作为各自的复本。但由于分拆的方法很多，不同分拆方法可能得出不同的信度系数。最常用的折半法是将问卷分为

奇数和偶数条目。

(2)效度(validity)是指测量结果与预期达到目标之间的接近程度。

①表面效度(face validity) 从表面上看,问卷能否测量研究者想要了解的问题,这是一个由专家评价的主观指标。

②内容效度(content validity)评价问卷所涉及的内容能在多大程度上覆盖研究目的所要求达到的各个方面和多个领域,也是一个主观指标。在实际工作中,只能由专家根据自己的经验判断问卷表达内容的完整性。

③结构效度(construct validity) 用两个相关的互相可以取代的测量尺度对同一概念交互测量,如果取得同样结果,认为有结构效度。一般用相关分析、因子分析等方法评价结构效度。

④准则效度(criterion validity)评价测量结果与标准测量的一致性,即准则测量间的接近程度。用相关分析即相关系数表达效度系数。

3. 信度与效度的联系

(1)不可信的测量一定是无效的。即信度不高,效度也不高。

(2)可信的测量可能是有效的也可能是无效的。即信度高,不一定效度也高。

(3)无效的测量可能是可信的也可能是不可信的。即效度不高,信度可能高,也可能不高。

(4)有效的测量一定是可信的。即效度高,信度也高。

5.3 问卷调查法的实施与质量控制

问卷调查的进行整体上遵循确定研究目的;选定调查对象和范围;设计问卷;预调查;正式调查;问卷回收、整理和分析;解释结果的路线进行。方法实施过程具有系统性,研究目的是统领,各个环节相互衔接,整个结论的可靠性和有效性都建立在前面每一步骤合理实施的基础上。

5.3.1 设计阶段的质量控制

1. 必须围绕调查的目的,从实际出发,设计严密的调查方案;

2. 明确调查对象和范围,避免遗漏调查对象或包含非调查对象;

3. 根据研究目的和现场调查的可操作性选择合理的抽样方法;

4. 正确选择调查指标,明确定义调查项目和调查问题;

5. 通过预调查了解研究方案的可行性,确定设计的调查表能达到预期目的、设计方案合理可行,以便及时修改和完善调查表,为正式开展调查时减少误差提供实践经验;

6. 抽取有代表性的样本,并保证足够的样本含量。为避免因失访而影响样本的代表性,一般在调查计划设计的抽样例数基础上再增加15%的样本量。

5.3.2 资料收集阶段的质量控制

1. 预调查。在正式调查前组织预调查(pilot survey)是必要的。组织预调查的目的是检验调查设计工作的合理性和可行性。通过预调查可以发现调查问卷需要补充完善之处,甚至修改调查计划。预调查可以与培训调查员相结合,通过预调查使调查员熟悉调查内容,做到准确完整地填写调查问卷。

2. 培训。现场调查的主要实施者是调查员，他们是资料收集的具体执行者。因此，要对调查员进行严格的选择和培训。培训的目的是了解调查的目的和意义，了解调查设计的原则和方法，统一指标的含义及填写方式，明确调查工作进程及注意事项，确定对调查质量考核的方法等。调查要求统一计划、统一要求、统一行动和统一进度。

3. 本人回(应)答率及调查完成率。在现场调查中应尽可能要求回答者本人在场并要求本人回答，本人不在场时应由熟悉情况的人员代替回答，本人自己回答率不应低于70%。

4. 质量考核。在调查实施过程中，调查员对当天完成的问卷首先进行自查，检查问卷有无遗漏项、表中内容的逻辑关系，以及填写方式是否妥当，对发现的问题及时采取措施查漏补缺或更正。调查组负责人要对调查问卷进行初审、复审。项目管理者可随时监督调查员的工作，观察调查员的访问过程。在每天完成调查任务后可组织调查员进行交流和讨论，以便针对他们在调查中遇到的问题给以指导，及时提高调查水平和质量。

5.3.3 资料整理和分析阶段的质量控制

在资料整理和分析阶段，要注意以下问题：

1. 核查资料的完整性，对发现的缺项要进一步补充。
2. 检查填报的正确性，调查问卷的各项指标填写是否符合要求，及时更正。
3. 调查问卷的登记和编码做到不重复、不遗漏。
4. 计算机录入数据时，要严格控制质量，在条件允许的情况下进行双人录入。
5. 设置数据录入的逻辑限制。
6. 对录入的数据进行逻辑检查。
7. 选择合适的统计分析方法。

5.4 问卷调查法的评价

5.4.1 问卷调查法的优点

1. 它能突破时空限制，可在广阔范围内对众多调查对象同时进行调查。由于问卷调查是用一份问卷代替派人专访，可以在很短的时间内同时调查很多人。

2. 调查结果便于分析和处理。在对结果进行分析和处理的环节，研究者可以把问卷调查所研究的概念、变量进行操作化处理，对各种答案进行预编码。因此，问卷调查所得到的原始资料很容易转换成数字，适用于进行快捷的信息化处理和定量分析。问卷调查方法所具有的这种便于进行定量分析的特点，也是越来越多的社会研究者采用问卷调查的方法收集资料的另一个重要原因。

3. 匿名性好，便于收集真实信息。社会调查的对象是现实生活中的不同个体，每个人都有自己的情感因素，调查方法的不同必然会对他们产生不同的影响，进而引起不同的反应。在面对面的访问调查中，有关个人隐私、社会禁忌或其他敏感性问题是不方便进行访谈的。问卷调查不受客观因素的干扰，回答空间、方式自由，被调查者的心理压力小，因而调查的内容范围更广泛，也更能收集到真实的社会信息、客观地反映社会现实的本来面貌。

4. 问卷调查、特别是自填式问卷调查的另一优点是，对调查的双方都比较方便。自填式问卷调查可以排除人际交往中可能产生的种种干扰。

5. 节省人力、时间和经费。从实施程序来看,问卷方式灵活多样,既可以及时发放也可以采用网络问答等方式进行,便于由很少的调查者在短时间内同时调查多人情况,并且不受地理条件的限制,同时可调查的空间范围十分广阔。这种节省时间、经费、人力的显著优点,相比传统的访谈等调查方法具有更高的效率。

6. 可以避免主观因素干扰、减少调查误差。在访谈中,调查结果容易受诸多主观因素的影响,如访谈者的态度、提问方式,被调查者的理解能力、语言沟通能力等,容易导致各种访问偏见,形成一定的误差。但在问卷调查中,由于每个被调查者所得到的都是相同的问卷,从调查实施方面来说统一高度,对每个被调查者施加的影响都是相同的。

5.4.2　问卷调查法的缺点

1. 缺乏弹性。问卷的设计是统一的,调查所询问的问题和封闭型回答方式的答案都是固定的、没有伸缩的余地,这使得调查对象的作答受到限制,从而可能遗漏一些更为深层、细致的信息。特别是对于一些较为复杂的问题,靠简单的填答难以获得研究所需的丰富材料。问卷对设计要求比较高,如果在设计上出现问题,调查一旦进行便无法补救,甚至完全失去调查的意义。

2. 问卷的可靠性低,质量难以保证。问卷调查、尤其是自填式问卷调查,被调查者填答问卷的环境无法保证,可能出现与他人交流答案、共同完成,甚至完全交由他人代填,或者是在从众心理驱使下按照社会主流意识填答。并且这些情况调查者都无法了解。被调查者基于个人的理解和判断,也可能导致错答和缺答的情况。因此,问卷调查所得资料的质量可靠度不稳定。

3. 回答率难以保证。一定比例的回答率是保证社会调查的必要条件之一,而一份问卷能否完成和收回,主要取决于被调查者,而不是取决于调查者。从主观角度来说,调查者的兴趣、态度、责任心、合作精神会影响问卷的回答率;从客观角度来说被调查者在时间、精力、能力等方面受到的影响也使调查受到干扰。这是问卷调查相比与面对面的访问形式的调查最大的缺点。

4. 对被调查者的素质有一定要求。问卷调查的结果容易受到被调查者的文化水平、理解能力、合作意识等方面素质影响。例如,填写问卷的人必须能看懂问卷,能领会填答问题的要求和方法,能阅读和理解问题的含义。但是,由于被调查者存在的素质差异,容易使调查结果出现一定的偏差,这种问题的存在也使问卷的使用范围受到限制。问卷调查只适用于有一定文字理解表达能力的调查对象,而不适于文化水平低的人使用,这也是问卷调查法难以克服的局限性。

【本章小结】

1. 问卷的类型:(1)按填写方式问卷可分为:自填式问卷和访谈式问卷;(2)按问卷结构问卷可分为:封闭型问卷、开放型问卷和混合型问卷。

2. 问卷的基本结构:标题、封面信、指导语、调查项目、结束语、编码等。

3. 问卷设计的程序:确定研究目的、建立问题库、设计问卷初稿、初稿试用和修改、确定问卷。

4. 一个好的问题的基本标准:对问题的理解要一致;对问题的管理要一致,或与受访者的沟通要一致；对“什么是一个充分的答案”应该有一致的理解；所有受访者都应该获得准确回答问题所需要的信息，除非问题的目标是测量知识；受访者必须愿意提供问题所需要的答案。

5. 问题设计的常见错误：双重装填、含糊不清、抽象提问、诱导性问题、敏感性问题。

6. 对问题符合过程标准的程度的评估方法：专题小组讨论、深度个人访谈、田野预调查。

7. 问卷调查法的优点：它能突破时空限制，可在广阔范围内对众多调查对象同时进行调查；调查结果便于分析和处理；匿名性好，便于收集真实信息；对调查的双方都比较方便；节省人力、时间和经费；可以避免主观因素干扰、减少调查误差。

8. 问卷调查法的缺点：缺乏弹性；问卷的可靠性低，质量难以保证；回答率难以保证；对被调查者的素质有一定要求。

【思考练习】

1. 问卷(questionnaire)、信度(reliability)、效度(validity)的定义？
2. 常见的问卷类型有哪几种？各自的优缺点是什么？
3. 问卷的基本结构一般由哪几部分组成？
4. 问题设计的常见错误是什么？
5. 一个好的问题的基本标准是什么？
6. 如何设计一份好的问卷？

【参考文献】

1. 弗洛德·J·福勒(Floyd J. Fowler, Jr.). 调查问卷的设计与评估[M]. 蒋逸民，译. 重庆：重庆大学出版社，2010.
2. 龚幼龙，严非. 社会医学 [M]. 3 版. 上海：复旦大学出版社，2009.
3. 郭秀花. 实用医学调查分析技术 [M]. 2 版. 北京：人民军医出版社，2014.
4. 苏斌，任百祥，滕洪辉，等. 问卷调查法在“环境管理学”中的应用[J]. 吉林省教育学院学报，2015，31(11)：93—94.
5. 苏超，周蕊. 问卷调查法在图书馆学研究中的应用[J]. 图书馆学研究，2012(12)：16—18.
6. 王思瑶. 问卷调查法浅析——基于华润置地的市场调研[J]. 经营管理者，2016(22)：140—140.
7. 魏文婷. 问卷调查设计要点[J]. 统计与咨询，2005(1)：37—37.
8. 徐义强. 问卷调查设计中的基本理念与原则[J]. 新西部旬刊，2011，4(12)：19，13.
9. 詹绍康. 现场调查技术 [M]. 2 版. 上海：复旦大学出版社，2010.
10. 郑晶晶. 问卷调查法研究综述[J]. 黑龙江教育：理论与实践，2014(10)：102—103.

第6章 实地观察法

【目的要求】

了解实地观察法的优点、缺点，观察误差产生的原因。

掌握实地观察法的概念、特点和分类，实地观察法的实施步骤，实地观察的注意事项和减少观察误差的方法。

6.1 实地观察法概述

6.1.1 实地观察法的历史

实地观察的起源可以追溯到13世纪欧洲探险家与传教士遥赴远方岛屿的旅行者报告。而学术性的实地观察始于19世纪晚期的欧洲，那时人类学开始去到其他大陆了解其他文化。英国社会人类学家马林诺夫基(Bronislaw Malinoski，1844－1942)是第一位采用实地观察研究法，在澳大利亚的特罗布里恩德群岛对土著居民进行过历时两年的研究，并且详细记载整个资料收集过程的研究者。20世纪20年代，他把深入实地观察当成一种新的研究方法介绍出来，主张在直接观察、当地人的陈述、以及观察者的推论之间作出区分。

在此之后，实地观察研究方法得到了迅速的发展，例如，恩格斯于1842年11月至1844年8月在了解英国工作阶级的生活状况时就运用了观察法。他的《英国工人阶级状况》有一个醒目的副标题："根据亲身观察和可靠材料"。这说明，这篇著名的调查报告是实地观察的产物。

19世纪90年代布思与韦布(Charles Booth& Beatrice Webb)对伦敦穷人所做的观察，开启了调查研究与人类学以外实地观察研究的先河。其后，美国新闻记者利用实地研究法对街头、酒吧及豪华饭店进行直接观察，出版了大量有影响力的研究报告，形成了著名的芝加哥学派社会学，并且实地观察研究慢慢地从注重现象描述走向了理论分析。第二次世界大战以后，实地调查研究面临着定量研究的竞争，到20世纪70年代，实地观察研究在所有研究中所占比例已然下降，然而到80年代后，实地观察研究与认识心理学、文化人类学等其他学科的交叉融合，又重新创新发展起来，并成为一种系统化的研究技术不断完善发展至今，已经有了一套独特的方法认，在全世界范围内被广泛应用。

6.1.2 实地观察法的含义

"观"者，看也，"察"者，思考、比较鉴别也。社会研究中的实地观察法(direct observation，又称观察法、田野调查法，Field work)，是指研究者根据一定的研究目的，凭借自己的感觉器官及其辅助工具，直接从社会生活的现场收集资料的调查研究方法。实地观察法主要用于收集难以被数字量化的定性研究资料，例如人们的说话风格、行为方式等。

实地观察首先要区分生活观察和科学观察。生活观察无处不在，每个人在清醒的时候无时无刻不在进行着生活观察，因为人类的眼睛、鼻子等感觉器官生来就是为了观察。但本章所论述的实地观察，是指作为科学研究中收集资料的一种方法和技术的观察，这种观察带有明确的假定条件，从而试图通过实地观察加以验证或说明。实地观察法与其他研究方法的不同之外在于，它不仅仅是资料收集，也是典型的理论生成活动。实地观察者很少去验证和检验已经明确定义的假设，而比较典型的是从事先无法预测的进程中发现有意义的东西——从事初始的观察，推展出尝试性的一般结论，从而启发进一步的观察，然后再修正结论。

6.1.3 实地观察法的特点

作为一种科学研究方法，实地观察法具有以下特点：

1. 它是一种自觉的、有目的的观察活动。实地观察法的自觉性和目的性，使它有别于我们在日常生活中对社会现象进行的观察。观察者必须根据研究目的或问题收集资料，它是在一定的研究目的和研究设想指导下进行的，必须有组织，有计划的开展。对观察对象它是为科学研究服务的。离开了研究目的和研究设想，观察就是盲目的。它要求在实地观察之前，针对研究目的，对研究对象、观察目的和观察方法制定详细的计划，进行系统的实际观察，还要对观察人员进行系统的训练，使其掌握对社会现象进行系统观察的方法。

2. 它是一种自然状态下的现场调查。观察者对被观察对象的活动不加干预，对于影响被观察对象的各种社会因素也不加干预，所以收集资料的活动与观察对象的发展过程是同步的。这一特点使得实地观察法区别于文献调查法，又区别于实验室观察法。观察的记录必须客观真实，而为了保证观察的科学性和客观性，必须对观察者的观察力、判断力、综合能力进行严格的训练。对于观察结果则可采用反复观察，或其他资料收集方法加以验证。

3. 利用一定的工具。实地观察主要靠人的眼睛、耳朵等感官器官以及它们的延伸物，如相机、摄影机、录音机等仪器，将观察结果详细地记录下来。这一特点使它区别于访问法、问卷法等收集资料的方法。

4. 实地观察法观察到的主要是被调查对象的外显行为。被调查对象的态度、观念等主观意识方面的资料无法通过观察法收集到。这一点也区别于访问法和问卷法。

6.1.4 实地观察法的分类

1. 根据观察者是否参与观察对象的活动，可以将观察法分为参与观察法与非参与观察法两类。这是观察法中常用的一种分类方法。

参与观察是指观察者加入被观察群体中去，在与被观察对象的共同活动中进行观察的一种方法。参与观察方法常用于无法从外部观察的“封闭性”集体，和对社区或群体的典型调查和个案研究，是社会学与人类学研究中常用的一种方法。参与观察法能够对研究客体进行深入的了解，能够获得从外部观察不到的资料。例如，美国社会学家奥斯波安在取得有关当局的同意之后，以一个犯人的身份进入监狱，与犯人们一起生活，以观察犯人们真实的待遇和生活状况。后来他写了《在监狱内》一书。

参与观察还可以根据参与程度分为完全参与观察和半参与观察，即在完全参与观察中，观察者的身份是“隐藏的观察者”，在半参与观察中，观察者的身份是“公开的观察者”。完全参与观察带有“卧底”的特征，这种观察方法能够在不被干扰的环境下获得比较客观的资料，但在科学研究的伦理上有时会受到质疑，除非是针对一些非常特殊的群体，如犯罪团伙、乞丐团伙、监狱犯人等。半参与观察中，由于观察者的身份是公开的，因此会影响到被观察群体的正常生活，但是如果能够与被观察群体建立比较和谐的关系，并且能够在一个比较长的时间里进行观察，观察者对被观察群体的影响会慢慢减少。因此，实地研究中，除了针对一些非常特殊的群体之外，大多数参与观察采用的是半参与观察。

对于观察是否加以控制，又可分为有控制的参与观察与非参与观察，无控制的参与观察与非参与观察。在观察研究中，为了发现被观察对象的某些行为及其变化，以及行为变化过程中某些重要的影响因素，还可以采取控制观察的方法，即对观察对象和观察项目加以控制。在控制观察中要对被观察对象各种现象制定一个分类系统，并将观察范畴标准化，对同一客体进行系统观察来进行控制。控制观察的任务主要是检验用其他方法取得的结果。在小规模研究中，为了准确的描述对象和检验假设，也可以把这种观察作为收集资料的基本方法。

参与观察法的主要优点是：它可以拉近或者消除观察者和被观察者之间的心理距离，便于深入了解被观察对象内部的真实情况。但这种方法也有其局限性，主要是：观察者容易受到被观察者的影响，其观察结论易掺入过多的主观感情。而要想参与观察取得成效，观察者必须做到：第一，要有不怕艰难困苦的自我牺牲精神，真正深入到被观察者的生活环境中去。第二，要熟悉并适应被观察者的生活方式、语言和风俗习惯，真正参与被观察群体的共同生活，取得被观察者的信任。第三，要始终保持观察者的客观立场，不为被观察者的利益与感情所左右。要在不引起被观察者注意的情况下作好详细、准确的记录。

非参与调查是指观察者以旁观者身份对观察对象进行的观察。观察者无须参与被观察者的活动，只须在距离被观察者很近的地方观察，对被观察者及其活动不表露任何兴趣，只听、听看，并适当作些记录。这种方法通常在观察者无法进入被观察者内部或无须介入被观察对象的活动时采用，在社会调查中都会在不同程度上采用这种方法。例如，对于青少年在公共场合情感表达方式的观察只能采取非参与观察的方式。

非参与观察法的主要优点是，观察者不易受被观察者的影响，观察结果比较客观、公允。这种方法的主要局限性是，对现象的观察易带有表面性和偶然性，不易深入。特别当这种观察活动类似于“走马观花”时，这一局限性就更为突出。如果说在自然状态下的“走马观花”(所谓“微服私访”)还能看到一些真实情况的话，那么事先通知的、有准备的“走马观花”则往往只能看到一些表面的甚至是虚假的情况。所以，避免非参与观察法局限性的关键在于：一要保持在自然状态下进行观察。观察者的观察活动不能影响和干扰被观察者的正常活动；二要有观察的持续时间，要对观察对象作较长时间的深入观察。只要做到这两点，即使是旁观都身份，也能看到一些真实情况。

2. 根据观察内容是否有预定的、标准化的观察项目和要求，可以将观察法分为结构式观察和无结构式观察。

结构式观察是指按照一定的程序、采用统一设计的观察记录表或记录卡对观察对象所进行的观察活动。这种观察方法的最大特点在于观察过程的标准化。所谓标准化就是它有明确的目的和计划，严格限定观察内容、观察场所、观察条件、观察对象和观察范围，采用标准化的观察手段和观察工具，做标准化的观察记录。它具有系统化、标准化、定量化的特点，是观察法中要求最严格的一种，其结果可以用来进行定量分析。比如，某研究者观察人们进书店的目的性。又比如，1950 年 R·F·贝尔斯对群体互动所做的研究就是通过有结构的观察进行的。

无结构式观察是指观察者并不预先规定标准化的观察项目和要求，依据研究的目的和现场实际情况灵活进行观察。无结构式观察是实地观察研究中最主要的观察方式，它适用于探索性研究和有深度的专题研究。人们平时所作的观察，大多数是属于无结构式观察。这种方法比较灵活，研究者在观察过程中可以在事先拟定好的提纲基础上充分发挥主观能动性和创造性，选择自己认为重要的社会现象进行详尽的观察。无结构式观察的局限在于所观察的资料有时不系统、不规范，容易受到观察者个人主观因素的影响，缺乏必要的可信度。例如美国人类学家摩尔根对易洛魁人生活状况的研究，社会学家威廉．怀特对街头流浪者生活状况的研究，都是使用了非结构性观察法。

3. 根据是否借助观察工具，可以将观察法分为直接观察法与间接观察法。

直接观察法是凭借观察者亲身的眼睛、耳朵等感觉器官直接感知外界事物的方法。包括观察实际的行为和正在发生的事件，而不是发生事件的结果。如观察者在医院候诊大厅视听病人及其家属对医院的服务态度和质量的议论与评价则属于直接观察。此方法最大的优点是观察具有强烈的实感，使观察者印象深刻，但观察的时间、空间十分有限，难以观察到全面情况。

间接观察是指观察者通过观察与被观察对象有关的自然物品、社会环境、行为痕迹等，从而间接反映出被观察对象的状况和特征。一般来说，当资料不能通过直接观察的方法获得，或是使用直接观察法收集资料过于昂贵时，则适合采用间接观察法。如研究者在顾客离去后检查旅店房间和废物箱，取回用过或未用过的避孕套，从而估计住店顾客避孕套的使用率则属于间接观察。间接观察法的主要优点是观察的时间、空间极大地扩展，但却没有实感，缺乏亲身感受。

4. 根据观察项目，观察可以分为非行为观察和行为观察。

非行为观察主要是观察对象的某些特征和其所处的客观环境。非行为观察反映的是被观察者的静止状态，因而也是一种静态观察，其中包括性别、外貌、衣着以及物质环境，如房屋结构、面积设施等。

行为观察是对被观察者个人行为和活动的观察。非语言行为观察主要是注意被观察者的日常活动以及他们的手势、眼神、面部表情、肢体动作等，研究非语言行为在表达思想、感情时的特殊作用，以及每个动作或表情在不同的社会或阶层中的不同意义。语言行为的观察主要是了解被观察者谈话内容、谈话方式、使用的方言，相互交往的频率、使用的信息媒介等。它可以用来研究语言交往的途径、方式，以及通过语言等行为所反映的群体或个人的性格特征和行为特征。

6.1.5 实地观察的基本原则

进行实地观察，一般来说，应遵循以下一些基本原则：

1. 客观性原则。观察的客观性，是进行实地观察的首要，也是最基本的原则。在社会生活中，观察者与被观察者总有这样或那样的联系，观察者对社会现实的感知也总会受到种种联系的影响。一般来说，观察者同被观察的人或事物的联系越密切，情感因素对观察过程的影响就越大。同时，观察者的知识与经验，也会影响观察过程。观察法的客观性不在于一概排除观察者的个人感情、知识与经验等因素，而在于坚持科学标准，实事求是，不因个人偏见或个人狭隘的经验而歪曲、掩饰或编造社会事实。

2. 全面性原则。观察的全面性，是观察的客观性原则的内在要求。任何客观事物都有多方面的属性，多方面的联系，多方面的表现形式，要正确认识客观事物，必须从不同侧面、不同角度、不同层次进行全面的观察，才能了解客观事物的全貌，从而正确认识事物。

3. 深入性原则。在观察中，要坚持观察的客观性和全面性，就必须进行深入、细致的观察，这是因为，社会生活本身纷繁复杂、千变万化，许多社会现象不是一下子就能观察清楚的；特别是有些人往往会自觉不自觉地用一些片面的、偶然的，甚至虚假的现象来应付、蒙骗观察者。如果观察者仅仅满足于沿着大路走马观花，仅仅停留在表现现象浮光掠影，那么，就有可能上当受骗，就有可能做出片面的、甚至是错误的观察结论。

4. 持久性原则。实地观察往往是一种十分单调、枯燥的工作，要进行客观、全面、深入的观察，就必须坚持观察的持久性。对于许多复杂的社会现象来说，要得到正确的调查结论，更需要坚持长达数日、数月、甚至更长时间的观察。

5. 观察必须遵守法律和道德原则。在观察过程中，一定要遵守法律的在关规定，决不可在没有等到许可的情况下，么闯调查对象的住宅，偷看他人的信件，或做其他有违法律法规的事。此外，实地观察还要遵守一般的首先规范，决不可在违背观察者意愿的情况下观察属于么生活范围的活动。

6.2　实地观察法的实施

观察法作为一种具有很强目的性、计划性和系统性的社会调查研究方法，在具体的运行过程中应按照一定的过程和主要步骤进行，这不仅是为了使观察工作做到循序渐进、操作方便、开展顺利，更重要的是为了保证观察结果的科学性.合理性和有效性。观察的全过程可分为三个阶段：准备阶段、实施阶段和资料处理阶段。每个阶段中又包括几个主要步骤。如表 6.1 所示。

表 6.1　实地观察的过程与主要步骤

准备阶段	1. 确定观察目的 2. 制定观察计划 3. 理论和物质准备
实施阶段	4. 获准进入观察现场 5. 与观察对象建立友好关系 6. 进行观察与记录
资料处理与分析阶段	7. 整理和分析观察记录资料 8. 撰写调查报告

6.2.1 准备阶段

1. 确定观察目的

社会调查研究中的观察总是围绕着某一课题，为实现某一特定的目标任务而进行的，确定观察目的，首先要确定整个社会调查研究中观察法与其他方法在收集资料方面的分工和衔接。只有观察目的明确了，具体运行观察工作所接下来的过程和主要步骤，才可以以此为准绳，使观察目的渗透、内化、贯穿于观察工作的始终，进而保证观察工作的针对性、规范性和持续性。

2. 制定观察计划

在正式观察活动开始以前，必须根据观察的具体程序制订详细的观察计划，这是对整个观察过程的图上作业，它包括确定观察对象、观察内容和范畴，以及选准观察的时间和场合等。在制订计划时，还要明确规定观察的期限，确定收集资料的手段，设想在观察过程中可能遇到的困难并制订预案，以及其他有关时间、经费、人员等方面的问题。

(1)确定观察对象

社会中的事物具有纷繁复杂、动态多变的特点，我们不可能对所有的事物或现象进行观察。为了使观察结果具有典型的意义，应该选择那些条件比较典型、具有一类事物或者现象特点的典型对象作为观察的重点。如要观察城镇的环境卫生，不仅要看一般的大街、小巷、厂房、学校、办公楼，而且重点观察工作的“三废”处理和居民的公共厕所。只有抓住了这些典型对象作为观察的重点，才能做到“一叶知秋”、“以点概面”的观察效果。

(2)确定观察内容和范围

观察内容和范围应该根据研究目的、研究问题来制定，一般包括以下五个不可缺少的方面。第一，现场的情绪。即观察对象活动的舞台及其背景，包括自然条件和社会环境，它们对观察对象的活动范围有着很大的制约作用。第二，观察对象的角色、地位、身份、数量以及相互之间的关系等。他们是什么人，有多少人，相互关系如何，有没有形成正式群体，群体中谁是核心，谁最活跃，谁较孤立。第三，目的、动机、态度。观察对象的的某种行为是否有明确目的，在表面的目的后是否有什么深层动机，观察对象对其目的所持有的态度是一致的，还是矛盾的。第四，社会行为的类型、产生与发展过程，行为的性质、细节以及影响等。如在工作、学习娱乐、生活中观察对象所表现出来的言谈举止、行为习惯、喜怒哀乐是如何引起的，造成的后果等，都是这一方面所涉及的主要内容。第五，事物或现象发生的时间、出现频率、持续时间等。

(3)选准观察的时间和场合

社会中的事物和现象都不是静止不动的，而且每一种具体事物或现象的形成又是与周围的环境密切相关。在不同的时间、不同的场合，对同一社会现象或事物进行观察，往往会得到不同的观察结果。因此，观察之前要选择与确定观察对象表现充分的最佳观察时间与观察场合。

3. 理论和物质准备

理论准备包括在进入观察现场前要查阅理论文献，了解前人的研究和理论观点，从而选取一定的研究角度或将观察范畴具体化，确定观察指标和分类系统；物质准备包括制定观察卡片或记录提纲，选用技术设备，培训观察人员等。

(1)确定观察提纲,选择观察方式

观察提纲主要是确定被观察研究的团体和个人,以及需要观察的事实,并对观察条件加以评估,对可能得到信息的可靠性做出判断。制定观察提纲时,首先要确定观察项目,并把这些项目按一定标准归入一个分类系统,以便观察者在具体观察时把注意力放在需要观察的事实和现象上。在观察提纲中,还要确定观察对象的某些特征,例如职业、年龄等。其中最重要的,是要将观察对象具体化,即要确定观察什么人,是观察团体行为还是注重个人行为观察。在观察提纲中,还要确定项目之间的相互关系,建立各种变量或现象之间的关系,以便根据观察所收集的资料,探索变量或现象之间的关系。

在制定好观察的提纲后,就要确定达到观察目的最合适的观察方式了。从观察的性质来说,主要有探索观察和系统观察。探索观察主要是为研究设想的形成提供某些资料,它在具体观察时,不作标准化的设计。系统观察则用于描述性或解释性的研究,借以考察一定时期内观察对象的行为、状况或活动过程。根据观察方法的标准化程度,还可以分为无结构观察、半结构观察和结构型观察。观察者根据需要,以及观察客体的性质选择合适的观察方式。一般来说,在正式观察中,观察可以从无结构观察开始,然后到半结构型观察,最后根据需要采用结构型观察方法。

(2)制定观察卡片

在正式观察前,一般预先制订专门的观察卡片。卡片上明确列出各种观察指标和分类,根据一些变量,列出一系列问题项目,观察者只须在相应的表格内标记,而不作出自己的评价。

表 6.2　××研讨会观察卡片

编号:________

被观察对象:________　　研究主题:________

观 察 地 点:________　　观察日期:________

观 察 内 容:________

	观察项目	人数	备注
会议人数	会议开始时		
	迟到		
	中途退场		
	会议结束时		
会议情况	发言		
	参与讨论		
	看无关的书刊杂志		
	玩手机		
	闲谈		
	做其他事情		
主要观点	1. 会议纪律一般,迟到人多,早退人更多。 2. 发言比较踊跃,但响应提问的人较少。 3. 某些与会者低头玩手机,对议题不感兴趣。 观察员:		

观察卡片没有统一的格式，而是根据具体的观察内容来设计的，一般要求是，详细注明观察的时间、地点，这是表明原始观察记录的重要凭证。另外，观察内容要具体、详细，应尽量将观察内容数量化。这种方法可以提高观察记录的速度和质量，而且有利于分类整理和对观察结果进行定量分析，做到简单、易行、可靠、准确。例如，表 6.2 为观察某一讨论会的观察卡片。

(3)选用技术设备

观察是运用一定制的观察工具所进行的一项活动，最基本的观察工具是人的感觉器官，其中最重要的是视觉器官——眼睛。但人类的各种感觉器官的感知能力在生理上都是有一定的局限性的，因此，仅仅依靠他们就不可避免地会对观察活动起到很大的限制作用。随着科学技术的发展，人们越来越多的使用照相机、摄影机、望远镜、显微镜、录音笔、人造卫星等科学仪器和各种各样的度、量、衡工具，充分发挥这些仪器和工具的放大、延伸、计量、记录等功能，间接地获取外部事物或现象的感性材料。因此，在某种意义上，它们突破了人类感觉器官的局限，并且有助于提高观察的客观性、准确性。

(4)培训观察人员

一个合格的观察者不仅要具有良好的注意力，忍耐心，记录能力，而且要仔细、认真，要善于控制自己的行为，使自己对观察对象的影响以及由此引起的变化减少到最低程度。对于观察者的训练除了要注意培养观察者的观察能力、判断能力以外，还要培训他们的记忆力和记录能力。在训练过程中，要使观察者能够仔细区分被观察的事实以及被观察对象对此产生的反应，并在这些事实中分析出主要或重要因素。

观察训练的具体方式可以采用模拟观察方法，受训者可以一边观察专门的表演或电影，一边记录；也可以让研究者与受训者在观察开始阶段共同观察某一现象，然后对研究者和受训者的观察记录进行比较，并由研究者解释他们各自记录不同的原因所在。此外，在训练过程中，观察者还要掌握各种观察工具或器具的使用方法。

6.2.2　实施阶段

1. 获准进入现场

在明确观察目的、观察设计以及做好理论和物质准备的前提下，就可以进入观察的实施阶段了。在这个阶段中，获准进入观察现场是非常重要的，并且也是一个非常关键的环节。在实践中，由于各种被调查研究的社会事物或实地现场因自身所固有的特定因素，其开放程度是不同的。有些课题可以在公共场所进行研究，如流浪汉聚居地、公园和公共汽车站等。在这些公共场所中进行的研究，当然不需要任何正式批准手续。但要想进一步真正深入与观察对象进行交往观察，还需要各种特殊的方式，这是因人而异、因地制宜的。可以说，要想很好的融入到观察对象的生活中不是轻而易举的，而且有些观察者要研究的社区或群体组织，对大众是关闭的。在进行任何研究之前，一般在观察之前最好能获得有关部门的支持、委托。但有人认为，正式的、合法的身份以及单位或组织的介绍信，并不是保证观察者能获准进入现场的充分条件，而只是一种必要条件。因此，针对某些公共场所、禁止外人进入的社区或群体组织，最好的办法就是设法找到通过“关键人物”或“中间人”。所谓关键人物或中间人就是指既认识观察者，同时又认识观察者所希望研究的那些观察对象。那么，通过他们能够十分便利的将观察者“带入”到观察现场，因为那些人的介绍和解释能使观察对象感到放心，而不会拒绝观察者。

2. 与观察对象建立友好关系

获准进入现场只能表明观察者所在研究的社区或群体组织中的“公开身份”，它离真正进入社区或群体组织还有相当的距离。因此，尽快与观察对象建立友好关系，是进入观察现场后观察者所面临的首要任务。这是最为困难而又最费时间的一项任务，但也是顺利开展观察工作的一个必要条件。具体来说，观察者应当了解当地的语言、风俗、生活习惯、道德规范等，无论是饮食、起居、服饰、礼节，都要遵守当地的习惯，学习使用当地的方言、俚语，与观察对象共同生活，在工作环境中能和观察对象一起干活，这些都是能增进同观察对象之间的了解和增进友谊的捷径。另外，观察者应表现出谦虚、谨慎的态度，使观察对象不感到有什么威胁，充分争取当地组织和有威望人物的支持信任，就可以利用他们的社会关系，扩大接触面，使观察取得比较好的研究成果。当然，采用各种方法和手段的目的都是为了与观察者建立友好关系，这需要一个过程，需要一定时间，也需要一定机会，同时它也是一门艺术，需要各种技巧。许多观察者都有自己一套有关这方面的技巧和个人经验，这些都是在长期实践中逐步积累形成的。

3. 进行观察与记录

观察记录是实地观察活动的关键一环。我们知道，在观察过程中，仅凭人的感觉器官和大脑的记忆力，而不用其他手段，那么观察到的信息日后就有可能失真，甚至完全消失。俗话说：“好记性不如烂笔头。”这一道理在观察活动中更是适用。因此，认真做好观察记录，把观察得来的信息变成文字记录，是保存整理资料最可靠的办法，也是观察中不可或缺的一个环节。

观察记录可以有两种方式，一种是当场记录，一种是事后追记。当场记录是最常用的一种记录方式。而当场记录最常用的就是手工记录。手工记录的主要工具是根据调查目的事先设计的观察记录表或记录卡。设计记录卡的最基本要求是：①要详细注明观察时间、地点，这是表明原始观察记录的重要凭证。②观察内容应具体、详细，尽量将观察内容数量化，这样可使观察结果更具说服力。③观察员必须签名，以明确责任，并备查。

同与观察对象建立友好关系相比，观察记录也是一件很困难的事情。记录所观察到的事物或现象，应当尽量在观察的同时做详尽的记录，这是丢失信息较少的一种记录方法，也可以减少记忆的遗漏和错误。但另一方面，做同步的时候还要注意一点：最好做到“不引人注目地记录”，即记录动作要小，记录速度要快，记录的时间要尽可能短。要不吸引观察对象的注意力，更不要引起戒备和不满，以免影响或改变他们正常的行为表现。此外，在有些场合，同步记录可能不适宜，如所观察的内容属敏感问题，当场记录会引起观察对象的疑虑；不具备当场记录的手段（如遇上突发事件，变化比较急剧，手头没有记录工具等）的情况下，就需事后追忆，改用记忆记录的办法。等到观察结束，立刻补记。随着时间推移，人们会迅速忘掉许多情况，记忆的能力需要通过训练强化。

不论是同步记录，还是事后追记，应该注意同时记录下事物或现象的客观描述与观察者自己的思想、感情、评价、认识、猜想、理解等主观内容。这是因为在观察记录中，观察者个人思想感情的卷入是十分自然的事情，从某种程度上正是这种卷入有可能引起偏执的感情作用，影响观察的客观性，成为观察误差的可能来源。因此，要将记录中的客观的事实描述与观察者自己的思想感情等主观内容区分开来，分别归类，以保证观察结果的客观性。

6.2.3 资料分析与处理阶段

1. 整理和分析观察记录资料

实地观察法得到的是无法量化的定性资料，与整理分析量化的定量资料相比，实地观察定性资料整理分析有它自身特别的方法：

(1)定性资料的整理

首先是尽快整理笔记。当专注一些社会事物或现象观察记录后，得到的可能是一堆凌乱的笔记。在结束当天的观察活动后，要利用记忆残留，抓紧时间在当天将这些笔记梳理和整理一遍，有条件的，最好能重新录入为电子版的观察笔记，电子化、条理清楚的观察记录便于日后保存和查看，也便于分析处理时调用。

其次是建立笔记档案。在整理笔记的时候，要按日期和时间，将所有笔记依据整个观察过程的时间顺序进行编号并建立档案。建档过程也是贯穿始发观察的全过程，从一开始根据文献和背景资料建立研究对象相关的背景档案，或者针对研究对象的传记档案，甚至整个研究的参考书目档案。自然，这些档案还要按各自性质用途进行合理分类和编号。建立分析档案也是一个动态和弹性的过程，不要在研究初始就建立一个档案系统，然后固执地坚持不变，而是要保持研究档案系统的弹性，并根据实际情况及时修正，以应付实地观察研究过程中出现的新问题。

另外，就是要利用电脑工具。传统的观点认识，只有定量数据才能利用统计软件进行处理和分析，而事实上，随着计算机软件技术的发展，在国外已经出现了能够用来对实地观察法得到的定性资料进行分析处理的软件工具，比如最早的 Ethnograph，和最近比较受欢迎的 Nudist 软件等等很多。上文提到过的电子化的观察笔记，可以利用此类软件进行合理的归档和统计，日后调用和处理也会便利的多。它可以让观察笔记进入标准化的文字处理程序，按照研究者的研究目的进行相应定性分析处理。

(2)定性资料的分析

对于实地观察研究而言，理论命题的形成、经验事件的观察、经验的评估都是一个过程的不同部分，虽然实际的观察能在演绎理论的结构下进行，但实地观察的目的并不只是检验这个理论，而是要在观察中发展理论，并将知识概括化。作为最具概化性的原则，应该学会在定性资料中寻找相似性和相异性，或者说是普遍性和差异性。而对于一种现象或事物进行定性分析，可以从以下 6 个方面进行：①频率：多长时间发生一次。②程度：事物发生的严重程度如何？③结构：事物发生的形式有哪些，是否有某种特定的现象相关？④过程：结构中成分是否存在着某种顺序？⑤原因：事情发生的原因是什么，是在特定人群发生，还是个普遍现象？还是在特定时期内才会发生？⑥后果：事物或现象的发生对当事方造成了什么样的长期或短期影响？

2. 撰写调查报告

调查报告是反映调查研究成果的一种书面报告。调查报告是对实地观察所取得的大量资料进行总结、提炼和升华的过程，它以文字、图表等形式将调查研究的过程、方法和结果表现出来。其目的是告诉有关读者，对于问题或现象的研究是如何进行的，取得了哪些成果，发现了什么规律，以及对于认知和解决相关问题有哪些建议等。

在观察报告中，要对观察计划中的诸项内容加以说明，要用事实说明观察前的理论假设是否得到了验证，要说明观察中遇到的问题，说明观察的信度和效度，以及说明进一步研究可能的方向。

关于调查报告撰写的详细方法，可参照本书其他章节的介绍。

6.3 减少观察误差

“耳听为虚，眼见为实”，这句俗语在生活经验的范围内大致是正确的。但从严格的科学意义上讲，任何观察都会有一定的误差。而观察误差的大小会对研究结果起到很大的影响。所以有必要探讨一下产生观察误差的原因及减少观察误差的方法。造成观察误差的原因可从观察主体和观察客体两个方面去分析。

6.3.1 产生观察误差的原因

1. 观察主体的原因

(1)观察者的态度倾向。对社会现象或社会问题，观察者都会有其自己的看法和态度倾向。这种态度倾向在观察过程中必然会起作用，从而对观察结果产生影响。观察者从自己的立场观点出发来筛选事实，这是造成观察结果片面性的常见原因。观察者的立场、观点、方法不同，观察到同一对象的感受就会大不相同。例如，20世纪80年代初期内地许多人到深圳特区参观，多数人看到了改革开放带来了欣欣向荣的景象，因此受到很大鼓舞，引起了浓厚的研究兴趣。但是，也有很少数人看到一些他们从来没料想到的社会现象或者某些阴暗面，就对改革开放产生很大疑虑，有的人甚至痛哭流涕。这说明，观察者在世界观和方法论上的缺陷，往往是造成观察误差的一个重要原因。

(2)观察者的心理因素。观察者缺乏事业心和责任感，对调查工作应付了事，观察不深入、不细致等等，都会导致信息的严重遗漏，造成观察结果的片面性，甚至可能在观察中出现某种错误。

此外，观察者的兴趣、需要和情绪等心理因素，也会对观察结果产生一定的影响。例如，同是观察一座园林，建筑师感兴趣的是建筑结构，文艺家感兴趣的是诗情画意，动物学家感兴趣的则是游人的衣着款式。他们对各自感兴趣的事情或现象都会观察得很仔细、很认真，反之，对自己不感兴趣的事物或现象，就会观察得非常马虎，甚至根本就没有引起注意。同样，观察者对某种需要强烈一些，对与这种需要相联系的事物和现象的观察就会认真仔细一些；反之，就会淡然一些，马虎一些。观察者的情绪也会对观察结果产生影响，一般的说，兴奋喜悦的人往往会观察到较多积极的方面；而心情苦闷压抑时，则容易看到事物的阴暗面。

(3)观察者的知识与经验。与观察内容有关的知识及观察经验丰富的人，能掌握观察的时机，能在不影响观察对象自然状态下观察到真实的情况，能透过表面现象观察到一些微妙的实质性的东西，能透过伪装的假象看到事物的本来面目。反之，缺乏观察经验的人，就容易被表面的或伪装的现象所蒙蔽，从而看不到事物的真相。例如，到一个现代化的钢铁企业去考察，一个钢铁专家可能在生产工艺、技术装备、车间管理等方面观察到许多重要情况，发现许多重要问题；反之，一个钢铁生产的门外汉却只能看看雄伟的厂房、壮观的生产场景，什么问题也提不出来。同样，到一个假冒“先进单位”去参观，一个饱经风霜、经验丰富的人能够较快地发现哪些是真相，哪些是假象。反之，一个初出茅庐的学生却很可能被种种假象所蒙骗。这说明,知识和经验不足,是产生观察误差的一个重要原因。

(4)观察者的生理因素。观察者各种感觉器官的感受能力,在生理上都是有一定的局限性的。例如,人们在观察中使用的最多的视觉器官——眼睛,在生理上就有很大的局限性。以正常人的眼睛为例,它只能感受到波长为 0.39~0.77 微米的电磁波(即可见光),而不能感受到波长在此范围之外的电磁波;它只能对频率在每秒 50 次以内的声音作出反应,超过此速度就超出了反应能力;它只能同时观察 5~9 个离散音位,超过此范围就不可能进行有效观察等。不仅如此,随着时间的延长,人的视觉能力还会不断衰减。因此,在视觉器官疲劳的情况下,往往容易发生观察误差。同样,人的其他感觉器官的可靠性和准确性也是极其有限的,超过了一定限度就会失去感知能力,就有可能发生观察误差。所谓"入芝兰之室,久闻不知其香",就是嗅觉器官失灵的例证。

2. 观察客体的原因

(1)由观察活动所引起的被观察者的反应性心理和行为。对于被观察者来说,观察者毕竟是个局外人,即使在参与观察中,至少在进入观察群体的一开始他还是个局外人。局外人的存在,就会在一定程度上影响到被观察者的心理和行为,从而影响到他们行为的真实性。这种情况特别在被观察者感到存在威胁,从而有某种戒备心理时,最为突出。

(2)人为的假象。这也是造成观察误差的一个重要原因。比如事先通知的工作检查、已有准备的高校食堂工作互查等等,所看到的情况与平时的真实情况就可能有一定的距离。

(3)事物的客观本质没有充分暴露,这也是造成客观误差的一个原因。一些新生事物在其本质没有得到充分暴露之前,人们可能会对他们产生一些片面的认识和看法。如在经济特区建立初期,人们就容易看到其发展的某些负面因素,从而对经济特区产生负面的看法。

6.3.2 观察时应注意的问题

由于种种原因的存在,在观察中观察误差的存在不可避免,但是我们可以通过一些有效方法尽量减少观察误差。减少观察误差的方法主要有:

1. 提高观察人员的思想素质、知识水平和观察能力。这是提高观察质量、避免和减少观察误差的根本途径。观察人员必须具备负责和求实的精神;必须具备全面的辩证的观察事物的能力;必须具备与观察内容有关的专门知识;必须加强观察能力的培训和训练;必须不断积累观察经验。

2. 尽可能避免观察活动对观察者的影响。保持被观察对象的自然状态是观察真实情况的重要条件之一,反之,自然状态被破坏是产生观察误差的重要原因之一。因此,观察者要想方设法使自己的观察不影响或少影响被观察对象的活动。必要时可采取隐蔽观察、伪装观察和突然进入观察现场(事先不通知、对象无准备)等办法,以减少观察活动对观察现场的影响。但是,有些场合,这些方法的使用要十分慎重。如到农村去调查,不适当地运用这些方法不但不现实,而且还会带来一些不必要的误会。

3. 观察活动务必深入。深入是观察活动成功的关键所在,唯有深入,才能看清对象的全貌和真相。如果说,人为的表象能够蒙骗那些热衷于搞花架子的"走马观花"者的话,那么只要调查者多待上一段时间,调查工作更深入一些,必然会看到一些真相,因为假象终究是不会持久的。因此,不管参与观察还是非参与观察法,深入观察是可以避免观察误差的最有效的途径。"深入"既包括观察时间的持续与持久性,也包括多点观察、重复观察等形式。

4. 综合运用其他研究方法进行验证。观察法是访谈法和问卷法的基础，用观察法得到的结果和结论，如果用其他研究方法加以验证，便会得到更加让人信服的结果。因为无论是采用访谈法还是采用问卷法进行调查，都需要有一定的针对性，都需要对于存在的问题有一定程度的了解，而这种对于研究对象的了解往往只有通过观察才得到。如果研究者没有对于研究对象的哪怕是非常初步的观察，他甚至连访谈的切入点或问卷所要了解的问题都无从设计。

总之，只要观察者有较好的素质、深入的作风、科学的方法、综合运用多种研究方法进行验证，观察误差就可以大大减少。

6.4 实地观察法的评价

6.4.1 实地观察法的优点

1. 它能获得具体、生动的感性认知和真实可靠的第一手资料。所谓“百闻不如一见”就是说的这个意思。采用参与观察的方法，研究者更能理解研究对象的真实情感、价值观念和思维方式，能够比较准确的分析和解释他们的行为。社会科学理论都是对于客观存在的社会现实的认识，是对于社会现象发生、发展、消亡规律的把握。任何对于规律的认识均来自于观察。一切社会科学理论最终来源于对于客观社会现象的观察。

2. 它适用于对那些不能够、不需要或不愿意进行语言交流的社会现象进行调查。如对集群行为的调查研究。观察法能够收集到其他研究方法无法得到的资料。访谈法可以通过交谈语言得到资料，但是经常会遇到被访者言语表达困难或者不配合的情况，即使得到了资料，对于研究来说，也是比较间接的或被访问者加工过的或不够全面的。而观察法不必依赖这种语言能力，是科学研究经验层次中第一性和最基本的认识过程。实地观察是研究者自己进行的，与现象直接接触，同步观察，因此可靠性较高，减少了叙述、回忆带来的偏差和歪曲，并且记录详尽细致，获取的有用信息量大。

3. 这种方法简便易行。一般毋须设计复杂的调查表，观察时间可长可短，观察项目可多可少，观察的方式多种多样，只要观察者到达现场就可以进行观察。

正因为观察法有上述优点，所以它不仅应用得十分广泛，而且成了其他社会调查方法的基础。

6.4.2 实地观察法的缺点

1. 不能进行大样本观察，难以进行量化研究。实地观察法只适用于对一个或少数几个典型单位进行观察，这往往使得观察结果无法对比，很难检验。所以，观察所得资料只能进行定性分析，而不能进行定量分析，且观察结果只能在研究对象范围内适用，无法判断观察对象对于全体是否有典型性，无法进行推论。有些社会现象是同时在许多地方发生的，如总统选举、社会革命等。这些同一时间内发生在多处地点的社会现象，单个人无法全部观察到，需要多人在同一时间分头进行观察。观察者的人数多少，在很大程度上决定了观察的质量。观察者人数越少，观察的片面性就越大。这就决定了，实地观察法多数是定性的，而很难做到定量。

2. 有时空条件的限制。就空间范围来说，实地观察法只能进行微观的、局部的调查，不可能对大范围的社会现象进行观察。就调查的时间条件来说，对于突发事件和偶然事件，观察者往往很难预料，所以就很难做到有目的有准备的调查。此外，由于观察者所观察的都是一定时点上的社会现象，对于在此之前的社会现象无法直接进行观察，都带有一定的特殊性和偶然性，这就给调查结果的验证带来了困难，而短期的观察可能会有疏漏。

3. 这种方法难以收集到调查对象的主观意识方面的资料。在社会科学领域，观察就是为了了解社会现象发生、发展的规律，而社会现象的发生、发展离不开人的心理活动，离不开行为者的动机。因此，要研究社会，就需要研究人的心理，研究人的动机。但是，人心是个黑箱，观察者不能直接观察人的内心世界，只能通过观察到的现象去推测人的内心活动，而任何推测都是不准确的，甚至推测可能与事实南辕北辙。

4. 实地观察法受调查者主观因素的影响较大。因为这种方法主要靠观察者的单方面的活动，所以，对社会现象观察得是否正确，在很大程度上取决于观察者个人的素质，甚至民族、宗教等身份属性也会影响到观察者对观察对象的认识。不同的人，对同一事物或现象往往会得出不同以至于截然相反的结论，如果观察者带着某些主观偏见去观察事物，就只会得出片面，甚至完全错误的结论。

5. 实地观察本身可能会影响观察结果。被观察对象可能不愿意暴露自己的动机或行为，特别是当被观察对象的动机或行为不被社会主流意识所接受时。被观察对象可能会在意别人对自己的看法，所以在公众场合的表现与在私下的表现会有所不同。这样，当被观察对象知道自己被观察者观察时，观察本身就使观察对象的言行变形，使观察者只能观察到扭曲的信息。

正因为观察法有上述局限性，所以这种方法一般应该与其他社会调查研究方法结合起来，才能收到良好的效果。

6.4.3 实地观察法的伦理困境

实地观察者亲自进入他人的社会生活，引起许多伦理和道德上的两难问题。主要有：欺骗、保密、涉及违法行为、出版实地观察研究报告。

1. 欺骗

实地观察研究中欺骗的出现有多种形式：研究可能是暗中进行的；可能是虚假的角色、名字、或者身份；或者是某些方面对成员有所误导。而关于欺骗，争论最激烈的是议题便是暗中研究与公开研究。有些学者支持欺骗，并且认为欺骗是进入现场，获得对社会生活许多方面充分了解的必要手法。如果观察者在实施观察时对观察对象进行告知，有时就会造成观察对象言行的扭曲，无法保证观察的信度。其他学者则反对欺骗，认为欺骗会摧毁研究者与社会区间的信任关系。尽管采用欺骗手法进行研究在伦理上存在争论，但是有些研究或行动只能在暗中进行。

2. 保密

研究者从被研究对象处获得的私人性的隐私信息，通常是私下提供的。一方面，作为非公众人物，任何公民都有权利保持自己的隐私，观察者不应在观察时侵犯他人的隐私，不应观察他人不愿意暴露的行为。研究者在伦理道义上有义务对资料保密。这包括保守资料的秘密不让研究团队其他成员知道，以及在观察笔记中，以假名取代真实姓名。另一方面，为了保证观察的完整、真实，观察者应该对观察对象进行全方位的观察，特别是应该对观察对象平时不为人所知的方面进行认真的观察，以便把观察对象在公开场合的表现与他在非公开场合的表现进行对比，去伪存真。有时实地观察研究者不能直接引述一个人的话，策略之一就是在报告时，查找一些文献资料来代替被观察对象的信息，使这些文献资料充当信息来源。

3. 涉及违法行为

对从事非法行为的违法者进行实地观察研究的研究者，面对更多的两难。他们知道而且有时也涉入非法活动，就像电影《无间道》中黑社会组织里的卧底警员一样，研究者要面对一种两难局面。一方面要与违法者建立信任与友好关系，这样才能观察到非法活动的真实情况。对于某些异类人群的观察(如对于妓女、同性恋者的观察)，同样要求观察者深入敏感场所，有时甚至要扮演一些"不道德"的社会角色(如嫖客)。但是，出入这些场所或扮演这些社会角色可能会引起道德上的指责。而另一方面，研究者要注意不要涉入太深，以致违反自己做人的基本道德准则，更不能越过法律的底线。而通常，研究者与违法者之间会达到某种明确的协定或心理协议。

4. 出版实地观察研究报告

研究者所得到的和报告出来的隐秘知识，制造了隐私权与知情权之间的两难问题。研究者不会公开宣传研究对象的秘密、违反隐私权或者做出伤害他人名誉的事。可是，如果研究者不能出版任何可能会对某人造成伤害的事件，对研究对象所遭遇的不幸仍然保密，如果关键细节都遭删除，那么研究者所发表的东西，必然很难取得他人信任，也无法唤起广大社会公众对某些社会现象的关注与认识。

有些研究者让被研究对象阅读报告，以确认其正确性，并取得他们的同意出版。但对于边缘群体(例如毒瘾者、娼妓和精神病患者等)，这些可能就很难做到。但是我们依然认为，研究者必须尊重研究对象的隐私。这可以采取一折衷的方法，就是只涉及研究的主要推论，而且是必须时，才刊登研究对象的真实信息。

对于以上这些实地观察中面临的道德伦理难题，每个观察者在实施观察之前都需要根据具体情况做出具体明确的回答。

※ 延伸阅读：

1. 风笑天. 社会调查方法还是社会研究方法？——社会学方法问题探讨之一[J]. 社会学研究，1997(2)：23－32.

2. 陈勇. 合肥市乞讨现象的社会学研究[D]. 安徽大学，2009. DOI：10.7666/d.d204766.

3. 张蓉. 社会调查研究方法[M]. 知识产权出版社，2013.

4. 颜玖. 观察法在社会科学研究中的应用[J]. 北京市总工会职工大学学报，2001(4)：36－44.

5. (美)纽曼. 社会研究方法[M]. 人民邮电出版社，2010.

【本章小结】

实地观察法(又称观察法)，是指研究者根据一定的研究目的，凭借自己的感觉器官及其辅助工具，直接从社会生活的现场收集资料的调查研究方法。实地观察法可分为参与观察与非参与观察、结构式观察与非结构式观察、直接观察法与间接观察法、行为观察与非行为观察。开展实地观察研究，要遵循客观性、全面性、深入性、持久性原则，并且必须遵守法律和道德准则。实地观察全过程可分为三个阶段：准备阶段、实施阶段和资料处理分析阶段，这三个阶段又可分为具体的八个步骤：确定观察目的、制定观察计划、理论和物质准备、获准进入观察现场、与观察对象建立友好关系、进行观察与记录、整理和分析观察记录资料、撰写调查报告。进行实地观察时，为减少来自主观和客观方面原因导致的观察误差，应采用多种方法去减少观察误差。

【思考练习】

1. 实地观察法的定义？它有哪些特点？

2. 怎么区分科学观察与生活观察？

3. 实地观察法的具体实施步骤有哪些？

4. 参与观察与非参与观察，结构式观察与非结构式观察区别分别有哪些？哪些场景适合非参与观察，哪些场景适合采取参与观察？

5. 设计一张本专业相关的场景观察卡片。

6. 三人一组，对某医院挂号排队人群设计一份结构式现场观察表，并进行实地观察，写出观察报告。

7. 实例（案例）分析：

阅读以下案例，结合本章所论述的相关内容进行讨论：

硕士生为写研究乞丐群体论文行乞 3 个月

2008 年 12 月 08 日 《新安晚报》

面对街头形形色色的乞丐，你可能习以为常，然而，谁能想到，一位在读硕士生为了写出一篇研究乞讨群体的社会学论文，竟在合肥“行乞”三个月，并已写下四万余字的《乞讨日记》。他就是今年 25 岁的安徽大学社会学硕士生陈勇。

要写行乞论文

陈勇是个内向而清秀的男生，可他却立志做一篇研究乞丐生存状态的社会学论文。为了与前人的研究有别，他与导师反复商量，决定当一回乞丐。陈勇说：“市民对乞丐存在矛盾心理：不给钱不忍心，给钱又怕上当。因此，用深入的量化研究来解决市民这一矛盾心理具有现实意义。”

自毁形象沿街乞讨

陈勇 7 月份第一次与记者见面时，是一个文质彬彬的书生，然而，这一次，在约定地点——安徽大学三食堂，他朝记者挥了好几次手，记者也没敢认他。只见他蓬头垢面，胡须又长又脏，脸上如抹了一层黑炭，脚底还蹬着一双破布鞋。

“我宿舍里还有一套更破的衣服，那是我乞讨的行头，要是穿上，你就更惊讶了。”陈勇笑着说。

与乞丐吃睡在一起

“这几个月真是尝尽了酸甜苦辣。”陈勇感慨地说，“就在 12 月 4 日晚，我还在市府广场的地下通道里与乞丐睡了一夜。”陈勇说，研究乞丐需要24小时“全接触”，包括吃睡在一起，然而，乞丐们并不愿意透露他们晚上住宿的地方。直到最近天冷，一些乞丐集中睡在合肥市府广场的地下通道，他才有了与这些乞丐一道睡觉的机会。

拍照曾被乞丐殴打

在陈勇的宿舍，有许多乞丐照片，有的乞丐还冲着相机咧嘴笑和“摆造型”。陈勇说，由于他善于和乞丐们套近乎，例如递烟、买水或者买些小吃，因此当他透露研究者的身份要求拍照时，对方都比较配合。不过，拍照也让陈勇吃了一些苦头。在给一名乞丐拍照时突然被他用拐杖殴打，不过陈勇表示能够理解这名乞丐的过激行为。

“行乞”成果丰厚

“我和每个乞丐接触时，都要变着戏法问他们几十个问题。”陈勇说，为了使自己的研究系统化，他精心制作《合肥市乞丐生存状况调查提纲》，上面有八十个调查“指标”，需要向乞丐一一询问，然而，在调查中，他只能凭记忆提问，所以八十个问题往往只能问到六七十个。陈勇说，他已写下四万多字的《乞讨日记》，而这些都是日后论文的雏形。

乞丐同样需要尊重

陈勇发现，大部分乞丐的精神生活比较贫乏，但读书看报的乞丐也不少。

虽然大部分人认为乞丐们毫无自尊心与羞耻感，但陈勇却发现他们同样是有血有肉的人，同样需要尊重。

最近，陈勇与一个拉二胡的乞丐坐着聊天时，这个乞丐得知他是大学生时十分激动。原来，在陈勇来之前，一个年轻人刚从乞丐身边经过，丢下一句话：“这样的人活着有什么意义?”而陈勇的主动接近则让他的心灵受到抚慰。临走时，陈勇和这个乞丐握了手，他激动而犹豫地说：“你真的和我握手吗？我的手很脏的。”

陈勇还向记者展示了一张照片，上面是一个弹吉他的小帅哥。陈勇说，虽然这个男青年靠乞讨为生，但他并不愿承认自己是乞丐，他觉得自己是在追寻梦想，乞讨只是人生旅程中的一个过程，“他说他将来会自谋出路。”

失而复得的感动

“有一个乞讨的女孩至今让我感动。”陈勇说，10月中旬，他在城隍庙遇到了一位乞讨女孩，虽然她只有三年级的文化程度，但是很开朗，第一次见面就谈了一个半小时，陈勇还将自己的手机号码告诉了她。

分手半小时后，陈勇发现自己的相机丢在女孩那里，赶紧回头去找，然而，女孩不见了，连她铺在地上的“诉苦状”也不见了。正在焦急万分的时候，陈勇的手机响了，电话那头是女孩的声音：“是陈勇吗，你的相机丢在我这儿了，在老地方等我。”原来，女孩离开原地是因为寻找陈勇，后来又在城隍庙门口的电话亭给陈勇打电话。

“这件事让我开心了好长一段时间，我想，乞讨并未让一些人身上的品质泯灭，这是我调查中的最大收获。”陈勇说。

乞丐对合肥印象不错

乞丐眼中的合肥市民是什么样的？这也是陈勇的调查内容。

陈勇的调查显示，大部分乞丐都认为合肥市民有些“小气”，大多每次只施舍一角钱。但是，很多乞丐都对合肥的感觉不错。陈勇接触到的大部分乞丐认为合肥适合生活，而且治安很好。一对在天桥乞讨的老夫妻说，他们有几次丢下缸子，离开天桥去拾破烂，回来时发现缸子里的钱分文不少。

陈勇的研究要进行到明年春节，因此，当记者提出想看看他的定量分析材料时，他慎重地说，希望等论文形成后再将这些材料公诸于众。

昨天(12月7日)晚上，陈勇又给记者打来电话，表示要请乞丐"撮一顿"，希望记者能"赞助"一瓶酒。新安晚报

讨论：

(1)上面的案例中，我们可以看出，在本研究中，陈勇采用了哪些研究方法？

(2)陈勇所采用的实地观察法，是属于分类中的哪种？这种方法具体该如何实施？

(3)试评论陈勇卧底乞丐的这种方法的优缺点及相应的改进之道。

【参考文献】

1. [美]纽曼，郝大海. 社会研究方法——定性和定量的取向[M]. 北京：中国人民大学出版社，2007.

2. 蔡宁伟，于慧萍，张丽华，等. 参与式观察与非参与式观察在案例研究中的应用[J]. 管理学刊，2015，28(4)：66－69.

3. 侯典牧. 社会调查研究方法[M]. 北京：北京大学出版社，2014.

4. 蒋玉婷，沈瑶，祝墡珠，等. 定性研究及其在全科医学科研中的应用[J]. 中华全科医师杂志，2014，13(1)：18－21.

5. 欧贤才. 行为观察实验及我国行为观察实验室建设现状探析[J]. 实验技术与管理，2013，(7)：213－216.

6. 任瑞䎾. 对人类学研究田野调查中参与观察法的理解与思考[J]. 黄冈职业技术学院学报，2014，(1)：56－58.

7. 陶建秀，高霞，戴俊明，等. 上海市金山区健康步道使用观察结果分析[J]. 中国健康教育，2015，(11)：1062－1065.

8. 王颜芳. 关于行为观察法的思考[J]. 科学咨询，2010，(25)：30－31.

9. 吴增基，吴鹏森，苏振芳. 现代社会调查方法 [M]. 4版. 上海：上海人民出版社，2014.

10. 张蓉. 社会调查研究方法[M]. 北京：知识产权出版社，2013.

第7章 访谈调查法

【目的要求】

了解和熟悉访谈调查法的三个阶段的实施内容及注意事项。了解动机式访谈法的过程、原则和基本技巧。

掌握访谈调查法的特点与分类、集体调查法实施过程中的要求。

7.1 访谈调查法概述

7.1.1 访谈调查法的含义与特点

访谈调查法(interview)又称访问法或谈话法,是指通过研究者与调查对象的直接交谈收集所需资料的一种调查研究方法,也就是两个人或多人之间一种有目的的谈话,其中由访谈员一方通过询问来引导调查对象回答,以此了解到相关信息,最终达到调查目的。它是一种最古老、最普遍的资料收集方法,也是社会科学研究中最重要的、最常用的调查方法之一。

访谈调查法的特点:

第一,它是一种研究性的访谈。访谈调查法是一种有目的、有计划、有准备的谈话,由访谈员一方通过询问来引导调查对象始终围绕着研究的主题而进行,以此获取所需的相关信息和资料。这与日常的谈话有很大的区别,日常的谈话是一种非正式的谈话,没有明确的目的,也不需要进行相关性的准备,而且,谈话方式也比较松散,随意性很强。

第二,访谈调查是以口头提问形式来收集资料的。在整个访谈过程是访谈者与调查对象直接见面,并相互影响,相互作用,形成互动,而以书面提问形式来收集资料的问卷调查法却不需要调查者与被调查者的直接接触。从本质上说,访谈和问卷都是沟通的过程,沟通的目的都在于获取研究所需的第一手资料,不同的是访谈是以口头语言的问答来搜集信息,调查对象是先听后说,问卷则是以书面语言的问答来搜集信息,调查对象是先读后写;访谈通常是面对面的直接言语接触,问卷则是纸与笔的间接言语接触。

访谈调查法常用于心理咨询、社会调查、教育调查等领域,适用于向调查对象了解心理体验、情感,以及对某一事物的意见、态度、评价等方面的信息。访谈调查的内容,一般既有事实的调查,也有意见的征询。

7.1.2 访谈调查法的优缺点

1. 访谈法的优点

(1)适应范围广泛。与其他的调查研究方法相比,访谈调查是适应范围最广泛的一种调查方法。不同性别、不同年龄、不同职业、不同文化水平的人,只要具备一定的语言表达能力,就可以用访谈的方法进行调查。例如,对于能够听懂和表达简单语意的幼儿园儿童也可以进行访谈。

(2)灵活性强。访谈是双方直接的交流与沟通,是互动的社会交往过程。因此,在访谈过程中,调查者可以随时了解访谈对象的反应,并根据当时的情境状况提出一些更合适的问题,或转换话题。有时,访谈对象可能表现出对某些问题的误解,调查者可以根据情况重复提问,或在允许的范围内作一些必要的解释和提示。这种灵活性不仅保证访谈的顺利进行,而且能够最大限度地收集到所需要的信息。

(3)成功率高。由于访谈是面对面的进行,调查者可以适当地控制访谈环境,避免其他因素的干扰,掌握访谈过程的主动权。因此,除个别情况外,一般都能得到访谈对象的回应;而且也会防止访谈对象草率从事,应付了事;另外,访谈者还可以通过重复提问和控制访谈过程等来影响和鼓励访谈对象的回答,因此回答率会有较大的提高。

(4)信息真实具体。访谈主要是面对面的语言交流,对访谈对象来说,不会像问卷调查那样有过多的限制或顾虑,他可以生动具体地描述事件或现象的经过,真实、自然地陈述自己的观点和看法。同时,由于访谈具有适当解说、引导和追问的机会。因此,可探讨较为复杂的问题,可获取新的、深层次的信息。另外,还可以观察访谈对象的动作、表情等非言语行为,以此鉴别回答内容的真伪。

2. 访谈调查法的缺点

(1)代价较高。与问卷相比,访谈要付出更多的时间、人力和物力。因为访谈要一对一的进行,即使是召开座谈会也要受到人数的限制,因此一个访谈人员一天可能只能访问一个或几个访谈对象,而且调查中数访不遇或拒访是常有的事,这就使调查的费用和时间得到大大的增加。另外,如果要扩大访谈的规模,增加研究的代表性,常常需要训练一批访谈人员,然后分赴各处访问,这又会增加研究的费用的支出。

(2)易受访谈人员的主观影响。由于访谈是双方的直接接触,访谈人员的性别、年龄、容貌、衣着以及态度、语气、口音、价值观等特征,都可能引起访谈对象的心理反应,从而影响回答内容的真实性。尤其是在陌生人之间进行交谈,访谈对象容易产生种种猜测,产生不信任感,容易产生偏差。

(3)回答问题的标准性和重复性较差。访谈调查灵活性的负面作用就是其随意性,访谈对象对问题的回答往往会受到时间、地点和情境的影响,既没有统一的模式和标准,为结果的记录与整理增加了难度,又可能使访谈者回答的内容与观点产生前后不一致、甚至矛盾的情况发生,影响到结论的推断。

(4)记录较困难。调查者在访谈过程中要投入的时间、精力较多,谈话的内容丰富、结构较差,加之访谈的流程又长,要将谈话内容完整记录下来相当困难,尤其是采用无结构访谈方式,在没有现场录音的情况下,用纸笔记录较难进行,追记和补记往往会遗漏很多信息。

(5)缺乏隐秘性。由于当面回答问题,匿名性差,会使访谈对象感觉到缺乏隐秘性,顾虑重重，尤其对一些敏感性的问题，往往回避或不作真实回答。

7.1.3 访谈调查法的类型

由于分类的标准不一样，访谈调查法可以有很多种类型。

1. 按照研究者对访谈结构的控制程度划分

(1)结构式访谈(structured interview)，也称标准化访谈或封闭式访谈，是指访问者根据事先设计好的有固定格式的提纲进行提问，按相同的方式和顺序向访谈对象提出相同的问题，访谈对象从备选答案选择，实际上是一种封闭式的口头问卷。结构性访谈因访谈提纲的标准化，可以把调查过程的随意性控制到最小限度，能比较完整地收集到研究所需要的资料。这类访谈有统一设计的调查表或访谈问卷，访谈内容已在计划中做了周密的安排。访谈计划通常包括：访谈的具体程序、分类方式、问题、提问方式、记录表格等。

由于结构性访谈采用共同的标准程序，信息指向明确，谈话误差小，因此能以样本推断总体，便于对不同对象的回答进行比较、分析。这种访谈常用于正式的、较大范围的调查，它相当于面对面提问的问卷调查。结构性访谈的优点是研究的可控程度高，应答率高，结构性强，易于量化，但灵活性差，对问题的深入程度不够。

(2)无结构性访谈(non-structured interview)，也称开放式访谈或非标准化访谈，事先不制定完整的调查问卷和详细的访谈提纲，也不规定标准的访谈程序，而是由访谈员按一个粗线条的访谈提纲或某一个主题，与访谈对象交谈。这种访谈是访谈双方相对自由和随便的访谈。这种访谈较有弹性，能根据访谈员的需要灵活地转换话题，变换提问方式和顺序，追问重要线索，鼓励调查对象自由表达自己的观点，具有较强的灵活性，并且细致深入，可以对感兴趣的问题细致追问，挖掘出生动的实例，得到更为深入的信息，但费时、费力，结构不完整，难以量化。

(3)半结构性访谈(semi-structured interview)，介于结构性访谈和开放式访谈之间。半结构性访谈有访谈提纲，有结构式访谈的严谨和标准化的题目，但同时给访谈对象留有较大的表达自己观点和意见的空间，并且访谈员在进行访谈时，可以根据访谈的进程调整访谈提纲。半结构式访谈兼有结构式访谈和无结构式访谈的优点，既可以避免结构式访谈的呆板，缺乏灵活性，难以对问题作深人的探讨等局限，也可以避免无结构访谈的费时、费力，容易离题，难以作定量分析等缺陷。

2. 按照访谈的规模划分

(1)个别访谈(individual interview)，是指访谈员与访谈对象一对一的访谈，整个访谈过程不受第三者的直接影响。其优点是访谈环境让访谈对象有良好的安全感，有更好的交流机会，访谈内容更易深入，有利于访谈对象详细、真实地表达其看法，容易得到真实可靠的材料。个别访谈是访谈法中最常见的形式，只要访谈者控制好谈话情境，就能较好地搞开访谈对象的言路，特别适合于无结构式访谈。

(2)集体访谈(group interview)也称为团体访谈，是指由一名或数名访谈员召集多名访谈对象收集资料的调查方法，就是通常所讲的调查会、座谈会。集体访谈通过集体座谈的方式进行调查，扩大了访谈对象，既可以减轻访谈对象的心理压力，又可以提高收集资料的效率；同时可以集思广益，互相启发，互相探讨，而且能在较短的时间里收集到较广泛和全面的信息。但是，由于在集体访谈中匿名性较差，涉及到个人的私密性的内容不易采用这种访谈方式；同时这种访谈也会出现一些访谈对象受其他访谈对象意见左右的情况，调查员应充分考虑这些因素，尽可能减少这种情况的出现。

3. 根据正式程度划分

(1)正规式访谈(formal interview)，就是双方事先约好时间、地点，就一定问题范围进行交谈，这种形式有利于获取较为深入和细致的资料。

(2)非正规式访谈(non-formal interview)是研究者根据研究对象日常生活的安排，在与对方一起参加活动时，根据当时情景自然的交谈，这种形式有利于获得更加自然、真实和灵活的资料。

4、根据双方接触方式划分

(1)直接访谈(direct interview)，也称为实地访问、面访，是指访谈双方面对面地直接沟通来获取信息资料的访谈方法，访谈者可以看到访谈对象的表情、神态和动作，有助于掌握更详细的资料，了解更深层次的问题。不过，直接访谈所需的人力、物力规模也最大，若想要扩大样本的分散性，在实施上很不容易。

(2)间接访谈(indirect interview)，是指调查者与调查对象事先约好，通过电话和网络等通信手段进行的访谈调查。间接访谈可以解决因距离遥远或时间不足造成的困难，也可使访谈对象避免尴尬，还可以减少人员来往的时间和费用，提高了访谈的效率。其中，电话访问最容易接触到访谈对象，联系、响应率比较高，也比较容易防弊，更可快速知道研究结果，特别是适合用于访问工作繁忙、居住分散的异地人员。随着互联网的普及，网上访谈日益成为访谈调查重要的调查方式，其比电话调查成本更低，空间距离可以更远。此外，网上访谈是用书面语言进行的，便于资料的收集和日后的分析。间接访谈也有无法控制访谈环境，无法观察访谈对象的非语言行为等局限，网上访谈对调查对象是否熟悉电脑操作以及是否有电脑配备、通讯和宽带等物质条件有要求，这在一定程度上也限制了访谈的对象。

一般说来，直接访谈和电话访问在抽样、测量、访问等方面的效果较接近，适合以追求数据质量、有推论总体必要的调查；而网上访谈则在研究的作业成本上占优势，适合经费有限、寻找初级参考的调查，但应十分谨慎，避免作对总体的推论。

5. 根据访谈的次数划分

(1)横向访谈，又称一次性访谈，是指在同一时段对某一研究问题进行的一次性收集资料的访谈调查。一般来说，横向访谈的内容比较单一，主要以收集事实性材料为主，需要抽取一定的样本，访谈对象有一定的数量，研究一次性完成，更多地用于描述性的研究。由于横向访谈收集资料的时间较短，一次性解决问题，因此更多的人乐意采用此法。横向研究常用于定量的研究。

(2)纵向访谈，又称多次性访谈或重复性访谈，是指随时间的推移多次地收集固定研究对象有关资料的跟踪调查，即对同一样本进行两次以上的访谈以获取资料的调查方式。纵向访谈是一种深度访谈(in-depth interview)，它可以通过研究对象自身的前后比较来了解事物发展的变化趋势，对问题展开由浅入深的调查，以探讨深层次的问题。纵向访谈常用于个案研究或验证性研究，这种访谈常用于质的研究。按照美国学者塞德曼(I. Seidman)的观点，深度访谈至少应进行 3 次以上。

7.2 访谈的实施

访谈调查是一种有目的、有计划的研究活动。访谈员要按照一定的程序和步骤与访谈对象进行访谈，因此在访谈前应该作好充分的准备。根据访谈的进程，访谈过程一般分为三个阶段：准备阶段、访谈阶段、结束阶段。

7.2.1 准备阶段

实施访谈调查，首先要做好访谈的准备工作，制定访谈计划，把握调查内容，选择适当的访谈形式，设计好访谈调查表或访谈提纲，以及记录表格，选择访谈对象，初步了解访谈对象的情况，选好访谈的时间、地点、场合等。

1. 访谈前的准备

(1)制定访谈计划

制定访谈计划是保证访谈能够顺利进行的前提，访谈计划应对访谈中涉及的主要问题做出明确的规定。如要对访谈调查的目的，访谈调查的类型，访谈调查的内容，访谈调查的对象，访谈调查的时间等做出明确的规定，还要编写好访谈调查的提纲、进行组织分工等等。

访谈调查计划首先要确定用什么类型的访谈方式。一般来说，访谈方式的确定要依据调查研究的目的来选择和确定。如果是探索性研究，通常选择非结构性访谈，并制定好调查大纲；如果是要验证某个假设或者需要较快获得较多人的态度，通常选择结构性访谈，并制定好调查问卷。访谈调查类型的选择除了与调查研究目的和性质有关外，还与人员和时间、经费的充裕与否直接相关。

在制定访谈调查计划时，还应该考虑访谈的内容，也就是访谈调查的问题。从访谈的内容看，大致分为三类：①事实调查，由访谈对象提供自己确实知道的一般情况。②意见征询，征求访谈对象对某些问题的意见、观点。③个人的基本情况，包括个人经历、兴趣、爱好、动机、信仰、思想特点、个性特征、心理品质以及家庭情况、社会关系等。

为了提高访谈调查的质量和效率，还需要具体考虑访谈的时间、地点、场合等因素。一般来说，如果访谈对象是个人或人数较少，访谈时间、地点和场合最好由访谈对象选择，这样比较有利于访谈过程的顺利进行。如果是集体访谈，也可以征求访谈对象的意见，由访谈员和访谈对象双方确定比较合适的时间、地点和场合。访谈的地点和场合的选择有时与访谈的内容有关，如有关个人或家庭的问题，以在家里访谈为宜；有关工作方面的问题，以在工作地点访谈为宜。但是，如果访谈对象不愿在家或在工作单位会见访谈人员，那么也可以选择其他合适的场所进行访谈。

访谈调查计划中还要准备访谈所需的工具，如访谈问卷、访谈大纲、访谈记录表、各种证明材料、证件、采访机、录音机等。

(2)编制访谈问卷或提纲

在结构性访谈中，必须事先编制访谈问卷。访谈问卷的形式大体上与前一章问卷调查中一般的书面问卷相似，可以有开放式问题，也可以有封闭式问题。由于这份问卷不是访谈对象书面填写，而是由访谈员以口头提问的方式提出，所以问题的设计要注重表述的口语化。除了按顺序排列的访谈题目、答案选项外，也包括访谈的相关资料，如访谈对象的个人基本资料、访谈日期、地点等。

在非结构性访谈中，尽管访谈对象有较大的表述自由，但是在访谈调查前，访谈员应该制定一个粗线条的提纲。在提纲中确定访谈的程序、主要问题以及排列的顺序。访谈的提纲是访谈员将调查所需要获取的重要信息资料按照问题的形式向访谈对象提出。在访谈过程中，如果访谈对象在介绍自己的情况时，也提及调查需要了解的其他内容，那么访谈员可以不必拘泥于问题的顺序，而按照访谈进程灵活掌握。在访谈调查要结束时，如果提纲中列出的重要问题尚未提及，访谈员要主动问及访谈对象，以便获得需要的信息资料完成访谈。

例 7.1 对知名教育家的访谈提纲

①人生中有很多第一次，您还记得当初第一次走上讲台，面对下面几十张稚嫩的面孔时的心情吗？

②那么您在参加工作之前有对自己要从事的教师职业发展有一定的了解吗？还是在工作之后？在了解之后您又是怎样规划自己的职业发展的呢？

③能否谈谈您现在是怎样认识自己所从事的这份工作？

④您这一路走来，一步步走向教育家，在您成长过程中，您认为推动自己发展的最关键因素是什么？……为什么？

⑤在您从事教育事业时，一定有某个老师或者学者对您有特别深的影响，您能和我们分享一下吗？

⑥在您成长过程中，您觉得自己发展的低谷时什么时候，您又是怎样走出低谷的呢？

⑦在您这么多年的工作中，什么事情让您特别有成功和喜悦的感觉？

⑧您对现在的在职教师有什么寄语？

该访谈的目的是通过对知名教育家的访谈得到给青年教师的启示，因此在提纲中因着重于知名教育家在教师岗位成长过程中的一些心得体会。

(3)选择和了解访谈对象

在访谈调查中，访谈对象的选择是重要的一环，因为访谈调查的信息资料是由访谈对象提供的，因此，它对访谈最终的成功与否有直接的关系。

选择访谈对象应该首先考虑调查研究的目的，然后确定访谈调查的总体范围，再在总体范围中采用抽样的方法，选取调查研究所需的、有代表性的样本。访谈调查样本的大小，多半由调查研究的目的和性质决定，当然也必须考虑调查研究的人员及时间、经费等条件。

从各种访谈类型的优势和局限考虑，一般来说，探索性研究采用较小的样本，验证性研究则需要较多样本；横向访谈样本可以多一些，纵向访谈样本可以相对少一些；结构性访谈样本可以多一些，非结构性访谈样本相对少一些。

选择访谈对象还要了解访谈对象的有关情况，如访谈对象的性别、年龄、职业、文化水平、经历等。特别是个别访谈、非结构性访谈和纵向访谈，在这些访谈中，对访谈对象的基本情况了解越清楚，选择也就越有针对性；对于编制访谈提纲，选择适当的访谈方式，都具有重要意义。

(4)培训访谈员

访谈调查要由访谈员与访谈对象的沟通和互动才能完成任务，而在访谈中，访谈员占主导地位，因此对于访谈员的要求有一定的要求，需要进行统一的培训。

一般来说，培训访谈员应该从几个方面入手：

①使访谈员掌握本次访谈调查的目的、内容和性质；

②使访谈员掌握本次访谈的具体方法、程序、和重点、技巧等;

③使访谈员掌握收集、判断、分析访谈资料的能力。

为了使访谈过程标准化,研究人员通常将培训内容打印成"访谈手册",说明访谈的程序、重点、要领以及注意事项等,供访谈员随时参考。

访谈调查需要听、说、读、写的技能,因此培训访谈员也必须包括所有这些技能。对访谈员的培训,可以采取录像的形式,将一段示范性的片段录下来,供被培训者反复观看,熟悉访谈的言语、动作、表情,了解访谈的技能技巧,然后让被培训者扮演角色模拟访谈,并将模拟情境录下来,供分析比较用。

(5)试谈与修改问卷或提纲

在拟定了访谈调查问卷或访谈提纲后,正式进行访谈之前一般要安排一次试谈。试谈的目的是检查设计的问题和提问的方式是否恰当,访谈对象的回答能否与希望获取的信息资料比较吻合;试谈的对象不应与正式访谈是同一个人,但两者的情况应该尽可能相似;试谈要作详尽的记录,以便发现设计问题的不足;如果需要可以追问一些补充问题,以了解访谈对象较为真实的想法。

试谈结束后,如果发现设计存在着不足,应该调整和修改。如果没有条件试谈的话,也可以请有经验的研究者或同行讨论,请他们提出意见修改补充完善。

(6)访谈前的预约

在进行正式访谈调查前,一般要事先与访谈对象约定访谈的时间、地点和场合,联系的方式有电话联系和书信或邮件联系。电话联系比书信或邮件联系便捷,可及时了解对方的情况,但书信或邮件联系比较正式,便于将各种信息较完整地告诉对方。所以,在访谈前,可以事先与访谈对象用电话联系,征求对方的意见,双方确定访谈的时间、地点和场合,然后访谈员可以再发一份文字的通知给对方,在文字通知中,简要说明访谈的目的、意义、内容,表明研究者的身份及研究单位、访谈的时间与地点,并告知对方访谈员的姓名。

2. 准备阶段应注意的问题

(1)准备恰当的问题。在拟定问颢时要注意:问题要紧紧围绕研究的目标展开,应将研究的总目标分解成若干个具体的内容,再根据这些内容设计出相应的具体问颢;问题的语言要通俗易懂,让不同文化、职业等背景的人能够理解无误;问题的提法应保持价值中立,以保证获取的信息确是访谈对象的真实想法;问题的安排应有一个大致的程序,应考虑将相关的问题放在一起,将容易回答的、事实性的问题放在前面。

(2)选择访谈对象应考虑对方是否拥有研究所需要的有价值的事实材料,以及对方是否愿意提供有关材料。要事先了解访谈对象有关背景情况以及他的经历、地位和个性特征等,以确定访谈对象能否提供有价值的事实材料,是否乐意回答所提出的问题,以便为友好深入的交谈打下基础。

(3)访问前要对交谈的主题、提问的方式、措辞做各种可能的考虑。

7.2.2 访谈阶段

1. 进入访谈现场

(1)尽快接近访谈对象

进入访谈现场,面对素不相识的访谈对象,访谈员要想办法尽快接近访谈对象。可以采用自我介绍，向访谈对象说明来意，必要的话，访谈员可以出示自己的有关证件，如盖有公章的介绍信，递上自己的名片，携带具有研究单位标志的公文包、文件夹、佩带代表身份的标识等，以消除访谈对象的疑虑，获得信任，求得理解和支持，这是访谈顺利进行的第一步。对初次接触的访谈对象，也可请一位与访谈对象熟悉的人引见，这样可以增加访谈对象对访谈者的信任感。

访谈员对访谈对象要有恰当的称呼，称呼要入乡随俗，自然亲切，既不可对人不恭，也不可过于奉承，访谈员应根据实际情况灵活使用。在自我介绍之后，要表达进入访谈的愿望，进一步阐述访谈的目的和意义，以引起访谈对象的兴趣。若访谈对象推辞受访，访谈员要想办法与访谈对象约定下次登门拜访的时间，不要轻易放弃任何一名访谈对象。

(2)建立融洽的访谈气氛

良好的气氛是保证访谈调查成功的重要条件。在双方有了初步的接触和访谈对象表示愿意接受访谈时，可以从对方熟悉的事情、关心的社会问题、时下的新闻热点谈起，以消除对方紧张戒备的心理；可以从关心访谈对象入手，联络感情，建立信任，在建立起初步融洽的关系后，再进入正题。

访谈员要建立和保持访谈过程融洽的气氛。访谈员应该尽量保持亲切、尊重和平和的态度，使访谈对象能轻松、自然地交流。访谈员要注意提问的技术，要选择恰当的用词与访谈对象交流，让访谈对象配合回答问题。访谈员不能受访谈对象情绪的影响，不管访谈对象是否合作，也不论访谈对象回答的问题是否在访谈员意料之中，访谈员都不能表示不满，更不能对访谈对象批评和指责，以保持轻松和谐的访谈气氛。

(3)按计划进行访谈

在访谈双方初步认识和融洽的访谈气氛下，访谈员可以按照事先拟定的访谈计划自然地进行正式访谈。在访谈过程中，访谈员要按照访谈计划中确定的访谈内容、访谈方式、问题顺序进入访谈，以保证访谈获得成效。

(4)认真做好访谈记录

记录访谈调查内容，要做到客观和准确，要尽可能完整、全面地按访谈对象的回答记录，而不能加入访谈员本人的主观意见，记录时可对某些不太明确的回答作记号，以便在追问中提出，不曲解访谈对象的原义。访谈后要及时整理分析访谈记录。

2. 访谈阶段应注意的问题

(1)让访谈对象了解访谈调查的目的，了解此次访谈的意义和价值是访谈获得成功很重要的方面。一般而言，访谈对象越是清楚访谈的价值和意义，越会采取积极和有效的态度。如果访谈的内容恰好是访谈对象感兴趣的话题，往往会收到很好的访谈效果。

(2)访谈员的访谈技巧很重要。访谈中，访谈人员是主动的一方，访谈员要自然、轻松，表现出诚恳谦虚、热情有礼的良好态度，以取得对方的好感、信任和合作。

(3)交谈中所提问题要简单明了、易于回答。要善于了解对方的心理变化，灵活提出问题，引导交谈的深入。要注意避免触及个人的隐私，造成被动不快的局面。

(4)要善于洞察访谈对象的心理变化。访谈员要机智，善于随机应变。通过“对”、“好”等言语，点头、微笑等身体语言向对方表示你正在听，并希望他继续说下去；通过重复或总结对方的话，以验证是否弄清访谈对象的意思。

5. 要严守保密性原则。对于访谈对象的顾虑，可通过对交谈内容保密的承诺来消除。

7.2.3　结束阶段

1. 结束访谈

结束访谈是访谈活动的最后一环，如何结束访谈要注意以下几个问题。

(1)注意把握访谈时间

根据国外的研究，一般情况下，访谈对象保持注意力的时间为：电话访谈20分钟左右；结构性访谈45分钟左右；集体访谈和非结构性访谈不要超过2小时以上。具体时间应根据访谈调查的实际情况灵活控制，访谈过程中随时关注访谈对象的态度和行为，如果访谈对象说话的音调降低和节奏变慢，或者不停地看时间，或已超过事先约定的时间，或者当感到交谈难以进行，话不投机时，这时应该考虑尽快结束访谈。访谈时间控制的原则不应妨碍访谈对象正常工作和生活秩序。

(2)结束语

访谈调查结束时，要向访谈对象表示感谢，如"您今天的谈话对我们调查帮助很大。""谢谢您对我们访谈调查的支持。"如果这次访谈尚未完成任务，还需进一步调查的话，那么应该与访谈对象约定下次再访的时间和地点，最好还能简要说明再次访谈的主要内容，让访谈对象有个思想准备。

2. 访谈后的工作

获取资料只完成研究任务的一半，后面的工作主要是资料的整理和分析。每次访谈结束后，要对记录的资料进行初步整理，看看是否获得了研究所需的信息，是否需要重新访问。因为在访谈过程中原以为搞清楚的问题，在整理资料的过程中会发现有些问题的回答还不清楚，有些问题被遗漏了，这时访谈员不能凭自己的主观愿望决定答案。为保证资料的准确性，对于关键性问题，需要重访。

采用不同的访谈方式可得到不同性质的资料，结构性访谈通常可以获得数据资料，可用统计方法处理；非结构性访谈获得的是描述性资料，对这类资料的处理，要做到条理清楚，主次分明，准确分类。

最后，根据研究的目的对加工处理过的资料进行分析综合。在对问题产生的原因作深入的分析和论证之后，得出研究结论，撰写研究报告。

7.3　集体访谈法

集体访谈法，是指通过开调查会去进行社会调查的方法。近几年来，从国外引进的"头脑风暴法"和"德尔菲法"，从一定意义上说，都是集体访谈法在现代条件下的进一步丰富和发展。

7.3.1　集体访谈法的概念

集体访谈法，就是访谈者邀请若干访谈对象，通过集体座谈的方式了解社会情况或研究社会问题的方法。集体访谈不是通过与个别调查对象的个别交谈来了解相关情况，而是通过与若干个调查对象之间的集体座谈来了解相关情况。因此，集体访谈过程，不仅是访谈者与访谈对象之间互相影响、互相作用的过程，而且是这些访谈对象之间互相影响、互相作用的过程。要取得集体访谈的成功，访谈者不仅要有熟练的访谈技巧，而且要有驾驭调查会议的能力。

7.3.2 集体访谈法的种类

集体访谈法，按照不同的标准可以作多种分类：

1. 按照调查的主要目的

按照调查的主要目的可分为两类：一类是以了解情况为主的调查会，一类是以研究问题为主的调查会。这两类调查会，在调查会议的规模、调查对象的选择等方面，都有许多不同的特点。

2. 按照调查的内容

按照调查的内容可分为综合性的调查会和专题性的调查会。一般来说，综合性的调查会，内容比较全面、广泛，但往往不够深入。专题性的调查会，内容比较集中、专一，往往能较深入地了解情况和探讨问题。

3. 按照会议的形式

按照会议的形式来区分，可分为两类：一类是互相讨论式的调查会，即与会者互相研讨，互相争论，既可互相补充，又可互相反驳；一类是各抒己见式的调查会，即与会者可以充分发表自己的意见，但是，不能批评别人的意见，所谓的“头脑风暴法”就属于这种类型。

4. 按照调查的方式

按照调查的方式可分为口头集体访谈和书面集体咨询。口头集体访问，就是开调查会，它是面对面的直接调查；书面集体咨询，则是背靠背的间接调查，“德尔菲法”就属于这种类型。

7.3.3 集体访谈的实施

集体访谈法，较个别访谈法复杂，要取得集体访谈的成功，必须认真做好集体访谈前的准备工作，必须对访谈过程进行正确的指导和有效的控制，还必须及时做好访谈后的各项工作。

1. 集体访谈前的准备

集体访谈法因为调查对象多，而会议时间有限，因此，需认真做好会前的各项准备工作。会前的准备主要注意以下几个方面：

(1)明确会议主题。调查会的主题要简明、集中，最好一个会议只有一个主题。如果会议主题含混不清，或者涉及的问题过多，调查者就很难发表意见，或者是议题分散，难以形成讨论的中心。此外，调查会的主题应该是与会者共同关心和了解的问题。凡是个别人关心和了解的问题，或者是通过个别交谈就能解决的问题，就不宜作为会议的主题。明确选择会议主题，是开好调查会的首要前提。

(2)准备调查提纲。调查会前，调查者应认真考虑会议的具体内容，拟出详细的调查提纲。凡是应该了解和可能了解的问题，都应列入调查提纲，并按照调查提纲的要求来具体开展会议。如果调查者自己对调查的内容心中无数，全靠到会议上临时考虑，临时提问，就很难取得好的调查效果。拟定具体的调查提纲，是开好调查会的必要条件。

(3)科学确定会议规模。调查会议的规模,取决于调查内容的客观需要和调查者驾驭会议的能力。一般地说,以了解情况为主的调查会,会议规模可适当大一些,以研究问题为主的调查会,会议规模就可适当小一些。调查者驾驭会议的能力较强,参加调查会的人数就可多一些,反之,就应该少一些。实践证明,每次调查会的规模,一般以5～7人为宜。这是因为,每次会议的时间有限,人多了就难以使每个与会者有充分发言的机会,有时甚至会出现"陪开会"的现象,反之,人数太少,又难以收到集思广益的效果。

(4)正确选择参会人员。正确选择参会人员,是开好调查会的基础。一般地说,参会人员应该是具有某种代表性的人,了解情况的人,乐意发表意见的人。以了解情况为主的调查会,要特别注意选择那些与调查内容直接相关的当事人、主管人和知情人参加会议;以研究问题为主的调查会,则应着重选择那些对调查课题有实践经验,或有理论修养,或有独特见解的人,以及有不同观点的人参加会议。为了使参会人员增加共识感、减少疑虑心,还可采取对不同类型的人召开不同会议的办法,分别进行调查。为了提高会议的效率,取得较好的调查效果,在确定参会人员之后,应尽可能先征求调查对象同意,然后再正式发出邀请,并应在会前将会议的具体内容、要求和参会人员的名单告诉他们,以便他们作好参加会议的思想准备和材料准备。

(5)选好会议的场所和时间。会议的地点应该比较适当、方便,应该有一个比较安静的环境。会议的时间,应该比较充裕,应该使多数参会者感到适合。正确选择会议的场所和时间,是开好调查会的一个不可缺少的条件。

2. 访谈过程的指导和控制

调查会的主持人对集体访谈过程的正确指导和有效控制,是开好调查会的关键因素。对集体访谈过程的指导和控制,要特别注意以下几个问题:

(1)善于打破短暂的沉默

调查会一开始或者会议中,往往会出现一些短暂的沉默期。原因可能是调查对象对会议内容不清楚,或者是与会者之间互不熟悉而造成的距离感所致。如在会议开始出现沉默,调查主持人可以扼要说明调查会的目的、意义、内容和要求,并对与会人员的基本情况作些简要的介绍。如果会前能物色好带头的发言人,那么在自己讲完后就可请他率先发言,这样就能缩短以至消除会议开始后的短暂沉默。如在会议中间出现沉默,调查主持人可以适当地进行总结鼓励性发言和引导性发言。

(2)创造良好的会议气氛

创造良好的会议气氛是集体访谈良好进行的基础。为了创造良好的会议气氛,主持人在会议初期可作一些简短的插话或解释,以消除被调查者中可能存在的种种疑虑,鼓励他们大胆地发表自己的意见,有时可引导与会者之间互相补充、互相启发,互相对话、互相争论,努力为调查会创造一种信任、友好、活泼的气氛。

在讨论过程中,主持人要客观地对待与会者之间的争论,不表现出肯定或否定的态度,而是贯彻"百花齐放,百家争鸣"的方针,平等地对待每一个发言者,保证每一个参会者的发言权利,让他们畅所欲言,讲真话、讲心里话,并要控制出现少数人垄断发言,或者会议发言倾向"一边倒"而导致部分与会人员的意见无法充分发表的情况。

(3)时刻把握会议的主题

一些调查会在展开了热烈的讨论后，随着参会人员情绪的高涨容易出现“走题”现象。调查会的主持人应紧紧把握会议的主题，或者是因势利导，把与会者的兴奋中心引向会议的主题；或者是另辟蹊径，围绕调查主题提出新的问题，形成新的议论中心。总之，要及时引导和控制会议的方向，使它始终围绕着调查主题展开讨论。

(4)做好被调查者之间的协调工作

调查会中，由于种种原因，被调查者之间常会产生一些矛盾或分歧。例如，被调查者之间可能由于客观地位的差异形成尖锐的意见分歧，可能由于思维方式不同产生激烈地争论，可能由于双方固执已见而出现某些隔阂或争吵，可能由于互不信任、互相戒备而无法进行真诚、坦率的讨论等等。在出现这些情况时，调查会的主持人应妥善做好引导和协调工作，以保证调查会的顺利进行。如果发现调查者之间开始出现明争暗斗，应采取恰当的方式及时结束会议，以免造成更不好的后果。

此外，还应当场做好会议记录。调查会应做会议记录，可以由专人做记录，也可以主持人亲自记录。

3. 做好会后的工作

每次调查会的时间都是有限的，为了在有限的时间内，最大限度地了解情况和听取意见，许多问题来不及处理。因此，每次调查会后都应及时做好后续工作。

(1)及时整理会议记录。看看记录是否完整、准确，调查的情况是否真实、可靠，反映的意见是否全面、具有代表性，还有哪些遗漏或错误之处需要补充或更正。

(2)回顾和研究会议的情况。想想会议的进程是否正常，分析一下每个与会者的态度和表现，并对调查的结果作出适当的评价，发现其中的疑点和尚需深入探讨的问题。

(3)进一步查证事实。调查会上提供的口头信息，往往是不具体、不精确的，有时还会出现一些明显的矛盾。因此，会后对一些关键事实和重要数据，都应进一步查证落实，力求使调查材料更真实、更具体和更完整。凡是调查会上遗漏了的问题，搞错了的事实和数据，发现了的新情况、新问题、新线索，都应进行补充调查。特别是调查会上那些有顾虑的人，没有讲话或没有讲完话的人，以及那些接受了邀请但没有出席会议的人，应该邀请而没有邀请的人，都应成为补充调查的重点。

总之，调查会结束了，调查工作并没有结束。实践证明，及时做好调查会后的各项工作，对于巩固和发展调查会的成果具有重要的意义。

7.3.4 头脑风暴法

自本世纪50年代以来，头脑风暴法(brainstorm)作为一种特殊的会议形式，在预测性调查中得到了广泛的应用。后来又出现了反向头脑风暴法。这两种会议形式，都是集体访谈的形式。

1. 头脑风暴法

头脑风暴法(亦称直接头脑风暴法)，是按照一定规则召开的鼓励创造性思维的一种会议形式，这种会议形式的主要规则是：

(1)会议主持人简要地说明会议主题，提出讨论的具体要求，并严格规定讨论问题的范围；

(2)鼓励与会者自由发表意见,但不得重复别人的意见,也不允许反驳别人的意见,以便形成一种自由讨论的气氛,激发与会者进行创造性思维的积极性;

(3)支持与会者吸取别人的观点,不断修改,补充和完善自己的意见,鼓励与会者在综合别人意见的基础上,提出自己的新想法。对要求修改或补充自己想法的人,提供优先发言权;

(4)会议的主持者,特别是高级领导人和权威人士,不发表自己的意见,不表明自己的倾向,以免妨碍会议的自由气氛。

实践证明,头脑风暴法这种会议形式,有利于充分发扬民主,有利于自由发表意见,有利于各种观点互相启发、互相借鉴、互相吸收,有利于各种意见不断地修改,补充和完善。因此,它对于鼓励创造性思维,寻求新观点、新途径、新方法,具有一定的积极作用。

2. 反向头脑风暴法

反向头脑风暴法(亦称质疑头脑风暴法),是对已经形成的设想、意见、方案进行可行性研究的一种会议形式。这种会议形式的主要规则,与头脑风暴法有一致之处,也有不同之点。它的特点是会议的参加者对已提出的设想、意见、方案禁止作确认论证,而只允许提出各种质疑或评论。

反向头脑风暴法的一般程序是:

首先,对已经形成的设想、意见、方案提出质疑或评论,一直进行到没有问题可以质疑为止。质疑和评论的内容是论证原设想、意见、方案不能成立或无法实现的根据,或者是说明要实现原设想、意见、方案可能存在的种种制约因素,以及排除这些制约因素的必要条件等。

其次,把质疑和评论的各种意见归纳起来,并对其进行全面的分析、比较和估价。

最后形成一个具有可行性的具体结论。

头脑风暴法与反向头脑风暴法的共同点是:会议的主持者或领导人,在会议前不规定讨论禁区和舆论导向,在会议中不发表意见、不表示倾向,而是让与会者在无拘无束的气氛中各抒己见(论证或质疑),在充分发扬民主的基础上形成共同的结论。头脑风暴法的这一根本特点,对于克服某些调查会的主持者或领导人的主观偏见具有积极的意义。

7.3.5 集体访谈法的优缺点

集体访谈法的突出优点是了解情况快、广,工作效率高。调查会每次访谈的不是一个被调查者,而是若干个被调查者,这样就能节省人力,节省时间,就能较快地掌握一些社会基本情况。而且因为参加的人员多,提供的信息广,可以互相启发,互相补充,互相核对,互相修正。因此,通过集体访谈,可以了解到比较广泛真实的社会情况。

集体访谈法另一个优点是有利于把调查与研究结合起来,把认识问题与探索解决问题的办法结合起来。在集体访谈过程中,调查者不仅可以向被调查者了解客观情况,而且可以集思广益,通过与会人员之间的互相研究、互相探讨、互相反驳、互相争辩,更加全面、深刻地认识事物的本质及其发展规律,更有利于共同探寻解决社会问题的途径和方法。

集体访谈法的缺点包括无法完全排除调查对象之间的社会心理因素的影响。特别是那些职位较高、权威较大的人容易垄断会场发言,他们的意见往往左右会议的倾向,以至影响调查的结论,而其他的人则很难充分发表意见,甚至有可能在崇拜权威或从众心理的驱使下讲些违心的话。这样,调查结论就往往难以全面真实的反映客观情况。

另外，集体访谈法的应用也有些局限性，如某些敏感性问题、保密性问题、隐私性问题就不宜于采用这种方法。

7.4 动机式访谈法

动机式访谈法(Motivational Interviewing，缩写为 MI)最初是作为问题饮酒的简短干预手段，由美国的心理学和精神病学教授 Miller 在 1983 年提出，随后由他和英国的临床心理学教授 Rollnick 共同发展和完善。目前它在国外已得到广泛应用，主要用于问题行为及其所致疾病的干预和治疗。因为动机式访谈的专业性非常强，本部分只做简要性介绍。

7.4.1 动机访谈法的定义

由于访谈本身的复杂性，动机访谈一直没有相应的定义。在最新的《动机访谈：帮助人们改变》(Motivational Interviewing：Helping People Change，2012 年出版)中，作者给出了动机访谈的三个定义：外行人的定义、从业者的定义和技术性定义。

外行人的定义：动机式访谈是一种协作的对话风格，目的是为了强化一个人对自己改变的动机和承诺。

从业者的定义：动机式访谈是以人为中心的咨询风格，它重在解决改变矛盾心态的常见问题。

动机式访谈的技术性定义：动机式访谈是一种协作的、目标导向风格的沟通方式，它特别注意改变的语言。它被设计用来强化个人对一个具体目标的动机和承诺，通过在一种接纳和至诚为人的氛围下引出和探索这个人自己关于改变的原因。

外行人定义和从业者的定义较为简洁和概括地描述了动机访谈的特点及基本机制。技术性定义侧重于具体的干预，较仔细地描述了访谈如何进行，以及访谈过程中需要关注的问题。

7.4.2 动机式访谈的理论

基础动机式访谈主要借鉴了 Prochaska 及其同事提出的行为分阶段转变理论，该理论强调行为改变是一个连续和渐进的过程，并可分为以下 5 个阶段。

1. 前意向阶段(precontemplation)

在该阶段，人们没有改变行为的意向。人们之所以处于该阶段是因为他们对问题行为本身或其可能导致的结果不自知或感知麻木，或者他们已经试图多次改变行为但最终失败而感到心灰意冷。这些人群属于无动机群体，他们会提出诸多理由来维持现状而不进行行为改变。

2. 意向阶段(contemplation)

人们能够意识到自己的问题行为，并且开始考虑如何改变这些行为，但尚未制定行动计划，也没有其他任何行动的迹象。他们已开始权衡维持问题行为和改变问题行为所导致的不同结局，而对这些问题的思考可能会使他们处于极度的矛盾之中(矛盾心理)，进而有可能导致他们在该阶段滞留很长时间。

3. 决策阶段 (determination)

也常译为准备阶段，处于该阶段的人们开始选择改变问题行为的策略和措施，或着手制定相关行动计划，但尚未将之付诸行动。

4. 行动阶段 (action)

人们已经决定要克服问题行为，并正式采取行动对问题行为、不良体验以及不利环境进行改善，并产生了显著的行为改变。而前三个阶段均只是行为改变的酝酿阶段。

5. 维持阶段(maintenance)

处于本阶段的人们继续保持着已改变了的行为状态。但如果人们没有足够的毅力和信心，则很有可能会返回到原有的行为状态；这种现象称为复返。因此，本阶段的重点是要巩固行为改变和避免问题行为复发，而这需要人们的不懈努力。

由于处于上述不同阶段的个体对自身行为改变的心理活动亦不相同，因此访谈中应当根据不同阶段的特点采取不同的访谈策略。根据上述理论，MI 将改变访谈对象的行为分成两大阶段进行，并分别采取了不同的策略：第一阶段指向行为改变的前意向和意向阶段，分别采取“鼓励访谈对象思考和讨论其问题行为”、“帮助访谈对象评价其针对行为改变所做的各种选择”等策略，帮助访谈对象建立或增强其改变行为的内在动机；第二阶段则指向行为改变的决策、行动和维持阶段，分别采取“帮助访谈对象制定行为改变计划”、“肯定访谈对象改变行为的成功之处并支持其诉说改变行为过程中存在的障碍和困难”、“强化访谈对象关于行为改变的承诺”等策略，帮助访谈对象做出行为改变的自我承诺并不断巩固，最终促成其改变问题行为。

由于访谈对象的矛盾心理和阻抗是 MI 第一阶段面临的主要问题，基于 Rogers 人本主义理论和 Festinger 的认知失调理论，MI 强调运用共情和扩大认知不一致来激发访谈对象行为改变内在动机。当访谈对象开始进入 MI 第二阶段后，能否做出有效的改变尝试是 MI 的关键；基于 Bandura 的自我效能理论，MI 强调本阶段的心理咨询重点在于提高访谈对象对行为改变的自我效能。

7.4.3 动机式访谈的四大原则

根据动机式访谈“合作、接纳、至诚为人和唤出”的基本精神，在运用 MI 的实践中共总结出以下四大指导性原则。

1. 表达共情(express empathy)

表达共情是指咨询师能够准确理解咨询者内在的主观世界，并且将有意义的讯息传达给咨询者，它关系到咨询师能否与咨询者建立良好的关系。通过表达共情，咨询师可以引导咨询者说出他们对于行为改变的观点、感受及其理由，也可以表达对他们的理解和接受。反馈式倾听是表达共情的基本技巧；在反馈式倾听过程中，咨询师不能对咨询者进行任何的评判、批评或责备，所要呈现的态度应是对咨询者的尊重和对了解咨询者的渴望。

2. 发展差异 (develop discrepancy)

发展差异是探索和扩大咨询者目前的问题行为和他们所追求的目标与价值信念之间的不一致和矛盾，让咨询者意识到维持当前行为的后果和改变行为的益处。MI 通过发展差异来改变咨询者对当前行为的感知，进而使其意识到改变其问题行为的重要性，最终使咨询者产生改变行为的动机。MI 是通过激发咨询者的内在动机来推动其行为改变，而不是借助于施压或强迫等外在的压力，所以它能维持更持久的行为改变。

3. 化解阻抗(roll with resistance)

阻抗是行为改变过程中的常见现象,它可以表现为咨询者否认他们的问题行为或者拒绝改变行为,它也可表现为咨询者对行为改变持有不同看法,但这不意味着咨询者会一直反对改变。MI 不赞成采用对质、争论或劝说的方法来解决咨询过程中出现的阻抗,认为这样可能会使咨询者产生抵触或对抗情绪而导致咨询失败。MI 主张通过反馈式倾听、发展差异、邀请咨询者一同探讨新的可能和解决问题的办法等策略和技巧,使咨询者能够自己发现目前行为存在的问题和相应的解决办法,而不是由咨询师将问题解决办法强加给咨询者。

4. 支持自我效能 (support self-efficacy)

通过上述三个原则可以激发咨询者产生改变行为的动机,但是如果咨询者对能否成功改变行为缺乏信心,那也无法最终促成其行为的改变。因此,MI 强调通过肯定咨询者已取得的改变当前行为或其他行为的成功经历、向咨询者介绍他人改变行为的成功经历,来提高咨询者战胜困难进行行为改变的自信心,也即提高其自我效能。此外,自我效能还包括另外一层含义:个体的行为和关于行为改变所作的决策都由其自己自主选择的,咨询师或者其他任何人都不能替他做决定。因此,在 MI 的实施过程中需始终强调由咨询者本人而不是由咨询师来选择和履行改变行为的计划。

7.4.4　动机式访谈的四个过程

MI 在实施过程中,会遭遇到四个重叠的过程,分别是导进过程、聚焦过程、唤出过程和计划过程(见图 7.1)。

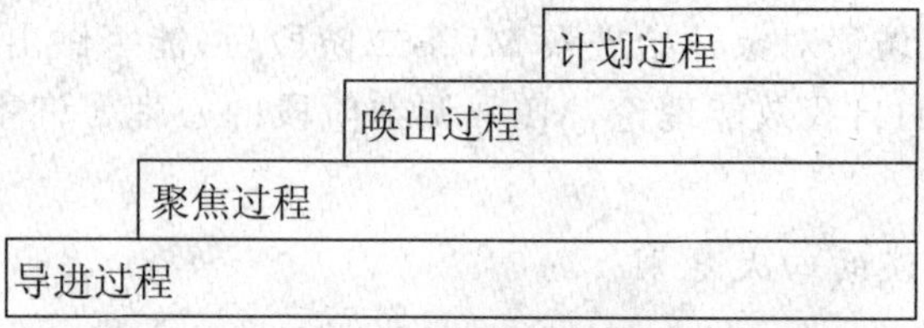

图 7.1　MI 的四个过程

1. 导进过程

每一段关系都始于一段时间的接触,当人们来寻求咨询或服务时,他们想知道咨询师会是怎么样的、会如何对待他们,并在初次接触时产生第一印象。第一印象是强大的,虽然不是不可改变,在任何一次初次见面时,会决定他们是否喜欢和信任咨询师,并且决定继续与其接触。因此,导进过程是咨询师与咨询者建立相互协作的工作关系,这是 MI 的关系性基础。成功的导进关系是指一个人在咨询中感到舒适并积极参与,并愿意继续回来咨询。导进关系的建设应着重三个方面:一种信任和互相尊重的工作关系的建立、治疗目标达成一致、在相互协商任务上协作以达到这些目标。

2. 聚焦过程

如果咨询的目标看起来散乱的话,就需要进行定向的过程,这个定向的过程就是聚焦的过程。聚焦过程是寻找一个或多个特定的目标或企图得到的结果,这些目标或结果能为咨询提供方向。在 MI 中,焦点是通过谈话来找到的。在咨询师与咨询者的谈话中,有可能很快就有一个明确的焦点,但有时候只是存在几个可能的话题,谈话的方向是不明确的,需要在交谈中探索焦点是什么。

3. 唤出过程

建立了工作关系并确定明确的焦点后，接下来就是第三个过程——唤出和强化动机。唤出过程是在聚焦的基础上，咨询师通过一系列技术进一步技巧性的交谈唤出咨询者个人行为内在的动机，并唤出希望和信心，也是就让咨询者树立改变自己行为的希望和信心。

4. 计划过程

如果只是增加人们改变的紧迫感，而不是相信改变是可能的，前面所做的工作也就没有意义。因此，计划过程就是咨询师和咨询者商议一个符合 MI 的改变计划，增强当事人对计划的承诺，并支持改变的过程。

7.4.5 动机式访谈的基本技巧

1. OARS 技巧

(1)开放式问题(open-ended questions)：使用开放式问题可以引出咨询者关于行为改变的观点，也给咨询师反馈式倾听创造了机会。封闭式问题(如：您吸烟吗)通常只能获得"是""否"等比较简单的答案和信息，而开放式问题(如：您如何看待您的吸烟行为的)则留给足够的空间给咨询者来谈他们的观点和感受，所以可以获得更多的信息。但由于开放式问题比较宽泛、模糊，有时会导致咨询者不知道该如何回答，此时咨询师可以进一步将问题具体化以引导咨询者回答相关问题。当然，访谈中封闭式问题也是需要的。

(2)肯定 (affirmation)：咨询师可以肯定咨询者的强项、所做的努力、所取得进步和成功，也可以称赞他们愿意诚实谈论自己的想法等。真诚的肯定可以帮助咨询师与咨询者建立良好的咨询关系、鼓励其更开放地探讨自己的问题，也可以强化咨询者的努力、提高其价值感和自我效能。但在使用肯定这一技巧时，也是需要谨慎的，要避免让咨询者感到自己是被咨询师刻意地保护或被评头论足了。建议少用"我觉得您……"，避免给咨询者留下被评判的感觉；可以侧重描述事情本身，而不是对事情进行评价。

(3)反馈式倾听(reflective listening)：是指咨询师以不评判的态度让咨询者表达其感受及想法，并将咨询者所陈述的内容反馈给对方。它可以帮助咨询师印证自己是否准确理解了咨询者所表达的意思，同时也让咨询者感知到自己被倾听；也可以用于强调进而强化咨询者关于行为改变的积极观点；还可以减少阻抗。它看似简单，却是 MI 最重要也是最具挑战性的技巧之一，它需要咨询师具有较好的洞察力和思考能力。它由咨询师根据需要决定反馈哪些内容或忽视哪些信息，其最终目的都是为了降低阻抗、鼓励行为改变。反馈式倾听有重复、改述及重构等形式。

(4)总结(summary)：是反馈式倾听的特殊形式，常用于一个访谈或几个访谈结束之时，也可以用于转换访谈内容的过渡手段。咨询师可以运用总结来阐述咨询者所关心和担心的事情，也可以借此使咨询者关注自身的行为与目标间的矛盾和差异。总结还可以肯定和鼓励咨询者所作的积极改变、改善与咨询者的关系。

2. 改变谈话 (change talk)

其实就是引发咨询者进行行为改变的自我动机描述，它涉及四方面的内容：行为改变的渴望程度(desire)、能力(ability)、理由(reason)、需求(need)。改变谈话可以采用以下技巧：

(1)提问以引发改变谈话：提问内容可参考下文"4. 关键问题提问"；

(2)鼓励具体化:可以让咨询者具体举例在行为改变方面或其他人生经历中所取得的成功,以增强其自信;

(3)探讨重要性和信心:即探讨改变行为的重要性以及对成功改变行为的信心;

(4)探讨改变行为的利弊;

(5)探讨目标和价值:即探讨咨询者目前的行为与其目标和价值取向是否一致;

(6)前、后比较:即探讨咨询者在问题行为发生前后的健康状况、生活、工作等各个方面的情况改变。

3. 过渡性总结

可以运用过渡性总结来转变心理咨询重点和激励咨询者。过渡性总结可包括:

(1)总结咨询者对问题行为的感知;

(2)识别咨询者的自我动机描述;

(3)讨论咨询者的矛盾,包括维持当前行为的收益和停止当前行为的难处和代价;

(4)确定咨询者维持当前行为的危险因素和后果;

(5)反馈咨询者改变当前行为的需求、渴望和计划;

(6)提供专业建议支持咨询者改变行为的动机;

(7)激励咨询者采取下一步行动。

4. 关键问题提问

对咨询者提问,引发改变谈话、评估咨询者改变行为的准备程度。比如可以提问以下问题:

(1)你认为需要改变哪些行为?

(2)对于改变该行为,你担心哪些事情?

(3)你认为你有哪些选择?

(4)你将会做些什么?

(5)你希望事情的理想状况是什么样的?

(6)如果你做出改变,你认为会出现哪些好的变化?

(7)你认为下一步该怎么做?

5. 信息和建议提供

当咨询者主动提出需要咨询师提供信息或建议时,再提供相应的信息和建议;而且应提供多样化的建议供选择。

6. 行为改变计划制定

协商和讨论行为改变计划实际上是帮助咨询者形成一个改变计划。

(1)确定一个可实现的目标:这个目标应该是咨询者的而不是咨询师的。

(2)探讨多种办法:指导咨询者选择可行的方法。

(3)达成一个计划:并将该计划写下来,包括咨询者的目标、信仰、需求和希望。

7.4.6 动机式访谈的应用

国外有不少报道显示:MI在物质依赖及其他精神疾病、心血管疾病、糖尿病、高血压、饮食、赌博和艾滋病等领域的疾病治疗和行为改变具有较好的效果;在中国也有少量应用和报道,也显现出它在改变行为、改善躯体和心理健康状况的良好效果。

【本章小结】

本章介绍了访谈调查法的定义和按照不同的标准分类，分析了访谈调查法的优缺点，然后深入介绍了访谈的程，包括访谈的各个阶段做的工作内容及其注意事项。在集体访谈法中，细致介绍了集体访谈法的实施要求，并重点介绍了集体访谈法的典型方法—头脑风暴法和反头脑风暴法的原则和程序。在动机式访谈法里，对动机式访谈的定义、原理、原则、过程以及技巧进行了介绍。

【思考练习】

1. 什么是访谈调查法？
2. 在访谈过程中应该注意些？
3. 什么是集体访谈法？集体访谈法的优缺点有哪些？
4. 动机式访谈的基本原则有哪些
5. 案例分析：

学科教学情况学生座谈提问提纲

作者：梅升君

开场白：

同学们，今天把大家叫来，主要目的是为了了解我们班级××学科的学习质量情况。我们想，一方面让同学了解自己班级的这门学科的学习情况，另一方面，我们也试图对我们这个班级的同学今后在这门学科中的学习提出建议。为了能做到这一点，同学们一定要是怎样的就怎样说，实事求是地说。要不然，提出的建议建立在不真实情况的基础上，就会提错建议。你觉得某位同学说得不完整，你应该马上补充。今天同学们发言中的如果有需要保密的内容，我们要求在场的同学们和我们一起替他保密。目的是一个，真实的反映情况，促进我们班级这门功课的学习。发言认真积极而真实的，我们会认为你为班级做出了贡献。

提问交流：

1. 我听说，世界的许多著名人物小时候都很调皮的。你调皮吗？说说你调皮的事情。在这门课上，你们敢调皮吗？如果有人调皮捣蛋，老师会怎样处理？这种处理对他们有效吗？

2. 你们年级有几个平行班？你们老师在平行班教这门课吗？他是否与你们谈起其他班？他对你们班在年级中处于什么样的位置是怎么评价的？

3. 你们觉得这个老师好吗？为什么？说说你们印象最深的一件事。

4. 你喜欢这位老师吗？说说你喜欢或不喜欢这位老师的理由。全班抱着像你们这样对老师的情感的有多少人？

5. 你喜欢老师的批改习惯和方式吗？为什么？

6. 老师与你面谈学习情况有过几次——可以说说大概数字？你觉得有收获吗？你们的同学被老师叫去面批作业、面谈学习的人多吗？举个例子。

7. 你觉得你在这门学科中的学习成绩如何？你满意吗？你对这门课的学习有信心吗？如果说你的信心在班级中的分布为较高、中度 较低，那么与你差不多情况的都有谁？

8. 从小到现在，你最喜欢的老师是谁？现在你的这门学科的老师的教学你觉得有哪些出色的地方？还有哪些要改进的地方？

9. 你的爸爸妈妈有没有与你谈起这位老师？他们是怎样说的？

10. 你的亲朋好友中有没有在附近的小学读书的？他与你比较老师和班级的学习情况吗？你觉得自己你们在这门学科的学习中所取得的成绩与他们比怎么样？

结束语：

谢谢同学们，请你们听听我们记录的提纲，如果觉得说得不完整或者不对，请你补充或者更正。我们将把大家的发言的要点不说名字的通报给老师，向他肯定优点，提出缺点和建议。希望同学们对今天发言的内容保密。再次谢谢大家。

（资料来源：http://www.tdsy.org/new/printpage.asp.）

讨论：

(1)通过上面的访谈提纲，你能指出这是属于哪一类型的访谈？这一类访谈的特点是什么？

(2)请你评价上面的访谈提纲，并说说有没有不足之处？

【参考文献】

1. William R. Miller Stephen Rollnick. 动机式访谈[M]. 华东理工大学出版社，2013.
2. [美]纽曼. 社会研究方法[M]. 人民邮电出版社，2010.
3. 郝大海. 社会调查研究方法[M]. 中国人民大学出版社，2015.
4. 侯云英，范秀珍. 动机访谈：促进健康相关行为改变的新方法[J]. 中国实用护理杂志，2006，22(14)：63—64.
5. 黄河. 重点调查法及访谈调查法在内控审计中的运用[J]. 管理观察，2016(07)：172—175.
6. 马云鹏. 教育科学研究方法导论[M]. 东北师范大学出版社，2002.
7. 施镜燕，吴剑辉. 广东省农资综合直补和种粮补贴绩效分析——基于访谈调查法[J]. 广东科技，2013，22(14)：4—5.
8. 张立英，刘云嵘. 集体访谈技术及其应用[J]. 中国计划生育学杂志，1997(6)：381—383.

第 8 章　文献调查法

【目的要求】

了解文献的种类及其发展趋势，文献调查法的概念、特点和作用，文献调查法的优点和缺点。掌握搜集文献的方法和基本要求，摘取信息的一般程序和主要方法。

8.1　文献调查法概述

社会调查的具体方法很多种，主要有文献调查法、实地观察法、集体访谈法、访问调查法、问卷调查法和实验调查法等。其中，文献调查法是一般社会调查的基础和前导。因为进行任何调查研究都需要知道前人已取得的成果，这样才能在已有成果的基础上，找到问题所在，明确进一步研究的方向。

要掌握文献调查方法，必须了解文献的种类及其发展趋势，弄清楚文献调查法的概念和特点，学习搜集文献和摘取信息的具体方法，明确文献调查法的优点和缺点等。

8.1.1　文献的概念、种类和发展趋势

1. 文献的概念

要掌握文献调查法，首先必须了解什么是文献，文献包括哪些内容，以及文献调查法的特点、作用。

《论语·八佾》中说："夏礼吾能言之，杞不足徵也；殷礼吾能言之，宋不足徵也；文献不足故也。"南宋朱熹注："文，典籍也；献，贤也。"这就是说，文献原来是指典籍和贤者（熟悉掌故的人）。

随着社会进步，文献内涵也发生了变化。近代，人们把具有历史价值的图书资料称为文献，如历史文献、医学文献等。现代，文献的内涵和外延进一步扩大，人们把一切记录人类知识的文字、图像、数字、符号、声频、视频等物体统称为文献。从现代观点看，文献必须具备 3 个基本要素：

(1)一定的知识内容。没有记录任何知识内容的物体，如空白纸张、空白磁带等就不是文献。

(2)一定的物质载体。人们头脑中的知识、口头传递的故事、传说等，就不能称为文献。

(3)一定的记录方式。某些古迹、文物虽孕含着一定知识内容，有一定物质载体，但没有一定记录方式，也不能称为文献。

简言之，从社会研究的角度看，文献就是通过一定记录方式记录在一定物质载体上的知识；从物质载体角度看，文献就是用一定记录方式记录下知识内容的一切物体。

2. 文献的种类

按照不同的标准,我们可以把文献进行分类。

按照物质载体不同,可分为甲骨文献、青铜文献、竹木简牍文献、布帛文献、纸张文献,以及胶卷文献、磁盘文献、光盘文献等等。

按照记录技术不同,可分为手工型、印刷型、机读型、视听资料、网络型、卫星资料文献等。手工型文献是指用手工刻、铸、写的文献,如甲骨文、青铜文、竹简、帛书,以及用手写的各种手稿、信件、日记、原始记录等。印刷型文献是指将知识内容印刷在一定物质载体(主要是纸张)之上的文献,包括木印、石印、铅印、油印、胶印、复印等。机读型文献是指以磁性材料或光盘为物质载体,运用录音、录像、刻录等电子技术、光刻技术记录下来的各种录音带、录像带、光盘和硬盘等。视听型文献是指以感光材料为物质载体,运用照相、摄影等光学技术记录下来的各种文字、图片、资料,以及把手工型或印刷型文献缩小许多倍的微缩胶卷等。网络文献是指以数字化形式记录、多种媒体形式表达、分布存储在因特网不同主机上、通过计算机网络传递的信息。此外,人造卫星或其他宇宙飞行器运用热红外技术对各种天体进行扫描,从而形成了许多新型文献。进入 21 世纪随着人类记录技术的不断发展,光盘和 U 盘等各种网络新型物质载体文献正在占据越来越重要的地位。

按照加工深度不同,可分为零次文献、一次文献、二次文献、三次文献等。

零次文献,是指口头交谈、交流、传递,但尚未用文字或录制技术记载下来的有用信息。这是一种特殊形式的情报信息源,主要包括两个方面的内容:一是形成一次文献以前的知识信息,即未经记录,未形成文字材料;二是未公开于社会即未经正式发表的原始的文献,或没正式出版的各种书刊资料,如书信、手稿、记录、笔记和包括一些内部使用通过公开正式的订购途径所不能获得的书刊资料。零次文献一般是通过口头交谈、参观展览、参加报告会等途径获取,不仅在内容上有一定的价值,而且能弥补一般公开文献从信息的客观形成到公开传播之间费时甚多的弊病。

一次文献也称原始文献,是指事件发生时的当场记录、当事人编撰和实地调查者撰写的文献,如会议记录、日记、信件、回忆录、自传、调查报告,以及在现场拍摄、录制的照片、胶卷、录音带、录像带等。二次文献,是指对一次文献加工整理并使之有序化和浓缩化的文献,如目录、文摘、索引,以及经过剪接后的录音带、纪录片等。三次文献,是指在一、二次文献基础上,经过分析、综合而编写的文献,如报导、综述、评论、动态,以及编撰的各种年鉴、手册、字典、辞典、百科全书、光盘等。

文献调查,一般是从二次文献、三次文献入手,然后再逐渐深入到一次文献之中。总之,从零次文献、一次文献、二次文献到三次文献,是一个由分散到集中,由无序到有序,由博而精的对知识信息进行不同层次的加工过程。它们所含信息的质和量是不同的,对于改善人们的知识结构所起到的作用也不同。零次和一次文献是最基本的信息源,是文献信息检索和利用的主要对象;二次文献是一次文献的集中提炼和有序化,它是文献信息检索的工具;三次文献是把分散的零次文献、一次文献、二次文献,按照专题或知识的门类进行综合分析加工而成的成果,是高度浓缩的文献信息,它既是文献信息检索和利用的对象,又可作为检索文献信息的工具。

按照资料来源不同,可分为个人文献、社会组织文献、大众传播媒介文献和官方文献。

个人文献是指个人写的日记,信件、自传、回忆录等。社会组织文献是指各种企事业单位、各种社会团体的规章制度、统计报表、总结报告、族规家谱、教义教条等。大众传播媒介文献是指各种书籍、报刊、广播影视、网络等文献。官方文献是指各种法律、法规和政府文件、统计资料等。

按编辑出版的不同形式,文献可分为:图书、期刊、报纸、科研报告、会议文件、政府出版物、学位论文、专利文献、档案文献、内部资料等种类。

我国还有一种独特的文献——地方志。它在形式上可归入图书一类,但在内容上远比一般图书有价值得多。它是对某一地区自然、地理、历史、人物,政治、经济、文化、社会历史与现状等方面情况的记载,一般都比较全面、系统、真实、详细、公正、客观,它是一种百科全书式的文献,是文献调查的重要对象之一。

另外,按照学科领域不同,可分为社会科学文献(又可分为经济学文献、政治学文献、社会学文献……)、自然科学文献(又可分为物理学文献、化学文献、生物学文献……)等;按照保密等级不同,可分为公开文献、内部文献、秘密文献、绝密文献等。总之,根据不同标准文献可作多种多样分类,上述几种分类是最主要的分类。

3. 文献的发展趋势

20 世纪末 21 世纪初的几十年来,在科学技术高速发展推动下,世界范围内的文献出现了许多新发展趋势:

(1)数量急剧增加。截止到 2011 年底算上数字存储设备和模拟存储设备。以目前人类的技术可以存储至少 295 艾字节(exabytes)的信息这个数字单位相当于 1 后面有 20 个零,相当于已出版的,书籍量的 500 万倍,而且还在不断增加。英国学者詹姆斯·马丁统计,人类知识的倍增周期,在 19 世纪为 50 年,20 世纪前半叶为 10 年左右,到了 70 年代,缩短为 5 年,80 年代末几乎已到了每 3 年翻一番的程度。近年来,全世界每天发表的论文达 13000～14000 篇,每年登记的新专利达 70 万项,每年出版的图书达 50 多万种。近 30 年来,人类生产的信息已超过过去 5000 年信息生产的总和。人们把这种现象称为“信息爆炸”。这说明,文献发展已呈现出加速增长趋势。

(2)种类日益繁多。随着科学技术发展,文献的物质载体和记录方式将越来越多样化。就物质载体而言,除目前最为普遍的纸张外,感光材料、磁性材料、热敏材料、半导体晶片以及其他金属和非金属材料都已越来越多地成为记载文献的物质载体。就记录方式而言,除目前最一般的手工、印刷方式外,摄影、录制、光刻等新型记录方式正层出不穷。

(3)分布异常分散。首先是贮存分散,各种文献收藏在各种不同单位和个人手中,分布面极其广泛。其次是内容分散,属于同一学科、同一专业的文章,往往分散在其他许多学科杂志上;而属于某一学科、某一专业的杂志,又往往刊登着许多其他学科、其他专业的文章。

(4)垃圾信息充斥。根据资料分析,在全球信息系统中,文献中信息垃圾(包括冗余信息、盗版信息、虚假信息、过时老化信息、污秽信息等)所占的比例不少于 50%,在个别学科领域甚至高达 80%,严重污染了互联网中的信息源和信息环境,干扰了对有效信息的开发和利用。冗余信息即多余的、重复的、无价值的信息,包括期刊、书籍、因特网都有一些内容空洞、言之无物的东西。有的是剽窃、拼凑之作,有的是多次重复发布,成为人们信息处理的负担。有人称这种现象为“信息污染”,它给文献调查带来的困难比“信息爆炸”要大得多。

(5)质量明显下降。其表现是:一方面,要求发表的文献数量很大,许多文献未经认真研究、严格审查就急于发表,结果是鱼龙混杂,泥沙俱下;另一方面,由于评定职称、支付稿酬、获得奖励等方面的某些不合理规定,也使得书籍、论文中的冗余加大,水分增多。

此外,翻译文献增多,交流范围扩大,更新换代加快,发表形式多样等等,也是当代文献的一些重要发展趋势。

文献是人们获取知识的重要途径。它能开阔人们的视野,超越时间和空间限制,使人们有可能认识古代的、外域的事物。从科学发展史看,文献使人类知识的存贮、积累和传播不再受个体生命限制,从而大大促进了科学进步。"前一代人遗留下的知识",主要是通过文献保存、流传下来的,文献发展史实际上就是人类科学发展史的具体表现。这一切都说明,文献既是人类认识世界的重要途径,又是人类积累知识的重要宝库。

8.1.2 文献调查法

1. 文献调查法的概念

文献调查法是一种古老的研究方法,历史学研究中的考据、训诂、校勘就是一种文献调查法。文献调查法也称历史文献法。"历史",一般表示已变为陈迹的事情;"历史文献",则是指过去发生事情的记录。可以说文献调查法是在历史研究的领域里逐渐形成的一种相对独立的方法,但不等于说文献调查法就是历史研究法,更不能说文献调查法只适用于历史研究,文献调查法不等同于历史研究法。文献研究法决不限于历史领域,它既可以作为一种单独的研究方法运用于其他学科,同时,也可以作为其他研究方法的基础。

文献调查法,就是采用科学的方法搜集文献资料、摘取有用信息、进行整理分析的方法。社会学研究中的许多经典作品,例如法国社会学家埃米尔·涂尔干的《自杀论》,德国社会学家马克斯·韦伯的《新教伦理与资本主义精神》和美国社会学家 W·I·托马斯和 F·兹纳涅茨基的《身处欧美的波兰农民》都采用了文献调查方法。

2. 文献调查法的特点

文献调查法有几个显著特点:

(1)历史性,它不是对社会现实情况的调查,而是对人类社会过去发生过的事情、已经获得的知识所进行的调查。

(2)间接性,它的调查对象既不是历史事件的当事人,也不是历史文献的编撰者,而是各种历史文献资料。

(3)非介入性和无反应性,它不介入文献所记载的事件,不接触有关事件的当事人,因此在调查过程中不存在着与当事人之间的人际关系问题,不会受到当事人反应性心理或行为的影响。

3. 文献调查法的作用

对于一般社会调查来说,文献调查具有多方面作用:

(1)了解与调查课题有关的已有调研成果。任何调查研究都应该以前人和他人的调研成果为基础。通过文献调查,了解前人已经取得的调研成果,特别是了解当前理论工作者和实际工作者正在调研的现状,对于正确选择调查课题、设计调查方案、开展对比研究具有重要参考价值,它是避免盲目性和重复研究,少走弯路或不走弯路的重要步骤。

(2)了解与调查课题有关的理论和方法。通过文献调查,充分了解与调查课题有关的各种理论观点和调研方法，以及正在发展着的社会环境和调查工作面临的主客观条件的变化，可为提出研究假设、设计调查方案、确定调查方法、安排调研工作等提供必要参考。

（3）了解调查对象的历史和现状。通过查阅档案、登记表和其他文献，了解有关问题和调查对象的基本情况，以及他们所处环境的历史、地理、政治、经济、文化、风俗习惯等资料，对于顺利开展调研工作具有重要作用。

（4）了解与调查课题有关的政策和法律。通过查阅文献，了解与调查课题有关的各种方针、政策和法律、法规，是确立调研工作指导思想、加强调研工作的政策性和法律性、保证调研工作顺利进行的必要条件。

总之，文献调查是一般社会调查的基础和前导，帮助研究人员重新界定自己的概念和理论框架；重新确定研究问题，使它们更加具体化；并在此基础上，提出初步的研究设想。

8.2　文献的搜集

文献调查，首先是从搜集文献开始的。要广泛搜集文献，既要遵循一些基本要求，又要掌握一些具体方法。

8.2.1　搜集文献的基本要求

文献资料数量巨大，搜集文献要按照一定要求有目的、有计划进行。总的说来，文献的搜集应尽可能全面、多样。但是，在我们所处的信息大爆炸的时代，文献数量激增、分布极广、“信息污染”严重、质量明显下降的情况下，文献的搜集的重点应该在“求精”而不是“求全”。

搜集文献的基本要求应该是：

1. 有用性：即所搜集的文献必须是对完成调查课题有一定用途的知识，即所搜集的文献与所要完成的调查目的紧密相关。不具备知识上的有用性，就失去了搜集意义。这是搜集文献第一位也是最基本的要求。

2. 可信性：指来源的可靠性、内容的真实性。在文献搜集过程中，要不时审查文献作者是否诚实，文献是否反映了事实，有没有别的资料可以印证这一特定资料。因为作者的兴趣、立场和意图往往会使文献带有各种各样的倾向性，这种倾向性常常会使文献偏离其描述和反映的事实。

3. 代表性：指文献的典型程度和作者的代表性程度。留存下来的文献大多是重要人物和事件的记录，而普通人所写的文献通常不是随着时间的流逝被损坏，就是不知所终。尤其是一些书籍文献反映的只是少数上层的生活情况。因此，要选择能准确、全面反映时代特征的文献。

4. 全面性：即内容上要尽可能丰富，形式上要有多样性。凡是与调查课题有关的各种形式文献，应尽可能地搜集到，尽量扩大收集文献的覆盖范围。既要搜集各种印刷型文献，又要搜集声、像等类型文献；既要注意文字资料，又要注意统计数据；既要搜集图书、报刊文献，又要搜集影视、网络文献；既要注意公开出版物，又要注意内部资料……从中挑选出对调查对象精确描述、准确表达的文献。

5. 连续性：即围绕调查课题搜集的文献，在时序上要有一定连续性和累积性，尽可能不要中断。否则，搜集的资料就可能残缺不全，无法反映调查对象发展过程的全貌。

6. 及时性：对于与调查课题有关的各种新资料、新信息，要用尽快速度及时了解、及时搜集、及时研究、及时利用，以提高调查研究的时效性和调查成果的实用价值。

总之，文献搜集工作只有满足了上述基本要求，才能为后续的摘取信息工作提供完整、丰富的文献资料。

8.2.2 查找文献的具体方法

要搜集文献，必须先查找文献。目前我们接触的文献除了私人次档案外，绝大部分文献都集中在图书馆和英特网上，研究者一般可以运用不同的检索工具从图书馆、档案馆和英特网上，尤其是图书馆查找自己所需要的文献。查找文献主要有以下 3 种方法：

1. 检索工具查找法

检索工具查找法即利用已有检索工具查找文献资料的方法。利用检索工具查找文献，可以按照时间顺序，采用顺查法，也可以采用倒查法。顺查法，即由远到近，逐年逐月按顺序查找；倒查法，即由近而远，回溯而上，按时间顺序往前查找。一般地说，顺查法有利于了解有关问题发展过程全貌，但要花费较多时间和精力；倒查法可以节省时间和精力，能够较快了解到有关问题最新动态，但查找的文献可能不系统、不全面。无论是顺查还是倒查，都应按照调查目的的时间跨度来决定查找文献的时间跨度。

如要调查我国城市化的情况，就应重点查找 20 世纪 80 年代初改革开放以后的文献；要调查我国股市发展情况，就应查找我国建立股票交易机制以后的文献，而不应回溯到这些社会现象发生之前的年代。

文献检索工具，是指用以积累、保存文献和查找文献线索的工具。它分为两大类：一是手工检索工具，二是机读检索工具。

(1)手工检索，通常是根据文献的外表特征和内容特征，利用目录、索引、文摘等检索工具来查找和获得所需要的文献的方法。文献外表特征包括作者名、书名(或论文名)、代码；内容特征又包括分类体系、主题词。文献的五个特征构成了文献检索的五条途径。手工检索主要是通过手工检索工具来完成，文献按其著录形式可分为目录、索引和文摘等形式。一般来说，图书馆的藏书都有目录索引，通过其目录可以找到相关的著作。论文、新闻报道、评论等可以通过每月出版的《全国报刊资料索引》(哲学社会科学版)、中国人民大学书报资料中心编辑出版的各门社会科学的《报刊复印资料》及其索引来查找。另外，《新华文摘》《中国社会科学文摘》《高等学校文科学报文摘》等兼有索引功能和论文摘要。

(2)机读检索，通常按其信息的指向性可以分为图书馆的联机公共目录检索系统(Online Public Access Catalog)和网络搜索引擎来检索文件的方法。图书馆的联机公共目录检索工具，只要写入所要查询的“书名”“作者”“主题词”“索引号”等就可以进行检索和查询。在因特网中，图书馆目录发展成为 OPAC(即 Online Public Access Catalog，联机公共目录检索系统)，使用时人们通过目标图书馆目录的 URL(即 Uniform Resources Locator，统一联网地址)，即可查询世界各大学图书馆、公共图书馆、专业图书馆的馆藏。

文献检索案例 8.1 以某大学图书馆的检索为例，主要的检索方法有：

第一种，快速查找馆藏论文及英文原版书。

具体方法是：选择“快速检索”或“词组短语”检索方式→输入主题词→选择“主题”字段→点击“限制检索”按钮→选择“馆藏位置”等参数→点击“主题”字段按钮。

第二种，查找馆藏期刊。

具体方法是:选择“复杂检索”方式→选择参数 serials→输入期刊题名→点击“检索目录”按钮。

第三种,查找馆藏丛书。

具体做法是:选择“复杂检索”方式→选择参数 mono series →输入丛书题名→点击“检索目录”按钮。

第四种,主题检索。

具体做法是:选择“快速检索”方式,然后点击“主题”按钮。

第五种,著者检索。

具体做法是:中文著者姓名检索,可选择“快速检索”或“拼音检索”方式。

英文著者姓名检索,可选择“快速检索”方式,然后输入著者姓、名或名、姓;另外,还可选用“词组短语”检索方式,输入著者姓、名。

第六种,题名(书名)检索。如果只记得部分题名(关键词),可选用“快速检索”方式;如果能记得准确题名,可选用“词组短语”检索方式。

为了准确迅速查找资料,在使用搜索工具时要注意:

当需要寻找的关键词不止一个时,需按关键词的重要性顺序输入。在搜索时,为了提高准确度,可以利用布尔逻辑进行搜索。常用的布尔逻辑运算有三个连接词:“and”、“or”和“not”。“and”意味着在题目或文章中必须同时出现所输入的两个关键词才符合检索条件,这样就增加了检索的专指性,使检索范围缩小;“or”意味着在题目或文章中只要出现所输入的关键词中的一个就可以了,它使检索范围变宽;“not”意味着在题目或文章中出现其中一个关键词,而不是另一个关键词时才符合检索条件,它可以排除不希望出现的检索词,提高检索的准确性。

(3)网络搜索引擎查询是更加简单的一种方法,上网后可以在专门的搜索工具如“Google”、“百度”、“搜狗”等主页上,写入所要查询的“主题”或“关键词”,或者进一步根据条件设置写入所要查询的“题目”或“摘要”、“作者”、“发表时间”等,就可以获得相当多的文献条目。打开以后可以从比较大的范围里搜索,然后逐步缩小范围,也可以在与研究课题有关的几个不同的主题范围内进行搜索。

查询学术论文,可以查找专门的数据库,如英文论文检索工具主要有 Social Science Index (SSI,社会科学索引)、Social Science Citation Index(SSCI,社会科学引文索引),中文的有“中国期刊全文数据库(CJFD)”。另外,还有一些数据库资源,比如万方数据资源系统提供期刊、成果、学术会议、学位论文、标准等多种文献类型数据库,万方数据资源系统分为五大子系统:学位论文全文子系统、会议论文全文子系统、数字化期刊子系统、科技信息子系统和商务信息子系统;维普信息资源系统是重庆维普资讯有限公司开发的产品,收录中文期刊12000 余种,全文 2300 余万篇,引文 3000 余万条,分三个版本(全文版、文摘版、引文版)和 8 个专辑(社会科学、自然科学、工程技术、农业科学、医药卫生、经济管理、教育科学、图书情报)。

2. 参考文献查找法

参考文献查找法也称追溯查找法,即根据作者在文章、专著中所开列的参考文献目录,或在文章、专著中所引用的文献名目,追踪查找有关文献资料的方法。具体做法是,从已经掌握的文献资料开始，根据文献中所开列的参考文献目录和所引用、所介绍的文献名目，直接去查找较早一些的文献；再利用较早文献中所开列的参考文献目录和所引用、所介绍的文献名目，去查找更早一些的文献。如此一步一步通过参考文献向前追溯查找，直到查找出比较完整的文献资料为止。

用参考文献查找法查找文献，不如用检索工具查找法所得的文献那样全面和广泛，但是它查找的文献比较集中，有效率也相对高一些，而且往往能及时捕捉到一些最新研究成果。

3. 循环查找法

循环查找法也称为分段查找法，即将检索工具查找法和参考文献查找法结合起来交替使用，循环查找的方法。循环查找法，可先采用检索工具查找法，查找出有用文献资料，然后再根据这些文献中所开列、所引用的参考文献名目，去查找更早一些的文献；也可先采用参考文献查找法，查找出更早一些的文献，然后再采用检索工具查找法，去扩大查找文献的线索，如此分阶段交替使用两种查找文献方法，直到查找出自己所需要的文献为止。

检索工具查找法，较适用于检索工具比较齐全的部门单位；参考文献查找法则较适用于没有检索工具的部门或单位；循环查找法则具有较广泛的适用性。

8.2.3 搜集文献的主要途径

收集文献的途径有很多，比如标准的参考资料 、电脑处理的资料库(CDRom，data base)、出版的书籍 、专业刊物上发表的文章 、研究报告和专著 、会议论文发言 、公共文件和档案、电台电视报道、网络等等。他们各有特点，比如报纸的特点是周期短，时效性强，能动态地反映最新信息；图书的特点是内容相对比较成熟、全面；期刊的内容新颖，文章可以反映学科发展的最新动态和研究热点，等等。

搜集文献的方法多种多样，我们根据文献的不同来源、承载形式和收藏情况，纸质文献和网络文献的搜集方法有所不同。

在纸质文献调查中，主要有索取、交换、购买、拍照、录制、借阅、复制等常用的搜集文献的途径。

对于大众传播媒介公开出版、并正在市面上出售的各种书籍、刊物、报纸、磁带、光盘等文献，在经费许可条件下可采取购买的方法搜集；对市面上已停售的这类文献，则可到图书情报机构借阅。图书馆是汇集百科知识的宝库，是搜集各种文献与情报资料最主要、最重要的渠道之一。为了更好地利用图书馆的资料，研究者应该熟悉图书馆中的检索系统，掌握具体的检索知识与技能。学会查阅目录是一项基本功。目录是一种题录性检索工具，一般只列出原文献的题目，作者、出处(包括原书刊名称、出版单位、出版年份、卷名、期次、页码等)及文种等。目录的种类很多，目前我国图书情报机构一般采用 4 种卡片式目录，即分类目录、书名目录、著者目录和主题目录，它是人们查找文献资料的向导。如果是中文图书的目录，在排列顺序上又有不同的方法：音序法、笔画法、部首法。如果是外文图书，应注意各语种独有的排列方法。例如，西文与俄文目录是按原文字母顺序排列的，日文目录是按 50 音图顺序排列的。掌握了这些具体方法，查找文献目录就会十分方便。

对于企事业单位、社会团体的规章制度、统计报表、总结报告，以及族规家谱等文献，可采取向有关单位索取、交换、复印、借阅等方法搜集；也可以到这些企事业单位的主管部门、社会组织的成员和各种档案管理机构去采取索取、复印、借阅等办法搜集。

对于个人写的日记、信件、自传、回忆录等文献，只能在征得文献主人同意的前提下，采取借阅、复印、拍照等办法搜集。其中，已公开出版、发行的日记、信件、自传、回忆录等，则可通过购买方式搜集。

对于官方的各种法律、法规、政府文件、统计资料等文献，凡公开出版发行的可通过购买方式搜集，尚未公开出版发行的可到有关行政管理部门去采取借阅、复印等方式搜集，历史性的有关文献则可到档案管理机构去采取借阅、扫描和复印等方式搜集。此外，在某些特殊情况下，还可通过上级主管部门下达指令采用征集、调拨等方式搜集。

对于网络文献，我们可以通过浏览和搜索网站，用关键词检索，将有用的信息下载，保存到相应的文档里。搜索引擎和虚拟图书馆是两种获取网络信息资源的重要途径，前者主要考虑检全率，后者主要考虑检准率。而网络信息资源数据库则兼顾了检全率和检准率两方面的因素，能够向用户提供相对全面和准确的网络资源。

8.3　信息的摘取

搜集文献的目的，是摘取与调查相关的信息。因此，摘取信息的程序和记录信息的方法，是文献调查法的重要内容，是关系调查是否顺利进行，并达成调查目的的关键。

8.3.1　信息摘取的主要原则

收集文献信息资料，要遵循以下几条原则：

1. 定向性：确定收集范围，紧紧围绕当前课题，拟定文献收集大纲，明确收集目的、内容、时间界限和文献类别，以节省时间和精力；

2. 可靠性：尽量收集第一手资料，以保证资料的真实性、可靠性。信息收集者必须对收集到的信息反复核实，不断检验，力求把误差减少到最低限度。

3. 全面性：收集资料要全面，不要只收集某一类型资料；不但要收集与自己观点一致的资料，也要收集观点不一致或与自己构思矛盾的资料；

4. 新颖性：了解最新动态，收集最新资料，以免重复劳动；

5. 阶段性：收集资料要紧密结合调查目的来进行，研究工作是分阶段的，因而收集资料也必须坚持阶段性原则。大致来说，第一步查阅资料，是提炼观点，发现问题的阶段，第二步查阅资料是验证观点或论题是否有价值、有无新意、能不能写的阶段，第三步收集资料是编写提纲、行文的阶段，第四步收集资料是文章的修改阶段。

6. 时效性：信息的利用价值取决于该信息是否能及时地提供，即它的时效性。信息只有及时、迅速地提供给它的使用者才能有效地发挥作用。特别是决策对信息的要求是“事前”的消息和情报，而不是“马后炮”。

7. 评述性：融入自己的思考，及时作好摘录和笔记，使资料活起来。

8.3.2　信息摘取的一般程序

摘取信息的一般程序是：浏览、筛选、阅读和记录。实施这些程序的要点是：

1. 迅速浏览。浏览，就是将搜集到的文献资料普遍地、粗略地翻阅一遍。通过浏览，使自己对搜集的文献有个初步认识或大致了解，为下一步筛选打下基础。

浏览要有明确目的，即大致了解文献内容，初步判明文献价值。浏览时，要坚持博览与专注相结合。所谓博览，就是要行云流水式地普遍翻阅一遍，只求了解文献大概内容；所谓专注，就是对与调查课题有关的信息，应相对专注地认真阅读，并初步判明它的大体价值。

浏览要抓重点。浏览的重点是，该书的著者、提要、目录、前言（或序）、后记（或跋），以及注释、图表、参考文献、索引等，使自己对全书的框架和内容有一概略印象。浏览论文或其他体例文献，重点是看它的长度、层次、大小标题、主要观点、论证和数据等。只要抓住了这些重点，就能了解文献概况，并对文献价值做出初步估计。

浏览速度要快。一般人的阅读速度是平均每秒钟 6～7 个字，每分钟 300～400 字，20 分钟 7000 字左右，即 32 开本的 10 个页码。浏览则快得多，20 分钟可翻完一大本书。其方法有两种：一是“扫描式”，视线像雷达扫描一样“一目十行”地读，迅速了解文献全貌；二是“跳跃式”，视线从这里跳到那里，把文献中无关紧要的引文、推理过程等整页地翻过去，抓住文献的筋骨脉络，重点掌握文献的观点和有关数据。

快速浏览的要领是：一要坚持视读，不要音读；二要不断调整阅读速度，当快则快，当慢则慢；三要上下联系，了解作者基本思路；四要脑眼配合，做到眼到脑到；五要加强训练，多练多用。掌握了这几个要点，就可逐步提高浏览的速度和质量。

2. 慎重筛选。所谓筛选，就是在浏览基础上，根据调查课题的需要，将搜集的文献分为必用、应用、可用（或备用）、不用等几个部分。

筛选的依据，是文献中有用信息的数量和质量。筛选的关键，在于比较。在时间上，要选用那些不同时期的代表作，特别是要注意选用那些最先论述某一问题的祖本和最近论述这一问题的新本；在内容上，要选择那些引用不同事实、阐述不同观点的代表作。此外，还应注意选择那些比较有权威的编辑出版单位、比较有权威的作者的著作。总之，要选取那些有代表性的、上乘的文献，而不要在二、三流文献上打“消耗战”。

筛选文献，应该分层次进行。筛选的顺序，可先从大量文献中筛选出可用文献，再从可用文献中筛选出应用文献，最后从应用文献中筛选出必用文献；也可从大量文献中先选取必用文献，再扩大范围选取应用文献，然后再扩大范围选取可用文献，最后剩下的就是不用文献。通过逐层筛选，就能做到各类文献层次分明，为下一步阅读做好准备。

3. 认真阅读。阅读是摘取信息的前提。阅读一般包括认读、理解、联想、评价 4 个方面。阅读可分为粗读和精读两个阶段，它们在认读、理解、联想、评价等方面都有不同要求。

略读，是一种鸟瞰式阅读。略读在认读方面，要着重搜寻文献的基本观点和主要事实、数据；在理解方面，要居高临下，大而化之，力求抓住文献主旨和脉络；在联想方面，主要是把文献中的观点与观点、观点与事实、事实与事实之间的关系联系起来思考；在评价方面，主要是对文献的基本观点和论证作出初步评判。略读的目的是，掌握文献基本内容，明确该文献与调查课题的关系，以决定是否需要进一步精读。

精读，是一种深入探究、得其精髓的读书方法。精读时，要根据文献的重要性、复杂性和有用程度，有的要全读，有的要选读，有的要反复读，有的要对比着读。精读在认读方面，要“咬文嚼字”，一丝不苟，逐字、逐句、逐段地循序渐进，不允许错认和漏读；在理解方面，要深入思考和分析文献的每一个概念、判断和推理，以及整个文献的逻辑结构，认真把握文献的全部思想；在联想方面，要把文献所引用的事实、阐述的观点与客观事实、与其他文献联系起来反复对比和研究；在评价方面，要对文献所引用的事实、阐述的思想与调查课题之间的关系做出客观判断和全面评价。总之,精读是摘取信息过程中最关键的一步。通过精读,不仅要全面掌握文献的实质内容,而且要明确挑选出有价值的信息。

4. 及时记录。记录就是把通过阅读寻找到的有价值信息记录下来,供进一步分析研究之用。许多人阅读文献都曾有过这样的教训,即只注意阅读而忽视了及时记录,这样阅读时发现的许多有用信息,到用的时候却找不到了。记录是摘取信息的一个重要工序,文献调查的直接结果应该通过这一道工序表现出来。

8.3.3 网络信息的搜集与摘取

与传统文献相比较,网络信息不仅数量巨大、内容丰富、增长讯速,而且呈现出许多新的特点:如数字化存储和传递,它既可以在计算机内高速处理,又可以通过网络远距离传送;开放性和共享性,互联网是通过 TCP/IP 将各种网站链接起来的开放性网络,人人都可以在网上索取、存放和发布信息;广泛性,网络信息分布极其广泛,各类行政管理、企事业单位,私人网站、个人网页都能成为信息源。复杂性,网络结构极其复杂,它是各网站局部有序性与整体无序性相结合的产物,又无统一管理机构、标准和规范,因而整个网络结构和信息资源错综复杂;新颖性和变动性,网络信息可随时发布,信息新颖,更新及时;不仅各种网络信息处于不断更新、淘汰状态,而且提供信息的网页、网站也处于频繁变动之中。

网络信息十分丰富,既有非正式出版信息,如 E-mail、usenet 专题讨论组、新闻组等,也有半正式出版信息,包括机构内部工作报告、内部出版物、政府报告、会议记录、学位论文等,还有正式出版信息,包括电子图书、电子报刊、特种文献以及数据库等。

要查找网络上的信息,必须首先找到网址,然后通过网址去访问网页上提供的信息。目前,查找网络信息主要有两种方法或途径,即访问浏览和查询检索。

1. 访问浏览

访问浏览的途径有两种:

(1)直接访问网站,浏览网页。直接访问网站一般可分为几个步骤:一是确定所需信息内容;二是确定可能的信息源;三是确定网站网址;四是按选定网址进行访问;五是浏览主页相关栏目;六是通过友情链接到其他网站继续浏览。

直接访问网站的关键,在于知晓有关网址。通常可通过以下途径获知网址:一是平时积累收藏;二是借助分类索引和专门检索工具搜集;三是通过友情链接顺链寻找;四是借助搜索引擎的相关目录、相关网站搜索;五是通过网址集粹选择;六是通过专业导航系统和虚拟图书馆集中获取有关主题、有关学科的相关网址。

(2)访问综合性网站,浏览其分类索引。这是一种主题层次列表的访问方式,它主要是通过访问、浏览综合性网站的分类目录、分类索引以获取有关信息。综合性网站如新浪(www.sina.com.cn)、搜狐(www.sohu.com)、雅虎(www.yahoo.com.cn)、网易(www.163.com)等都有分类索引。综合性网站的分类索引,是按照不同主题把网络信息分成为特定的类别目录,然后再在这些类别目录下面细分为树型结构的子类别目录,引导人们检索有关信息。

访问综合性网站一般可分为几个步骤:一是确定所需信息内容主题;二是确定综合性网站的网址;三是按选定网址访问综合网站首页;四是浏览顶级主页的内容;五是按主页分类索引主题链接指示,一层一层浏览下去,直到找到有用信息为止。

访问浏览是在网络上获取信息的常用方法，也是获取网络信息最终必须进行的一个步骤。目前，访问浏览存在的主要问题：一是信息滞后。由于各网站分类目录的管理、维护很难跟上网络信息的增长和变化速度，因而往往存在着收录范围不够全面、不够新颖、不够及时等问题。二是被动接受。用户只能被动适应信息资源组织者的分类方案。三是费时低效。面对网上巨量庞杂信息，用访问浏览方法寻找有用信息，不仅费时费力，而且效率不高。

2. 查询检索

查询检索主要是通过"搜索引擎"检索网络信息。搜索引擎有两大功能：一是收集信息资源建立索引数据库，并自动跟踪信息的变动，不断更新索引记录，定期维护数据库；二是提供网络信息的导航与检索服务。搜索引擎实际上是一个专用的 WWW 服务器，它存有庞大的索引数据库，收集了全世界成百万、上千万个 WWW 主页的信息资源，而且具有自动搜索程序，会沿着 WWW 的超链接搜索整个 WWW 上的主页，然后为这些主页上的每个文档建立索引，并送回集中管理的索引数据库。

查询检索的关键，是选择搜索引擎。选择的搜索引擎不同，检索效果就不相同。目前，网络上常用的搜索引擎有几十个，它们数据库的覆盖范围、标引的深度和广度，以及检索方式、检索语法都不相同。这些搜索引擎大体可分为 3 类：①综合搜索引擎，如 Yahoo、Google、Baidu、搜狐等；②元搜索引擎，如中华搜索宝、网际穿梭、万维搜索等；③专用搜索引擎，如专用于 Usenet 的 Deja News，以及针对邮件列表、IRC 的 Liszt 等。

通过搜索引擎查询检索网络信息，一般有几个步骤：一是明确查找目的；二是确定检索主题和用词；三是选择检索途径和策略；四是选择搜索引擎；五是输入关键词进行查询检索，并浏览检索结果；六是在检索结果中进行二次、三次检索，直到满意为止。

通过查询检索方法获取网络信息，具有省时省力，简单方便，检索速度快、范围广，能及时获取新增信息等优点，但由于检索工具存在缺陷，致使检索的准确性不够理想，误检率较高，与检索者对检索内容和效率的期望往往存在着相当大的差距。

网络信息的摘取非常简单方便，它可通过复制、粘贴或下载方式，直接存储在自己的计算机上。然后，再根据自己的需要进行编辑、加工和处理。

网络文献自身的特点要求我们在利用网络文献进行研究时要注意以下几点：

(1)平时留心，注意积累。网络文献的更新速度很快，增加、删除、更换地址时时都在进行。因此，一定要根据自己的研究需要和兴趣，在上网浏览时，对相关内容多加留意，不断将相关信息和内容下载、保存，以便研究时使用。

(2)详加甄别，去粗取精。从网上获取信息存在两大风险，一是倾向性。万维网上很多网站是得到特定政治和宗教组织的支持的，其中不免带有一定的立场上倾向，所以，你首先应当注意网站归属于那个组织，内容是否客观，网站是否有解决倾向性的机制；二是庞杂，网络文献是无序、散乱的，质量参差不齐。表面上看来，各类信息资源异常丰富，实质上是鱼龙混杂、交叉重复，使用者常常很难从中筛选出符合自己需要的内容。因此，必须对网络上的文献详加甄别，去其糟粕，取其精华，以免出现面对过量信息无所适从的情况。

(3)充分利用网络上的免费文献信息资源。目前，许多网站所提供的文献最新目次和绝大部分文摘均可免费查阅，也有个别网站能免费提供全文服务。有些出版社对已订阅印刷型出版物的单位和个人免费提供网上电子版文献。又如，可为读者解答知识条目的参考工具书,在国内外不少的高校图书馆网站上均能免费查阅到。对于这类免费网站,我们应该充分利用。

(4)全面收藏与研究领域有关的数据库。数据库包含的文献信息是读者查找原始文献线索的工具,具有检索方便、更新及时、时间跨度大等优点,能提供较全面完整系统的文献线索。

(5)注意使用的规范性。互联网上大多数信息可以免费浏览,但这并不意味着我们可以随意占为己有。下载网络信息一定要注意粘贴网页的链接,由于网上内容时时变动,你有时也需要把登录网站的准确时间和日期编进参考文献。利用网络上的资源,必须在参考文献中注明资料来源(作者、网站、网页地址等),这样你的读者才能找到原始资料,同时避免剽窃的嫌疑。

(6)限制访问的网络文献的处理。发表在电子期刊上的论文有相当大的一部分因为版权和订阅问题不能查阅和下载,互联网上有许多大型数据库也是限制访问的,这对网络文献的使用者来说不能不说是一种遗憾。要解决这个问题,在检索时可以采用由点到面的检索方法,即充分利用可访问电子期刊的参考文献或引文的链接查找原文和参考书目,这不失为一种节约时间和费用的检索方法。同时,对那些因为版权和订阅问题不能查阅和下载的网络文献,可以通过寻找论文作者的个人主页来解决。有时也可以直接向论文作者发信(最快捷的就是电子邮件了)请求帮助,很多学者非常愿意与他人分享自己的研究成果。

某些网站为了版权等问题不提供资源的共享和下载,在这样的网页中的文章往往是加密以禁止拷贝的,即我们平时所遇到的正常情况下并不能选取文字区域,也不能在该网页中使用右键,遇到这样的情况,我们可以运用适当的方法获取所需资源,即修改 IE 浏览器的设置。具体操作如下:在 IE 浏览器的菜单栏里选择“工具”菜单中的 Internet 选项,正常情况下这三个选项都选择了“启用”,现在我们需要将它们全部改为“禁用”选项,然后点击每个小窗口上的“确定”按钮,最后刷新网页,即可进行选择、右键、复制等操作了。

8.3.4 记录信息的主要方法

1. 标记。就是在书上做记号,有许多种,最常见的是在字下面加圆点或画线。加圆点,也称着重点。加点的字句就是全句或全段中最重要的部分。画线,目的与加着重点一样,只是字数少时加点,字数多或成句时就画线。画线有直线、曲线,单线、双线、上下夹线等。还可画叉,打问号、惊叹号,或做其他符号。需要注意的是,无论圈点或画线,都不宜过多过密。过多过密,反而找不到重点了。

常用的几种标记方法:

着重号	……	表示关键性的字或句
直　线	——	表示比较重要的内容
曲　线	～～	表示特别重要的内容
夹　线	≋	定义或经典论述
惊叹号	!	对某些内容表示欣赏
问　号	?	对某些观点表示疑问
三角号	△	揭示一段文字中并列的几个观点
双圈号	◎	表示一段重要内容的结束

此外，还可根据自己的习惯做标记，如打√、打×、划方框□等。标记这种方法简便、省时，可一边阅读一边标记，用起来非常方便。

2. 眉批。就是在“书眉”或“地脚”（图书、期刊正文上面的空白边叫“书眉”，也称“天头”，正文下面的空白边叫“地脚”）上，写上自己阅读文献时的简要心得、体会、评语、疑问或订误、校文、音注等。这种记录形式和标记一样，简单、方便，随读随写，不受什么约束。

3. 抄录。就是把文献中有价值的信息抄下来，有全录和摘录两种方式。全录，就是一字不漏，全文照抄或复印。摘录，即只将有价值的、自己需要的信息摘要抄录下来。摘录有两种。一是摘录原文，即整段整句地摘录，连标点符号也与原文一样。二是摘录原意，即根据自己需要，用自己语言，把原文的基本观点、主要事实和数据简要抄录下来。这种摘录，实际上就是缩写，它已具有加工、整理性质。但是，这种摘录不应打乱原文的结构和逻辑顺序，不应曲解原意，更不应随意发挥，否则就不成其为“摘录”了。

抄录信息一般应抄录在活页或卡片上，有的也可抄录在专用笔记本上。抄录时，一定要注明出处（作者、书名或篇名、卷次、页码、出版单位，出版日期等）。有的人只注意抄录文献内容，而忽略注明出处，结果使用时却找不到文献出处，再去查找就麻烦了。如果用卡片抄录信息资料，还应注意一条信息资料一张卡片，并注上卡片题目，指明信息资料属于什么问题。只有这样，整理资料时才便于按照卡片题目归类。

4. 提纲。就是把整本书或整篇文章的内容要点，用简括语句和条目的形式依次记载下来。这样写提纲的好处是，便于掌握全书或全文的内容和逻辑结构，加深对原文献思想脉络的认识。写提纲前，要仔细研究全书或全文，从总指导思想到各部分内容都要弄得十分清楚。提纲要力求全面、系统，叙述要简明，真正反映出原文献概貌。

5. 札记。阅读文献后，把心得、感想、批评、疑点、意见等记下来，就是札记。札记已带有初步研究性质，它是一种高级记录形式。

8.4 对文献调查法的评价

文献调查法是对人类以往知识的调查，是一种间接的、非介入的调查。文献调查法的基本特点决定着它有许多优点，也有许多缺点。

8.4.1 文献调查法的优点

1. 文献调查可以超越时间、空间的限制，通过对古今中外文献的调查研究极其广泛的社会情况。就时间跨度而言，它可以调查研究几十年、几百年、几千年前人类经济社会发展的状况和一些重大的历史事件；从空间跨度上看，它可以超越省界、国界、洲界，调查研究世界各国的社会情况。文献调查法的这一优点，是其他调查方法不可能具有的。

2. 文献调查主要是书面调查，如果搜集的文献是真实的，那么它就能够获得比口头调查更准确、更可靠的信息。因为，这些用文字、数据、图表、符号等形式记录下来的文献，都是历史上遗留下来的“白纸黑字”的东西，这就完全避免了口头调查可能出现的种种误差。

3. 文献调查是一种间接的、非介入性调查。它只对各种文献进行调查和研究，而不与被调查者直接接触，不介入被调查者的任何活动，因而决不会引起被调查者的任何反应。这就避免了直接调查中经常发生的调查者与被调查者互动过程中可能产生的种种反应性误差。

4. 文献调查是一种非常方便、自由、安全的调查方法。实地观察、口头访问、问卷调查、实验研究等直接调查方法往往受到种种外界因素制约，一旦设计不周密或准备不充分，由于时过境迁根本无法弥补。文献调查受外界因素制约较少，只要找到了必要文献就可随时随地进行研究；即使出现了错误，还可通过对资料重新进行编码和分析进行弥补，因而其安全系数较高。

5. 文献调查费用低，效率高。文献调查是在前人和他人劳动成果基础上进行的调查，是获取知识的捷径。它不需要大量研究人员，不需要特殊设备，它可以用比较少的人力、经费和时间，获得比其他调查方法更多的信息。因而，它是一种高效率的调查方法。

随着计算机、网络等技术的发展，网络信息越来越丰富，文献调查法的上述种种优点也越来越突出。

8.4.2 文献调查法的缺点

1. 文献调查所获得的主要是书面信息，是纸面上的东西。它毕竟不是活生生的现实，即使文献内容全部都是真实、可靠的，它仍然缺乏具体性和生动性，由于研究者缺乏相关体验、知识，其中反映出的信息对研究者来讲是有限的和不充分的，“纸上得来终觉浅”，这是文献调查最大的局限性。

2. 文献的客观真实性往往难以保证。因为，任何文献都是一定时代、一定社会条件下的产物，都是具有一定社会性的人撰写的。因此，任何文献的内容，都会打上一定时代、一定社会条件的烙印，都会受到撰写者个人种种因素的影响和制约。因此，文献内容与客观真实情况之间总会存在一定差异。

3. 文献永远落后于现实。任何文献都是对已经逝去的社会现象的记载，但社会是不断运动、变化、发展的，新事物、新现象、新问题是不断涌现的，其中总有一些新事物、新现象、新问题没有记载于文献。因此，文献调查所获得的信息总比现实落后一大截，要对现状进行分析有一定困难。

4. 文献调查经常会发生文献资料难寻觅，难找齐的缺憾。因为许多文献是不公开的和可以随意获得的，因此对于某些特定的社会研究来说，往往很难得到足够的文献资料。比如，个人次的日记、私人次信件往往属于个人次隐私，某些政府文件、会议记录常常属丁内部机密，很难得到。同时，在浩如烟海的文献海洋之中常常会产生茫然无措的困惑，要搜集系统、全面、高质量的文献会很困难。

总之，文献调查法是一种重要调查方法，而且往往是一种先行调查方法。但是，文献调查法所获得的知识都是过去的信息，都不能作为调查结论的现实依据。要真正了解社会真实情况，还必须深入实际、深人群众，采取实地观察、口头访问等直接调查方法进行调查。

【本章小结】

从社会研究的角度看，文献就是通过一定记录方式记录在一定物质载体上的知识；从物质载体角度看，文献就是用一定记录方式记录下知识内容的一切物体。按照物质载体、记录技术、加工深度、资料来源、编辑出版的形式等不同因素，可对文献进行分类。在过近几十年来，文献的数量急剧增加，质量明显下降，因此需要采用科学的方法搜集文献资料、摘取有用信息、进行整理分析的方法。搜集文献的方法多种多样，我们根据文献的不同来源、承载形式和收藏情况,纸质文献和网络文献的搜集方法有所不同。文献检索的方法主要有:检索工具查找法、参考文献查找法以及循环查找法。搜集文献的目的,是摘取与调查相关的信息。收集文献信息资料,要遵循以下几条原则:定向性、可靠性、全面性、新颖性、阶段性、时效性、评述性。文献调查法是一种重要调查方法,而且往往是一种先行调查方法。但是,文献调查法所获得的知识都是过去的信息,都不能作为调查结论的现实依据。

【思考练习】

1. 什么是"文献"? 它的特点有哪些?
2. 现代文献的发展有哪些趋势?
3. 什么是文献调查法? 文献调查在社会研究中有何意义和作用?
4. 搜集文献有哪些基本要求?
5. 查找文献有哪些方法? 它们各有何特点和用途?
6. 什么是网络信息? 怎样查找网络信息? 在查找中有什么技巧?
7. 您对文献调查法作何评价?

【参考文献】

1. [美]福勒 .调查研究方法[M]. 孙振东,龙藜,陈荟,译. 3 版. ——校订新译本. 重庆:重庆大学出版社 2009 .
2. [英]萨莉·拉姆奇. 如何查找文献[M]. 廖晓玲,译. 北京:北京大学出版社,2007.
3. 陈畴镛. 信息资源管理[M]. 杭州:浙江大学出版社,2004.
4. 陈光祚. 因特网信息资源深层开发与利用研究[M]. 武汉:武汉大学出版社,2002.
5. 程趁娜,李莎莎. 利用文献调查法对比分析国内外临床路径的研究[J]. 中国医院,2013(4):78—80.
6. 杜泽逊. 文献学概要[M]. 北京:中华书局,2001.
7. 高继文. 文献调查法在市场调查中的应用[J]. 企业改革与管理,2007(8):62—63.
8. 郝大海. 社会调查研究方法[M]. 3 版. 北京:中国人民大学出版社 2015.
9. 李建等. 文献信息检索学[M]. 南京:南京师范大学出版社,2000.
10. 吕武平. 全脑速读记忆[M]. 北京:中国民航出版社,1999。
11. 马茨·艾尔维森、卡伊·舍尔德贝里. 质性研究的理论视角:一种反身性的方法论[M]. 仁仁,译. 重庆:重庆大学出版社,2009.
12. 吴正荆. 信息社会学[M]. 北京:科学出版社,2004.
13. 谢玉杰. 中国历史文献学[M]. 北京:民族出版社,1999.
14. 许彦彬. 社会调查研究方法[M]. 济南: 山东人民出版社 2012.
15. 于长滨. 历史文献调查法[J]. 干部人事月报,2000(10):30—30.
16. 张一. 运用文献调查法研究分析安全标志及其作用[J]. 能源技术与管理,2014,39(4):176—179.
17. 赵子亮. 农村耕地抛荒的影响因素及治理研究——基于二次文献调查法[J]. 国土与自然资源研究,2014(4):25—27.

第三篇

专用调查方法

第 9 章　敏感问题调查法

【目的要求】

了解敏感问题、敏感性的含义，了解常见的其他敏感问题调查方法。

掌握两种重要的随机应答技术模型。

9.1　敏感问题概述

在当今的社会经济调查等各种统计调查中，经常会遇到各种各样的敏感问题。敏感问题(sensitive questions)是指与个人、单位隐私或利益相关，不便向外界透露的问题，例如是否吸毒、性行为、灰色收入等问题。对于此类问题，如果调查者采取直接问答的方式，被调查者为了保护自己的隐私或处于其他目的，往往犹豫是否作出回答或者是否作出正确回答。因此，在调查问卷中该类问题的缺失率往往高于其他问题的缺失率，面对此类问题，被调查者更甚至停止作答终止调查过程。这样就破坏了数据的真实性，而且破坏程度的大小亦无法度量。

在调查问卷中，敏感性有三层含义：①侵犯性(intrusiveness)，忌讳问题往往具有敏感性，该类型问题不适合出现于日常生活对话中，或者超出调查研究范围。不论被调查者是否正确回答，该类问题均被视为侵犯个人隐私。该层面敏感性的含义很大程度取决于问题内容本身，而不是问题被问时被调查者所处在的状态或者其他环境因素的影响，例如被询问时所处的地点，又如关于被调查者收入的问题，该类型的问题均属侵犯被调查者隐私，因为回答者往往认为该类问题与研究者调查目的无关；②与告知相关的威胁(the threat of disclosure)，是指作出正确回答所可能带来的后果。被调查者往往害怕作出真实回答所带来的与调查机构或者调查个体不直接相关的后果，例如，一项关于青少年大麻的使用情况研究，当父母偶尔听到青少年对“大麻使用情况”这类型问题作出肯定回答时，该问题即对青少年具有敏感性，反之，当青少年与同伴处于群体环境当中作答时，该问题的敏感性将会下降。被调查者回答的真实与否取决于他们是否有情况需要隐瞒，同时即使调查者常规地承诺保障回答内容的保密性，被调查者并不总是信任所谓的保密措施，因此对于告知的相关威胁依然是影响被调查者正确回答非法的或者社会不赞许问题的重要因素；③社会赞许性(social desirability)，是指问题所引出的回答是社会无法接受的(socially unacceptable)或者社会不赞许的(socially undesirable)。预先假设对于一已给出的行为或者态度，有明确的社会规范认知，符合社会规范认知的回答则被视为社会赞许的，而不符合社会规范认知的回答则被视为社会无法接受的。例如，在美国一项社会规范认为公民应履行义务积极参与总统选举投票，因此，询问公民有没有参与选举投票时，回答没有积极参与投票的则被视为社会不赞许的。被调查者遇到上述问题时，为避免出现社会不赞许，往往作出迎合社会规范的回答，从而使调查数据产生社会赞许性偏倚(social desirability bias)。

9.2 随机应答技术

随着抽样调查的实际需要以及统计基本理论的发展，抽样调查的基本理论形成。在社会经济调查中，有时提出的一些问题是属于敏感性的或者高度私人机密的内容，用一般的调查技术难以获得有效的数据资料，若采用直接调查的方法，被调查者为了保护自己的隐私或出于其他目的，往往会拒绝回答或故意说谎，调查者将得不到可靠的样本数据，使调查结果产生偏倚。在初期人们对敏感问题抽样调查的研究仅仅局限于对问题作定性处理，比如人们仅仅关心总体中具有敏感特征人数的比例。随着实际问题的需要和问题研究的深入，人们发现在很多情况下仅仅对问题作定性处理是不够的，比如调查学生作弊情况，不仅关心学生作弊人数占学生总人数的比例，而且也关心作弊不同次数的人数比例，于是定量分析就应运而生。

随机应答技术 (randomized response technique，RRT) 被认为是最能有效保护被调查者隐私，提高其真实回答率的一种方法。具体方法是指在调查过程中，使用特定的随机化装置，使被调查者以一个预定的基础概率 P 从两个或两个以上的问题中选择一个问题进行回答，除被调查者以外的所有人(包括调查者)均不知道被调查者的回答是针对哪一个问题，同时调查者无权过问被调查者究竟回答的是哪一个问题，以便保护被调查者的隐私，最后根据概率论的知识计算出敏感问题特征在人群中的真实分布情况。与直接回答相比，RRT 能够最大限度地保证被调查者的隐私不被泄漏，从而取得被调查者的信任，获得真实可靠的资料。RRT 是由美国社会学家 Warner 于 1965 年首先提出，其设计原则是根据敏感性特征，设计两个相互对立的问题，让被调查者按预定的概率从中选一个问题回答，虽然沃纳模型(Warner model)具有保密性好的特点，但是沃纳模型精度差，估计粗略。鉴于此，1967 年西蒙斯(Simmons)对此模型进行了改进，有效地解决了精度问题，但是同时降低了保密性。在这之后，很多研究人员关于敏感性问题的抽样调查方法及其原理有不少深入的讨论，这些研究都是基于沃纳和西蒙斯的随机化模型基础上的。随机化回答模型作为一种调查社会敏感性问题的抽样方法，具有重要的现实意义，在我国社会经济统计调查中有着广泛的应用前景。下面我们来学习这两个重要的模型。

9.2.1 Warner 模型

Warner 模型的设计原则是根据敏感性特征设计两个相互对立的问题，让被调查者按预定的概率从中选一个问题回答，调查者对被调查者究竟回答的是哪一个问题不知情，从而起到了为被调查者保密的作用。

1. 有放回方式抽样

在简单随机有放回抽样下从总体中抽得 n 个样本，然后对这 n 个样本进行随机化回答调查，使用的随机化装置描述如下：外形相同的卡片上分别写有问题“你属于 A 吗？”与“你属于 B 吗？” 以预定的比例混合均匀后放入一盒子中，调查时，被调查者从盒子中任取出一张卡片,根据卡片上的问题进行回答,回答完后仍把卡片放回盒子,供其他被调查者使用。可通过下面这个例子对此模型进行简要说明:假设对成年男性商业性行为发生率的调查,设置两个相对立的问题A:你有过商业性行为;B:你没有过商业性行为。准备若干相同外观的卡片,其中部分卡片写问题A,剩下的卡片写问题B。混合所有的卡片,然后由被调查者随机抽取卡片,自己根据卡片上的问题回答"是"或"否",调查员只需记录被调查者的回答,不能看卡片上是哪个问题,被调查者回答完后将卡片放回混匀,供其他调查者使用。设定:①n:参加调查的人数,即样本量;②P:抽中卡片A的概率,抽中卡片B的概率即为$(1-P)$;③t:所有参加调查的人中回答"是"的人的比例,n_1为回答"是"的人数;④π:所有被调查者实际有过商业性行为的人的比例。分析得知,回答"是"的人实际分为两种,一种是抽中A卡片的有过商业性行为的人,人数为$nP\pi$,另一种是抽中B卡片且没有商业性行为的人,人数为$n(1-P)(1-\pi)$,可以得出:

$$nt = nP\pi + n(1-P)(1-\pi) \tag{9.1}$$

则:

$$\pi = \frac{t-(1-P)}{2P-1} \tag{9.2}$$

π就是所需要的商业性行为发生率,调查中有n_1个人回答"是",则$\hat{t}=n_1/n$,因此π的极大似然无偏估计量为:

$$\hat{\pi} = \frac{\hat{t}-(1-P)}{2P-1} \tag{9.3}$$

其中,其方差$Var(\pi)$可以由以下公式计算:

$$Var(\pi) = \frac{P(1-P)}{n(2P-1)^2} + \frac{\pi(1-\pi)}{n} \tag{9.4}$$

从而$Var(\hat{\pi}_A)$的无偏估计量为

$$Var(\hat{\pi}) = \frac{\hat{t}(1-\hat{t})}{(n-1)(2P-1)^2} \tag{9.5}$$

Warner模型中对p有限制(式(9.2)可看到),即$p \neq 0.5$,否则无法计算π,从消除被调查者的顾虑考虑,p最好等于0.5,但从调查效果来看,当$p=0.5$时,就没有提供信息,无法估计π。如果$p=0$或1,则变为直接提问法。从式(9.4)可以看出,当p接近0.5时,$Var(\pi)$就比较大,当p比较靠近0或1时,$Var(\pi)$就比较小。另一方面,当p比较接近1或0时,两个问题抽中的概率失衡,对被调查者的保护程度就会降低,从而会降低被调查者的合作程度,使随机化回答的作用降低,增加了收集到真实的、正确的数据的困难程度。所以,对p的选择是在被调查者的合作性与概率估计的精确性之间一个权衡的过程,需要调查者根据实际情况权衡进行取舍,选择适宜的p值。p的取值一般介于0.7与0.8之间较适宜,当然也应根据实际调查问题的敏感程度适当选取。若敏感程度较高,则p应取得小一点,但一般不宜低于0.6;若敏感程度较低,则p可以取大一点,但一般也不宜高于0.85。在实际操作中,研究者需要在一定精度下对π进行估计,因此存在对样本量n的计算问题:

$$Var(\pi) = \frac{P(1-P)}{n(2P-1)^2} + \frac{\pi(1-\pi)}{n} \leqslant \frac{P(1-P)}{n(2P-1)^2} + \frac{1}{4n} \tag{9.6}$$

若预先给定精度,要求方差不超过α,则:

$$Var(\pi) \leqslant \frac{P(1-P)}{n(2P-1)^2} + \frac{1}{4n} \leqslant \alpha \tag{9.7}$$

故

$$n \geqslant \frac{1}{4\alpha} + \frac{P(1-P)}{\alpha(2P-1)^2} \tag{9.8}$$

一般取

$$n = \left[\frac{1}{4\alpha} + \frac{P(1-P)}{\alpha(2P-1)^2}\right] + 1 \tag{9.9}$$

即可。

2. 无放回方式抽样

用无放回简单随机抽样方法从总体 N 中抽取 n 个样本，Warner 模型的估计量为：

$$\hat{\pi} = \frac{1}{2P-1}[\hat{t} - (1-P)], \quad (P \neq 1/2) \tag{9.10}$$

方差为

$$Var(\hat{\pi}) = \frac{N-n}{N-1} \cdot \frac{p(1-p)}{n} + \frac{P(1-P)}{n(2P-1)^2} \tag{9.11}$$

其中 $\hat{t} = n_1/n$。

当总体容量 $N \to \infty$ 时，有放回抽样与无放回抽样的方差估计相差很小，可以忽略不计，即在 N 很大时，有放回抽样与无放回抽样等效。

例 9.1 印度教育当局研究大学生中酗酒的流行程度。如果一个学生在调查前的一个月内饮酒至少 1250ml，则称他（她）是一个酗酒者。在这个定义下，从加尔各答市大学生中简单随机有放回地抽取了 100 名大学生，目标是估计加尔各答大学中酗酒者所占的比例 πA。所用随机化装置为一装有 60 个卡片的盒子。盒子中有 45 张卡片上写有问题“在上一个月你是否至少饮酒 1250ml?”占全部卡片的比例 $p = 0.75$，剩余的 15 张卡片上写有问题“在上一个月内你是否饮酒少于 1250ml?”调查时，在没有调查员观察的情况下，被调查者把盒子中的卡片摇匀后从中随机抽取一张，而后根据所抽到的卡片上的问题如实地回答“是”或“不是”。调查结果是有 28 个人回答了“是”，72 个人回答“不是”。

解答：本例为 Warner 模型，有：$n = 100, n_1 = 28, p = 0.75$，因此有：$\hat{t} = n_1/n = 0.28$。根据(9.2)可得 π 的估计值为：

$$\hat{\pi} = \frac{\hat{t} - (1-P)}{2P-1} = [0.28 - (1-0.75)]/(2 \times 0.75 - 1) = 0.06,$$

即有 6% 的人是酗酒者。根据式(9.4)，π 的方差一个无偏估计值为：

$$Var(\hat{\pi}) = 0.008145$$

9.2.2 Simmons 模型

Simmons 模型是 1967 年由 Simmons 提出的，又称无关联问题模型(unrelated question model)。其设计思想仍是基于 Warner 的随机化回答思想，只是在设计中，用无关的问题 Y 代替了 Warner 模型中的敏感性问题 A 的对立问题。比如对敏感问题 A，1 号卡片上写有：你具有特性 A 吗？而对无关非敏感问题 B，2 号卡片写有：你具有特性 B 吗？具体如“你在考试中作弊了吗?”Warner 模型中的对立问题是“你在考试中没有作弊吗?”在 Simmons 模型中,用一个与敏感性问题无关的问题来代替这一问题,比如"你的手机尾号是偶数吗?"然后将 1 号卡片与 2 号卡片按预定比例混合后,放入一盒子中,调查时,被调查者只需从盒子中任意抽取一张卡片,根据卡片上的问题做出真实的回答,同时调查员无权知道卡片上写的究竟是哪一个问题。

1. 有放回方式抽样

(1) π_B 已知的情况

采用简单随机有放回的抽样方法,样本容量为 n,π_A 是具有敏感性特征 A 的人所占比例;π_B 是具有无关特性 Y 的人所占比例。P 是 1 号卡片出现的概率。令

$$X_i=\begin{cases}1 & \text{若被调查者回答“是”}\\ 0 & \text{若被调查者回答“否”}\end{cases}\qquad i=1,2,\cdots,n$$

则 π_A,π_B,p 之间的关系为

$$\lambda=P(X_i=1)=\pi_A P+\pi_B(1-P) \tag{9.12}$$

$$1-\lambda=P(X_i=0)=(1-\pi_A)P+\pi_B(1-P) \tag{9.13}$$

若被调查者中有 n_1 个人回答"是",则 $\hat{\lambda}=n_1/n$。则 π_A 的极大似然无偏估计量为:

$$\hat{\pi}_A=\frac{\hat{\lambda}-(1-P)\pi_B}{P} \tag{9.14}$$

则 $\hat{\pi}_A$ 的方差为

$$Var(\hat{\pi}_A)=\frac{\lambda(1-\lambda)}{nP^2} \tag{9.15}$$

从而 $Var(\hat{\pi}_A)$ 的一个无偏估计量为

$$Var(\hat{\pi}_A)=\frac{\hat{\lambda}(1-\hat{\lambda})}{(n-1)P^2} \tag{9.16}$$

实际情况中,无关问题 Y 的情况不一定为已知的,即可能是未知的,比如对于无关问题"你觉得今天的天气好吗?"就无法通过其他有关资料(如:被调查者基本信息)获取,此时 Y 就是未知的,因此下面对未知的情况进行讨论。

(2)π_B 未知的情况

有放回地抽取两个相互独立而且互不相交的简单随机样本,样本量分别为 n_1、n_2。对于第一个样本,随机化装置中出现1号卡片的概率为 P_1,出现2号卡片的概率为 $1-P_1$,第二个样本中,1 号卡片出现的概率为 $P_2(P_1\neq P_2)$,2 号卡片出现的概率为 $1-P_2$,π_A 是具有敏感性特征 A 的人所占比例。

$$X_{ij}=\begin{cases}1 & \text{第 } i \text{ 个样本的第 } j \text{ 个被调查者回答“是”}\\ 0 & \text{第 } i \text{ 个样本的第 } j \text{ 个被调查者回答“否”}\end{cases}\qquad i=1,2,j=1,2,\cdots,n$$

则

$$\lambda_i=P(X_i=1)=\pi_A P_i+\pi_B(1-P_i) \tag{9.17}$$

$$1-\lambda_i=P(X_i=0)=(1-\pi_A)P_i+(1-\pi_B),\qquad i=1,2 \tag{9.18}$$

令 n_{i1} 是第 i 个样本中回答"是"的人数,则 $\hat{\lambda}_i=\dfrac{n_{i1}}{n_i}$,则 π_A 的极大似然无偏估计量为:

$$\hat{\pi}_A=\frac{\hat{\lambda}_1(1-P_2)-\hat{\lambda}_2(1-P_1)}{P_1-P_2} \tag{9.19}$$

则 $\hat{\pi}_A$ 的方差为：

$$Var(\hat{\pi}_A)=\left[\frac{(1-P_2)^2\hat{\lambda}_1(1-\hat{\lambda}_1)}{n_1-1}+\frac{(1-P_1)^2\hat{\lambda}_2(1-\hat{\lambda}_2)}{n_2-1}\right]\Big/(P_1-P_2)^2 \quad (9.20)$$

(3)参数估计与样本量的确定

一般情况当 P 已知时，P 的取值介于 0.7～0.8 之间即可，当 π_B 未知时第二个样本所用的随机装置中，敏感问题的比例尽可能的小而第一样本中的敏感问题的比例要尽可能得大，即 P_1 一般在 0.85 左右，而 P_2 一般介于 0.1～0.15 之间。

当 π_B 已知时，已知 $Var(\hat{\pi}_A)=\frac{\lambda(1-\lambda)}{nP^2}\leqslant\frac{1}{4nP^2}$，在给定方差上限 α 时 $Var(\hat{\pi}_A)\leqslant\frac{1}{4nP^2}\leqslant\alpha$，则最优样本容量为：

$$n=\left[\frac{1}{4\alpha P^2}\right]+1 \quad (9.21)$$

当 π_B 未知时，由于模型中参数为 n_1,n_2,P_1,P_2，此时为使得 $Var(\hat{\pi}_A)$ 较小，运用柯西-施瓦兹不等式找到一组较优的参数，可得：

$$\begin{aligned}Var(\hat{\pi}_A)&=\left[\frac{(1-P_2)^2\lambda_1(1-\lambda_1)}{n_1}+\frac{(1-P_1)^2\lambda_2(1-\lambda_2)}{n_2}\right](n_1+n_2)\\&\geqslant\left[(1-P_2)\sqrt{\lambda_1(1-\lambda_1)}+(1-P_1)\sqrt{\lambda_2(1-\lambda_2)}\right]^2\end{aligned} \quad (9.22)$$

当等号成立时 $Var(\hat{\pi}_A)$ 达到最小（P_1,P_2 为定值），此时：

$$\frac{n_1}{n_2}=\left[\frac{(1-P_2)^2\lambda_1(1-\lambda_1)}{(1-P_1)^2\lambda_2(1-\lambda_2)}\right]^{\frac{1}{2}} \quad (9.23)$$

根据上式将总的样本容量分为 n_1,n_2 两个子样本，以减少估计量的误差，此时方差为：

$$Var(\hat{\pi}_A)=\left[\frac{(1-P_2)\sqrt{\lambda_1(1-\lambda_1)}+(1-P_1)\sqrt{\lambda_2(1-\lambda_2)}}{\sqrt{n}(P_1-P_2)}\right]^2 \quad (9.24)$$

由上式，当 P_1,P_2 确定时，有：

$$\begin{aligned}Var(\hat{\pi}_A)&=\left[\frac{(1-P_2)\sqrt{\lambda_1(1-\lambda_1)}+(1-P_1)\sqrt{\lambda_2(1-\lambda_2)}}{\sqrt{n}(P_1-P_2)}\right]^2\\&\leqslant\left[\frac{2-P_1-P_2}{2\sqrt{n}(P_1-P_2)}\right]^2\end{aligned} \quad (9.25)$$

给定精度 α 时，

$$Var(\hat{\pi}_A)\leqslant\frac{(2-P_1-P_2)^2}{4n(P_1-P_2)^2}\leqslant\alpha \quad (9.26)$$

即 $n\geqslant\frac{(2-P_1-P_2)^2}{4\alpha(P_1-P_2)^2}$，此时的最优样本容量可取 $n=\frac{(2-P_1-P_2)^2}{4\alpha(P_1-P_2)^2}+1$。

接下来通过对 P_1,P_2 优化时，P_2 取 0，P_1 尽可能的大，即为直接用第二样本估计 $\hat{\pi}_B$，由第一个样本估计 π_A，得到 π_A 的无偏估计量为：$\hat{\pi}_A=\frac{\hat{\lambda}_1-\hat{\lambda}_2(1-P_1)}{P_1}$，方差为

$$Var(\hat{\pi}_A)=\left[\frac{\lambda_1(1-\lambda_1)}{n_1}+\frac{(1-P_1)^2\lambda_2(1-\lambda_2)}{n_2}\right]/P_1{}^2 \tag{9.27}$$

2. 无放回方式抽样

对于有限总体,若 π_B 已知,从容量 N 的总体中,无放回地抽样容量为 n 的简单随机样本,则 π_A 的无偏估计量、方差为:

$$\hat{\pi}_A=\frac{\hat{\lambda}-\pi_B(1-P)}{P}$$

$$Var(\hat{\pi}_A)=\left(1-\frac{n}{N}\right)\frac{\hat{\pi}_A(1-\hat{\pi}_A)}{n}+\left(1-\frac{n}{N}\right)\frac{(1-P^2)\pi_B(1-\pi_B)}{nP^2}+\frac{P(1-P)(\pi_A+\pi_B-2\pi_A\pi_B)}{nP^2} \tag{9.28}$$

其无偏估计量为:

$$\widehat{Var}(\hat{\pi}_A)=\left(1-\frac{n}{N}\right)\frac{\hat{\pi}_A(1-\hat{\pi}_A)}{n}+\left(1-\frac{n}{N}\right)\frac{(1-P^2)\pi_B(1-\pi_B)}{nP^2}+\frac{P(1-P)(\hat{\pi}_A+\pi_B-2\hat{\pi}_A\pi_B)}{nP^2} \tag{9.29}$$

其中,$\hat{\lambda}=n_1/n$,n_1 为回答"是"的人数。

若 π_B 未知,从容量 N 的总体中,无放回地抽样容量分别为 n_1,n_2 的简单随机样本,则 π_A 无偏估计量、方差为:

$$\hat{\pi}_A=\frac{\hat{\lambda}_1(1-P_2)-\hat{\lambda}_2(1-P_1)}{P_1-P_2}$$

$$Var(\hat{\pi}_A)=[(1-P_2)^2Var(\hat{\lambda}_1)+(1-P_1)^2Var(\hat{\lambda}_2)]/(P_1-P_2)^2 \tag{9.30}$$

与 Warner 模型相比,Simmons 模型引入了一个无关的问题,它的优点是 $Var(\hat{\pi}_A)$ 减小,对 π 的估计的精确度提高。缺点是需要计算 π_B,被调查者有可能因为害怕泄露隐私而无论抽到哪个问题均回答"否"。实际工作中,当 π_B 较容易获得时,推荐使用 Simmons 模型。

例 9.2　在调查家庭暴力(或婚外恋、服用兴奋剂、吸毒等敏感问题)所占家庭的比例 P 时,被调查者往往不愿回答真相,这使得调查数据失真。为得到实际的 P 同时又不侵犯个人隐私,调查人员将袋中放入比例是 P_0 的红球和比例是 $q_0=1-P_0$ 的白球。被调查者在袋中任取一球窥视后放回,并承诺取得红球就讲真话,取得白球就讲假话。被调查者只需在匿名调查表中选"是"(有家庭暴力)或"否",然后将表放入投票箱,没人能知道被调查者是否讲真话和回答的是什么。如果每个家庭回答"是"的概率为 P_1,求 P。

解答:对任选一个家庭,用 B 表示回答"是",用 A 表示取到红球。利用全概率公式得到

$$\begin{aligned}P_1&=P(B)=P(B|A)P(A)+P(B|\bar{A})P(\bar{A})=PP_0+(1-P)q_0\\&=q_0+(P_0-q_0)P=PP_0+(1-P)q_0=q_0+(P_0-q_0)P\end{aligned}$$

于是,只要 $P_0\neq q_0$,则 $P=\dfrac{P_1-q_0}{P_0-q_0}$,实际问题中 P_1 是未知的,需要经过调查得到。假设调查了 n 个家庭,其中有 k 个家庭回答"是",则可以用 $\hat{P}_1=\dfrac{k}{n}$ 估计 P_1,于是可以用 $\hat{P}=$

$\dfrac{\hat{P}_1-q_0}{P_0-q_0}$估计 P。

如果袋中装 30 个红球,50 个白球,调查了 320 个家庭,其中有 195 个家庭回答“是”,则

$$P_0=3/8, q_0=5/8$$

$$\hat{P}_1=195/320,$$

$$\hat{P}=\frac{\frac{195}{320}-\frac{5}{8}}{\frac{3}{8}-\frac{5}{8}}=6.25\%$$

9.2.3 改进的 RRT

在前面的学习内容中,介绍了简单随机抽样下的随机应答调查技术,而实际调查中,可能会用到不同的抽样方法,目前也有研究者针对不同的抽样方法对 RRT 进行了一定的改进。接下来进行简要的介绍。

1. 改进 RRT 的整群抽样

为更加保护调查对象的隐私,王建华对 RRT 进行了一定的改进,在 Warner 模型基础上,改进随机化装置:例如,将若干数量的 3 种球按照 $P_1:P_2:P_3(P_1+P_2+P_3=1)$ 的比例放入袋中。红球写“如果你有某种特性 A 请回答‘是’,如果不具有特性 A 请回答‘否’”;白球上写“请直接回答‘是’”;蓝球上写“请直接回答‘否’”。每个被抽中的人有放回地从袋中随机抽出一球并按照球上的提示作出回答。在整群抽样中,抽样框要求简单,调查单位比较集中,调查工作的组织比较方便,调查每个基本单元的费用降低,使得同样的费用可调查更多的基本单元,但其调查单位在总体中的分布不均匀,抽样误差较大。改进 RRT 的整群抽样分以下 3 个步骤:① 将总体划分为群(一级单元),各群由二级单元组成;② 以群为抽样单元,从总体中随机抽取一部分群;③ 对抽中群的全部二级单元采用改进的 RRT 进行二分类敏感问题的调查。在计算总体比例的估计量及其估计方差时,假定将总体划分成 N 个群,第 i 个群包含 M_i 个二级单元,随机抽取 n 个群。假定第 i 个群($i=1,2,\cdots,n$)具有特性 A 的比例为 π_i,第 i 个群有 a_i 个二级单元具有特性 A,总体中具有特性 A 的比例为 π。

(1)各群大小相等时,Cochran 给出总体 比例 π 的估计量为:

$$\hat{\pi}=\frac{1}{nM}\sum_{i=1}^{n}a_i=\frac{1}{n}\sum_{i=1}^{n}\frac{a_i}{M}=\frac{1}{n}\sum_{i=1}^{n}\pi_i \tag{9.31}$$

方差估计量为:

$$Var(\hat{\pi})=\frac{1-f}{n(n-1)}\sum_{i=1}^{n}(\pi_i-\hat{\pi})^2 \tag{9.32}$$

其中 $f=nM/(NM)=n/N$,即为抽样比。

(2)各群大小不等时,即各群包含的二级单元数不相等,Cochran 给出总体比例 π 的估计量为:

$$\hat{\pi}=\frac{\sum_{i=1}^{n}a_i}{\sum_{i=1}^{n}M_i} \tag{9.33}$$

方差估计量为：

$$Var(\hat{\pi})=\frac{1-f}{n\bar{M}^2}\frac{\sum_{i=1}^{n}a_i^{\ 2}-2\hat{\pi}\sum_{i=1}^{n}a_iM_i+\hat{\pi}^2\sum_{i=1}^{n}M_i^{\ 2}}{n-1} \tag{9.34}$$

其中 $\bar{M}=\sum_{i-1}^{n}M_i/n$ 是样本中每群包含的平均二级单元数，$f=\sum_{i=1}^{n}M_i\Big/\sum_{i=1}^{N}M_i$ 是抽样比。

2. π_i，a_i 的计算

用 λ_i 表示样本中第 i 个群回答"是"的比例。按照事先设定的数量比例，根据全概率公式可得：

$$\lambda_i=\pi_i\cdot P_1+P_2$$

$$\pi_i=\frac{\lambda_i-P_2}{P_1},\qquad i=1,2,\cdots,n$$

于是 $a_i=M_i\pi_i$，$i=1,2,\cdots,n$。

9.3 其他调查法

在调查研究中，敏感性始终是难以解决的问题，除了应用随机应答技术有效保护被调查隐私外，研究者还可以使用以下方法减少被调查者的自我报告偏倚、拒绝回答或者终止调查等情况。

1. 匿名(anonymity)和保密(confidentiality)

在介绍研究背景时，调查员应表明本问卷是匿名填写的，并将严格对被调查者信息进行保密，以消除被调查对个人隐私保密性的顾虑。当被调查者填写到敏感问题时，再一次提醒被调查者本研究将以严格保密。调查者甚至可以明确表明，被调查的回答不会被追溯到个人信息。在涉及一般人口学特征时，提醒被调查者该信息仅用于数据分析亦能很好地消除被调查者的顾虑。反复地提醒保密性的严格实施，可以使调查对象更放心地填写问卷。

2. 避免使敏感问题过早或过迟出现于调查问卷中

敏感问题过早地出现于调查问卷中并不合适，因为在调查对象开始填写问卷时，往往并不能马上地投入到问卷当中，也不确定是否能完成问卷。调查对象一般先浏览问卷，确定问卷开始的部分问题是否具有趣味性，然后再决定是否值得继续完成这份问卷。敏感问题的过早出现，会致使有隐私顾虑的调查对象增加警惕性，更甚至增加拒绝继续完成问卷的可能性。可以在问卷的开头设置一些简单的问题，增加问卷的趣味性，并且使他们更快地投入到问卷当中，亦可以在问卷的开头设置一些较为简单的一般人口学特征的问题，但这并不是最佳的做法。注意，不能把涉及社会赞许性的问题置于问卷开头。

敏感问题过迟地出现于调查问卷中亦不合适，即使调查对象并没有打算回答敏感问题，但是在面对敏感问题时，调查对象的情绪均受影响。研究者不应该试图在问卷结尾放置敏感问题，否则将增加调查对象的警惕，甚至会对调查对象造成冒犯，这种情形将不利于良好合作关系的建立，尤其不利于日后需要继续随访的研究。可以在问卷结尾放置一些次要的一般人口学特征问题，因为这些问题相对简单且不会引起太多的隐私顾虑，但切忌在问卷结

尾放置社会赞许性或者应答者认为是涉及隐私的行为、态度问题。

敏感问题应该放置在问卷的中间，一般放置在问卷三分之二的位置。放置问卷的中间或三分之二的位置，研究者可以使调查对象逐渐地投入到问卷应答当中并且在敏感问题出现之前建立一定的信任基础，这样也可以避免使敏感问题放置在问卷结尾。如果确实需要将人口学特征放置问卷开头或者结尾，该方法亦能接受，但一般将大部分敏感问题放置与问卷中间。

3. 使调查对象轻松地回答真实情况

再谈美国公民应积极参与总统选举投票问题，在被问及“您是否参与了总统选举投票?”这是一道简单的问题，但因为它涉及到社会赞许性，因此若被调查者的回答不符合社会规范时，其将承受一定的心理压力，另外许多美国公民认为不应该在公众场合谈论政治或宗教立场，因此，在公众场合回答该类问题时，他们亦感到一定的心理压力。为了保护自己的隐私，许多被调查者会回答“是”。

研究者应该让调查对象轻松愉悦的心态下作答以回答真实的情况。可以在前言部分作一定的陈述，让调查对象消除心中的顾虑。具体可以作以下修改：

“在与市民谈论选举投票时，我们发现很多公民因为没能及时注册、生病或者没有时间等原因没能够参与选举投票，而您呢？请问您参与了这次选举投票吗?”

4. 调查问卷的形式

调查问卷的呈现形式会影响着敏感问题的回答。调查对象在陌生的地方或者有调查者监督的现场对敏感问题的回答会比较犹豫，例如在面对面调查时，被询问到：驾车时，您是否有佩戴安全带？该类问题具有社会赞许性，社会规范认为驾车时佩戴安全带属于良好行为，在面对面调查或者电话访问时，为了迎合社会规范以及调查者，调查对象更倾向于过度汇报安全带的使用情况，导致调查者高估安全带使用率。因此，在面对面调查或者电话访问时，需要严格控制社会赞许性偏倚和减少隐私顾虑。在上述模式下，调查对象对隐私和社会赞许性更为在意，并且更倾向于在调查者面前展现积极的回答，因此更不愿意透露敏感信息。

然而，非调查员参与的调查问卷管理能够大幅度地降低敏感效应。调查对象更乐意在网络调查或邮箱问卷中回答隐私问题和透露社会不赞许性的信息，因为在该环境下，调查对象无需承受更大的心理压力即可真实作答。另外，自我管理模式的调查问卷并不能消除社会赞许性和隐私顾虑，但当询问敏感问题的研究者需要慎重考虑使用该模式调查方法的优点。自我管理模式的调查问卷整体倾向于产生低质量的数据和更低的应答率，但是除此外，该模式下的敏感问题应答率会增高。

【本章小结】

1. 敏感问题(sensitive questions)是指与个人、单位隐私或利益相关，不便向外界透露的问题，例如是否吸毒、性行为、灰色收入等问题。对于此类问题，如果调查者采取直接问答的方式，被调查者为了保护自己的隐私或处于其他目的，往往犹豫是否作出回答或者是否作出正确回答。因此，在调查问卷中该类问题的缺失率往往高于其他问题的缺失率，面对此类问题，被调查者甚至停止作答终止调查过程。这样就破坏了数据的真实性，而且破坏程度的大小亦无法度量。

2. 敏感性的三层含义主要包括:(1)侵犯性;(2)告知的相关威胁;(3)社会赞许性;

3. 随机应答模型(randomized response technique,RRT)是由美国社会学家 Warner 于 1965 年首先提出,其设计原则是根据敏感性特征设计两个相互对立的问题,让被调查者按预定的概率从中选一个问题回答,调查者无权过问被调查者究竟回答的是哪一个问题,从而起到了为被调查者保密的作用。鉴于 Warner 模型的精度稍差,1967 年西蒙斯(Simmons)对此模型进行了改进,有效地解决了精度问题,但是同时又降低了保密性,两个模型各有优缺点。在之后的研究中,不同的研究者针对应用需求,对这两种方法进行不同程度的改进。

4. 除了随机应答技术外,还在可以通过匿名或保密、敏感问题的放置、改变问卷的形式等来降低被调查者对隐私的顾虑。

【思考练习】

1. 请阐述敏感问题的定义。

2. 敏感性有哪三层含义? 请详细说明。

3. 一大城市的"戒酒协会"希望确定过去一周内至少饮过一次酒的会员的比例。大部分会员都不愿意承认饮过酒,所以我们决定用随机应答法。

随机装置由一副牌构成,80%的牌标有 1,20%的牌标有 2。

设置的问题是:"问题 1:过去一周内我至少饮过一次酒。"

"问题 2:过去一周内我没有饮过酒。"

从 100 个会员的随机样本中得到了 35 个"是"的答案。用这些数据,估计这个协会过去一周内至少饮过一次酒的会员的比例

4. 请列举其他敏感问题的调查方法与技术。

【参考文献】

1. Miller PR. Tipsheet-Sensitive Questions. Duke initiative on Survey Methodology [R]. DISM Survey Research Associate.

2. Tourangeau R,Ting Y. Sensitive Questions in Surveys [J]. Psychological Bulletin, 133 (5): 859—833.

3. 高歌,范玉波. 敏感问题改进的随机应答技术模型分层整存抽样研究及应用[J]. 苏州大学学报. 2008,28(5): 750—754.

4. 刘自鑫. 敏感性问题抽样调查基本方法与理论研究[D]. 成都:电子科技大学,2005, 1—13.

5. 曲直,刘志民. 改进随机应答技术在北京市中学生吸烟现状调查中的应用[J]. 中国药物依赖性杂志,2012,21(06):432—438.

6. 孙山泽,孙明举,段钢. 二项选择敏感性问题调查的基本方法 [J]. 数理统计与管理. 2000,19(1): 58—64.

7. 王建华. 实用医学科研方法[M]. 北京:人民卫生出版社,2003:444,445,447.

8. 王冕,高歌. 数量特征敏感问题的整群抽样调查方法研究及应用[J]. 中国卫生统计, 2008,25(6):586—589.

9. 吴翠芳,曹维芳.敏感问题调查法在公安统计调查中的应用[J].廊坊师范学院学报(自然科学版),2015,15(3):16—19.

10. 徐春梅.敏感性问题的调查方法[D].成都:电子科技大学,2004,1.

11. 徐俊杰.聚类分析和随机应答技术在大学生婚前性行为调查中的应用[D].河北医科大学,2004.

12. 周真.敏感性问题调查的方法[D].苏州:苏州大学,2013,2—10.

第 10 章　德尔菲调查法

【目的要求】

了解德尔菲调查法的概念、基本特点、优缺点，德尔菲调查法与相关方法的比较，德尔菲调查法在卫生管理领域的运用。

掌握德尔菲调查法的工作流程，德尔菲调查法的调查方法。

重点是德尔菲调查法的工作流程，难点是德尔菲调查法的质量控制。

10.1　引入案例

例 10.1　某厂要成批生产一种新产品。为了解市场需求状况，该厂在正式投产前采用德尔菲调查法预测了产品销售量。该厂的做法是：

第一，选择有丰富经验的经理、部门经理、业务骨干等 8 位专家。

第二，将新产品的样品、说明书（说明新产品的用途和特点）以及同类产品的价格和销售资料等连同调查表寄给 8 位专家，请他们做出个人判断后寄回。

第三，汇总整理寄回的调查表，再反馈寄给每位专家，请他们进一步做出判断。如此反复三次，对新产品投放市场的年销售量进行了各自的判断。调查结果见表 10.1。

表 10.1　新产品销售专家意见表

专家编号	第一次判断			第二次判断			第三次判断		
	最低销售量	最可能销售量	最高销售量	最低销售量	最可能销售量	最高销售量	最低销售量	最可能销售量	最高销售量
1	150	750	900	600	750	900	550	750	900
2	200	450	600	300	500	650	400	500	650
3	400	600	800	500	700	800	500	700	800
4	750	900	1500	600	750	1500	500	600	1250
5	100	200	350	220	400	500	300	500	600
6	300	500	750	300	500	750	300	600	750
7	250	300	400	250	400	500	400	500	600
8	260	300	500	350	400	600	370	410	610
平均数	345	500	725	390	550	775	415	570	770

【问题 10.1】针对以上资料，回答以下问题：

1. 以上研究如何选择专家？

2. 首次寄给专家的资料有何特点？

3. 以上研究有何特点？

4. 如何对以上资料进行分析？

【分析】

1. 对专家的选择是德尔菲调查法研究的关键步骤，它关系到研究结果的质量，因为研究结果直接来自于专家的意见。进行德尔菲调查法研究必须要有一个高质量的、严格的专家选择过程，其中包括预先制定的标准、专家的专业领域、资历并且有能力胜任相关的研究等。另外，专家的人数也很重要。规模太小，提供不了关于目标问题的有代表性的判断，规模太大，会导致潜在的低回复率和给专家及研究者造成繁重的工作量；

2. 第一轮问卷主要由开放式的问题组成，主要内容为所研究问题及相关要求，并附上所有背景材料，同时征询专家还需要哪些材料。由专家对问卷做出书面答复，问卷调查过程中采用匿名方式进行；

3. 以上研究体现了匿名性、反馈性和统计性的特点；

4. 本研究的分析处理过程是：

(1)平均值预测

在预测时，最终一次判断是综合前几次的反馈做出的，因此在预测时一般以最后一次判断为主。如果按照 8 位专家第三次判断的平均值计算，则预测这个新产品的平均销售量为：(415＋570＋770)/3＝585。

(2)加权平均预测

将最可能销售量、最低销售量和最高销售量分别按 0.50、0.20 和 0.30 的概率加权平均，则预测平均销售量为：570×0.5＋415×0.2＋770×0.3＝599。

(3)中位数预测

用中位数计算，可将第三次判断按预测值高低排列如下：

最低销售量：300　370　400　500　550

最可能销售量：410　500　600　700　750

最高销售量：600　610　650　750　800　900　1250

最高销售量的中位数为第四项的数字，即 750。

将最可能销售量、最低销售量和最高销售量分别按 0.50、0.20 和 0.30 的概率加权平均，则预测平均销售量为：600×0.5＋400×0.2＋750×0.3＝695。

本章将重点介绍德尔菲方法的特点、工作流程以及运用。

10.2 德尔菲调查法概述

德尔菲是 Delphi 的中文译名。德尔菲原是一处古希腊遗址，相传太阳神阿波罗在德尔菲杀死了一条猛兽，成了德尔菲的主人，阿波罗对于未来有极高的预测能力。因此，在当地建有一座阿波罗神殿，它是预卜未来的神谕之地，故 Delphi 就成了预言的代名词。德尔菲调查法(Delphi Method)是在 20 世纪 40 年代由 O・赫尔姆和 N・达尔克首创，经过 T・J・

戈登和兰德公司进一步发展而成的。1946年，兰德公司首次用这种方法进行预测，后来该方法被迅速广泛采用。

德尔菲调查法，又称专家意见法、专家函询调查法或专家规定程序调查法。该方法主要是由调查者拟定调查表，按照既定程序，以函件的方式分别向专家组成员进行征询；而专家组成员又以匿名的方式（函件）提交意见。经过几次反复征询和反馈，专家组成员的意见逐步趋于集中，最后获得具有很高准确率的集体判断结果。德尔菲调查法是采用背对背的通信方式征询专家小组成员的预测意见，经过几轮征询，使专家小组的预测意见趋于集中，最后做出符合市场未来发展趋势的预测结论。

简单来说，德尔菲调查法是依据系统的程序，采用匿名发表意见的方式，即团队成员之间不得互相讨论，不发生横向联系，只能与调查人员发生关系，以反复的填写问卷，以集结问卷填写人的共识及搜集各方意见，可用来构造团队沟通流程，应对复杂任务难题的管理技术。德尔菲调查法最初产生于科技领域，后来逐渐被应用于任何领域的预测，如军事预测、人口预测、医疗保健预测、经营和需求预测、教育预测等。此外，还用来进行评价、决策、管理沟通和规划工作。

10.2.1 德尔菲调查法的基本特点

德尔菲调查法是一种利用函询形式进行的集体匿名思想交流过程。它有三个明显区别于其他专家预测方法的特点，即匿名性、反馈性、统计性回答。

1. 匿名性

这是该方法的主要特征。采用这种方法时所有专家组成员不直接见面，每位专家的分析判断是在背靠背情况下进行的。在实施德尔菲调查法的过程中，专家们彼此互不相知，应邀参加预测的专家之间横向不发生联系，只是通过函件交流，且只与预测领导小组成员单线联系。可使被征询的专家不会出现迷信权威或因慑于权威而不敢发言的现象，也不需要因顾于面子而固执已见，从而将心理因素干扰降低到最低程度，创造一种平等、自由的气氛，鼓励专家们独立思考，充分发表意见。匿名是德尔菲调查法的极其重要的特点，从事预测的专家彼此互不知道其他有哪些人参加预测，他们是在完全匿名的情况下交流思想的。后来改进的德尔菲调查法允许专家开会进行专题讨论。

2. 反馈性

该方法大约需要经过3～4轮的信息反馈，在每次反馈中使调查组和专家组都可以进行深入研究，使得最终结果基本能够反映专家的基本想法和对信息的认识，所以结果较为客观、可信。小组成员的交流是通过回答组织者的问题来实现的，一般要经过若干轮反馈才能完成预测。

3. 统计性

最典型的小组预测结果是反映多数人的观点，少数派的观点至多概括地提及一下，但是这并没有表示出小组的不同意见的状况。而统计回答却不是这样，它报告1个中位数和2个四分点，其中一半落在2个四分点之内，一半落在2个四分点之外。这样，每种观点都包括在这样的统计中，避免了专家会议法只反映多数人观点的缺点。

10.2.2 德尔菲调查法的优缺点

德尔菲调查法同常见的召集专家开会、通过集体讨论、得出一致预测意见的专家会议法

既有联系又有区别。德尔菲调查法能发挥专家会议法的优点，即

1. 能充分发挥各位专家的作用，集思广益，准确性高；

2. 能把各位专家意见的分歧点表达出来，取各家之长，避各家之短。

同时，德尔菲调查法又能避免专家会议法的缺点：

1. 权威人士的意见影响他人的意见；

2. 有些专家碍于情面，不愿意发表与其他人不同的意见；

3. 出于自尊心而不愿意修改自己原来不全面的意见。

德尔菲调查法也有一定的局限性，主要缺点表现在：

1. 调查结果主要依靠专家判断，缺乏客观标准，因此这种方法主要适用于缺乏历史资料或未来不确定因素较多的场合；

2. 有的专家在得到调查组织者汇总后的反馈资料后，由于水平有限或不了解别的专家所提供调查资料的依据，有可能做出趋近算术平均或中位数的结论；

3. 由于反馈轮次较多，反馈时间较长，有的专家可能由于工作忙或其他原因而中途退出，影响调查的准确性；

4. 缺少思想沟通交流，可能存在一定的主观片面性；

5. 易忽视少数人的意见，可能导致预测的结果偏离实际；

6. 存在组织者主观影响。

为了克服上述的局限性，可以采取以下一些措施：

1. 向专家说明德尔菲调查法的原理，使他们对这种方法的特点有较清楚的了解；

2. 尽可能详尽地提供与调查项目有关的背景材料；

3. 请专家将自己的判断结果分为最高值、一般值、最低值等不同程度，并分别估计其概率，以保证整个判断的可靠性，减少轮回次数；

4. 在第二轮反馈后，只给出专家意见的极差值，而不反馈中位数或算术平均数，避免发生简单求同的现象。

10.2.3　德尔菲调查法与其他决策法的比较

表 10.2　德尔菲调查法与其他决策法的比较

效果标准/决策方法	德尔菲调查法	互动群体法	脑力激荡法	名义群体法	电子会议法
观点的数量	高	低	中等	高	高
观点的质量	高	低	中等	高	高
社会压力	低	高	低	中等	低
财务成本	低	低	低	低	高
决策速度	低	中等	中等	中等	高
任务导向	高	低	高	高	高
潜在的人际冲突	低	高	低	中等	低
成就感	中等	从高到低	高	高	高
对决策结果的承诺	低	高	不适用	中等	中
群体凝聚力	低	高	高	中等	低

德尔菲调查法能使人际冲突趋于最小,互动群体法有助于增强群体内部的凝聚力,脑力激荡法可以使群体的压力降到最低,电子会议法可以较快的处理各种观点。

10.3 德尔菲调查法工作流程

10.3.1 实施步骤

德尔菲调查法的具体实施步骤如下:

1. 确定调查题目,拟定调查提纲,准备向专家提供的资料(包括预测目的、期限、调查表以及填写方法等)。

2. 组成专家小组。按照课题所需要的知识范围,确定专家。专家人数的多少,可根据预测课题的大小和涉及面的宽窄而定,一般不超过 20 人。

3. 向所有专家提出所要预测的问题及有关要求,并附上有关这个问题的所有背景材料,同时请专家提出还需要什么材料。然后,由专家做书面答复。

4. 各个专家根据他们所收到的材料,提出自己的预测意见,并说明自己是怎样利用这些材料并提出预测值的。

5. 将各位专家第一次判断意见汇总,列成图表,进行对比,再分发给各位专家,让专家比较自己同他人的不同意见,修改自己的意见和判断。也可以把各位专家的意见加以整理,或请身份更高的其他专家加以评论,然后把这些意见再分送给各位专家,以便他们参考后修改自己的意见。

6. 将所有专家的修改意见收集起来,汇总,再次分发给各位专家,以便做第二次修改。逐轮收集意见并为专家反馈信息是德尔菲调查法的主要环节。收集意见和信息反馈一般要经过三、四轮。在向专家进行反馈的时候,只给出各种意见,但并不说明发表各种意见的专家的具体姓名。这一过程重复进行,直到每一个专家不再改变自己的意见为止。

7. 对专家的意见进行综合处理。需要说明的有四点:①并不是所有被预测的事件都要经过五步。可能有的事件在第三步就达到统一,而不必在第四步中出现;②在第五步结束后,专家对各事件的预测也不一定都达到统一。不统一也可以用中位数和上下四分点来做结论。事实上,总会有许多事件的预测结果都是不统一的;③必须通过匿名和函询的方式;④要做好意见甄别和判断工作。

10.3.2 调查过程

在德尔菲调查法的实施过程中,始终有两方面的人在活动,一是预测的组织者,二是被选出来的专家。首先应注意的是德尔菲调查法中的调查表与通常的调查表有所不同,它除了有通常调查表向被调查者提出问题并要求回答的内容外,还兼有向被调查者提供信息的责任,它是专家们交流思想的工具。德尔菲调查法的调查过程大致可以分为四个步骤,在每一步中,组织者与专家都有各自不同的任务。

1. 开放式的首轮调研

(1)向专家寄发征询表,提供现有的背景材料,要求专家明确回答,并在规定时间内寄回,调查人员对各个问题的结论进行归纳和统计,并提出下一轮的调查要求。

(2)由组织者发给专家的第一轮调查表是开放式的,不带任何框框,只提出预测问题,请专家围绕预测问题提出预测事件。因为，如果限制太多，会漏掉一些重要事件。

(3) 组织者汇总整理专家调查表，归并同类事件，排除次要事件，用准确术语提出一个预测事件一览表，并作为第二步的调查表发给专家。

2. 评价式的第二轮调研

(1)将第一轮经过汇总的专家意见及调查人员对所要调查的新的要求和意见寄给专家，要求专家根据收到的资料，提出自己的见解。在这阶段，专家可以清楚地了解全局情况，他们可以保留、修改原有意见。对于和总体结论差异较大的专家，应请他们充分陈述理由。这样，可再次将专家寄回的资料进行统计，并提出新的要求。

(2)专家对第二步调查表所列的每个事件作出评价。例如，说明事件发生的时间、争论问题和事件或迟或早发生的理由。

(3)组织者统计处理第二步专家意见，整理出第三张调查表。第三张调查表包括事件、事件发生的中位数和上下四分点，以及事件发生时间在四分点外侧的理由。

3. 重审式的第三轮调研

(1)发放第三张调查表，请专家重审争论。

(2)对上下四分点外的对立意见作一个评价。

(3)给出自己新的评价(尤其是在上下四分点外的专家，应重述自己的理由)。

(4)如果修正自己的观点，也应叙述改变理由。

(5)组织者回收专家们的新评论和新争论，与第二步类似地统计中位数和上下四分点。

(6)总结专家观点，形成第四张调查表，其重点在争论双方的意见。

4. 复核式的第四轮调研

(1)发放第四张调查表，专家再次评价和权衡，做出新的预测。是否要求做出新的论证与评价，取决于组织者的要求。

(2)回收第四张调查表，计算每个事件的中位数和上下四分点，归纳总结各种意见的理由以及争论点。

值得注意的是，并不是所有被预测的事件都要经过四步。有的事件可能在第二步就达到统一，而不必在第三步中出现；有的事件可能在第四步结束后，专家对各事件的预测也不一定都是达到统一。不统一也可以用中位数与上下四分点来做结论。事实上，总会有许多事件的预测结果是不统一。

由此经过几轮反复征询，使专家的意见逐步趋向一致。需要说明的是，征询的轮次和征询的时间间隔不应一概而论，需依据调查内容的复杂程度、专家意见的离散程度而定，通常征询轮次为3～5轮，征询的时间间隔为7～10天。

10.3.3 质量控制

1. 拟订意见征询表

意见征询表是专家回答问题的主要依据。调查机构根据调查目的，拟订需要调查了解的问题，制成调查意见征询表，作为调查的手段。拟订意见征询表应注意以下几点：

(1)征询的问题要简单明确，能让人给予答复；

(2)数量不宜太多；

(3)问题的内容要尽量接近专家熟悉的领域，以便充分利用专家的经验；

(4)意见征询表中还要提供一些比较齐全的背景材料,供专家做出判断时参考。

2. 选定征询专家

选择的专家是否合适直接关系到德尔菲调查法的成功与否。在选择专家时,应注意的要点有:

(1)应按照调查课题需要的专业范围,选择精通业务、见多识广、熟悉市场情况、具有预见性和分析能力的专家;

(2)专家人数的多少需根据课题的大小和涉及的宽窄而定,人数不能过多或过少,以20人为宜;

(3)调查机构用通信方式与专家联系,专家彼此之间不发生联系。

3. 信度和效度控制

德尔菲调查法通过专家积极系数、权威程度、专家意见集中程度以及协调程度来表示结果的权威性和可靠性,以达到控制调查结果的信度和效度。

(1)专家的积极系数

专家的积极系数是指专家对本研究关心、合作的程度。一般以专家咨询表的有效回收率和意见提出率来表示。问卷回收率越高,提出意见的专家人数越多,表明专家积极程度越高。

问卷回收率=回收问卷数/发放问卷数×100%

意见提出率=提出意见专家数/回复专家数×100%

(2)专家意见集中程度

专家意见集中程度以专家对某项评分的均数(M_j)及满分比(K_j)表示。根据Likert 5分度量法,将专家意见的重要性程度的5个等级,分别赋予不同的量化值,5=非常重要、4=比较重要、3=重要、2=不太重要、1=不重要。均数的计算公式(10.1):

$$M_j = \frac{1}{m_j}\sum_{i=1}^{m} C_{ij} \tag{10.1}$$

其中:m_j 表示参加j指标评价的专家数,C_{ij} 表示i评价者对j指标的评分值。均值(M_j)取值越大,则对应的j指标的重要性越高。满分比的计算公式(10.2):

$$K_j = \frac{m_j'}{m_j} \tag{10.2}$$

K_j 表示j指标评价的满分比,m_j' 表示给满分的专家数,m_j 表示参加j指标评价的专家数。满分比(K_j)越大,说明对该指标给满分的专家比例越大,该指标越重要。

(3)专家的权威程度

专家的权威程度(Cr)由两个因素决定,一是专家对咨询内容做出判断的依据(Ca),二是专家对咨询内容的熟悉程度(Cs)。权威系数等于判断系数和熟悉程度系数的算术平均值。一般认为,权威系数$\geqslant 0.70$为可信度高,意见可以采纳,值越大,说明专家判断的科学性越大,结果可信度越高。权威系数的计算公式为(10.3):

$$Cr = \frac{Ca + Cs}{2} \tag{10.3}$$

专家对条目熟悉程度分为很熟悉、熟悉、一般、不熟悉、很不熟悉五个等级,分别赋予不同的量化值。很熟悉＝1.0、熟悉＝0.8、一般＝0.6、不熟悉＝0.4、很不熟悉＝0.2(见表10.3)。项目判断的主要依据分为理论依据、实践经验、国内外资料和直觉。其影响程度分为大、中、小,分别赋予不同的量化值(见表10.4)。

表 10.3 专家熟悉程度评分

等级	很熟悉	熟悉	一般	不熟悉	很不熟悉
评分	1.0	0.8	0.6	0.4	0.2

表 10.4 专家判断依据评分

判断依据	对专家判断的影响程度		
	大	中	小
理论依据	0.3	0.2	0.1
实践经验	0.5	0.4	0.3
国内外资料	0.1	0.1	0.05
直觉	0.1	0.1	0.05

(4)专家协调程度

专家意见的协调程度是指全部专家对全部指标给出的评价意见是否存在较大分歧,用变异 系数(V) 和协调系数(W) 反映。变异系数反映专家对某一课程条目评分意见的协调程度,其值越小,专家对该条目的分歧越小。一般要求各项指标变异系数≤0.25。协调系数用肯德尔和谐系数(Kendall's W)表示。其取值范围为0～1,一般在0.3～0.5范围内波动。协调系数大,经检验后具有显著性,说明专家意见协调程度好,一致性高,专家评估结果可信。

变异系数的计算公式为(10.4):

$$V_j = \frac{\sigma_j}{M_j} \tag{10.4}$$

其中 σ_j 表示 j 指标评分的标准差,M_j 表示 j 指标的评分均数。

专家协调系数计算公式为(10.5):

$$W = \frac{12}{m^2 - (n^3 - n)} \sum_{j=1}^{n} d_j^2 \tag{10.5}$$

其中 n 表示指标数,m 表示专家总数。

为了保证协调系数可信和可靠,用协调程度的显著性检验表示。计算公式如下(10.6):

$$\chi^2 = \frac{1}{mn(n+1) - \frac{1}{n-1}\sum_{i=1}^{m} T_i} \sum_{j=1}^{n} d_j^2 \tag{10.6}$$

10.4 德尔菲调查法的发展与应用

10.4.1 德尔菲调查法的最新发展

随着传统德尔菲调查法的广泛应用,基于德尔菲原理的众多新方法也应运而生。

1. 政策德尔菲调查法

政策德尔菲调查法(policy Delphi)致力于寻找重大问题潜在解决办法的最可能反对意见。政策德尔菲调查法的前提是决策者并不需要专家们去做出决策,只需要一组知识渊博并视野开阔的专家提供尽可能多的意见并提供相关证据。传统德尔菲调查法是一个决策工具,而政策德尔菲调查法则是一个决策辅助工具。政策德尔菲调查法和传统德尔菲调查法类似,都存在一些方法学本质上的局限性。研究者们对于局限性的批评主要集中在,不确定性调查问卷的使用,过分精简的结构化咨询过程限制新想法产生和实施过程花费时间过长。

2. 模糊德尔菲调查法

为了改进德尔菲调查法的不确定性和模糊性,有学者提出将传统德尔菲调查法和模糊理论结合的概念,建议采用隶属度来建立每个参与专家之间的隶属函数。2000年,学者们采用三角模糊数来涵盖专家意见并以此建立了模糊德尔菲调查法。总结模糊德尔菲调查法的优点有:充分考虑和整合每一位专家的意见来实现群组决策共识,人类思想中的模糊部分如不确定信息和主观信息都可以通过模糊数来包含,减少调查时间从而使得研究经济省时。但也有学者认为模糊德尔菲调查法仍需要改进。首先,减少专家咨询轮次做法使得调查的专家信息可能不准确可靠。其次,采用三点估计法也存在专家们可能会在如何定位中值方面陷入困境。最后,三角模糊隶属函数可能会给专家们提供关于一些研究项目或问题本质的重要信息,这对专家们的判断产生影响。

3. 实时德尔菲调查法

2006年,有学者通过删除多轮调查以减少调查时间来改进德尔菲调查法,新方法采用"实时"技术,在线获得专家的意见和信息,因此称为实时德尔菲调查法(real time Delphi)。该法还运用因特网让专家参与调查研究,从而解决了专家参与研究的积极性问题并简化问卷调查过程。实时德尔菲调查法解决了传统德尔菲调查法的一些缺陷,如研究者任务复杂,缺少实时的结果展现,很难长时间地跟踪调查进程。但其最大的优势在于,不管是用于标准德尔菲调查法的问题,还是用于决策分析、输入输出和交互影响分析的矩阵设计问题,实时德尔菲调查法都具有高效性和适用性。但如今的实时德尔菲调查法只是理论上的概念原型,要投入使用还需要更多的实践和研究。

4. 问题解决德尔菲调查法

德尔菲调查法的最新发展,是2007年学者们提出的问题解决德尔菲调查法(problem solving Delphi)。该方法是通过收集参与者的排序和配对比较来获得专家组协调一致的意见。主要是采用瑟斯顿比较判断法(Thurstone's law of comparative judgment)将参与专家的意见集中到同一个动态协作区间内。在面对如灾难应急等紧急问题时,该方法可以帮助人们进行快速而有效地决策分析。另外,动态协作区间让决策团队在解决问题时采用同一种方式进行。

10.4.2 德尔菲调查法的应用

德尔菲调查法及其新方法在国外公共卫生领域也有着广泛的应用,主要集中在流行病学疾病防控研究、食品安全与卫生以及卫生经济学评价等方面。和国外研究相比,国内研究还处于初步应用阶段。首先,国内大多数研究仅限于应用德尔菲调查法来进行专家意见咨询和确定指标评价体系,很少研究应用在统计预测和统计决策领域。其次,由于传统德尔菲调查法自身的局限性，近年来国外学者基于传统德尔菲调查法原理并进行改进，出现了政策德尔菲调查法、模糊德尔菲调查法、实时德尔菲调查法等新方法，但是国内的研究较少采用这些新方法进行指标评价和统计预测。再次，在德尔菲的应用领域方面，国内研究大多应用于护理学科相关领域，其他卫生领域如疾病预防和控制、卫生政策决策和医疗卫生服务等方面相对较少。最后，国内采用德尔菲调查法进行研究很少对研究的信度和效度进行评价。

德尔菲调查法及其衍生的新方法在国内的广泛应用还需要医学科研工作者和统计预测专家的深入研究。现以两个案例来说明德尔菲调查法在卫生领域的应用。

例 10.2 患者满意度是增强医院综合竞争力的有效管理工具和强劲的发展动力。伴随着我国医改的进程，患者满意度越来越被重视和应用，并已成为考量政府对医院监管水平和社会稳定和谐程度的一个重要指标。尽管病人满意度受到越来越多的重视，但从文献看，国内有关患者满意度量表的研究仍然有限，大多数文献证据级别较低，中文文献中无一篇系统综述，主要问题包括：缺乏科学测量工具的选择和开放的测评策略、测评指标缺乏标准化和分析基准、测评体系缺乏心理测量学的适用性及实用性研究、测评结果表达过于简单，信息利用存在局限性等，且多数文献文中不公开问卷。基于此，建立一套科学合理、量化可比的患者满意度测评指标体系是当前医院服务监管中迫切需要解决的问题。本文在国内外有关病人满意度文献循证分析和专题小组讨论的基础上，结合患者和医务人员两个人群的指标重要性评价结果，拟定指标体系草案，然后采用德尔菲调查法进行 3 轮专家咨询，最终构建指标体系，包括确定指标维度、指标群和权重。

1 对象与方法

1.1 研究对象

按照代表性与权威性原则，学术专家与管理专家相结结合原则；依据专家知识结构，社会职务结构和年龄结构来遴选专家。共遴选出北京、上海、浙江、广东、四川、湖北、陕西、澳门、香港、台湾等 10 个省市和地区的专家共 39 名，于 2010 年 8 月 10 日至 2011 年 2 月 20 日进行 3 轮专家咨询。

1.2 指标体系草案拟定

指标体系草案的拟定分为 4 个步骤：①对患者满意度进行分析和分解，找到测评的主要节点。②回顾国内外患者满意度测量和评价的研究文献，进行循证评价，初步构建指标体系。③对初建指标体系组织专题小组讨论。④在上述基础上，构建出院患者满意度测评指标体系草案，在患者和医护人员中分别进行预调查，了解两类人群对指标重要性的评价。结合以上 4 个步骤，最终拟定指标体系草案，整个指标体系分 2 级，一级指标 10 个，二级指标 48 个。

1.3 德尔菲调查法

应用德尔菲调查法进行 3 轮专家咨询。第一轮咨询主要是确定指标体系结构，并对指标重要性进行评判。重要性评判采用语义差异量表的形式，1 分表示“一点也不重要”，10 分表示“极为重要”。第二轮是根据第一轮咨询结果做指标结构修改和第二轮次的指标重要性评判。第三轮是对各级指标权重的两两评判，并对各级指标重要性进行第三轮评判。三轮重复相同的程序，且每下一轮咨询时提供上一轮专家评判的最小值、最大值、均值、标准差、变异系数，便于专家重新评估自己最初的判断。专家咨询表采用邮寄和 Email 相结合的方式，每轮咨询问卷均有详细填写说明。判断无效问卷的原则：①不符合要求的回答在该问卷中占有很大的比例。如，一份问卷中所有评价指标均为10分，即判为无效问卷。②对关键变量回答的缺失率超过15%。

1.4 分析方法

咨询问卷信度采用内部一致性检验(Cronbach′s α)。各级指标重要性评判结果采用均值、标准差、变异系数和满分率。指标权重采用层次分析法(analytic hierarchy process, AHP)。采用积极系数、权威程度和协调程度检验专家咨询可靠性。积极系数为参与指标体系评判的专家占全部专家人数之比。权威程度($C\alpha$)由专家对评价方案的判断依据(Ci)和专家对问题的熟悉程度(Cs)来决定，即$C\alpha=(Ci+Cs)/2$。在查阅大量文献基础上，设计了5个判断依据，分别是理论分析、工作经验、参考国外资料、参考国内资料、直观感觉。每个判断依据按其影响程度分为从1(很小)～5(很大)的Likert评量尺度，并赋予不同评分标准，分别对应为0.40、0.55、0.70、0.85、1.0分。熟悉程度采用从1(很不熟悉)～5(很熟悉)的Likert评量尺度，每种熟悉程度同样赋予0.40、0.55、0.70、0.85、1.0分的评分标准。$C\alpha\geqslant0.70$则认为专家对此次评估内容及问题的权威程度是高的，结果是可信的。协调程度用变异系数(CV)和肯德尔和谐系数(Kendall′s coefficient of concordance, Kendall′s W)进行检验。

2 结果

2.1 问卷回收及咨询专家情况

第一轮专家咨询发出39份，回收28份问卷，问卷回收率为71.8%，问卷有效率为100%。28名咨询专家中曾参与病人满意度量表设计、数据采集、测评分析、监控管理的应答人数百分比分别为51.9%、48.1%、66.7%、59.3%。第二轮发出28份，回收21份，回收率为75%，问卷有效率为100%。第三轮发出21份，回收20份，回收率为95%，问卷有效率为90%。第一轮反馈有效问卷的28位专家年龄为44.29±8.14岁，最小年龄为31岁，最大为63岁。28名专家曾参与满意度量表设计、数据采集、测评分析、监控管理的应答人数分别为50.0%、46.4%、64.3%、57.1%。28名专家中，男性占57.1%，正高技术职称占56%，研究生学历占67.9%。

2.2 专家对患者满意度量表设计的评判

第一轮咨询专家中，80.8%专家认为测量指标的量化应采用Likert量表，有88.9%专家认为指标量化级数应采用5级。但对测量问题的文字表达形式方面，有50%专家认为应使用第二人称代词的问句，48.1%专家认为应使用第二人称代词的陈述句，这提示专家普遍认为采用第二人称代词最好。

2.3 各级指标的筛选及重要性评判结果

第一轮咨询中，有42.9%的专家对指标体系结构和名称提出45条修改意见，其中有1名专家建议对指标体系结构作较大调整，有6位专家对一级指标结构和名称提出修改建议，有11位专家对二级指标结构和名称提出修改建议。45条修改建议中，有25条建议调整指标体系结构，如删除、合并及新增指标。专家对10个一级指标重要性评判均值最高的是“技术水平感知”(8.89±1.31)和“医患沟通”(8.89±1.31)，最低的是“价值感知”(6.64±2.18)，其次是“后勤服务质量感知”(7.74±1.43)和“患者预期”(7.75±1.97)。除了这3个一级指标外，其余 7 个指标均在 8.00 以上。结合咨询专家意见，经课题组成员讨论，将一级指标调整为 5 个，分别是 A1 医生服务、A2 护士服务、A3 医院环境、A4 住院流程、A5 总体评价。专家对 48 个二级指标重要性评判均值最高的是"医院信任度"(9.00±1.36)，"主管医生诊疗水平"(9.00±1.41)，"住院后疾病改善度"(9.00±1.68)，最低的是"与同类医院相比，本院服务质量"(7.07±2.06)，其次是"手术费的合理程度"(7.19+2.22)，"治疗费的合理程度"(7.26+2.09)。将重要性评判均数小于 8 和满分比最低的指标进行调整或删除，共有 14 个二级指标项需要调整或删除：①由于指标"患者对医生的信任程度"在内涵上与"患者对医院的信任程度"有一定重复，因此将该指标删除。②结合专家意见，将 6 个二级指标分别合并为 2 个二级指标，分别是：a. 将"医生解释病情的清晰程度""医生解释检查结果的清晰程度""医生说明自费项目的详细程度"，合并成一个指标"医生常用您听得懂的方式来向您解释事务吗？(如病情、检查结果、治疗方案等)"；将"护士指导服药的清晰程度""护士告知治疗目的和注意事项的清晰程度""护士出院指导的清晰程度"合并成一个指标"护士常用您听得懂的方式来向您解释事务吗？(如服药方法、专科治疗、健康宣教等)"。③增加 2 个指标，分别是"医生向您解释事务的主动性如何？(如病情、检查结果、治疗方案、自费项目等)""护士向您解释事务的主动性如何？(如服药方法、专科治疗、健康宣教、入院介绍等)"。

第二轮咨询中，将修改后的指标结构和名称进行专家咨询，同意修改的专家占 94.4%。可见，第二轮咨询结果显示专家意见较统一，因此第三轮不再对指标结构和各级指标名称进行咨询。专家对各级指标的三轮重要性评判、变异系数和满分率的结果见表 10.5。总的来说，随咨询轮数增加，大部分各级指标的变异系数减少，其中 75%(21/28)的二级指标变异系数随着咨询轮数增加而减少。由于一级指标结构在第二轮设计时做了较大的调整，因此一级指标重要性评分均值从后两轮咨询结果看，重要性评分均值最高的均是 A1"医生服务"，最低的均是 A3"医院环境"，5 个一级指标的重要性评分顺位在 A4"住院流程"和 A5"总体评价"上出现变化。28 个二级指标中，重要性均值最高的指标第一轮的是 V5"医生诊疗水平"(9.00±1.41)、V6"疾病改善程度"(9.00±1.68)、V26"病人对医院信任度"(9.00±1.36)，第二轮是指标 V12"护士操作技术水平"(9.33±0.66)，其次是 V6"疾病改善程度"(9.29±0.78)，第三轮是指标 V5(9.47±0.77)和 V26(9.45±0.76)。

2.4 各级指标权重确立

一致性检验(CR)结果显示，所有专家对一级和二级指标的 CR 均小于 0.1。将各专家同一指标的权重进行算术平均得到专家集中意见的综合权重(各级指标权重指在上一级指标里所占权重)及组合权重(该指标在整个指标体系里所占权重)(表 10.6)。由此，通过三轮专家咨询确定了出院病人满意度评价指标体系的各级指标名称及权重(表 10.6)，整个指标体系分为两级，其中 5 个一级指标，28 个二指标。

2.5 专家可靠性分析

第一轮咨询中的 28 名专家对 5 个判断依据的自评总和的算术均值分别为：理论分析 0.81、工作经验 0.89、参考国外文献 0.72、参考国内文献 0.78、直观感觉 0.73。28 名专家判断依据的总体影响程度 $Ci=(0.81+0.89+0.72+0.78+0.73)/5=0.79$。按照不同熟悉程度的评分标准计算的全部专家对 10 个一级指标自评总和的算术均值 $Cs=0.83$。专家总体权威系数 $C\alpha=(0.79+0.83)/2=0.81$，说明专家对此次评估内容的权威程度较高。三轮专家咨询问卷的克朗巴赫系数分别为0.97、0.93、0.95。表10.5可看出各级指标变异系数的波动范围随着咨询次数增加而逐渐减小，说明专家意见趋向集中。各级指标协调系数的波动范围在0.37～0.57之间，其中一级指标的肯德尔和谐系数在三轮专家咨询中均较高(0.52～0.57)，二级指标的肯德尔和谐系数在第三轮专家咨询中为最高(0.57)。总的来说，专家对一、二级指标的评判协调程度随咨询次数的增加而增加。

表10.5 三轮专家咨询对各级指标重要性评判的结果

	均数±标准差	第一轮变异系数	满分率%	均数±标准差	第二轮变异系数	满分率%	均数±标准差	第三轮变异系数	满分率%
A1. 医生服务	—	—	—	9.50±0.76	0.080	61.9	9.65±0.49	0.051	65.0
V1. 医生的礼貌尊重程度	8.14±1.18	0.145	14.3	8.40±0.82	0.098	8.7	8.90±0.91	0.102	30.0
V2. 医生询问病史的仔细程度	8.86±0.97	0.110	32.1	9.24±0.83	0.090	39.1	9.21±0.79	0.085	40.0
V3. 医生用易懂的方式解释事务	—	—	—	9.00±0.89	0.099	30.4	8.95±0.85	0.095	25.0
V4. 医生解释事务的主动性	—	—	—	9.05±0.87	0.096	30.4	8.89±0.99	0.112	35.0
V5. 主管医生的诊疗水平	9.00±1.41	0.157	50.0	9.14±1.01	0.111	39.1	9.47±0.77	0.082	60.0
V6. 疾病的改善程度	9.00±1.68	0.186	50.0	9.29±0.78	0.844	39.1	9.16±0.90	0.098	45.0
A2. 护士服务	—	—	—	9.45±0.83	0.088	57.1	9.35±0.75	0.080	50.0
V7. 护士的礼貌尊重程度	8.25±1.14	0.139	14.3	8.95±0.81	0.090	21.7	9.32±0.95	0.102	55.0
V8. 护士用易懂的方式解释事务	—	—	—	9.19±0.81	0.089	39.1	9.05±0.78	0.086	30.0
V9. 护士解释事务的主动性	—	—	—	9.10±0.94	0.103	39.1	8.89±0.85	0.098	25.0
V10. 护士服务的及时性	8.36±1.39	0.167	28.6	8.86±0.91	0.103	21.7	9.42±0.96	0.074	50.0
V11. 护士对痛苦感觉关心程度	8.57±1.40	0.163	35.7	8.90±0.83	0.093	21.7	9.37±0.68	0.073	45.0
V10. 护士的技术操作水平	8.11±1.42	0.176	14.3	9.33±0.66	0.071	39.1	9.22±0.81	0.088	40.0
A3. 医院环境	—	—	—	8.20±1.70	0.207	9.5	8.30±0.98	0.118	15.0
V13. 病房能保护隐私	8.21±1.66	0.203	25.0	8.57±0.98	0.114	17.4	8.44±1.04	0.123	15.0
V14. 病房卫浴设备干净清洁度	8.29±1.56	0.188	25.0	8.52±1.08	0.127	21.7	8.67±0.84	0.097	15.0
V15. 病房及周围环境安静程度	8.33±1.54	0.185	25.0	8.19±1.17	0.142	13.0	8.40±1.00	0.118	10.0
V16. 病房设施舒适程度	8.11±1.60	0.019	21.4	7.86±1.32	0.167	8.7	8.45±1.00	0.118	20.0
V17. 医院标识指示的清晰程度	7.79±2.01	0.258	25.0	8.05±1.60	0.198	17.4	8.70±1.03	0.119	25.0
A4. 住院流程	—	—	—	8.70±1.38	0.159	33.3	9.35±0.60	0.072	25.0
V18. 办理出入院手续便捷程度	—	—	—	8.57±1.40	0.163	26.1	8.45±1.05	0.124	20.0
V19. 等待护士接待时间合理度	7.75±1.62	0.210	17.9	8.10±1.41	0.174	13.0	8.40±1.14	0.136	25.0
V20. 等待医生诊查时间合理度	8.19±1.42	0.173	25.0	8.33±1.11	0.133	13.0	8.80±0.89	0.102	25.0
V21. 排队等候检查时间合理度	—	—	—	8.14±1.15	0.142	8.7	8.65±1.09	0.126	25.0
V22. 工作人员处理抱怨及时性	8.70±1.14	0.131	21.4	8.71±0.90	0.104	17.4	8.90±0.91	0.102	30.0
A5. 总体评价	9.38±0.99	0.106	52.4	8.90±0.67	0.075	45.0			
V23. 希望的综合服务水平	8.41±1.76	0.209	32.1	8.52±1.01	0.142	13.0	8.90±0.85	0.096	25.0
V24. 实际的综合服务质量	7.70±2.05	0.267	17.9	9.14±0.79	0.087	30.4	9.15±0.67	0.073	30.0
V25. 支付住院总费用合理程度	7.81±2.19	0.280	21.4	8.86±0.91	0.103	26.1	8.80±1.01	0.114	30.0
V26. 医院的信任度	9.00±1.36	0.151	42.9	9.14±1.20	0.131	39.1	9.45±0.76	0.080	60.0
V27. 选择本院的可能性	8.54±1.93	0.227	26.4	8.76±1.61	0.184	30.4	8.70±1.13	0.130	30.0
V28. 向亲友推荐本院的可能性	8.36±1.70	0.204	32.1	8.76±1.22	0.143	26.1	8.65±1.09	0.126	25.0

表 10.6 出院病人满意度测评指标体系及权重

一级指标(权重)	二级指标	二级指标权重	组合权重
A1. 医生服务 (0.2560)	V1. 医生对您礼貌尊重的程度如何?	0.1421	0.0364
	V2. 医生向您询问病史的仔细程度如何?	0.1552	0.0397
	V3. 医生常用您听得懂的方式来向您解释事务吗?(如病情、检查结果、治疗方案等)	0.1608	0.0412
	V4. 医生向您解释事务的主动性如何?(如病情、检查结果、治疗方案、自费项目等)	0.1531	0.0392
	V5. 主管医生的诊疗水平如何?	0.1883	0.0482
	V6. 本次住院治疗后,你觉得疾病的改善程度如何?	0.2006	0.0514
A2. 护士服务 (0.1951)	V7. 护士对您礼貌尊重的程度如何?	0.1538	0.0300
	V8. 护士常用您听得懂的方式来向您解释事务吗?(如服药方法、专科治疗、健康宣教等)	0.1612	0.0315
	V9. 护士向您解释事务的主动性如何?(如服药方法、专科治疗、健康宣教、入院介绍等)	0.1539	0.0300
	V10. 红灯响时,护士到您床边服务的及时性如何?	0.1676	0.0327
	V11. 护士对您痛苦及不舒适感觉的关心程度如何?	0.1706	0.0333
	V12. 护士的技术操作水平如何?(如静脉注射、专科治疗等)	0.1928	0.0376
A3. 医院环境 (0.1576)	V13. 您住的病房能保护您的隐私吗?	0.2230	0.0351
	V14. 您的病房及卫浴设备干净清洁程度如何?	0.1907	0.0301
	V15. 您的病房及周围安静程度如何?	0.1823	0.0287
	V16. 您的病房设施舒适程度如何?	0.1978	0.0312
	V17. 医院内部标识和指示的清晰程度如何?	0.2062	0.0325
A4. 住院流程 (0.1917)	V18. 您办理出入院手续的便捷程度如何?	0.1956	0.0375
	V19. 入院当天,您在病房等待护士接待的时间合理程度如何?	0.1858	0.0356
	V20. 入院当天,您在病房等待医生前来诊查的时间合理程度如何?	0.2097	0.0402
	V21. 检查时,您认为排队等候检查的时间合理程度如何?	0.1977	0.0379
	V22. 当您有抱怨时,您认为得到医院工作人员适当处理的及时性如何?	0.2112	0.0405
A5. 总体评价 (0.1997)	V23. 您希望本院的综合服务应该达到什么样的水平?	0.1535	0.0307
	V24. 本次住院后,您认为本院的综合服务质量如何?	0.1780	0.0355
	V25. 您认为您所支付的住院总费用的合理程度如何?	0.1558	0.0311
	V26. 本次住院,您对医院的信任程度如何?	0.1831	0.0366
	V27. 如果您再次需要住院医疗服务时,您选择本院的可能性有多大?	0.1673	0.0334
	V28. 您会向亲友推荐本院的可能性有多大?	0.1624	0.0324

例 10.3 2009 年,当时的卫生部下发了《关于医师多点执业有关问题的通知》,标志着医师多点执业正式拉开序幕。医师多点执业的推进可以引导医疗卫生资源的合理流动,是我国卫生事业发展与改革的必然选择。从政策层面来看,卫生行政主管部门对医师多点执

业持鼓励态度，但医师多点执业的实施毕竟是我国医药卫生体制改革的一项新举措，其在实践过程中仍不可避免地面临诸多障碍。广东省作为全国首个医师多点执业试点省份，自2010年1月1日起实施后，出现了媒体热、医院冷淡、医生观望的尴尬局面。本研究运用德尔菲调查法，基于医师多点执业试点现状，从公立医院角度，研究构建广东省医师多点执业实施基本框架。

1 对象与方法

1.1 研究对象

根据有关文献报道，专家人数以15～50人为宜。本研究按照代表性与权威性相结合的原则，遴选专家主要依据研究领域、从事工作性质、社会职务、工作年限。参与的专家主要来自广东省卫生厅医政处、广东省医师协会、广东省医院协会、广东省医学会、广州各高等医学院校管理者、广州市各公立医院管理者和临床专家、从事医疗责任侵权工作的律师，共计30名(第二轮有1名专家自然退出)，其中预调查专家10名。

30名专家构成情况如下。学历方面：本科9名，占30.0%；硕士研究生8名，占26.7%；博士研究生13名，占43.3%。职称方面：高级职称26名，占86.6%；中级职称2名，占6.7%；初级职称2名，占6.7%。担任职务方面：院长3名，占10.0%；医院协会或医师学会管理者2名，占6.7%；医院管理者14名，占46.6%；学科主任8名，占26.7%；律师2名，占6.7%；没有担任职务1名，占3.3%。专业方面：医政管理、医院管理人员19名，占66.75%；高校卫生管理人员6名，占20.0%；医学专业人员1名，占3.3%；其他专业人员3名，占10.0%。

1.2 研究方法

本研究共进行3轮调查：预调查和两轮正式调查。咨询过程采用背靠背的方式，专家之间彼此不直接交流，每一轮结束后对专家意见进行汇总，并在下一轮将部分专家意见反馈给所有专家。

1.3 条目池构建

条目主要来源国家卫生计生委网站、《健康报》等媒体报道的医师多点执业的政策解读、各地医师多点执业试点情况、社会群体对医师多点执业的评价等相关信息，关于医师管理、医师多点执业相关文献。条目的分级主要考虑以下两个原则：一是以该政策实施过程中的利益相关者为分级标准；二是由于该政策的配套措施尚未完善，分级主要从宏观层面进行设计。经过讨论，拟设定的一级指标分别为法律法规制度层面、政府层面、公立医院层面。条目的初步筛选主要通过头脑风暴法和专家访谈法确定。经过讨论，从29个二级指标最终筛选出26个指标：法律法规制度层面8个，政府层面11个，公立医院层面7个，见表10.7。

1.4 咨询表设计

咨询表包括专家的基本资料和条目指标评价两部分。专家的基本资料包括：姓名、性别、年龄、学历、技术职称、行政职务、研究领域以及工作年限等。条目指标评价包括：指标重要性评价、指标可操作性评价、指标判断依据和指标熟悉程度，并通过赋值来说明评价的高低或者影响程度大小。

表 10.7 广东省医师多点执业实施基本框架的初选条目

层面	条目
法律法规制度层面	(1)修改《医师法》
	(2)修改《医师外出会诊管理规定》
	(3)改革卫生系统人事管理制度
	(4)改革医疗系统薪酬制度
	(5)制定医师多点执业准入制度
	(6)制定医师多点执业准出、淘汰制度
	(7)建立医师多点执业考核制度
	(8)制定医师多点执业医疗纠纷管理办法
政府层面	(9)加大公立医院人才培养基金投入
	(10)建立医疗卫生人才培养、共享机制
	(11)建立医师多点执业激励机制
	(12)建立医师多点执业第三方责任险
	(13)制定规范的医疗机构间的医师多点执业管理协议
	(14)建立医师多点执业的管理信息系统
	(15)发挥医院协会、医师协会、医学会的监督管理作用
	(16)对医师多点执业实行分类管理
	(17)建立跨省的医师多点执业制度和途径
	(18)完善分级诊疗和双向转诊制度
	(19)建立全科医学制度
公立医院层面	(20)完善医院内部人事管理制度
	(21)加强医疗质量与安全的管理
	(22)制定合理的工作绩效考核方案
	(23)建立医师多点执业与帮扶相结合的机制
	(24)组建以医疗(或医院)集团或医疗联合体下的医师多点执业模式
	(25)探索公立医院与民营医院合作的医师多点执业
	(26)探索建立团队式的医师多点执业

2 结果

2.1 专家积极性系数

专家的积极性系数主要用于说明专家对咨询项目的关心程度。美国学者艾尔·巴比指出:50%的回收率是可以用来分析和报告的起码比例,60%的回收率是最好的,70%的就非常好了。预调查共发出10份,回收10份,回收率100%;正式第一轮共发送30份,回收29份,回收率96.67%;正式第二轮共发送29份,回收29份,回收率100%。

2.2 专家权威程度

专家的权威程度主要说明专家意见的价值性及可靠性。专家的权威程度由两个因素决定:专家对条目做出的判断依据,判断依据系数用 Ca 表示;专家对条目的熟悉程度,熟悉程度系数用 Cs 表示。专家的权威程度以权威系数反映,用 Cr 表示,Cr 的值在0～1之间,值越大,说明专家的权威程度越高,意见越有参考价值,结论越可靠。权威系数为专家判断依据系数和专家熟悉程度系数的算术平均值,计算公式为 $Cr=(Ca+Cs)/2$。经过计算,正式第

一轮平均权威系数 Cr 为0.70(表10.8),说明权威程度较高。

表10.8 一级指标的权威系数

专家序号	法律法规制度层面	政府层面	公立医院层面
1	0.65	0.60	0.69
2	0.86	0.79	0.83
3	0.79	0.71	0.70
4	0.74	0.77	0.77
5	0.73	0.75	0.72
6	0.65	0.70	0.71
7	0.80	0.74	0.69
8	0.76	0.65	0.61
9	0.70	0.58	0.57
10	0.66	0.59	0.61
11	0.78	0.72	0.77
12	0.74	0.76	0.80
13	0.78	0.78	0.75
14	0.90	0.76	0.89
15	0.77	0.73	0.77
16	0.60	0.66	0.70
17	0.80	0.67	0.73
18	0.67	0.63	0.72
19	0.76	0.74	0.75
20	0.70	0.65	0.67
21	0.63	0.60	0.64
22	0.68	0.74	0.61
23	0.81	0.72	0.70
24	0.65	0.61	0.56
25	0.76	0.75	0.73
26	0.62	0.53	0.54
27	0.62	0.67	0.62
28	0.68	0.60	0.59
29	0.73	0.74	0.75

2.3 一级指标权重

本研究将医师多点执业实施框架的一级评价指标分为3类:法律法规制度层面、政府层面和公立医院层面,请专家分别给出3类一级指标的权重比例,两轮的统计结果显示 $P<0.005$,见表10.9。

表 10.9　医师多点执业实施基本框架 3 类评价指标权重

轮次	法律法规制度层面(%)	政府层面(%)	公立医院层面(%)	Kendall's *W*	χ^2	P
第一轮	40.86	34.31	24.83	0.226	13.105	0.001
第二轮	42.07	32.76	25.17	0.305	17.706	0.000

2.4　专家一致性系数

专家意见的一致性系数，也称为专家意见协调系数(Kendall's W)，用 W 表示，W 在 0～1 之间，W 越大，表示专家意见协调程度越好。W＝0 说明专家意见的一致性最差；W＝1 说明专家意见的一致性最好，对所有指标的评价完全一致。本研究专家一致性系数见表 10.10。

表 10.10　正式两轮咨询专家意见的一致性系数

轮次	指标(项)	Kendall's *W*	χ^2	P
第一轮	29	0.161	238.374	0.000
第二轮	29	0.191	282.828	0.000

2.5　指标重要性评价结果

正式第一轮调查专家对各个指标重要性评价的均值在 4.69～6.55 之间，说明所有指标的重要程度较高。有 4 个指标的变异系数高于 0.4：修改《医师外出会诊管理规定》、建立医师多点执业医疗纠纷管理办法、建立跨省医师多点执业制度和途径、建立全科医学制度。这说明专家对这 4 个指标的意见存在较大的分歧。正式第二轮调查专家对各个指标重要性评价的均值在 4.76～6.83 之间，说明所有的指标的重要程度较高。变异系数都小于 0.4，说明通过第一轮咨询结果反馈之后，专家对所有指标重要程度的意见较统一。

2.6　指标可操作性评价结果

正式第一轮调查专家对各个指标可操作性评价的均值在 4.62～6.14 之间，说明所有指标的可操作程度较高。3 个指标的变异系数高于 0.4：制定医师多点执业医疗纠纷管理办法，发挥医院协会、医师协会、医学会的监督管理作用，建立跨省医师多点执业制度和途径。这说明专家对这 3 个指标的可操作性意见存在较大的分歧。正式第二轮调查专家对各个指标可操作性评价的均值在 4.28～6.14 之间，说明所有指标的可操作程度较高。1 个指标的变异系数高于 0.4：建立跨省医师多点执业制度和途径。

2.7　指标的筛选

(1)专家对指标的评价总分。将两轮专家的重要性评价的总分进行排序(表 10.11)，对排名在前 20 位的指标给予优先保留；将两轮专家的可操作性评价的总分进行排序(表 10.12)，对排名在前 20 位的指标优先保留。对指标的重要性评价和可操作性评价在 20 位以上的指标进行讨论：专家认为敏感度低或者超出评价范围的指标，予以剔除；但专家认为通过修改之后仍可以继续保留的条目，我们予以了保留。

表 10.11 指标重要性评价总分排序

序号	指标	总分(分)
1	修改《中华人民共和国执业医师法》	394
2	修改《医师外出会诊管理规定》	394
3	改革卫生系统人事管理制度	388
4	改革医疗系统薪酬制度	374
5	制定医师多点执业准入制度	373
6	制定医师多点执业准出、淘汰制度	372
7	建立医师多点执业考核制度	372
8	制定医师多点执业纠纷管理办法	372
9	加大公立医院人才培养基金投入	358
10	建立医疗卫生人才培养、共享机制	356
11	建立医师多点执业激励机制	354
12	建立医师多点执业第三方责任险	354
13	制定医疗机构间的医师多点执业管理协议	350
14	建立医师多点执业的管理信息系统	344
15	发挥医院协会、医师协会、医学会的监管作用	336
16	对医师多点执业实行分类管理	336
17	建立跨省医师多点执业制度和途径	332
18	完善分级诊疗和双向转诊制度	320
19	建立全科医学制度	318
20	完善医院内部人事管理制度	300
21	加强医疗质量与安全的管理	298
22	制定合理的工作绩效考核方案	294
23	建立医师多点执业与帮扶相结合的机制	290
24	组建医院集团或医疗联合体下的多点执业模式	286
25	探索公立医院与民营医院合作的医师多点执业	282
26	探索建立团队式的医师多点执业	268

表 10.12 指标可操作性评价总分排序

序号	指标	总分(分)
1	修改《中华人民共和国执业医师法》	356
2	修改《医师外出会诊管理规定》	350
3	改革卫生系统人事管理制度	344
4	改革医疗系统薪酬制度	338
5	制定医师多点执业准入制度	336
6	制定医师多点执业准出、淘汰制度	326
7	建立医师多点执业考核制度	318
8	制定医师多点执业纠纷管理办法	314
9	加大公立医院人才培养基金投入	312
10	建立医疗卫生人才培养、共享机制	306
11	建立医师多点执业激励机制	304
12	建立医师多点执业第三方责任险	304
13	制定医疗机构间的医师多点执业管理协议	300
14	建立医师多点执业的管理信息系统	300
15	发挥医院协会、医师协会、医学会的监管作用	298
16	对医师多点执业实行分类管理	292
17	建立跨省医师多点执业制度和途径	292
18	完善分级诊疗和双向转诊制度	290
19	建立全科医学制度	278
20	完善医院内部人事管理制度	278
21	加强医疗质量与安全的管理	276
22	制定合理的工作绩效考核方案	272
23	建立医师多点执业与帮扶相结合的机制	272
24	组建医院集团或医疗联合体下的多点执业模式	268
25	探索公立医院与民营医院合作的医师多点执业	268
26	探索建立团队式的医师多点执业	252

(2)参考变异系数。指标的重要性评价经过两轮正式咨询之后,均值较高,但第一轮的变异系数有4个指标高于0.4,在第二轮时变异系数均小于0.4;指标的可操行评价经过两轮正式咨询之后,均值较高,但第一轮指标的变异系数有3个指标高于0.4,第二轮中指标"建立跨省的医师多点执业制度"变异系数仍高于0.4。结合上述两个原则,删除"建立跨省的医师多点执业制度"这项指标。

【本章小结】

1. 德尔菲调查法的特点:匿名性、反馈性、统计性。

2. 德尔菲调查法的优缺点。优点:(1)能充分发挥各位专家的作用,集思广益,准确性高。(2)能把各位专家意见的分歧点表达出来,取各家之长,避各家之短。(3)能够避免专家会议法的缺点。缺点:(1)调查结果主要依靠专家判断,缺乏客观标准,因此这种方法主要适用于缺乏历史资料或未来不确定因素较多的场合。(2)有的专家在得到调查组织者汇总后的反馈资料后,由于水平有限或不了解别的专家所提供调查资料的依据,有可能做出趋近算术平均或中位数的结论。(3)由于反馈轮次较多,反馈时间较长,有的专家可能由于工作忙或其他原因而中途退出,影响调查的准确性。(4)缺少思想沟通交流,可能存在一定的主观片面性。(5)易忽视少数人的意见,可能导致预测的结果偏离实际。(6)存在组织者主观影响。

3. 德尔菲调查法的工作流程。

4. 德尔菲调查法在卫生领域的应用。

【思考练习】

1. 德尔菲调查法优缺点是什么?

2. 德尔菲调查法的操作流程是怎么样的?

3. 如何对德尔菲调查法进行质量控制?

【参考文献】

1. 丁晋飞,谈立峰,汤在祥,等.德尔菲调查法及其在公共卫生领域的应用和展望[J].环境与职业医学,2012,29(11):727—729.
2. 冯俊文.模糊德尔菲层次分析法及其应用[J].数学的实践与认识,2006,36(9):44—48.
3. 林凯程,满强.基于德尔菲调查法的广东省医师多点执业实施框架构建[J].中国医院管理,2015,35(12):20—23.
4. 田军,张朋柱,王刊良,等.基于德尔菲法的专家意见集成模型研究[J].系统工程理论与实践,2004,24(1):57—62.
5. 夏萍,豆晓莹,陈秀媚,等.基于德尔菲调查法的出院病人满意度量表研究[J].中国医院,2013 (2):29—33.
6. 杨宇谦,吴建南,马亮.服务型政府与政府绩效评估体系创新——基于德尔菲调查法的发现[J].经济社会体制比较,2011(05):141—148.

第 11 章　电话调查与网络调查法

【目的要求】

了解电话调查的发展及应用，应用 CATI 系统进行调查时需要注意的问题，网络调查中误差的来源及控制方法。

掌握电话调查的概念、特点、种类及优缺点，电话调查的抽样设计原则及步骤，CATI 的实施步骤，网络调查的概念、类型及优缺点。

重点是电话调查及网络调查的概念、分类及优缺点，以及 CATI 的实施步骤。

11.1　电话调查概述

例 11.1　在 H7N9 禽流感流行期间，某研究人员采用电话调查了解某省公众对禽流感的恐慌程度。问卷设计简短，共 8 个问题，共培训 8 名调查员同时调查，在 3 天内共用时 24 小时即完成调查。共拨打电话号码 41360 个，其中能接通的有效号码 7680 个，最终接听电话并配合完成调查的对象 1516 名。在这次电话调查中，每成功访问一名对象的调查成本为 5 元，据估算，同样的问卷如采用现场调查的方式收集信息，每成功访问一名对象的调查成本约为 7 元。

【问题 11.1】通过上述实例，请思考：

1. 电话调查适用范围是什么？
2. 有哪些突出优点？
3. 有哪些突出缺点？

【分析】

1. 该实例为采用电话调查了解 H7N9 禽流感流行期间某省公众对这一疾病的恐慌程度。不难看出，这一问题是具有很强时效性的问题，需要即刻得到答案，否则就失去意义。因此从该实例可以知道，电话调查非常适用于对时效性很强的问题进行调查。另外，本实例中调查问卷仅包含 8 个问题，因此，电话调查适用于比较简单的、访问时间较短的调查。

2. 从该实例不难总结出，电话调查的优点有：易于实施、可迅速获得资料、成本低廉。

3. 该实例中，8 名调查员共计拨打了逾 4 万个电话号码，这其中有效电话号码只占 18.6%，而所有有效号码中，只成功访问到了其中的 19.7%，从这组数字不难看出，电话调查的一个突出缺点即为访问成功率低。

11.1.1 电话调查的概念及特点

电话调查(telephone interviewing)是指调查者通过电话号码薄查找电话或直接设计电话号码,用电话的形式向被调查者进行问询,以达到搜集调查资料目的的一种调查方式。不难看出,电话调查的概念强调的是调查资料的收集方法,只要用电话的形式进行资料收集,就是电话调查。

电话调查的诞生及发展是由主观及客观因素共同推动的。首先,社会学及其众多交叉学科(如社会医学、社会心理学)的蓬勃发展,呼唤新的、高效的调查方法和技术的出现,这是主观因素。其次,随着社会经济的发展,传统的面访调查所耗费的成本(人力、经费、时间、交通)越来越高,被访者的安全意识和戒备心理加重由此导致面访调查的拒访率增高,再加之电话的普及率越来越高,电话调查应运而生并飞速发展。时至今日,在西方发达国家,电话调查已经成为一种非常重要的常规调查方法。

电话调查适用于样本数量大、调查内容简单明了、易于让人接受的调查,其突出特点为:短、平、快。

所谓"短",是指调查周期短,时效性强。

所谓"平",是指调查目标单一(往往针对某一特定事件开展),调查内容简单;

所谓"快",是指调查设计快、搜集资料快、整理资料快、提供信息快、完成调查分析报告快。

11.1.2 电话调查的发展及应用

人类历史上第一次电话调查诞生于 1927 年的美国:柯乐利调查公司(Crossley Survey Inc.)在美国本土 44 个城市访问了 3 万个电话样本,开展广播收听率的研究。不久之后的 1929 年,同样是在美国,著名调查公司盖洛普(Gallup)开展了类似的研究。1941—1960 年的 20 年中,美国电话普及率由 37%上升到 78%,使得电话调查在研讨公共政策、营销行为以及收集民意方面,逐渐扮演起重要的角色。但总体来说,仍发展缓慢。20 世纪 70 年代以后,与电话调查有关的研究以及探讨电话调查的学术论文数量出现猛增,推动了电话调查技术和方法的发展和改良。与此同时,美国半数州电话普及率达到或超过了 95%。

20 世纪 80 年代后期,电话调查在发达国家已经成为最主要的调查方式。特别是电脑技术的引入,计算机与电话调查相结合,形成了计算机辅助电话调查(computer-assisted telephone interviewing system,CATI),即调查员在拨打电话的同时将数据录入电脑的调查方式,这在很大程度上节约了数据录入的时间,提高了工作效率。CATI 改变了传统的电话调查模式,使电话调查有了更广阔的应用空间。

我国电话调查起步较晚。20 世纪 90 年代末期,电话调查开始被一些专业的调查机构采用,多用于民意测验、媒体接触率的研究和商业满意度调查。如 1999 年四川卫视利用当地的电话网络进行了收视率的调查,再如 2000 年中央电视台春节晚会进行了即时收视率的调查等。虽然对于我国来说,电话调查才刚刚起步不久,仍然是一种特殊的、非常规的调查方法,但随着我国电话普及率的快速提高,在前面述及的传统面访调查所面临的制约越来越大的现况下,电话调查在我国无疑有着广阔的应用前景。

11.1.3 电话调查的种类

电话调查主要分为两种。一种为传统的电话调查,称为"纸笔访谈式电话调查"(paper

and pencil telephone interviewing,PAPTI)。这种调查方法只是通过人工手动拨打电话的方式进行调查,其抽样、问卷编印、资料录入及资料管理上同样维持传统的人工手动处理的方式,除了调查方式之外,与传统的面访调查没有太大区别。因此,此种电话调查的效率低下,目前其应用已非常少。

另一种电话调查称之为"计算机辅助电话调查"(computer-assisted telephone interviewing system,CATI)。顾名思义,此种电话调查是在计算机辅助的情况下完成的。CATI系统由两部分组成:硬件为主机、工作站和电话线;软件为专门编写的访问程序和控制程序。CATI的构成、实施步骤、抽样方法、优缺点及应用实例将会在本章第二节详述。相对于纸笔访谈式电话调查而言,利用CATI进行调查大为便捷。从抽样、拨号访谈,到编码、录入、查错等全过程均由计算机设计并监控,实现电脑自动拨号、问卷逻辑自动控制、即时录入、即时样本控制、问卷监督、访问结束即可获得原始数据等突出优点。同时,通过上述多个环节的控制,可以使人为导致的错误及偏倚降至最低,大大提高问卷质量并缩短复核时间。此外,一个调查可以在不同地区同时开展,很好的保证了调查的连贯性和一致性。

11.1.4　电话调查的抽样设计

电话调查本质即为现况研究中的抽样调查,因此其实施步骤与抽样调查基本一致。从前到后可以分为以下几步:①明确调查目的;②确定调查对象;③抽样设计;④设计调查工具;⑤预调查;⑥组织实施调查;⑦数据统计分析,撰写报告。

上述步骤中,"抽样设计"是一项电话调查能否成功的关键所在,同时其内容和方法也是电话调查显著区别于其他类型抽样调查的重要特征。与传统调查的抽样设计不同,电话调查的抽样设计包含两个层次的内容:电话号码的抽样以及受访者的选择。

1. 电话号码抽样

除专门针对特殊人群的电话调查之外,一般电话调查所选取的电话号码很多时候为住宅电话。不夸张的说,如何获取能代表调查总体的住宅电话号码是电话调查中最重要的步骤。在抽取住宅电话号码时,常用的抽样方式有三种。每种方式的限制条件不同,各有利弊。

(1)电话号码簿法(telephone directory)

电话号码簿法进一步分为随机抽样和系统抽样两种。

随机抽样法是指:先将获取的认为可以代表调查总体的电话号码簿上的所有电话以数据库的形式存储进计算机,要调查时从该数据库中随机收取所需样本含量的电话号码进行调查。也可先根据随机数字表产生一个随机数,由此决定抽取号码薄的页码,然后再根据随机数字表产生第二个随机数,由此决定抽取的行数,以此类推,直至抽中所需的电话号码,此方法称之为两阶段随机抽样。

系统抽样法是指:根据电话号码簿上所刊登的电话号码的总数及调查所需样本含量的大小,决定每隔 N 个电话号码抽出一个作为样本。N 称之为抽样间隔。第一个电话号码往往采用随机数字的方法予以确定,在抽出第一个电话号码后,每隔 N 个号码抽出一个作为样本,直至抽出所需的样本数。另外,还有一种方法叫做两阶段系统抽样,与前面提到的两阶段随机抽样类似,只不过是用系统抽样的方法确定页码和行数,而不是随机数字法。

(2)随机拨号法(random digit dialing,RDD)

随机拨号法可分为简单随机拨号法(simple RDD)和集群随机拨号法(cluster RDD)两类。

任何一个固定电话号码都是由三部分数字组成的:区号、局向号(四位或三位数字)和后面的局向号下数字(一般为四位)。譬如昆明市一个固定电话号码为08716592290,这串号码中0871为昆明的区号,6592为局向号(指向某个乡、镇或街道行政单位),2290则为局向号下数字。就每个地区而言,区号是唯一的,局向号的数目也不是很多,大都在几十到几百之间,可以和电信部门联系或查找有关的公开资料获取全部或大多数局向号。

通常采用的简单随机拨号法,就是以已知的局向号为抽样框架进行随机抽样,抽中局向号后,随机生成后四位数字,形成一个需拨打的"电话号码"。需要指出的是,以局向号为前缀随机生成的这个"电话号码",并不一定是有效的电话号码。因为电信部门在发放电话号码时不会一次将某个局向号下的所有电话号码全部分发出去。即使可以接通,也不一定是有效的电话号码,因为前面已经述及,电话调查往往针对的只是住宅电话,而处于商业区的局向号,下面所属的电话号码会以机构电话居多。因此,如果运用简单随机拨号法,需要花费大量的时间剔除空号和非住宅号码。

正是由于简单随机拨号法过于耗时费事,因此很多学者在其基础上发展出不同的随机拨号法,以期提高拨打成功的概率,这些改进的方法大同小异,被统称为集群随机拨号法。典型的集群随机拨号法的步骤包括:第一步,在每一个局向号下随机产生连续的、所有可能的电话号码;第二步,对于每一个局向号下产生的号码,以特定数量为一群(常用的如10个,100个,1000个),将其分为若干群;第三步,以分层抽样法,决定应该从每一个局向号中抽出的群数;第四步,以简单随机抽样的方式从局向号中抽取选定数量的群;第五步,在每一个群中,以随机数字的方式选定一个号码进行试拨号,如果拨打为有效号码,则保留当前群,如为无效号码,则放弃当前群,另外从所在局向号中随机抽出一个群,并重复上述步骤;第六步,选取得到若干有效群,以各局向号所产生的有效群的比例作为从每个局向号抽取有效电话号码数量的比例。

目前在电话调查过程中经常用到的Mitofsky-Waksberg二阶段抽样法其本质上即为集群随机拨号法。

(3)电话号码加一法(plus one method)

由于电话号码簿抽样法与随机拨号法都存在一些自身难以克服的缺点,所以学者们尝试结合这两种方法,提出了电话号码加一法。其惯常做法为:先利用公开的电话号码簿抽取所需的电话号码,然后将这些电话号码的最后一位加1,变成一个新的电话号码,如65922920加1变为65922921。这样做的好处在于,虽然也会产生一定数量的无效号码,但得到无效号码的机会比直接的随机拨号法要少一些。

对于上述三种电话号码抽样方法,有学者通过模拟实验得出结论:随机拨号法所获取的样本代表性最佳。

2. 受访者的选择

如果所抽取的电话为有效的住宅电话，则符合调查要求。下一步需要面临的问题是，如何选取受访者。因为显然，住宅电话往往是以家庭为单位安装，而一般说来，一个家庭中符合条件的对象可能不止一位。

目前常用的方法有五种，包括：不加选择法、男女轮流选择法、楚德—卡特排列法、海根—柯林修正法以及下次过生日者法。

(1)不加选择法(no-selection method)

不加选择法指的是只要接听电话的人符合调查的要求，就将其作为受访者。比如国外在对总统选举的预测调查中，要求被选对象是选民，年龄在 18 岁以上，如果接电话者的年龄大于 18 周岁，则访问此人；如是家中小孩子接听电话，则请他(她)让家中大人来接电话。不加选择法最大的优点是操作方便。

(2)男女轮流选择法(male/female alternation)

男女轮流选择法是指对每个访问员来说，如果第一个被访者是男性的话，则第二个被访者需为女性，然后再是男性，以此类推。男女轮流选择法也可以根据电话号码的尾数是奇数还是偶数来决定是访问男性还是女性。比如尾数为单数访问女性，尾数为偶数访问男性。

(3)楚德—卡特排列法(troldahl & Carter tables)

楚德—卡特排列法要求访问员轮流使用以下四个表格来选择受访者。在电话接通之后，访问员要询问第一个接电话的人两个问题，以明确其家中符合调查条件的人数和男性的人数，然后按照楚德—卡特排列表的指示，确定谁是被访者。此法共有四张表格，轮流使用。(表 11.1～表 11.4)

表 11.1　楚德—卡特排列法表一

表一		家中 18 岁以上人数			
		1 人	2 人	3 人	4 人
家中男性人数	无	任意女性	最年长女性	最年轻女性	最年轻女性
	1 人	任意男性	任意男性	任意男性	最年长女性
	2 人	/	最年长男性	最年轻男性	最年轻男性
	3 人	/	/	最年轻男性	最年长男性
	4 人及以上	/	/	/	最年长男性

表 11.2　楚德—卡特排列法表二

表二		家中 18 岁以上人数			
		1 人	2 人	3 人	4 人
家中男性人数	无	任意女性	最年长女性	最年轻女性	最年轻女性
	1 人	任意男性	任意男性	最年长女性	任意男性
	2 人	/	最年长男性	任意女性	最年长女性
	3 人	/	/	最年轻男性	最年长女性
	4 人及以上	/	/	/	最年长男性

表 11.3 楚德—卡特排列法表三

表三		家中 18 岁以上人数			
		1 人	2 人	3 人	4 人
家中男性人数	无	任意女性	最年轻女性	最年长女性	最年长女性
	1 人	任意男性	任意女性	任意男性	最年轻女性
	2 人	/	最年轻男性	最年长男性	最年长男性
	3 人	/	/	最年长男性	最年长男性
	4 人及以上	/	/	/	最年轻男性

表 11.4 楚德—卡特排列法表四

表四		家中 18 岁以上人数			
		1 人	2 人	3 人	4 人
家中男性人数	无	任意女性	最年长女性	最年长女性	最年长女性
	1 人	任意男性	任意女性	最年轻女性	任意男性
	2 人	/	最年轻男性	任意女性	最年轻女性
	3 人	/	/	最年长男性	最年轻女性
	4 人及以上	/	/	/	最年轻男性

比如，当访问某一户人时，刚好应该使用表三，这一家有 4 口人，全部符合调查条件，其中男性有 2 人，则参照表三，应该访问这家最年长男性。

楚德—卡特排列法接通电话后，要先询问第一个接电话的人两个问题，然后访问特定的人。这样一来，不仅访问时间被拉长，而且多数时候需要换人接听电话，容易引起被访者厌烦而挂断电话，因此访问成功率偏低。

(4)海根—柯林修正法(Hagen & Collin correction method)

由于楚德—卡特排列法操作起来不够简便，且访问成功率低，很多学者在其基础上提出过修正方法，其中海根与柯林提出的方法较为简单易行。

海根—柯林修正法是把家中的合格受访者分为四类：最年轻的女性、最年长的女性以及最年轻的男性、最年长的男性。访问时，轮流访问这四种人，不必先问任何问题。

海根—柯林修正法的优点是可以节省访问的时间。但相关研究发现，按照海根—柯林修正法所抽出的男性比例偏低，且无法访问到每个家庭中年龄居中的人。另外，受访者可能对“最年长”及“最年轻”的定义感到困惑，因此需要向其进一步解释说明，增加了访问时间。

(5)下次过生日者法(next-birthday method)

下次过生日者法就是先询问家中马上要过生日的人是谁，然后请这个人接受访问。大量研究表明，下次过生日者法是一种有效的抽样方法，所获得的样本代表性较强。此法的缺点是接听电话的人可能不知道或记不清家里每个人的生日，另外，换人接听电话所导致的电话挂断的情况也时有发生。

11.1.5 电话调查的优缺点

电话调查作为一种新兴的调查方法，优点明显。突出表现在以下方面：

1. 能获得有代表性的样本，并可控制调查对象的选择；
2. 样本覆盖面广，原则上可对任何有电话的地区、单位和个人直接进行电话访问；
3. 调查员的选择、监督及培训方便易行；
4. 费用相对低廉；
5. 能较快得到结果；
6. 可减少对调查对象的心理压力。

同时，电话调查也有其固有缺点。主要包括：

1. 不能问太长、太多、太复杂的问题；
2. 不能控制调查对象在调查过程中与他人商量答案的可能；
3. 调查对象可能听错调查问题而无法检验；
4. 无法从表情和肢体语言等判断被访者当时的态度，从而辨别其答案的真伪；
5. 对挂断电话拒绝回答者很难做工作；
6. 在现实情况下，很难做到纳入所有符合条件的调查对象，因此存在选择偏倚。

11.2　计算机辅助电话调查系统

11.2.1　计算机辅助电话调查系统简介

计算机辅助电话调查(CATI)系统作为一种先进的调查方法和技术，在国外已有 40 年的发展历史。我国从 20 世纪 90 年代末开始引入这一技术，近年来，随着国内电话普及率以及信息化水平的迅速提高，CATI 已广泛被应用于各项研究领域。常见领域包括：商业调查、社会民意调查、行业行风调查等。

CATI 系统的硬件部分由主机、工作站、电话线构成，软件则是专门编写的调查控制程序。相对于传统的电话调查，CATI 系统更为便利，效率也更高。其具有以下几个显著的特点：

1. 速度快，效率高

CATI 系统省去了问卷复核、问卷编码、数据录入等费时又费力的过程，研究人员在调查结束后的几分钟或几十分钟内即可得到格式化的调查资料。在某些时效性要求极高的调查中，更能凸显其优越性。

2. 访问过程自动化控制

和传统调查方法相比，CATI 的使用可将督导的劳动强度减少 70%。可以事先设置访问规则，由计算机自动应用到访问过程中。访问过程中可以随时轻松地查看配额及进度、样本使用情况、技术报告或特定访问员的工作效率。

由于事先可以对计算机进行设置，因此可有效避免一些因跳问或选项勾选错误而导致的数据错误或丢失。此外，由于所有的访问记录(包括录音记录)全程都可保存在系统中，且在访问全过程中，质控人员可以随时对正在进行的访谈进行抽查监听，可以有效控制访问员作弊的现象。

3. 成本低廉

采用 CATI 系统，可省去传统面访调查涉及到的交通费、礼品费、问卷印刷费等。据学者测算，完成一个相同的调查项目，CATI 的花费要比传统面访调查低 30%左右。

4. 方便灵活

采用 CATI 系统,可对问卷中问题项的出现顺序进行调控,确保其随机性、避免出现系统误差,还可对样本配额的完成情况进行适时调控。

先进的 CATI 系统还可提供问卷的设计测试、选择按人口分布自动生成随机样本、提供各种不同的抽样算法、预拨号(主要用于非调查时段识别空号)、过滤号码(如空号、标识出的非住宅号码)、电脑录音、根据访问员特征(如工作效率、是否会方言等)分配样本,以及项目管理、数据导入导出、自动备份、统计报表等功能。

概括说来,CATI 系统与传统面访相比,速度快、效率高、费用少、易于管理,且不受时间、地理等客观因素的限制。

11.2.2 CATI 的实施步骤

实施一个完整的 CATI 项目,从前到后主要分为如图 11.1 所示的十步:

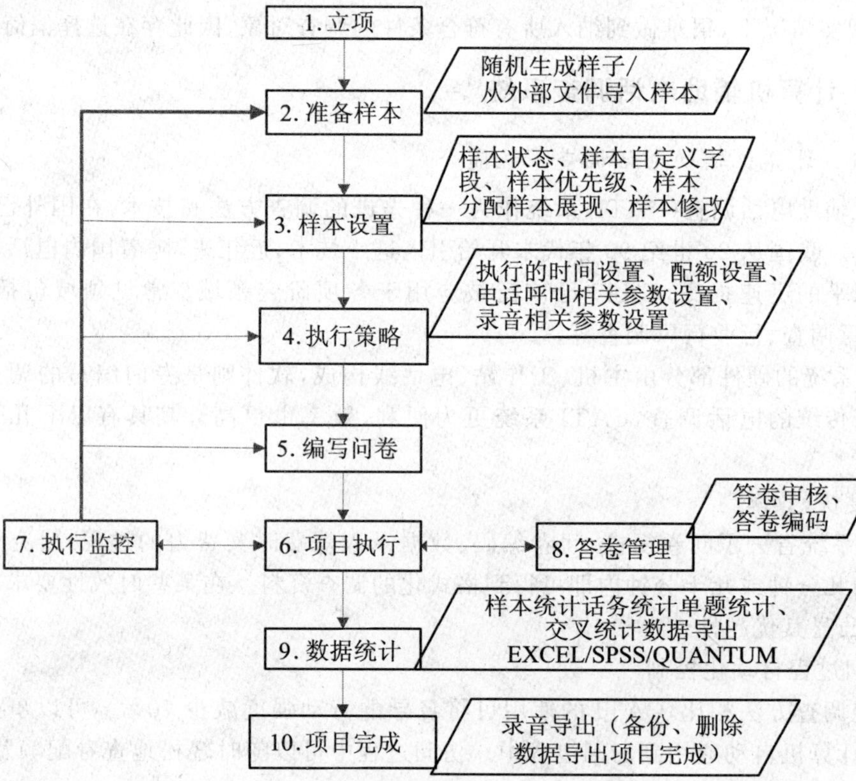

图 11.1 CATI 项目主要实施步骤

1. 立项

即项目设计。包括实施方案、问卷及质控方案的设计。

2. 准备样本

首先是准备抽样框,即所要拨打的样本电话号码的来源。一般的 CATI 系统都支持两种方式对抽样框进行维护:一种为手动录入,另一种为格式化文件导入(如 Excel, TXT 等)。导入或输入后的抽样框可以被维护,如查询、修改、删除、添加等。在实际操作中,往往设定多个抽样框:如根据电话号码薄设定的有效号码抽样框,根据手机号码设定的手机号码抽样框,或者是仅包含区号和局向号的随机拨号法抽样框。

抽样框维护完成之后,按照项目实施方案,选取不同的抽样框,抽取或生成设定含量的样本备用。

3. 样本设置

CATI的一大优势即为可以在项目开始前对样本的各类特征进行细化设置。

首先是样本状态,即访问前接通样本号码时的各种可能情况。包括占线、据访、中途据访、成功完成等。为每一种状态指定唯一编码,便于后期查看和分析。

其次是样本优先级别。可以根据不同特征对样本号码的优先级别进行设定:优先级别高的号码将首先被拨打。

还有样本分配。对待拨打的样本电话号码,可以根据不同的特征分配给不同话务员。如可以设定来自昆明的话务员拨打昆明样本,来自广州的话务员拨打广州样本。

4. 执行策略

包括对访问运行时间进行设置,如访问开始日期、结束日期、周一至周日的选择、每天开始时间和结束时间、参与调查的话务员等。除此之外,为了保证调查的代表性,往往在执行CATI项目时需要对访问对象的某些特征进行控制:如年龄、性别、职业构成等。调查开始前设置好每一种特征在调查成功人数中所占的配额,一旦达到这一配额,如再次接通的访问对象仍满足这一特征,则系统会出现提示应放弃调查。还可以对拨号的方式进行限定,如同一号码最大拨打次数、问卷最长访问时间、回访时间等。

5. 编写问卷

发展到今天,很多CATI系统都自带问卷编辑器这一功能。研究人员只需在调查开始前,把设计好的问卷输入或粘贴至CATI系统的问卷编辑器后保存即可。此外,不少CATI系统还可以对问卷中每个变量的规则进行设置,避免逻辑和录入错误的发生。如调查对象的年龄设置为数值型变量,取值设定为0～120岁,如果在电话访问过程中输入了一个不属于此取值范围的数值,则会无法录入,并弹出警示框予以提示。

6. 项目执行

由经过统一培训的话务员拨打电话进行调查,并在电话调查的同时在计算机系统中录入相应答案。

7. 执行监控

许多CATI系统开发了专门的监控模块,在电话调查项目执行的过程中,可以对话务员电话拨打情况以及当前项目进展情况等进行监控。常见的监控功能包括:话务监控、配额监控、坐席监控、外线监控、静态录音等。

8. 答卷管理

由于话务员与调查对象的通话记录被全程录音,因此在话务员成功结束一次访问之后,管理人员可以边听录音边对答卷进行审核。审核不通过的答卷将从访问成功的数量之中剔除。

9. 数据统计

在项目执行过程中及执行完毕之后，CATI系统可以实现多种数据统计功能。常见的包括话务统计和答卷数据导出等。

话务统计一般在项目执行初期进行，一般为2小时一次，用以掌握话务员的工作效率。

项目完成后，可以对答卷数据进行格式化导出。

10. 项目完成

当所设置的成功访问样本量达到之后，项目完成。管理人员设定项目状态，同时备份项目数据。

11.2.3 应用CATI系统进行调查时需要注意的问题

1. 无应答或中途挂断问题

在应用CATI系统进行电话调查时，经常会遇到无人接听或中途挂断的问题。无人接听的原因可能是因为当前号码为空号，因为常用随机拨号法进行抽样，这个问题可以通过追加生成待拨电话样本进行解决。

导致挂断的原因有很多，既有来自访问对象的，也有来自访问员的，还有来自访问问卷的。来自被访者的原因多种多样，一旦遇到，要及时回拨，如访问对象再次接听电话，则尽全力争取其配合。如调查对象不接听电话，则设定时间回拨三次。针对访问员和问卷设计，有以下改进措施可以参考：一是要做好访问员的挑选与培训工作。作为一名电访员，不仅要有良好的语言沟通能力，还要有足够的耐心。在调查开始前进行培训时，一定要将这一要求反复强调，以确保不会由于电访员的素质问题而导致挂断。二是做好问卷设计工作，一般CATI系统的问卷访问时间应尽量控制在10分钟以内。在设计过程中，若遇到较为复杂的问题，宁可将其拆分至两个或三个问卷，也决不可将所有问题挤在一份问卷中，从而导致访问时间超长。这样可以有效防止中途因访问对象不耐烦而导致的挂断。

2. 抽样框收集整理的问题

使用CATI系统进行调查时，最常采用的抽样方法为随机拨号法，因此其抽样框为“区号＋局向号”的格式为多见。需要指出的是，采用这样的抽样框只能对家庭固定电话的用户进行调查，如果未安装家庭固定电话的用户，则无法抽到，这样为样本的代表性带来了一定限制。同时，固定电话对访问时间的要求也较高，不太方便使用。因此在实施大型电话调查之前，要多渠道收集潜在调查对象的电话号码信息，生成几套抽样框，争取扫除抽样的盲点。譬如，目前在城市中，手机的普及率非常高，在很多地方甚至远高于固定电话的普及率，因此可以收集调查区域的手机号码录入系统，形成抽样框架。但采用手机号码作为抽样框架也有其弊端，最突出的一点在于，以我国为例，采用固定电话抽样框架，可以将样本来源的地理位置细化到县/区一级行政单位（不同县/区有一组不同的局向号），手机号码却只能识别到地市一级行政单位。

3. 访问时间的选择问题

由于现代化生活节奏快，人们对于时间的感受总是十分紧迫，绝大部分被访者不能接受较长时间的访问。因此，采用CATI系统进行调查时，单个访问对象的访问时间最好控制在10分钟以内，最长也不要超过20分钟，否则中途挂断率会非常高。另外，有研究表明，如果是对固定电话的对象进行访问，拨打电话的时间最好选择为晚上7～9点以及周末节假日，该时段拨打电话接通率高，拒访率相对较低。

4. 访问员作弊的问题

一般说来，采用CATI系统进行调查时，访问员的报酬都是计件工资，即访问成功一位多少钱。因此，为了提高收益，往往会出现调查对象挂断了电话，而访问员自填完成问卷的情况。针对这一问题，目前许多CATI系统中都增设了监听和监视功能，这样在调查员询问的同时，监督人员可以监督，判断访问员是否按照事先培训的要求进行访问。通过监视监听发现的有问题的问卷，应予以作废，并以罚款的形式惩罚相应访问员，以确保调查数据的质量。

5. 文字性答案的汇总问题

开放式问题一般设置为字符型变量。由于字符型变量长短不一、信息繁杂，CATI系统尚不能实现如何对其进行有效汇总，仍然依赖于导出后人工一条条进行筛选。因此在设计问卷时，需要尽量将开放式问题细化为封闭式问题，如选择题，以便对资料进行汇总分析。

6. 调查数据备份的问题

CATI系统的主要数据都存储在工作站电脑中。在使用CATI系统时，应定期对工作站中的数据进行导出、备份，以防因电脑故障造成数据损失。

11.2.4 CATI实施方案实例

背景：某省疾病预防控制中心建立了一套"公共卫生电话调查系统"。为了掌握该省成年人群健康相关行为因素的分布现状，拟定期开展电话调查。以下是根据此目的设计的CATI实施方案：

××省行为危险因素电话调查方案

一、背景(略)

二、目的

了解××省成人主要的健康相关行为因素分布，观察其变化趋势，为合理制定干预措施提供依据。

三、调查对象

××省18岁及以上有能力回应调查的家庭住宅居民。

(注：目前居住在医院、军队或者养老院等地的人员均不纳入家庭住宅居民人数的计算。)

四、调查内容

基本人口学特征和主要的健康相关行为危险因素，详见调查问卷。(问卷略)

五、调查方法

(一)调查工具

采用自行设计的××省成人健康相关行为因素电话调查问卷，通过计算机辅助电话调查(CATI)系统进行调查。

(二)样本量计算

1. 需调查的有效样本量：利用公式 $n=\dfrac{z_{\alpha/2}^2(1-p)}{\varepsilon^2 p}$(其中$\alpha=0.05$，$z_{\alpha/2}=1.96$，$\varepsilon=0.1$，$p=22.58\%$)，计算需要初步样本量$n=1317$人，考虑二阶段抽样的设计效力，扩大样本量$n*2=2634$人，作为最终有效样本量。按照最终有效样本量占××省总人口数(4826.89万)

的比例(5.456/10 万),等比例分配各地级市的有效样本量。

2. 最小固定电话号码样本含量。2014 年××省居民感染 H7N9 禽流感知晓率和恐慌度电话调查的家庭住宅电话拨通率为 24.00%,家庭住宅电话应答率为 62.77%,计算固定电话最小样本池为 2107/0.24/0.6277=13986 个电话号码,等比例分配至各地市的最小固定电话号码样本含量。

3. 2015 年电话调查内容选定为睡眠质量,调查点选定为××区和××市。根据××省 2013 年成人行为危险因素调查,××区和××市的睡眠质量构成比(%)分别为很好(17.37∶15.20)、好(39.38∶50.00)、一般(35.14∶31.20)、差(6.95∶3.60)、很差(1.16∶0.00)。其中睡眠质量为很差的率差最低,为 1.16%。根据公式 $n=\left(\frac{\mu_\alpha+\mu_\beta}{\delta}\right)^2[\pi_1(1-\pi_1)+\pi_2(1-\pi_2)]$,其中 $\delta=\pi_1-\pi_2$,计算得 $n=896$,即××区和××市各需调查 896 人,共需调查 1792 人。

(三)抽样方法

则采用 Mitofsky-Waksberg 二阶段电话抽样方法。首先收集全省 11 个地市相应的固定电话号码局向号数据库。在局向号数据库中随机选取一个局向号,并随机产生后四位数字,组成一个电话号码,如:局向号 8711,随机后四位 5278,组成电话号码 87115278,拨打该号码,如为家庭住宅电话,则保留该电话号码的前六位(一个集群),此例中则为 871152,并基于此集群随机产生后两位数字组成一个电话号码,如 87115298。

全省共随机生成 211 个局向号。基于每个局向号,按照上述方法产生若干个电话号码,依次拨打,直至每个局向号中成功调查 10 人。

六、CATI 系统设置

(一)执行设置

按照调查时间,对 CATI 系统进行调查时间段的设置。

无人接听的号码设置重播次数为 5 次。

按照号码的地区编码将调查号码分配至相应的调查员话机。

(二)问卷设置

将问卷开场白、题目和选项在 CATI 系统进行设置。性质或内容相近的题目归为一组,分配在系统问卷的同一页上。每个题目标注相应的解释或注意要点。

(二)样本池设置

在 CATI 样本抽样框中导入按照抽样方法选定的固定电话号码集群清单(1—6 位),基于集群清单随机产生固定电话样本池。

(三)电话调查情况记录设置

设置电话调查记录情况,将所有可能情况的应答和不应答类别导入系统。

七、质量控制

(一)调查培训

在调查开展前一天对调查员进行培训,培训内容包括调查项目的目的与重要性、调查进度要求、CATI 系统的使用、调查问卷的内容解释、调查过程注意事项以及调查纪律等。

培训中尤其强调两点:第一、调查员要注意自我情绪控制与调整,要认识到个别受访者的拒答和恶劣态度仅仅是其个人负性情绪的发泄,而不是对调查者本身的不满和愤怒。第二、调查员要认识到受访者参与调查的重要性,以及对结果产生,对首次拒绝的调查者要进行耐心讲解,尽量争取其配合调查。

(二)过程监督

对电话调查进行全过程录音,需要时进行录音回访。同时,适时选取调查员进行调查监听。所有监听均不告知调查者,以避免影响调查质量。对不合格者进行针对性的再培训,可允许其在旁听其他调查员的调查过程,并于第二天继续监听,若连续 3 次监听不合格,则取消其调查员资格。

(三)数据审核

每天对前一天的调查数据进行漏项检查,如有漏项要求调查员在同样的调查时间段再次访问该调查对象并补全信息。

八、组织实施

(一)宣传准备

为提高居民对电话调查的知晓和接受程度,增加电话调查应答率,在调查开始前一个星期,将电话调查相关内容公布于机构官方网站。如有条件,联系省内权威报纸或媒体对电话调查项目进行报道宣传,提高大众参与度。

(二)调查时间

每年调查一次,可于 6 月开展调查,为期 3 周,考虑到调查对象配合情况,调查仅在周末开展。调查时间可根据第一周调查结果适当加以调整。

(三)人员职责

略。

九、结果处理

(一)权重计算

一个调查对象的最终权重

$$FINALWT=STRWT*(1/NUMPH)*NUMADULT*POSTSTR$$

STRWT 为不同层别的样本的倒数。假设××省所有人均拥有电话号码,则按照人口数计算,此次电话调查每个地市的抽样比例相同,均为有效样本数/××省总人口数,故该参数设为 1。

NUMPH 为受访者家中的固定电话号码个数。对于移动电话调查的受访者,其 NUMPH 设为 1。

NUMADULT 为受访者家中 18 岁以上成年人的个数。对于移动电话调查的受访者,其 NUMADULT 设为 1。

POSTSTR 为某个性别年龄段的人数/该性别年龄段的所有受访者的前期权重(STRWT * (1/NUMPH) * NUMADULT)之和。

(二)结果反馈

在调查结束后 3 个月内通过××网站对调查结果的主要内容和重点内容进行公布。

11.3 网络调查

例 11.2 为了研究我国生育期人群的生育意愿现状，为生育政策的制定和调整提供依据，某机构于 2015 年 2 月通过网页问卷调查的方式面向生育期人群（定义为 15～49 岁）进行了生育意愿的网络调查。2015 年 2 月 15－18 日 4 天内，共收集答卷 3062 份，其中有效样本 3043 份，统计发现，来自北京的有效样本占总有效样本的近四分之一。

【问题 11.2】通过上述实例，请思考：

1. 网络调查的优点有哪些？

2. 哪些因素可能会影响到这一网络调查结果的真实性？

【分析】

1. 从该实例不难看出，短短 4 天时间内，该网络调查就收集到了逾 3000 份有效问卷，因此与电话调查类似，网络调查最突出的优点即为在短时间内可迅速获取所需资料。其次，本实例是通过网页问卷调查的方式收集数据，收集的数据即为格式化数据，节省了数据整理和录入的时间和成本。再次，采用网页问卷调查收集数据时，调查对象不必与研究人员面对面，可以选择在相对私密的空间完成问卷填写，因此能更好确保所收集信息的真实性。

2. 一些因素可能会影响到这一网络调查结果的真实性。首先，并不是所有的生育期人群都会选择上网，而网络调查一定只有网民才能参与。其次，近四分之一的有效调查问卷都来自于北京这一个城市，因此，已不太可能说调查样本对“全国生育期人群”这一研究总体具有代表性。再次，该调查通过网页问卷的形式筛选合格的对象（定义为 15－49 岁的生育期人群）进行调查，很难说最终接受调查的对象到底是不是“合格”的调查对象，因为这一年龄段之外的人群也可佯装“合格”调查对象填写问卷。另外，是否选择参加这一调查全凭个人意愿，有理由认为选择接受调查的人都是具有某一特征的人：如相对而言文化素质比较高，或对国家生育政策特别关心等等。而一旦存在这样的情况，最终接受调查的人也就不能对研究总体有着很好的代表性了。最后，研究者希望获得的 3043 份有效问卷来自 3403 位合格的调查对象，但网页问卷调查在很多情况下无法控制同一个调查对象填写多份问卷。

11.3.1 网络调查的概念及应用范围

从信件到电视、电话，人类历史上每一种新的信息传播媒体的普及运用都会随之产生新的调查方式。当今世界已经进入飞速发展的信息时代，互联网已经深刻而久远地改变了我们的生活方式和工作方式。将互联网技术应用于统计调查的实践已经成为当前社会的热点。

网络调查（internet survey）是一种新的数据采集方法，它弥补了常规调查方法的不足，充分利用互联网的信息传播与远程交互功能，将交互网页技术和数据库管理技术等有机结合起来，使得研究者能够通过互联网络来发放、收集和处理调查研究的数据和信息。

简而言之，网络调查是以网络为载体，搜集、整理、分析特定对象统计资料的一种新型的调查方法。

网络调查以网民这一特殊群体为调查对象。在最初的应用中，网络调查只是作为网络技术公司推出的一种网络应用形式，调查公司对其并不在意。但是，随着网络的飞速发展，网民队伍的不断壮大，互联网的社会化逐渐形成，越来越多的传统调查公司开始拓展网络调查业务，甚至已经出现了一些专门的网络调查公司。虽然网络调查的历史并不长，但是它已经得到了比较广泛的应用。目前主要应用在以下几个方面：

1. 网络市场调查

主要是网络产品、网络服务相关的市场调查，这些产品或者服务的最终用户即为网民，因此与其他应用领域的网络调查相比，其抽样误差较小，调查的效果较好。

2. 网民民意调查

网民民意调查是在网络上就当前的热点问题对网民进行的民意调查。比如，2000 年 3 月，美国知名网络民意调查公司 Plus Poll 对正在进行的总统初选通过网络调查进行了预测。在华盛顿州的共和党的初选结果的预测中，有关麦凯恩的调查结果几乎与实际情况完全一致，而关于小布什的调查结果误差也仅为 3%。

3. 网络基本数据调查

网络基本数据调查是指对联网计算机的数量、网民分布、网民数量、域名分布、信息流量分布等基本数据进行定期调查统计。

4. 敏感性问题调查

敏感性问题主要是指涉及个人机密或者不便于公开表态的一些问题，比如赌博、贩毒、偷税漏税、性行为、婚姻等方面的问题。此类问题的调查如果利用传统的调查方式进行，由于涉及个人隐私，往往很难得到被调查者的配合，数据的真实性也存在较大问题。而开展网络调查时，调查对象可以选择在相对私密的空间独自作答，且网络调查常常是匿名的，因此被调查者比较放松，有利于得到较真实的调查数据。

11.3.2 网络调查的类型

网络调查的分类方法多种多样。按照调查时所采用的载体工具和形式的不同，常见的网络调查方法可以分为以下 6 种。

1. 基于网页的问卷调查(website survey)

将设计问卷放在网站的某个网页上，回答者只要登录网页就可以参与调查，这是目前最基本也是最常用的网络调查方法。具体的操作方法一般是给调查对象发送一份 E-mail 或者在一些预期调查对象访问率高的网站上发布消息，解释该调查的性质并邀请他们参加。邮件中附有调查问卷的超级链接或者地址信息，只要点击该链接或在浏览器中输入地址，浏览器就会显示问卷页面，问卷答完后调查结果自动进入数据库。如果研究者能得到目标群体的名单，调查效果将极佳。这类调查的缺陷主要是主动回答的样本可能不具有代表性，因此必须采用有效的邀请方式。

2. 电子邮件调查(E-mail survey)

将问卷直接发送到被访者的电子信箱，请求其主动地填答并发送回问卷。这种调查需要实现收集目标群体的邮件地址作为抽样框，类似于传统调查中的邮寄问卷调查。该调查针对性强，在几种网络调查方法中速度较快，其调查质量在很大程度上取决于抽样框的完备性和高回收率。

需要指出的是，基于网页的问卷调查常常使用 E-mail 来通知调查对象，但 E-mail 在调查过程中仅仅起到提醒调查对象参与调查的作用，而不是问卷的载体。

3. 弹出式调查(pop-up survey)

弹出式调查可以是看似随机的,即在门户网站随机发送弹出框给正在访问该网站的用户,也可以是基于系统抽样(等距抽样)原则设计的弹出框,如每隔 N 个访问者弹出一次。如果网民有兴趣参与,点击弹出窗口中的"是"按钮,则会立即在新窗口中出现一份问卷,完成填写后可以在线提交,大多数网站还会立即反馈当前调查结果。

由于此法类似于传统的街头拦截式调查,因此不可能得到真正意义上的随机样本。此外,其"拦截"的只是"访问"而非"访问者",因此经常访问该网站的人被拦截住的可能性要大于偶尔访问者。

4. 基于论坛的调查(BBS-based poll)

网站的论坛系统一般都具备发起调查帖子的功能,因为论坛是网上聚集相同兴趣者的地方,调查的针对性较强,因此使得这类调查具有一定的价值。一般基于论坛的调查,每次只能对一个选择类型的问题进行调查,回答者提交调查结果后,可以直接看到统计结果。另外,回答者还可以在调查帖的下面跟贴来询问或者解释自己的观点。

5. 网上固定样本调查(panel web survey)

这是一种将互联网技术与传统调查相结合的方法。具体做法为:通过随机抽样的方法,确定目标总体中一个有代表性的固定样本(Panel),这一样本中有些人是网民,有些人不是,对不是网民的样本个体赠送电脑和提供上网的条件。然后对这一样本进行定期的网上调查。此法可以确保样本对总体的良好代表性,而且资料收集快速、可靠。缺点在于建立固定样本所需要投入的费用太高。

6. 在线深度访谈法(in-depth online interview)

此法类似于传统的深度访谈,由研究者对一人或多人进行网络访谈,可采用电子邮件或音视频聊天的方式进行访问。此法可进一步分为三种:电子邮件深度访谈、实时音频深度访谈、实时视频深度访谈。往往先通过传统的抽样调查方法或电子邮件征得研究对象的同意。相对于传统的深度访谈,在线深度访谈更为省时、省钱,其音频或视频资料可以反复利用,处理分析也更为便捷。

11.3.3 网络调查中误差的来源及其控制

与传统调查一样,网络调查也存在各种各样的误差。误差是指调查所得到的结果与总体真实统计数值之间的差异。网络调查一般采用抽样调查的方式进行,其误差的来源一般有两个方面:登记性误差和代表性误差。

1. 登记性误差

登记性误差是指在调查问卷设计、资料搜集、整理、分析过程中,由于理解、观察、测量、登记、计算等方面的查错或被调查者提供虚假资料而造成的误差。换言之,它是由各种主客观因素所引起的误差,而不是抽样调查所特有的。传统调查中,登记性误差可以来源于调查组织设计者、调查员、调查对象和其他参与者。而在网络调查中,由于资料处理是由计算机代替人工进行,因此登记性误差的来源主要为问卷设计者和调查对象。

(1)网络调查问卷设计而产生的误差

任何调查都是有明确的目的的,一份问卷的设计不仅仅是列出一系列需要收集的问题,更要体现当前调查的目的。如果问卷设计不当,则通过问卷收集得到的信息就会不准确、不适用，达不到预期的调查目的，产生误差。比如，问卷问题太多、内容繁琐，造成答题时间过长，就会引起调查对象厌烦，甚至是中途退出调查；问题描述含混不清、模棱两可，就容易导致调查对象的误解；提问带有倾向性、诱导性会导致调查对象给出错误的回答；敏感性问题太过赤裸地表述会导致调查对象反感和拒答；问题的先后顺序不符合逻辑思维进程则会引发调查对象思维混乱等。

(2)调查对象回答而产生的误差

网络调查一般都是调查对象自填问卷式调查，调查对象填写问卷时所产生的误差是网络调查中最主要的误差。一方面，网络调查中的调查对象不用直面调查员，且一般情况下都是匿名参与，这样有助于调查对象提供真实准确的信息。但另一方面，由于网络调查缺乏传统现场调查的解释和监督，调查对象可能因为对问卷理解不当而提供错误信息，同时，一部分调查对象可能并不满足调查条件而谎称满足，故意提供虚假的答案。此外，在一些有偿开展的网络调查中，不能排除调查对象为了利益驱动而伪装成不同的调查者，重复参加调查，编造答案的可能。

2. 代表性误差

代表性误差是指用样本统计量推断总体参数时，由于样本不能完全代表总体而产生的误差。代表性误差又分为随机误差和系统误差两种。随机误差即为抽样误差，只要是抽样研究，随机误差就无法消除，但可以通过增加样本含量或改善抽样设计加以控制，在此不做详述。系统误差是指:在抽样过程中，由于有意或无意破坏了随机抽样的规则，从而导致获得的样本对总体代表性不足而产生的误差。网络调查中常见的系统误差包括抽样框误差和无应答误差。

(1)抽样框误差

理想的抽样框应该是与目标总体相一致，但在抽样实践中，难免存在目标总体和抽样框单位不完全对应的情况。抽样框误差主要来源于目标总体覆盖不完全以及目标总体外对象的错误纳入等。

前面已经提到，以网络为载体的网络调查，其调查对象只能是网民。在这种情况下，如果调查的目标总体不仅仅局限于网民，而是全部国民或一定地理范围内的居民，采用网络调查就会无法覆盖这部分总体人群中的非网民，产生严重的抽样框误差。虽然在过去的二十年，尤其是过去的十年，我国互联网规模实现了爆炸式的增长，但截止至2015年12月，我国网民数量也刚刚突破50%，为50.3%。从这一数字不难看出，如果采用网络调查，有近一半的居民根本无法触及到。除此之外，网民与非网民可能在许多特征构成上都存在差别，因此，不可能将调查的网民等同于全人群的一个随机样本。

另一种情况是，网络调查极有可能将不属于调查对象范围的个体错误的纳入调查对象的范围。如本节初所提到的实例中，因为种种原因，实际上不处于生育期的调查对象“伪装”成合格的调查对象参与调查。

(2)无应答误差

无应答误差是指已经入选的调查对象拒绝接受调查，或已经接受了调查但未填写完整调查问卷，由此所造成的数据损失所引起的系统误差。

3. 网络调查中误差的控制

网络调查中误差的存在必然影响调查结果的准确性,因此必须根据不同误差的来源采取相对应的措施加以控制。所有误差中,由随机抽样之外的原因所导致的误差是控制的重点和难点。可采取的主要措施有以下两点。

(1)准确界定目标总体,减少系统误差

对全体网民的调查是网络调查的主要形式。该类调查只要建立合适的抽样框,并适时对抽样框进行更新,就可以达到很好的调查效果。抽样既可以采用随机 IP 法,也可以采用电子邮件法,对于一个 IP 地址对应多个调查对象的情况,还可以采用“IP+其他标志(如个人秘钥)”的策略来锁定单个调查对象。

以普通民众为对象的网络调查也较为常见,但存在着大量目标总体单位的遗漏现象。这类调查一般采用基于网页的问卷调查开展,这实际上是一种非概率抽样。因为在这种被动式调查中,受不同网民上网兴趣、习惯及偏好的影响,每一个体应答的概率是不相同的,另外,网民的很多特征不能很好的代表所有普通群众的相应特征。在这种情况下,如果要全面了解普通群众的真实情况,可以采用网络调查结合传统调查的策略来开展:对研究的普通民众中的网民群体,采用网络调查收集信息;而非网民群体,则采用传统面访收集信息。

(2)合理设计调查问卷,减少登记性误差

前面已经提到,网络调查往往是网民的独立自填式调查。在缺少调查员解释监督的情况下,网络问卷的设计就显得尤为重要。为了减少调查对象在回答问卷时产生的登记性误差,设计问卷时应注意以下一些问题:阐明调查的目的和意义,争取调查对象配合;问卷结构力求完整,内容尽量简短;用词应准确贴切,语言通俗易懂;问题设计避免含混不清和双重装填;设置过滤性问题,避免非调查对象的混入;防止诱导性、暗示性提问,以免影响调查对象的独立思考;敏感性问题设计要委婉,避免引起调查对象反感;问题排列要符合逻辑,避免引起调查对象思维混乱。

在设计网络问卷时,可以利用多媒体技术和网络智能化技术,增加问卷的生动性、趣味性和互动性。如可以设置在线助手及时解答调查对象可能遇到的问题,必要时还可以开通人工在线咨询。还可以设置并开启问卷的自动检查功能,当调查对象提交问卷时,对前后矛盾的答案和未完成的问题予以友情提示。

11.3.4 网络调查所面临的突出问题

现阶段,作为一种新型的特殊调查手段,网络调查在推广应用时面临如下一些较为突出的问题。

1. 安全性问题

利用计算机和互联网技术对受访者进行调查时,一个明显的弊端就是:受访者所处的网络环境往往受到一些不法之徒的恶意攻击,如网络病毒与黑客侵袭等,致使网络调查的安全性令人担忧。有时候潜在调查对象拒绝参加网络调查可能并不是由于调查本身的问题,而是出于计算机安全方面的担忧,害怕计算机染上病毒或者木马程序窃取重要的个人信息。

2. 信任度问题

由于国内网络调查起步较晚,目前很大一部分公众对网络调查的了解仍然很欠缺。在这种情况下,公众对网络调查的信任度并不高,因此网络调查在实际运用时,往往难以得到有效的支持，得到准确的数据。

3. 调查覆盖范围及拒访问题

诚如前文所提到，网络调查所指向的总体为网民，而针对普通民众的调查，如果在网络普及率较低的地方开展，则获取的调查对象样本不可能对总体有很好的代表性。另外，由于潜在调查对象可能对网络调查存在这样或那样的疑虑，而与传统调查不同的是，调查员无法通过对调查对象解释来打消其疑虑，争取其配合，因此网络调查的拒访比例要远高于传统调查。调查总体无法全部覆盖，加之拒访率非常高，会造成最终获得的调查样本严重偏离总体，得到错误的调查结果。

11.3.5　网络调查的优缺点

每一种调查方法都有着自身独特的优点及作用，同时也包含一些缺点。与传统调查方法相比，网络调查的突出优点在于：

1. 获得资料快捷迅速

调查的时间地点可以根据调查者的时间自行安排，比传统调查快速便捷，效率高，而且节省调查成本。此外，由于网络覆盖面的广阔，可以在很短时间内收集所需要的信息。

2. 具有及时性和共享性的特点

由于网络调查可以在很短时间内收集所需要的信息，因此其特别适用于对一些时效性非常强的问题进行调查。此外，很多网络调查在向调查对象收集信息之后，也会将调查的结果对其进行及时反馈，体现了信息共享性的特点。

3. 网络调查具有隐匿性和保护性

网络访谈可以通过聊天工具进行。对于一些具有敏感性、私密性的话题，在现实社会中不方便寻找到调查对象，但是通过一定的在线聊天板块或聊天室，就容易找到被访者。同时，在网络环境下，被访者由于少了被曝光的风险，更容易做出真实回答。尤其是同性恋、艾滋病等隐秘性强的人群，采用传统的社会调查比较困难，用网络调查可以更容易介入，被访者的配合程度也要更高一些。

4. 网络调查便于收集资料

网络问卷调查所得到的资料即为格式化的电子资料，省却了传统调查之后数据录入、整理的繁杂，大大节约了数据清理和分析的时间。

网络调查的主要缺点在于：

1. 依赖互联网

网络调查只有在网络开通的情况下才能开展。一旦失去了网络联通的前提条件，网络调查将无法进行。因此，相对于传统的社会调查方法，这一方式更多的依赖于信息技术的迅猛发展，而传统的社会调查方式除了需要更多成本外，并不受高新技术的影响。

2. 调查资料的真实性难以判断

在传统面访调查中，当调查对象回答问题时，除了语言本身所反馈的信息之外，调查员还可以通过调查对象回答问题时的语气、神情、肢体语言等对其给出的答案的真实性进行判断。而网络调查往往只能获取冷冰冰的文字和符号资料，很难从其他方面对这些资料的真实性进行判断。

3. 网络调查样本的代表性仅限于网民

绝大多数网络调查方法的被访者局限于网民，而网民与普通人群的特征构成往往存在较大差别，因此网络调查所获取的样本代表性较差。

【本章小结】

1. 电话调查的概念及特点。电话调查(telephone interviewing)是指调查者通过电话号码薄查找电话或直接设计电话号码，用电话的形式向被调查者进行问询，以达到搜集调查资料目的的一种调查方式。其突出特点为：短、平、快。

2. 电话调查的种类。(1)传统的电话调查，称为“纸笔访谈式电话调查”(paper and pencil telephone interviewing，PAPTI)(2)计算机辅助电话调查(computer-assisted telephone interviewing system，CATI)

3. 电话调查的抽样方法：(1)电话号码抽样(2)受访者的选择。

4. CATI 的特点：(1)速度快，效率高(2)访问过程自动化控制(3)成本低廉(4)方便灵活

5. CATI 的实施步骤：(1) 立项(2)准备样本(3)样本设置(4)执行策略(5)编写问卷(6)项目执行(7)执行监控(8)答卷管理(9)数据统计(10)项目完成。

6. 网络调查是以网络为载体，搜集、整理、分析特定对象统计资料的一种新型的调查方法。

7. 网络调查的类型：(1) 基于网页的问卷调查(website survey)，(2) 电子邮件调查(E-mail survey)，(3)弹出式调查(pop-up survey)，(4)基于论坛的调查(BBS-based poll)，(5)网上固定样本调查(panel web survey)，(6)在线深度访谈法(in-depth online interview)。

8. 网络调查的优缺点。优点：(1)获得资料快捷迅速，(2) 具有及时性和共享性的特点，(3)网络调查具有隐匿性和保护性，(4)网络调查便于收集资料。缺点：(1)依赖互联网，(2)调查资料的真实性难以判断，(3)网络调查样本的代表性。

【思考练习】

1. 什么是电话调查？电话调查最突出的特点是什么？

2. 如何进行电话调查的抽样设计？

3. 网络调查最突出的优缺点是什么？

4. 某省疾病预防控制中心已经建立了一套计算机辅助电话调查系统，现在想要利用这套 CATI 系统对该省居民高血压现患情况及高血压相关知识的知晓情况进行调查。假设你就是研究人员，请设计一个详细的调查方案，并结合该实例说明调查的实施步骤。

【参考文献】

1. Groves RM. Theories and methods of telephone surveys[J]. Annu Rev Sociol 1990, 16：221－240.

2. 曾五一，汪彩玲，王菲. 网络调查的误差及其处理[J]. 统计与信息论坛 2008,23(2)：5－10.

3. 陈永泰，何有世. 网络调查和传统纸质调查的差异性研究[J]. 统计与决策 2008,16：32－33.

4. 邓国华. CATI——一种卓越的现代统计调查技术[J]. 统计与决策 2007,19: 90—91.
5. 邓国华. 统计调查的有力工具——电脑辅助电话调查系统[J]. 理论导报,2008(12): 51—52.
6. 窦相峰,林晖,王小莉,等. 计算机辅助电话调查技术在传染病防控中的应用[J]. 首都公共卫生 2010,4(2): 61—63.
7. 黄广琴,高淑萍,卢文涛,等. 广州市居民对健康档案的认知与态度电话调查[J]. 华南预防医学,2015(5):498—500.
8. 金勇进,王华. 序贯抽样在计算机辅助电话调查中的应用[J]. 数理统计与管理 2006,25(6): 649—654.
9. 李群. 现场流行病学——第六讲电话调查[J]. 中华流行病学杂志 2003,24(9): 846—848.
10. 马慧敏. 网络调查中的非抽样误差来源与控制[J]. 统计与决策,2011(5):17—20.
11. 秦彦珉,逯建华,张顺祥,等. 深圳市民对疾控系统知晓情况的电话调查[J]. 中国公共卫生管理,2008,24(5):485—486.
12. 史铮. 电话调查:一项新兴的社会调查方法[J]. 统计与预测 2003,6: 71—73,55.
13. 宋马林,杨烨军,杨力. 计算机网络调查技术—优劣势与应用范围[J]. 电脑知识与技术 2007,16: 991—992.
14. 汪博兴. 网络调查与传统调查方法的比较分析[J]. 襄阳职业技术学院学报 2013,12(2): 39—42.
15. 王萍,杜维婧. 电话调查及其在公共卫生领域中应用探讨[J]. 中国健康教育 2004,20(6): 549—550.
16. 王小玲,郑景山,曹雷,等. 计算机辅助移动电话调查方法在儿童预防接种率抽样调查中的应用与评价[J]. 中国疫苗和免疫,2012(6):555—560.
17. 肖明. 电话调查中如何进行抽样设计[J]. 北京广播学院学报(自然科学版) 2002,9(2): 67—72.
18. 徐秋艳. 创业活动态势电话调查的方法研究[J]. 统计与决策,2012(2):8—12.
19. 杨盛菁. 计算机辅助电话调查技术及其应用分析[J]. 统计科学与实践 2012,2: 49—51.
20. 于洪彦,黄晓治. 书面调查和网络调查的区别——两种数据收集方法的比较[J]. 统计与信息论坛,2011,26(10):97—103.
21. 余建华. 两种不同类型的网络调查:网络调查优缺点的再认识[J]. 情报杂志,2011,30(9):71—74.
22. 张家文. 关于网络调查研究方法的思考[J]. 鄂州大学学报 2010,17(6): 36—39.
23. 赵益民. 基于网络调查的国内外图书馆战略规划现状研究[J]. 图书与情报,2011(1):31—36.
24. 周艳. 网络调查方法在社会学中的应用及局限[J]. 电子测试 2013,6: 167—168.

第12章 市场调查与预测

【目的要求】

了解市场调查与预测的基本知识。

掌握市场调查与预测的基本方法，在市场实践中灵活运用相关理论与知识解决问题，为提升职业技能打下扎实的基础。

12.1 市场调查概述

12.1.1 市场调查的含义及重要作用

市场调查(marketing research)亦称市场调研、市场营销调查等。美国著名营销学者菲利普·考特勒认为，市场调查是为制定某项具体的营销决策而对有关信息进行系统地收集、分析和报告的过程。美国市场调查营销协会则将市场调查定义为一种通过信息将消费者、顾客、公众与营销者连接起来的职能。一般而言，市场调查是指通过一定的方法，有目的、有计划、系统性收集市场信息，并运用统计分析的方法对信息进行分析研究，从而为企业进行决策提供依据等一系列活动的过程。

在市场经济条件下，市场对企业的生存和发展起到至关重要的作用，对市场的调查、分析和研究是现在任何一个企业或经营者都必须高度重视的工作。从最直观的理解而言，市场是企业或经营者原材料、设备等必要生产资料的来源，市场能为企业和经营者提供必要的技术、人力资源；市场是企业或经营者产品实现价值的场所。企业在技术、管理、理念等方面的竞争，最终都要体现为对市场的竞争。作为现代经济活动的重要内容，市场调查具有以下重要意义：

1. 精准把握市场需求

在现代经济活动中，企业已成为提供社会产品的主体。在产品供过于求、竞争日趋激烈的今天，企业的重心无法仅仅停留在技术或管理层面。从某种意义上讲，对市场的精准把握已经成为关系企业生死存亡的核心要素。传统的“酒香不怕巷子深”的理念已经无法适应现代经济发展的需要。企业必须更加重视对市场的分析和研究，了解消费者的消费需求以及创造消费需求。

例12.1 iPhone——开创“智能手机”时代

2004年，苹果公司开始组织研发iPhone团队。2007年，苹果公司正式推出第一代iPhone，引发全球消费者的疯狂追捧。iPhone开创的“智能手机时代”已经成为新的科技革命的一个重要标志,"智能手机"市场也成为全球高科技公司竞相争夺的财富领域。苹果手机的研发再次创造了科技改变世界、科技创造市场的传奇。从第一代 iPhone 问世到 2015 年 iPhone6s 的问世,苹果公司一直位居全球智能手机销售榜的前列。尽管随着三星、华为、小米等智能手机产商的崛起,苹果手机在世界市场的份额受到冲击,但从其牢牢战略高端智能机领域、利润位居榜首来看,苹果依旧是智能手机的"王者"。

【启示】苹果的成功在于它成功的超前预测了智能手机的巨大市场需求,从而先于其他巨头抢占这一市场。在科技突飞猛进的时代,谁能够嗅得市场先机谁就能抢先获得市场的主动权。

表 12.1　2014 年至 2016 年智能手机市场份额 TOP10

2014 年		2015 年		2016 年	
公司	市场份额	公司	市场份额	公司	市场份额
三星	27.8%	三星	24.8%	三星	22.2%
苹果	16.4%	苹果	17.5%	苹果	16.8%
联想	7.9%	华为	8.4%	华为	9.3%
华为	6.2%	小米	5.6%	联想	6.1%
LG	5.4%	联想	5.4%	小米	5.8%
小米	5.2%	LG	5.3%	LG	5.0%
酷派	4.2%	TCL	4.0%	TCL	4.0%
SONY	3.9%	OPPO	3.8%	OPPO	3.9%
TCL	3.3%	BBK/VIVO	3.3%	BBK/VIVO	3.4%
ZIE	3.1%	ZIE	3.1%	ZIE	3.1%

资料来源:根据中国报告大厅(http://www.chinabgao.com)整理。

2. 制定有效的市场策略

市场策略一般又称营销战略,是企业经营管理活动的关键环节之一,也是企业产品获得市场认可的基本途径。企业的研发、生产、销售、售后服务等都需要围绕这一战略进行。而确立这一战略的前提和基础便是市场调查。有效的市场调查是制定市场策略的重要保障。

例 12.2　小米手机——低价市场的崛起

小米手机是雷军目前为止最成功的投资。从 2010 年组建开始,面对苹果、三星、华为等手机巨头,小米手机制定了低价高配的发展战略,小米手机一问世,便迅速抢占了低价市场,从而在巨头环绕的智能手机领域打开了重要一环。小米手机一度跃居国内手机市场份额前列。由小米首创的饥饿营销策略、网络直销策略已经被国内手机产商所广泛运用。小米手机的成功,与它对互联网时代下目标顾客消费需求的精准把握是分不开的。例如,苹果、三星的手机定位主要是高配置、高价格,占领的是高端消费市场,小米手机定位为高配置、低价格,占领的是中低端消费市场。

例 12.3　传祺 GS4——国产 SUV 的新旗舰

长期以来,国内汽车市场一直是日系车和欧美车的天下,一汽、东风、上汽、广汽、北汽、长安等主流国内汽车厂商的主打车型都是合资车,比如广汽丰田、东风日产、上汽通用、北汽现代、长安福特等。而SUV的出现则给国内汽车厂商收复市场失地提供了绝佳的机遇。长城、广汽、吉利、长安纷纷推出自己的SUV品牌，截至目前国内汽车厂商在SUV领域已经形成了对国外汽车的比较优势。比如，长城汽车的哈弗H6一直位居市场销量第一，广汽的传祺GS4也增长迅速，跃居第二。

表12.2 2016年5月国内汽车SUV市场统计

排名	品牌	车型	派系	2016年5月	2015年5月	同比
1	哈弗	H6	自主	37435	30032	24.7%
2	传祺	GS4	自主	26019	6451	303.3%
3	别克	昂科威	美系	19150	13691	39.9%
4	宝骏	560	自主	18515		—
5	大众	途观	德系	18328	20481	−10.5%
6	本田	X-RV	日系	14959	8606	73.8%
7	日产	奇骏	日系	14623	12753	14.7%
8	现代	全新途胜	韩系	14528		—
9	本田	缤智	日系	14398	9659	49.1%
10	本田	C-RV	日系	14194	11815	20.1%

资料来源：车聚网

【启示】市场没有永恒的强者。任何企业都只能专注于特定的领域，无法在所有领域一统天下，因而挖掘和细分市场成为市场调查的重要目的之一。对于后发企业而言，与现有市场巨头无法在同一高度直接竞争时，不妨制定错位发展、弯道超车的市场策略。

3. 持续保持竞争优势

市场瞬息万变，企业要在经营中立于不败之地，必须时刻关注市场的变化，紧跟市场需求，创造出市场认可的产品。在市场经济产生的数百年时间里，有很多曾经辉煌一时的巨头企业，陨落在历史长河中，有很多企业却历经百年，弥久不衰。个中原因就在于企业的经营策略一直与市场共舞，而市场调查则是保持企业竞争力的重要手段之一。

例12.4 巨头的陨落——致我们曾经一起追过的诺基亚

2013年，诺基亚将手机业务和众多专利卖给了微软，由此宣告了诺基亚时代的正式结束。从1996年开始到2011年，诺基亚的手机市场份额连续15年位居世界第一。这位曾经世界手机市场的王者，承载着科技、梦想和回忆的世界品牌在顷刻之间轰然倒下，让世人唏嘘不已。诺基亚的陨落的根本原因不在于技术层面，因为早在2000年，诺基亚就设计出了一款只有一个按键的触屏智能手机，具备收发电子邮件和玩游戏的功能，而苹果的第一代iPhone直到7年后才问世。诺基亚的出局不是因为创新不足，而是对迅速席卷而来的移动互联网市场缺乏准确的市场定位和实际行动，等到它发觉的时候，市场已经被苹果和Google及无数互联网新秀给占领了。

【启示】科技可以改变世界，但市场决定了让什么科技改变世界。

12.1.2 市场调查的产生与发展

从世界范围内看，市场调查最早起源于20世纪20年代的德国，1911年柯蒂斯公司成立商业调查部，成为市场调查的标志性事件。随后，市场调查在欧美资本主义国家迅速发展，特别是随着 20 世纪 50 年代以来，计算机技术的发展与普及，市场调查的广度和深度得到了前所未有的发展。据有关数据统计，美国大多数大公司将销售额的 0.1%～3.5%用于市场调查，其中 1/4～1/2 用于支付专业市场调查机构的费用。此后，随着世界范围内大多数国家相继成立了全国性市场调查组织，并设立大量的国际性市场调查组织；1977 年，“市场营销和社会调查业务国际准则”制定，市场调查开始成为一个规范、科学、具有国际性统一标准的高技术行业。

近 30 年来，全世界的咨询业已发展成为一个年营业额达数千亿美元、年增长率超过 10%的庞大行业。各类咨询机构数 10 万家，从业人员已有数百万人，业务范围也从专业咨询发展到综合咨询，从经济领域扩展到政治、军事、法律、环境及全球性问题等诸多领域，出现了一批在国际上享有盛誉的综合调研机构，如美国的兰德公司、日本的野村研究所、英国的伦敦国际战略研究所、罗马俱乐部等等。

从国内看，我国从 20 世纪 80 年代中后期出现专门的商业性市场调查机构。但长期以来，市场调查的客户主要为外商独资或中外合资企业，直到进入 21 世纪，市场调查行业才得到飞速发展。

据统计到 2007 年，中国市场调研行业年度营业额超过 50 亿元。到 2005 年，研究机构约 1500 家。

表 12.3　1995－2007 年来我国调研行业年度营业额及其增长率

年度	1995	1996	1997	1998	1999	2000	2001	2002	2003	2004	2005	2006	2007
估计营业额(亿元)	3.5	4.0	4.5	6.1	9.6	13.1	16.7	20.1	24.5	30.5	37.3	45.0	51.8
年增长率(%)		14.5	12.0	35.7	58.0	36.0	27.0	20.5	22.2	24.2	22.5	20.5	15.2

12.1.3　常见的市场调查机构

市场调查机构是指专门或主要从事市场调查活动的单位或部门，是一种服务性的组织机构。按照市场调查服务的独立程度，分为非独立性调查机构和独立性调查机构。

1. 非独立性市场调查机构。是指企业或公司内部设立的主要从事市场调查活动的部门。它的职能有限，不对外承接市场调查业务，主要职责是为本企业收集第二手商业情报资料。

2. 独立性市场调查机构。是指专门从事市场调研活动的机构，对外接受企业的委托，为企业提供市场研究、信息服务、决策咨询、管理培训等一条龙服务。独立性市场调查机构主要包括：

(1)完全服务公司：主要包括综合性市场调查公司、广告研究公司、信息服务公司、管理咨询公司等。

(2)有限服务公司：主要包括抽样公司、现场服务公司、数据输入公司、数据分析公司、市场细分公司等。

(3)其他专业机构：包括经济研究部门、政府部门附设的研究机构等。

3. 知名的独立性市场调查公司

(1)AC 尼尔森中国。尼尔森是全球首屈一指的咨询和监测公司，提供全球领先的市场营销和消费者资讯，电视和其他媒体监测，在线研究，移动媒体监测，商业展览服务以及其他相关服务。尼尔森业务遍布100个国家和地区,总部位于美国纽约和荷兰。AC尼尔森1984年开始进入中国。1994年,AC尼尔森通过收购调查研究集团(Survey Research Group)步入亚太市场。2001年,AC尼尔森成为VNU集团的一部分。目前,AC尼尔森零售研究覆盖中国主要城市和城镇的70多类非耐用消费品,定期为客户提供有关产品在各地的零售情况报告。

(2)益普索中国。益普索(Ipsos)是全球领先的市场研究集团,于1975年成立于法国巴黎,1999年在巴黎上市,是全球唯一由研究专业人士拥有并管理的市场研究集团。2011年,益索普以5.25亿英镑的价格收购安吉斯集团旗下的市场调研机构思纬公司(Synovate),这使得益普索成为世界第三大市场调研机构。而思纬的加入,也让益索普拥有一个真正的全球性网络。益普索于2000年进入中国,通过收购北京丰凯兴、华联信、大通等3个本土公司和自身的快速成长,益普索中国(Ipsos in China)成为中国最大的市场研究公司,在上海、北京、广州、成都、武汉等5个城市设有办公室,拥有专业人员约1500名,营业额超过10亿元人民币。

(3)零点研究咨询集团。零点研究咨询集团1992年成立,早期以民意调查起家,在中国国内拥有较高的知名度,2000年进行结构调整,投资成立了前进策略(策略咨询)和指标数据(共享信息)。零点调查集中其在专业调研、策略咨询、背景数据方面的优势,借助透过长期协作关系确立的行业资源协作网,建立了公共事务、IT和电信、金融、汽车、房地产、家电、快速消费品、烟草和电力研究中心商业服务十个专业研究事业部。其特色服务有:零点CATI快车,网上调查,多客户调查服务系统(homnibus),调查结果发布服务,企业内部培训,多客户报告等。2011年以来,零点研究咨询集团积极拓展新业务,相继成立了零点呼叫中心、零点国际研究院、零点远景网络实验室等。

12.1.4 市场调查对象及类型

1. 市场调查的对象

从本质而言,市场调查是一种技术手段,是运用一定的方式方法收集、整理、分析与企业经营活动密切相关的市场信息的过程。从这个角度而言,市场调查的对象就是市场信息,而市场信息就是消费者对产品的需求信息,以及与这种需求相关的其他信息。

市场信息主要包括三类:

(1)消费需求信息:主要包括消费者对产品的种类、型号、技术、外观、价位等的需求等。

(2)消费潜力信息:主要包括目标消费群体的数量、消费能力、年龄结构、消费习惯等信息。

(3)营销策略信息:主要包括市场已有竞争者情况、潜在竞争者情况、竞争策略、广告宣传等信息。

2. 市场调查的类型

(1)狭义的和广义的市场调查。狭义的市场调查特指客户调查,具有极强的针对性。广义的市场调查除顾客调查外,还包括环境调查、产品调查等。传统意义上,企业一般从事的市场调查就是客户调查。对于企业而言,客户就是市场,而客户就是指购买商品、消费商品的个人或组织。比如,一般而言,化妆品主要针对成年女性市场;保健品主要针对中老年人市场、玩具针对儿童市场等等。随着市场经济的发展和完善,广义的市场调查已经成为实践中的主流，从而为企业提供更加多元化的市场信息和参考依据。

(2)描述性市场调查和预测性市场调查。描述性市场调查即对市场现状进行调查，一般是在收集、整理相关市场信息的基础上，对市场现状进行判断，侧重于数据和事实的表达。比如，针对饮料市场上王老吉、康师傅、统一等企业不同时期的销售量、广告支出、广告效果等信息进行统计分析，形成统计分析报告。预测性市场调查是指比较过去和现在的市场信息，对市场发展情况进行预测，是对将来发展的一种前瞻性调查。比如，对未来五年智能手机市场发展的预测调查。

12.1.5　市场调查的内容

1. 社会环境调查

社会环境调查主要是指消费者所处的由政治、经济、文化、地理等因素所组成的社会环境。社会环境是衡量一国市场经济发育程度的重要标志。

(1)政治环境调查。主要包括一国的经济政策(税收政策、产业政策)、政治环境、安全状况等。一个国家和地区刺激经济的政策将对市场起到巨大的引导和推动作用。比如，我国对高新技术企业实行 15％的优惠税率，对高新技术企业发展起到直接推动作用。一个国家的政治安全状况也是必须要考量的重要因素。比如，到动荡的中东和非洲国家投资，就必须考虑潜在的投资安全风险。

(2)经济环境调查。主要包括经济发展水平、市场需求结构、就业情况、收入情况等。经济发展水平决定了市场的大小、层次和容量。市场需求结构、就业状况、收入情况都是制定市场策略的重要考量因素。比如，对于手机营销而言，将农村作为 iPhone 的重要市场是不现实的。再比如，中国的电子产品能够迅速占领中东、非洲等地市场的重要原因就是低价格的策略。对于经济发展水平落后的非洲国家而言，高端科技消费品的市场远远没有物美价廉的电子产品重要。

(3)文化环境调查。主要包括风俗习惯、人口文化水平、宗教信仰等。这些因素决定了产品能否得到消费者的认同。

(4)地理环境调查。包括气候、衣食住行等具有明显地域特征的信息。这些因素决定了产品是否是必须品。比如，雨伞、雨衣等雨具的市场肯定集中在多雨的地方，因为有实际需求。海鲜产品的市场主要集中在沿海地区，这与饮食习惯有关系。

2. 市场需求调查

市场需求主要就是指消费能力和消费需求，市场需求情况直接制约企业生产和经营的规模。

(1)消费需求量调查。主要包括可支配收入、客户群体、消费结构、消费行为调查等。

①可支配收入。主要指消费者实际货币收入的多少，这是判断消费者消费能力的关键因素。不同收入的群体，其消费理念、消费方式和消费行为必然不同。

②客户群体数量。人口数量是市场的基础，特别是对于食品、日用工业品、电子消费品等消耗品，人口基数是市场的决定性因素。相比而言，中国、印度等国家之所以具有巨大的消费潜力，与人口数量是密不可分的。

③消费结构。消费结构主要包括人口结构、家庭结构、收入状况、产品供应结构及价格等信息。人口结构，主要是要对人口的年龄、性别、文化程度、职业等进行分析调查。家庭结

构主要是对家庭人口数量、年龄结构进行调查。收入状况主要是对日常支出的结构进行调查。产品供应结构及价格，主要是对产品的供求情况与价格之间的关系进行调查。

④消费行为调查。消费者行为是基于消费者心理、性格、宗教信仰、文化程度、消费习惯、个人偏好和周围环境等开展的相关调查等。针对这些因素的调查分析，可以了解消费者的购买行为。消费者行为调查主要包括消费者心理需要调查（包括习俗心理、同步心理、偏爱心理、经济心理、好奇心理、美观心理、求名心理等）、购买行为调查（主要包括习惯型购买、理智型购买、感情型购买、冲动型购买、经济型购买、随意型购买等）。

3. 产品调查

(1)产品生产能力调查。主要包括生产企业、技术水平、原材料供应、资金状况、技术人员素质情况等。

(2)产品生命周期调查。即调查了解产品属于引入期、增长期、成熟期、衰退期的哪一个阶段，从而对生产及营销策略进行调整。

(3)产品价格调查。调查价格对消费者购买情况、产品销量的影响，从而决定是否及时调整价格策略。

4. 市场营销活动调查

(1)竞争对手调查。主要包括主要竞争企业情况、市场份额、利润情况等。

(2)分销渠道调查。包括中间商、经销商、代理人、经纪人、网上商城等的布局。

(3)服务调查。包括售前、售中、售后服务以及客户对服务的满意程度。

(4)促销活动调查。包括广告宣传、优惠活动、有奖销售、“双十一”、“6·18”购物节等。

12.1.6 市场调查的步骤

1. 问题和目标。主要就是通过调查要解决的问题，比如企业要推出什么样的产品、如何根据市场状况及时调整竞争策略、如何解决企业发展中的问题、如何对企业的发展进行布局等。

2. 设计调查方案。根据调查问题和目标，在进行实际调查之前，对调查工作的各个方面和各个阶段任务的通盘考虑和安排，内容必须包括调查的目的和意义、调查内容、调查对象、调查的方式方法、实施步骤、经费预算等。

3. 收集数据。根据调查确定的调查方案，广泛通过文献资料、问卷调查、访谈等方式深入调查对象开展数据收集。

4. 整理分析数据。对收集到的数据进行整理分析，去粗取精，得出有价值、有针对性的信息。

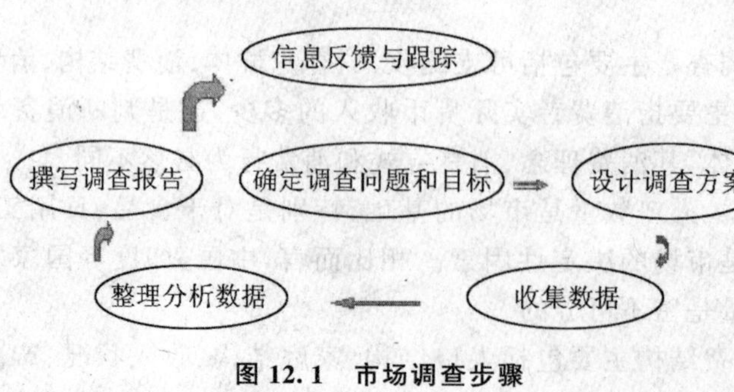

图 12.1 市场调查步骤

5. 调查报告。结合调查情况和数据分析结果，装卸详细的调查报告，注重言之有物、有数据支撑、简洁明了、重点突出，关键要落在对加强和改进企业生产经营的意见和建议上。

6. 反馈与跟踪。向企业管理层进行反馈，作为企业决策的参考。同时根据实际情况，跟踪执行部门执行情况，确保调查报告能发挥实际作用。

12.2 市场调查的特殊方法

12.2.1 文案调查

例 12.5 三星公司准备将业务扩展到一个国家的时候，通常要派调查人员，在没有硬指标要求的国家生活半年到一年，然后回国向总部递交一份关于当地社会经济、风土人情报告，这份报告将是今后海外公司在这一区域商业动作的重要依据。

文案调查(desk research)又称文献资料调查法或间接调查法、二手资料分析法，是指调查人员根据调查目标和要求，通过收集各类文献资料、统计数据、研究报告、媒体信息等，并对其进行整理、分析、研究并提出相关意见建议的调查方法。文案调查法是一种广泛使用的市场调查方法，它主要针对一些比较成熟的产品或市场领域，通过现有的资料数据可以反映出市场变化的规律。

1. 文案调查的优缺点

(1)文案调查的优点

①文案调查不受时间和空间的限制，能够获取并实地调查更广泛的资料。

②实施起来比较方便，且运行成本低。特别是随着互联网的广泛应用，海量的数据足不出户就可以轻松获得。

③机动灵活，可随时根据企业需要开展相关信息的收集、整理和研究。

(2)文案调查的缺点

①存在滞后性。文案调查的研究对象主要是现时中已经存在的资料，过时的资料较多，而一些比较新的分析统计资料往往出来较晚，与企业的最新的需求存在较大的时间差，对一些新情况新问题的反映存在滞后性。主要是历史资料，过时资料比较多；新情况、新问题难以及时反映。

②针对性不强。收集的信息素材不能完全满足调查的目的要求，具有关联性但往往缺乏有效的针对性。

③对研究队伍力量有较高的要求。需要有一支知识面较广、专业精通的分析研究队伍进行支撑。

2. 文案调查的原则

(1)关联性原则。要重点收集与调查目标和主题最密切相关的信息资料，要确定资料选择的范围和内容。调查项目主题关系最密切的情报资料，根据调查的目标要求，确定资料选择的范围和内容。

(2)及时性原则。收集的资料要确保尽可能使最新的素材，尽可能的缩小文案调查与现实情况之间的差距。

(3)系统性原则。尽量收集能反映调查对象的长期、稳定、全面的信息资料，能够全方位的反映调查对象的变化。

(4)效益性原则。文案调查要从最节省成本的角度实现调查的目的,因而开展文案调查必须事先做好详尽的计划、计算出合理成本。

3. 文案调查的适用范围

文案调查主要针对以下几个方面:

(1)经济环境调查:包括政府经济政策、经济发展水平、居民收入水平、产业机构等情况。

(2)文化环境调查:包括当地的风俗习惯、宗教信仰、文化特点、思维方式、价值观等。

(3)地理环境调查:包括地形、气温和各地区的湿度差异等。

(4)市场结构调查:包括人口数量、消费结构、家庭结构、营销网络、市场占有情况等。

(5)产品调查:包括产品的生产能力、生产企业、产品的生命周期、产品价格等。

4. 文案调查的方式

(1)查找法。查阅有关参考文献、论文等,登录政府官方网站获取有关统计数据、分析报告、政策文件等;运用互联网或者相关数据库(万方数据库、维普信息网、中国知网等)进行资料检索等。

(2)咨询法。向有关机构或专业人士进行电话或现场咨询,获取相关咨询数据。

(3)采集法。通过参加展览会、交流会、研讨会等方式采集有关市场信息、产品信息等资料

(4)委托法。委托专业市场研究机构收集和提供有关市场研究分析资料。

12.2.2 观察法

例 12.6 法国居伊·梅内戈点子公司提出了一种称之为神秘顾客法的调查方法。神秘顾客法,顾名思义,是指由经过专门训练的神秘顾客,伪装购物,详细记录下购物或接受服务时所发生的一切情况,以发现商家在经营管理中存在的种种缺陷的一种调查方法。

观察法(observational survey)是指调查人员根据一定的研究目的、研究提纲或观察表,在现场对被调查者的情况直接观察、记录,以取得市场信息资料的一种调查方法。观察法具有直接性、客观性、全面性等特点。

1. 观察法的优缺点

(1)优点:采取实地观察、使用自己的感官和辅助工具,信息准确性高,客观、真实;能够收集到被访者无法直接用词语表达的一些信息资料。

(2)缺点:需耗费大量的人力资源和时间成本;受观察对象移动性影响;只能观察外在表现和行为,难以探及内在因素。

2. 观察法的适用范围

(1)对市场调查的结果准确度要求高。

(2)对已获得的信息进行核实验证。

(3)只能通过观察法获取有关信息。

3. 观察法的分类

(1)完全参与观察。即调查人员隐瞒真实身份,长期隐身于被观察者群体之中,亲自体验被观察者的处境与感受,更快、更直接地掌握事态发展情况。

(2)不完全参与观察。即调查人员参与被观察者的活动,但不隐瞒真实身份,在取得被观察者信任的情况下,置身于观察者群体之中去获取资料。

(3)非参与观察。即旁观者，调查人员不参与被观察者的活动，亦不干预事件发生过程，主要依靠耳闻目睹，完全处于客观立场，实事求是地记录事件发生、发展的真相。

(4)系统性观察。即根据调查目的，制定标准化观察计划和流程，确定观察具体对象和项目，以标准化的手段、观察程序和观察技术，有计划地系统观察。

(5)随机观察。随时随地对周围发生的事情进行观察。

(6)纵向观察。对某一事项连续调查，获取前后不同时间的连续信息。

(7)横向观察。指在某一特定时间内对若干个调查对象所发生的事态同时加以记录，取得相关信息。

4. 观察法的实施步骤

(1)制定观察计划。观察计划的内容主要包括观察内容、观察对象和范围、观察地点、观察时间、持续长短、持续次数、观察方式和手段等。其中，观察内容是核心内容，不同课题有不同的观察内容，组织观察内容，一般可以依据 5W(Who、When、Where、What、Why)和 1H(How)进行设计，即在什么时间、什么地点、观察谁的什么行为和态度、观察目的是什么以及通过怎样的方式去观察等。

(2)实施观察。首先，确定观察点。观察点确定主要考虑三个因素：一是符合研究收集资料的要求；二是经费等条件允许；三是能被观察对象或有关部门所接受(不侵犯隐私及违法)。其次，要进入观察现场。再次，要进行观察。观察时要注意变换角度，采取由近及远或由远及近、由左到右或由右到左等不同次序进行观察视角的转换；可以选择某一时间进行重点观察，其余时间做一般性观察；可以选择某一场面进行重点观察，其余场面做一般性观察；可以对观察对象进行比较长期的、持续性的观察。

(3)准确做好观察记录。首先，要准确和详细地做好记录，观察记录要求具体、清晰、实在，不要用抽象的、概括的、总结性的词语。其次，要科学整理分析观察记录。

12.2.3　访问法

例 12.7　甲公司系专门的咨询服务公司，主要向市场上销售产品的企业提供客户对产品的体验和反馈信息服务。该公司每天都会组织数十场针对不同公司产品的专家座谈会、消费者座谈会或开放式座谈会。

访问法亦称访谈法，是指调查人员通过口头方式向被访问者了解有关市场信息或资料的调查方法。一般包括面谈调查法、电话调查法、小组座谈法、邮寄调查法、网络调查法。

1. 访问法的优缺点

(1)优点：效率高，可以实现调查人员与受访人员的直接互动，可以近距离一线了解受访人对某一些问题的直观感受；能够实现调查和讨论的有机结合。

(2)缺点：对相关问题可能会具有诱导性，受访人对于一些涉及隐私或保密的问题，回答可能具有保守性；受制于时间的限制，访谈的内容欠缺广泛性。

2. 访问法的类型

(1)标准化访问和非标准化访问。标准化访问也称结构化访问，是指按照预先设计、有一定结构的访问内容进行。非标准化访问又称无结构访问，是指事先不制定统一的访问内容，由调查人员和受访者自由交谈。

(2)直接访问和间接访问。直接访问是指调查人员和受访人员面对面交谈，比如面谈法中的入户访问、接头拦截、小组座谈等。间接访问是指通过电话、网络等间接媒介对受访者进行调查。

(3)集体访问和个别访问。集体访问是指统一访问场合，有多名受访者参加，类似于座谈会。个别访问是指每一次访问只有一名受访者。

3. 小组座谈法

小组座谈法(group discussion)，是指采用小型座谈会的形式，挑选一组具有代表性的调查对象，在一个装有单面镜和录音录像设备的房间内，在主持人的组织下就某个专题进行讨论，从而获得对有关问题的深入了解的一种调研方法。小组座谈法的关键是要让参与者对调查主题进行详尽而充分的讨论，从而获取他们对产品、观念等方面的看法，为调查者开展定性分析提供有效的素材。

(1)小组座谈法的适用范围。①消费者对某类产品的认识、偏好及行为；②产生关于对老产品的新想法；③获取对新产品概念的印象；④研究广告创意；⑤获取消费者对具体市场营销计划的初步反映。

(2)小组座谈法的基本构造

4. Delphi 法

Delphi 法是在 20 世纪 60 年代由美国兰德公司首创和使用的一种特殊调查方法，其本质是一种专家调查法，采用函询方式，通过调查人员反复征求专家的意见，经过客观分析和多次征询意见，从而使各种不同意见逐步趋向一致。

表 12.5 小组座谈法的基本构造

地点	交通便利，便于邀请受访者居中性，布置轻松活泼
时间	3－4 轮/次，1.5－3 小时/轮
人数	一般为 8－12 人
受访者	预先进行筛选，同一批受访者要具有同质性
记录	录音、录像
主持人	需要具备良好的观察力、沟通技巧和引导力

(1)Delphi 法的优缺点

①优点：匿名性(使心理因素干扰降到最低程度)、反馈性(能集思广益，具有全面可靠性)、可对调。

②缺点：主要靠专家主观判断，缺乏客观标准、结果易出现从众现象，简单求同、反馈次数多，时间历时长，专家易中途退出。

(2)Delphi 法的执行步骤

①成立项目小组。

②拟定意见征询表。

③选定征询专家 。

④轮回反复征询专家意见 。

⑤做出调查结论。

5. 深度访谈

深度访谈是一种无结构的、直接的、个人的访问，调查人员深入与每一个受访人员进行访谈，以揭示对某一问题的潜在动机、信念、态度和感情。

(1)深度访谈的特点

①与小组座谈类似，深度访谈也是无结构地获取信息的直接方法。不同之处在于深度访谈是一对一进行的，小组座谈则是一对多进行的。

②深度访谈花费的时间长。对每一个受访人员，都要花费半个小时或一个小时的时间。例如，在了解顾客对淘宝商城的看法时，访谈可以这样开始："您觉得在淘宝上购物的感觉如何"，然后鼓励受访者自由地谈论他对淘宝购物的看法和态度。开场白后，调查员将采用无结构的形式。但访谈的方向要根据受访者对问题的最初反映、调查员的引导及受访者的回答而定。如受访者对最初问题的反应是"对淘宝上购物没有什么兴趣"，调查员就可以用"为什么不感兴趣"来进一步探寻。

③灵活运用刺探技术。一般而言，在深度访谈中，调查员事先都会有一个粗略的提纲用来控制访谈的进程。但因为受访者的回答及现场反映，将会打乱原有的布局。此时，就需要调查员随机应变，提出新的问题，刺探受访者对有关问题的看法、意见等。比如，采用此类话语："您为什么这样认为呢""您说的很有意思，能再详细些说说吗"或"您想再补充些什么吗"等等。

(2)深度访谈的适用情况

深度访谈主要也是用于获取对问题的理解和深层了解的探索性研究。不过，深度访谈不如小组座谈会使用那么普遍，但它在下面这些特殊情况下更有效：

①详细刺探受访者想法；

②讨论一些保密的、敏感的或让人为难的话题。如，个人的收入情况等；

③详细地了解复杂行为；

④访问专业人员，即做某项专门的调研，如对记者或律师的调研；

⑤访问竞争对手，因为他们在小组座谈的情况下不太可能提供什么信息。

(3)深度访谈技术。较常用的深度访谈技术主要有三种：阶梯前进、隐蔽问题寻探和以及象征性分析。

①阶梯前进是顺着一定的问题线探索，例如从产品的特点一直到使用者的特点，使得调查员有机会了解受访者的思想脉络。

②隐蔽问题寻探是将重点放在个人的"痛点"而不是社会的共同价值观上，放在与个人深切相关的而不是一般的生活方式上。

③征性分析是通过反面比较来分析对象的含义。要想知道"是什么"，先想办法知道"不是什么"这一逻辑反面。例如，在调查某产品时，其逻辑反面是产品的不适用方面，"非产品"形象的属性，以及对立的产品类型。

(4)深度访谈的优缺点

①优点：深度访谈比小组座谈更能深入地探索受访者的内心思想与看法；可将反应与受访者直接联系起来，不像小组座谈中难以确定哪个反应是来自哪个被调查者；可以更自由地交换信息，而在小组座谈中也许做不到，因为有时会因社会压力而不自觉地形成与小组大多

数人一致的意见

②缺点:聘请能够做深度访谈的有技巧的访问员(一般是专家),需要有心理学或精神分析学的知识费用是很昂贵的,也难于找到;由于调查的无结构性使得结果十分容易受访问员自身的影响,其结果的完整性也十分依赖于访问员的技巧,要解决这些问题则需要熟练的心理学家,这就又增加了项目费用;由于占用的时间和所花的经费较多,因而在一个调研项目中深度访谈的数量是十分有限的。不过尽管如此,深度访谈也有一定的实际应用。

12.2.4 抽样调查法

例 12.8 党的十八大以来,从中央到地方开展了轰轰烈烈的公务用车改革。公务用车改革后,面对公务车数量的大幅减少及保障政府公务开展的需要,政府鼓励通过社会化的渠道向社会购买公务用车服务。A 公司为某沿海省会城市一运输公司,原本主要从事省内外长途旅客运输,敏锐地感觉到了公务用车的巨大市场,于是,A 公司组织成立专门的调研组,对今后的公务用车市场进行调查,调研组决定从全市政府部门中选择 10 家进行抽样调查,从而制定参与公务用车服务提供的市场策略。

抽样调查(sampling survey),是市场调查中使用程度较高的一种调查方式,它按照一定程序,从调查总体中抽取部分样本进行调查或观察,并运用数理统计原理和方法对总体的数量特征进行估计和推断。抽样方法分为:随机抽样(也称概率抽样)和非随机抽样(也称非概率抽样)。随机抽样,是按概率原则,从总体中抽取一定数目的单位作为样本进行观察。非随机抽样,是从方便出发或根据研究者主观判断来抽取样本。

1. 抽样调查的基本特点

(1)经济性。抽样调查研究的是总体中的少量样本,可以节约大量的人力、物力和财力。

(2)高效率。因为样本数量较少,故可以快速得出调查结果。

(3)及时性。可以节省时间,具有较强时效性。

(4)较高的准确性。可以通过样本的调节控制误差。

2. 抽样调查的基本概念

(1)总体和样本。总体是指要调查对象的全体。比如针对大学生对电子产品消费情况的调研,那么全校大学生就是总体。样本是总体的一部分,是从总体中抽选出来所要直接观察的全部个体。

(2)重复抽样和不重复抽样。重复抽样是一种在总体中允许多次重复抽取样本单位的抽选方法,不限定样本再次被抽选的可能性。不重复抽样是指样本对选定后,不会再有第二次被选定的机会。.

(3)抽样框。在抽样设计时,必须有一份全部抽样单元的资料,这份资料就是抽样框。

(4)抽样单元。为便于抽样,将总体划分为若干个不重叠的部分,每一个部分都叫一个抽样单元。

3. 抽样调查的程序

市场抽样调查,特别是随机抽样,具有比较严格的程序,只有按照一定的程序进行调查,才能保证调查目的的完成。一般而言,抽样调查要遵循以下程序。

(1)界定总体。在具体抽样前,首先对从中抽取样本的总体范围与界限作出明确的界定。

(2)制定抽样框。根据已经明确界定的总体范围,手机总体中全部抽样单位的名单,并通过对名单进行统一编号来建立供抽样使用的抽样框。

(3)选择抽样技术。依据研究目的和要去以及各种抽样方法的特点,决定抽样采用的方法。

(4)确定样本容量。样本容量确定的原则是控制在必要的最低限度,但能尽可能准确有效推断总体特征,从而获取调查信息。

(5)制定抽样计划。制定详尽的计划和操作程序,确保抽样活动顺利进行。

(6)实施抽样。按预定计划完成抽样调查。

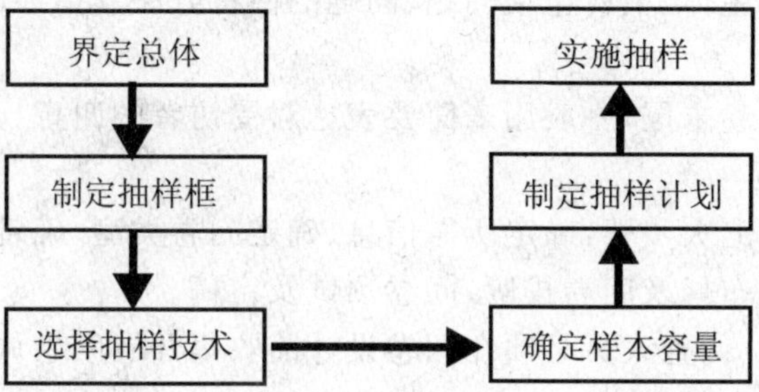

图 12.2　抽样调查程序图

12.2.5　问卷调查法

例 12.9　某保险公司市场部决定对广州市外来务工人员开展保险意识问卷调查。该公司调查团队设计了专门的调查问卷。

广州市外来务工人员保险意识调查问卷

尊敬的女士/先生:

您好!我们是××保险公司市场部的调查员,正在进行一项关于外来务工人员保险意识的调研。非常感谢您对我们工作的支持。您的回答正确与否无关紧要,请客观回答问卷中的问题。我们保证对您的个人资料完全保密,请您在百忙之中抽出一点时间,加入我们这场保险意识大调查活动。我们将在调查节后赠送您一份礼品,谢谢您的合作!

Q1 请问您是广州外来务工人员吗?

1. 是(继续访问)

2. 否(中止访问,表示感谢)

Q2 请问您的家人中有在保险公司工作的吗?

1. 有(中止访问,表示感谢)

2. 否(继续访问)

……

问卷调查法是一种以书面形式调查受访者对具体问题的看法和态度,并据此获取相关信息和资料的调查方式。问卷调查是市场调查应用最广泛的方式之一。

1. 问卷基本结构

一般包括说明信、调查内容、编码和结束语四个部分。其中调查内容是问卷的核心部分,是每一份问卷都必不可少的内容,而其他部分则可根据实际需要进行取舍。

(1)说明信或介绍词。说明信或介绍词的功能主要是宣传说服受访者接受问卷调查。说明信或介绍词已应该具备以下内容:

①证明调查人员身份;

②说明调研的重要意义;

③说明为何受访者回答问卷是重要的;

④使受访者确信不存在对或错的回答,确信他的回答将被秘密处理。

(2)调查内容

调查内容是问卷的主体,主要包括问题、问题的回答方法及指导语。

(3)结束语

结束语一般放在问卷末尾,一般用来简要表达对受访者的谢意。

2. 问卷设计的过程

问卷设计一般包括七大步骤:确定所需信息、确定问卷类型、确定问题内容、确定问题类型、问题表述原则、问题布局及问卷排版、问卷预试及定稿。

(1)确定所需信息。调查人员必须在问卷设计前收集开展问卷调查所需要的信息,并决定用于研究分析这些信息的方法。

(2)确定问卷类型。常见的有送发式问卷、邮寄式问卷、人员访问式问卷、电话访问式问卷、网上访问式问卷等,调查人员可根据实际情况,综合考虑使用何种形式的问卷。

(3)确定问题内容。问题内容必须紧扣研究的主题和受访者的实际情况进行确定,必须具有很强的针对性,调查人员通过对这些受访问题的研究分析,可以获取其想要的市场信息。

(4)确定问题类型。主要有自由问答题、封闭式问题、半封闭型问题。

(5)问题表述的原则。应尽量简洁明了,没有歧义,并使用合适的句式。

(6)问题布局及问卷排版。要遵循一定的顺序,先易后难、同类问题集中排序。

(7)问卷预试及定稿。一般要先组织预先测试,并对问卷作进一步修改后正式投入使用。

12.2.6 网络调查法

例 12.10 您好!非常感谢您浏览我们公司的网页。现在我司正在对旗下的保健品进行消费者体验反馈调查,敬请您在百忙之中关注并填写我们的调查问卷,希望得到您的帮助!

网络调查是伴随着互联网的兴趣和广泛普及而被广泛采用的一种调查方法。它不受空间和时间的限制,能够节省大量人力物力。网络调查从 20 世纪 90 年代开始成为一种热门的调查方式。

1. 网络调查的适用范围

(1)针对特定人群进行调查。比如针对中小学生法治教育状况进行调查。

(2)针对特定的产品进行调查。比如针对某一类电子产品、某一款 SUV 的调查。

(3)针对一些社会热点问题或突发问题的调查。比如对食品安全的调查、对社会热点事件看法的调查。

2. 网络调查的常用方法

(1)网站/网页调查。即将设计好的问卷放在企业网站或是其他独立的网页上,通过适当的宣传或采取激励方式引导社会公众在网上填写问卷。

(2)电子邮件调查。将电子问卷直接发送到受访者的电子邮箱,由受访者根据个人意愿作答。

(3)弹出式调查。在网站上设置调查问卷的弹出窗口,邀请广泛网民参加。

(4)网上深层交谈。利用交互式的聊天工具比如微信、QQ 等等。

3. 网络调查的优缺点

(1)优点。

①方便——互联网几乎可以连接世界任何一个角落。

②快速——与其他调查方式相比,可以省去在途时间。、

③降低成本——可以省掉传统调查时很多需要花钱的地方,比如印制调查问卷等。

(2)缺点

①样本对象具有局限性。主要限于网民,网民只是整个消费群体的一部分,主要集中于城市,且以年轻人居多。

②网络安全和保密问题。要确保受访者参与网络调查的安全性,避免暴露个人的隐私资料。

③需要一定的网页制作水平。

12.3　市场预测

12.3.1　市场预测的含义及作用

例 12.11　据国务院常务会议决定,2016 年 12 月 31 日之前,对购买 1.6 升及以下排量乘用车实施减半征收车辆购置税的优惠政策。目前 1.6 升以下乘用车年销量约 1300 万辆,占乘用车比例超过 65%,该消费刺激政策出台,将有望提振汽车行业景气度。预计 2016 年销量有望达 2579 万辆(+4.8%),其中消费属性更强的乘用车销售 2228 万辆(+5.4%),商用车销量企稳回升至 351 万辆(+1.8%)。中国仍处于汽车普及期,需求仍有空间。中国渗透率仅为千人 113 辆,低于成熟市场国家及全球平均水平,汽车普及期的销量增长具备确定性。中国目前人均 GDP 接近日本 70 年代末水平,但千人口汽车保有量只有日本同期的 1/3。从长期来看,伴随经济、道路、能源等条件的持续改善,中国千人口汽车保有量如能接近日本 20 世纪 70 年代末水平,中国汽车保有量有望接近 4 亿辆,中国汽车市场需求长期稳健增长趋势不变。

所谓市场预测,系指企业根据市场调查所获取的信息、数据和资料等,运用科学的方法对市场未来的发展趋势作出客观估计和判断的过程。企业要在市场竞争中取得优势,必须从产品、价格、分销渠道、促销方式等方面制定有效的营销策略。而有效的营销策略取决于对市场相关情况的精准预测。唯有如此,企业才能把握机会,确定目标市场、价格策略、销售渠道、促销策略等。

表 12.7 2016 年分车型销量预测

单位:万辆

	2012	2013	2014	增速(%)	2015	增速	2016	增速
汽车总计	1930	2199	2349	0.068	2460	0.047	2579	0.048
乘用车小计	1549	1793	1970	0.099	2115	0.073	2228	0.054
侠义乘用车	1361	1631	1837	0.126	2005	0.091	2141	0.068
基本型乘用车(轿车)	1075	1201	1237	0.030	1172	−0.053	1079	−0.079
多功能乘用车(MPV)	86	131	192	0.446	211	0.097	243	0.152
运动型多用途乘用车(SUV)	200	299	408	0.365	622	0.525	820	0.318
交叉型乘用车(微客)	189	163	133	−0.184	110	−0.174	86	−0.214
商用车小计	381	406	379	−0.067	345	−0.089	351	0.018
重型卡车	63	77	74	−0.039	55	−0.257	59	0.067
中性卡车	29	29	24	−0.172	20	−0.165	21	0.028
轻型卡车	185	192	167	−0.130	156	−0.066	160	0.025
微型卡车	53	53	53	0	55	0.031	57	0.041
大型客车	8	8	8	0	9	0.084	9	0.049
中性客车	9	9	8	−0.111	8	−0.030	8	0.066
轻型客车	34	39	44	0.128	43	−0.013	38	−0.120

资料来源:中国产业信息网《2016 年中国汽车市场现状分析及发展前景预测》。

作为经济预测最重要、最核心的内容,市场预测一般具有以下重要作用:

1. 市场预测是企业制定经营计划的前提和依据。

企业应该生产什么产品、产品的类型结构、定价、原材料来源、需要什么设备、需要何种技术人员等等各类信息都必须依赖市场预测的结果进行设计。

2. 市场预测能提升企业的竞争能力和市场适应能力。

所谓“知己知彼、百战不殆”。只有在严密、可靠的市场预测的基础上,企业才能采取有针对性的方法和措施,提高技术水平,改进市场营销模式,从而增强自身的竞争优势和市场适应能力。

3. 市场预测能大大提高企业经营决策的科学性。市场预测能为企业经营者决策提供必要的参考依据,从而有效减少了盲目决策和决策失误。

例 12.11 丰田的营销策略

“日本制造”过去是“质量差的劣等货”的代名词,首次进军美国市场的丰田车,同样难逃美国人的冷眼。丰田公司不得不卧薪尝胆,重新制定市场规划,投入大量人力和资金,有组织地收集市场信息,然后通过市场细分和对消费者行为的深入研究,去捕捉打入市场的机会。其具体策略有二:一是钻对手的空子。要进入几乎是“通用”、“福特”独霸的美国汽车市场,对初出茅庐的丰田公司来说,无疑是以卵击石。但通过调查,丰田发现美国的汽车市场并不是铁板一块。随着经济的发展和国民生活水平的提高,美国人的消费观念、消费方式正在发生变化。在汽车的消费上,已经摆脱了那种把车作为身份象征的旧意识,而是逐渐把它视为一种纯交通工具;许多移居郊外的富裕家庭开始考虑购买第二辆车作为辅助;石油危机着实给千千万万个美国家庭上了一堂节能课,美国车的大马力并不能提高其本身的实用价值，再加上交通阻塞、停车困难，从而引发出对低价、节能车型的需求，而美国汽车业继续生产以往的高能耗、宽车体的豪华大型车，无形中给一些潜在的对手制造了机会。二是找对手的缺点。丰田定位于美国小型车市场。即便小型车市场也并非是没有对手的赛场，德国的大众牌小型车在美国就很畅销。丰田雇用美国的调查公司对大众牌汽车的用户进行了详细的调查，充分掌握了大众牌汽车的长处与缺点。除了车型满足消费者需求之外，大众牌高效、优质的服务网打消了美国人对外国车维修困难的疑虑；而暖气设备不好、后座空间小、内部装饰差是众多用户对大众车的抱怨。对手的"空子"就是自己的机会；对手的缺点就是自己的目标。于是，丰田把市场定位于生产适合美国人需要的小型车，以国民化汽车为目标，吸收其长处而克服其缺点，从而取得巨大的成功。

12.3.2 市场预测的类型

1. 按空间范围分

可以分为国内市场预测和国际市场预测：

(1)国内市场预测：包括全国市场、城市市场、农村市场预测。

(2)国际市场预测：包括欧美市场、亚洲市场、非洲市场等。

2. 按时间长短分

可分为短期预测、中期预测、长期预测：

(1)短期预测。一般在一年以内，以日、周、旬、月为时间单位。

(2)中期预测。一般对一年以上、三年或五年以内的市场发展前景进行预测。

(3)长期预测。一般在3年或5年以上。

3. 按预测方法的性质分

可以分为定性预测和定量预测：

(1)定性预测：是指凭借逻辑判断、经验分析和主观推理等方法，对事物未来的发展变化进行推测、判断和评价。

(2)定量预测：是指依据大量准确、完备而系统的数据资料，选择或建立量化的数学模型，通过分析、计算推断出调查对象在未来可能出现的状态和结果。常见的方法有时间序列分析、回归分析法、计量经济模型预测等。

4. 按预测产品层次分

可以分为单项产品预测、同类产品预测、产品总量预测等：

(1)单项产品预测。是指对某一具体产品的市场前景所做得分析和判断。比如，针对小米5型智能手机的市场前景进行分析预测。

(2)同类产品预测。对某一类产品的市场需求变化趋势进行预测。比如，对SUV汽车的市场前景进行预测。

(3)产品总量预测。是对消费者在未来一定时期内，对各种产品需求变动趋势进行总量分析和判断，确保市场供给平衡。

12.3.3 市场预测的内容

1. 市场环境预测

主要是对企业经营环境中的政治因素、经济条件、社会影响、文化水平、竞争结构等外部因素的预测。

2. 市场需求预测

市场需求预测是指一个产品在一定地理区域和一定时期内，在一定销售环境和营销方案下，特定的顾客购买群体愿意购买的总数量。市场需求预测简言之就是需要什么、需要多少。一般包括质和量两方面的预测。质的预测主要是指对商品种类、规格、型号、包装、款式、品牌、商标等变动趋势的预测。量的预测主要是对产品需求数量多少的预测。

3. 市场供给预测

市场供给预测是指在一定时期内可以投放市场以供出售的产品资源。这些产品资源既包括国内生产的，亦包括进口和市场库存的数量。

4. 市场销售预测

属于单项商品预测，主要是对产品销售量、花色、品种、规格、款式等的预测。

5. 产品寿命周期预测

商品寿命周期主要是从销售量、获利能力的变化时来进行分析。

12.3.4 市场预测的主要方法

1. 定性预测方法

是指预测人员根据已经掌握的部分历史资料和直观资料，运用个人的经验和主观判断能力对事物的未来发展作出预测，它侧重于事物的发展性质，适合对于预测对象的数据掌握不充分或情况复杂难以对预测对象进行数量分析的情形。定性预测方法的主要优点是具有较大的灵活性，能够充分发挥人的主观能动性，简便易行、省时省力。定性预测方法的缺点在于只能预测一些简单的事件，主观性较强容易造成因主观错误而引发的偏差。

例 12.12 为预估 2017 年国内空调市场的需求潜量，华南某知名空调生产企业召开销售片区会议，分别估计出明年华南、华东、华北、东北、西南、西北地区彩色电视机的需求潜量为 500 万台、300 万台、220 万台、200 万台、150 万台和 100 万台。

2. 对比类推法

是指预测人员把预测的经济现象或经济指标与其他相类似的现象或指标加以对比分析来推断未来发展变化趋势的一种方法。包括产品类推法、地区类推法、行业类推法等。对比类推法特别适合于新产品开发的预测。

例 12.13 某钢材生产企业通过观察，发现钢材的市场需求与地区基本建设投资具有密切的关系。现已知 2017 年某地沿海某大城市基本建设投资是 220 亿元，钢材销售额可以达到 360 亿元，请估计 2017 年公司生产钢材的市场需求量。

3. 集合意见法

集合意见法是集合企业内部经营管理人员、业务人员等的意见，根据他们的经验和判断共同讨论市场趋势而进行市场预测的方法。集合意见法是进行短期市场预测的常用方法，适用内容有市场开发、市场容量、产品销售量、市场占有率预测。

表 12.8 某食品公司主管会议销售额预测表

主管	零食部	生鲜部	粮食部	推广部
销售额预测(万元)	1400	2600	1200	5800

4. 购买意见预测法

购买意见预测法是指通过一定的调查方法(如抽样调查、典型调查)选择一部分或全部潜在购买者,直接向他们了解预测期购买商品的意向,并在此基础上对商品需求或销售作出估计的方法。

例 12.14　某地产公司为了解市场对小户型需求量的情况,专门组织调查人员针对某市中央商务区(CBD)白领进行抽样调查,了解这一群体的住房现状及需求一项,从而制定商品房户型开发方案。

5. 预购测算法

预购测算法是根据顾客预购订单和预购合同,来推测估计产品的需求量。

例 12.15　某公司为推出新型智能家具组合套装,为预估市场对这一产品的需求量,公司在大规模生产前,专门针对市场进行了一次客户需求预购登记,

6. 消费水平预测法

消费水平预测法是专门用于预测各类消费品需求量的方法。根据消费品的特点不同,可以分为非耐用、一般耐用、高度耐用等三种形式。

例 12.16　据预测,某地区居民消费品购买力在今后5年内每年递增6%,汽车在消费中的比重每年递增10%。目前,该地区居民消费购买力2000亿元,汽车在消费品中的比重为15%,试预测该地区汽车的需求潜量。

7. 回归分析法

回归分析法是描述分析相关因素相互关系的一种数理统计方法,通过建立一个或一组自变量与相关随机变量的回归分析模型,来预测相关随机变量的未来值。采用这种方法需要占有充分的历史数据,预测的准确性还与市场的成熟度密切相关。回归分析法按分析中自变量的个数分为一元回归与多元回归;按自变量与因变量的关系分为线性回归与非线性回归。

一元线性回归模型形式为:$y=a+bx+e$

式中:y 为因变量,即拟进行预测的变量;x 为自变量,即引起因变量 y 变化的变量;a,b 为表示 x 和 y 之间关系的系数;e 为误差项。

例 12.17　2015年某市镀锌钢板消费量为15.32万吨,主要应用家电业、轻工业和汽车工业等行业,2006～2015年当地镀锌钢板消费量及同期第二产业产值如表12.9所示。按照该地区十三五规划,第二产业增长速度预计为12%。请用一元回归方法预测2020年当地镀锌钢板需求量。

8. 指数平滑法

指数平滑法又称指数加权平均法,它是选取各时期权重数值为递减指数数列的均值方法。指数平滑法解决了移动平均法需要 n 个观测值和不考虑 $t-n$ 前时期数据的缺点,通过某种平均方式,消除历史统计序列中的随机波动,找出其中主要的发展趋势。

表 12.9 某市 2006—2015 年当地镀锌钢板消费量及同期第二产业产值

年份	第二产业产值(千亿元)	镀锌钢板消费量(万吨)
2006	1.003	3.45
2007	1.119	3.50
2008	1.260	4.20
2009	1.450	5.40
2010	1.527	7.10
2011	1.681	7.50
2012	1.886	8.50
2013	1.900	11.00
2014	2.028	13.45
2015	2.274	15.32

根据平滑次数的不同，指数平滑有一次指数平滑、二次指数平滑、三次指数平滑和高次指数平滑。一次指数平滑法又称简单指数平滑，是一种较为灵活的时间序列预测方法，这种方法在计算预测值时对于历史数据的观测值给予不同的权重。一次指数平滑法适用于市场观测呈水平波动，无明显上升或下降趋势情况下的预测，它以本期指数平滑值作为下期的观测值，对于时间序列 $x_1, x_2, x_3, \cdots, x_t$，一次平滑指数公式为：

$$x't+1=Ft$$

$$Ft=\alpha xt+(1-\alpha)Ft-1$$

式中 α 为平滑系数，$0<a<1$；

x_t 为历史数据序列 x 在 t 时的观测值；

F_t、F_{t-1} 分别为 t 时和 $t-1$ 时的平滑值。

例 12.18 某商品销售量 5 年的分季资料(见表 12.10)，假设该资料无长期趋势，要求：

(1)设第六年第一季度的销售量为 10 吨，试预测第二季度的销售量；

(2)设第六年上半年的销售量为 27 吨，试预测第三季度的销售量；

(3)设第六年全年的计划销售量为 60 吨，试预测各季度的销售量。

表 12.10 某商品 5 年的分季销售量

单位：吨

年度	第一年度	第二年度	第三年度	第四年度	第五年度
季度	一 二 三 四	一 二 三 四	一 二 三 四	一 二 三 四	一二 三 四
销量	— — 13 18	5 8 14 18	6 10 16 22	8 12 19 25	15 17 — —

12.3.5 市场预测的程序

1. 明确预测目标

进行市场预测的前提是要明确预测的目标是什么。即为什么要进行预测，通过这个预测，要达到什么样的目的。确定预测目标，包括确定预测对象、内容、范围、要求、期限、参加人员、编制预测计划等工作，通常要经过预测目标分析来确定。

2. 广泛收集资料

充分详实的市场信息资料是进行市场预测的基础。确立预测目标后首要的工作就是通过各种方式广泛、深入的收集与本次预测对象有关的各方面的数据和资料。资料收集得越全面，预测的准确性越高。

3. 进行分析判断

进行分析判断主要是对收集来的信息资料进行综合分析和判断推理，用以揭示市场内在的联系和本质规律，这是市场预测的关键性阶段。

4. 选择预测方法并建立预测模型

市场预测方法有很多种，但是具体选用那种方法，需要根据预测的目的和掌握的资料来决定。为确保预测方法的科学性，实践中一般会考虑建立相应的数学模型。

5. 作出预测

根据预测的目标，综合考虑有关资料的结果，在进行定性和定量分析研究的基础上，对市场作出具体预测。

6. 评价预测结果

通过预测模型得出的结果只是初步结果，这一结果还要加以多方面的评价和检验。对预测结果进行评价，一般有理论检验法、资料检验法和专家检验法。

7. 撰写预测报告

把经过评价和修正的预测结果编制成文件或报告，向企业管理层及有关部门公布，供企业和政府决策时参考。

【本章小结】

本章不仅从宏观层面介绍了市场调查的含义及作用、对象及类型、内容、调查步骤等知识点，并从微观层面重点介绍了文案调查法、观察法、访问法、抽样调查法、问卷调查法、网络调查法等特殊的调查方法，并在此基础上对市场预测的相关内容进行了解读。文中使用了大量现实生活中的案例，很多都是当前经济社会发展中出现的最新的一些事物或现象，有利于学生紧密结合当前经济社会发展实际，更好的理解和灵活运用相关理论知识。

【思考练习】

1. 针对珠三角9市智能手机市场占有率情况进行一次问卷调查，并对下一步市场进行预测。
2. 针对广东地区自主汽车品牌发展现状及趋势进行一次访问调查。
3. 针对大学生使用APP情况制作一份网络调查问卷，并公开进行问卷调查。
4. 针对校园考试辅导书籍正版购买情况进行一次抽样调查。
5. 以4人为一小组进行讨论，制定一份市场调查公司设立及运营的企划案。

【参考文献】

1. [美]Philip Kotle. 营销管理[M]. 梅汝和，梅清豪，周安柱，译. 北京：中国人民大学出版社，2001.

2. 董慧玲，介俊. 基于Bass模型对中国私人载客汽车市场预测研究[J]. 北京工商大学学报(自然科学版)，2007，25(4)：63－66.
3. 范云峰. 营销调研策划[M]. 北京：机械工业出版社，2004.
4. 李国强. 市场调查与市场分析[M]. 北京：中国人民大学出版社，2010.
5. 李国强. 市场调查与市场分析[M]. 北京：中国人民大学出版社，2010.
6. 李民，段爱明. 马尔可夫模型的市场预测方法及其应用[J]. 数学理论与应用，2005(3)：121－124.
7. 刘德寰. 现代市场研究[M]. 北京：高等教育出版社，2005.
8. 柳思维. 现代市场研究[M]. 北京：中国市场出版社，2007.
9. 潘晓明，吴建生. 基于遗传算法神经网络集成股票市场预测研究[J]. 广西师范学院学报(自然科学版)，2007，24(1)：77－84.
10. 秦宗槐. 市场调查与预测[M]. 北京：电子工业出版社，2007.
11. 孙国辉. 市场调查与预测[M]. 北京：中国财政经济出版社，2000.
12. 田志龙. 市场研究：基本方法、应用与案例[M]. 武汉：华中科技大学出版社，2005.
13. 王建华. 实用医学科研方法[M]. 北京：人民卫生出版社，2003：444，445，447.
14. 魏玉艺. 市场调查与分析[M]. 东北财经大学出版社，2007.
15. 叶叔昌，邱红彬. 营销调研实训教程[M]. 武汉：华中科技大学出版社，2006.
16. 殷光伟. 中国股票市场预测方法的研究[D]. 天津大学，2003.
17. 张海霞. 市场调查与分析[M]. 北京：中国金融出版社，2016.
18. 张海霞. 市场调查与分析[M]. 北京：中国金融出版社，2016
19. 张小芳. 市场调查法在房地产投资决策中的应用分析——以某项目为例[J]. 中国证券期货，2012(02)：128.
20. 赵轶. 市场调查与预测[M]. 北京：清华大学出版社，2007.
21. 朱胜. 市场调查方法与应用[M]. 北京：中国统计出版社，2004.

第 13 章　病例-对照研究与队列研究

【目的要求】

了解病例-对照研究及队列研究的分析指标及方法，样本含量的估算。

熟悉病例-对照研究及队列研究的实施步骤，主要的偏倚及其控制。

掌握病例-对照研究及队列研究的基本原理、研究对象的选择方法及优缺点。

13.1　病例-对照研究

例 13.1　某课题组在 2014 年对成年人抑郁症与是否独身的关系进行了研究，得到如下资料，问独身是否为抑郁症的危险因素？

表 13.1　成年人抑郁症与是否独身的关系

是否独身	抑郁症患者	未患抑郁症	合计
是	34	28	62
否	26	50	76
合计	60	78	138

【问题 13.1】

(1)该研究采用何种设计？

(2)欲了解独身是否为抑郁症的危险因素应如何分析？

【分析】

(1)本研究是对抑郁症患者(病例)和未患抑郁症者(对照)调查其暴露于是否独身这个可能危险因素的情况，进而探索该因素与患抑郁症间是否有关联，因此属于典型的病因(危险因素)探索方法，即病例-对照研究(case-control study)。

(2) 本资料是成组设计的资料，应该采用成组设计资料的相应方法进行分析。欲回答上述问题，需要求出优势比 *OR* 值，但是此 *OR* 值仅是一个样本指标，还需要作假设检验或者估计置信区间，才可以最终回答问题。

13.1.1　病例-对照研究概述

病例-对照研究(case-control study)是最常用、最基本的一种分析流行病学研究方法，其发展历史最早可追溯到 19 世纪中叶。20 世纪中叶以来，随着统计学、计算机应用及其他相关学科的相互渗透，病例-对照研究的概念与理论方法日臻完善，在经典的病例-对照研究基础上衍生出若干种新的方法，克服了病例-对照研究方法的局限性。近年来，病例-对照研究得到了越来越广泛的应用，从疾病危险因素的筛选到健康人群影响因素的研究，从宏观的暴露因素分析到微观的生物标志与疾病探讨，从病因探索到疗效评价或者疾病干预措施评价等方面均显示出其独特的优势。

1. 概念

病例-对照研究是按照研究对象是否具有某种疾病或出现某种特定的健康结局，将研究对象分为病例组和对照组，分别追溯两组人群过去对某个或某些可疑病因的暴露情况，比较两组暴露率或暴露水平的差异，以推测疾病或条件与这些因素间有无关联及关联强度大小的一种观察性研究，是收集研究对象过去的暴露情况，在时间顺序上是逆向的，亦称为回顾性研究(retrospective study)。但并不是所有的回顾性研究都是病例-对照研究。

2. 基本原理

病例-对照研究是指一种在疾病或健康结局发生之后，追溯其可能的病因或有关因素的方法，其基本原理如图 13.1 所示。

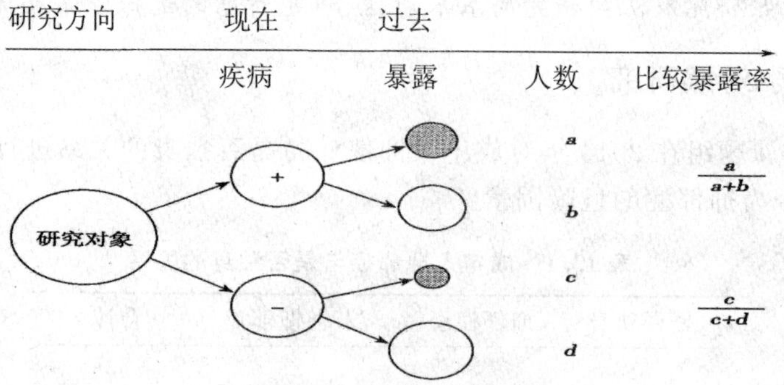

图 13.1 病例-对照研究基本原理

病例组的暴露率为[a/(a+c)]，对照组的暴露率为[b/(b+d)]，如果两组暴露率的差别有统计学意义，研究中又无明显偏倚或在评估各种偏倚对结果的影响后，则暴露和疾病可能有关。当[a/(a+b)]>[c/(c+d)]时，提示该暴露因素可能是疾病的危险因素；当[a/(a+b)]≥[c/(c+d)]时，提示该暴露因素可能是疾病的保护因素。但病例-对照研究所得到的这种联系可以是因果关系，也可以是伴随关系，要进一步区分这两种关系，需再借助病因推断技术，并结合其他学科研究结果，才能达到验证疾病病因假说的目的。

病例-对照研究中的“病例”可以是某疾病的患者，或者某病菌的感染者，或具备某条件(如健康、有效、痊愈、死亡、发生某药物副作用等)的人，“对照”可以是未患该病的人，或不具备某条件的人。“暴露”(exposure)是指研究对象曾经接触过某些因素，或具备某些条件，或处于某种状态。这些因素、条件或状态即为暴露因素，如饮酒、吸烟、人的性别、年龄、职业、身高、体重、血型以及某些生理生化指标，外界化学物质或物理因素等等。暴露因素(也叫研究变量 variable)可以是有害的，也可以是有益的。

3. 基本特点

根据病例-对照研究的概念和基本原理可见，该研究方法具有以下特点：

(1)属于观察性研究。研究者客观地收集研究对象既往对某个(或某些)因素的暴露情况，收集的暴露因素是自然存在而非认为控制的，因此该研究方法属于观察性研究方法。

(2)设立对照组。设有与病例组具有可比性的对照组。

(3)由果推因。研究开始时已有确定的结果,进而追溯可能与结果相关的因素,即从所研究结果(果)与过去的暴露因素(因)的关联性来推断暴露与结果发生的关系,是一种由果推因的研究。

(4)无法确定因果关系。病例-对照研究从时序上说,是由果到因的研究,一般不能证实暴露因素与疾病之间的因果联系,只能探索疾病的危险因素以及初步检验病因假设。

4. 应用范围

(1)广泛探索影响因素从众多与疾病或健康状态相关的可疑因素中,筛选相关因素。不仅可用于疾病病因的研究,还可用于疾病以外的事件与相关因素的研究。如对病因不明的疾病,可广泛从机体内外诸多因素中筛选可疑的危险因素,可从家族遗传史、个人既往病史、生活史、职业史等方面进行筛选。又如研究老年人生活质量、中学生行为问题、意外伤害等事件的相关因素的研究等等。

(2)深入检验病因假说在描述性研究或探索性病例-对照研究初步形成了病因假说的基础上,可进一步利用精心设计的病例-对照研究加以检验。如在发现吸烟与肺癌有关的基础上,深入调查吸烟量、吸烟年限、吸烟方式等有关吸烟的详细情况,以验证吸烟与肺癌有关的病因假说。同时利用病例-对照研究所获得的明确线索,可进一步开展前瞻性队列研究或流行病实验的现场研究,以证实该假说。

(3)指导临床实践同一疾病可能有不同的结局,同一药物应用于临床后也可有不同的临床疗效和副作用。此时可将发生某种临床结局/发生某种临床疗效或副作用者作为病例组,未发生以上反应者为对照组,作病例-对照研究,可回顾性分析产生不同结局的有关因素,或分析不同疗效或者副作用的影响因素,从而采取有效措施,改善疾病的预后或临床疗效,减轻副作用的发生,更好的指导临床实践。比如孕妇服用反应停与海豹儿的研究(副作用研究),肿瘤生存期长短影响因素研究(疾病预后研究)等等。

13.1.2　病例-对照研究基本类型

病例-对照研究通常采用匹配设计和非匹配设计两种方法。

1. 非匹配病例-对照研究

又称为成组病例-对照研究,在设计所规定的病例和对照的人群中,分别抽取一定数量的研究对象,该设计一般要求对照人数应等于或多于病例人数,除此之外,在选择对照时没有其他任何限制与规定。这种方法较匹配设计法容易,但混杂因素不易控制。例如,欲探讨某社区 35 岁以上人群慢性肾病的危险因素,可在该社区分别随机抽取 35 岁以上的慢性肾病患者和非患者的部分代表性人群作为研究对象进行研究。

2. 匹配病例-对照研究

匹配(matching)又称配比,是选择对照的一种方法,即要求对照在某些因素或特征上与病例保持一致,这些用来匹配的因素或特征称为匹配因素或匹配条件,例如年龄、性别、居住地等。匹配的目的是对两组进行比较时以排除匹配因素的干扰,从而更准确地说明所研究因素与疾病的关系,提高研究的效率。因此,在条件允许时尽可能选择匹配的方式选择对照。

根据匹配的方式不同,可分为成组匹配和个体匹配两种形式。

(1)成组匹配。病例-对照研究成组匹配(category matching)又称频数匹配(frequency matching),是指要求匹配的因素或特征在对照组中所占的比例与在病例组中的一致或相近,即病例组与对照组之间某些因素(或特征)的分布一致或接近。如病例组男女各半,则对照组中也应如此。

(2)个体匹配。病例-对照研究个体匹配(individual matching)是指以病例和对照的个体为单位进行匹配。该匹配方法是指按照匹配因素为每一病例配上 1 个或 1 个以上适宜的对照。如果 1 个病例选择匹配 1 个对照,则称为 1∶1 匹配或配对(pair matching),如果对照易得而病例罕见时,也可以 1 个病例匹配多个对照,如 1∶2,1∶3,…,1∶R。由于超过 1∶4 匹配时研究效率增加缓慢且增加工作量,还可能造成过度匹配,故一般对照最多可设为 4 名。

除上述两种类型外,病例-对照还衍生了多种改进的、非上述传统意义的病例-对照研究方法。目前常用的有巢式病例-对照研究(nested case-control study)、病例—队列研究(case-cohort study)、病例交叉研究(case-crossover design)、单纯病例研究(case only study)等。

13.1.3 病例-对照研究的设计和实施

同其他研究方法一样,病例-对照研究的一般步骤见图 13.2,具体实施过程如下:

图 13.2 病例-对照研究的一般研究步骤

1. 提出病因假设

根据所研究的疾病分布的特点或现况调查的相关结果,在广泛查阅文献的基础上,提出病因假设。

2. 制定研究计划

根据研究目的制定出周密的研究计划,计划主要内容包括:明确研究目的、确定研究类型、确定研究因素、选择研究对象、估计样本含量、确定具体调查内容、设计问卷及控制偏倚的措施、确定资料收集与分析方法和预期分析指标、质量控制以及组织计划与经费预算等。在此过程中,应特别关注以下内容。

(1)确定研究目的与类型

根据疾病发生的特点、既往研究的内容或临床工作中需要解决的问题,结合文献查阅结果,提出明确的研究目的。

根据研究目的进一步确定适宜的研究类型:①如果研究目的是广泛探索疾病的危险因子,可以采用不匹配或频数匹配的病例-对照研究方法;②根据病例的数量选择研究类型,如果所研究的是罕见病,或所能得到的符合规定的病例数很少,例如 10～20 例,则选择个体匹配方法;③以较小的病例样本量获得较高的检验效率,可选择 1∶R 的匹配方法,R 越大,效率越高(但不宜超过 4);④根据对照与病例在某些重要因素或特征方面的可比性要求,比如病例的年龄、性别构成特殊,随机抽取的对照组很难与病例组均衡可比,以选择个体匹配为宜。

(2)确定研究因素

①研究因素的选择。根据研究目的或具体目标确定研究因素(或变量)。一般在对某类疾病进行初次研究时,调查因素可以广泛些,但也应有重点。若为了重复验证病因假说,研究因素应精选,且应在此因素的广度和深度上下功夫。多因素疾病应将危险因素与保护因素都考虑到。

②研究因素的规定。研究因素一旦确定以后,必须对每项研究因素的暴露或暴露水平作出明确而具体的规定。尽可能采取国际或国内统一的标准,如吸烟规定为每天吸烟至少一支且持续一年以上,否则不视为吸烟,又如年龄的规定为实足年龄等。涉及某些生物学指标的测定方法、结果判断等,均应有明确统一的标准。研究者也可根据实际情况作出具体的、操作性较强的规定。

③研究因素的测量与收集。所研究因素应是过去暴露且易于测量的。因素的测量能定量的尽量定量,不能定量的也应尽可能定级,这样利于以后的分析。研究因素的收集方法主要有面访、电话访问、信访、查阅记录、现场观察及环境和人体生物学材料的检测等。收集的资料是否准确可靠关系到研究结果和结论的真实性。

(3)确定研究对象

进行病例-对照研究时,病例组和对照组的正确选择是该研究成败的关键,尤其是对照的选择。在实际工作中,要求两组必须有较好的代表性,即病例组足以代表人群中所有的某病病例,而对照组则能代表其所出自的总体。

病例的选择原则:

①诊断明确:病例-对照研究中的病例是指患有所研究疾病且符合研究入选标准的人。因此,必须对所研究疾病的诊断标准作出明确的规定,疾病的诊断标准应客观、具体、可操作性强,尽可能按国际或国内统一标准执行,以便与他人的工作比较。对于无明确诊断标准的疾病,可根据研究的需要制定明确的定义,应尽量采用灵敏度与特异度均较理想的方法作为疾病诊断的执行标准。

②尽量选择新发病例(incident case):选择新发病例的优点在于,由于病例患病的时间较短,对有关暴露的回忆比较清楚,提供的信息较为准确可靠,病案和有关疾病的各种信息易于获得,但收集新发病例花费时间长,费用大,尤其是发病率低的疾病。与新发病例想比,现患病例的收集需要时间较短,但现患病例对暴露史的回忆因患病时间较长而易发生偏差,难以区分暴露和疾病的时间顺序,而且容易掺入疾病迁延及存活的因素;而选择死亡病例进行研究,费用低,出结果快,得出的信息对进一步深入研究有一定的帮助,但因暴露情况是由询问亲属或其他人、或经查阅历史资料和记录获得,所获资料准确性较差。一般认为,如果条件许可应尽可能选择新发病例。

此外,为使两组具有较好的均衡性,排除非研究因素对结果的干扰,可对研究对象的某些特征(如性别、年龄、民族等)作出规定或限制。

病例的来源:

①来自医院:即以医院为基础(hospital-based),病例可以是门诊病人或住院病人,也可以是已经出院甚至死亡的病人。其优点是方便可行,节省费用,合作性好,信息较完整、准确,对于罕见病有时是唯一可行的方法,但从医院选择病例容易发生选择偏倚,为避免这一

偏倚，病例应尽可能选择不同地区、不同水平的综合医院。

②来自社区：即以社区为基础（community-based）。从社区人群中选择病例时，可以利用疾病监测资料或居民健康档案选择合格的病例，对于常见病也可以组织专门的调查（普查、抽样调查），从社区居民中发现该病的病例。其最大优点是代表性较强，对照的选择简单，但工作量和工作难度均较大，可行性差。

对照的选择：

病例-对照的对照是指未患所研究疾病的人，即按照所研究疾病的诊断标准判定的非患者。对照的选择是否恰当是病例-对照研究成败的关键之一。选择对照应遵循代表性原则，即所选择的对照应能代表目标人群暴露的分布情况，最好是全人群的一个无偏样本，或是产生病例的靶人群中全体未患该病人群的一个随机样本，此外，对照组和病例组除研究因素外，其他有关因素的特征（年龄、性别等）应尽可能的相同或相似，以保证对照与病例具有可比性。如进行某社区 40 岁以上女性糖尿病危险因素的研究，对照应为该社区人群中同龄女性非糖尿病者的随机样本。

病例-对照中的匹配：

①匹配的目的。主要是提高研究效率，其次是控制混杂因素的干扰。因此，在条件许可时尽可能采取匹配的方式选取对照。

②匹配的前提。匹配变量必须是已知的混杂因素（confounding factor），或至少有充分理由怀疑的混杂因素，否则不应匹配。

③匹配的注意事项。

首先，避免匹配过头（over matching）。匹配因素应当根据研究的疾病而定，并不是越多越好。欲作为病因探索的因素不可作为匹配因素。如果将不起混杂作用的因素作为匹配变量进行匹配，企图使病例与对照尽可能一致，不仅会丢失某些重要信息，而且会增加选择对照的难度和工作量，这种情况被称为匹配过头。比如，在研究吸烟与心血管疾病关系时，将血脂水平这一研究因素（吸烟）与疾病（心血管疾病）因果链上的中间环节进行匹配，将低估或忽略吸烟与心血管疾病的关联性。

其次，匹配在提高统计效率的同时也付出了一定的代价。一方面，某些因素匹配后，尽管它们对研究结果不再有影响，但同时也失去了了解这些因素与疾病之间或其他因素间的相互联系。另一方面，也增加了相应的费用和难度。

对照的来源：

①医院对照：选择和病例同一或多个医疗机构中其他疾病的患者，实际工作中常采用这种对照。其优点为易于选取，合作性强，且可利用档案资料，但代表性较差，容易产生选择偏倚。为避免此偏倚，应尽可能选择多个医院、多科室、多病种的病人作对照。

②人群对照：从病例产生的一般人群中选择对照。其最大优点是代表性强，但实施难度大，费用高，无应答率较高。

③病例的配偶、同胞、亲戚、同学或同事等：以朋友对照可能有助于控制社会经济地位的混杂作用。当考虑到排除某些环境或遗传因素对结果的影响时，以亲戚、配偶作对照不失为一种可取方法，如同胞对照有助于控制早期环境影响和遗传因素的混杂作用，配偶对照则可控制某些环境因素对结果的干扰。这种对照易选且比较合作，但代表性较差。

不同的对照各有优缺点，在实际工作中，可以选择多组对照，如既选择医院的病人，又选择亲属或邻居作为对照，以弥补各自的不足。这样不仅扩大了对照的来源，而且有助于减少偏倚，增加代表性。

(4)样本含量估计

病例-对照研究中足够的样本量是获得预期结果的必要条件和保证，样本含量的估计是研究设计的必要步骤。

影响样本含量的因素：

① 研究因素在对照人群(对照组)中的估计暴露率 p_0；一般来说，病例组与对照组暴露率之差($d = p_1 - p_0$)，样本含量与 d 呈反比，暴露组与对照组发病率之差越大，所需样本含量越小。

② 研究因素与疾病关联强度的估计值，即相对危险度(RR)或暴露的比值比(OR)。α、β 和 p_0 一定时，OR 或 RR 的估计值越远离 1，即研究因素与疾病的联系强度越大，所需的样本量越小。

③ 检验水准 α 值，样本含量与 α 呈反比，α 越大，n 越小，常取 $\alpha = 0.05$ 或 0.01。

④ 检验功效或把握度 $1-\beta$，样本含量与$(1-\beta)$呈正比，$(1-\beta)$越大，则 n 越大，常取 $\beta = 0.10$，有时用 0.20。

样本含量估计时需要注意：

①样本含量的估计是有条件的，而这些条件并非一成不变，因此，所估计的样本含量并非绝对精确的数值；②样本量并非越大越好，样本量过大，常会影响调查工作的质量，增加负担和费用；③在总的样本量相同的情况下，病例组和对照组样本含量相等时研究效率最高；④不同研究设计的样本大小的计算方法不同。

3. 收集资料

对病例-对照研究而言，主要是利用专门设计的问卷以面对面的形式询问调查对象填写问卷而收集资料。有时也可以采用通讯调查方法、查阅已有资料(如医院病案记录、疾病登记报告、健康体检记录、职业史档案等)或收集研究对象的生物样本(如血样、尿液、痰等)进行实验分析得到的资料等，作为问卷调查的补充。

但无论何种资料，用何种方法收集，病例与对照的收集方法均应一致，调查全过程应实行质量控制，以确保收集到的资料准确与完整。如抽取一定比例的样本进行重复调查，通过一致性检验评价调查的可靠性。再如培训调查员与预调查，即根据调查目的制定同一标准的培训手册和工作手册，对调查员进行严格培训，以确保调查方法的规范化。正式调查前应先进行小样本的预调查，调查后应对整个研究计划(尤其是调查问卷)提出修改和完善的意见和建议。修改完毕后，正式调查必须按已修改过的问卷或调查方式进行，不得随意更改。

4. 资料的整理和分析

(1)资料的整理对收集到的第一手资料进行审核、纠正、验收、归档的一系列过程，目的是保证资料尽可能的完整和高质量。确保资料无误后，再进一步对资料进行分组、归类、编码录入计算机，目的是使原始数据系统化、条理化，为下一步统计分析作准备。

(2)资料的分析

流行病学统计学分析内容偏重于因素的效应估计与因果关联分析，其基本分析方法就是比较病例与对照中暴露的比例，计算出暴露的优势比，由此估计暴露与疾病的联系程度。主要的分析方法包括统计描述和统计推断，本节仅对相应方法作简要阐述，具体分析方法见本书第16章。

(1)统计描述：描述研究对象的一般特征（研究对象的性别、年龄、职业、疾病类型等，一般以均数或构成比表示）、均衡性检验（检验两组或多组资料的可比性，常采用 t 检验、方差分析、卡方检验等）。

(2)统计推断：主要分析暴露与疾病的统计学关联，确定关联强度的大小和检验各相关因素的假设检验，包括未匹配或成组匹配病例-对照研究资料的分析、匹配病例-对照研究资料的分析、分层资料的分析、分级暴露资料的分析。常用的计算指标为比值（odds，指接触某危险因素的暴露频率与非暴露频率的比值）和比值比（odds ratio，OR，指病例组与对照组暴露某一事件的比值的比值）。常用的统计分析方法为卡方检验（单因素分析）和 logistic 回归（多因素分析）。

13.1.4 病例-对照中常见的偏倚及其控制

病例-对照研究是一种回顾性的观察性研究，因此在研究实施过程中不可避免的会受到多种因素的影响，导致研究结果与真实情况之间出现差异，即产生了偏倚（bias）。偏倚的存在歪曲了研究因素与疾病的真实关系，一项完全没有偏倚的研究很难做到，但可以通过严谨的设计和细致的分析以识别、减少和控制偏倚。在病例-对照研究中常见的偏倚有选择偏倚、信息偏倚和混杂偏倚。

1. 选择偏倚

选择偏倚（selection bias）主要产生于研究的设计阶段，特别易发生于以医院为基础的病例-对照研究中，是由于研究对象的选择不当造成的，即选入的研究对象与未入选的研究对象在某些特征上存在差异而引起的误差。在病例-对照研究中，主要表现为病例不能代表目标人群中病例的暴露特征，或对照不能代表目标人群暴露的特征。常见的选择偏倚有以下几种：

(1)入院率偏倚（admission rate bias）：也叫伯克森偏倚（Berkson bias）。在以医院为基础的病例-对照研究中常发生这种偏倚。从医院选择病例和对照时，由于具有某种特征的人的住院率常因病种不同而不同，所选择的病例和对照代表性均不好，这样就有可能造成这类特征与疾病相关的假象，因此，在设计阶段应尽量随机选择研究对象，在多个医院选择对象等方法以减少此类偏倚。

(2)现患病例—新发病例偏倚（prevalence-incidence bias）：也称奈曼偏倚（Neyman bias）。病例-对照研究中的研究对象常常选自现患病例（即存活病例），这样能获得更多的信息，但其中得到的暴露信息可能与存活有关而与发病无关，或者是由于疾病而改变了原有的一些暴露特征（如生活习惯），与新发病例所提供的暴露信息有所不同，其结果可能将存活因素等作为疾病发生的影响因素，夸大或缩小了研究因素与研究疾病的真实关系。因此，调查时应尽可能选择新发病例；有可能时应做队列研究，并将暴露的程度、暴露时间和暴露结局联系起来做结论，这样可以减少此类偏倚的程度。

(3)检出症候偏倚（detection signal bias）：也称暴露偏倚（unmasking bias）。指某因素虽不是某疾病的病因，但其存在会引起某些体征或症状的出现，病人常因这些与疾病无关的症状而就医，从而提高了早期病例的检出率，致使过高地估计了暴露程度而产生的系统误差。因此，可以延长病例收集的时间，使其超过疾病由早期向中、晚期发生的时间，则检出病例中暴露者比例趋向正常，可使偏倚得以纠正。

2. 信息偏倚

信息偏倚(information bias)或称观察偏倚(observation bias)或测量偏倚(measurement bias)，主要发生于研究的实施过程中。这种偏倚是在收集整理信息过程中由于观察或测量暴露与结局的方法有缺陷，使病例组和对照组获得不同的信息而造成的系统误差。常见的信息偏倚有：

(1)回忆偏倚(recall bias)：由于研究对象对暴露史或既往史回忆的准确性和完整性存在系统误差而引起的偏倚。病例-对照研究主要依据研究对象对过去暴露史的回忆而获取信息，因此这种偏倚是病例-对照研究中最常见和最严重的偏倚之一。回忆偏倚的产生与调查时间和事件发生的时间间隔、事情的重要性、调查者的询问方式、询问技巧等有关。选择不易忘记的重要指标做调查，并重视问卷的提问方式和调查技术，将有助于减少此类偏倚。

(2)调查偏倚(investigation bias)：可来自于调查者或调查对象双方。病例与对照的调查环境与条件不同(如在时间、地点、态度等)或调查技术、调查质量不高或差错以及仪器设备的问题均可产生这种偏倚。因此，在调查时尽量采用客观指征，选择合适的人员参与调查，认真培训调查员，统一调查标准，使用仪器前应校准，采取小样本复查等方法做好质量控制，将有望减少此类偏倚。

3. 混杂偏倚

疾病的发生是多因素长期综合作用的结果，因素与因素、因素与疾病之间的作用是很复杂的。当探讨研究因素与某种疾病的关系时，某个既与疾病有关联又与暴露有关联的因素(称为混杂因素，confounding factor)可能掩盖或夸大了研究因素与研究疾病之间的关系，这就产生了混杂偏倚(confounding bias)。在病例-对照研究中常涉及众多研究因素，混杂偏倚的产生在所难免。通常在研究的设计阶段，可用随机化、限制和匹配的方法来控制混杂偏倚的产生；在资料的分析阶段，可用标准化、分层分析及多因素分析的方法分析和控制混杂偏倚。

13.1.5　病例-对照研究的优缺点

1. 优点：①适用于罕见的、潜伏期长的疾病研究。②病例-对照研究需要的样本量较小，因此，工作量小，相对更节省人力、物力、经费和时间，并且较易于组织实施。③适用于多种暴露因素与某一种疾病关联的研究，也可进行多种因素间交互作用的研究。④不仅应用于病因的探讨，也可用于研究药物不良反应、疫苗免疫学效果的考核及暴发调查等。

2. 缺点：①所需样本量大，因此不适用于研究人群中暴露比例很低的因素。②选择对象时，难以避免选择偏倚，获取既往信息时，难以避免回忆偏倚。③不能直接计算暴露组与非暴露组的发病率，只能推算比值比即相对危险度，且难以确定暴露与疾病的时间先后顺序，因此，一般无法直接推导因果关系的结论。

13.2　队列研究

例 13.2　Beasley 等对 22707 名台湾政府雇员的 HbsAg 进行了普查，发现阳性为 3454

名，阴性为19253名。追踪观察3年，发现阳性组中40名患肝癌，阴性组中1名患肝癌。

【问题13.2】

(1)这是什么研究方法？

(2)能否说明HbsAg是肝癌的一个危险因素？

【分析】

(1)本研究是对HbsAg阳性(暴露)和HbsAg阴性(非暴露)研究对象追踪观察3年后是否患肝癌的情况，进而探索该因素与患肝癌的因果关联情况，因此属于典型的由因及果的病因(危险因素)验证方法，即队列研究(cohort study)。

(2)本资料是成组设计的资料，应该采用成组设计资料的相应方法进行分析。欲回答题的问题，可先计算发病率，然后需要求出相对危险度*RR*值，但是此*RR*值仅是一个样本指标，还需要作假设检验或者估计置信区间，才可以最终回答问题。

13.2.1 队列研究概述

队列研究(cohort study)也称为前瞻性研究(prospective study)、发病率研究(incidence study)、随访研究(follow-up study)或暴露对照研究(exposure control study)等。19世纪中叶，队列研究的雏形出现在一些传染病的调查中，例如John Snow著名的霍乱调查。二战结束后，队列研究方法得到迅速广泛的应用，开始被接受为一种重要的研究技术。目前，队列研究是分析流行病学的重要研究方法，它可以直接观察对危险因素的不同暴露状况人群的结局，从而探讨危险因素与所观察结局的关系，其检验效能优于病例-对照研究，因此，广泛用于检验病因假设。

1. 概念

队列研究是指选择一个尚未发生所研究疾病的人群，按是否暴露于该研究疾病的某可疑因素或暴露程度分为不同的亚组，追踪观察两组或多组研究对象结局(如发病率、死亡率等)的情况，比较各组之间结局发生率的差异，从而判定该暴露因素与该结局之间有无因果关联及关联程度大小的一种观察性研究方法。

队列(cohort)原指古罗马军团中的一个分队，流行病学家加以借用，表示具有某种共同经历或共同状态和特征的一组人群。队列研究中研究对象通常包括暴露组和非暴露组两个队列，例如吸烟与肺癌关系队列研究中的吸烟组和不吸烟组。根据研究对象进出队列的时间不同，队列又可分为两种：一种叫固定队列(fixed cohort)，是指观察对象都在某一时刻或一个短时期之内进入队列并对其随访观察至观察期结束为止，即在整个观察期内队列成员是相对固定的；另一种叫动态队列(dynamic cohort)，即在整个观察期内，原有的队列成员可以不断退出，新的观察对象可以随时进入，即整个观察期内队列成员不是固定的。这两种队列结局频率的计算方法不同。

2. 基本原理

队列研究的基本原理是在某一特定人群中，根据目前或过去某个时期是否暴露于某个待研究的因素，将研究对象分为暴露组和非暴露组，或按不同的暴露水平将研究对象分成不同的亚组，如低暴露组、中暴露组和高暴露组，对两组或多组人群进行随访、追踪，观察各组人群待研究结局(如疾病、死亡或其他健康事件)的发生情况，比较各组结局的发生率，从而判定暴露因素与结局的发生有无关系及关联的大小。如果暴露组与非暴露组之间某结局发生率的差异有统计学意义,研究中又不存在明显的偏倚,则可推测暴露与结局之间可能存在因果关系。其基本原理示意图见图 13.3。

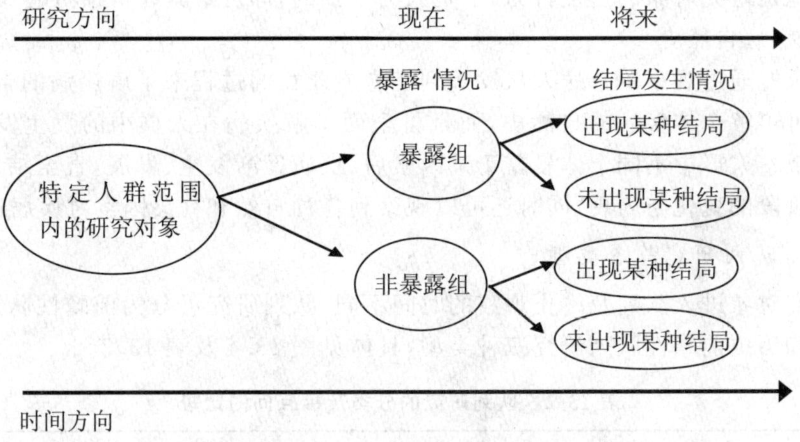

图 13.3 队列研究原理示意图

3. 基本特点

根据队列研究的基本原理,可以归纳出队列研究的四个特点:

(1)观察性对照研究。队列研究是按有无暴露或暴露的水平将研究对象进行分组,所研究的可疑暴露因素不是人为给予或随机分配的,而是研究之前就在研究人群中客观存在或自然形成的,研究结局也是在非干预情况下产生的,因此,队列研究是基于观察人群自然暴露于所研究因素后疾病或健康状态变化规律的研究。

(2)前瞻性研究。在队列研究开始时,入选的研究对象都没有发生所研究的疾病等结局,通过随访、前瞻性观察一段时间以后发现病例或其他结局发生的情况。在时间上是前瞻性的。

(3)一因多果。在队列研究中一般一次研究暴露只能有一种,但所收集到的结局可以是多个,这样就可以比较同一暴露状态下,不同结局的发生频率的差异,即一次研究可以同时研究一种因素与多个结局的关系,但应注意同时研究结局不宜大于 3 个结局。

(4)由"因"到"果"。能确证暴露和结局的因果关系队列研究是从"因"到"果"的研究,即疾病发生之前已确立了研究对象的暴露状况,纵向观察其结果,在病因推断上合乎先因后果的逻辑推理顺序,能计算出结局的发生率,估计暴露人群发生某结局的危险程度,因此能确证暴露与结局的因果联系。

4. 应用范围

(1)验证病因假设

队列研究能确证暴露与疾病的因果关系,检验病因假说的能力较强,因此检验病因假设是队列研究的主要目的和用途。队列研究一次队列研究可以只检验一种暴露与一种疾病之间的因果关联(如吸烟与肺癌),也可同时检验一种暴露与多种结局之间的关联(如可同时检验吸烟与肺癌、心脏病、慢性支气管炎等多种疾病的关联)。

(2)评价预防效果

有些暴露有预防某结局发生的效应，即具有预防效果。如大量的蔬菜摄入可预防结肠癌能发生，接种疫苗可以预防传染病的发生，戒酒可减少酒精性肝硬化发生的危险等，如果这些预防措施是研究对象的自发行为，不是人为干预的，即可对其评价预防的效果。

(3)研究疾病自然史

临床上只能通过观察单个病人从发病到痊愈或死亡的过程来了解疾病的自然史。而队列研究不但可了解个体疾病的自然史，而且可全面了解疾病在人群中的发生发展过程。队列研究可以观察人群中不同个体暴露于某因素后，疾病逐渐发生、发展，直至结局的全过程，包括亚临床阶段的变化与表现，同时还可以观察到各种自然和社会因素对疾病进程的影响。

13.2.2 队列研究基本类型

依据研究对象进入队列及终止观察的时间不同，队列研究可分为前瞻性队列研究、历史性队列研究和历史前瞻性队列研究三种类型，具体见图 13.4 及表 13.2。

表 13.2 队列研究的分类及相互间的比较

分类	前瞻性队列研究	历史性队列研究	双向性队列研究
研究过程	在研究开始时，结局还未出现，研究者根据研究对象的暴露状况，将研究对象分组，然后随访一段时间前瞻性观察疾病的发生情况。	研究开始时，结局已经出现，研究者根据已掌握的有关研究对象在过去某个时点暴露状况的历史材料来对研究对象分组，然后回顾性收集已有的暴露资料。	在历史性队列研究之后，继续前瞻性观察一段时间，是将前瞻性队列研究与历史性队列研究结合起来的一种设计模式。
优点	资料偏倚较小，结果可信。	省时、省力、出结果快。	兼有上述二类的优点。
缺点	观察时间长、花费大。	资料积累时未受研究者控制，内容上未必符合要求。	一定程度上弥补了相互的不足。
起点	现在→将来	过去→现在	过去→现在→将来

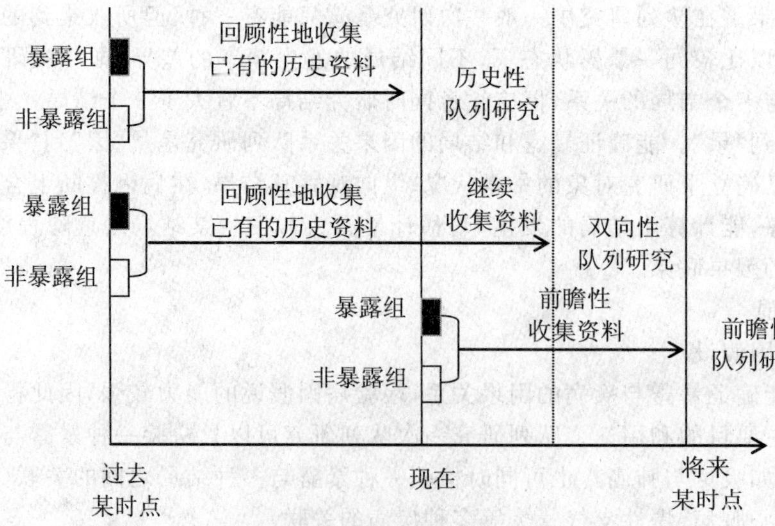

图 13.4 队列研究的分类示意图

13.2.3 队列研究的设计和实施

开展队列研究之前研究者需通过临床观察、现况调查、病例-对照研究或其他类型的研究，在获得足够的证据证明某个或某些暴露因素与疾病之间存在关联的情况下，才考虑进行队列研究。

1. 研究因素的确定

由于队列研究是一项费时、费力、费钱的研究，因此，队列研究中研究因素的确定至关重要，直接关系到研究的成败。研究因素(暴露因素)通常是在描述性研究和病例-对照研究的基础上确定的。在研究中要明确定义暴露因素，可通过查阅文献或询问专家，或根据自己的研究目的及结果精确度要求来确定暴露因素的定义。一般要从定性和定量两个角度考虑。如果为定量暴露因素，除了暴露水平外，还应考虑暴露时间，以估计累计暴露剂量。同时还要考虑暴露的方式，如间歇暴露或连续暴露、直接暴露或间接暴露、一次暴露或长期暴露等。研究一旦实施，暴露因素定义不可更改。暴露的测量应采用敏感、精确、简单和可靠的方法。

除了要确定主要暴露因素外，还应确定需要同时收集的其他相关因素，包括研究对象的人口学特征和各种可疑的混杂因素，以利于对研究结果进行深入分析，排除混杂偏倚对结果的影响。

2. 确定研究结局

研究结局也称结局变量(outcome variable)，是指随访观察中将出现的预期结果事件，也就是研究者所希望追踪观察的事件(如发病或死亡等)。结局通常是队列研究观察的自然终点，即对出现结局的研究对象不再继续随访观察，但观察终点与整个队列研究观察期的终止不是一个概念。

研究结局的确定应结合研究目的、时间、财力和人力等因素，全面、具体、客观。地确定研究结局。不同的研究目的，其研究结局不同。结局不仅限于出现某种疾病甚至死亡，也可以是健康状况和生命质量的变化；结局既可以是终极的结果(如发病或死亡)，也可以是中间结局(如血清成分达到一定程度)；结局变量既可是定性的(如血清抗体阳性)，也可是定量的(如血糖及血脂水平等).

结局变量的测定，应给出明确统一的判定标准，并在研究的全过程中严格遵守该标准。如果以某种疾病发生为结局，一般采用国际或国内通用的疾病诊断标准，如国际疾病分类第十版(ICD. 10)，以便对不同地区的研究结果进行比较。另外，考虑到一种疾病往往有多种表现，如轻型和重型、不典型和典型、急性和慢性等，可以考虑按照自定标准判断，并准确记录其他可疑症状或特征以供分析时参考。

队列研究的优点之一是一次研究可以同时收集多种结局资料，分析一因多果的关系，提高研究的效率。因此，在队列研究中除确定主要研究结局外，可考虑同时收集可能与暴露有关的多种结局，节约研究成本，扩大研究产出。

3. 确定研究现场

在选择研究现场时首先要考虑的是该现场的代表性，只有具有较好代表性的现场，研究结果才会有意义。其次，由于队列研究的随访时间长，因此，队列研究现场选择要求能获得足够符合条件的研究对象，且人口相对稳定，便于随访，预期研究结局发生率较高，有较好的组织管理体系，研究能够获得当地政府重视、群众理解和支持的现场。最好是当地的文化教育水平较高，医疗卫生条件较好，交通较便利。选择符合这些条件的现场，将使随访调查更加顺利，所获资料更加可靠。

4. 确定研究人群

研究人群包括暴露组和非暴露组（具备一定特征的人群和不具备一定特征的人群），暴露组中有时包括不同暴露水平的亚组。在队列研究中，暴露组和非暴露组人群都必须是在研究开始时没有出现研究结局（如疾病），但有可能出现该结局的人群。根据研究目的和研究条件的不同，研究人群的选择有不同的方法。

(1)暴露人群的选择

暴露人群即具有某暴露因素的人群，也称为暴露队列，一般有以下三种选择方式。

①职业人群：如果要研究某种可疑的职业暴露因素与疾病或健康的关系，必须选择相关职业人群作为暴露人群。如选择染料厂工人研究联苯胺致膀胱癌的作用，选择石棉作业工人研究石棉与肺癌的关系等。另外，通常职业人群的暴露史比较明确，暴露水平较高，发病率也比较高，并且有关暴露与疾病的历史记录较为全面、真实和可靠，故对职业人群进行队列研究时，常采用历史性队列研究或历史前瞻性队列研究方法。一旦认识到暴露的危害作用，就须立即采取防护措施以减少暴露，所以一般不宜进行前瞻性队列研究。

②特殊暴露人群：某些特殊的暴露可能与疾病的发生有关。如选择原子弹爆炸的受害者、核事故中的高暴露人群或接受放射治疗的人群研究放射线暴露与白血病的关系，也常采用历史性队列研究或历史前瞻性队列研究方法。

③一般人群：即某行政区域或地理区域范围内的全体人群，选择其中暴露于研究因素者作为暴露组，而不暴露于该因素者作为非暴露组。这样，研究人群的代表性更好，研究结果更具有普遍意义。当所研究的因素（如吸烟、饮酒）在一般人群中暴露率比较高，可在一般人群中选择暴露组。如研究饮食因素与糖尿病的关系时，可选择社区中有某种饮食因素暴露者为暴露人群。

(2)非暴露人群的选择

队列研究能否成功，一定程度上取决于非暴露组的选择是否合适。设立非暴露组的目的就是为了比较，以便更好地分析暴露的作用。因此，选择非暴露组的基本要求是尽可能保证与暴露组具有可比性，即非暴露人群除未暴露或低水平暴露于所研究因素外，其他各种可能影响研究结果的因素或人群特征（年龄、性别、民族、职业、文化程度等）都应尽可能地与暴露组相同。常用于选择对照人群的方式有下列三种。

①内对照(internal control)：选择一组研究人群，将其中暴露于所研究因素的对象作为暴露组，其余非暴露者即为非暴露组，这样暴露组和非暴露组来自同一个人群总体，可比性好，也可以从总体上了解研究对象的发病率。

②外对照(external control)：在选定了暴露组后，在其他人群选择非暴露组。一种是特设对照，另选一个除暴露因素外，其他方面与暴露组可比的非暴露组。如可将具有暴露因素的某工厂全体工人作为暴露组，而无该暴露因素的其他工厂工人作为对照组。另一种是总人口对照，以所研究地区一般人群现有的发病或死亡统计资料，即以全人口率作为对照。这种对照的优点是对照组资料容易得到，可以节省研究经费和时间，但是资料比较粗糙，对照组与暴露组在人口构成等方面可能存在差异，即总人口中可能包含暴露人群。因此，应用这

种对照时应注意使用暴露人群所在地区的总人口率，而且在时间上应与暴露组资料一致或相近，以保证其可比性。

③多重对照(multiple controls)：设立不同暴露程度的多组对照组与暴露组进行比较，也可以选择上述两种或两种以上形式的人群同时作为对照，这样可以减少只用一种对照所带来的偏倚，增强结果的可靠性和判断病因的依据，但要注意暴露组与不同对照组之间的可比性，设立多重对照会增加研究的工作量。

5. 样本量的估计

(1)影响样本量的因素

① 一般人群(对照人群)中目标疾病的发病率 p_0，样本含量与 p_0q_0 呈反比；其中 $q_0=1-p_0$；

② 暴露组与对照组发病率之差($d=p_1-p_0$)，样本含量与 d 呈反比，暴露组与对照组发病率之差越大，所需样本含量越小。

③ 检验水准 α 值，样本含量与 α 呈反比，α 越大，n 越小，常取 $\alpha=0.05$ 或 0.01。

④ 检验功效或把握度 $1-\beta$，样本含量与 $(1-\beta)$ 呈正比，$(1-\beta)$ 越大，则 n 越大，常取 $\beta=0.10$，有时用 0.20。

(2)样本量的估计

首先，队列研究往往需要从人群中抽取一定数量的样本作为研究对象，其抽样方法与现况研究相同，不同的抽样方法抽样误差不同。其次，一般说来，对照组的样本量不宜少于暴露组的样本量，通常是等量的。如果某一组样本量太少，将使合并标准差增大，因而要求总样本量增大。另外，队列研究通常要追踪观察相当长一段时间，在这期间研究对象的失访几乎是难免的。因此在计算样本量时，需要预先估计一下失访率，适当扩大样本量，防止在研究的最后阶段因失访导致样本量不足而影响结果的分析。如假设失访率为 10%，则可按计算出来的样本量再加 10%作为实际样本量。

6. 资料的收集与随访

队列研究在确定的研究时期内对研究对象进行观察，收集不同的暴露水平、人群特征和观察的结局。

(1)基线资料的收集

在研究对象选定之后，必须详细收集每个研究对象在研究开始时的基本情况作为比较分析的基础，这些资料称为基线资料或基线信息(baseline information)。这些资料既可作为判定暴露组与非暴露组的依据，又可在进行病因研究时排除已患有所研究疾病的人员，筛选研究对象，也可为今后分析暴露与研究结局关系时排除其他因素的影响。

基线资料一般包括：暴露资料、疾病与健康状况、与研究的疾病或结局判断有关的资料、人口学资料(年龄、性别、职业、文化、婚姻等)、家庭环境、个人行为生活习惯以及一些可能产生混杂作用的因素等。

获取基线资料的方式一般有下列四种：①查阅医院、工厂、单位及个人健康记录或档案；②制订统一且详细的调查表直接询问研究对象或其他能够提供信息的人；③对研究对象进行相关的体格检查、实验室检查和特殊项目检查；④若所研究疾病的暴露因素为环境中的某些物理、化学、生物、气象等因子或与其有关的因素，除查阅卫生、气象等部门的有关记录外，还要进行环境因素的定期监测。

（2）随访

随访实际上是基线调查后，采用统一的方法定期或不定期地对研究对象进行观察测量，收集疾病结局资料的过程。

①随访目的：确定研究对象是否仍处于观察之中，了解研究人群中结局事件的发生情况，同时收集有关暴露和混杂因素变化的资料。

②随访对象：所有被选定的研究对象，不论是暴露组或对照组都应采用相同的方法进行随访。有时还需对失访者进行补访，未能追访到的，应尽量了解其原因，以便进行失访原因分析。

③随访方法：包括面访、电话访问、自填问卷、定期体检等，还可以利用相关记录或档案。有时需要对环境进行监测，如对水质进行化验、测定环境污染等，以确证某一项暴露。随访方法的确定应根据随访内容、随访对象以及投入研究的人力、物力等条件来综合考虑，一般采用常规的现况调查方法。应该强调的是，对暴露组和对照组应采取相同的随访方法，且在整个随访过程中，随访方法应保持不变。另外，发现研究结局的方法要敏感、可靠、简单、易被接受。

④随访内容：一般与基线调查内容一致，但随访收集资料的重点是结局变量。有关暴露和主要混杂因素的情况也要随访，以便及时了解其变化，分析时充分考虑其影响。一般将随访内容设计成调查表，在随访过程中使用，并贯彻始终。

⑤观察终点（end-point of observation）：指研究对象出现了预期的研究结局。达到了观察终点，就不再对该研究对象继续随访。一般情况下，观察终点是发生疾病或死亡，但也可是某些指标出现变化，如血清抗体的出现、尿糖转阳及血脂升高等，根据研究目的不同而不同。如果观察的预期结果是冠心病，但某对象患了慢性肾病，不应视为该对象已达到观察终点，而应继续进行追踪。如果研究对象在到达观察终点之前死于意外或其他疾病，尽管不能对其继续随访，仍不能按照到达随访终点对待，也应视为失访。

对观察终点的判断应在设计中订出明确的标准和明确的判断方法，并且在本研究中自始至终不能改变，以免造成疾病错分的误差。发现终点的方法要敏感、可靠、简单、易被接受。

常用的一些终结指标见表13.3。

表13.3　主要的终结指标的比较

终结指标	优点	缺点
发病率	最灵敏，可直接反映疾病发生风险与暴露的关系。	不易获得，必须有监测系统，以确定个体的发病时点。
死亡率	死亡登记在许多地方较为完善，通过死亡登记系统容易监测终结事件的发生。	与发病率相比，死亡率除受暴露危险因素影响外，还受到治疗条件和社会环境的混杂因素影响。
复发和转移	常用于疾病治疗生存率比较	

⑥观察终止时间：观察终止时间是指整个研究工作截止的时间，即整个队列随访截止的时间，直接决定了整个随访期的长短。观察期的长短要适中，不要太长或太短。随访期长短取决于两个因素：疾病的潜伏期（对潜伏期短的急性病，随访期短，对潜伏期长的慢性病，随访时间则长）和暴露与疾病的联系强度（暴露导致的发病率或死亡率越大，作用越强，随访时

间越短，反之，随访时间越长)。

⑦随访的时间间隔：对于随访期比较短的队列研究，在终止观察时一次搜集资料即可。但大部分队列研究的随访期比较长，需多次随访，其随访研究结局的变化速度、研究的人力、物力条件而定。一般随访间隔期定为 1～2 年 1 次。如 Framingham 地区心血管病的随访研究历时 24 年，每 2 年随访一次。

⑧随访者根据随访内容的不同，调查员可以是普通的调查员，也可以是实验室的技术人员、临床医生等，但调查前均应进行严格培训。研究者可以参加随访，但最好不要

亲自参与，如确实需要，应采用单盲或双盲法进行随访。

7. 质量控制

队列研究费时、费力、消耗大，加强实施过程尤其是资料收集过程中的质量控制显得特别重要，主要质量控制措施有：

①调查员的选择调查员应诚实可靠，具有严谨的工作作风和科学态度。一般认为，具有高中或大学毕业文化程度的 30～40 岁的女性是最好的人选。另外，调查员的年龄、性别、种族、语言、社会经济地位等最好与研究对象相符，且应具有调查所需的专业知识。

②调查员培训在资料收集前，应对所有参加调查者进行严格的培训，掌握统一的调查方法和技巧，并且按照事先编制好的调查手册(全部操作程序、注意事项及调查问卷的完整说明等)进行操作，考核合格后方能参加调查。

③监督在调查和检测过程中要保证监督管理机制，遇到问题，及时解决，做到全程的质量控制。如由另一名调查员作抽样重复调查；计算机进行数值检查或逻辑检错；对不同调查员所收集的变量分布进行比较；在访谈时使用录音等操作。

8. 资料整理与分析

队列研究在资料分析前，应对原始资料进行审查，查缺补漏，剔除不合格资料，以确保资料的正确性与完整性。在此基础上，通过计算机软件进行资料录入，进行统计分析。

队列研究的分析思路：先对资料作描述性分析，即描述研究对象的组成及人口特征、随访时间及失访情况等，分析两组的可比性及资料的可靠性；然后再做统计推断分析，计算相应的统计指标，如累计发病率(cumulative incidence，CI)、发病密度(incidence density，ID)、标化比(standardized mortality ratio，SMR)等。采用比较 z 检验或卡方检验对两组或多组结局发生率的差异。最后分析暴露与结局是否有关联及关联强度，常用的指标有相对危险度(relative risk，RR)、归因危险度(attributable risk，AR)、归因危险度百分比(attributable risk percent，ARP)、人群归因危险度(population attributable risk，PAR)、人群归因危险度百分比(population attributable risk percent，PARP)等。

13.2.4　队列研究中常见的偏倚及其控制

队列研究中，常见的偏倚有选择偏倚、失访偏倚、信息偏倚、混杂偏倚。

1. 选择偏倚

如果研究人群在一些重要因素方面与一般人群或待研究的总体人群存在差异，即样本不是总体的一个无偏的代表，就会引起选择偏倚(selection bias)。队列研究选择偏倚常见于：①最初选定的研究对象有人拒绝参与。②有些研究对象的档案丢失或记录不全。③研究对象由志愿者组成，他们往往比较健康或具有特殊的倾向或习惯。④早期的病人，在研究

开始时未能及时发现，造成错误分类。

选择性偏倚一旦发生，往往很难消除，因此应采取预防为主的方针。主要控制的方法为：①选择正确的抽样方法，严格遵守随机化的原则。②严格按标准选择研究对象。③对象一旦选定，应坚持随访到底。④如有志愿者及研究对象拒绝参与时，应先将其基本情况与正常入选人群进行对比差异不大时，方能入选。

2. 失访偏倚

队列研究有一个较长的追踪观察期，研究对象总会有人对研究不感兴趣，或因身体不适不便继续参加研究，或移居外地，或死于非终点疾病等原因而退出研究而引起的偏倚即为失访偏倚(lost to follow-up bias)，它是队列研究中最常见不可避免的且最不易控制的偏倚。一项队列研究的失访率最好不超过10%，否则应慎重解释结果和推论，即在资料分析时，对失访者和已完成随访者的基线特征进行比较，并从各种途径尽可能了解失访者最后的结局，与已完成随访者的最后观察结果做比较，以推测失访可能对研究结果产生的影响，做出恰如其分的结论。

失访偏倚主要控制方法：①加强宣传解释等工作，提高研究对象的依从性。②在估计样本含量时，增加5%～10%的样本含量。

3. 信息偏倚

在获取暴露、结局或其他信息时所出现的系统误差或偏差即为信息偏倚(information bias)。队列研究中的信息偏倚常是由于使用的仪器不精确、询问技巧不佳、检验接术不熟练、对暴露组和对照组成员随访方法不一致、诊断标准不明确或不统一等造成暴露错分、疾病错分以及暴露与疾病的联合错分所致。

信息偏倚的控制方法主要为：①选择精确稳定的测量方法、调准仪器、严格实验操作规程。②同等地对待暴露组和对照组成员或采取盲法随访、诊断明确并严格执行。③认真做好调查员培训，提高询问调查技巧，统一标准，并要求调查员有一定的责任心。

4. 混杂偏倚

在队列研究中，如果暴露组和对照组在一些影响研究结果的主要特征(如性别、年龄等)上不一致，就会产生混杂偏倚(confounding bias)。

混杂偏倚主要控制方法：①在研究设计阶段严格遵守随机化原则，或通过对研究对象的条件作某种限制，或者采用匹配的办法选择对照，以保证暴露组和对照组在一些重要变量上的可比性。②在资料分析阶段可采用标准化率分析、分层分析和多变量分析等方法来控制混杂偏倚。

13.2.5 队列研究的优缺点

1. 优点：①选择偏倚较小，一般不存在回忆偏倚；②可以直接获得暴露组和对照组的发病率或死亡率，直接计算出RR等反映暴露与疾病关联强度的指标；③由于暴露在前，疾病发生在后，因果时间顺序明确，一般可证实因果联系；④有助于了解人群疾病的自然史；⑤可分析一种暴露与多种疾病的关系；⑥样本量大，结果比较稳定。

2. 缺点：①不适于发病率很低的疾病的病因研究；②易发生失访偏倚；③研究耗费较大的人力、物力、财力和时间，其组织和后勤工作艰巨；④研究设计的要求严密；⑤随访中，由于为止变量引入及已知变量改变，使分析复杂化。

13.3　病例-对照研究与队列研究的比较

病例-对照研究与队列研究是流行病学中最基本和最常用的两种研究方法，两种方法各有其优点与缺点，适用于不同情况，可以从以下几方面进行比较。

13.3.1　基本原理比较

队列研究基本原理：队列研究的基本原理是在一个特定人群中选择所需的研究对象，根据目前或过去某个时期是否暴露于某个待研究的危险因素，或其不同的暴露水平而将研究对象分成不同的组，如暴露组和非暴露组，高剂量暴露组和低剂量暴露组等，随访观察一段时间，检查并登记各组人群待研究的预期结局的发生情况，比较各组结局的发生率，从而评价和检验危险因素与结局的关系。

病例-对照研究基本原理：病例-对照研究的基本原理是以现在确诊的患有某特定疾病的病人作为病例，以不患有该病但具有可比性的个体作为对照，通过询问，实验室检查或复查病史，搜集既往各种可能的危险因素的暴露史，测量并比较病例组与对照组中各因素的暴露比例，经统计学检验，若两组差别有意义，则可认为因素与疾病之间存在着统计学上的关联。在评估了各种偏倚对研究结果的影响之后，再借助病因推断技术，推断出某个或某些暴露因素是疾病的危险因素，而达到探索和检验疾病病因假说的目的。

二者的比较见表 13.4。

表 13.4　病例-对照研究与队列研究基本原理比较

内容	病例-对照研究	队列研究
疾病发生时间	疾病发生后	疾病发生前
分组情况	按发病与否分为病例组和对照组	按暴露与否分为病例组和对照组
研究类型	回顾性研究	前瞻性研究
结果是否已经发生	是，由果推因	否，由因推果
研究目的	探索和检验疾病病因假说	验证病因假说是否科学、正确

13.3.2　研究设计分类的比较

病例-对照研究和队列研究常用的设计类型比较见表 13.5。

表 13.5　病例-对照研究与队列研究设计分类比较

病例-对照研究	队列研究
非匹配病例-对照研究：按与病例组可比的原则，根据样本的大小，选择一定数量的对照，数量不需成严格的比例关系，但对照的数量等于或多于病例。	前瞻性队列研究：在研究开始时，结局还未出现，研究者根据研究对象的暴露状况，将研究对象分组，然后随访一段时间前瞻性观察疾病的发生情况。
匹配病例-对照研究：要求对照在某些因素或特征上与病例保持一致，目的是对两组进行比较时排除匹配因素的干扰。	历史性队列研究：在研究开始时，结局已经出现，研究者根据已掌握的有关研究对象在过去某个时点暴露状况的历史材料来对研究对象分组，然后回顾性收集已有的暴露资料。
	历史前瞻性队列研究：在历史性队列研究之后，继续前瞻性观察一段时间，是将前瞻性队列研究与历史性队列研究结合起来的一种设计模式。

13.3.3 研究设计与实施过程的比较

病例-对照研究和队列研究研究设计与实施过程的比较见表 13.6。

表 13.6 病例-对照研究与队列研究比较

	病例-对照研究	队列研究
对照形式	1. 非匹配对照：若研究目的是广泛探索各种危险素，除了可比性之外，可以不加任何限制选择对照； 2. 匹配对照：按照研究因素以外的外部因素进行 1∶1，1∶2，1∶3，…，1∶R 配比选择对照。	1. 内对照：在同一研究人群中，采用没有暴露或暴露水平最低的人群作为对照； 2. 外对照：需在人群之外去寻找对照组； 3. 总人口对照：即以所研究地区一般人群的发病率或死亡率作为对照组的数据。
样本大小的影响因素	1. 研究因素在对照人群中的估计暴露率(P_0)； 2. 预期暴露于该研究因素造成的相对危险度(RR)的近似值或比值比(OR)； 3. 假设检验的显著性水平 α； 4. 检验的把握度($1-\beta$)。	1. 对照人群的估计结局发病率 p_0； 2. 暴露人群的估计结局发病率 p_1； 3. 假设检验的显著性水平 α； 4. 检验的把握度($1-\beta$)。

13.3.4 优缺点比较

病例-对照研究和队列研究优缺点的比较见表 13.7。

表 13.7 病例-对照研究与队列研究的优点和局限性比较

	病例-对照研究	队列研究
优点	1. 特别适用于罕见疾病的研究，有时往往是罕见疾病病因研究的唯一选择。因为病例-对照研究不需要太多的研究对象，此时队列研究常常不实际。	1. 由于研究对象暴露资料的收集在结局发生之前，且都是有研究者亲自观察得到的，故资料可靠，一般不存在回忆偏倚。
	2. 虽有更多的机会发生偏倚和错误的推论，但是相对更省力、省钱、省时间，并且容易组织实施。	2. 可直接获得暴露组和对照组人群的发病率或死亡率，可直接计算 RR 和 AR 等反映疾病危险关联的指标，可以充分而直接地分析暴露的病因作用。
	3. 除应用于病因探讨外，还有广泛的应用方面(如疫苗免疫学效果的考核、爆发调查等)。	3. 由于病因发生在前，疾病发生在后，因果现象发生的时间顺序上合理，加之偏倚较少，又能直接计算各项测量疾病危险关联的指标，所以其检验病因假说的能力较强，一般可以证实病因联系。
	4. 可以同时研究多个因素与某种疾病的联系，特别适合于探索性病因研究。	4. 有助于了解人群疾病的自然史。有时还可能获得多种预期以外的疾病的结局资料，分析一因与多种疾病的关系。样本量大，结果比较稳定。

续表

	病例-对照研究	队列研究
局限性	1. 不适于研究人群中暴露比例很低的因素，因为需要很大的样本量。	1. 不适于发病率很低的疾病的病因研究，因为在这种情况下需要的研究对象数量太大，一般难以达到要求。
	2. 选择研究对象时难以避免选择偏倚。	2. 由于随访时间较长，对象不易保持依从性，容易产生各种各样的失访偏倚。同时由于时间跨度太大，研究对象容易在研究过程中改变他们的态度。
	3. 暴露与疾病的时间先后常难以判断。因此论证因果关系的能力没有队列研究强。	3. 研究耗费的人力、物力、财力和时间较多，其组织与后勤工作亦相当艰巨。
	4. 获取既往信息时难以避免回忆偏倚。	4. 由于消耗太大，故对研究设计的要求更严密。在随访过程中，未知变量引入人群，或人群中已知变量的变化等，都可使结局受到影响，使资料的收集和分析复杂化。

【本章小结】

病例-对照研究是分析流行病学最基本、最重要的研究类型之一。广泛应用于探讨疾病病因、干预措施、项目评价以及公共卫生与医学实践的许多方面。特别适用于潜伏期长的、罕见病的研究，有时是识别其危险因素的唯一可行的方法。病例-对照研究的四大要素是人群、对照、病例和暴露，明确产生病例的人群，从中正确地挑选对照，并正确地收集暴露资料是病例-对照研究的精髓。

队列研究是一种由因及果的前瞻性研究方法，故也常被称为前瞻性研究，它与病例-对照研究同属于分析性研究。主要用于检验、验证病因假设，较病例-对照研究能更直接、有力地检验因果关系假说。但队列研究需要长期随访相当数量的研究对象，因而耗费大量的人力和财力，随访期间因各种原因可形成失访，使研究实施困难。

二者都属于分析流行病学方法，在疾病病因研究中，常通过病例-对照研究建立或初步验证假设，后进行队列研究进一步验证假设。队列研究和病例-对照研究在很多特点方面正好相反：前者的优点正是后者之不足；前者的缺点却正是后者之长处。

本章主要对病例-对照研究及队列研究的基本概念、基本原理、研究设计与实施、主要的偏倚及控制及优缺点进行了详细的阐述，但对其中的统计分析内容仅作简要概述，具体详见本书第 16 章。

【思考练习】

1. 简述病例-对照研究与队列研究的基本设计原理。
2. 试述病例-对照研究与队列研究中常见的偏倚及其控制方法。
3. 简述病例-对照研究与队列研究的优缺点。

4. 在一项病例-对照研究中，调查了病例和对照有关饮食，吸烟和饮酒习惯的情况。这些因素被怀疑在该病发病中有重要作用。病例为某特定人群中一年内出现的该病全部病例，若对照从该年内出现的其他严重疾患的病人中而不是该特定人群中的健康中选择，其优点和缺点是什么？

5. 若假定夫妻不和睦的女性高级知识分子易患忧郁症，如果用病例-对照研究来研究此假设，选择“夫妻和睦的女性”作为对照恰当吗？

6. Beasley 等对 22707 名台湾政府雇员的 HbsAg 进行了普查，发现阳性为 3454 名，阴性为 19253 名。追踪观察 3 年，发现阳性组中 40 名患肝癌，阴性组中 1 名患肝癌。问：

(1)这是什么研究方法？

(2)若想说明 HbsAg 是肝癌的一个危险因素应用什么方法进行分析？

7. 某人于 1984 年研究某地居民饮水类型与上消化道恶性肿瘤发病的关系。先回顾 1972—1980 年各个居民点的饮水类型，然后按饮水类型分组，统计各组于 1972 年 1 月 1 日—1983 年 12 月 31 日发生的肝癌、胃癌和食管癌病例数，并计算各组三种恶性肿瘤的发病率(1/10 万)。结果见下表。

饮水类型	观察人数	肝癌		胃癌		食管癌	
		病例数	发病率	病例数	发病率	病例数	发病率
河水	26434	19	71.88	11	41.61	13	49.18
深井水	29548	15	50.76	3	10.15	2	6.77

(1)请问上述研究与第 6 题的研究有何差别？

(2)欲分析居民饮水类型与不同上消化道恶性肿瘤之间的关系应采用什么方法进行分析？

8. 王医师怀疑某地肾结石的发生与当地居民饮用硬度较高的生水有关，于是决定做一项病例-对照研究，估计对照组中饮用硬度较高的生水者所占比率为 40%，病例组中饮用硬度较高的生水者所占比率为 85%，如果对照组人数是病例组人数的 3 倍，$\alpha=0.05$(取双侧)，$\beta=0.10$(取单侧)。请你帮王医师计算一下，该项研究应该调查多少人最为合适？

【参考文献】

1. 陈树昶.病例-对照研究的设计原理及其进展[J].疾病控制杂志，2004(8)1:56—59.
2. 陈树旭，汪宁，李瑛，等.病例-对照研究的设计原理及其进展[J].疾病控制杂志，2004(8)1:56—59.
3. 陈薇，韩梅，曹卉娟，等.比较效果研究方法之三：病例-对照研究[J].现代中医临床，2015(22)4:20—25.
4. 陈延，詹思延，李立明.病例-对照研究发展历史[J].中华流行病学杂志，2004(25)3:273—275.
5. 郭秀花.医学现场调查技术与统计分析 [M].北京：人民卫生出版社，2009.
6. 何艳燕.临床医学研究常用设计方案实施方法[J].中国实用儿科杂志，2008(23)6:471—475.

7. 姜庆五.临床流行病学[M].北京:高等教育出版社,2007.
8. 金凌辉,郭丽莎.病例—队列设计研究概述[J].兰州文理学院学报,2015(29)2:19—22.
9. 李立明.流行病学 [M].7 版.北京:人民卫生出版社,2012.
10. 李远贵,张茹英.第六讲 队列研究设计[J].护理研究,2003(17)1:667—668.
11. 李赞华,万霞,刘建平.队列研究与随机对照实验的方法学比较[J].北京中医药大学学报(中医临床版),2008,15(5):11—14.
12. 梁万年.医学科研方法学[M].北京:人民卫生出版社,2008.
13. 刘建平.队列研究的设计、实施及方法学问题[J].中西医结合学报,2008(6)4:331—336.
14. 陆伟.病例队列研究的设计与分析[J].疾病控制杂志,2001,5(2):148—150.
15. 钱晓华,王传清,朱启镕,等.社区儿童接种 b 型流行性感冒嗜血杆菌结合疫苗的前瞻性队列研究[J].中国疫苗和免疫,2010,16(2):157—160.
16. 秦颖,詹思延,李立明.流行病学队列研究的历史回顾[J].中华流行病学杂志,2004(25)5:449—451.
17. 任金马,陈峰,蓝绍颖.成组病例-对照研究优势比的几种可信区间估计方法比较[J].中国卫生统计,2004,21(1):52—55.
18. 沈洪兵.流行病学(双语教材)[M].北京:人民卫生出版社,2009.
19. 谭红专.现代流行病学[M].2 版.北京:人民卫生出版社,2008.
20. 王建华.流行病学[M].8 版.北京:人民卫生出版社,2013.
21. 王建华.医学科研方法[M].北京:高等教育出版社,2010.
22. 邢建民,费宇丹,陈薇,等.观察性研究在中医临床中的应用(1)——队列研究方法及设计[J].中医杂志,2008,49(6):502—503.
23. 徐德忠.临床医学研究常用设计方案实施方法第 3 讲队列研究[J].中国实用儿科杂志,2008,23(3):237—240.
24. 赵仲堂.流行病学研究方法与应用[M].2 版.北京:科学出版社,2005.

第14章 量表测验——基于量表的调查法

【目的要求】

了解量表的概念及分类、量表构成层次、量表体系研制方法，信度与效度的数学模型，量表测验的应用。

熟悉量表的研制途径和方法、西方量表中文版本的研制，量表的选择。

掌握条目分析与筛选方法、量表评价的几个心理学特性指标（信度、效度、反应度）的概念及评价方法。

重点是量表研制过程及条目分析与筛选方法，信度、效度、反应度的评价指标及方法。

14.1 量表测验概述

量表测验（tests）指基于标准化的调查工具——量表的测定与评价，是一类特殊的调查研究方法，已经广泛用于心理测验、教育测验、社会测验、管理人力资源测评以及医学领域的相关测评（尤其是康复、精神神经学科）。

14.1.1 量表的概念及构成

关于量表（scale）一词，使用上有些混乱，有的称为测定工具（instrument），有的称为问卷（questionnaire），有的称为调查表（survey table）等。量表是经过精心设计、条目分析和反映尺度定位等一系列过程选择条目，并按一定格式编排形成的专门的调查表。其每个条目的选项均在一定的反映尺度上表述出来，因而可按事先确定的标准记分来量化处理。因此，还是称为量表为好。scale一词在英文中尚有“尺度”的意思，正好体现了量表的主要特点。

根据测定的对象和目的不同，测定量表的构成略异，但一般均含下面的一些基本元素和层次。

1. 条目（item）

条目是量表的最基本构成元素，是不能再分割的最小构成单位。所有备选的有关条目的集合称为条目池（item pool）或条目库（item bank）。一个量表的好坏在很大程度上取决于条目的选择。根据条目的性质和形式可分为不同的条目。

（1）按形式分。根据其形式主要有六种类型的条目：

①线性条目：回答在有一定刻度（如0～10cm）的线段上划记选择，其选择项为整个线段。也可采取较为形象的像尺子一样的标尺在上面选择标记，常称为可视化量尺VAS。如我们研制的肝癌量表QOL-DA就是采用线性条目。

②Likert 等距等级条目：回答在等距离的一些程度语词(选择项)间选择。如：很差，差，中等，好，很好。这由 Likert 于 1932 年所创立，故常称为 Likert 法，形式有 3 点法，5 点法和 7 点法，但以 5 点法最为常用。

③不等距等级条目：同上，但语词间不完全等距。

④两分类条目：回答仅在两项中选择，如是，否。

⑤Guttman 累积型条目：由 Guttman 于 1940 年代提出并用于心理评价中(Guttman，1950)，后来也用于生命质量评价等。其一个条目反映的内容按难度或数量的连续体分成小项回答。如：您的健康影响了您的行动了吗：

	是	否
a 步行约 1500 米的路程		
b 步行约 800 米的路程		
c 步行约 100 米的路程		

这种条目的回答存在明显的逻辑关系，而且可用于分析同质性。如在 c 上回答“是”的，则在 b，a 上也应回答“是”，否则其回答就有问题。

⑥描述性条目：每个条目的各种答案均作较详细的描述，以便被测者选择。如反映活动能力及范围的条目，回答选项可为：

0 整天卧床，不能走动

1 只能在室内做些轻微活动

2 能在住宅周围活动

3 可任意自由活动

那么，以哪种条目为好呢？这很难进行统一的评价，可以说各有所长。一般说来，线性者比较精确，较易分析，但文化程度低者不易理解；等级条目较易理解和回答，但在程度语词的设置及结果的分析上都有诸多不便(详后)，需采取一定的办法处理。两分类条目较简单，但包含的信息少。因此，很多量表常兼有多种条目，起到取长补短之效，如 MOS SF－36。但这样的量表在分析处理上较麻烦。为此，目前的一个发展趋势是整个量表只用一种条目形式，如 FLIC、WHOQOL、EORTC QLQ-C30、FACT-G 等均是如此。

总的说来，以前两种条目最常用，鉴于二者的优点难于互相取代，很可能长期并存。

(2)按语义分。根据条目的语义可分为下述四种条目，这在 WHO 的生命质量评价中广为采用：

①评价性(evaluation)条目：即反映某现象的主观评判的条目，其回答选项诸如：好、差；满意、较满意等。

②强度性(intensity)条目：反映某现象影响程度的条目，其回答选项诸如：重、极重；影响大、影响极大等。

③频度性(frequency)条目：反映某现象发生的频繁程度的条目，其回答选项诸如：很少、经常等。

④能力性(capacity)条目：反映能力的条目，回答选项诸如：能、完全能等。

(3)按性质分。按照条目的性质可分为：

①可知觉的客观性条目(perceived objective)：某些条目反映的是一种客观的状态或条

件，如住房、经济收入等，但不是对这些状况的直接描述(如住房多少平方米)，而是人这个主体对其主观的评判(如是否满意)，这样的条目称为可知觉的客观性条目。在语义上多属于频度性和强度性条目。

②自我报告的主观性条目(self-reported subjective)：某些条目反映的直接是人这个主体对自身的心理感受，如焦虑、烦躁等，这样的条目称为自我报告的主观性条目，多由评价性条目组成。

2. 侧面(facet)

侧面也可称为小方面，亚领域(sub-domain)，是领域下面的一个层次，由若干反映同一特征的条目构成。如反映负性情感的一些条目(抑郁、焦虑、绝望等)构成负性情感侧面。

3. 领域(domain)

领域，国内多称为方面，指测验(量表)中一个较大的功能部分，由若干相关的相对密切的侧面构成，如心理功能领域、社会功能领域等。

4. 总量表 (overall scale)

由若干领域构成的一个完整的量表。以往的分析，常在总量表的层次上进行，即计算量表总分，但现在趋于分析各领域得分，甚至分析侧面及条目得分。有的量表根本不计算和分析总分。

最后要说明的是，量表的构成与分析中经常会采用"维度(dimension)"一词，这是从数学或统计学引用过来的，指构成与分析的基本部分有多少，可以是领域层面(5 个领域就是 5 个维度)、也可以是侧面层面(10 个侧面就是 10 个维度)，甚至可以到单一条目。

14.1.2 量表的分类

目前，已经涌现出大量的测定量表，根据使用目的、对象、排列方式等可对量表进行不同的归类。这里以生命质量测定量表为例来说明。

1. 按使用对象分类

(1)普适性量表(generic scale)，用于一般人群生命质量测定。如 SF-36，WHOQOL-100。

(2)疾病特异性量表(disease-specific scale)，用于特定疾病患者，如肺癌量表 FACT-L、QLQ-LC13、QLICP-LU，高血压量表 QLICD-HY 等。

(3)领域特异性量表(domain-specific scale)，侧重于测定生命质量的某一领域的量表。如 RCSL 侧重于疾病症状和治疗副作用的评价，KPS 侧重于行为表现功能的评价。

2. 按应用目的分类

(1)判别量表(discriminative scale)，主要用于判别的量表，即用于区分不同的受试者。如说明治疗组与非治疗组、男性与女性间生命质量有无不同等，往往重视个体的差别。

(2)评价量表(evaluative scale)，主要用于评价的量表，反映某个(或某些)时点的健康状况。可以是某个时点的横断面评价，反映当时的健康状况；也可以是纵向的多个时点的评价，说明健康状况在时间上变化。量表的主要目的是评价不同群体健康状况上的差异或者个体在群体中的相对位置，不是区别不同的个体，因而不同个体间的差异并不太重要，而敏感性则更重要。

(3)预测量表(predictive scale)，主要用于根据生命质量预测某些现象(如疾病复发，治疗反应)发生的量表。量表的使用价值主要取决于预测效度和校标效度。

(4)诊断量表(diagnosis scale),用于诊断的量表,如诊断抑郁的自评量表 SDS 可以根据分值高低进行诊断。按照标准分,分界值为 53 分,分数低于 53 分,不抑郁;分数高于 53 分,视分数不同,诊断抑郁的严重程度。

3. 按条目形式分类

(1)线性评价量表(linear analog scale),条目为线性者,如 LASA、QOL-LC 等。

(2)等级描述评价量表(ordinal rating scale),条目为等级分类者,如 SF-36、WHOQOL、QLQ-C30 等。常见的是 Likert 等距等级的评价量表。

此外,还有瑟斯顿量表(Thurstone scale)、加特曼量表(Guttman scale)以及在 Osgood 等的语义心理学研究成果(Osgood,1957)的基础上提出的语义区分(semantic differential)量表。

4. 按评价者分类

(1)自评量表(self-administered scale),量表由被测者自己完成。

(2)他评量表(rater-administered scale),量表由他人完成。可由评价者完成,也可由代理者(家属,朋友)完成。

14.1.3 量表测验的程序

量表测验涉及到三个要素。首先,要有测定的工具,即测定量表;其次,这个工具要有相应的操作规程,也就是量表的使用方法和计分规则等;最后,要有一个测定的数值,用测定得到的数值去确定测定对象的属性水平。

1. 测验的程序

量表测验的程序可以归纳为下面步骤:

(1)根据研究目的确定目标人群,从目标人群中随机抽取一定量人群作为样本,测量人群的样本量与测量目的相关。

(2)根据欲测定的属性和研究目的选择适宜的测定量表。

(3)将测定量表分别发给测定样本人群,涉及自评、他评。比如生命质量是主观感受,因此多采用自评式量表进行测定,在医生或调查者进行简单解释后,由被测定对象独立自行填写完成。

(4)填写完毕,根据量表的计分规则和计分方法给出每个被测定对象的得分,进而根据得分来评价其特性好坏。

整个流程如图 14.1 所示:

2. 测验中的注意事项

具体的测验实施中要注意以下几点:

(1)根据测定目的确定测定方式。所谓测定方式就是指测定的次数以及测定次数的间隔,需要根据测定目的来进行。若测定目的是评价及比较一般及特殊人群的综合健康状况只需一次横切面测定即可;若测定目的是评价治疗方案或药物疗效或者是评价预防性干预及保健措施的效果都必须进行干预前后的生命质量对比才能进行评价,因此需进行至少两次的纵向测定,两次间隔时间的长短与测定的对象和干预措施有关。

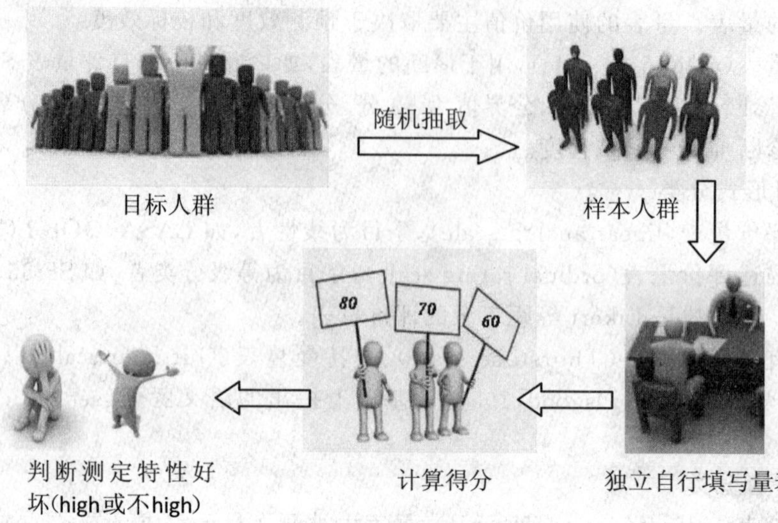

图 14.1 量表测验流程示意

(2)明确三个标准:诊断标准,纳入标准和排除标准,清楚界定测定对象。

例如,若研究者的目的是测定老年人的生命质量,测定对象是老年人,而测定场所就应该在社区,那么在纳入标准中就必须明确老年人的定义(多大年龄算老年人),同时必须根据是他评还是自评来明确对测定对象的文化程度的要求。而在排除标准中必须明确哪些年龄达到标准但是不能达到测定目的的人将被排除。

(3)涉及医学伦理的测验要遵循医学伦理学原则,包括知情同意原则,尊重原则,有利原则,公正原则,保密原则。因此,要报备医学伦理委员会进行伦理学的审核,通过了医学伦理委员会的审核后,要与测定对象签知情同意书,获得测定对象同意后方可进行测定。

(4)测定前必须培训调查员,培训他们与人沟通与交流能力,统一调查口径。若是他评式量表,通过培训使得调查员的调查口径一致是非常重要的,若是自评式量表,通过培训可以提高调查员与人沟通交流能力,提高知情同意率和应答率。

(5)测定过程中把握好调查方式尽可能获得测定对象足够的信任。在社区调查时,调查员配备工作证,通过社区卫生服务人员或社区管理人员的协助取得被测定对象的信任,在医院调查时,通过主治医生的协助或者直接作为医生出现来取得被测定对象的信任。

(6)测定完成后,立刻收回并仔细对量表进行核查,查看有无漏项,如有漏项,提醒被试者及时补齐,若仍拒绝填写则作为缺省值并问清和记录原因。

14.1.4 量表测验的应用

量表测验已经广泛用于心理测验、教育测验、社会测验、管理人力资源测评以及医学领域的相关测评(尤其是康复、精神神经学科)等。下面简要介绍:

1. 教育测量

从广义上来说,教育领域是应用测验最多的一个领域,包括教师自编的学绩测验、升学考试、语言能力考试等都属于测验。此外,还有专门的智力测验和特殊能力测验也是较常用的测验。智力测验方面有韦克斯勒智力量表(成人、儿童、幼儿三个版本)用于诊断个体的智力(言语智力与操作智力),瑞文推理测验用于测量个体的图形推理的智力,多彩光谱测验用于测量学生在七种智力表现中的差异。特殊能力测验主要有音乐能力测验(西肖尔音乐才能测验、音乐能力倾向测验)、美术能力测验(梅尔美术判断力测验、霍恩美术能力问卷)、机械能力测验(明尼苏达空间关系测验、本纳特机械理解测验)。

2. 心理测量

主要有人格测量、兴趣测量、满意度等测量。常用的人格测量的工具有明尼苏达多相人格问卷、卡特尔 16 种人格因素问卷、艾森克人格问卷和气质问卷,兴趣测量主要有霍兰德职业兴趣量表,满意度测量主要有生活满意度量表、婚姻满意度量表等。

3. 管理人力资源领域的测量

在员工方面,有以马斯洛的需求层次理论为依据的需求测验(北京大学心理学系王垒主编),定量分析员工的需求分布模式和各种需求的强弱程度;在管理者方面,有北京大学心理学系开发的"生活特性测验",主要用于测量个体在风险动机、权力动机、人际亲和动机、成就动机 4 种动机水平与职业的匹配程度。

4. 社会测量

包括社会支持的测量(如肖水源编制的社会支持评定量表),家庭社会经济地位的测量,主要用三个指标,受教育程度、收入、职业类型。社会态度的测量,包括传统的问卷设计调查,也包括近期使用大数据技术对网民的舆情分析。

5. 经济领域的测量

主要有消费者行为测评分析等应用,也有采用大数据技术分析消费者的行为达到精准营销的目的。

6. 医学领域的测量

主要有生命质量的测验、精神病与神经症病人的诊断测验(如明尼苏达多相人格问卷、90 项症状清单),神经心理方面的测验,如韦克斯勒记忆量表(供临床使用的较简单的记忆测验量表)、霍尔斯特德－赖坦神经心理学成套测验(综合性的神经心理测验,中文版由湖南医科大学龚耀先修订),多动症量表有康纳斯行为评定量表,是筛查儿童多动症用得最广泛的量表。

7. 军事领域的测量

国内这方面的量表研制主要由第四军医大学完成,有征兵心理测量系统、军官选拔测量、军事飞行员心理选拔测量,具体的测验有《中国士兵智力测验》《中国士兵人格测验》《空军飞行员心理选拔个性问卷》等。

14.2　量表的研制方法

14.2.1　量表研制概述

量表的研制是一个复杂的系统工程,广义上讲,研制方法包括从测定概念的确立及操作化定义,条目的形成、条目的分析筛选(包括条目特性评价与条目选项定位分析等),直到量表的考评及修订等一系列过程中涉及的各种方法。

总的说来,量表研制主要有两种策略或途径,一是利用已有量表研制中文版本的量表。即根据已有的语言版本,按照一套严格的量表翻译程序形成新的所需语言版本(如中文版本),包括翻译及回译、文化调适和等价性考察。由于历史的原因,已经出现了大量的英文量表，有些还非常著名，应用较广，因此利用西方量表来制定相应中国版本的量表不失为一捷径。目前国内应用中的大量量表就是采取这种方式开发的，如 SF-36 中文版，WHOQOL-100 中文版等。

另一个途径就是直接独立地开发量表，即根据量表开发的一套程序和方法，独立地研制自己国家或文化的量表。从具体的实施过程来说，可以采取文献法、头脑风暴法、访谈法、专家咨询法、核心小组讨论等多种方法来提出和精简条目。最好采用结构化的决策方法(programmed decision)来制定量表，即通过议题小组(nominal group)和核心小组(focus group)的交互工作方式及多种方法并用来完成。

14.2.2 量表研制步骤

这里介绍直接独立地开发量表的步骤(以生命质量测定量表研制为例)，利用西方量表研制中文版见后。

1. 明确研究对象及目的。确定所测的人群，从而决定制定普适性量表还是针对某一特殊人群(如老年人，肺癌病人等)的量表以及量表今后的应用是侧重于判别还是评价等。

2. 设立研究工作组。在医学领域，一般是测定某些疾病患者(如癌症病人)及一些特殊人群(如老年人)的生命质量，因此需由医学专家、医生、护士、病人以及其他正常人等各种层次人员组成议题小组(nominal group) 和核心工作组(focus group)负责量表的制定与考核。其中，议题小组的成员应广泛一些，主要负责条目的提出，核心小组则专业化和精干化一些，负责具体的研究工作。

3. 测定概念的定义及分解。由核心小组完成，给出所测 QOL 概念的可操作化定义及构成，形成理论框架。如所测 QOL 指什么，包含哪些领域(domains)和侧面(facets)。

4. 提出量表条目形成条目池。由核心小组将第 3 点的内容向议题小组详细介绍和说明(召集会议)，然后由议题小组成员分别独立地写出各领域(domains)和侧面(facets)下有关的条目(可采用头脑风暴法等)。然后由议题小组成员分别独立地根据专业知识，个人经验等写出与上述概念有关的条目。将各人提出的条目收回并进行整理分析，对含义相同但表达不同者进行统一描述形成一个条目，所有不同的条目即构成条目池。

条目的形成方法从理论上讲，主要有下面四种方法：

(1)推理法。由评价者确定欲测定的内容及理论依据，然后推论出能测评这些内容的条目。如测定心理功能，从专业上可推知"是否忧郁"应为其一个问题。该法重视理论根据，但条目出自编制者的个人经验和知识。

(2)实证法。根据某些外部依据(效标)来提出条目。如欲测定癌症病人的生命质量，能区别出癌症病人(效标组)与正常人(对照组)的一些特征陈述(如有无某症状等)即可选为条目。

(3)同质法。测量同一概念的条目应具有较高的相关(同质)，因此对每一特质(如领域)一一考察，提出能够测出相同特质的具有较高相关的不同条目。各种特质的条目结合起来就形成整个量表的条目池。

(4)综合法。通常用推理法提出大批条目，用实证法和同质法进行筛选归类。

5. 访谈精简条目并形成初步量表。对条目池的各条目进行专家分析和核心小组讨论(定性分析)精简后，进一步访谈医护人员和患者，通过修改并确定条目形式及回答选项后形成初步量表。其中,条目形式多半采用线性和等级方式。对于前者,只要给出一定长度(通常 0～10cm)的线段,并定出两个端点的选项即可;对于等级形式,通常采用 5 级 Likert 等级方式,如很差、差、中等、好、很好,各回答选项通过文献得到,必要时通过反应尺度(response scale)分析(WHO,1993)来确定。

6. 预调查及条目筛选。初步量表制成两份问卷分别对专家/医务人员和患者进行预调查(pilot test)。其中专家/医务人员(采用 Delphi 法和和小组讨论)主要调查条目的重要性、合理性及遗漏等,患者除评价条目的重要性、是否理解外还要回答具体选项。一般每个量表调查 15～50 例(如欧洲 EORTC QLQ 量表系列明确规定调查 15 例),据此对条目进行筛选。除了用传统的筛选方法(如专家/患者重要性评分法、变异系数法、相关系数法、聚类分析法和主成分分析法等)外,例数多的量表还可借助 IRT 对条目的深入刻画(条目特征函数和参数估计)和各种信息函数来进行分析及筛选,选择的模型主要是 Samejima 的等级反应模型(graded response model)和 Masters 的分部评分模型(partial credit model)。

7. 量表现场测试与评价。初步量表进行预调查后,根据数据的分析和条目筛选形成正式量表(测试版),在更大范围内进行测定(一般每个量表至少 100 例,至少治疗前后 2 次纵向测定),并对量表的信度、效度、反应度等特性进行评价。

8. 修改完善及其进一步评价。在上述基础上,通过对测定数据的分析来确认或者修改完善形成正式的测定量表。如有必要,此过程尚可以进行个别条目的精简(删除不太好的条目)。如果条目有改动,还需要进一步测定及评价测量学特性。只有到达测量学特性要求的量表才能正式确立和应用。

14.2.3 条目分析与筛选

1. 条目分析

对已提出的条目池中的各条目进行考察及必要的预试验,并根据其反应结果的统计分析来进行条目的选择和改良,这一系列的手续称为条目分析。简单地说,就是从不同方面来说明条目的好坏,从而为选择条目提供依据,它包括考察条目的难度、反应分析、辨别力、代表性和独立性等。项目分析包括质分析(内容、形式)与量分析(各参数的量化)。一般说来,质分析主要用于条目初筛,量分析用于初步量表和测试版量表的条目再筛选。

广义上讲,条目分析包括条目特性(难度、区分度、猜测度等参数)评价、条目选项定位分析以及得分分布、选项分布(地板效应、天花板效应)等特征。

(1)难度分析。难度就是指测验项目的难易程度。能力测验指项目的难易水平,非能力测验指"通俗性"或者"流行性"水平(popularity level)。

难度分析是对项目的难度进行估计以确定适宜的难度。难度分析可用条目的通过率来反映。如某个条目很多人都未回答,则说明条目不适宜或太难,难以理解。

当项目以 1、0 计分时,难度等于通过率:

$$P=\frac{R}{N}\times 100\% \tag{14.1}$$

例如在 200 个学生中,答对某题的人数为 120 人,则该项目的难度为:

$$P=\frac{R}{N}\times 100\%=\frac{120}{200}\times 100\%=60\%$$

当项目以多值计分时，难度等于平均分与满分之比：

$$P=\frac{\bar{X}}{X_{\max}} \tag{14.2}$$

例如，设某一问答题满分是 20 分，全体考生在该题上所得的平均分为 10 分，则该题的难度为：$P=10/20=0.50$。

(2)区分度分析。项目区分度(item discrimination)是指测验项目对于所测量的心理属性的鉴别能力和区分程度，也称鉴别力。通常采用鉴别指数法和相关法来分析评价区分度。

①鉴别指数法。比较测验总分高和总分低的两组被试者在项目通过率上的差别。

例如：某高中物理测验，高分组在第 5 题上的通过率为 0.75，低分组的通过率为 0.35，则该项目的鉴别指数为：D＝0.75－0.35＝0.40。

②相关法。以项目分数与效标分数或测验总分的相关作为项目区分度的指标。

(3)选择响应分析。就是考察被测者对各条目如何进行回答，这主要是考察选择项的有效性，一般通过选项的频数分布或者条目得分的各种描述统计量来分析。回答集中于特定的选择项或者对某个选择项完全没有回答都是不适宜的，包括地板效应、天花板效应等。

其余的一些分析方法参见相关书籍，尤其是现代测量理论中的项目反应理论 IRT 就是专门分析刻画条目的。

2. 条目筛选

测定量表制定中的一个关键问题就是条目(指标)筛选。已经有一些文献对此进行了介绍(万崇华等，1995；郝元涛等，2004)。本文对量表制定中的一些指标筛选方法进行概括介绍。

条目筛选应遵循重要性大、敏感性高、独立性强、代表性好、适宜性好的原则，并兼顾可操作性及可接受性。下面介绍的一些条目筛选方法，分别从不同的角度和目的来进行筛选。除方法(1)和方法(6)外，其他方法均需按备选条目进行预调查或测试版的现场调查，得到各条目的一批实测值，从而进行分析。预调查的样本含量最好在 15 例以上，测试版的现场调查最好在 100 例以上。

此外，需要说明的是，条目筛选的方法较多，我们只是介绍一些常用的筛选方法，包括主观和客观两大方面。各种方法各有其优缺点，在实际运用中，可以根据研究内容、目的、资料收集情况选择适合的方法，可以选择其中的一种，也可以把几种方法结合起来进行分析，这些方法可以同时分别进行，也可以纵向先后进行，根据研究的具体情况来确定。

(1)被试及其相关者主观评价法。这是从指标的重要性或/和适宜性角度筛选指标。方法是由被试及其相关者(疾病量表研制包括医护人员和病人)独立地对所提出的各个备选指标根据自己认为的对健康或健康的某个方面的重要程度和适宜程度来进行评价，可以按百分制进行打分，也可以按等级进行评价(如：非常重要、重要、一般、不重要、非常不重要)，项目少时也可进行排序。从而可根据各指标的重要性得分(平均分)来挑选指标，舍去得分较低的指标。适宜性的评价根据情况决定是否需要，其方法与重要性评价类同，不再单独说明。

平均分的计算与重要性得分的分布有关，若为正态分布用算术均数，否则用中位数。在求算术均数时为了避免极端值的影响，也可先弃掉一个最大值和最小值后再求平均。此外，医生的重要性评价与病人的往往不相同，应分别进行并兼顾两者的评价来挑选指标。

一般说来，对条目进行主观评价后，最好对被调查者进行一个访谈，以便更清楚地知道其对每个条目的看法，便于筛选。而且，鉴于生命质量定义为被试者的体验和感觉，因此来自被试者的评价非常重要。

(2)专家咨询法。该法主要通过相关领域的专家咨询评价来完成(主要针对指标的重要性或/和适宜性以及修改补充意见建议等)，可以是分别独立的一次或多次咨询评价，也可以是同一批专家的多轮咨询评价。后者常采用美国 Rand 公司提出的德尔斐(Delphi)预测法。即先选择出一些得分较高或位次排前的指标(一轮筛选)，将选出的指标反馈给评价者再进行第二轮筛选……这样逐步进行下去即可得到较公认的重要指标。

(3)离散趋势法。这是从指标的敏感性角度挑选指标。指标的离散趋势小，用于评价时区别能力就差，因此应选离散趋势较大的条目纳入量表。至于用什么来反映离散趋势，与各条目测得值的分布及特性有关。一般说来以用变异系数较好，可消除各条目量纲不同及均值相差大的影响。但在生命质量测定中，对各条目的回答一般采用有序等级分类打钩选择法及线性模拟划记打分法(前者得到的是等级资料，后者得到的是计量资料)。不论何法最后得到的均是计分值，各条目量纲相同，均值相差也不会太大，很多情况下可直接用标准差来反映离散趋势。

(4)相关系数法。这是从指标的代表性与独立性角度挑选指标。具体实施时，可以采用两种方法：

①两两相关法。方法是计算任两个条目间的相关系数并作显著性检验，以相关显著个数较多和较少的条目作为被选条目。因为前者有代表性，可提供较多的信息；后者有独立性，为其他指标所不能代替。

②条目一领域相关法。计算各个条目与其领域得分的相关系数(如果量表没有分领域或结构较单一，也可以用量表总分代替领域分)。该方法同样从两个角度对条目进行筛选，代表性表现为条目得分与本领域得分的相关系数的绝对值较大，且有统计学意义；独立性表现为条目得分与其他方面得分的相关系数无统计学意义或绝对值较小。

(5)主成分分析与因子分析法。这是从指标的代表性角度筛选指标。严格说来，主成分分析与因子分析是两种不同的统计方法，但二者联系很紧密，且用于条目筛选时类似。

主成分分析是用较少独立性的综合指标来代替原来较多的相关指标，是进行信息提取与综合的一种有效方法，它从指标的代表性角度筛选指标，先计算指标的主成分，然后选择主成分的个数。统计学上主要根据累积贡献率的大小来确定，一般累积贡献率大于 80%为好，或者直接选取特征值大于 1 所对应的主成分，挑选因子负荷绝对值较大的指标入选，使它们尽可能多地保留原始变量的信息，并且彼此之间不相关。主成分分析主要用于综合评价，除了解决变量间共线性和减少分析变量外，其更主要的优点是为综合指标提供了可供参考的变量权重。当用于量表研制的条目筛选时，从各条目得分的相关矩阵出发进行主成分分析，常常根据量表的设想结构及贡献率的大小确定所需的主成分数，然后根据各主成分与各条目得分的系数大小分别考虑每个主成分主要由哪些条目决定，选择系数较大的条目。比如根据设想，生命质量量表应包括四个主要方面(身体机能、精神心理、社会关系、症状及毒副作用)，则可考虑取四个主成分。

若作因子分析则根据因子载荷的大小来挑选指标，常利用主成分的方法来提取公因子，根据构建量表时的理论结构确定因子个数，选取在相应的公因子上载荷较大的条目。若各因子载荷相差不大尚可进行载荷阵的旋转从而拉大其距离，常常采用最大方差旋转（雅可比旋转）。

(6)聚类分析法。这是从指标的代表性角度筛选指标。聚类分析是研究“物以类聚”的一种方法，在国内有人将它称之为群分析、点群分析、簇分析等。聚类分析的目的就是把相似的东西分成类，其实质上就是寻找一种能够客观的反映元素间亲疏关系的统计量，然后根据这种统计量把元素分为若干类。聚类分析有两种类型，一是对样品聚类（称为 Q 型聚类），一是对变量聚类（称为 R 型聚类）。从变量聚类方面来说，这即是从代表性的角度进行指标筛选，在指标体系构建中运用比较广泛。其基本思想是首先采用聚类法将指标聚为一定数目的类别，然后选择每一类中具有代表性的指标作为入选指标，选择每类中的相关系数平方的均数较大而类间的相关系数较小的代表性指标。

当用于量表研制的条目筛选时，先采用一种聚类方法（一般用系统聚类法或 K-Means 法）对各条目得分进行聚类分析（R 型聚类分析），把条目聚为一定数目的类别（根据构建量表时的理论结构确定类别数），然后选择每一类中的代表条目作为入选条目。代表条目的选择原则是：①以每类中相关系数平方的均数较大者作为代表条目；②以类内平均相关系数较大而类间平均相关系数较小的条目为代表。

(7)多元逐步回归分析法。回归是研究变量与变量间关系的一种手段，通过回归方程表达变量与变量在数量上的共变关系。而建立指标体系的目的是用这些指标单个地和综合地解释和预测所研究事物所对应的现象，多元回归法是解决这个问题的一个重要思路和方法。多元回归法对解决指标间信息重迭问题的特殊意义在于它可独立地解析出各个指标对事物的影响力和作用，在各个指标相互控制的条件下，观察它们各自相对独立的效果。

在量表研制中，多元逐步回归分析法就是根据每个条目相对贡献或者解释效力的大小来进行条目的筛选。通过预调查或测试版的现场调查得到一批人的生命质量数据，将每个条目的回答结果按一定的评分规则求得总的生命质量得分，并将其作为因变量 Y，然后用 Y 与各条目得分($X_1, X_2, \cdots, X_n$)进行多元逐步回归分析筛选出对 Y 影响较大的条目。取不同的检验水准 α 即可得到不同数目的重要指标，以供进一步选择。该法也可按设想的生命质量构造，以每个方面的得分为因变量 Y，并分别以其相应的指标进行逐步回归分析，选出对每一个方面影响较大的指标。此外，有的量表还要求被调查者对其总的生命质量进行一个总的评分（常称为全局性单一条目评价），此时也可用该总评分为 Y 进行逐步回归分析，但调查时应对被调查者讲清生命质量的涵义，否则其评分很难代表其生命质量。此法需注意条目之间的相关（多重共线性）对结果的影响。

(8)克朗巴赫系数法。从内部一致性的角度对条目进行筛选。计算某一领域的克朗巴赫系数(Cronbach α)，比较保留与去除其中某一条目后 Cronbach α 系数的变化。如果某条目去掉后，α 系数有较大上升，则说明该条目的存在有降低该方面的内部一致性的作用，应该去掉，反之则保留。Cronbach α 系数的计算见后。

总之，各种方法间既有区别又有联系，其选出的指标不完全相同。可结合多种方法，选择多种方法（比如 3 种以上）均选出的指标。对于各法选出的不同的指标，再结合其他一些特性，如可操作性，量表的信度、效度考核等来决定取舍。

14.2.4　西方量表中文版本的研制

由于历史的原因，已经出现了大量的西文（主要是英文）量表，而且有些还非常著名，应用较广。因此利用西方量表来制定中国版本量表不失为一捷径。但由于文化差异，不能直接翻译过来就使用，而必须进行适当的处理和修订（Francis et al，1993），必须严格按照不同语言版本量表的研制程序进行。

用西方量表来制定中国版的量表，其方法步骤基本与前面相同，这里仅讨论几点不同之处。

1. 翻译及回译（translation and back-translation）

一旦确定了一个量表在西方行之有效，而且其目的和对象与中国的研究类似，则有必要研制其中文版本，首当其冲的就是翻译和回译。量表的翻译是一个很重要的问题（Guyatt，1993），原则上应形成一个翻译小组来负责翻译及回译工作。小组中有熟练掌握中西两种语言的中国人和西方人。

如果研究的主要目的是比较中西方同类人群的生命质量，应使量表译本与原本之间尽量一致，这可通过翻译及回译来实现。步骤是：翻译组将量表翻译成中文，然后让回译组（未看过原版量表）将中文翻译为西文。研究者与原版进行比较，找出差距较大的地方，然后对中译本进行适当修改，再进行回译并与原本比较，如此反复直到回译本尽可能接近原本。

2. 文化调适（culture adaptation）

如果研究目的是制定能在中国使用的生命质量测定量表，那么翻译时就应尽量按中文的习惯用法，对某些条目也要进行适当的修订使之适合中国文化的特殊性，这称为文化调适（Francis et al，1993）。该过程通常采用小范围（15 例）的访谈和/或预调查来完成。

比如，中国人对于性生活的一些条目不像西方人那样看重，而且还常不愿回答，这就必须进行修改（如委婉的问法），甚至去除。又比如宗教信仰也存在同样的问题。完全不受文化制约的量表是不存在的。正因如此，文化调适后的量表必须进行新的信、效度评价才能使用，有的还要进行多次修订。

3. 量表考察

中文版的量表除进行一般的信度、效度和反应度等的考察外，还要进行等价性（equivalence）的考察。关于等价性，不同的研究者提出了很多概念和类型，如 Herdman（1997）等归纳总结了 19 种等价性类型。究竟评价哪些方面的等价性尚有争议，一般认为考察关键的 4～6 种等价性即可。通常对以下四个等价性（Hendricson et al，1989）进行考察：

（1）概念等价性（conceptual equivalence）：指所测概念在不同文化背景下等同。可采取访谈法和多维相似结构分析（multi-dimensional similarity structure analysis）来考察。

（2）语义等价性（semantic equivalence）：指评价的具体条目反应的内容在内涵和外延上的等价。特别注意有些词语在不同的文化背景中可能意义不同，比如西方语境中蓝色代表不愉快、黑色代表压抑，而中文中蓝色代表平和、黑色代表庄重；又如白色在中国用于葬礼和悲哀，而西方则代表纯洁。Startorius 和 Kuyken 提出了一系列检查语义等价性的过程及方法。

（3）技术等价性（technical equivalence）：指测量的方式（自评一他评、纸笔测试、电子版测试等)、具体实施过程及语言的等价。由于文化背景的不同,对同一个问题可能要采取不同的测定方式,如在美国可以很公开谈论的性问题,在中国就不一定适合直接面谈。反之,在中国可以随便谈论的宗教信仰问题,在欧美国家就不能这样谈了。如何保证内容相同而形式不一就颇值得考虑。语言上的等价性指测定量表在语法和句法上的等价,即具体的语言表达上可能不同,但本质上必须是同一个问题 。

(4)标量等价性(scalar/metric equivalence):指修订的量表与原量表具有可比的测量学特性(信度、效度、反应度等),也称为测量等价性(measurement equivalence)。

总之,与独立研制的自己语言量表一致,中文版量表的考察与评价也是一个长期的过程,一般通过预调查、正式调查、应用等多个阶段来进行不断的评价。

14.3 量表的评价与选择

由于测量误差的存在,物理测量和心理测量的结果不一定就是可靠的,也不一定就是有效的,需要对测量结果的可靠性和有效性进行分析与评价。同样,测量工具(量表)的好坏也需要进行评价,一般称为心理测量学特性(psychometrics properties)评价,包括信度、效度、反应度等。

14.3.1 信度及其评价方法

信度(reliability)是可信度的简称,指量表测量的可靠性、精确性、稳定性和一致性,可从不同角度来理解:可理解为同一测量工具(量表)反复测量某人的同一特质,多次测量结果间的可靠性、稳定性和一致性;也可理解为量表的条目间相关程度和一致性程度,同一个领域是否在测量同一个特质;还可理解为一次测量与它的任意一个"经典平行测量"的相关性和一致性(顾海根,2008)。总之,信度反映的是测量分数的真分数变异与观察所得实际分数变异之间的一致性。信度反映的是随机误差的变异,因此凡是能够控制随机误差的手段都可以有效地提高测量信度。

由于真实分数的方差无法得到,因此一般采用两平行测验上观察分数间的相关来作为信度系数,采用不同的方式来得到平行测验即得到不同的信度系数,以下将分别介绍。

1. 重测信度法

重测信度(test-retest reliability)法是用同样的量表对同一组被调查者间隔一定时间重复测量,计算两次测量结果的相关系数。显然,重测信度属于稳定系数。即,

$$r=\frac{Cov(X_1,X_2)}{\sqrt{S_{X1}^2S_{X2}^2}} \tag{14.3}$$

由于重测信度法需要对同一样本试测两次,被调查者容易受到各种事件、活动和他人的影响,而且间隔时间长短也有一定限制,因此在实施中会有一定困难。不同种类的受试者重测间隔期限不尽相同,原则上应在其属性无变化的期间内进行。

此外,相关仅能反映出变化趋势的一致性,而不能反映两次测定结果间的"接近程度"。因此建议可以在计算相关系数的同时用配对 t 检验对两次测定结果进行比较,t 越小,越有理由说明测定结果间一致。当然,严格说来,首先要确保两次测定所测特质没有发生变化,这样才能计算重测信度。

2. 复本信度法

如果一种测验有两个以上的复本，根据同一群受试者接受两个复本测验所得结果的一致性程度就是复本信度(alternate-form reliability)，其大小等于同一批被试者在两个复本测验上所得分数的相关系数，它主要反映测验的跨形式的一致性。

具体做法是让同一组被调查者一次填答两份量表复本，计算两个复本的相关系数。复本信度法要求两个复本除表述方式不同外，在内容、格式、难度和对应题项的提问方向等方面要完全一致，而在实际调查中，很难得到两份等价的量表，因此采用这种方法者较少。

复本信度的主要优点在于：①能够避免重测信度的一些问题，如记忆效果、练习效应等；②适用于进行长期追踪研究或调查某些干扰变量对测验成绩影响；③减少了辅导或作弊的可能性；④能避免被试因为做相同题目而引起的厌倦情绪。

复本信度的局限性在于：①如果测量的行为易受练习的影响，则复本信度只能减少而不能消除这种影响；②有些测验的性质会由于重复而发生改变；③有些测验很难找到合适的复本。

3. 分半信度法

分半信度(split-half reliability)法是将量表的条目分为两半，计算两半得分的相关系数，进而估计整个量表的信度。这实际上考察的是指标的一致性，但因测量同一特征的指标间应关系密切，故具有一致性则说明结果可信。显然，k 个条目的量表分半方法可有 $k!/[(k/2)!(k/2)!]$ 种，如 10 个条目的量表有 252 种分法。那么，采用那种分法呢？实际上各种分法得到的结果应很接近，因此可随机地抽取一种分法。通常采用奇数条目为一组，偶数条目为一组的分法。如果两部分的条目数不等，可以选用校正方法。

另外，分半信度计算的是两个“半测验”上得分的相关系数，只是半个测验的信度，还必须用斯皮尔曼－布朗公式加以校正。当公式应用于分半信度时，公式简化如下：

$$r_{xx} = 2r_{hh}/(1 + r_{hh}) \tag{14.4}$$

式中 r_{hh} 为分半分数间的相关系数，r_{xx} 为整个测验的信度值。

4. 内部一致性信度法

内部一致性信度(internal consistency)是目前比较流行的信度评价方法，是分半信度的推广。它无需将条目分为两个部分，而是从量表的构思层次入手，以内部结构的一致性程度对信度作出估计。

内部一致性信度主要有 Kuder-Richardson 公式法和克朗巴赫 α 系数(Cronbach′s alpha)(Cronbach，1987)法 。其中，前者是后者的特殊情况，仅适用于两分类条目，这里仅介绍后者。

$$\alpha = \frac{K}{K-1}\left(1 - \frac{\sum S_i^2}{S^2}\right) \tag{14.5}$$

$$\alpha = \frac{K\bar{r}}{1 + (K-1)\bar{r}} \tag{14.6}$$

式中，K 为整个量表或子量表的条目数，S_i^2 为第 i 个条目得分的方差，S^2 为整个量表或子量表得分的方差。$\bar{r}$ 为任两个条目得分相关系数绝对值的平均值。可见，要各条目间相关高者 α 系数才大。

α系数根据一次测定即可计算,使用简便,利用的信息也充分,因此,在实际工作中广为采用。α系数最好用于量表的低层结构(如领域,小方面等子量表)的信度考察,通过每个子量表的考察结果再来综合反映整个量表的情况,而不宜仅计算一个总量表的α系数。原因是低层结构中的条目都是反映同一方面的特征,相关性较高,而总量表要考虑一定的"覆盖面",因而具有一定的"异质性"。如在生命质量测定中可以分别计算心理功能、躯体功能等领域的α系数,在心理测量中可以分别计算焦虑、抑郁、孤独等方面的α系数。

此外,尚有配伍组方差分析中的方差比、测量标准误、概化系数等信度检验方法,这里从略。

5. 信度的评价标准

信度的考评大多是计算各种相关系数,因此其取值越接近1越好,越接近0越差,但还没有公认的判断标准。一般说来,0.9以上可以认为很好,0.7以上为好,低于0.4算差。此外,不同的考评方法也有不同的要求,一般认为α至少0.70,重测 r 应该在0.80以上(Van der Steeg,2004)。但有些测验变异较大,如生命质量测定中的症状与副作用功能领域,信度系数低一些也可以接受。社会功能领域内部一致性也相对较低,原因是该领域包括的内容较多,比如社会支持、社会参与、社会角色、家庭亲情等,因此全部合在一起就显得"不那么一致"了。

14.3.2 效度及其评价方法

效度(validity)即有效性,它是指测量工具或手段能够准确测出所需测量的事物的程度(顾海根,2008)。其实,效度分析要回答以下问题:"一个测量测定了什么特征?它对所要测量的特性测得有多准?"。在生命质量测量中量表的效度就是指量表测定了它打算(所要)测定的特质或功能(而不是其他特质或功能)以及测定的程度。

关于效度,要侧重理解以下三点:

(1)效度是一个相对概念。这种相对性表现在两个方面:①效度是相对于一定的测量目的而言的。因为效度是指实测结果与所要测查的特质之间的吻合一致性程度,因此,一个测验或量表是否有效主要看它是否达到了测量的目的。测量某一特质有效的量表,若用它来测量另一种特质,则可能是无效或效度极低。②心理特质是较隐蔽的特性,只能通过个体的行为表现来进行推测,因此,心理测量不可能达到百分之百的准确,而只能达到某种程度上的准确。不过由于任何一个量表的编制都有其目的,所以在正常情况下,一个量表的效度也不会为零。

(2)效度是测量的随机误差和系统误差的综合反映。当一个测验的随机误差较大时,实测结果当然会偏离真值,造成结果的不准确。如果测量中还存在系统误差,则系统误差也会加大测量误差。无论出现哪种情况,只要出现测量误差,测量的效度必受影响。

(3)判断一个测量是否有效要从多方面搜集证据。心理特性是我们要测的东西,是未知的,通常也是比较抽象和隐蔽的,必须先从多种角度把这种特性描述清楚。因此,获取测量效度的途径也是多样的。

要判断一个测量是否有效要从多方搜集证据,一般称为效度验证(validating)。由于描述心理特质的角度的多样性导致了获取测量效度的途径也是多样的。效度主要分为三种类型:内容效度、准则效度和结构效度。

1. 内容效度

内容效度(content validity)也称内在效度(intrinsic validity)或循环效度(circular validity),有时也称贴切性(relevance)或代表性 (representativeness),是指量表在多大程度上表示了所测特质的范畴。换言之,量表是否包含足够的条目来反映所测内容。

内容效度的评价主要通过经验判断进行,如量表的条目包含了所测概念的各具体方面而且有一定的比例,则可认为有好的内容效度。

一个测验要具备较好的内容效度必须满足两个条件:①要确定好内容范围,并使测验的全部项目均在此范围内。所谓内容范围可以是具体知识或技能,也可以是复杂行为。成就测验的主要目的在于测量学生的学习效果,因此特别重视内容效度。②测验项目应是已界定的内容范围的代表性样本。换句话说,就是选出的项目能包含所测的内容范围的主要方面,并且使各部分项目所占比例适当。具体做法是对内容范围进行系统分析,将该范围划分为具体纲目,并对每个纲目作适当加权,然后根据权重,从每个纲目中随机取样。

2. 结构效度

结构效度(construct validity),也称构思效度或特征效度(trait validity),说明量表的构造是否符合有关的理论构想和框架,也就是检验量表是否真正测量了所提出的理论构思。因而结构效度是最重要的效度指标之一。

根据定义,可以得知结构效度具有如下一些特点:

(1)结构效度的大小首先取决于事先假定的心理特质理论。要使得关于某一特质测验的结构效度的研究结果可以进行比较,则对于该特质的假设和定义就应该相同。否则,不能进行比较。

(2)由于有可能出现理论假设不成立,或该试验设计不能对该假设作出适当的检验等情况,因此当实际测量的资料无法证实我们的理论假设时,并不一定就表明该测验结构效度不高。

(3)结构效度是通过测量什么和不测量什么的证据累加起来给以确定的,因而不可能有单一的数量指标来描述结构效度。

结构效度的最大贡献是可以用来提出和验证假设,是发展心理学理论的重要研究工具。当然结构效度也有其明显的局限性,特别是当测验结果不能验证原来的构想时,不能确定是构想有错误,还是测验本身缺乏内容效度,或者是实验设计有问题。

结构效度的评价较复杂,可用相关分析和因子分析方法来反映。相关分析就是计算各条目与各领域(或侧面)的相关系数,根据相关系数的大小及其检验结果来判断。

因子分析的主要功能是从量表全部变量(条目)中提取一些公因子,各公因子分别与某一群特定变量高度关联,这些公因子即代表了量表的基本结构。通过因子分析可以考察量表是否能够测量出研究者设计问卷时假设的某种结构。在因子分析的结果中,用于评价结构效度的主要指标有累积贡献率、共同度和因子负荷。累积贡献率反映公因子对量表或问卷的累积有效程度,共同度反映了由公因子解释原变量的有效程度,因子负荷反映原变量与某个公因子的相关程度。

另外,比较理想的方法是应用结构方程模型、验证性因子分析来评价结构效度。其思路是首先提出一个量表的理论结构(模型),即包含几个维度,每个维度包含哪几个问题,然后应用验证性因子分析的方法对测量得到的数据进行模型拟合，应用多个拟合优度指数（如NNFI、CFI、χ^2 值）来反映，数据拟合的模型与理想的模型是否吻合。参见相关书籍。

3. 准则关联效度

准则关联效度（criterion-related validity），也称效标效度（criterion validity）、经验效度（empirical validity）或统计效度（statistical validity）。是说明量表得分与某种外部准则（效标）间的关联程度，用测量得分与效度准则之间的相关系数表示。

外部准则指不通过该量表，而是通过一些客观指标或某些总体评价性项目来间接反映测定属性。

根据效标的不同，可分为两种：

(1)同时效度（concurrent validity）：量表得分与当前效标间的相关。比如用脱毒的快慢来反映戒毒者生命质量高低，用运动速度反映躯体功能的高低等。

(2)预测效度（predictive validity）：量表得分与将来的效标（某种结果）间的相关。比如量表得分与将来的疾病复发、恶化、死亡等结果的联系。

具体的评价方法主要是下面三种：

(1)相关法：相关法就是计算测验分数与效标测量的相关系数，可以使用积差相关、等级相关、点双列相关、二列相关、四分相关、列联相关法等。

(2)区分法：该方法的思路是，被试者接受测验后，让他们工作一段时间，再根据工作成绩（效标测量结果）分为两个极端组，然后检验这两组被试者原来的测验分数是否具有统计学意义。

(3)命中率：当测验用作取舍决策时，常使用命中率这一指标。这类测验的效度高不高，就是看其取舍是否与实际一致，也即命中率高低。

4. 判别效度和聚合效度

判别效度（discriminant validity），也称辨别效度，是指运用相同测量方法测定不同特质或构思时，辨别不同特质的程度，也就是说不同特质和内涵的测量结果之间不应有太大的相关性。

聚合效度（convergent validity），也称收敛效度，是指运用不同测量方法测定同一特质或构思时所得结果的相似程度，即不同的测量方式应在同一特质的测定中聚合在一起（收敛）。也就是说，对同一特质的两种或多种测定方法间应有较高的相关性。

对判别效度和聚合效度的评定，通常采用 Campbell 和 Fiske 所提出的多特征—多方法（multitrait-multimethod，M-M）矩阵法分析（Campbell，1979）。

综上所述，效度的评价是较复杂的，应该从多个方面搜集效度证据。除了我们已经介绍的外，还可以进行临床效度（clinical validity）、交叉效度（cross-validation）、表面效度（face validity）、增量效度（incremental validity）等方面的验证。实际应用时可结合各情况进行判断。

14.3.3 反应度及其评价方法

1. 反应度概述

反应度（responsiveness）是测定工具（量表）的重要特性，其概念、定义以及相应的测定方法还有很多争议。Terwee 等（2003）综述了 25 种定义和 31 种衡量方法。一般认为反应度是指测定工具能够反应出所测定的特质在时间上纵向变化(change over time)的能力和程度(Guyatt,1987),是指量表能测出所测定特质的微小改变的能力。反应度是在变化状况下该测量手段的应变性,故也称为在时间上变化的灵敏度(sensitivity)。

就生命质量测定而言,反应度指量表能测出生命质量在时间上变化的能力和程度。一份生命质量量表如果经评价后有一定的信度和效度,但如果没有检测出细微的、有实际意义的、随时间改变的能力,那么这个测量工具是没有任何应用价值的。

根据是否采用一个具体的外部评价标准可以分为内部反应度(internal responsiveness)和外部反应度(external responsiveness)(Husted,2000;Terwee,2003)。前者没有采用外部标准,而是根据专业知识、经验等(内隐地)认为在一定措施和时间后(如治疗后)已经有了一定的效果,好的量表应该能反应出这种变化。后者采用了一种具体的(外部的)评定方法(如肿瘤大小的变化、生理指标的改变)作为比较的标准。

目前,对反应度的评价方法还亟待解决。一般采用与某种外部标准(客观指标或专业经验)相比较的方法。比如,从专业上判断某病在治疗前后各功能状态均会发生较大变化,如果量表没有反映出这种变化(可采用配对 t 检验进行前后比较),说明缺乏反应度。

两种反应度的评价方法不完全一致,内部反应度的评价习惯上采用配对 t 检验(或秩和检验等),治疗前后有统计学意义($p<0.05$ 或 $p<0.01$)就认为有好的反应度。外部反应度除了可以用本文的一些指标和方法外,更重要的还要反映与外部标准的关联和比较,因此可用相关、回归等方法来分析。下面介绍几种具体评价方法。

2. 配对 t 检验法

该法即采取配对 t 检验来说明采取某种措施(估计能改变生命质量)前后两次测定得分差值均数的显著性(Guyatt,1987)。这是一种较直观的方法,用得较多。但严格来讲,这是不太好的,因为配对 t 检验是对治疗前后差异为 0(完全相等)的检验,随着样本含量的增加总是能得出阳性结果。当样本含量较大时一点点差异就能得出统计学显著性,但这并不能说明量表灵敏。更不能用 t 值和 p 值的大小来说明反应度的好坏。

为了克服此问题,除了用传统的假设检验外,还应该给出具体的反应度衡量指标。可采用下面一些指标(统计量)来衡量反应度:

(1)变化率 CR (change ratio):即得分变化的百分比,为治疗前后差值(治疗前－治疗后)均数占治疗前均数的比例,反映治疗后生命质量升高(负值)或降低(正值)的程度。

$$CR=\frac{\bar{d}}{\bar{x}_1}\times 100\% \tag{14.7}$$

(2)效应大小 ES (effect size):为治疗前后差值(治疗前－治疗后)均数与治疗前标准差的比值。

$$ES=\frac{\bar{d}}{S_1} \tag{14.8}$$

(3)标准化反应均数 SRM (standardized response mean):为治疗前后差值(治疗前－治疗后)均数与差值的标准差的比值。

$$SRM=\frac{\bar{d}}{S_d} \tag{14.9}$$

(4)相对效率 RE (relative efficiency)：相关的两个 t 值的平方或 F 值的比值，用于不同测定工具或同一测定工具不同领域的反应度相对比较。

$$RE=\left(\frac{t_1}{t_2}\right)^2 \tag{14.10}$$

式中，$\bar{X}_1$ 为基线(第一次)测定得分的均数，S_1 为基线(第一次)测定得分的标准差，$\bar{d}$ 为前后差值的均数，S_d 为前后差值的标准差。

本文给出了 4 种指标，结合其计算公式不难理解其含义，但还没有公认的判断标准。一般认为，ES、SRM 的绝对值在 0.2 左右则反应度较低，0.5 左右反应度适中，0.8 及以上反应度较好(Husted，2000)。CR 可以取 5%、10%、15%、20%等。至于 RE 只能用于不同量表或子量表(领域)的相互比较。一般说来，各指标判断的结果并不完全一致。从公式(14.7)～(14.10)看，区别主要在分母上，SRM 的分母考虑了治疗前后差异，因此推荐以 SRM 为主并参考其他指标下结论。类似的指标还可以构造出不少(Husted，2000；Terwee，2003)。

3. 差异相关法

Meenan 等(1984)建议用某措施前后生命质量得分的变化(差异)与某种生理指标(显然可推广)的变化的相关系数作为反应度的评价指标。比如，他们用风湿性关节炎功能量表的得分变化与关节柔韧性和抓握强度的变化的相关分析来评价量表的反应度。

4. 接受者操作特征曲线法

Deyo R. A 等(1986)提出了一种接受者操作特征(receiver operating characteristic，ROC)曲线法，可同时考虑量表的灵敏度和特异度。方法是将量表测定视为一种“诊断”试验，然后按某种外部标准的变化将病人划分为改善与非改善组，并对前后两次测定的得分的差值，按某规定的界点分组，差值高于界点者判为阳性(＋)，否则为阴性(－)，可得四格表形式的结果(表 14.1)。

表 14.1 ROC 曲线所需数据示意

特性变化	外部标准		合计
	改善	非改善	
＋	a	b	$a+b$
－	c	d	$c+d$
合计	$a+c$	$b+d$	n

据此四格表形式的资料，可算出真阳性率(灵敏度)和假阳性率(1－特异度)。变换不同的界点即可得到不同的真阳性率和假阳性率。以此分别作为纵轴和横轴绘图即可得到 ROC 曲线。曲线下的面积即为反应度的综合评价指标。尚可同时得到面积的标准误，因而尚可对不同量表的反应度进行显著性检验比较。

14.3.4 其他特性评价

1. 可接受性

可接受性(acceptability)是指病人或被测定者对测定量表的接受程度(Donovan，1989)。再好的量表如果病人不愿意接受，也难于实行。

量表的可接受性主要取决于以下几个因素：

(1)量表具有简单性(simplicity)。条目少且容易理解。

(2)量表内容为被测者所熟悉或认为有意义(与其生活及健康相关)。

(3)量表容易填写，看完简短的“填表说明”后即知如何完成。

(4)完成量表所需的时间较少。一般认为 7～20 分钟较适宜。临床使用的量表最好在 17 分钟内，一般人群评价的量表可稍长，但也不宜超过 30 分钟，否则被测者会感到厌烦而不愿完成，或随意乱填。

具体考察时可通过接受率(量表回收率)、量表完成率(事先确定完成的标准，比如所有条目均有回答者)和填表所需平均时间等来评价。

2. 可操作性

可操作性(operability)原本是一个管理学术语，这里指量表测定对象、测定的各概念及特质是否有可操作性定义。换言之，调查者是否容易理解和使用量表。比如量表的适用对象是吸毒者，那么什么是吸毒者需作出可操作性界定，否则调查者无所适从。

3. 可行性

可行性(feasibility)除以上两项外，尚包括测定工作是否容易组织实施，花费的代价是否大等。

14.3.5　量表的选择

无论是普适性还是特异性量表均已开发出很多，量表研究者往往各自为政，导致同一病种出现多个量表，如报道的关节炎生命质量测定量表有 10 多个，用于糖尿病的测定量表 20 多个，用于肺癌测定的量表 50 多个，使得应用量表的学者在众多的量表面前不知怎样评价和选择。这里给出一些量表选择原则：

1. 按测定对象和目的来选择与其相应的量表。如果目的是反映健康状况，并且进行不同特征人群(如性别、城乡、疾病)的比较，应选择普适性量表，其中 SF-36 和 WHOQOL-BREF 是最适宜的量表。如果要较全面的测定可用 WHOQOL-100，如果要简便快速测定(比如用于患者)可用 EQ-5D、SF-12。如果目的是用于临床(如治疗效果的评价)，则应首选特异性量表，如肺癌可用 FACT-L 或 QLICP-LU；其次，没有特异性量表者可用相应的共性量表，如稀有癌症可用癌症的共性量表如 EORTC QLQ-C30，FACT-G 或 QLICP-GM 等；最后，实在没有合适的可用较短的一般普适性量表，如 SF-36、EQ-5D。

2. 应尽量选择 20 世纪 80 年代及以后开发的量表。其中，尤以 FACT 系列(FACT-G 等)、EORTC QLQ 系列(QLQ-C30 等)、QLICP 和 QLICD 系列、SF-36、WHOQOL-BREF 等量表较好。因为这些量表体现了现代生命质量的内涵，按严格的开发程序研制，进行了信度、效度等指标的评价，而且条目数也不太长，易被病人接受。尤其是癌症与慢性病的量表体系还采取了核心模块与特异模块的结合方式，符合现代量表研制的发展趋势。

3. 结合各量表的特性来选择。在同一测定对象有多个量表的时候，结合各量表的特性(如信度、效度、反应度、条目多少、计分是否简便等)来选择，好的量表应具有较好的测量学特性。其中，效度强调内容效度(包括各个必须的领域和侧面)、结构效度(因子分析和/或结构方程模型支持)和效标关联效度(与效标的相关较大，一般要大于 0.70)；信度必须考虑内部一致性(克朗巴赫系数 α 至少为 0.70)，也可辅以重测信度(重测相关系数 r 大于 0.80)；

反应度要求量表能够反映出治疗/干预前后的变化（$P < 0.05$），且标准化反应均数 *SRM* 大于 0.5。具有较强的可接受性（acceptability），包括接受率（量表回收率）和量表完成率高，填表所需平均时间短（条目少且容易理解），一般 20 分钟内完成。具有较高的可行性（feasibility），操作性强，容易组织实施，花费的代价不大。

14.4 常用的普适性测定量表

一般普适性量表具有普遍性，它不针对某一种（类）病人，而是可用于健康人和各种疾病病人反映其属性或特质状况。

14.4.1 生命质量/健康状况常用量表

反映生命质量/健康状况普适性量表很多，常见的一些归纳于表 14.2。

14.2 常用的生命质量/健康状况测定普适性量表

量表名（英文缩写）	开发年代	结构（考察的领域或侧面）	条目数
总体健康量表（GHQ-30）	1966	焦虑/紧张、自信/愉快、抑郁、精力、社会功能、失眠	30
诺丁汉健康调查表（NHP）	1970	个人体验 5 个方面（疼痛、躯体活动、精力、睡眠、情绪反应、社会孤独感） 日常生活 6 个方面（工作、家务、社会生活、家庭生活、性活动、爱好、休假）	45
疾病影响量表（SIP）	1975	躯体运动、灵活性、行走移动、情感行为、社会关系、警觉行为、交流、睡眠与休息、工作、家务管理、娱乐与消遣、饮食等 12 个方面	136
生命质量指数（QWB）	1976	计算权重的健康要素（移动、躯体活动、社会活动）22 个加权的症状/复合的健康问题	50
McMaster 健康指数问卷（MHIQ）	1987	躯体、社会、心理 3 个方面	59
简明健康状况调查问卷（SF-36）	1988	生理功能、生理职能、心理健康、心理职能、社会功能、精力、疼痛、总体健康 8 个方面	36
欧洲五维度生存质量量表（EuroQoL EQ-5D）	1990	移动性、自我照顾、日常活动（工作、学习、家务、休闲）、疼痛或不适、焦虑或压抑	5
世界卫生组织生命质量量表（WHOQOL-100）	1993	躯体功能、心理功能、独立性、社会关系、环境、总健康 6 个方面	100
世界卫生组织生命质量简化量表（WHOQOL-BREF）	1996	躯体功能、心理功能、社会关系、环境、总健康 5 个方面	26

1. 总体健康问卷（the general health questionnaire，GHQ）

Berwick 等（1966）开发的总体健康状况量表（GHQ）。该量表于 1960 和 1970 年代在英国开发出来，原来主要用于精神心理评价，后来推广于一般的医学评价，主要以问卷或图表形式来描述被测对象的焦虑、压抑等非精神性心理异常特征，也可用于有心理异常倾向的患者。最初从 140 个条目中选出 60 个条目构成量表。随后开发出 30、28、20 和 12 个条目的不同简化版。目前使用的主要有 5 种：GHQ-60，GHQ-30，GHQ-28H、GHQ-20 和 GHQ-12。

2. 诺丁汉健康量表(the Nottingham health profile，NHP)

诺丁汉健康量表 NHP 在 20 世纪 70 年代末发展的，1980 年由 Hun. SM 发表。最初用于流行病学研究，比较人群的健康状态，调查个人、社会及环境因素与健康的关系，以确定未得到满足的保健区域，后被广泛应用于泛美国家及其他国家。NHP 为患者自评量表，共 45 个问题，6 个方面(38 条目)的个人体验(包括睡眠、身体活动、精力、疾病、情绪反应和社会孤独感)和 7 个方面(7 条目)的日常生活活动(包括职业、家务、社会生活、家庭生活、性活动、嗜好和休假)。

3. 疾病影响程度量表(sickness impact profile，SIP)

该量表由 Marilyn 和 Bergner 等人于 1975 年于美国发表，1981 年华盛顿大学卫生服务中心发表了对 SIP 的验证结果及其修订。SIP 包括 12 个方面 136 个问题，测定躯体、心理、社会健康状况、健康受损程度、健康的自我意识等。虽然量表较长，但每个问题均只回答"是""否"两项，也不需要太多时间，一般 20～30 分钟可完成。每个问题都经过专家讨论，给予权重，据此可计算各方面得分和总量表得分。

4. 生命质量指数(the quality of well-being index，QWB)

生命质量指数是由 Kaplan 等于 1976 年发表，调查患者的日常生活的各个方面。量表由两部分组成，第一部分 22 个症状及相关健康问题，让观察对象识别出前六天内发生的症状或问题。第二部分为运动、身体活动、社会活动等一系列问题，采用标准方法探索活动受限是否与健康有关。评分从 0(死亡)到 1.0 分(最佳功能)逐渐递增。优点在于将受试者与其功能和症状紧密联系在一起，从而可应用在数量评估和消耗一效益分析中。

QWB 是一个结合患者特定健康状态效用的量表，不仅描述患者目前健康状况，还权衡期望的健康状态，其权重系数来源于总人口调查。由于它缺乏心理压力方面的内容，所以部分限制了它的评价领域。

5. 医学结局调查(the medical outcomes study 36-item form health survey，SF-36)

该量表是美国医学结局研究(medical outcomes study，MOS)组开发的一个普适性测定量表。该工作开始于 20 世纪 80 年代初期，形成了不同条目不同语言背景的多种版本。含有 36 个条目的健康调查问卷简化版 SF-36(V1.0)由 Ware，Stewart 等于 1988 年提出。1996 年 SF-36(V2.0)国际版研制完成，包含躯体功能、躯体角色、肌体疼痛、总的健康状况、活力、社会功能、情感角色和心理卫生 8 个领域以及 1 个自我评价健康变化条目。它可用于临床实践和研究、评价健康政策、总体人口调查，是目前应用最为广泛的健康状态测量量表。

美国医学结局研究中心先后又将 SF-36 简化为 SF-12 及 SF-8 版本。

6. 欧洲五维度生存质量量表(EuroQOL EQ-5D)

该量表是由欧洲生存质量学会(EuroQOL Group)设计，既可以用于健康人群以评价特定人群的健康状况，又可以用于患病人群以评价某种疾病导致的健康状况的下降。EQ-5D

由问卷和效用值换算表两部分组成。问卷调查结果可以用来描述人群的健康状况和获得EQ-VAS得分,使用效用值换算表则可进一步获得EQ-5D指数得分。EQ-5D健康描述系统包括五个维度:行动能力(Mobility)、自己照顾自己能力(Self-Care)、日常活动能力(Usual Activities)、疼痛或不舒服(Pain/Discomfort)、焦虑或抑郁(Anxiety/Depression)。每个维度又包含三个水平:没有任何困难、有些困难、有极度困难。EQ-VAS是一个长20厘米的垂直的视觉刻度尺。顶端为100分,代表"心目中最好的健康状况",底端为0分,代表"心目中最差的健康状况"。

7. 世界卫生组织健康相关生命质量测定量表(WHOQOL-100,WHOQOL-BREF)

该量表是WHO组织20余个国家和地区共同研制的跨国家、跨文化并适用于一般人群的普适性量表(WHO,1993)。1991年开始研制,经几年的探索形成含100个条目的标准版量表WHOQOL-100,该量表覆盖了生命质量的6个领域和24个方面,包括生理领域(PHYS)(疼痛与不适,精力与疲倦,睡眠与休息)、心理领域(PSYCH)(积极感受,思想、学习、记忆和注意力,自尊,身材与相貌,消极感受)、独立性领域(IND)(行动能力,日常生活能力,对药物及医疗手段的依赖性,工作能力)、社会关系领域(SOCIL)(个人关系,所需社会支持的满足程度,性生活)、环境领域(ENVIR)(社会安全保障,住房环境,经济来源,医疗服务与社会保障;获取途径与质量,获取新信息、知识、技能的机会,休闲娱乐活动的参与机会与参与程度,环境条件(交通条件)和精神领域(精神支柱/宗教/个人信仰)。每个方面有4个条目,加上4个有关总体健康和总体生命质量的问题,共计100个条目。

为了方便实际应用,1996年WHOQOL-100被进一步简化为含26个条目的简化版(WHOQOL-BREF)。简化版覆盖其6个领域中的4个领域外加两个反映总的生命质量和健康状况的条目(G1、G4)。

14.4.2 心理健康常用量表

心理健康量表是专门用来测评心理健康的工具。由于对心理健康内涵理解的不同,心理健康量表测评的内容也不同。测量量表分为两大类:一类为综合性心理健康量表,如身心症状自评量表(SCL-90),明尼苏达多相人格问卷(MMPI),中国人心理健康量表,一般健康问卷GHQ-20等;另一类为单一症状问卷,如抑郁、强迫、焦虑量表等。这里仅介绍综合性心理健康量表。

1. 症状自评量表(SCL-90)

症状自评量表(self-reporting inventory),又名90项症状清单(SCL-90),本测验共90个自我评定项目。测验的九个因子分别为:躯体化、强迫症状、人际关系敏感、抑郁、焦虑、敌对、恐怖、偏执及精神病性。它的每一个项目均采取1-5级评分:没有、很轻、中等、偏重、严重。

本测验适用对象包括初中生至成人(16岁以上)。目的是从感觉、情感、思维、意识、行为直到生活习惯、人际关系、饮食睡眠等多种角度,评定一个人是否有某种心理症状及其严重程度如何。它对有心理症状(即有可能处于心理障碍或心理障碍边缘)的人有良好的区分能力。适用于测查某人群中那些人可能有心理障碍,某人可能有何种心理障碍及其严重程度如何。本测验不仅可以自我测查,也可以对他人(如其行为异常,有患精神或心理疾病的可能)进行核查,假如发现得分较高,则应进一步筛查。

2. 康奈尔医学指数

康奈尔医学指数(Cornell medical index,CMI)是美国康奈尔大学 Wolff HG. Brodman R. 等编制的自填式健康问卷,是在康奈尔筛查指数(Cornell sellected index 1949)和康奈尔服役指数(Cornell service index 1944)的基础上发展而来的。

每一项目均为两级回答,凡回答“是”者,记 1 分,回答“否”者记 0 分。全部项目得分相加即得出 CMI 的总分。计算 M-R 分,将 MYR 部分每一项目的得分相加,即得出 M-R 值。筛查界值的参考值在美国是常用的筛查界值,总分为 30 分,M-R 为 10 分。许丽英等将 CMI 翻译成中文,并进行了初步修订。在中国医学生、内科门诊病人和神经症病人中试测结果表明,CMI 总分和 M-R 分能够较为敏感地反映不同人群精神障碍的程度。并提出不同性别筛查标准参考值。男性总分≥35 分,M-R 分≥15 分;女性总分≥40 分,M-R≥20 分。该界值有较好的效度,总分值敏感度,男女分别为 89.8%和 81.3%,M-R 分值敏感度,男女分别为 81.8%和 75.0%。此参考值有待在大数量人群的测试并加以验证。

3. 明尼苏达多相人格问卷(MMPI)

明尼苏达多相人格调查表(Minnesota,maltiphasic,personality MMPI)问世于 1943 年,由美国明尼苏达大学教授哈特卫(S. R. Hathawag)及麦金利(J. C. Mckinley)合作编制而成的。该测验的问世是人格测验发展史上的一个重要里程碑,对人格测验的研究进程产生了巨大影响。我国对 MMPI 进行了研究和修订,从 20 世纪 70 年代末开始,已形成了一个中国版本和常模。

MMPI 的目的是试图对人的人格特点提供客观的评价。测验一共有 566 个条目,包括 14 个分量表,其中 10 个为临床量表,4 个为效度量表。选用中国 MMPI 量表协作组的中国常模,主要确定十个与临床有关的指标及五个研究量表指标。

4. 中国人心理健康量表

该量表是由中国科学院心理研究所王极盛编制的、经过标准化了的、信度与效度检验都达到心理学测验标准的适合中国人进行心理健康测查的量表,该量表由 80 个项目组成:分为人际关系敏感与紧张、心理承受力差、适应性差、心理不平衡、情绪失调、焦虑、抑郁、敌对、偏执、躯体 10 个分量表,每个分量表都由 8 个项目组成。测试结果总均分和平均分都分为 5 个等级:1～1.99 分;2～2.99 分;3～3.99 分;4～4.99 分;5 分。受试者的总体心理或某方面的心理健康程度依据分数的增加而严重,1～1.99 分之间表明受试者的总体心理或某方面的心理健康正常,而 5 分则表示受试者在总体心理或某方面存在非常严重的心理健康问题。该量表既可适合个人使用,也可适合于单位集中使用;既可适合中学生使用,也可用于成人,具有普遍的使用价值,但不适用于小学生。

5. 心理健康诊断测验(MHT)

华东师范大学周步成教授于 1991 年翻译并修订出版了《心理健康诊断测验(MHT)手册》,量表共 100 道题。适用于中小学生心理健康的整体测查。它由一个效度量表与八个内容分量表构成。八个内容量表分别是学习焦虑、对人焦虑、孤独倾向、自责倾向、过敏倾向、身体症状、恐怖倾向和冲动倾向。

【本章小结】

1. 量表研制有两种策略或途径，一是利用已有量表研制中文版本的量表，二是直接独立地开发量表。研制方法包括从测定概念的确立及操作化定义，条目的形成、条目的分析筛选（包括条目特性评价与条目选项定位分析等），直到量表的考评及修订等一系列过程中涉及的各种方法。

2. 条目分析包括条目特性（难度、区分度、猜测度等参数）评价、条目选项定位分析以及得分分布、选项分布（地板效应、天花板效应）等特征。

3. 条目筛选应遵循重要性大、敏感性高、独立性强、代表性好、适宜性好的原则，并兼顾可操作性及可接受性。条目筛选方法主要有被试及其相关者主观评价法、专家咨询法、离散趋势法、相关系数法、主成分分析与因子分析法、聚类分析法、多元逐步回归分析法、克朗巴赫系数法等。各法各有其优缺点，可结合使用。

4. 利用西方量表来制定中国版本量表不失为一捷径。其关键是翻译回译、文化调适和等价性考察。等价性考察一般从概念等价性、语义等价性、技术等价性和标量等价性四个方面进行评价。

5. 各种信度评价方法本质上都是对测验的一致性进行估计，但由于误差来源不同，它们研究的侧面各不相同，其中重测信度说明的是测验跨时间的一致性，复本信度说明的是跨形式的一致性、内在一致性信度和分半信度说明的是测验跨项目或两个分半测验之间的一致性。这些信度在同一个测验中未必都需要或都能进行考评，比如采用了重测信度就不会再用复本信度。一般说来，分半信度和内部一致性信度根据一次测验即可计算，原则上都要进行考评；重测信度或复本信度也应进行考评，根据测定的形式采用一个即可。

6. 效度评价是从多个方面搜集效度证据，而不是有多个效度。比较公认的是至少要考察内容效度、结构效度和效标效度三个方面。三方面的效度都是围绕效度的基本问题展开的。结构效度帮助我们运用测验分数解释人的心理特质，可由结构效度研究的资料来回答测验所测量的东西。效标关联效度可用来了解测验分数能否有效地预测或估计某种行为表现，是关于测验结果的一些实际用途的检验。内容效度则与研究的内容范围有关，它帮助我们决定测验分数能否代表某种学习结果的成果，也是关于测验结果的一些实际用途。

7. 一般来说，当测定工具仅用于横断面测定时，可以只要求信度和效度，而当用于纵向测评时就需要考虑反应度了。也有人认为反应度是效度的一种，是从另外一个角度搜集的效度证据。为了便于学习，量表考评的内容、指标及方法归纳于表 14.3。

表 14.3 量表考评的内容、指标和方法

考评方面	考评指标	考评方法
信度	重测信度/相关系数	第一次测定和第二次测定领域分和总分得分间的相关
	重测信度/ICC	第一次和第二次测定领域分和总分间的组内相关系数 ICC（Mixed model，consistency）及其 5%可信区间
	分半信度	总量表或领域内的条目按奇偶顺序分为两半，计算两部分的相关系数
	内部一致性	各领域的克朗巴赫（α）系数
	概化理论的信度	计算概化系数及可靠性指数

续表

考评方面	考评指标	考评方法
效度	内容效度	根据经验分析
	结构效度	条目一维度相关性,因子分析,结构方程模型分析
	临床效度/已知组比较	按临床特征(如不同临床分期、不同治疗方法)分组计算得分和比较(t 检验)
反应度	内部反应度	治疗前后测定数据各领域分和总分配对 t 检验,并计算效应指标:标准化反应均数 SRM 等
	外部反应度	治疗前后生命质量得分变化与其他客观指标变化的相关分析,ROC 曲线分析
可行性	完成时间	观察患者完成整个量表所需的时间
	量表的回收率	回收问卷数占发放问卷数的比例
	量表的合格率	合格完成的量表数占收回量表数的比例

【思考练习】

1. 条目筛选有哪些方法?各有什么优缺点?
2. 条目分析主要分析哪些方面?各有什么作用?
3. 量表研制的途径有哪些?其方法步骤有什么不同?
4. 什么是信度?常用评价信度的方法有哪些?
5. 什么是效度?常用评价效度的方法有哪些?
6. 什么是反应度?常用评价反应度的方法有哪些?

【参考文献】

1. Campbell DT, Fiske DW. Convergent and discriminant validation by themultitrait-multimethod matrix[J]. Psychological Bullitin, 1979, 76:81—107
2. Cronbach LJ. Co-efficient alpha in the internal structure of tests[J]. Psychometrica, 1971, 16:297—334
3. deHaes JCJM, van Knippenberg FCE, Neijt JP. Measuring psychological and physical distress in patients: structure and application of the Rotterdam Symptom Checklist[J]. Br J Cancer 1990, 62:1034—1038
4. Deyo RA, Centor RM. Assessing the responsiveness of functional scales to clinical change: an analogy to diagnostic test performance[J]. J Chron Dis, 1986, 39(11):897—906.
5. Francis G, Claire B, et al. Cross-cultural adaptation of health-related quality of life measures: literature review and proposedguidelines[J]. J Clin Epidemiol 1993, 46 (12):1417—1432.
6. Guttman L. The basis for scalogram analysis. In Stouffer SA. et al. (Eds). Measurement and prediction[M]. Princeton, NJ: Preceton University Press, 1950.
7. Guyatt G, Walter S, Norman G. Measuring change over time: assessing the usefulness of evaluative instruments[J]. JChron Dis, 1987, 40(2):171—178
8. Guyatt GH. The philosophy of health-related quality of life translation[J]. Quality

of Life Research 1993,2:461—465

9. Hendricson WD, Russel IJ, et al. An approach to developing a valid Spanish language translation of a health status questionnaire[J]. Med Care 1989,27:959—966
10. Herdman M,Fox-Rushby J,Badia X. Equivalence and the translation and adaptation of health-related quality of life questionnaires[J]. Qual Life Res. 1997,6(3):237—47.
11. Husted JA,Cook RJ,Farewell VT,et al. Methods for assessing responsiveness: a critical review and recommendations[J]. J Clin Epidem,2000,53(5):459—468.
12. Meenan RF,Anderson JJ,Kazis LE et al. Outcome assessment in clinical trials: evidence for the sensitivity of a health status measure[J]. Arth Rheum,1984,27:1344—1372.
13. Osgood CE,Suci GH. Tannenbaum PH. The measurement of meaning[M]. Urbana, IL: University of Illinois Press,1957.
14. WHO. The development of the WHO quality of life assessment instrument[D]. Geneva,WHO. 1993.
15. Winterstein BP,Willse JT,Kwapil TR,et al. Assessment of score dependability of the wisconsin schizotypy scales using generalizability analysis [J]. J Psychopathol Behav Assess,2010,32(4):575—585.
16. 甘媛源,余嘉元.中国青少年心理韧性量表的概化理论研究[J]. 湖北大学学报:哲学社会科学版,2011,38(6):125—128.
17. 郝元涛,孙希凤,方积乾,等 量表条目筛选的统计学方法研究[J] 中国卫生统计,2004,21(4):209—211
18. 何立国,周爱保.青少年学生生活满意度量表"的概化理论研究[J]. 心理科学,2006,29(5):1199—1202.
19. 漆书青,戴海琦,丁树良. 现代教育与心理测量学原理[M].北京:高等教育出版社,2002.
20. 万崇华,孟琼,罗家洪,等. 癌症患者生命质量测定量表体系共性模块研制方法(一):条目筛选及共性模块的形成[J]. 癌症 2007,26(2):113—117
21. 万崇华,江文富. 中华医学统计百科全书之健康测量分册[M]. 北京:中国统计出版社,2013.3
22. 万崇华,李晓梅,杨铮,等. 慢性病患者生命质量测评与应用[M]. 北京:科学出版社,2015.12.
23. 万崇华,史明丽,方积乾. 生命质量量表制定中的指标筛选方法[J].数理医药学杂志 1995,8(增刊):5—7
24. 万崇华,禹玉兰,谭健烽,等. 生命质量研究导论:测定·评价·提升[M]. 北京:科学出版社,2016.3
25. 万崇华.生命质量测定与评价方法[M]. 昆明:云南大学出版社,1999.

第四篇

分析与报告

第 15 章　调查资料整理

【目的要求】

了解资料的概念、整理资料的目的，常见的几种资料整理录入软件。

熟悉资料整理的原则，数据资料清洗的几种常见方法，数据缺失的几种常见处理方法。

掌握问卷资料整理的审核、编码过程及注意事项，数据资料整理的录入方法、注意事项。

重点是不同资料整理的方法，难点是应用正确的方法对不同资料进行合理的整理。

15.1　资料整理的意义和原则

所谓资料，一般是指可以通过理性认识而了解其内容的信息形式，广义的资料包括文字、数字、图像、表格、符号、录制资料等，狭义的资料一般仅指文字或印刷品内容。资料整理是根据调查研究的目的，运用科学的方法，对调查所获得的资料进行审查、检验，分类、汇总等初步加工，使之系统化和条理化，并以集中、简明的方式反映调查对象总体情况的过程。资料整理是资料研究的重要基础，是提高调查资料质量和使用价值的必要步骤，是保存资料的客观要求。资料整理的原则是真实性、合格性、准确性、完整性、系统性、统一性、简明性和新颖性。

资料整理是从调查阶段过渡到研究阶段、由感性认识上升到理性认识的重要环节，也是提高调查研究的信度与效度的重要步骤，直接关系到资料分析和研究结论的可信性与准确性。因此，科学地、合理地整理资料对于社会学研究来说具有重要的意义和作用。

15.1.1　资料整理的意义

1. 调查资料的整理是深入科学研究的必要环节

通过现场调查获得的原始资料都是从每个被调查机构或调查者个体收集得到零散的、不系统的资料，只是表明各被调查机构或个人的情况，反映事物的表面现象，不能说明被研究总体的全貌和内在联系。同时，收集的资料难免出现虚假、差错、短缺、冗余等现象，只有经过加工整理，才能使调查资料条理化、简明化，确保调查资料正确性和可靠性。

2. 调查资料的整理是提高调查资料使用价值的主要途径

资料整理是对调查研究所获取资料进行深入分析的基础，是提高调查资料统一性和合理性的必要步骤，是保存资料的客观要求。现场调查资料的整理过程是一个去粗取精、去伪存真、由此及彼、由表及里、综合提高的过程。它能有效提高信息资料的浓缩度、清晰度和准确性，从而大大提高调查资料的使用价值。

3. 调查资料的整理是保存调查资料的客观要求

现场调查得到的原始信息资料，不仅是研究机构或相关政府部门做出决策的客观依据，而且可为相关研究或调查提供重要的参考价值。每次现场调查后须认真整理调查的原始信息资料，以便于数据的长期保存和后续研究的进一步开展。

调查资料的整理对调查研究人员来说，也是一个对调查现场和调查对象认识、深化的过程。现场调查阶段是认识调查机构和对象的感性阶段，那么，整理资料阶段是认识调查机构和对象的理性阶段。只有经过调查资料的整理，才能发现调查机构和对象的变化规律。

15.1.2 资料整理的原则

1. 真实性原则：这是整理资料的最根本要求。保证资料的真实性是资料整理以及分析的根本。

2. 准确性原则：描述事实要准确，特别是数据。数据的准确性直接影响后续分析的正确性。

3. 完整性原则：尽可能全面、如实的反映被调查机构或调查个体的全貌。尽量避免以偏概全，导致资料分析的结果产生假象从而对研究结论产生错误影响。

4. 统一性原则：对调查指标有统一的解释，对各项数值，计算方法、计算单位要统一，以免造成计算的失误；

5. 简明性原则：资料尽可能简单、明确。描述性内容可采用文字说明，数值变化、人员构成、趋势分析等数值型资料可采用表格、图表等形式表达。

15.2 问卷资料的整理

例 15.1 某研究团队为了了解当地居民的健康状况，为该省制订区域卫生规划和相关卫生政策提供信息，在供方(相关卫生机构)提供主要卫生资源配置现状数据的基础上，对该地区居民的卫生需求、卫生服务可及性、卫生资源利用等方面进行入户问卷调查。以下是调查问卷的部分内容：

编码：□□□□□□□

居民卫生服务需要和利用调查表

一、家庭基本情况

A1. 您家有几口人：______

A2. 您家喝的水是：______

(1)自来水(2)井水(3)山泉水(4)井水(5)江河湖水(6)塘沟渠水(7)其他

A3. 您家用的厕所是：______

(1)水冲式(2)旱厕(3)沼气(4)马桶(5)没有厕所(6)其他

A4. 您家 2012 年的总收入是____元。(城市为家庭现金收入，农村为纯收入)

A5. 您家 2012 年消费性总支出是____元。其中：食品支出费用____元；医疗费用____元。

二、卫生服务可及性评价

B1. 离您家最近的医疗卫生机构有多远：____

(1)1 公里以内(2)1～公里(3)2～公里(4)3～公里(5)4～公里(6)5 公里以上

B2. 从您家到最近的医疗卫生机构最快需要多少时间？____分钟

B3. 您家人生病时最喜欢去的医疗卫生机构是：____

(1)村卫生室(2)乡卫生院(3)县医院(4)州市医院(5)私立医院/个体诊所

(6)中医院(7)其他

B4. 喜欢去这个医疗卫生机构的原因是：____

(1)离家近(2)服务态度好(3)技术好(4)收费合理(5)不需要等

(6)有熟人(7)其他

B5. 您家离乡镇卫生院有多远？____公里

B6. 您到乡镇卫生院需要花费多少时间？____分钟

……

【问题 15.1】针对例 15.1 的居民卫生服务需要和利用调查问卷，回答以下问题：

1. 该调查表属于哪种调查资料类型？

2. 该调查表在进行数据录入之前应该做哪些准备工作？

3. 该调查表在进行数据核查时应该注意哪些问题？

4. 该调查表在进行数据编码时应该注意哪些问题？

【分析】(1)根据资料收集方式，该调查表属于自填式问卷；根据资料数据性质，该调查表属于定量调查表；(2)该调查表在进行数据录入之前，必须先进行数据资料的整理，包括资料的审核与编码。(3)调查数据在进行核查时须注意资料数据的完整性与准确性的审核；(4)调查数据在进行编码时须对问卷代码和问卷问题进行编码。在科研调查过程中，问卷调查是常用的一种调查手段，是资料收集的主要方式，是数据分析的基础。要得到完整、准确的数据，资料的收集整理十分重要。

调查问卷又称调查表，是进行调查研究的重要工具，主要用于资料的收集。根据收集资料的方法不同，调查问卷可分为两类：自填式问卷和访谈问卷；根据收集资料的性质不同，调查问卷可分为定量问卷和定性问卷。调查问卷的整理，主要包括对问卷资料的审核和编码。

15.2.1　问卷资料的审核

所谓调查资料的审核，是指对已经收集到的资料进行总体检验，检查其是否齐全、是否有差错，以决定是否采用此份调查资料的过程。

对调查资料的审核是多方面的，主要集中在审核资料是否完整、资料是否准确。

1. 调查资料完整性的审核

这一方面的审核主要包括：①调查对象是否齐全，是否有被遗漏的调查对象，如研究预先计算样本量为 300 户居民，调查资料只有 280 户居民，这就说明调查资料不完整。②调查的项目是否都有完整资料，如调查问卷共设置 36 个条目/问题，须核查被调查者是否都回答了，有没有较多的遗漏。③调查资料详细程度是否符合要求。例如，对某地区医疗人力资源配置现状进行调查，预定收集该地区医疗人力资源的分类、数量、性别、职称、学历在各县(市)的配置现状，而收集数据仅为该地区总体配置数据或只收集了一个县(市)的配置数据，这也说明调查资料不完整。

2. 调查资料准确性的审核

这一方面的审核主要包括：①被调查者是否属于规定的样本范围内。如研究预先规定抽样调查 100 户高收入居民家庭，而调查资料显示出来的是对低收入户居民家庭的调查，这就不符合样本的要求。②调查资料是否存在明显的错误，是否真实可信。如某被调查者填写其年龄为 13 岁，而文化程度一栏填写为大学本科，这一数据就不是真实可信的。③调查资料口径、计算方法、计量单位等是否统一。如调查职工月收入，有的人只按基本工资填写，有的人按基本工资、奖金、加班费填写，这样的调查资料口径不统一。

经审核后的调查资料有不同的处理：①接受基本正确，符合要求的调查资料。②将问题较多的调查资料作废。③对存在问题较少的调查资料，由调查人员采取适当措施，进行补充、完善后再采用。

15.2.2 调查问卷的编码

资料的编码就是使用一个规定的数字或字符代表一个种类回答。对资料进行编码是为了便于进行统计分析，可进一步方便计算机存储和分析。对于问卷进行编码主要包括三个方面的内容：

1. 问卷代码编码

问卷代码编码是指对于每一份问卷设立一个唯一的代码，例如一份问卷的代码为“010206004”，开头的代码“01”表示调查州市（如：楚雄州），后面两个数字“02”代表调查州市所辖的县市（如：楚雄市），再后面“06”代表所属乡镇（如：冬瓜镇），最后三位“004”表示为调查员在这个乡镇收到的第 4 份问卷。问卷代码编码的目的，在问卷分析中发现异常数据可以核对原始问卷，查看数据异常产生的原因，以便对数据进行正确处理。

2. 封闭式问题的编码

大多数问卷中的大多数问题是封闭式的，并且已预先编码。这意味着对调查中一组问题的不同数字编码已被确定。封闭式问题都是事前编码，封闭式问题的答案是确定的。事实上，在调查问卷开始设计的时候，编码工作就已经开始了。因为有些问题的答案范围研究者事先是知道的，如性别、文化程度、民族等。这样的问题，在问卷中以封闭问题的形式出现，被访者回答问题时只要选择相应的现成答案就可以了。常用的封闭式问题编码方法有以下几种：

(1)顺序编码法

顺序编码，即用某个标准对问卷信息进行分类，并按照一定的顺序用连续的数字或字母进行编码的方式。比如调查消费者月收入的项目，把不同消费的家庭分为五个档次，然后用 1～5 分别代表从低到高的五个档次：①小于 1000 元②1000～元③3000～元④5000～元⑤7000 元以上。

(2)分组编码法

分组编码法，即根据调查对象的特点和信息资料分类及其处理的要求，把具有一定位数的代码单元分为若干组，每个组的数字均代表一定的意义。所有项目都有着同样的数码个数。如对目前在校大学生进行一次关于使用信用卡意向的调查，相关的信息包括性别、类别、月消费、使用意向四项。用分组编码法进行编码如下：

A1 性别①男②女

A2 文化程度①小学及以下②初中③高中/中专④大专⑤本科⑥硕士及以上

A3 离您家最近的医疗卫生机构有多远①1公里以内②1～公里③ 2～公里④3～公里⑤4～公里⑥5公里以上

A4 最近2周内是否患病？①是②否

若编码为1241就表示为一名男性初中文化程度，家住在距离最近的医疗机构约3公里多路程，最近2周有过患病。分组编码容易理解记忆，但是如果数位过多的话，势必造成数据处理和系统维护的困难。

在SPSS等统计分析软件中，问卷编码一般采取一个问题对应于一个变量，单个进行编码。对于计数资料类型的答案需要根据分类来编码，对于计量资料类型的答案一般只需要直接填写数值即可。

3. 开放式问题的编码

开放式问题与封闭式问题不同，它只能在资料收集好之后，再根据被调查者所回答的内容来决定类别的指定号码，此类编码为事后编码。对于开放式问题的事后编码，它所依据的不仅是被调查者回答内容的文字表达，还需要将这些文字内容的精髓或异同点分别提炼出来进行编码。开放式问题的答案整理工作可以遵循下述步骤进行：

(1) 列出答案。即所有答案都逐一列出。在大型调研中，这项工作可以作为编辑过程的一部分或单独部分完成。

(2) 将所有有意义的答案列成频数分布表。

(3) 确定可以接受的分组数。分组原则主要是从调研目的出发，考虑分组的标准是否能紧密结合调研目的。

(4) 根据拟定频数分布表中整理出来的答案进行分组，对在第(2)步频数分布表中整理出来的答案进行挑选归并。在符合调研目的的前提下，保留频数多的答案，然后把频数较少的答案尽可能归并成含义相近的几组。对那些含义相距甚远、或者虽然含义相近但合起来频数仍不够多的答案，最后一并以“其他”来概括，作为一组。此步骤可以由一个以上的编码员分别完成，然后大家一起进行核对、讨论，最终形成一致的分组意见。

(5) 为所确定的分组选择书面语的描述词汇。

(6) 根据分组结果制订编码规则。

(7) 对全部回收有效问卷的就此开放式问题答案进行编码。

例15.2 为了解当代生育年龄女性特别是孕产妇的心理健康状况，以便为有效进行生殖健康咨询提供科学依据，对某地区育龄妇女/孕产妇进行一个心理健康状况调查。其中，想要了解育龄妇女/孕产妇生儿育女的主要目的是什么？研究者对此开放式问题答案进行整理后归并成6类，并指定编码如表15.1、表15.2所示。

表15.1 开放式问题答案

问题：您认为儿育女的主要目的是什么？（列出答案如下（设只有15个样本）		
1. 享受育儿乐趣	6. 为了家庭婚姻稳定	11. 社会责任
2. 传宗接代	7. 为养老送终	12. 保持人口数量
3. 养儿防老	8. 为家庭和美	13. 我没想过
4. 享受作母亲的快乐	9. 长辈要求	14. 我不知道
5. 喜欢孩子	10. 为了有个男孩	15. 没有什么特别的原因

表 15.2 对表 15.1 中开放式问题的合并分类和编码

回答类别的描述	表 15.1 中的回答	分类的数字编码
享受育儿乐趣	1,4,5	1
传宗接代	2,10	2
养儿防老	3,7	3
为了家庭婚姻稳定	6,8,9	4
社会责任	11,12	5
其他	13,14,15	6

15.2.3 问卷编码时应该注意的问题

不论是调查前还是调查后的编码工作都需要遵循相同的原则,这样有助于编码工作的顺利开展,同时也能使问卷设计更科学、合理。在进行编码时应注意以下几个方面的问题:

1. 提倡使用统一编码表并对编码表进行测试。无论是开放题还是半开放题,几道问题选项或答案内容相同、相近、类似等情况下,将这几道题目采用统一的编码表。这样做既易于控制编码,又能为后期的数据处理、分析带来很多方便。另外,对于确定的编码表,在正式开展调查前应在小范围内对编码表进行测试(测试问卷 50 份左右),以便对编码表进行修正,并使编码人员充分理解编码表。

2. 编码的合理性。首先编码应充分反映调查项目之间的内在逻辑联系,如对地区的编码,如对本省地市的编码值应该接近,以反映本省地理位置接近这一客观事实,并且在处理和汇总时容易设定条件。其次,还要遵循以下数字的用法:能用自然数,绝不用小数;能用正数绝不用负数;能用绝对值小的整数绝不用绝对值大的整数。

3. 编码的广泛性和概括性。它包含两方面含义,第一,每个答案都可以在最终的编码表上找到合适的对应,否则编码表是不完备的;第二,最终的编码表应当全面的涵盖问题设计时所要收集的各个方面的信息,有时候出现频次少但观点特别的回答可能代表一个特定的重要群体,从研究的角度来说包含这类编码也是非常重要。在确定最终编码表的时候,可以通过经验判断编码表是否包含了各个角度的回答。

4. 编码的唯一性和排斥性。不同编码值不能表示相同或有重叠交叉的内容。每个答案只能有唯一的编码条目与之对应,不应出现同一个答案对应两个或以上编码条目的情况,否则编码表就不满足唯一性。例如:如果编码表中出现 5－高兴、8－愉快,那么对于“快乐”这个答案就可以编成 5 也可以编成 8。这种情况需要对编码表重新进行归纳。

5. 严格界定回答问题的角度。对于同一个问题,不同的人可能从不同的方面或角度考虑,每一个方面又会有多种有关的观点和事实。例如:对于“您现在的职业?”这个问题,有可能得到就业状态的回答如:全职、兼职、失业、待业等;有可能得到所属行业的回答如:农业、制造业、商业、金融业、教育、艺术等;还有可能得到职称的回答如:农民、工人、商人、会计师、律师、教师等。如果这些答案都出现在同一道问题中,会给编码工作造成麻烦。比如统计部门的统计师,既可以编为统计师的代码,也可以编为统计部门的代码,同时它也符合全职的含义,在这种情况下编码工作就不能保证唯一性的要求。此类问题是编码人员无法解决的,要避免这种情况的出现,应尽量在正式问卷确定之前根据调查目的调整提问的方式。如果调查目的需要了解一个问题多个方面属性的话，可以将一个问题分为多个问题，每个问题要求从一个方面进行回答。

6. 详略应当适当。在归纳确认最终编码表的时候，经常会遇到将一些答案归纳在一起还是将它们分开的情况。对于这样的问题要根据研究目的和数据分析上的要求确定取舍。如果问卷的问题是询问事实的，如“您喜欢购买何种牌子的香烟?”，设计人员可能会按研究的要求保留出现频次最高的前 10 个品牌，而将其余归纳为“其他品牌”。如果问卷的问题询问的是观点、意见，如“您为什么喜欢购买此牌子的香烟?”，问题答案较为分散时则不能简单的从频次高低进行取舍。对于研究目的来说，即便只有很少的回答者因为“味道”而喜欢一个品牌，也可能是很重要的回答；而过于细致的分类又可能造成分析的不便。所以对这类问题，编码工作是否能做好，决定于设计人员对调查目的的理解程度如何。因此，要想对调查问卷的编码做的科学、合理、规范，设计人员必须对整个调查目的有一个详细的了解。

15.3　数据资料的整理

数据资料是调查研究中定量分析的依据，因此数据资料的整理也叫定量资料的整理。在资料的整理阶段，为了便于得出正确的调查结论，需要对数据资料作进一步的处理，其一般程序包括数字资料检验、分组、汇总和制作统计表或统计图几个阶段。

15.3.1　数据资料整理的步骤

检验，主要是对数字资料的完整性和正确性进行检验，以确保更加准确的研究结果。分组就是把调查的数据按照一定的标志划分为不同的组成部分。汇总就是根据调查研究目的把分组后的数据汇集到有关表格中，并进行计算和加总，集中、系统地反映调查对象总体的数量特征。数据的汇总可分为手工汇总和机械汇总。经过了汇总的数字资料，一般要通过表格或图形表现出来，最常见的方式就是统计表和统计图。

为保证调查研究的质量，在将整理过的资料实际用于分析研究之前，仍有必要对它们进行最后的检验。数据资料的整理大体可分为以下几步：

1. 对原始资料进行认真、细致的检查。从逻辑上检查资料的准确性和完整性；从内容上检查是否有遗漏、笔误或逻辑错误，若发现问题应及时采取必要的补救措施。

2. 选择合适的分组标志，对原始资料科学地进行分类分组。此步骤很重要，分类分组不合理、不科学，将不能正确反映被研究现象的本质特征。标志可分为数量标志和属性标志。凡用数量界限将总体各部分区别开来的标志称为数量标志，如按年龄大小分为若干组。凡按属性类别不同，将总体各部分区别开来的标志称为属性标志，如按性别不同分为男、女两类。选择分组标志的原则是：从研究目的出发；从反映现象本质的需要出发；根据研究对象的特点而定。分组标志还应满足穷尽性和互斥性的要求。

3. 统计汇总。把数据资料按一定的结构分类别汇集。汇总的方法主要包括手工汇总和计算机汇总。常用手工汇总法为：第一、划记法。按已确定的标志绘制汇总表，将同类型的标志值用点线符号记入表中再进行统计。第二、卡片登录法。用特制的登录卡片进行分组汇总。这种方法的准确程度较高，但工作量较大。手工汇总一般要自己编制统计图表。常用统计图有柱图、饼图、直方图、折线图等，统计表可分为简单表、分组表和复合表。统计图表能以直观、清晰、简化的形式将汇总的数据资料表现出来。

计算机汇总的主要步骤是：编码、建库、录入、数据清洗和缺失值处理。编码的主要任务是用不同的数字符号标记调查内容的不同类别，编码可在调查前或调查后进行；建库是借助相关的录入分析软件将编好码的调查资料转化为电子化的数据储存、管理仓库，同时还可进行数据新增、截取、更新、删除等操作；录入是将收集到的调查资料输入保存到指定的数据库的过程；数据清洗是指发现并纠正数据资料中可识别的错误的最后一道程序，与调查问卷审核由人工完成不同，录入后的数据清理工作一般是由计算机完成；缺失值指在数据收集过程中，未能收集到某些指标（变量）的全部观察值，从而导致数据集中存在变量值缺失现象。缺失值处理是指通过某些方法或手段将遗漏信息补充完整的过程。

延伸阅读

数据资料常用的录入软件介绍

Excel 是最为简单的，可视化的数据操作软件。其用途比较广泛，在医学、企业管理、财务等多个领域均有应用。该软件除可以直接进行数据录入外，还可利用 Excel 公式与函数来实现数据处理、数据管理、数据统计、数据分析等方法，具有很强的实用性与可操作性。但该软件很难实现数据录入过程的核查纠错功能，对于大量需要手工录入的数据不推荐使用该软件。

Epi Info 是美国 CDC 编制的一套流行病学数据管理和统计分析软件，2000 年底推出 Epi Info2000，使 Epi Info 从 DOS 版本推进到了 Windows 版本。2005 推出最新版本 Epi Info 3. 3. 2，功能较之前版本完善。该版本常用模块包括基本模块和其他模块，基本模块有 Make View（建立调查表）、Enter Data（自动生成数据文件，进行数据输入或修改及功能）、Analyze Data（统计分析及数据整理）、Create Maps（创建地图）、Create Reports（创建报表）、Nutrition（儿童营养学评价模块）；其他模块包括 Statcalc（从键盘输入数据至表格进行统计分析）、Data Compare（双录入核对功能）。Epi Info 是一款免费软件，可从以下网址下载最新版本：http://www. cdc. gov/epiinfo。

EpiData 是丹麦学者针对 Epi Info2000 在数据管理方面的诸多弊端而开发的一款专门用于数据录入的免费软件。其原理和思路上都来自于 DOS 版本的 Epi Info，其相关文件与 Epi Info 完全兼容，DOS 版本的 Epi Info 中的 CHK、QES 文件均可以在 EpiData 中直接使用。因该软件定位于数据管理，故提供了从问卷设计、数据控制、双录入数据、逻辑一致性核查等完善的数据管理功能。该软件短小精悍，整个软件所需内存极小，运行速度相当快，界面非常人性化，并且可以实现 Epi Info 在数据输入方面的所有功能。该软件支持多种语言，也是一款免费软件，可以从网址 http://www. epidata. dk 下载。

SPSS（Statistical Product and Service Solutions），是软件英文名称的首字母缩写。该软件是由美国斯坦福大学的三位研究生 Norman H. Nie、C. Hadlai（Tex）Hull 和 Dale H. Bent 于 1968 年研发成功。SPSS 是世界上最早采用图形菜单驱动界面的统计软件，它最突出的特点就是操作界面极为友好，输出结果美观漂亮。它将几乎所有的功能都以统一、规范的界面展现出来，使用 Windows 的窗口方式展示各种管理和分析数据方法的功能，对话框展示出各种功能选择项。使用者只要掌握一定的 Windows 操作技能，粗通统计分析原理，就可以使用该软件为特定的科研工作服务。SPSS 采用类似 EXCEL 表格的方式输入与管理数据,数据接口较为通用,能方便的从其他数据库中读入数据。其统计过程包括了常用的、较为成熟的统计过程,完全可以满足非统计专业人士的工作需要。输出结果十分美观,存储时则是专用的SPV格式,可以转存为HTML格式和文本格式。对于熟悉老版本编程运行方式的用户,SPSS还特别设计了语法生成窗口,用户只需在菜单中选好各个选项,然后按"粘贴"按钮就可以自动生成标准的SPSS程序。

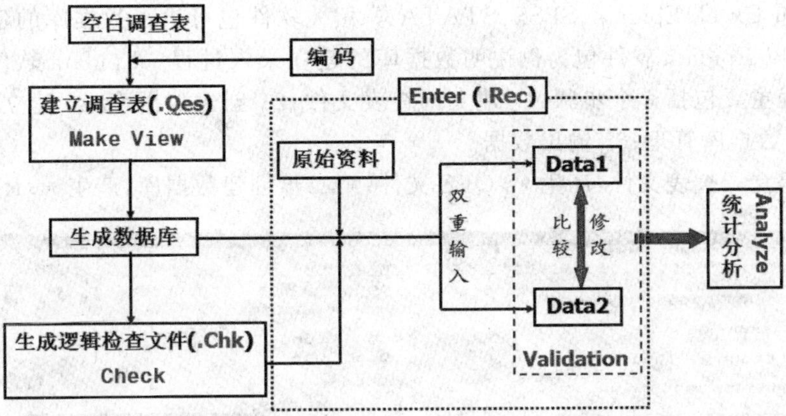

图15.1　EpiData和DOS版EpiInfo数据录入的基本流程

Stata是一套提供其使用者数据分析、数据管理以及绘制专业图表的完整及整合性统计软件。该软件提供的功能包含线性混合模型、均衡重复反复及多项式普罗比模式。新版本的STATA采用最具亲和力的窗口接口,使用者自行建立程序时,软件能提供具有直接命令式的语法。Stata的统计功能很强,除了传统的统计分析方法外,还收集了近20年发展起来的新方法,如Cox比例风险回归,指数与Weibull回归,多类结果与有序结果的logistic回归,Poisson回归,负二项回归及广义负二项回归,随机效应模型等。

例15.3　某研究者想了解围手术期输血与先天性巨结肠术后感染间的关系,拟对10名患者的性别、红细胞压积、疾病部位、手术持续时间、手术中出血量、感染与否进行调查。收集到数据如下表15.3。我们可采用哪些方法进行数据整理与录入。

表15.3　围手术期输血与先天性巨结肠术后感染关系

病例号	性别	红细胞压积	疾病部位	手术持续时间(分钟)	手术中失血量(毫升)	感染与否
1	男	56.4	乙状结肠	200	40	无感染
2	男	32.5	结肠	215	40	无感染
3	男	37.8	直肠	190	40	无感染
4	男	37.9	结肠	250	40	有感染
5	女	47.8	乙状结肠	145	40	无感染
6	女	47.4	直肠	205	60	无感染
7	男	54.7	直肠	210	40	无感染
8	男	98.3	直肠	270	20	有感染
9	男	47.1	直肠	180	40	无感染
10	男	31.6	乙状结肠	180	40	无感染

【问题 15.3】针对例 15.3 围手术期输血与先天性巨结肠术后感染关系，回答以下问题：

1. 该资料属于哪种数据类型？

2. 我们可采用哪些方法进行数据整理与录入？

3. 以其中一种为例，说明数据库建立的步骤。

【分析】(1)该资料为数值型资料，即为定量资料/数据资料；(2)定量资料/数据资料常用的录入软件如 Excel、Epidata、SPSS、STATA 等相关软件包可进行数据库的建立和数据录入。(3)我们以 Epidata 软件包为例说明数据库的建立录入过程。Epidata 软件包的数据录入和管理流程主要包括 6 个步骤：1. 建立调查表文件；2. 创建数据库；3. 建立核查文件；4. 录入数据；5. 数据库管理；6. 输出数据。

第一步建立调查表文件：产生 *.QES 文件；第二步创建数据库：产生 *.REC 文件

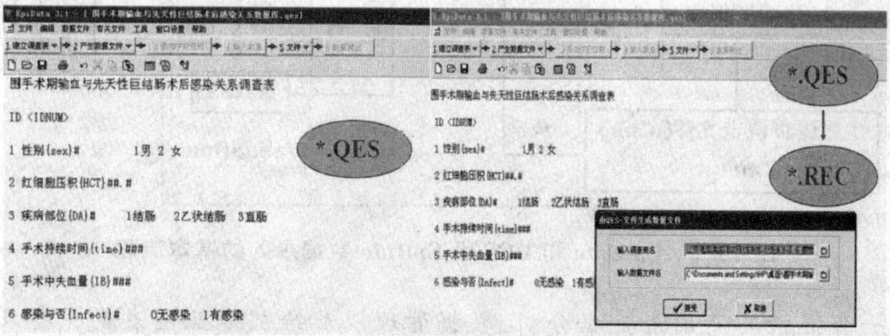

第三步建立核查文件：产生 *.CHK 文件；第四步录入数据：在 *.REC 文件中录入数据

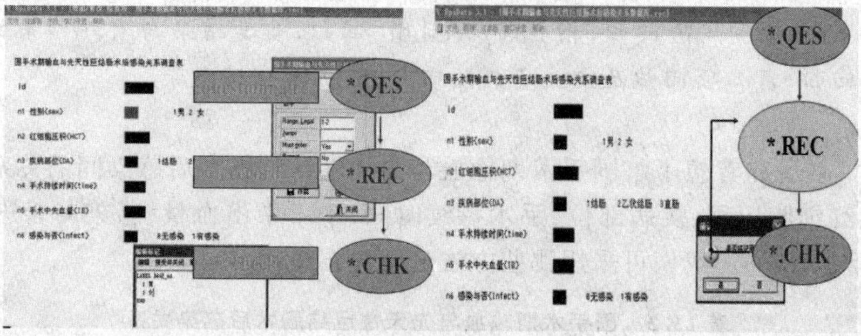

15.3.2 数据资料录入的注意事项

准确、快速地将数据录入到计算机内是统计分析的前提和基础。在进行人工数据录入时需要注意以下几点：

1. 统一录入格式与内容。对录入数据采用同一录入方式或软件，如选用统计软件进行录入，需要专人进行数据库建立，之后拷贝相同数据库进行数据录入；录入内容，特别是数据库结构发生改变的内容需统一说明录入方式；同时还需统一规定数据文件名的命名。

2. 培训数据录入人员。通过挑选，对计算机熟悉的人员进行调查问卷和数据库等相关录入内容的统一培训，建议为每一个输入人员提供一份有关输入内容和格式的手册。

3. 提供或确定固定录入地点。为每一位输入人员提供一个相对固定且足够的空间摆放问卷，避免不同录入人员间的问卷或同一录入人员已录完问卷与尚未录入问卷出现混杂现象，造成重复录入或漏输问题出现。

4. 统一设置问卷编号。录入数据前将每一份问卷根据需要进行编号。例如：0102001，01 代表调查州市，02 代表调查县区，001 代表调查对象序号。每份问卷编号后便于管理和查找。

5. 合理编码问卷答案。将问卷中各项问题的答案进行编码，例如：备选答案为 ABCD，编码时统一替换为 1234；询问时间时，答案可能以小时为单位，或者以分钟为单位，编码时需要统一单位。

6. 设置多项选择备选单元格。问卷设置时尽可能使用单选题，若必须设置多选题时，多选题需要将每道题的答案设置一个备选单元格，便于录入和统计。

7. 设置检验码。问题较多，较复杂的问卷，做好每隔一些选项设置“检验码”，以便查验是否录入错位。

8. 冻结窗格。使用 Excel 表录入问卷时，若问卷数量过大，需要将第一行变量名冻结，以便录入时依然可看到各个字段名，减少出错。冻结的方法：选中要冻结行下边一行和要冻结列右边一列的单元格，再从菜单里点窗口——冻结窗格就可以了！

9. 科学录入数据。数据录入的两种方法：一是直接输入，左手控制方向键，右手直接敲击小键盘数字即可；二是使用 excel 记录单输入，左手 Tab 键，右手小键盘。选中数据区域的任意一个单元格，执行“数据→记录单”命令，打开“记录单”窗体，点“新建”即可录入新记录，Tab 键向下移动光标，Shift＋Tab 向上移动光标，Enter 键完成新记录的输入，并自动打开新的录入窗口，方便下条记录的输入。

10. 汇总数据。每位输入人员在完成各自的录入任务后，由一名指定人员统一将数据进行合并，形成一份新的数据库；同时为避免数据丢失，要求每个输入人员的数据文件单独存档，以备查找。

15.3.3　数据清理

1. 数据清理的概念

数据清理属于一个较新的研究领域，现在的研究主要为解决两个问题：发现异常、清理重复记录。即利用有关技术如数理统计、数据挖掘或预定义的清理规则将脏数据转化为满足数据质量要求的数据过程，如图 15.2 所示。

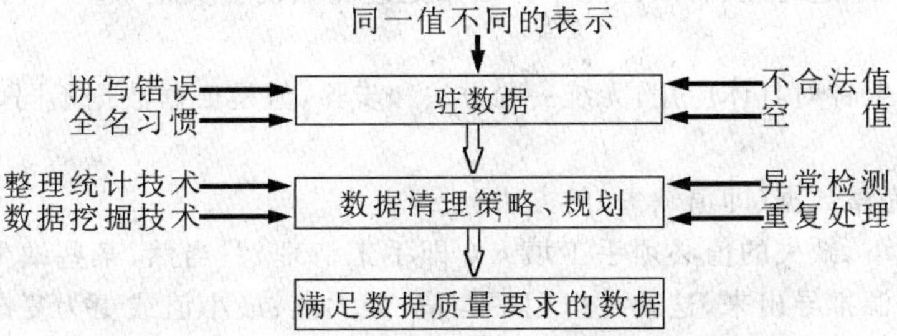

图 15.2　数据清洗原理示意图

2. 数据清理的分类

按数据清理的实现方式与范围，可分为 4 种：

(1)手工实现，通过人工检查，投入足够的人力、物力和财力发现可能的错误，但此法效率低下。在数据量较大的情况下，此法不可行。

(2)通过专门编写的应用程序，这种方法能解决某个特定的问题，但使用范围受限，特别是在数据清理需要反复多次时(一般来说，数据清理只进行一次很难达到要求)，导致程序复杂，清理过程变化时，工作量大。

(3)解决某类特定应用域的问题，如根据概率统计学原理查找数值异常的记录，对姓名、地址、住院号等进行清理，这是目前研究较多的领域，也是应用最成功的一类。如商用系统：Trillinm Software，System Match Maker 等。

(4)与特定应用领域无关的数据清理，这类研究主要集中在清理重复的记录上，如 Data Cleanser Data Blade Module，Integrity 系统等。

3. 数据清理的步骤

要现实以上四类问题，通常需经历三个阶段：①数据分析、定义错误类型；②搜索、识别错误记录；③修正错误。

第一阶段，仍采用人工分析的方法查找错误。错误类型分为两大类：单数据源与多数据源，并将它们又各分为结构级与记录级错误。这种分类非常适合于解决数据仓库中的数据清理问题。

第二阶段，使用不同思路识别错误：一种为发掘数据中存在的模式，然后利用这些模式清理数据；另一种是基于数据本身，根据预定义的清理规则查找不匹配的记录。后者使用更为普遍。

第三阶段，某些特定领域能够根据发现的错误模式，编制程序或借助于外部标准源文件在一定程度上修正错误；对数值字段，有时能根据数理统计知识自动修正，但此方法常须编制复杂程序或人工参与方能完成。

4. 数据清理的方法

一般来说，数据清理是将数据库精简以除去重复记录，并使剩余部分转换成标准可接收格式的过程。数据清理标准模型是将数据输入到数据清理处理器，通过一系列步骤“清理”数据，然后以期望的格式输出清理过的数据(如上图所示)。数据清理从数据的准确性、完整性、一致性、唯一性、适时性、有效性几个方面来处理数据的丢失值、越界值、不一致代码、重复数据等问题。

数据清理一般针对具体应用，无统一的方法和步骤，但是根据数据不同可以给出相应的数据清理方法。

(1)解决不完整数据(即值缺失)的方法

大多数情况下，缺失的值必须手工填入(即手工清理)。当然，某些缺失值可以从本数据源或其他数据源推导出来，这就可以用平均值、最大值、最小值或更为复杂的概率估计代替缺失的值，从而达到清理的目的。

(2)错误值的检测及解决方法

用统计分析的方法识别可能的错误值或异常值，如偏差分析、识别不遵守分布或回归方程的值，也可以用简单规则库（常识性规则、业务特定规则等）检查数据值，或使用不同属性间的约束、外部的数据来检测和清理数据。

(3)重复记录的检测及消除方法

数据库中属性值相同的记录被认为是重复记录，通过判断记录间的属性值是否相等来检测记录是否相等，相等的记录合并为一条记录（即合并/清除）。合并/清除是消重的基本方法。

(4)不一致性（数据源内部及数据源之间）的检测及解决方法

一致性核查是依据每个变量的合理取值范围和相互关系，检查数据是否合乎要求，发现超出正常范围、逻辑上不合理或者相互矛盾的数据。例如，用 1—5 级量表测量数值出现 0 值，身高出现负数，都应视为超出正常值域范围。SPSS、SAS、和 Excel 等分析软件都可根据定义的取值范围，自动识别每个超出范围的变量值。逻辑不一致性问题有多种形式出现：例如，入户调查时户主说家中共有 5 口人，但调查每一位家庭成员时只有 4 名成员信息；或者调查对象报告自己去年生病住院共计 3 次，但在过去一年的住院时间和所花费用调查时却没有相应信息。发现不一致时，要列出问卷序号、记录序号、变量名称、错误类别等，便于进一步核对和纠正。

15.3.4　缺失值的处理

缺失值指在数据收集过程中，未能收集到某些指标（变量）的全部观察值，从而导致数据集中存在的变量值缺失现象。在实际科研过程中，收集信息缺失的情况经常发生甚至是不可避免的。多数情况下，信息系统是不完备的，或者说存在某种程度的不完备。

1. 数据缺失产生的原因

(1)部分信息暂时无法获取。例如在医疗数据库中，并非所有病人的所有临床检验结果都能在给定的时间内得到，致使一部分属性值空缺出来。

(2)部分信息被遗漏。数据录入者在输入过程中认为不重要、忘记填写或对数据理解错误而导致信息遗漏，也可能是由于数据采集设备的故障、存储介质的故障、传输媒体的故障、部分人为因素等原因而丢失数据。

(3)部分对象的某个或某些属性不可用。对于某个研究对象而言，其属性值是不存在的。如一个未婚者的配偶姓名、一个儿童的固定收入状况等。

(4)部分信息被主观认为不重要。调查员在数据录入过程中，由于主观因素影响，人为地认为某些数据不重要或无用，私自丢弃数据。

(5)受访者拒绝透露被调查的信息或提供错误信息。

(6)系统实时性能要求较高，即要求得到这些信息前迅速做出判断或决策。

2. 数据缺失的类型

将数据集中不含缺失值的变量（属性）称为完全变量，数据集中含有缺失值的变量称为不完全变量，Little 和 Rubin 将数据缺失机制定义为以下三种形式：

(1)完全随机缺失（missing completely at random，MCAR）：数据的缺失与不完全变量以及完全变量都无关。例如：在实验性研究中，由于某个样品损坏而导致其观察值缺失。

(2)随机缺失（missing at random，MAR）：数据的缺失仅仅依赖于完全变量。

(3)非随机、不可忽略缺失（not missing at random，NMAR，or nonignorable）：不完全变

量中数据的缺失依赖于不完全变量本身，这种缺失是不可忽略的。

3. 数据缺失的处理方法

数据缺失在统计分析过程中是一个很重要的问题，各国统计学家都对其非常关注，其处理方法更是一个新兴的领域。常用的方法主要包括以下三大类：

(1)删除法(deletion)

此法是将存在遗漏信息属性值的对象(元组，记录)删除，从而得到一个完备的信息表。通常包括以下三种方法：

整例删除。对含有缺失值的样本进行剔除。问卷调查时常存在某些变量的缺失，过多的缺失值可能会导致有效样本量减少，分析数据时将无法充分利用已收集数据。因此，该法只适合于关键变量缺失，或者含有无效值或缺失值的样本比重很大的情况下使用，否则会造成样本量减少，收集信息的大量丢失。

变量删除。若某一变量存在较大的无效值和缺失值，且该变量对于所研究的问题关系不是很大，则可以考虑将该变量删除。这种做法减少了统计分析时的变量数目，但没有改变样本量。

成对删除。用一个特殊码(通常是 9、99、999 等)代表无效值和缺失值，同时保留数据集中的全部变量和样本。在具体计算时只采用有完整答案的样本，针对不同的分析因变量不同，其有效样本量也会有所不同。这是一种保守的处理方法，最大限度地保留了数据集中的可用信息。

这种方法简单易行，当对象有多个属性缺失值、将含缺失值的对象删除数与所收集信息数量相比较小时，此法非常有效。此法的缺点在于直接删除历史数据会导致资源的大量浪费，隐藏于删除数据中的大量信息被丢弃。因此，当缺失据所占比例较大，特别当缺失数据非随机分布时，这种方法可能导致数据发生偏倚，最终引出错误的结论。

(2)填补法(imputation)

此法是利用辅助信息，寻找一定的值去填充空值，从而使信息表完备化。此法通常借助统计学原理，根据其他对象取值的分布情况来对某一个空值进行填充。在数据挖掘工作中常用的几种补齐方法如下：

人工填写法(filling manually)专家根据专业知识对缺失数据直接进行填补，此法产生数据偏离最小，是一种较为精确的填充方法。但此法费时费力，当数据规模较大、空值较多时，该方法不可行。

特殊值填充法(treating missing attribute values as special values)将空值作为一种特殊属性值进行处理，它有别于其他的任何属性值。如所有的空值都用"unknown"填充。此法将空值形成另一个概念，可能导致较为严重的数据偏离，一般不推荐使用。

平均值填充法(mean/mode completer)将处理数据中的变量按不同属性分为数值型和非数值型。若空值为数值型，就按此变量在其他所有对象的取值均值来填充缺失值；若空值是非数值型，依照统计学的众数原理，用此变量在其他所有对象的取值频数最高值来填充缺失值。此法是以最大概率可能的取值来补充缺失值，优点为快速、简单、易操作，缺点为此法是建立在完全随机缺失的假设之上。

热卡填充法(hot deck imputation，或就近补齐)对于一个包含空值的对象，此法在完整数据中找到一个与它最相似的变量，用这个相似值进行填充。不同问题需选用不同的标准进行相似变量的判定。此法简单易行，且利用数据间关系来进行空值估计，保持了数据本身的类型。此法缺点在于难以定义相似标准，主观因素较多。

使用所有可能的值填充(assigning all possible values of the attribute)此法是用缺失值所有可能的数值来填充，具有较好的补齐效果。此法缺点为当数据量较大或缺失值较多时，计算量较大，需测试的方案较多。针对此法不足之处，另有一种方法，填补缺失值的原则相同，不同之处在于从结果相同的对象中选择所有可能的数据，而不是根据所有对象进行尝试，此法可在一定程度上减小原方法的工作量。

回归填补(regression imputation)此法是由变量的缺失项对观测项的回归，用预测值代替缺失值。通过对观测变量及缺失变量都有的数据进行回归计算，建立回归方程(模型)。对于包含空值的对象，将已知属性值代入方程来估计未知属性值，以此估计值来进行填充。此法能较好地利用数据提供的信息，解决因预测变量相关引起的共线性问题，但当变量不是线性相关或预测变量高度相关时会导致偏差估计。

期望值最大化法(expectation maximization，EM) EM 算法是一种在不完全数据情况下计算极大似然估计或者后验分布的迭代算法。在每一迭代循环过程中交替执行两个步骤：E 步(excepctaion step，期望步)，在给定完全数据和前一次迭代所得到的参数估计的情况下计算完全数据对应的对数似然函数的条件期望；M 步(maximzation step，极大化步)，用极大化对数似然函数以确定参数的值，并用于下步的迭代。算法在 E 步和 M 步之间不断迭代直至收敛，即两次迭代之间的参数变化小于一个预先给定的阈值时结束。该方法可能会陷入局部极值，收敛速度也不是很快，并且计算很复杂。

多重填补法(multiple imputation，MI)多重填补方法分为三个步骤：①为每个空值产生一套可能的填补值，这些值反映了无响应模型的不确定性；每个值都被用来填补数据集中的缺失值，产生若干个完整数据集合。②每个填补数据集合都用针对完整数据集的统计方法进行统计分析。③对来自各个填补数据集的结果进行综合，产生最终的统计推断，这一推断考虑到了由于数据填补而产生的不确定性。该方法将空缺值视为随机样本，这样计算出来的统计推断可能受到空缺值的不确定性影响。该方法的计算较为复杂。

以上基于统计原理的方法而言，删除法和平均值填充法差于热卡填充法、EM 法和 MI 法；回归填补是比较好的一种方法，但仍比不上热卡填充法和 EM 法；EM 法缺少 MI 法包含的不确定成分。需注意，这些方法直接处理的是模型参数的估计而不是空缺值预测本身。

(3)不处理

补齐处理只是将未知值补以主观估计值，不一定完全符合客观事实，在对不完备信息进行补齐处理的同时，或多或少地改变了原始的信息系统。同时，对空值不正确的填充往往将新的问题引入数据中，使挖掘任务产生错误的结果。因此，在许多情况下，我们还是希望在保持原始信息不发生变化的前提下对信息系统进行处理。直接在包含空值的数据上进行数据挖掘。这类方法包括贝叶斯网络和人工神经网络等。

延伸阅读：

贝叶斯网络是用来表示变量间连接概率的图形模式，它提供了一种自然的表示因果信息的方法,用来发现数据间的潜在关系。在这个网络中,用节点表示变量,有向边表示变量间的依赖关系。贝叶斯网络仅适合于对领域知识具有一定了解的情况,至少对变量间的依赖关系较清楚的情况。否则直接从数据中学习贝叶斯网的结构不但复杂性较高(随着变量的增加,指数级增加),网络维护代价昂贵,而且它的估计参数较多,为系统带来了高方差,影响了它的预测精度。当在任何一个对象中的缺失值数量很大时,存在指数爆炸的危险。

大多数据挖掘系统都是在数据挖掘之前的数据预处理阶段采用第一、第二类方法来对空缺数据进行处理。并不存在一种处理空值的方法可以适合于任何问题。无论哪种方式填充,都无法避免主观因素对原系统的影响,并且在空值过多的情形下将系统完备化是不可行的。从理论上来说,贝叶斯考虑了一切,但是只有当数据集较小或满足某些条件(如多元正态分布)时完全贝叶斯分析才是可行的。而现阶段人工神经网络方法在数据挖掘中的应用仍很有限。值得一提的是,采用不精确信息处理数据的不完备性已得到了广泛的研究。不完备数据的表达方法所依据的理论主要有可信度理论、概率论、模糊集合论、可能性理论,D-S的证据理论等。

15.4 文字资料的整理

定性资料是与研究问题有关的定性描述资料,如各种理论阐述、观点、研究对象的形态或感受等。这些资料一般都是用语言形式或音像形式表达的。因此一般也把文字/音像资料的整理称作定性资料整理,其主要包括文字整理和音像整理。文字整理通常有观察记录和访谈记录,主要是对其时间、地点、场景、人物、主题、活动等的内容进行整理归纳;音像整理包括专题整理和场景整理,主要为专题/场景、时长、人员等的剪辑分类。

定性资料在来源上存在差异,所以其整理方法也略不同。但是通常情况下可划分为审查、分类和汇编三个基本步骤。文字资料的审查,主要解决其真实性、准确性和适用性问题;文字资料的分类,就是将资料分门别类,使得繁杂的资料条理化、系统化,为找出规律性的联系提供依据。分类的方法有两种,即前分类和后分类。对于文字资料的汇编,主要是指根据调查研究的实际要求,对分类完成之后的资料进行汇总、编辑,使之成为能反映调查对象客观情况的系统、完整的材料。

对于通过观察、访谈和文献搜集得来的文字材料的整理,资料整理步骤如下:①对资料的真实性、可靠性进行检查、核对,如观察记录是否带有个人偏见、被访者是否如实反映情况、文献来源是否可靠等等。②从原始材料中摘取与研究目的有关的主要内容,对资料进行简化。这两步也称为“去伪存真、去粗取精”。③按主题、人物或时间对资料进行分类整理、建立资料档案。其作用一是便于查找,二是便于作进一步的定性分析,如类型比较分析或时间序列分析。还可以将文字材料的内容转换为数据形式,进行定量化的内容分析。具体整理过程参看本章第二节。

对于定性资料分析,也可借助计算机辅助软件 Computer Assisted Qualitative Data Analysis Software(CAQDAS),主要有 Alceste、Inforapid、Atlas. ti、nvivo、MaxQDA。

延伸阅读：

CAQDAS 常用的几种软件介绍

Alceste 是一款用于文本资料分析的软件，由 C. N. R. S 和 ANVAR 合作开发。被广泛应用于社会学、心理学、调查研究、谈话分析、市场咨询、广告学、媒体分析、历史学、法学、语言学、医学、文献研究等涉及到大量文本资料分析的学科。该软件的目的就在于将文本定量化以提取有意义的资料从而分析文本中所包含的信息结果。描述、聚类以及融合和综合的自动化操作是 Alceste 的优势所在。Alceste 能够分析所有种类的文本，不管是利用文本版式，还是用扫描仪生成的图形版式以及语音记录生成的音频版式。它适用很多种操作系统，在 Win 95，Win 98，Win NT4，Power-Macintosh 以及 UNIX 上都可以运行。强大的工效、友好的用户界面以及高效的分析功能使得 Alceste 成为质性分析软件中的翘楚。该软件支持法语、英语、西班牙语、意大利语、德语等，但暂不支持中文。

InfoRapid 是德国一家软件制造公司开发的一款适用于定性资料分析的软件。InfoRapid 目前包含三种软件类型：第一个是 InfoRapid Knowledge Map，这个软件又包含两个组件，一个叫做 Drawing Program，可以利用该软件编写知识地图。软件提供了多种模板样式，操作也比较方便；另一个组件叫做 Knowledge Map Server，能够自动对文本文件进行分析并且编写知识地图，这是文本分析的有个重要工具。第二个是 Info Rapid Cardfile System，这是一个编写卡片的系统。特别适用于定性资料中编码，同时也可以作为个人知识积累的重要工具。第三个是 Info Rapid Search&Replace 是一个查找替换工具，可以在本地目录中查找卡片以及替换内容的工具。该软件支持英语和德语，但暂不支持中文。

Atlas. ti 是 1989—1992 年由德国柏林科技大学跨学科研究项目 ATLAS 联合研制的软件。该软件能对大量文字、图片、声音和图像数据进行定性分析，其设计理念强调了 V（visualization），即可视化、I（Integration），即一体化，S（Serendipity），即偶遇性、E（Exploration），即探索性。该软件所分析处理的材料内容或主题较广，包括心理学、文学、医学、软件工程、营销学、语言学等多个领域。它具有五大特点：第一．分析处理功能强大：能对大量文字、图片、声音和图像数据进行定性分析，对含有 Excel、PowerPoint，图像甚至是超链接的内嵌对象都能支持。第二．搜索查询功能强大：能为用户提供快速搜索、追踪和浏览功能；支持标准搜索，分类搜索和 GREP 搜索三种文本搜索模式；查询时可以使用布尔运算符、语义运算符和空间运算符。第三．理论建构图形化：这一功能是其他软件尚未具备的。以节点和连接来表示复杂的信息之间的关联，通过直观的图形来代替文字所无法表达的含义，揭示出不同对象之间复杂的关联。第四．结果输出多样化：有多种结果输出和报告形式可以选择。输出结果多为文字形式，也可图形输出。第五．图像应付自如：能对图片、声音和图像资料进行分析处理的强大功能，极大地减轻了把大量录音和图片资料转录成文字这一繁重的工作负担。

NVivo 是澳洲 QSR 公司发行用于质的研究分析的软件包。NVivo 通过一个强大的智能应用程序将质的分析和观察带到了一个全新的层面。该软件可通过搜索定位数据、导入广泛的数据等方式对文字记录、日记和笔记，图片等各种各样格式的数据资料进行管理、定型和分析。支持多国语言。

MAXQDA 是德国专门致力于社会实证研究方法的 UdoKuckartz 教授研发，第一个版本于1989年在德国柏林问世。MAXQDA可用于多种学术及非学科，比如社会学、政治学、心理学、卫生、人类学、教育、营销、经济和城市规划。其高效率和稳定性，兼顾使用方便的功能接口使其成为目前质性分析及科学管理的常用软件。其特点有：清晰的程序结构；广泛而有区别功能的结合；可视编码进行编辑、浏览；无界限的融入MSOffice和IE。

【本章小结】

1. 资料整理是从调查阶段过渡到研究阶段、由感性认识上升到理性认识的重要环节，也是提高调查研究的信度与效度的重要步骤。

2. 资料整理遵循的原则包括：真实性原则、准确性原则、完整性原则、统一性原则、简明性原则。

3. 调查问卷的整理主要是对问卷资料的审核和编码。审核真要针对调查资料的完整性和准确性核查；调查问卷编码包括问卷代码编码、封闭式问题编码和开放式问题编码。

4. 科研资料整理录入过程中需按资料类型不同进行分类数据录入。定性资料分析常用的计算机辅助软件有Alceste、Inforapid、Atlas. ti、nvivo、MaxQDA；定量资料常用的录入分析软件有Excel、Epi Info、EpiData、SPSS、Stata、Access、Foxpro等。

5. 在数据分析前，还需对数据进行清理，主要目的为发现异常值和清理重复记录。清理过程通常需经历三个阶段：数据分析、定义错误类型；搜索、识别错误记录；修正错误。

6. 数据缺失是资料收集工作中常出现的问题，我们可采用删除法、填补法和不处理三大类不同方法进行处理。

【思考练习】

1. 调查资料整理过程应遵循哪些重要的原则？

2. 调查资料主要包括哪几种类型？不同类型资料该如何选取相对应的数据整理分析方法和计算机辅助软件？

3. 问卷调查资料整理过程包括哪几个重要步骤？问卷编码时应注意哪些问题？

4. 缺失数据中单一填补法、多重填补法和基于参数似然的方法的适用条件是什么？各自的优缺点是什么？

5. 有一手术期输血与先天性巨结肠术后感染关系的研究，收集了15份资料，请按照下面所提供的数据建立一个完整的Epidata数据库（包括调查表的建立、数据库生成、数据库控制）；利用该数据库录入数据；将录入好的数据库进行数据管理（包括数据库核查、数据库追加/合并）。

病例号	性别	红细胞压积	疾病部位	手术持续时间（分钟）	手术中失血量（毫升）	感染与否
1	女	57.4	乙状结肠	200	50	无感染
2	男	33.5	结肠	215	40	无感染
3	女	32.8	直肠	190	40	无感染
4	男	35.9	结肠	250	40	有感染

续表

病例号	性别	红细胞压积	疾病部位	手术持续时间（分钟）	手术中失血量（毫升）	感染与否
5	女	46.8	乙状结肠	145	30	无感染
6	男	43.4	直肠	205	60	无感染
7	男	44.7	直肠	210	40	无感染
8	男	93.3	乙状结肠	270	20	有感染
9	女	57.0	直肠	180	40	有感染
10	女	77.1	结肠	180	30	无感染
11	女	34.2	结肠	135	30	无感染
12	男	63.5	乙状结肠	225	40	有感染
13	女	46.7	直肠	240	30	无感染
14	男	36.1	直肠	120	40	有感染
15	男	33.6	直肠	190	30	无感染

【参考文献】

1. 李薇.统计调查中的数据缺失及处理[J].商业研究,2003,266:162—163.
2. 乔珠峰,田凤占,黄厚宽,等.缺失数据处理方法的比较研究[J].计算机研究与发展,2006,43:171—175.
3. 佘春红.数据清理方法[J].计算机应用,2002,22(12):128—130.
4. 帅平,李晓松,周晓华,等.缺失数据统计处理方法的研究进展[J].中国卫生统计,2013,30(1):135—139.
5. 殷国容,杨建一.医学科研方法与论文写作[M].2版.北京:科学出版社,2009.
6. 宇传华.SPSS与统计分析[M].北京:电子工业出版社,2007.
7. 岳勇,田考聪.数据缺失及其填补方法综述[J].预防医学情报杂志,2005,21(6):683—685.

第16章 调查资料分析概况

【目的要求】

了解调查研究资料的特点。

熟悉调查研究数据分析的步骤，学会识别调查研究数据分析过程中的常见错误。

掌握调查研究资料的常用统计分析方法。

调查研究通常会采用问卷或量表进行调查，在调查过程中产生大量数据，这就需要对调查研究的数据进行分析。对调查数据进行分析，首先要明确调查资料的特点，在此基础上才能够进行分析。只有明确调查研究资料特点，选择正确的分析方法才能得出科学结论。

16.1 调查资料的特点及分析步骤

调查研究过程中搜集到的资料往往是分散和零碎的，不是集中和系统的资料，通常是针对样本的资料信息，不是直接反映总体的。有时调查研究还会收集历史资料或经他人加工过的资料，这种资料被称为次级资料。无论直接获得的第一手资料还是次级资料，通常不会直接符合分析的要求，而要进行适当的整理。

16.1.1 调查资料的特点

对获得的资料进行统计分析，首先要明确的就是调查研究所采用的方法。在调查研究中，应用较为广泛的是抽样调查，即从总体中抽取具有代表性的样本，通过样本对总体进行分析。抽样设计又可以分为非概率抽样和概率抽样。通常对于非概率抽样获得的资料，我们会进行一些定性分析，而对于概率抽样获得的数据资料，一方面，可以通过样本统计量值对总体参数进行估计；另一方面，可以在一定概率保证下，判断样本统计量之间表现出来的差别是由抽样误差引起的，还是总体之间存在本质上的差别。此外，调查研究中还会采用普查和个案调查，这种调查设计是不能够进行统计推断的，通常是以统计描述为主。调查研究获得资料的另一个特点就是变量较多，既有定性的也有定量的，有时候甚至会出现较多的缺失值，而且常常要探讨变量间的关系。对于这类资料的分析，首先要根据调查研究的目的选定关键变量，并非要对所有变量都做统计描述或推断。缺失值处理一直是统计分析中的一大难点问题，虽然已经有不少的处理方法，但是在分析有缺失值的变量时一定要谨慎，根据实际情况决定是否要对缺失值进行填充，然后再根据已有的数据资料特点，选择合适的填充方法。

此外，调查资料（尤其是量表测试）的另一个特点是存在潜变量，调查所得是“显变量”，要分析的特性是不能直接得到的，只能通过所测定一些“显变量”去分析探索得出抽象的潜在的特性。这就需要一些特殊的方法，如因子分析、结构方程模型等。

如果是二手资料调查分析，条件适合的情况下也可以用 Meta 分析法来综合各研究结果。

16.1.2 分析步骤

统计分析就是运用统计学原理，对经过审核和整理的数据资料进行综合处理，以揭示事物内在的数量特征，事物之间的相互联系及事物发展变化规律的过程和方法。统计分析的主要作用包括简化和描述资料、对变量间的关系进行描述和深入分析、利用样本资料推断总体情况。调查研究数据的统计分析必须满足一定的前提条件，要在一定范围内、遵循一定的原则进行。统计分析步骤包括数据描述、统计推断、结果解释三个部分。数据大体上可以分为计量资料数据、计数资料数据、等级资料数据，不同的数据类型对应着不同的统计分析方法，选用合适的方法对调查数据进行统计分析是得出科学结论的保证。

对调查研究数据进行描述是数据分析的起点，针对搜集、整理完毕的数据，计算适合的统计指标并利用统计图表，对数据的数量特征进行客观描述和展示。

统计推断是一门通过样本的统计值来估计总体的参数值的方法。在社会研究中更多的是做抽样调查，抽样调查的目的是由样本特征对总体作出结论，这就是统计推断。统计推断过程包括假设检验和参数估计。参数估计是指根据观测数据提供的信息，对反映总体数量特征的客观指标参数作出科学地估计和推断。方法的选择要依据具体估计的参数、总体的分布形式以及样本的大小。假设检验在逻辑上与参数估计不同，它是首先假设总体的情况，然后根据观测数据提供的信息对这一假设进行检验，判断这一假设的正确与否，作出统计结论。在社会调查研究中，假设检验有着广泛的用途，实际应用过程中可根据推断的目的、资料的性质、调查研究的类型以及样本大小确定假设检验方法。

进行统计推断必须要具备一定数量的观测值，因为社会现象存在个体差异，只有具备足够的观测值才能够发现真实可靠的客观规律。选择正确的统计方法是进行数据统计推断的关键，选用合适的方法对调查数据进行统计分析是得出科学结论的保证。选择统计学方法的步骤主要是：①确定分析目的；②判断资料类型；③判断设计方案；④查看资料分布类型或具备条件；⑤选择分析方法。

统计结果的解释是数据分析的最后一环，如果对结果的解释出现偏差，就有可能使整个调查研究工作前功尽弃。对于调查研究数据分析结果的解释，要从实事求是的立场出发，并参考他人、其他方法的结果，尽量反映和揭示调查资料所代表的社会现象的本质内容。对统计结果的分析，要在对事物深入观察和了解的基础上进行，有统计学意义并不等于有实际专业意义，还应结合专业知识来分析，不能单纯的凭借表面的数据轻易地下结论。如果不能了解数量关系背后的社会背景情况，就有可能做出无意义、错误甚至荒谬的解释。当统计分析结果与原理假设不一致时，需要仔细的寻找原因，这种不一致究竟是原理假设本身就有问题，还是研究过程本身造成的？最后需要对分析结果进行说明。

16.2 调查资料的描述分析

统计描述的主要目的在于用最简单的形式反映出大量数据资料所包涵的基本信息。由于数据资料类型的不同,描述分析所使用的统计指标也不相同。在对调查资料进行描述分析时,我们可以选择采用统计指标描述,也可以采用统计图进行资料的描述,具体选择何种形式,这要依据我们的需要来确定。

16.2.1 调查资料的描述指标

对于具体的调查资料我们可以根据变量的类型进行分类,可以分为计量资料(quantitative data)、计数资料(count data)和等级资料(ordinal data)。

1. 计量资料

计量资料(quantitative data)亦称定量资料,每个观察单位都用一种定量方法测定后得到一个确定的数值,一般有度量单位。各观察单位的测量值常有量的差异而没有质的区别。计量资料的统计描述,主要是从集中趋势和离散趋势两个方面进行的。描述集中趋势(平均水平)的指标我们通常会使用算数均数、几何均数、中位数、众数等。描述离散趋势的指标通常有极差、方差、标准差、四分位数间距、变异系数等。常用的描述指标概括于表 16.1 和表 16.2。

表 16.1 各种平均数的意义、计算及其应用场合

平均数	意义	计算	应用场合
均数	平均数量水平	$\bar{x}=\frac{\sum x}{n}$	适用于对称分布,特别是正态分布的资料。
几何均数	平均增(减)倍数	$G=\lg^{-1}\left(\frac{\sum \lg x}{n}\right)$	(1) 等比级数资料 (2) 对数正态分布 (3) 观察值不能有 0 (4) 观察值不能同时有正值和负值
中位数	将一组观察值从小到大排序后,位次居中的观察值水平	n 为奇数时: $M=M_{\left(\frac{n+1}{2}\right)}$ n 为偶数时: $M=\left[x_{\left(\frac{n}{2}\right)}+x_{\left(\frac{n}{2}\right)+1}\right]/2$ 若为频数表资料: $M=L+\frac{i}{fx}\left(\frac{n}{2}-\sum f_L\right)^*$	(1) 偏态分布 (2) 分布不明 (3) 分布末端无确定值
众数	频数最多的取值或组段(组中值为代表)	$M_0=L+\frac{f_U}{f_L+f_U}(i)^*$	定量资料的集中趋势描述
调和均数	观察值 x 倒数之均数的倒数	$H=\frac{1}{\frac{1}{n}\sum\frac{1}{x}}$	求平均速度、平均样本含量

* 式中 L 为 M_0 所在组段(即频数最多的组段)的下限,U 为上限,i 为组距;f_L 为小于 L 的相邻组段的频数,f_U 为大于 U 的相邻组段的频数。

表 16.2　描述离散趋势统计指标的意义及其应用场合

指标	指标含义	计算公式	应用场合及特点
极差 R	亦称全距。即一组观察值中，最大值与最小值之差。单位与原观察值相同。	$R=$ 最大值 $-$ 最小值	用于小样本或分布不清时。 简单明了，但缺点是： 1. 除最大值和最小值外，不能反映组内其他数据的变异度； 2. 样本例数悬殊时不宜比较其极差； 3. 极差的抽样误差较大，不够稳定。
四分位数间距 Q	四分位数间距 Q 即上四分位数 Q_U（即第 75 百分位数）与下四分位数 Q_L（即第 25 百分位数）之差，包括了全部变量值中居于中间水平的一半。	$Q=Q_U-Q_L$	适用于描述偏态分布资料的离散趋势。 四分位数间距比极差稳定，但仍未考虑到每个观察值的变异度。
平均差 $M.D.$	指数列中各项数值对其平均数离差绝对值之和的算术平均数。	$M.D.=\dfrac{\sum \lvert x-\bar{x}\rvert}{N}$	用来测定数列中各项数值对其平均数离散趋势的一种尺度。
方差 σ^2 或 s^2	方差是每个观察值与总体均数离差的平方的平均值。	$s^2=\dfrac{\sum(x-\bar{x})^2}{n-1}$	正态分布资料。 可以较全面地反映该组资料的变异情况。单位是原始数据单位的平方。
标准差 s	将方差开方即得标准差。同质两组资料，在两组均数相近的条件下，S 大，说明该组的资料分散，均数的代表性差；S 小，说明该组的资料集中，均数的代表性好。	标准差的计算有直接法和加权法两种。 直接法： $s=\sqrt{\dfrac{\sum(x-\bar{x})^2}{n-1}}$ $=\sqrt{\dfrac{\sum x^2-(\sum x)^2/n}{n-1}}$ 加权法： $s=\sqrt{\dfrac{\sum fx^2-(\sum fx)^2/\sum f}{\sum f-1}}$	正态分布资料。主要用于： 1. 表示观察值的变异程度； 2. 结合均数描述正态分布特征； 3. 结合均数计算变异系数； 4. 结合样本含量计算标准误等。
变异系数 CV	均数与标准差之比用百分数表示即为变异系数 CV。	$CV=\dfrac{s}{\bar{x}}\times 100\%$	用于多组资料间度量衡单位不同或均数相差悬殊时作变异度的比较。 CV 是一相对数，无单位，具有便于比较分析的优点。

2. 计数资料

计数资料(count data)是指将观察单位按某种属性或类别分组,清点各组观察单位数所得的资料,亦称定性资料(qualitative data)。对每组观察单位只研究其数量的多少,而不具体考虑指标的质量特征,属非连续性资料。计数资料每个观察单位之间没有量的差别,但各组之间具有质的不同,不同性质的观察单位不能归入一组。计数资料常用列联表的形式对资料进行整理或归纳。对这类资料的描述分析通常是使用相对数,主要包括率、构成比和相对比。

3. 等级资料

等级资料(ordinal data),亦称有序多分类资料,是将观察单位按某特征或属性的不同程度或等级顺序分组,所得各组观察单位数组成的资料。各组之间有程度或等级的递增或递减的差别。介于计量资料和计数资料之间,通过半定量方法测量得到。等级资料与计数资料、计量资料有区别,这类资料的特点是每一个观察单位没有确切值,各组之间有性质上的差别或程度上的不同。等级资料的描述分析可使用中位数和四分位间距。

16.2.2 调查资料的统计图

对调查资料采用统计图进行描述时,往往会比较清晰直观,常见的统计图可以分为比较图、关系图、分布图及动态图四类,各种图有各自的用途,详见表 16.3。

表 16.3 常用统计图的意义、用途、适用资料和注意事项

分类	统计图	意义和用途	适用资料	注意事项
比较图	条　图	以直条的高度表示指标数值的大小,显示对比关系。主要用于多个组别和多个类别的统计指标的比较。	离散型资料 对比连续型资料	尺度应从 0 始,不能折断。
	构成图(饼图)	以圆内的扇形面积或直条内各段的大小表示构成指标。主要用于单个或多个构成比的分析比较。	构成比资料	多个构成比的比较宜用百分条图
关系图	散点图	表示两个变量间的关系。	两组有关系连续型资料	
分布图	直方图	表示变量的频数分布。	连续型的频数表资料	组距不等时应换算成相同的组距
	箱式图	单位相同的两组或多组数据分布特征的比较分析,也用于发现异常值。	两个或多个连续型资料	
动态图	线　图	表示某指标随时间或另一指标变化而变化的绝对变化趋势(幅度)。	连续型资料	纵轴一般需要从 0 开始,否则需作特殊说明或标记。
	半对数线图	表示某指标随时间或另一指标变化而变化的速度。	连续型资料	

16.3 调查资料的推断分析

在调查研究中,由于受到各种条件的限制,我们一般都是进行抽样调查,因而所获取和分析的都是样本资料。对样本资料的计算分析都是描述性统计分析，但抽样调查的目的是由样本特征对总体作出结论，这就需要进行统计推断。因为样本与总体，样本统计值与总体参数值之间，总是存在着一定的误差。因此，我们在将样本统计值推论到总体参数值的时候，就必须考虑抽样误差的问题，所以，统计推断的意义和必要性就在于，它是通过样本统计值达到对某一社会现象总体认识的重要途径，也是确保调查研究结论和决策科学化的基础。统计推断是描述性分析的继续和深化，描述性分析则是统计推断的前提和基础。统计推断的常用方法有两种：一是参数估计，二是统计假设检验。

16.3.1 参数估计

计量资料和计数资料的参数估计包括点估计和区间估计，等级资料的统计推断不依赖于总体的分布类型，因此不对总体参数进行推断。点估计(point estimation)：将样本统计量直接作为总体参数的估计值。这种估计方法简单，未考虑抽样误差的影响，估计的正确程度很难评价。区间估计(interval estimation)：按预先给定的概率$(1-\alpha)$确定的包含未知总体参数的可能范围，该范围称为参数的可信区间或置信区间(confidence interval，*CI*)。$(1-\alpha)$称为可信度或置信度（confidence level)，也可用百分数表示，常取 95%。可信区间的确切含义是：*CI* 是随机的，总体参数是客观固定的，所以，*CI* 包含总体参数的可能性是 $1-\alpha$。当$\alpha=0.05$时，称为 95%可信区间，记作 95% *CI* 。当$\alpha=0.01$时，称为 99%可信区间，记作 99% *CI*。

计量资料通常是对总体均数进行估计，使用点估计时直接用样本均数估计总体均值，使用区间估计时有两种计算方法：大样本时基于正态分布进行计算，小样本时基于 t 分布计算。

计数资料通常是对总体率进行估计，使用点估计时直接用样本率估计总体率，使用区间估计时有两种计算方法：大样本，且 p 和 $1-p$ 均不太小，如 np 和 $n(1-p)$ 均大于5时，p 的抽样分布逼近正态分布。此时，可根据正态分布的特性计算总体率的可信区间。当样本量不大且 p 接近于 0 或 1 时，可直接查表得到总体率的$(1-\alpha)$可信区间。

16.3.2 假设检验

假设检验实际上就是对总体的某一参数做出假设，然后用样本的统计量去验证，以决定假设是否为总体所接受。假设检验是由假设和检验两部分组成。假设包括原假设和备择假设，检验是选用适当的统计方法构建统计量，运用小概率原理对假设进行验证。

1. 计量资料的假设检验

对计量资料最常见的是均数之间的比较，主要目的是分析均数之间表现出的差异，是抽样误差所致，还是除抽样误差以外还存在本质差异。对于两均数间的比较，大样本时通常会采用 Z 检验，样本量偏小时且资料满足正态分布时会采用 t 检验。计量资料的三个或三个以上多个均数间的比较通常会采用方差分析，如果方差分析得到有统计学意义的结论，可进一步进行两两均数的组间比较。

2. 计数资料的假设检验

计数资料成组设计两个率的比较可采用二项分布的 Z 检验，配对设计资料可以采用 χ^2 检验，$R\times C$ 表的χ^2 检验进行分析的资料包括双向无序分类资料的关联性检验的$R\times C$ 表资料、多个样本率的比较的 $R\times 2$ 表资料、多组样本的构成比比较的 $R\times C$ 表资料。

3. 等级资料的假设检验

等级资料的统计分析，往往选择非参数检验的方法。非参数检验是不依赖于总体的分布类型，不对总体参数进行推断，只是通过样本观察值比较总体的分布或分布位置，因此，又称为任意分布检验(distribution-free test)。非参数检验常用的方法为秩和检验，主要包括以下类型：配对设计差值的符号秩检验（Wilcoxon 配对法），成组设计两样本比较的秩和检验(Wilcoxon 两样本比较法)，成组设计多个样本比较的秩和检验(Kruskal-Wallis 法)。

※ 延伸阅读

调查研究中常见的单变量假设检验方法

表 16.4 单变量假设检验方法选择概括

资料类型	组数	设计方案	资料分布类型或具备条件	方法
计量资料	两组	一组为样本有一已知总体	样本资料来自正态分布	单样本 t 检验
			样本资料来自偏态分布	单样本资料的秩和检验
		完全随机设计	两样本均服从正态分布，两总体方差相等	完全随机设计两样本 t 检验或方差分析
			两样本均服从正态分布，但是两组总体方差不齐	t' 检验
		配对设计	两样本均来自偏态分布，无论两总体方差齐或不齐	完全随机设计两样本资料的秩和检验
			样本量大于100	Z 检验
			差值服从正态分布	配对 t 检验
			差值不服从正态分布	配对设计资料的秩和检验
	三组及以上	完全随机设计	多样本均服从正态分布，多个总体方差齐	单因素方差分析
			多样本不服从正态分布或者多个总体方差不齐	完全随机设计多个样本资料的秩和检验
		随机区组设计	多组样本均服从正态分布	随机区组设计方差分析
			多样本中有样本不服从正态分布	随机区组设计秩和检验
计数资料	两组	完全随机设计	$n \geqslant 40$ 并且 $T \geqslant 5$	完全随机设计四格表 χ^2 检验(无需校正)
			$n \geqslant 40$ 并且 $1 \leqslant T < 5$	完全随机设计四格表 χ^2 检验(需校正)
		配对设计	$n < 40$ 或 $T < 1$	四格表确切概率法
			$b + c \geqslant 40$	配对 χ^2 检验(无需校正)
			$b + c < 40$	配对 χ^2 检验(需校正)
	三组及以上	完全随机设计	$1 \leqslant T < 5$ 的格子数未超过总格子数的1/4且无一个格子的 $T < 1$	完全随机设计行×列表 χ^2 检验
等级资料	两组	完全随机设计	完全随机设计两样本资料的秩和检验	
		配对设计	配对设计资料的秩和检验	
	三组及以上	完全随机设计	完全随机设计多个样本资料秩和检验	

16.4　调查资料的两变量及多变量分析

在调查研究中,往往要涉及到两个及两个以上的变量,因此双变量和多变量间的关系是统计分析的一个极为重要的内容。根据变量层次的不同,我们所采用的具体分析方法也会有所不同。在本节中,我们对一些常见的分析方法做简单的介绍。

16.4.1　列联表分析

列联表又被称为交互分类表,它依据两个变量的值将所研究的个案分类,进而对变量分组,然后比较各组的分布状况,寻找变量间的关系。列联表既可以用来对总体的分布情况和内在结构进行描述,又可以用来进行分组比较,还可以用来分析解释两个变量间的关系。采用列联表分析两个变量间的关系会比较直观。不仅可以看到关联程度的有无、大小,还可以了解关联的详细结构。关于列联表分析的详细介绍见本书第 17 章。

16.4.2　相关分析

事物之间的不确定关系被称为相关关系。我们这里讲的相关是指两个变量之间存在一种连带关系,即当一个变量的值发生变化时,另一个变量的值也相应地发生变化。相关分析就是以一个统计值表示变量与变量间的关系,这个统计值被称作相关系数,其取值范围是[-1,1]。

由于社会现象具有复杂多变性,相关关系也可以表现为不同的形态。从变量间的相互关系的方向可以将相关分为正相关和负相关。所谓的正相关是指一个变量的值增加或减少时,另一个变量的值也相应地增加或减少,二者的变化趋势一致。

从变量的相互关系的表现形式可以将相关分为直线相关和非直线相关。直线相关是指当一个变量的值发生变化时,另一个变量的值也随之发生均匀的增加或减少,体现在直角坐标系中近似的表现为一条直线。那么非直线相关就是当一个变量的值发生变化时,另一个变量的值发生不均匀的增加或减少,图形上表现为各种曲线。

变量的类型不同,进行相关分析时我们所采用的分析方法也不相同。

如果两个变量都是定类层次,或者一个是定类、一个定序,这时可以采用 λ 系数进行测量。λ 系数具有消减误差比例的意义,消减误差比例是指一种对变量间关系的测定。λ 系数的基本特点是以众值作为预测的准则。

如果两个变量都是定序变量,我们可以采用 Gamma 系数、Spearman 等级相关系数来测量它们之间的相关系数。Gamma 系数一般用 G 表示,具有消减误差比例的意义。Spearman 等级相关系数考虑单个个案在两个变量上的等级差异,测量两变量间的对等相关关系。

当分析的两个变量,一个为定类(或定序)变量,另一个变量为定距变量时,同时需要指出的是,定距变量并不等同于定序变量,针对这种情况可以采用相关比率或者 eta 系数来测量二者之间的相关程度。相关比率是 eta 系数的平方值,通常采用 E^2 表示。当两个变量均为定量变量时,我们可以计算皮尔森(Pearson) 相关系数 r。

16.4.3　回归分析

分析社会现象之间的相关关系时,虽然不是严格的函数关系,但是现象之间的关系值却可以通过函数关系近似表达式来反映，这就是回归分析。严格地说，回归分析就是对有相关关系的社会现象，根据关系的形态选择合适的数学模型，来近似的表达变量间的平均变化关系，以便根据回归方程对未知的情况进行估计和预测。在调查研究中比较常见的有直线回归方程、多重线性回归方程、Logistic 回归方程等。

16.4.4 潜变量分析

潜变量是指不能被直接精确观测或虽能被观测但尚需通过其他方法加以综合的指标，是在记录单元之间变化且其变化影响记录特征的任何未记录到的特征，结果是记录特征之间的联系，这种联系实际上并不是由记录特征本身的任何因果关系产生的。可采用因子分析(详见第 19 章)和结构方程模型处理。

在结构方程模型中包括两种主要变量：潜变量(Latent Variable)，显变量(Manifest Variable)。潜变量是实际工作中无法直接测量到的变量，包括比较抽象的概念和由于种种原因不能准确测量的变量。一个潜变量往往对应着多个显变量，可以看做其对应显变量的抽象和概括，显变量则可视为特定潜变量的反应指标。

潜变量分为内生潜变量和外生潜变量，外生潜变量是在模型中不受其他任何一个变量的影响但影响其他变量的变量，内生潜变量是在模型中总会受到一个其他变量影响的变量。

潜变量用于描述社会、教育、管理、医学与心理等研究领域中无法直接测量的指标，潜变量分析以其独特的思路发展成为现代统计学中重要的统计方法。

16.5 调查研究中的定性资料分析

社会是复杂的社会人文现象的一个部分，既包含着客观事实，又包含有人文价值和意义，它具有历史性和社会性。纯粹地把社会现象等同于没有参考的自然现象进行研究，很难揭示社会现象的独特性和本质性。因此，用定量研究方法来研究社会，其局限性是显而易见的，并且由于囿于社会浅层次的现象，而对深层次的理论问题一筹莫展，用数据等资料是难以揭示社会活动内在的交互作用关系。由于社会现象是多层次的、复杂的，当人们力求做到客观、精确而从某一角度对它进行有限的研究，必然带有某种主观性，不可能是纯客观的。这个时候，我们就需要通过对社会调查资料进行定性分析，使之与定量研究相辅相成，使我们的研究更加深入。

定性研究是指在自然环境中，使用实地体验、开放型访谈、参与性与非参与性观察、文献分析、个案调查等方法对社会现象进行深入细致和长期的研究；分析方式以归纳为主，在当时当地收集第一手资料，从当事人的视角理解他们行为的意义和他们对事物的看法，然后在这一基础上建立假设和理论，通过证伪法和相关检验等方法对研究结果进行检验；研究者本人是主要的研究工具，其个人背景以及和被研究者之间的关系对研究过程和结果的影响必须加以考虑；研究过程是研究结果中一个必不可少的部分，必须详细记载和报道。

定性研究方法是根据社会现象或事物所具有的属性和在运动中的矛盾变化，从事物的内在规定性来研究事物的一种方法或角度。定性研究大多是采用参与观察和深度访谈而获得第一手资料，具体的方法主要有参与观察、行动研究、历史研究法、人种志方法。其中参与观察，是定性研究中经常用到的一种方法。参与观察的优势在于，不仅能观察到被观察者采取行动的原因、态度、努力程序、行动决策依据。通过参与，研究者还能获得一个特定社会情景中一员的感受,因而能更全面地理解行动。然后通过对观察和访谈法等所获得的资料,采用归纳法,使其逐步由具体向抽象转化,以至形成理论。与定量研究相反,定性研究是基于"有根据的理论"为基础的。这种方式形成的理论,是从收集到的许多不同的证据之间相互联系中产生的,这是一个自下而上的过程。

定性研究有两个不同的层次,一是没有或缺乏数量分析的纯定性研究,结论往往具有概括性和较浓的思辨色彩;二是建立在定量分析的基础上的、更高层次的定性研究。定性研究具有以下几个特点:①强调在自然情境下而非人工控制环境中对研究对象进行研究。②重视研究者与研究对象的关系。定性研究认为研究者与研究对象之间是一种"主体间性"的关系,研究过程是双方彼此互动、共同理解的过程,研究者对研究问题的认识,存在于与研究对象的互动之中。③强调从研究对象的视角去理解其行为的意义和其对事物的看法,并在此基础上建立理论。④强调使用多元的方法,如观察、访谈、实物收集等,以获得对研究问题的全面深入认识。⑤注重用语言文字对研究现象进行"深描",很少采用复杂的统计方法(如回归分析、路径分析)来报告他们的发现。⑥定性研究是一个不断演化发展的过程。在这个过程中,研究的抽样、资料收集的方向、资料分析的重点、结论的建构方式等都会发生变化。

定性研究以普遍承认的公理、一套演绎逻辑和大量的历史事实为分析基础,从事物的矛盾性出发,描述、阐释所研究的事物。进行定性研究,要依据一定的理论与经验,直接抓住事物特征的主要方面,将同质性在数量上的差异暂时略去。在实际研究中,定性研究与定量研究常配合使用。在进行定量研究之前,研究者须借助定性研究确定所要研究的现象的性质;在进行定量研究过程中,研究者又须借助定性研究确定现象发生质变的数量界限和引起质变的原因。

16.6 病例-对照研究资料的分析

16.6.1 成组设计资料的分析

1. 成组设计病例-对照研究资料的分析步骤

(1)整理频数表;

(2)计算优势比;

(3)对优势比进行假设检验;

(4)估计优势比的置信区间;

(5)若危险因素为多水平等级变量,则可进一步作趋势检验(即检验是否存在剂量－反应关系);

(6)若存在混杂因素,可用分层分析或多因素 Logistic 回归模型校正混杂因素。

2. 简单四格表资料的分析

在病例-对照研究中,如果病例组与对照组的暴露史只取有暴露和无暴露两水平,可将研究资料整理成四格表的形式(表16.5)。

表 16.5 病例-对照研究资料的四格表形式

组别	暴露		合计
	有	无	
病例组	α	b	n_1
对照组	c	d	n_0
合计	m_1	m_0	n

(1)优势比：$\widehat{OR}=\dfrac{ad}{bc}$ (16.1)

(2) 优势比的假设检验：$\chi^2=\dfrac{(n-1)(ad-bc)^2}{n_{n0}m_1m_0}$， $v=1$ (16.2)

(3)优势比的区间估计：

优势比区间估计的精确计算较为复杂，故多采用近似估计方法。

常用的两种较为简单的近似估计方法是：Woolf 法、Miettinen 法。Woolf 法是基于优势比的自然对数近似正态分布的理论推出的；Miettinen 法是在χ^2检验的基础上计算的。

优势比置信区间上下限的计算方法如下(以 95%置信区间为例)：

Woolf 法：$\widehat{OR}\exp\left[\pm 1.96\sqrt{Var(\ln\widehat{OR})}\right]$ (16.3)

或 $\ln OR$ 的 95%置信区间的上下限为：$\ln\widehat{OR}\pm 1.96\sqrt{Var(\ln\widehat{OR})}$ (16.4)

其中 $Var(\ln\widehat{OR})=\dfrac{1}{\alpha}+\dfrac{1}{b}+\dfrac{1}{c}+\dfrac{1}{d}$ (16.5)

Miettinen 法：$\widehat{OR}^{1\pm\frac{1.96}{\sqrt{\chi^2}}}$ (16.6)

3. 分层四格表资料的分析

(1)公共优势比：$\widehat{OR}_{M-H}=\dfrac{\sum\dfrac{\alpha_i d_i}{n_i}}{\sum\dfrac{b_i c_i}{n_i}}$ (16.7)

(2)对公共优势比进行假设检验：$\chi^2_{M-H}=\dfrac{(\sum\alpha_i-\sum T_i)^2}{\sum V_i}$ (16.8)

其中，$T_i=\dfrac{\alpha_i b_i}{n_i}$，$V_i=\dfrac{n_{1i}n_{0i}m_{1i}m_{oi}}{n_i^3-n_i}$

(3)公共优势比 95%置信区间的估计(Miettinen 法)：$\widehat{OR}\left(1\pm\dfrac{1.96}{\sqrt{\chi^2_{M-H}}}\right)$ (16.9)

(4)趋势检验的统计量：$\chi^2=\dfrac{[\sum\limits_{i=0}^{k}x_i(\alpha_i-T_i)]^2(n^3-n)}{n_1n_0[n\sum\limits_{i=0}^{k}m_ix_i^2-(\sum\limits_{i=0}^{k}m_ix_i)^2]}$ (16.10)

16.6.2 匹配设计资料的分析

1. 匹配设计病例-对照研究资料的分析步骤

(1)整理频数表;

(2)计算优势比;

(3)对优势比进行假设检验;

(4)估计优势比的置信区间。

需注意的是,对于1∶m 或n∶m 匹配设计资料和多水平暴露的资料,用传统的列联表分析方法计算较复杂,而用 Logistic 回归来分析则方便得多。

2. 1∶1 配对设计资料的分析

在暴露因素为二分类时,一对病例与对照的暴露状况可以归纳为:①病例与对照都暴露,②病例暴露而对照无暴露,③病例无暴露而对照暴露,④病例与对照都无暴露四种。将 n 个对子按四种暴露状况整理成配对四格表的形式,如表 16.6 所示。

表 16.6 1∶1 配对设计资料的四格表格式

病例暴露水平	对照暴露水平 +	对照暴露水平 −	合计
+	a	b	$a+b$
−	c	d	$c+d$
合计	$a+c$	$b+d$	n

(1) 优势比:$\widehat{OR}=\dfrac{b}{c}$ (16.11)

(2)对优势比进行假设检验:$\chi^2=\dfrac{(|b-c|-1)^2}{(b+c)}$ (16.12)

(3)优势比 OR 的 95%置信区间估计用 Miettinen 法,即:$\widehat{\mathrm{OR}}^{\,1\pm\frac{1.96}{\sqrt{\chi^2}}}$ (16.13)

3. 1∶m 匹配设计资料的分析

当选择 m 个对照与 个病例匹配时,资料的表达方式比较复杂。我们可以将每个匹配组看作分层分析的一个层,应用 Mantel-Haenszel 分层 分析的思想分析 1∶m 匹配设计资料。当暴露危险因素按二分类时,1∶m 匹配的可能结果有 $2(m+1)$ 种。设全部资料共有 n 个匹配组,第 i 个匹配组的结果表达为表 16.7 的格式。

表 16.7 第 $i(i=1,2,\cdots,n)$ 匹配组资料格式

	接触危险因素	未接触危险因素	小计
病例	Y_i	$(1-Y_i)$	1
对照	X_i	$(m-X_i)$	m

(1)公共优势比:$\widehat{OR}=\dfrac{\sum_{i=1}^{n}y_i(m-x_i)}{\sum_{i=1}^{n}x_i(1-y_i)}$ (16.14)

$$\text{或者}, \widehat{OR} = \frac{\sum_{i=1}^{m}(m-i+1)n_{1,i-1}}{\sum_{i=1}^{m} mn_{0,m}} \tag{16.15}$$

(2)对公共优势比进行假设检验：

$$\chi^2_{M-H} = \frac{(\sum ny_i - \sum x_i)^2}{\sum(1+m)(x_i+y_i) - \sum(x_i+y_y)^2} \tag{16.16}$$

或者，

$$\chi^2_{M-H} = \frac{\left(\sum_{i=1}^{m}(m-i+1)n_{1,i-1} - \sum_{i=1}^{m} in_{0,i}\right)^2}{\sum_{i=1}^{m} i(n_{1,i}+n_{0,i+1})(m-i+1)} \tag{16.17}$$

例 16.1 在一项成组设计的关于成年人抑郁症与是否独身的病例-对照研究中，得到如下资料，问独身是否为抑郁症的危险因素？

表 16.8 成年人抑郁症与是否独身的病例-对照统计

	独身	不独身	合计
抑郁症患者	34	26	60
未患抑郁症	30	46	76
合计	64	72	136

【分析】要回答题目的问题，就需要求出优势比 OR 值，由于此 OR 值仅是一个样本指标，故还需要作假设检验或者估计置信区间，才可以最终回答问题。此外，本资料是成组设计的资料，应该采用成组设计资料的相应方法进行分析。

【操作】首先录入数据，如下图所示，然后用 Weight Case 过程指定频数变量：点击菜单 Data→Weight Case，弹出新窗口后，点击复选框 Weight case by，并将变量 f 弹入 Frequency Variable 框中，点击 OK 按钮。

	f	r	c
1	34.00	1.00	1.00
2	26.00	1.00	2.00
3	30.00	2.00	1.00
4	46.00	2.00	2.00

最后调用 Crosstabs 过程进行计算：点击菜单 Analyze→Descriptive→Crosstabs，得到如下窗口，再选中变量 r 将其弹入右侧的 Rows 框中→选中变量 c 并将其弹入右侧的 Columns 框中→点击 Statistics 按钮，弹出新的对话框，点击对话框左上角的 Chi-square 复选框（其复选框中显示"√"）→点击对话框右下角的 Risk 复选框→点击 Continue 按钮→点击 OK 按钮。

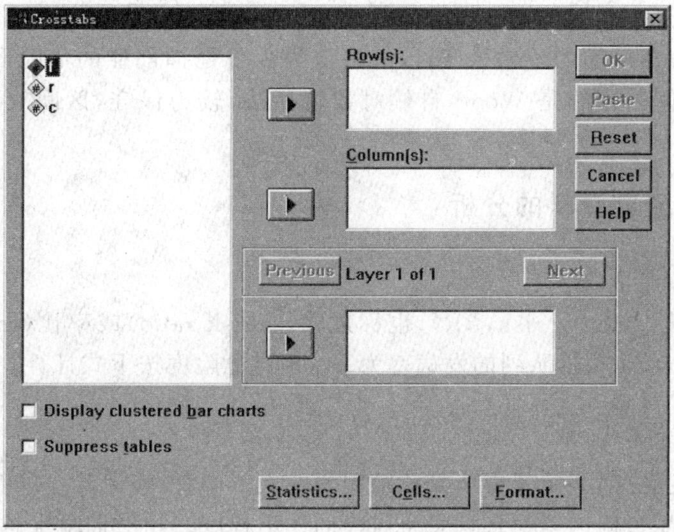

【结果】结果如下表所示：

Chi-Square Tests(卡方检验)

	Value	df	Asymp. Sig. (2－sided)	Exact Sig. (2－sided)	Exact Sig. (1－sided)
Pearson Chi-Square	3.978[b]	1	.046		
Continuity Correction[a]	3.318	1	.069		
Likelihood Ratio	3.993	1	.046		
Fisher's Exact Test				.057	.034
Linear-by-Linear Association	3.949	1	.047		
N of Valid Cases	136				

a. Computed only for a 2x2 table

b. 0 cells (.0%) have expected count less than 5. The minimum expected count is 28.24.

Risk Estimate(优势比的估计)

	Value	95% Confidence Interval	
		Lower	Upper
Odds Ratio for R (1.00 / 2.00)	2.005	1.009	3.987
For cohort C = 1.00	1.436	1.006	2.049
For cohort C = 2.00	.716	.509	1.007
N of Valid Cases	136		

【解释】“结果”部分的第一个表格显示的是优势比的假设检验结果。该表的备注 b 显示最小的理论频数 $T_{min}=28.24>5$，因此该题不需作校正，结果直接看 Pearson Chi-Square 一行即可，该行显示：χ^2 值为 3.978，双侧近似概率为 0.046。据此，可以初步推测独身是抑郁症的危险因素。

“结果”部分的第二个表格显示的是优势比的值、优势比 95%的置信区间。在该表中，

Odds Ratio for R (1.00 / 2.00)一行显示，OR＝2.005，OR 的 95%置信区间为(1.009，3.987)。由于该置信区间的下限大于 1，故可认为独身是抑郁症的危险因素。需要说明的是，此处的置信区间采用的是 Woolf 自然对数转换法，较为保守，区间较 Miettinen 方法宽得多。

16.7 队列研究资料的分析

16.7.1 队列研究的分析指标

1. 相对危险度(relative risk，RR)，也称危险比(risk ratio)或率比(rate ratio)，设暴露队列的发病率为 p_1，非暴露队列的发病率为 p_0，相对危险度按下式计算：

$$R\hat{R}=\frac{p_1}{p_0} \tag{16.18}$$

相对危险度的意义：表示暴露于某危险因素的人群中，发病风险是非暴露人群发病风险的多少倍，它反映了危险因素对疾病发生风险的作用程度。相对危险度越大，表明危险因素致病作用越强，与疾病发生关系越密切。

2. 归因危险度(attributable risk，AR)，又称特异危险度、率差(rate difference，RD)和超额危险度(excess risk)。设暴露队列的发病率为 p_1，非暴露队列的发病率为 p_0，归因危险度按下式计算：

$$A\hat{R}=p_1-p_0 \tag{16.19}$$

归因危险度的意义：表示暴露于某危险因素的人群中，发病风险与非暴露人群发病风险相比较的绝对差值，反映暴露危险因素造成发病率增加的绝对量。或者说人群中有多少发病率可以归因于暴露危险因素。

3. 归因危险度百分比(attributable risk percent，ARP)，又称为病因分值(etiologic fraction，EF)，即将归因危险度表示为相对数的形式，其计算公式为：

$$A\hat{R}=\frac{p_1-p_0}{p_0}\times 100\% \tag{16.20}$$

归因危险度比率的意义：表示在暴露人群中，有多大比例的疾病发生是由该暴露危险因素引起的。在公共卫生方面，它提示如果疾病控制部门消除了该危险因素，发病率下降的比率会是多少。

4. 人群归因危险度(population attributable risk，PAR)，指在整个人群中，暴露危险因素所引起的发病率增高部分，又称病因学成数。

设整个人群中该疾病的发病率为 p，非暴露人群发病率为 p_0，则其计算公式是：

$$P\hat{A}R=p-p_0 \tag{16.21}$$

人群归因危险度的意义：与归因危险度的意义相似，反映针对危险因素采取的疾病控制和公共卫生措施对整个人群的效应。

5. 人群归因危险度百分比(population attributable risk percent，PARP)，也叫做人群病因分值(population etiologic fraction，PEF)，指 PAR 占总人群全部发病的百分比。

$$PA\hat{R}P=\frac{p-p_0}{p}\times 100\% \tag{16.22}$$

表 16.9　几个指标间的区别与联系

指标	联系	区别
AR 与 RR	1. 都说明暴露的致病作用有多大，也都表示关联强度。 2. 两者有如下关系： $\hat{AR}=p_0(\hat{RR}-1)$	RR 说明暴露者与非暴露者比较，增加相应疾病危险的倍数，具有病因学的意义。 AR 则一般是对人群而言，暴露人群与非暴露人群比较，所增加的疾病发生数量，如果暴露因素消除，就可减少这个数量的疾病发生。更具有疾病预防和公共卫生学上的意义。
RR,AR,ARP PAR,PARP	1. PAR,PARP 既和 RR,AR 有关，又与人群中暴露者的比例（p_e）有关，只有当研究对象两组的暴露比例与人群中恰好一致，AR、ARP 与 PAR、PARP 才一致。 2. PARP 与 RR 和 p_e 的关系见表底的式 16.23#：	RR、AR 是针对研究对象计算而得的，说明的是暴露的生物学效应，即暴露的致病作用有多大。 PAR、PARP 是针对总人群计算得到的，说明的是暴露对一个具体人群的危害程度以及消除这个因素后可能是发病率减少的程度。

$$^{\#}PA\hat{R}P=\frac{p_e(R\hat{R}-1)}{p_e(R\hat{R}-1)+1}\times 100\% \tag{16.23}$$

16.7.2　队列研究资料的统计推断

1. 相对危险度的假设检验。相对危险度是在随机抽样的基础上计算得到的，为了排除抽样误差对统计学结论的影响，尚需要对相对危险度进行假设检验。

(1) 建立检验假设。零假设为 $H_0:RR=1$

备择假设为 $H_1:RR\neq 1$

$\alpha=0.05$

(2)计算统计量。统计量的公式为：

$$\chi^2=\frac{(|d_1-n_1D/n|-0.5)^2}{n_1n_2D/n^2} \tag{16.24}$$

上式中，d_1 是暴露队列发病人数，D 是总发病人数。n_1 和 n_2 分别是暴露队列和非暴露队列的观察人年数，n 是总观察人年数。

若是根据发病概率计算 RR 值，则可将资料整理成队列研究的资料格式(见表 16.10)。

表 16.10　队列研究的资料格式

暴露因素	有	无	合计
发病人数	a	b	n_{r1}
未发病人数	c	d	n_{r2}
合计	n_{c1}	n_{c2}	n

按下式计算统计量：$\chi^2=\dfrac{(n-1)(ad-bc)^2}{n_{r1}n_{r2}n_{c1}n_{c2}}$　(16.25)

(3) 确定 P 值和做出推断结论。已知自由度为 1,将计算所得的 χ^2 值与 $\chi^2_{0.05(1)}$ 比较,查 χ^2 表有自由度为 1 的临界值 $\chi^2_{0.05(1)}=3.84$。若 $\chi^2>\chi^2_{0.05(1)}$,则 $P<0.05$,拒绝 H_0,可认为暴露因素与发病之间有关联性,RR 值是多少,就说明暴露组的发病风险是非暴露组发病风险的多少倍;若 $\chi^2<\chi^2_{0.05(1)}$,则 $P>0.05$,不拒绝 H_0,尚不能认为暴露因素与发病之间有关联性。

2. 相对危险度的区间估计。采用公式(16.18)计算出的 RR 是一个样本值,一个点估计值,若要估计相对危险度 95%可信区间,可采用 Woolf 法和 Miettinen 法,此处采用的是 Woolf 法来计算。先采用如下公式计算 RR 的方差:

$$Var(\ln RR)=\frac{1}{a}+\frac{1}{b}+\frac{1}{c}+\frac{1}{d} \tag{16.26}$$

再计算出 $\ln RR$ 的 95%可信区间 $=\ln RR\pm\sqrt{Var(\ln RR)}$,最后取其反自然对数即为 RR 的 95%可信区间。

从相对危险度 95%可信区间,也可看出暴露因素与发病之间有无关联性,即它与假设检验有相同的统计推断结果。若可信区间包含 1,则尚不能认为暴露因素与发病之间有关联性;若可信区间不包含 1(下限大于 1),则认为暴露因素与发病之间有关联性。

3. Mantel-Haenszel 分层分析

在队列研究中,研究者不可能在设计和调查的实施过程中对许多重要的混杂因素如性别、年龄、职业、社会地位等进行控制,分析时就必须考虑这些因素,否则将会导致结果的偏倚。

Mantel-Haenszel 分层分析是将研究对象按某混杂因素的水平分层,分别估计各层预期死亡数,再估计总的相对危险度并进行假设检验。具体的步骤如下:

设 N_{1i} 为暴露队列各个年龄组的暴露人年数,d_{1i} 为暴露队列各年龄组死亡数,E_{1i} 为各年龄组预期死亡数,V_i 为预期死亡数的方差。设 N_{0i} 为暴露队列各年龄组暴露人年数,d_{0i} 为相应年龄组死亡数。设 N_i 和 d_i 为合计暴露人年数和死亡数。

第一步,估计预期死亡数,计算公式为:

$$E_{1i}=\frac{d_{1i}}{N_i} \tag{16.27}$$

第二步,计算出预期死亡数方差,计算公式为:

$$V_{1i}=\frac{d_iN_{1i}N_{0i}}{N_i^2} \tag{16.28}$$

第三步,计算分层校正后的相对危险度,计算公式为:

$$R\hat{R}_A=\frac{\sum d_{1i}N_{0i}/N_i}{\sum d_{0i}N_{1i}/N_i} \tag{16.29}$$

第四步,对分层校正后的相对危险度进行假设检验,假设检验的过程与前述的相对危险度的假设检验相同,但是统计量 χ^2 的计算公式不同,此时采用的是 Mantel-Haenszel χ^2 统计量,计算公式为:

$$\chi^2=\frac{(\sum d_{1i}-\sum E_{1i})^2}{\sum V_{1i}} \tag{16.30}$$

对 χ^2 值的解释，同上述的未分层的相对危险度。如果差异有统计学意义，可进一步估计相对危险度的 95%可信区间，仍采用公式(16.26)。

4. 剂量一反应关系分析 在实际工作中，常将致病因素分为由低到高的几个不同的暴露水平，以便更好地揭示出某致病因素的暴露水平与发病率之间的剂量一反应关系(dose-response relationship)。采用的方法主要是趋势检验(trend test)。具体步骤如下：

(1)将资料按剂量一反应关系相关表的格式进行整理，该表中下标为 0 的一列数据是对照组的有关信息。

表 16.11 剂量一反应相关表的格式

暴露水平 赋　　值	e_i x_i	e_0 x_0	e_1 x_1	e_2 x_2	… …	e_k x_k	合计
发病人数	a_i	a_0	a_1	a_2	…	a_k	m_1
未发病人数	b_i	b_0	b_1	b_2	…	b_k	m_0
观察人数	n_i	n_0	n_1	n_2	…	n_k	n
发病率	q_i	q_0	q_1	q_2	…	q_k	

(2) 进行趋势性 χ^2 检验

H_0：发病率(或死亡率)与剂量线性无关

H_1：发病率(或死亡率)与剂量间线性相关

$\alpha = 0.05$

计算统计量：

$$\chi^2 = \frac{\left(\sum_{i=0}^{k} a_i x_i - \frac{m_1}{n}\sum_{i=0}^{k} n_i x_i\right)^2}{m_1 m_0 \left[n\sum_{i=0}^{k} n_i x_i^2 - \left(\sum_{i=0}^{k} n_i x_i\right)^2\right] / [n^2(n-1j)]} \tag{16.31}$$

(3) 根据 χ^2 值的大小，判断 P 值大小，再做出是否拒绝 H_0 的决定。

将 χ^2 值与 $\chi^2_{0.05(1)}$ 临界值作比较，若 $\chi^2 > \chi^2_{0.05(1)}$，则 $P < 0.05$，拒绝 H_0，可认为发病率(或死亡率)与暴露水平存在线性剂量一反应关系。若 $\chi^2 < \chi^2_{0.05(1)}$，则 $P > 0.05$，不拒绝 H_0，尚不能认为发病率(或死亡率)与暴露水平存在线性剂量一反应关系。

例 16.2 为研究食管癌死亡与食管部位早期症状的关系，对某地区人群进行了 9.5 年的前瞻性观察，由于年龄是一个混杂因素，将资料按年龄分层后列入表 16.12 中。(引自方积乾主编的《医学统计学与电脑实验》第二版)

表 16.12 按年龄分层的食管癌死亡与食管部位早期症状关系的资料

指标	30 岁			50 岁			70 岁		
	有	无	合计	有	无	合计	有	无	合计
死亡人数(人)	16	17	33	82	115	197	10	21	31
观察人年数(人年)	22031	46149	68180	14814	39898	54712	2911	8645	11556
死亡率(1/10 万人年)	72.62	36.84	553.53		288.23		343.52	240.91	

【分析】上例中年龄是一个混杂因素，在设计时无法控制，因此在分析时，需采用 Mantel-Haenszel 分层卡方检验对其进行分层处理。在将数据录入计算机之前，需将资料整理为队列研究的格式，如下表：

表 16.13 按年龄分层的食管癌死亡与食管部位早期症状关系的资料

年龄(岁)	食管症状	死亡情况		观察人年数
		死亡	未死亡	
30～	有	16	22015	22031
	无	17	46132	46149
50～	有	82	14732	14814
	无	115	39783	39898
70～	有	10	2901	2911
	无	21	8624	8645
合计		261	134187	134448

【操作】将以上数据按分类数据的格式录入，即建立四个变量：行变量 row，列变量 col，频数变量 freq(记录每个格子中频数的变量)，年龄分组变量 age。表 16.13 需要看作三个四格表，每个年龄是一个四格表来录入数据，具体录入数据见下图：

	freq	row	col	age	变量	变量
1	16.00	1.00	1.00	1.00		
2	17.00	2.00	1.00	1.00		
3	82.00	1.00	1.00	2.00		
4	115.00	2.00	1.00	2.00		
5	10.00	1.00	1.00	3.00		
6	21.00	2.00	1.00	3.00		
7	22015.00	1.00	2.00	1.00		
8	46132.00	2.00	2.00	1.00		
9	14732.00	1.00	2.00	2.00		
10	39783.00	2.00	2.00	2.00		
11	2901.00	1.00	2.00	3.00		
12	8624.00	2.00	2.00	3.00		

用 Weight Cases 过程加权频数变量 freq，然后采用 Crosstabs 过程中的 Risk 复选框和 Cochran's and Mantel-Haenszel statistics 复选框来计算 RR 值及其区间估计，并进行分层卡方检验。具体操作如下：

(1) Data→Weight cases→选中 Weight Cases by→在 Frequency Variable 框中选入频数变量 freq→点击 OK。

(2) Analyze→Descriptive Statistics→Crosstabs→在 Rows 框中选入行变量 row→在 Columns 框中选入列变量 col→在 Layer 框中选入年龄分组变量 age→在菜单右侧点击 Statistics。在 Statistics 菜单中，选中 Risk 框(计算 RR 值)→再选中 Cochran's and Mantel-Haenszel statistics 复选框(进行分层卡方检验)→点击 Continue→再点击 OK。

【结果与解释】主要结果如下：

Risk Estimate

AGE		Value	95% Confidence Interval	
			Lower	Upper
30 岁～	Odds Ratio for ROW（有食管症状 / 无食管症状）	1.972	.996	3.904
	For cohort COL = 死亡	1.972	.996	3.901
	For cohort COL = 未死亡	1.000	.999	1.000
	N of Valid Cases	68180		
50 岁～	Odds Ratio for ROW（有食管症状 / 无食管症状）	1.926	1.450	2.558
	For cohort COL = 死亡	1.920	1.448	2.548
	For cohort COL = 未死亡	.997	.996	.999
	N of Valid Cases	54712		
70 岁～	Odds Ratio for ROW（有食管症状 / 无食管症状）	1.416	.666	3.009
	For cohort COL = 死亡	1.414	.667	2.999
	For cohort COL = 未死亡	.999	.997	1.001
	N of Valid Cases	11556		

上表分层给出了 OR 值，以不同结局为准的 RR 值及其相应的可信区间，每个分组的第一行表示的是 OR 值，第二行（For cohort COL = 死亡）指的是有食管症状的死亡率与无食管症状的死亡率的比值，即相对危险度，第三行（For cohort COL = 未死亡）指的是有食管症状的未死亡率与无食管症状的未死亡率的比值，我们可称其为相对安全度，因此取每个分组的第二行的 RR 值，那么三个 RR 值分别是 1.97、1.92、1.41。这里可信区间的计算采用的是 Woolf 自然对数转换法，较为保守，较 Miettinen 方法计算出的区间宽。

Tests of Homogeneity of the Odds Ratio

	Chi-Squared	df	Asymp. Sig.（2－sided）
Breslow-Day	.591	2	.744
Tarone's	.591	2	.744

上表给出的是一致性检验的结果，P 值为 0.744，大于 0.05，表示不同层间的总体 OR 值相同，由于发病率较低时，RR≈OR，所以我们可认为不同层间总体 RR 也相同，可计算其合并的 RR 值。

Tests of Conditional Independence

	Chi-Squared	df	Asymp. Sig.（2－sided）
Cochran's	25.281	1	.000
Mantel-Haenszel	24.587	1	.000

上表给出的是分层卡方检验的结果，两行给出的均为分层 χ^2 值，只是计算方法不同，通常我们采用 Mantel-Haenszel 法，可见 χ^2 值为 24.587，$P<0.01$，拒绝 H_0，表明经年龄分层后食管癌死亡仍与有无食管部位早期症状有关联。

Mantel-Haenszel Common Odds Ratio Estimate

Estimate			1.867
ln(Estimate)			.624
Std. Error of ln(Estimate)			.126
Asymp. Sig. (2－sided)			.000
Asymp. 95％ Confidence Interval	Common Odds Ratio	Lower Bound	1.458
		Upper Bound	2.391
	ln(Common Odds Ratio)	Lower Bound	.377
		Upper Bound	.872

The Mantel-Haenszel common odds ratio estimate is asymptotically normally distributed under the common odds ratio of 1.000 assumptions. So is the natural log of the estimate.

上表依次给出的是 OR_{MH} 值(调整了年龄混杂作用后的综合 OR 值)、OR_{MH} 值的自然对数，OR_{MH} 值自然对数的标准误、对 OR_{MH} 值检验的 P 值、OR_{MH} 值的可信区间、OR_{MH} 值的自然对数的可信区间。这里是队列研究不是病例-对照研究，不计算 OR 值，但当发病率较低时，RR≈OR，故我们可近似地用 OR_{MH} 值来看 RR_{MH}，即 $RR_{MH}\approx 1.86$，其可信区间约为(1.45，2.39)。

【本章小结】

本章首先介绍了调查研究资料的特点和分析步骤，由于调查研究在现实应用过程中受到较多条件限制，通常会采用抽样的方式进行调查研究。调查研究获得数据资料的方法通常是问卷或量表，这些数据通常分散和零碎，同时变量较多、指标较少，有时候甚至会出现较多的缺失值也是其一大特点。由于是样本数据，通常不能直接反映总体，我们就需要通过借助统计分析的手段通过样本推断总体。调查研究的数据分析就是对调查获得的数据进行统计分析的过程，包括数据描述、统计推断、结果解释三部分。选用合适的方法对调查数据进行统计分析是得出科学结论的保证。统计分析方法的选择需要考虑资料类型、设计类型、数据的分布特点以及数理统计条件等。本章回顾了计量资料、计数资料、等级资料的统计描述和统计推断方法。此外，对于一些常见的双变量及多变量的分析方法做了简单的介绍，还介绍了调查研究中的定性分析方法。

病例-对照研究资料统计推断主要分析暴露与疾病的统计学关联，确定关联强度的大小和检验各相关因素的假设检验，包括未匹配或成组匹配病例-对照研究资料的分析、匹配病例-对照研究资料的分析、分层资料的分析、分级暴露资料的分析。常用的计算指标为比值(odds，指接触某危险因素的暴露频率与非暴露频率的比值)和比值比(odds ratio，OR，指病例组与对照组暴露某一事件的比值的比值)。常用的统计分析方法为卡方检验(单因素分析)和 Logistic 回归(多因素分析)。

队列研究的分析思路是：先对资料作描述性分析，即描述研究对象的组成及人口特征、随访时间及失访情况等，分析两组的可比性及资料的可靠性；然后再做统计推断分析，计算相应的统计指标，如累计发病率(cumulative incidence，CI)、发病密度(incidence density，

ID)、标化比(standardized mortality ratio,SMR)等。采用比较 z 检验或卡方检验对两组或多组结局发生率的差异。最后分析暴露与结局是否有关联及关联强度,常用的指标有相对危险度(relative risk,*RR*)、归因危险度(attributable risk,*AR*)、归因危险度百分比(attributable risk percent,*ARP*)、人群归因危险度(population attributable risk,*PAR*)、人群归因危险度百分比(population attributable risk percent,*PARP*)等。

【思考练习】

1. 什么是统计分析?调查研究数据的分析步骤?
2. 什么是定性描述?其有哪些特点?
3. 统计描述的指标有哪些?
4. 统计推断的内容包括什么?
5. 计量资料常用的统计分析方法有哪些?适用条件是什么?
6. 计数资料常用的统计分析方法有哪些?适用条件是什么?
7. 等级资料常用的统计分析方法有哪些?适用条件是什么?
8. 病例-对照研究资料分析常用的指标和方法是什么?
9. 队列研究资料分析常用的指标和方法是什么?
10. 病例-对照研究和队列研究在实际应用中各有什么优点和局限性?
11. 相对危险度(RR值)与优势比(OR值)有何差异,又有何联系?
12. 欲研究吸烟与肺癌的关系,采用病例-对照研究的方法,得到如下资料,请问:

(1)吸烟与肺癌有统计学关联吗?

(2)发生肺癌的危险性与每日吸烟量有无关系?

每日吸烟支数	0	1～5	6～10	10～20	>20	合计
病例组人数	2	23	145	264	325	759
对照组人数	28	46	170	277	234	755

13. 某人做了一项雌激素与子宫内膜癌关系的研究,采用的是1∶1匹配设计的病例-对照研究,共60对。病例组与对照组两组均有雌激素暴露史者25对,两组都无暴露史者5对,病例组有暴露史而对照组无暴露史者28对,其余为对照组有暴露史而病例组无暴露史者。

(1)列出列联表。

(2)雌激素是否是子宫内膜癌的危险因素(计算优势比,并做出恰当的检验)?

(3)分别估计优势比的95%、99%置信区间,并简单比较两个置信区间有何不同(各有什么优点及局限性)。

14. Beasley等对22707名台湾政府雇员的HbsAg进行了普查,发现阳性为3454名,阴性为19253名。追踪观察3年,发现阳性组中40名患肝癌,阴性组中1名患肝癌。问:

(1)这是什么研究方法?

(2)计算相应的描述指标并对其进行假设检验和区间估计。

(3)能否说明HbsAg是肝癌的一个危险因素?

【参考文献】

1. 陈树昶.病例-对照研究的设计原理及其进展[J].疾病控制杂志,2004(8)1:56－59.
2. 丁元林,高歌.卫生统计学(案例版)[M].北京:科学出版社,2008.
3. 董时富,刘筱娴.病例-对照研究设计中优化样本含量的估计[J].同济医科大学学报,1991,20(2):116－119.
4. 范伟达,范冰.社会调查研究方法[M].上海:复旦大学出版社,2010.
5. 方积乾.卫生统计学[M].6版.北京:人民卫生出版社,2008.
6. 方积乾.医学统计学与电脑实验[M].3版.上海:科学技术出版社,2006.
7. 风笑天.社会研究方法[M].4版.北京:中国人民大学出版社,2013.
8. 李怀祖.管理研究方法论[M].2版.西安:西安交通大学出版社,2004.
9. 李立明.流行病学[M].5版.北京:人民卫生出版社,2001.
10. 李赞华,万霞,刘建平.队列研究与随机对照实验的方法学比较[J].北京中医药大学学报(中医临床版),2008,15(5):11－14.
11. 陆伟.病例队列研究的设计与分析[J].疾病控制杂志,2001,5(2):148－150.
12. 任金马,陈峰,蓝绍颖.成组病例-对照研究优势比的几种可信区间估计方法比较[J].中国卫生统计,2004,21(1):52－55.
13. 万崇华,罗家洪.卫生统计学学习辅导[M].3版.昆明:云南民族出版社,2010.
14. 万崇华,许传志.科研方法与论文写作[M].北京:中国统计出版社,2015.
15. 王天爵,时景璞,周宝森.病例-对照研究资料人群归因危险度比的估计及应用[J].中国公共卫生学报,1990(1):62－65.
16. 邢建民,费宇丹,陈薇,等.观察性研究在中医临床中的应用(1)——队列研究方法及设计[J].中医杂志,2008,49(6):502－503.
17. 徐德忠.临床医学研究常用设计方案实施方法第3讲队列研究[J].中国实用儿科杂志,2008,23(3):237－240.
18. 张蓉.社会调查研究方法[M].北京:知识产权出版社,2013.
19. 张岩波.潜变量分析 [M].北京:高等教育出版社,2009.
20. 周伦,刘希永,余海,等.病例一对照研究中1∶R配比适度的应用研究[J].中华流行病学杂志,1996,17(6):346－349.
21. 朱康民,何尚浦.病例-对照研究中相对危险度的估计方法及其应用[J].中国卫生统计,1989,6(1):25－28.

第 17 章　列联分析

【目的要求】

掌握两个分类变量的关联性分析，多个分类变量的关联性分析，对数线性模型的一般概念和基本原理，对数线性模型的建模方法，SPSS 软件实现两分类和多分类变量的关联性分析。

数据分析中经常会遇到定性变量，例如性别、血型、职业等二分类和多分类变量。常采用一维频数表来描述各种类别的频数和所占的频率。当研究者关注所研究分类变量所代表的两个或多个属性之间有无关联性，或者说是否相互独立时，常用列联表的形式来描述，所以这种数据也称为列联表数据，对数据的分析称为列联分析。由两个分类变量构成的列联表称为二维列联表，例如：探讨性别与职业两个分类变量间的关联性，分类是按照性别和职业两个方向进行的；由 k 个分类变量构成的列联表称为 k 维列联表。

分析列联表数据，常用的方法有 Pearson's χ^2 检验，主要用来检验两个分类变量的统计关联性，不需要确定因变量和自变量，通过分层分析控制混杂因素；但当混杂因素多时，采用 Logistic 回归模型来分析自变量与因变量的关系；当要研究多个分类变量间的关系，且不区分自变量与因变量时，一般会采用对数线性模型探讨变量之间的交互作用，本章主要介绍分析两个分类变量关联性的 χ^2 检验及模型化的方法对数线性模型，Logistic 回归的介绍见第 18 章。

17.1　基础列联相关

17.1.1　2×2 列联表资料

例 17.1　某医院为探讨甲胎蛋白(AFP)与原发性肝癌的关系，共收集资料 199 例，结果如表 17.1。

表 17.1　AFP 阳性与手术证实是否患原发性肝癌之间的关系

AFP	原发性肝癌		合计
	是	否	
有	125	11	136
无	8	55	63
合计	133	66	199

【问题】请分析 AFP 阳性表达与是否患原发性肝癌之间有无关联？

【分析】研究者关心的是甲胎蛋白（AFP）的表达是否与原发性肝癌有关，两个变量都是二分类的分类变量。类似的问题一般可以用表 17.2 来描述，表 17.2 通称为具有 2 行和 2 列的列联表（contingency table），也称为 2×2 列联表或四格表。

表 17.2　2×2 交叉分类列联表

属性 X	属性 Y		合计
	Y_1	Y_2	
X_1	n_{11} (π_{11})	n_{12} (π_{12})	n_{1+} (π_{1+})
X_2	n_{21} (π_{21})	n_{22} (π_{22})	n_{2+} (π_{2+})
合计	n_{+1} (π_{+1})	n_{+2} (π_{+2})	n

假设将目标总体中随机抽取的个体按照 X 和 Y 两个分类变量分类，其中 n_{ij} 为同时具有属性（X_i，Y_j）的观测频数（$i=1,2;j=1,2$）。$\pi_{ij}=P(X=i,Y=j)$ 为（X，Y）落入第 i 行第 j 列单元格的概率，称为联合概率，π_{ij} 构成了 X 和 Y 的联合分布；联合概率按行或列取和，行变量的分布记为 $\{\pi_{i+}\}$，列变量的分布记为 $\{\pi_{+j}\}$，表 17.2 中的最后一行、一列的 π_{i+}、π_{+j} 称为边缘概率。对于 X 的每个水平分别构造 Y 的概率分布，这个分布由给定 X 水平下的 Y 的条件概率组成，称为条件分布。n_{1+}、n_{2+} 分别为第 1 和第 2 行的合计；n_{+1}、n_{+2} 分别为第 1 列和第 2 列的合计。

两属性 X 和 Y 互相独立（independence）指如果对于 X 的每个水平，Y 的条件分布是同分布的，那么我们称两个变量是统计独立的。也就是说属性 X 的概率分布与属性 Y 的概率分布无关，否则称这两种属性之间存在关联性。从概率角度考虑，两个分类变量统计独立是指在交叉分类表中每一格子中同时具有两种属性的联合概率等于相应属性的边际概率的乘积，即 X 落入第 i 行而 Y 落入第 j 列的概率等于 X 落入第 i 行的概率和 Y 落入第 j 列的概率的乘积，即：

$$\pi_{ij}=\pi_{i+}\pi_{+j} \tag{17.1}$$

欲检验的假设为：

H_0：两种属性之间互相独立

H_1：两种属性之间互相关联

采用 χ^2 统计量进行两种属性的独立性检验：

$$\chi^2=\sum\frac{(n_{ij}-T_{ij})^2}{T_{ij}} \tag{17.2}$$

其中，n_{ij} 为观察频数，T_{ij} 为理论频数，$T_{ij}=n\pi_{ij}$。当所有 $n_{ij}=T_{ij}$ 时，统计量取得最小值 0，对于固定的样本容量，$n_{ij}-T_{ij}$ 的差异越大则 χ^2 越大，就越能拒绝原假设 H_0。

χ^2 分布是一种连续型分布，而四格表中的资料属离散型分布，为改善 χ^2 统计量分布的连续性，英国统计学家 Yates F 认为应对式（17.1）进行连续性校正（continuity correction）。

$$\chi^2=\sum\frac{|n_{ij}-T_{ij}|-0.5)^2}{T_{ij}} \tag{17.3}$$

在 H_0 成立的条件下，理论频数 $\mu_{ij}=n\pi_{ij}=n\pi_{i+}\pi_{+j}$，由于 π_{i+} 和 π_{+j} 未知，用样本比例

p_{i+} ，p_{+j} 代替未知的边缘概率来估计期望频数，得到：

$$T_{ij}=np_{i+}\,p_{+j}=n\frac{n_{i+}}{n}\frac{n_{+j}}{n}=\frac{n_{i+}\,n_{+j}}{n} \tag{17.4}$$

(1)当 $n\geqslant 40$ 且每个格子的期望频数 $T\geqslant 5$ 时，四格表 χ^2 检验的专用公式为：

$$\chi^2=\frac{(n_{11}n_{22}-n_{12}n_{21})^2n}{n_{1+}\,n_{2+}\,n_{+1}n_{+2}} \tag{17.5}$$

(2) 当 $n\geqslant 40$ 且至少有一个单元格的理论频数 $1\leqslant T<5$，校正的 χ^2 公式为：

$$\chi^2=\frac{(|n_{11}n_{22}-n_{12}n_{21}|-n/2)^2n}{n_{1+}\,n_{2+}\,n_{+1}n_{+2}} \tag{17.6}$$

(3)当 $n<40$ 或者 $T<1$ 时只能使用确切概率法。

χ^2 检验从定性的角度说明两个变量是否存在关联，当拒绝 H_0 时，研究者需要知道分类变量之间的关联强度有多大？关于两分类变量之间的关联程度，可采用 Pearson 列联系数(contingency coefficient，简称列联系数)、φ 系数(phi coefficient)、Cramer 氏 V 系数(Cramer's V coefficient)来度量，其计算公式分别为：

$$\text{Pearson 列联系数}：r=\sqrt{\chi^2/(\chi^2+n)} \tag{17.7}$$

$$\varphi\text{ 系数}：\varphi=\sqrt{\chi^2/n}=\frac{n_{11}n_{22}-n_{12}n_{21}}{\sqrt{n_{1+}\,n_{2+}\,n_{+1}n_{+2}}} \tag{17.8}$$

$$\text{Cramer 氏 V 系数}：V=\sqrt{\varphi^2/\min[(r-1),(c-1)]} \tag{17.9}$$

这三个系数值在 0～1 之间，接近于 0，说明两分类变量几乎没有关系，愈接近于 1，说明关系愈密切，1 表示完全相关，0 表示完全独立。Pearson 列联系数主要用于大于 2×2 列联表数据的相关程度的描述，φ 系数用于 2×2 列联表数据的相关程度的描述。

现就例 17.1 的数据作两种属性的关联性分析。

(1) 建立检验假设，确定检验水准

H_0：甲胎蛋白与原发性肝癌互相独立

H_1：甲胎蛋白与原发性肝癌间相互关联

$\alpha=0.05$

(2) 计算检验统计量

将表中各数据代入公式(17.3)

$$T_{11}=\frac{136\times 133}{199}=90.9 \qquad T_{12}=\frac{136\times 66}{199}=45.1$$

$$T_{21}=\frac{63\times 133}{199}=42.1 \qquad T_{22}=\frac{63\times 66}{199}=20.9$$

最小的的理论频数 T_{22} 大于 5，且 $n>40$，根据式(17.2)，有：

$$\chi^2=\sum\frac{(n_{ij}-T_{ij})^2}{T_{ij}}$$

$$=\frac{(125-90.9)^2}{90.9}+\frac{(11-45.1)^2}{45.1}+\frac{(8-42.1)^2}{42.1}+\frac{(55-20.9)^2}{20.9}$$

$$=121.88$$

(3) 确定 P 值,做出推断结论

$\nu=(2-1)(2-1)=1$,查 χ^2 临界值表 $\chi^2_{0.05,1}=3.84$,按 $\alpha=0.05$ 的检验水准,故 $P<0.05$,拒绝 H_0。可以认为甲胎蛋白与原发性肝癌间之间存在着关联性。

(4)确定相关程度大小

根据式(17.6)～(17.8),计算两个分类变量的相关性:

Pearson 列联系数:$r=\sqrt{\chi^2/(\chi^2+n)}=0.616$

φ 系数:$\varphi=\chi^2/n=0.783$

Cramer 氏 V 系数:$V=\sqrt{\varphi^2/\min[(r-1),(c-1)]}=0.783$

针对例 17.1 数据,采用 SPSS 软件实现 2×2 列联表资料的具体方法如下。

1. 建立 SPSS 数据文件

建立数据集,包含“AFP”“cancer”“freq”3 个变量,分别代表 AFP 表达与否,是否患原发性肝癌,人数,将变量进行赋值量化,如 AFP:有=1,无=0;cancer:是=1,否=2。

2. SPSS 实现 2×2 列联表资料分析的过程

实现的主要过程是:Data→ Weight Cases,单击按钮⊙Weight cases by,将变量 freq 选入 Frenquncy Variable 框。

Analyze→ Descriptive Statistics →Crosstabs,将 AFP 变量选入 Rows 框,将 cancer 变量选入 Columns 框,点击 Cells 按钮,√ Observed,√ Expected,√ Row,单击 Continue;单击 Statistics: √ Chi-square,√ Contingency coefficient,√ Phi and Cramer's V,最后单击 OK 按钮。

3. 主要输出结果

AFP * cancer Crosstabulation

			cancer		Total
			1	2	
AFP	1	Count	125	11	136
		Expected Count	90.9	45.1	136.0
		% within AFP	91.9%	8.1%	100.0%
	2	Count	8	55	63
		Expected Count	42.1	20.9	63.0
		% within AFP	12.7%	87.3%	100.0%
Total		Count	133	66	199
		Expected Count	133.0	66.0	199.0
		% within AFP	66.8%	33.2%	100.0%

图 17.1 AFP 与患原发性肝癌之间的交叉列联表

图 17.1 中给出 AFP 表达与否与是否患原发性肝癌的四格表,可以看到理论频数都大于 5,总例数大于 40。

Chi-Square Tests

	Value	df	Asymp. Sig. (2-sided)	Exact Sig. (2-sided)	Exact Sig. (1-sided)
Pearson Chi-Square	121.880[a]	1	.000		
Continuity Correction[b]	118.333	1	.000		
Likelihood Ratio	128.501	1	.000		
Fisher's Exact Test				.000	.000
Linear-by-Linear Association	121.268	1	.000		
N of Valid Cases	199				

a. 0 cells (0.0%) have expected count less than 5. The minimum expected count is 20.89.

b. Computed only for a 2x2 table

图 17.2　甲胎蛋白与原发性肝癌关联性检验结果

图 17.2 从第 2 列开始，从左到右分别对应：检验统计量（Value）、自由度（df）、双侧近似概率（Asymp. Sig. 2-sided）、双侧精确概率（Exact Sig. 2-sided）、单侧精确概率（Exact Sig. 1-sided）；从第 2 行起，从上到下对应 Pearson 卡方（Pearson Chi-Square）、连续性校正的卡方值（Continuity Correction）、对数似然比方法计算的卡方（Likelihood Ratio）、Fisher's 确切概率法（Fisher's Exact Test）、线性相关的卡方值（Linear by Linear Association）、有效记录数（N of Valid Cases）。本例选择 Pearson 卡方为 121.880，$P<0.05$，按 $\alpha=0.05$ 的检验水准，拒绝 H_0，可以认为甲胎蛋白与原发性肝癌间存在着关联性。

Symmetric Measures

		Value	Asymp. Std. Error[a]	Approx. T[b]	Approx. Sig.
Nominal by Nominal	Phi	.783			.000
	Cramer's V	.783			.000
	Contingency Coefficient	.616			.000
Interval by Interval	Pearson's R	.783	.047	17.645	.000[c]
Ordinal by Ordinal	Spearman Correlation	.783	.047	17.645	.000[c]
N of Valid Cases		199			

a. Not assuming the null hypothesis.

b. Using the asymptotic standard error assuming the null hypothesis.

c. Based on normal approximation.

图 17.3　甲胎蛋白与原发性肝癌关联性指标的结果

4. 结论

本例 $\chi^2=121.880$，$P<0.05$，按 $\alpha=0.05$ 的检验水准，拒绝 H_0，可以认为甲胎蛋白与原发性肝癌间存在着关联性。Pearson 列联系数 $r=0.616$，$\varphi=0.783$，Cramer's V 系数等于 0.783，提示两变量存在一定的相关性，但相关程度不太强。

17.1.2　双向无序 $R\times C$ 列联表资料

实例 17.2　为研究肺癌患者 p53 基因型和 HO GG1 基因型的关系，研究者收集了 124 例肺癌患者手术标本，采用 PCR-RFLP 的方法测的它们的基因型，见表 17.3。

【问题】请分析 p53 基因型和 HO GG1 基因型有无关联？

表 17.3 肺癌患者 p53 基因型和 HO GG1 基因型的关系

HO GG1 基因型	p53 基因型			合计
	野生型	杂合型	突变型	
野生型	14	22	13	49
杂合型	20	18	13	51
突变型	10	5	9	24
合计	44	45	35	124

【分析】本实例中,行变量 HO GG1 基因型与列变量 p53 基因型都是三分类的无序分类变量,双向无序 $R \times C$ 列联表的一般形式见表 17.4。

表 17.4 $R * C$ 交叉分类列联表

属性 X	属性 Y				合计
	Y_1	Y_2	…	Y_C	
X_1	n_{11}	n_{12}	…	n_{1c}	n_{1+} (π_{1+})
X_2	n_{21}	n_{22}	…	n_{2c}	n_{2+} (π_{2+})
…	…	…	…	…	…
X_r	n_{r1}	n_{r2}	…	n_{rc}	n_{r+} (π_{r+})
合计	n_{+1} (π_{+1})	n_{+2} (π_{+2})	…	n_{+c} (π_{+c})	n

两个无序分类变量 R×C 表的关联性分析的基本原理与前面介绍的四格表 χ^2 检验的基本原理相同,可以用式 (17.2)的 χ^2 统计量。当 $R>2$, $C>2$ 时,$R \times C$ 列联表的 χ^2 统计量的专用公式为:

$$\chi^2 = n(\sum \frac{n_{ij}^2}{n_{i+} n_{+j}} - 1), (i=1,2\cdots r, ;j=1,2\cdots c) \tag{17.10}$$

$$\nu = (行数-1)\times(列数-1)$$

$R \times C$ 列联表分析有一定的适用条件:

(1) 研究的变量均为定性变量(也可以为等级变量),样本含量需大于 40。

(2)所有单元格的期望频数大于 1,或如果列联表中有 20%以上的单元格中的期望频数小于 5,则不宜用卡方检验。

当不满足 Pearson 卡方检验条件时,我们可以采用下面的方法:

(1) 增大样本含量,以增加期望频数;

(2) 根据专业知识,删去期望频数太小的行或列,或者将期望频数太小的行或列与性质相近的邻行或邻列合并(但可能会损失信息及损害样本的随机性)。

(3)可以采用似然比卡方检验(Likelihood Ratio)或者改用 $R \times C$ 的 Fisher 确切概率法。

现就例 17.2 的数据作两种基因型的关联性分析。

(1) 建立检验假设,确定检验水准

H_0:p53 基因型和 HO GG1 基因型之间无关联

H_1:p53 基因型和 HO GG1 基因型之间有关联

$\alpha = 0.05$

(2) 计算检验统计量

同样作 χ^2 检验,用公式(17.10)计算 χ^2 值

因为最小的理论频数:$T_{3,3} = \frac{24 \times 35}{124} = 6.8$

$$\chi^2 = n(\sum \frac{n_{ij}^2}{n_{i+} n_{+j}} - 1)$$

$$= 124(\frac{14^2}{49 \times 44} + \frac{22^2}{49 \times 45} + \frac{13^2}{49 \times 35} + \frac{20^2}{51 \times 44} + \frac{18^2}{51 \times 45} + \frac{13^2}{51 \times 35} + \frac{10^2}{24 \times 44} + \frac{5^2}{24 \times 45} + \frac{9^2}{24 \times 35} - 1) = 4.63$$

(3) 确定 P 值,做出推断结论

由 $\nu = (3-1)(3-1) = 4$,查 χ^2 临界值表 $\chi^2_{0.05,4} = 9.49$,$P > 0.05$,在 $\alpha = 0.05$ 水平上不拒绝 H_0,还不能认为 p53 基因型和 HO GG1 基因型有关联。

(4)确定相关程度大小

同样也可算关联强度,其列联系数为

Pearson 列联系数:$r = \sqrt{\chi^2/(\chi^2 + n)} = 0.190$

φ 系数:$\varphi = \chi^2/n = 0.193$

Cramer 氏 V 系数:$V = \sqrt{\varphi^2/min[(r-1),(c-1)]} = 0.137$

针对例 17.2 数据,采用 SPSS 软件实现 $R \times C$ 列联表资料的具体方法如下。

1. 建立 SPSS 数据文件

建立数据集,包含"HOGG1"、"p53"、"freq"3 个变量,分别代表 HO GG1 基因型,p53 基因型,人数,将变量进行赋值量化,如 HOGG1:野生型=1,杂合型=2,突变型=3;p53:野生型=1,杂合型=2,突变型=3。

2. SPSS 实现 $R \times C$ 列联表资料分析的过程

实现的主要过程是:Data→ Weight Cases,单击按钮⊙Weight cases by,将变量 freq 选入 Frenquncy Variable 框。

Analyze→ Descriptive Statistics →Crosstabs,将 HOGG1 变量选入 Rows 框,将 p53 变量选入 Columns 框,点击 Cells 按钮,√Observed,√Expected,单击 Continue;单击 Statistics:√Chi-square,√Contingency coefficient,√Phi and Cramer's V,最后单击 OK 按钮。

3. 主要输出结果

图 17.4 中给出 p53 基因型和 HO GG1 基因型之间的 3×3 交叉列联表,可以看到理论频数都大于 5。

从图 17.5 知 Pearson 卡方为 4.629,P=0.327,P>0.05,按 $\alpha = 0.05$ 的检验水准,不拒绝 H_0,还不能认为 p53 基因型和 HO GG1 基因型存在关联。

HOGG1 * P53 Crosstabulation

			P53			Total
			野生型	杂合型	突变型	
HOGG1	野生型	Count	14	22	13	49
		Expected Count	17.4	17.8	13.8	49.0
	杂合型	Count	20	18	13	51
		Expected Count	18.1	18.5	14.4	51.0
	突变型	Count	10	5	9	24
		Expected Count	8.5	8.7	6.8	24.0
Total		Count	44	45	35	124
		Expected Count	44.0	45.0	35.0	124.0

图 17.4 p53 基因型和 HO GG1 基因型之间的交叉列联表

Chi-Square Tests

	Value	df	Asymp. Sig. (2-sided)
Pearson Chi-Square	4.629[a]	4	.327
Likelihood Ratio	4.812	4	.307
Linear-by-Linear Association	.076	1	.783
N of Valid Cases	124		

a. 0 cells (0.0%) have expected count less than 5. The minimum expected count is 6.77.

图 17.5 p53 基因型和 HO GG1 基因型关联性检验结果

4. 结论

本例 $\chi^2=4.629$，$P=0.327$，$P>0.05$，按 $\alpha=0.05$ 的检验水准，不拒绝 H_0，还不可以认为 p53 基因型和 HO GG1 基因型有关联。Pearson 列联系数 $r=0.190$，$\varphi=0.193$，Cramer's V 系数等于 0.137，关联性指标非常小。

Symmetric Measures

		Value	Approx. Sig.
Nominal by Nominal	Phi	.193	.327
	Cramer's V	.137	.327
	Contingency Coefficient	.190	.327
N of Valid Cases		124	

图 17.6 p53 基因型和 HO GG1 基因型关联性指标的结果

17.1.3 双向有序 $R\times C$ 列联表资料

例 17.3 某医院在研究胎盘过早剥离者的出血情况时，将妊娠时间分为三个阶段，失血量分为三个等级，共调查了 224 例，结果见表 17.5。

【问题】(1)问失血量的多少与妊娠阶段之间有无关联？(2)应采用哪种统计分析方法？

【分析】该案例欲探讨妊娠阶段与失血量的关系，这两个变量均为等级变量，前边介绍的行变量与列变量都是无序分类变量，行列互换不会影响分析的结果。但当研究的变量是有序变量时，研究两个变量之间的关系，可以用 Spearman 秩相关，也称等级相关。该方法考虑了变量的等级顺序，利用两变量的秩次大小做线性相关分析，对变量的分布不做要求，计算 Spearman 秩相关系数，属于非参数统计方法。

表 17.5　妊娠各阶段胎盘过早剥离者的出血人数分布

妊娠阶段	失血量			合计
	较少	中等	较多	
早期	23	4	6	33
中期	47	29	23	99
晚期	51	19	22	92
合计	121	52	51	224

Gamma 统计量也是常用的描述有序分类数据联系强度的指标，计算的关键是：把研究对象所有可能的对子分成一致(concordant)或不一致(disconcordant)的对子。有序变量的一致的对子指行变量等级高的列变量等级也高，而行变量等级低的列变量等级也低，用 P 表示两变量一致的对子数；不一致的对子指行变量等级高的列变量等级低，用 Q 代表两变量不一致的对子数，Gamma 统计量的计算公式见式(17.11)：

$$\gamma=\frac{P-Q}{P+Q} \tag{17.11}$$

Gamma 统计量取值在－1 到 1 之间，$\gamma=0$ 时表示两个变量之间不存在等级相关关系；$\gamma=1$ 时表示两个变量之间存在完全正等级相关关系；$\gamma=-1$ 时表示两个变量之间存在完全负等级相关关系；γ 的绝对值越大，表示等级相关的程度越高。

本例中，妊娠早期失血量较少的 23 例，而中期和晚期失血量中等及较多的有 29＋23＋19＋22＝93 例，这些按妊娠早期失血量较少为准认为是一致的对子，从妊娠早期失血量较少的 23 例中以及妊娠中、晚期失血量中等及较多的 93 例中各抽出 1 例进行所有的配对，共有 23×93 个对子。

以妊娠早期失血量中等者与妊娠中、晚期失血量较多者共配对 4×(23＋22)对，依次类推，一致的对子数共有：P＝23×93＋4×(23＋22)＋47×(19＋22)＋29×22＝4884。

计算不一致的对数：

妊娠早期失血量较多者 6 例与妊娠中、晚期失血量较少及中等者配对，共 6×(47＋29＋51＋19)对；

妊娠早期失血量中等者 4 例与妊娠中、晚期失血量较少者配对，共 4×(47＋51)对；

妊娠中期失血量较多者 23 例与妊娠晚期失血量较少及中等者配对，共 23×(51＋19)对；

妊娠中期失血量中等者 29 例与妊娠晚期失血量较少者配对，共 29×51 对；

不一致的对子数共有：Q＝6×(47＋29＋51＋19)＋4×(47＋51)＋ 23×(51＋19)＋29×51＝4357。

计算 Gamma 统计量：$\gamma=\frac{P-Q}{P+Q}=\frac{4884-4357}{4884+4357}=0.057$

对于有序变量的关联性度量常用的的统计量还有 Kendall's Tau-b、Kendall's Tau-c 等。

针对例 17.3 数据，采用 SPSS 软件实现双向有序 $R\times C$ 列联表资料的具体方法如下。

1. 建立 SPSS 数据文件

建立数据集，包含"rc"、"sxl"、"freq"3 个变量，分别代表妊娠阶段，失血量，人数，将变量进行赋值量化，如妊娠阶段：早期=1，中期=2，晚期=3；失血量：较少=1，中等=2，较多=3。

2. SPSS 实现双向有序 $R\times C$ 列联表分析的过程

实现的主要过程是：Data→ Weight Cases，单击按钮⊙Weight cases by，将变量 freq 选入 Frenquncy Variable 框。

Analyze→ Descriptive Statistics →Crosstabs，将 rc 变量选入 Rows 框，将 sxl 变量选入 Columns 框，Statistics：√Chi-square，√Gamma，√Somers'd，√ Kendall's tau-b，√Kendall's tau-c，最后单击 OK 按钮。

或者通过 Analyze→ Correlate→Bivariate，将 rc、sxl 变量选入 Variables 框，Correlation Coefficients：

√ Kendall's tau-b，√Spearman，后单击 OK 按钮。

3. 主要输出结果

Symmetric Measures

		Value	Asymp. Std. Error[a]	Approx. T[b]	Approx. Sig.
Nominal by Nominal	Phi	.167			.180
	Cramer's V	.118			.180
	Contingency Coefficient	.165			.180
Ordinal by Ordinal	Kendall's tau-b	.035	.062	.560	.576
	Kendall's tau-c	.032	.056	.560	.576
	Gamma	.057	.102	.560	.576
Measure of Agreement	Kappa	.075	.038	1.995	.046
N of Valid Cases		224			

a. Not assuming the null hypothesis.

b. Using the asymptotic standard error assuming the null hypothesis.

图 17.7 妊娠阶段与失血量的相关分析结果

Correlations

			rc	sxl
Kendall's tau_b	rc	Correlation Coefficient	1.000	.035
		Sig. (2-tailed)	.	.571
		N	224	224
	sxl	Correlation Coefficient	.035	1.000
		Sig. (2-tailed)	.571	.
		N	224	224
Spearman's rho	rc	Correlation Coefficient	1.000	.037
		Sig. (2-tailed)	.	.577
		N	224	224
	sxl	Correlation Coefficient	.037	1.000
		Sig. (2-tailed)	.577	.
		N	224	224

图 17.8 两个等级变量妊娠阶段与失血量的 Kendall's Tau-b 统计量及 Spearman 相关分析结果

4. 结论：

本例 $\gamma=0.057$，渐进标准误为 0.102，P=0.576；Spearman 相关系数为 0.037，P=0.577，提示还不能认为失血量的多少与妊娠阶段有关联。

17.1.4　配对设计的 2×2 列联表和 $R\times C$ 列联表资料

实例 17.4　现有 65 份尿液样本，把每份标本一分为二，分别用甲乙两种检验方法检验尿中汞含量，结果见表 17.6。

表 17.6　两种检验方法的结果

甲法	乙法		合计
	合格	超标	
合格	23	8	31
超标	16	18	34
合计	39	26	65

【问题】(1)两种方法的检验结果是否有差别？(2)两种方法的检验结果是否有关联性？(3)两种方法是否具有一致性？

【分析】本例题中，每份标本一分为二，分别用甲乙两种检验方法检验尿中汞含量，用两种不同的方法来检测同一份样品，这相当于在研究设计中采用了配对设计。

1. 两种方法的检验结果是否有差别？

当研究目的是为检验两种方法的的阳性概率是否相等时，研究者关心的是差别，可以用配对设计的 χ^2 检验分析数据，这一方法也称 McNemar 检验，其数据格式见表 17.7。

表 17.7　两种方法的检验结果比较

甲法	乙法		合计
	1	2	
1	n_{11}	n_{12}	n_{1+}
2	n_{21}	n_{22}	n_{2+}
合计	n_{+1}	n_{+2}	n

当 $b+c\geqslant40$ 时，计算 χ^2 统计量，计算公式为式(17.12)：

$$\chi^2=\frac{(n_{12}-n_{21})^2}{n_{12}+n_{21}}\qquad \nu=1 \tag{17.12}$$

当 $b+c<40$ 时，计算公式为式(17.13)：

$$\chi^2=\frac{(|n_{12}-n_{21}|-1)^2}{n_{12}+n_{21}}\qquad \nu=1 \tag{17.13}$$

(1) 建立检验假设，确定检验水准

H_0：两种检验方法的的阳性率相等，$\pi_1=\pi_2$

H_1：两种检验方法的的阳性率不相等，$\pi_1\neq\pi_2$

$\alpha=0.05$

(2) 计算检验统计量

因为 $b+c=14$，所以选择校正的公式：

$$\chi^2=\frac{(|n_{12}-n_{21}|-1)^2}{n_{12}+n_{21}}=2.04$$

(3) 确定 P 值，做出推断结论

自由度 $\nu=1$，查 χ^2 临界值表，$\chi^2_{0.05,1}=3.84$，可知 $P>0.05$，在 $\alpha=0.05$ 水平上不拒绝 H_0，还不可认为两种检测方法的结果有差别。

2. 两种方法的检验结果是否有关联性？

对于配对设计四格表资料，若想了解两种属性或处理的关联性，可作两种属性的关联性检验。

(1)建立检验假设，确定检验水准

H_0：两种检验方法的结果之间互相独立

H_1：两种检验方法的结果之间互相关联

$\alpha=0.05$

(2)计算检验统计量

将本例数据代入公式(17.5)，

$$\chi^2=\frac{(n_{11}n_{22}-n_{12}n_{21})^2 n}{n_{1+}\,n_{2+}\,n_{+1}n_{+2}}=4.975$$

(3) 确定 P 值，做出推断结论

自由度 $\nu=1$，查 χ^2 临界值表，$\chi^2_{0.05,1}=3.84$，可知 $P<0.05$，在 $\alpha=0.05$ 水平上有理由拒绝 H_0，认为甲、乙两种检测方法的结果有一定的关联。

3. 两种检验方法是否具有一致性？

研究者经常需要对分类结果做一致性分析，目的是了解两变量观测结果是否一致。一致性分析在现场调查、临床研究中经常会遇到，例如：两种方法对患者诊断结果的一致性；两名医生看同一批 X 线片的结果。对于同一批研究对象两次观察结果的一致性情况，可以计算 Kappa 统计量，只有诊断分类的结果有好的一致性时，分类诊断才可能是有意义的。

实际工作中，分类的结果可以是两类、或者多类。设某分类变量共有 m 个类别，两次观察结果可汇总于一个 $m\times m$ 列联表中，见表 17.8，其中，m 为分类数，A_{ii} 为 $m\times m$ 表主对角线上的实际例数，即两次结果一致的频数。

表 17.8 两种观察结果交叉分类表

甲分类	属性 Y				行合计
	1	2	…	m	
1	A_{11}				n_{1+}
2		A_{22}			n_{2+}
…			…		…
m				A_{mm}	n_{m+}
列合计	n_{+1}	n_{+2}	…	n_{+m}	N

Kappa 指数的计算公式为：

$$Kappa=\frac{P_0-P_c}{1-P_c} \tag{17.14}$$

式中，P_0 为观察一致率，P_c 为偶然一致率，$P_0=\frac{\sum_{i=1}^{m}A_{ii}}{N}$，$P_c=\frac{\sum_{i=1}^{m}n_{i+}\,n_{+i}}{N^2}$。

Kappa 指数可以反映观测值的一致有多大程度是由非机遇带来的。Kappa 的取值范围在 0～1 之间。一般认为，当 $Kappa\leqslant 0.4$，认为一致性较差；$0.4<Kappa\leqslant 0.75$，认为一致性较好；当 $Kappa\geqslant 0.75$，一致性非常好。

所以可以看到配对卡方检验的意义是比较两种方法的检出率是否有差异，如果要比较检测方法的一致性，应该计算 Kappa 指数，要看 Kappa 指数是否有统计学意义，也要进行相应的统计学检验。

本例研究甲乙两种检验方法的一致性，检验结果是二分类的，计算 $P_0=\frac{23+18}{65}=0.63$，$P_c=\frac{31\times 39+34\times 26}{65^2}=0.495$，$Kappa=\frac{P_0-P_c}{1-P_c}=0.267$，可以认为一致性较差。

针对例 17.4 数据，采用 SPSS 软件实现配对设计的 2 × 2 列联表资料的具体方法如下。

1. 建立 SPSS 数据文件

建立数据集，包含“jia”“yi”“freq”3 个变量，分别代表甲法，乙法，人数，将变量进行赋值量化，如甲法：合格＝1，超标＝2；乙法：合格＝1，超标＝2。

2. SPSS 实现配对设计 2×2 列联表分析的过程

实现的主要过程是：Data→ Weight Cases，单击按钮⊙Weight cases by，将变量 freq 选入 Frenquncy Variable 框。

Analyze→ Descriptive Statistics →Crosstabs，将 jia 变量选入 Rows 框，将 yi 变量选入 Columns 框，Statistics：√Chi-square，√Kappa，√McNemar，最后单击 OK 按钮。

3. 主要输出结果

Chi-Square Tests

	Value	df	Asymp. Sig. (2-sided)	Exact Sig. (2-sided)	Exact Sig. (1-sided)
Pearson Chi-Square	4.975[a]	1	.026		
Continuity Correction[b]	3.908	1	.048		
Likelihood Ratio	5.072	1	.024		
Fisher's Exact Test				.042	.023
Linear-by-Linear Association	4.898	1	.027		
McNemar Test				.152[c]	
N of Valid Cases	65				

a. 0 cells (0.0%) have expected count less than 5. The minimum expected count is 12.40.

b. Computed only for a 2x2 table

c. Binomial distribution used.

图 17.9　配对设计的 2×2 列联表关联性检验和差异性检验结果

Symmetric Measures

		Value	Asymp. Std. Error[a]	Approx. T[b]	Approx. Sig.
Nominal by Nominal	Phi	.277			.026
	Cramer's V	.277			.026
	Contingency Coefficient	.267			.026
Measure of Agreement	Kappa	.268	.115	2.230	.026
N of Valid Cases		65			

a. Not assuming the null hypothesis.

b. Using the asymptotic standard error assuming the null hypothesis.

图 17.10 甲、乙两种检验方法一致性检验的结果

4. 结论

本例 Pearson $\chi^2=4.975$，$P<0.05$，按 $\alpha=0.05$ 的检验水准，拒绝 H_0，可以认为甲、乙两种检验方法之间存在着关联性。Pearson 列联系数 $r=0.267$，$\varphi=0.277$，Cramer's V 系数等于 0.277，关联性较弱。

McNemar 检验显示 P=0.152，按 $\alpha=0.05$ 的检验水准，不拒绝 H_0，还不能认为甲、乙两种方法的检验结果有差别。

Kappa =0.268，可以认为一致性较差。

17.2 多维列联相关

例 17.5 Ki67 是一种肿瘤细胞增殖标志物，近年来大多数研究显示 Ki67 的表达与多种肿瘤的发生发展密切相关。CD117 和 DOG－1 为诊断胃肠间质瘤的特异性指标，而与 Ki67 之间的关联研究目前还缺少相关文献报道，某研究者对 283 例胃肠间质瘤患者检测了三个指标，详见表 17.9。

表 17.9 Ki67、DOG－1、CD117 三者的频数分布表

Ki67 增值指数	DOG－1	CD117		合计
		阴性	阳性	
小于 5%	阴性	5	3	8
	阳性	4	195	199
大于 5%	阴性	1	3	4
	阳性	1	71	72

【问题】研究者探讨 Ki67 增殖指数在胃肠间质瘤患者中与 DOG－1、CD117 的关系，待分析的变量均为二分类的分类变量，探讨多个分类变量的关系，不区分自变量与因变量，对数线性模型是可供选择的一种多元统计分析方法。

【分析】第一节中我们讨论了二维列联表资料常用 χ^2 检验分析两个分类变量的关联性，例 17.5 资料中有 3 个变量，分别是 Ki67 增值指数、DOG－1、CD117，表 17.9 是由 3 个分类变量构成的三维列联表，研究目的是探讨这三个二分类变量间的关联，探讨是否存在交互作用及其效应大小，不关心谁是应变量谁是自变量，可以采用对数线性模型(Log-linear model)进行分析。

17.2.1 对数线性模型的基本原理

χ^2 检验只能分析二维列联表中两个分类变量之间的关联性，当研究者欲探讨多个分类变量之间的关系及交互效应的大小时，可采用对数线性模型。对数线性模型是对多个分类变量之间关系进行深入探讨的有力工具。与我们熟悉的方差分析类似，它可以分析因素的主效应及因素间的交互效应，探讨多个分类变量间的相关性，对数线性模型把列联表资料中单元格频数的对数表示为各变量及其交互效应的线性模型，分析各分类变量（研究因素）对列联表中单元格频数的影响。

1. 二维对数线性模型

对数线性模型对研究变量不区分因变量和自变量，其基本原理和方差分析很类似，先提出描述列联表中的频数与多个分类变量间关系的模型，运用类似方差分析的基本思想检验各变量及其交互效应的作用大小。对数线性模型各因素对单元格频数的作用是相乘的。例如：欲研究两个分类变量 A、B 的关系，二维列联表的对数线性模型可以表示为：

μ_{ij} = 常数 × 因素 A 的主效应 × 因素 B 的主效应 × 因素 A 与因素 B 的交互效应

两边取对数：$\ln\mu_{ij}$ = ln(常数) + ln(因素 A 的主效应) + ln(因素 B 的主效应)

+ ln(因素 A 与因素 B 的交互效应)

假设分类变量 A 有 a 个水平，分类变量 B 有 b 个水平，n_{ij} 为第 i 行第 j 列格子的实际观察频数，n_{ij} 为服从多项分布的随机变量，μ_{ij} 为第 i 行第 j 列格子的期望频数。μ = ln(常数)，$\mu_{A(i)}$ 表示 ln(因素 A 的主效应)，$\mu_{B(j)}$ 表示 ln(因素 B 的主效应)，$\mu_{AB(ij)}$ 表示(因素 A 与因素 B 的交互效应)，所以二维列联表的对数线性模型为：

$$\ln\mu_{ij} = \mu + \mu_{A(i)} + \mu_{B(j)} + \mu_{AB(ij)} \tag{17.15}$$

其中 $i = 1, 2, \cdots, a$ ，$j = 1, 2, \cdots, b$ 。

当 $\mu_{AB(ij)} \neq 0$ 时，则变量 A 与 B 存在交互效应，提示变量 A 对期望单元频数的效应依赖于变量 B 的水平（或者变量 B 对期望单元频数的效应依赖于变量 A 的水平）。模型(17.15)为一阶交互效应模型(first-order interaction)，当 $\mu_{AB(ij)} = 0$，则变量 A 与 B 不存在交互效应，为完全独立模型，即：$\ln\mu_{ij} = \mu + \mu_{A(i)} + \mu_{B(j)}$ 。

模型(17.15)中要求参数满足：$\sum_{i=1}^{a}\mu_{A(i)} = \sum_{j=1}^{b}\mu_{B(j)} = \sum_{i=1}^{a}\mu_{AB(ij)} = \sum_{j=1}^{b}\mu_{AB(ij)} = 0$

当因素 A、B 各有两个水平时，即：$a = 2, b = 2$，模型的参数满足下列条件：

$$\mu_{A(1)} + \mu_{A(2)} = \mu_{B(1)} + \mu_{B(2)} = 0$$

$$\mu_{AB(1,1)} + \mu_{AB(1,2)} = 0, \quad \mu_{AB(1,1)} + \mu_{AB(2,1)} = 0$$

$$\mu_{AB(2,1)} + \mu_{AB(2,2)} = 0, \quad \mu_{AB(1,2)} + \mu_{AB(2,2)} = 0$$

此时拟合的对数线性模型为：

n_{11} 的总体均数的自然对数为：$\ln\mu_{11} = \mu + \mu_{A(1)} + \mu_{B(1)} + \mu_{AB(1,1)}$　(17.16)

n_{12} 的总体均数的自然对数为：$\ln\mu_{12} = \mu + \mu_{A(1)} + \mu_{B(2)} + \mu_{AB(1,2)}$　(17.17)

n_{21} 的总体均数的自然对数为：$\ln\mu_{21} = \mu + \mu_{A(2)} + \mu_{B(1)} + \mu_{AB(2,1)}$　(17.18)

n_{22} 的总体均数的自然对数为：$\ln\mu_{22} = \mu + \mu_{A(2)} + \mu_{B(2)} + \mu_{AB(2,2)}$　(17.19)

2. 三维对数线性模型

当研究因素多于两个时，例如：有 A、B、C 三个因素，分别有 a、b、c 个水平，则三维列联表的饱和模型为：

$$\ln\mu_{ijk} = \mu + \mu_{A(i)} + \mu_{B(j)} + \mu_{C(k)} + \mu_{AB(ij)} + \mu_{AC(ik)} + \mu_{BC(jk)} + \mu_{ABC(ijk)} \tag{17.20}$$

$i=1,\cdots,a$; $j=1,\cdots,b$; $k=1,\cdots,c$

模型(17.20)中包含了变量A、B、C的主效应、变量A和B,变量A和C,变量B和C的一阶交互效应及变量A、B、C的二阶交互效应(second-order interaction)。

模型中的参数满足条件:

$$\sum_{i=1}^{a}\mu_{A(i)}=\sum_{j=1}^{b}\mu_{B(j)}=\sum_{k=1}^{c}\mu_{c(k)}=0$$

$$\sum_{i=1}^{a}\mu_{AB(ij)}=\sum_{j=1}^{b}\mu_{AB(ij)}=0 \qquad \sum_{i=1}^{a}\mu_{AC(ik)}=\sum_{k=1}^{c}\mu_{AC(ik)}=0$$

$$\sum_{j=1}^{b}\mu_{BC(jk)}=\sum_{k=1}^{c}\mu_{BC(jk)}=0 \qquad \sum_{i=1}^{a}\mu_{ABC(ijk)}=\sum_{j=1}^{b}\mu_{ABC(ijk)}=\sum_{k=1}^{c}\mu_{ABC(ijk)}=0$$

饱和对数线性模型(saturated model):指模型中独立参数的个数等于列联表的格子数,可以对列联表中的实际频数数据给出完美的拟合,实际频数等于理论频数,饱和模型的自由度等于零。模型(17.15)和(17.20)均为饱和模型,包含所有因素的主效应和各级交互效应。

当模型中独立参数的个数小于列联表中的格子数时,称为不饱和对数线性模型(unsaturated model),常见的不饱和模型有条件独立、联合独立、完全独立模型。以三维对数线性模型为例,条件独立模型指控制一个变量在某个水平下,研究另外两个变量的关系。式(17.21)表示变量A、B在给定变量C时条件独立,即不论变量C取什么水平,变量A、B独立,表现在它们的一阶交互效应$\mu_{AB(ij)}=0$。

$$\ln\mu_{ijk}=\mu+\mu_{A(i)}+\mu_{B(j)}+\mu_{C(k)}+\mu_{AC(ik)}+\mu_{BC(jk)} \tag{17.21}$$

变量C联合独立于变量A、B,指变量A与C独立,变量B与C独立,表现在一阶交互效应$\mu_{AC(ik)}=0$,$\mu_{BC(jk)}=0$,而$\mu_{AB(ij)}\neq 0$,式(17.22)为联合独立模型。

$$\ln\mu_{ijk}=\mu+\mu_{A(i)}+\mu_{B(j)}+\mu_{C(k)}+\mu_{AB(ij)} \tag{17.22}$$

完全独立模型指变量中的任何一个变量与其他变量独立,模型中只含有主效应项,不含一阶和二阶交互效应,式(17.23)中表示A、B、C三个变量完全独立。

$$\ln\mu_{ijk}=\mu+\mu_{A(i)}+\mu_{B(j)}+\mu_{C(k)} \tag{17.23}$$

对数线性模型中参数估计的方法采用最大似然估计法,利用多项分布的原理构造似然函数,再求对数似然函数,使用迭代法进行计算,如 Newton-Raphson 迭代法。

3. 对数线性模型的拟合优度检验

模型的拟合优度检验(goodness-of-fit test)用于检验模型与实际数据拟合的效果,即看看数据是否很好地支持了模型,对数线性模型的拟合优度通过比较实测频数与理论频数来评价,常用的统计量有 Pearson χ^2 和广义似然比检验。

$$\chi^2=\sum_{i=1}^{s}\frac{(n_i-m_i)^2}{m_i} \tag{17.24}$$

$$G^2=2\sum_{i=1}^{s}n_i log(\frac{n_i}{m_i}) \tag{17.25}$$

式中n_i为列联表中的实际频数,m_i为理论频数,s为单元格数目,当无效假设成立且样本量足够大时,这两个统计量都近似地服从χ^2分布,自由度$df=s-k-1$,k是模型中参数的个数,饱和模型的自由度为0,当P值较大时认为模型拟合数据较好。

4. 对数线性模型的选择

拟合对数线性模型时，随着列联表维数的增加，尤其是当变量的水平数较多时，模型中参数的个数比较多，需要考虑的高阶交互效应剧增，相应的不饱和模型个数急剧增加。因此如何从众多的模型中找出最合适的、拟合最好的模型是非常重要的。一般的原则是：一个最优的模型的总体拟合度较高（$P > 0.05$），要在能较好地拟合实际样本资料的同时，应当包含尽可能少的参数；每个参数要有统计学意义（$P < 0.05$），要求模型尽量简单，不包含没有统计学意义的交互效应。

对数线性模型的筛选策略：对数线性模型分析过程主要是寻找适合实际样本资料的模型，可以采用类似逐步回归方法中的前进法、后退法进行筛选。为了不遗漏重要的交互效应，多数采用后退法进行筛选，一般的做法是：先拟合含高阶交互作用的模型，逐步剔除无统计学意义的交互项，直到没有交互效应项没有统计学意义为止，最后结合专业知识选择拟合优度高且模型中参数较少有实际意义的最优模型。找到合适的模型后，根据模型的结构分析各分类变量间的统计独立性，估计交互效应的大小并做出合理的解释。我们一般构建层次模型，即模型中几个变量的高阶交互作用有统计学意义时，其低级交互效应项与主效应项也一定包含在模型之中，各个主效应不论其是否有统计学意义都保留在模型中。

17.2.2　对数线性模型软件实现方法

针对例 17.5 数据，采用 SPSS 软件实现对数线性模型分析的具体方法如下。

1. 建立 SPSS 数据文件

首先将定性变量进行赋值量化，如 Ki67 增值指数小于 5％赋值为 0，大于 5％赋值为 1；DOG－1：阴性用 0 表示，阳性用 1 表示；CD117：阴性用 0 表示，阳性用 1 表示。

2. SPSS 实现对数线性模型分析的步骤

（1）对频数变量进行加权

Data→ Weight Cases，单击按钮⊙Weight cases by，将变量 freq 选入 Frenquncy Variable 框。

（2）采用 Loglinear→ Model Selection 过程先进行模型的筛选

分析高维列联表时，先采用 Model Selection 过程对变量进行筛选，该过程从饱和模型开始，用后退法从高级交互项开始逐一筛选各个级别的交互项直到得到简约的模型，该过程可以像多重线性回归模型一样进行变量的筛选。具体的操作过程为：

Analyze→Loglinear→Model Selection，将变量 Ki67、DOG_1、CD117 选入到 Factors 框，单击 Define Range 按钮，定义各变量的取值范围。模型的筛选选择向后剔除法：Model Building：√ Use backward elimination 。单击 Model 按钮，Specify Model：√ Saturated Model 。单击 Options 按钮：√ Parameter estimates、√ Association table。最后单击 OK 按钮。

（3）参数估计与统计检验

将 Model Selection 过程筛选后有统计学意义的交互项、各个主效应自定义选入模型进行分析。具体的操作过程为：

Analyze→Loglinea→General，进入对数线性分析模型。将变量 Ki67、DOG_1、CD117 选入到 Factors 框；Distribution of cell counts：√ Multinominal，选择单元格频数的分布；单

击 Model：Specify Model：√Custom，选入筛选后有统计学意义的交互项以及主效应 Ki67、DOG_1、CD117、CD117 * DOG_1 到 Terms in Model 框中。单击 Options：√Estimates，注意将 Delta 框中的 0.5 改为 0，单击 Continue 按钮，最后单击 OK 按钮。

3. 主要输出结果

（1）Model Selection 过程主要给出模型筛选的结果，本例选择向后剔除法，最终发现 CD117 * DOG_1 交互项留在模型中，结果见图 17.11。

Backward Elimination Statistics

Step Summary

Step[a]		Effects	Chi-Square[c]	df	Sig.	Number of Iterations
0	Generating Class[b]	ki67*DOG_1*CD117	.000	0	.	
	Deleted Effect 1	ki67*DOG_1*CD117	.478	1	.489	4
1	Generating Class[b]	ki67*DOG_1, ki67*CD117, DOG_1*CD117	.478	1	.489	
	Deleted Effect 1	ki67*DOG_1	.976	1	.323	2
	2	ki67*CD117	1.193	1	.275	2
	3	DOG_1*CD117	27.263	1	.000	2
2	Generating Class[b]	ki67*CD117, DOG_1*CD117	1.454	2	.483	
	Deleted Effect 1	ki67*CD117	.474	1	.491	2
	2	DOG_1*CD117	26.543	1	.000	2
3	Generating Class[b]	DOG_1*CD117, ki67	1.928	3	.588	
	Deleted Effect 1	DOG_1*CD117	26.543	1	.000	2
	2	ki67	63.015	1	.000	2
4	Generating Class[b]	DOG_1*CD117, ki67	1.928	3	.588	

a. At each step, the effect with the largest significance level for the Likelihood Ratio Change is deleted, provided the significance level is larger than .050.

b. Statistics are displayed for the best model at each step after step 0.

c. For 'Deleted Effect', this is the change in the Chi-Square after the effect is deleted from the model.

图 17.11 Model Selection 过程的变量筛选结果

（2）General 过程给出最终所拟合模型的拟合优度检验结果，见图 17.12。

Goodness-of-Fit Tests[a,b]

	Value	df	Sig.
Likelihood Ratio	1.928	3	.588
Pearson Chi-Square	2.077	3	.557

a. Model: Multinomial

b. Design: Constant + ki67 + DOG_1 + CD117 + DOG_1 * CD117

图 17.12 模型的拟合优度检验结果

似然比检验（Likelihood ratio）和 Pearson χ^2 检验 P 值分别为 0.588 和 0.557，均大于 0.05，均提示该不饱和模型的拟合优度与饱和模型相比没有统计学差异，当前模型拟合实际资料的程度较好。

(3)参数检验结果

图 17.13 给出各变量的参数估计值、标准误、Z 值、P 值及参数估计值的 95% CI,参数估计值默认将每个效应的最后一类作为参照类,其他各个水平通过与参照类相比来分析效应的大小。变量 Ki67 的主效应参数估计值为 1.002,Z=7.471,P<0.05;变量 DOG−1 主效应参数估计值为 −3.792,Z=−9.185,P<0.05;变量 CD117 的主效应参数估计值为 −3.974,Z=−8.806,P<0.05;交互项 CD117 * DOG−1 有统计学意义,Z=5.423,P<0.05。

Parameter Estimates[c,d]

Parameter	Estimate	Std. Error	Z	Sig.	95% Confidence Interval	
					Lower Bound	Upper Bound
Constant	4.269[a]					
[ki67 = 0]	1.002	.134	7.471	.000	.739	1.265
[ki67 = 1]	0[b]	.	.	.	.	.
[DOG_1 = 0]	-3.792	.413	-9.185	.000	-4.601	-2.983
[DOG_1 = 1]	0[b]	.	.	.	.	.
[CD117 = 0]	-3.974	.451	-8.806	.000	-4.859	-3.090
[CD117 = 1]	0[b]	.	.	.	.	.
[DOG_1 = 0] * [CD117 = 0]	3.974	.733	5.423	.000	2.538	5.410
[DOG_1 = 0] * [CD117 = 1]	0[b]	.	.	.	.	.
[DOG_1 = 1] * [CD117 = 0]	0[b]	.	.	.	.	.
[DOG_1 = 1] * [CD117 = 1]	0[b]	.	.	.	.	.

a. Constants are not parameters under the multinomial assumption. Therefore, their standard errors are not calculated.

b. This parameter is set to zero because it is redundant.

c. Model: Multinomial

d. Design: Constant + ki67 + DOG_1 + CD117 + DOG_1 * CD117

图 17.13　对数线性模型的参数估计值结果

4. 结论:

对数线性模型通过选择最优模型来分析因素间的关系,变量 Ki67 的主效应参数估计值为正,提示胃肠间质瘤患者中 Ki67 增值指数小于 5%的患者居多;一阶效应 CD117 * DOG −1 估计值为正,结合变量赋值情况,提示相对于 CD117 表达阴性的患者,CD117 表达阳性的患者其 DOG−1 表达阳性的可能性更大。

【本章小结】

1. 当分析两个分类变量之间的关系时我们常使用 Pearson's χ^2 检验,首先判断所考察的变量所代表的属性间有无关联,即是否统计独立;如果变量间存在关联,选用合适的定量指标来刻画关联程度的大小,例如 Pearson 列联系数、φ 系数、V 系数等。

对于配对设计的 $R \times C$ 列联表资料,我们要关心研究者的研究目的,是检验两种方法是否有差别还是检验结果是否有关联,所选用的统计学方法是不同的。如果是检验两种方法是否具有一致性,可以计算 Kappa 指数。

当研究两个有序分类变量的联系强度时,可以采用 Spearman 相关系数和 Gamma 统计量。

列联表分析的原理：根据概率定理：若两变量不相关，则两变量的联合概率等于各自边缘概率的乘积。

列联表分析的步骤：检验列联表中的行变量与列变量之间是否独立，提出假设：H_0：行变量与列变量独立 H_1：行变量与列变量不独立，比较观察频数与期望频数的差，如果两者差别越大，表明实际情况与原假设相去甚远，如果差别越小，表明实际情况与原假设越相近，对于这个假设的检验，可以采用 Pearson's χ^2 检验，计算统计量 $\chi^2 = \sum \frac{(n_{ij} - T_{ij})^2}{\mu_{ij}}$。

2. 当研究者在做探索性的分析，欲分析多个分类变量间关联性，且不考虑自变量与因变量的区分时，可以考虑采用对数线性模型探索变量之间的关系。构建对数线性模型的主要思想为：把各分类变量各水平组合下期望（或理论）频数的自然对数表示为各分类变量及其交互作用的线性函数，通过迭代计算求得模型中参数的估计值，进而运用方差分析的思想检验各主效应和交互作用的效应大小。

利用对数线性模型分析多维列联表资料，不仅可以解决传统 χ^2 检验在处理多变量之间的关联性遇到的困难，而且还可以分析各变量的主效应以及变量之间的交互效应对列联表中单元格频数的影响大小。

3. 对数线性模型与 Logistic 回归的比较

对数线性模型与 Logistic 回归在分析同一资料时，结论往往是一致的。从两种方法的适用条件来看，对数线性模型不区分因变量和自变量，各变量之间的地位是“平等”的，研究所有分类变量间的关系，分析各因素的主效应及因素间的交互效应，通过模型中的交互效应项可以挖掘多个变量间更深入的关系，故适合探索性分析的调查研究；对数线性模型重视模型的拟合优度检验，交互效应，模型假设单元格频数为多项分布，对样本量要求严格，一般要求样本例数应为单元格数的 4～5 倍，而且要有 80%以上各自的期望频数大于 5。当研究者的兴趣是研究多个分类变量之间的相互关系时可以考虑使用对数线性模型分析数据，但当分类变量的个数较多时，需要拟合的对数线性模型会非常复杂，这在一定程度上限制了该模型的应用。

而 Logistic 回归模型有明确的自变量与因变量之分。因变量可以是二分类，也可以是多分类，自变量可以是一个或多个分类自变量，用于考察各自变量对因变量的作用，还可引进交互效应反映自变量联合对因变量的作用，多用于危险因素的筛选或临床试验研究。模型经过筛选后，低阶效应不一定保留在模型内。

4. 对数线性模型与方差分析的比较

对数线性模型与方差分析都可以分析主效应以及交互效应。但对数线性模型分析各因素的主效应及因素间的交互效应对列联表单元格频数的对数的影响，各因素对单元格频数的作用是相乘的，假设单元格频数为多项分布。方差分析分析各因素的主效应及因素间的交互效应对定量因变量 Y 的影响，可以估计因变量的平均数，各因素对因变量的作用是相加的，要求因变量为服从正态分布的定量连续性变量。

【思考练习】

1. 请简述何为条件独立模型、联合独立模型、完全独立模型？

2. 对数线性模型适用于哪些数据结构？并简述其建模的原则和策略。

3. 某项心脏病危险因素研究的数据见表 17.10，问心脏病的患病率是否存在性别差异？超重是否为心脏病的危险因素？不同性别的超重者发生心脏病的风险是否相同？

表 17.10 体重、性别与是否患心脏病关系的频数表资料

体重	性别	患心脏病与否			合计
		有	无	合计	
正常	男	15	5	20	
	女	40	60	100	
超重	男	20	10	30	
	女	10	40	50	
合计		85	115	200	

4. 在黎族早婚早育习惯的调查中，分别调查了同一地区汉族和黎族居民的第一胎分娩年龄和文化水平，资料见表 17.11，试分析分娩年龄和文化程度的关系。

表 17.11 汉族和黎族文化水平与第一胎分娩年龄的关系

分娩年龄（岁）	文盲		小学		初中		高中以上		合计
	汉族	黎族	汉族	黎族	汉族	黎族	汉族	黎族	
＜19	1	5	3	30	5	23	1	1	69
19～	2	4	6	27	16	25	3	1	84
21～	2	5	5	18	16	13	0	3	62
23～	1	1	5	4	22	10	2	2	47
25～	1	3	3	5	9	6	1	1	29
合计	7	18	22	84	68	77	7	8	291

【参考文献】

1. Alan Agresti. Categorical data analysis. the United States of America：John Wiley & Sons，Inc，Hoboken，New Jersey. 2002：314－357
2. 曹秀堂，胡琳，李绍奎，顾云五，韩慧. 对数线性模型处理大型列联表资料的方法[J]. 中国卫生统计，1992，05：30－33.
3. 方积乾. 医学统计学与电脑实验[M]. 上海：上海科学技术出版社，2012：347－360
4. 关雪. 五种定性资料统计分析方法比较研究[D]. 北京：中国人民解放军军事医学科学院，2012
5. 何晓群. 现代统计分析方法与应用[M]. 北京：中国人民大学出版社，1998：40－61
6. 胡良平. 面向问题的统计学—多因素设计与线性模型分析[M]. 北京：人民卫生出版社，2012：406－417

7. 胡志凌.列联分析法在记忆系统研究中的应用与争论[J].心理科学进展,1996(4):17—22.
8. 亢岫,张启贤,刘新平.境外游客在华停留时间主体影响因素的列联分析[J].陕西理工学院学报(自然科学版),2009,25(2):87—90.
9. 刘勤,金丕焕.分类数据的统计分析及SAS[M].上海:复旦大学出版社,2002:206—229.
10. 孙顺利.列联分析和对应分析在现场质量管理中的应用[J].机械工业标准化与质量,2014(10):19—22.
11. 孙志强,朱启的.基于Logit对数线性模型的大类招生高校学生成绩统计分析[J].创新与创业教育,2014,05:78—81.
12. 陶育纯.对数线性模型在大学生营养知识、态度及行为研究中的应用[D].吉林:吉林大学,2005
13. 万崇华,罗家洪.高级医学统计学[M].北京:科学出版社,2014:281—284.
14. 肖静,杨梅,宗蕾,等.高血压健康危险因素的logistic回归和对数线性模型分析[J].中国慢性病预防与控制,2012,20(4):372—374
15. 徐天和.中国医学统计百科全书—多元统计分册[M].北京:人民卫生出版社,2004:259—262.
16. 杨亚莉.浅谈体育科研中应用列联分析注意的问题[J].科技信息,2010(14):632—633.
17. 张家放.医用多元统计方法[M].武汉:华中科技大学出版社,2002:558—570.
18. 张文彤.SPSS统计分析高级教程[M].北京:高等教育出版社,2004:341—359
19. 周家仪.以对数线性模型拟合多维列联表资料[J].数理医药学杂志,1996,03:77—78.
20. 祝彦成,李卫斌,李宗领.对数线性模型在经济预测中的应用[J].咸阳师范学院学报,2005,06:8—10.

第 18 章　多重线性回归与 Logistic 回归分析

【目的要求】

了解多重线性回归和 Logistic 回归参数估计的基本思想，多重线性回归和 Logistic 回归的区别。

熟悉多重线性回归和 Logistic 回归模型的基本结构。

掌握多重线性回归和 Logistic 回归的参数意义。

18.1　多重线性回归

18.1.1　案例引入

例 18.1　为了分析年龄(AGE)、受教育程度(EDU)和居住地类型(AREA)对生育子女数(CEB)的影响，得以如表 18.1 的数据。这里的年龄是连续型变量，受教育程度和居住地类型是定类变量。其中受教育程度有 5 类，分别为文盲或半文盲(1)，小学(2)，初中(3)，高中(4)，大学(5)；需要设置 4 个虚拟变量加以表示。居住地类型分为城市(1)和农村(2)两类，只需要设置一个虚拟变量。

表 18.1　不同年龄、受教育程度和居住地类型妇女曾生子女数及其虚拟变量

原始变量				设立的虚拟变量值				
CEB	AGE	AREA	EDU	DE2	DE3	DE4	DE5	DU
1	20	1	3	0	1	0	0	1
1	22	2	4	0	0	1	0	0
2	24	2	3	0	1	0	0	0
1	25	1	5	0	0	0	1	1
1	28	1	5	0	0	0	1	1
2	30	2	4	0	0	1	0	0
2	32	1	5	0	0	0	1	1
2	34	2	5	0	0	0	1	0
2	36	1	4	0	0	1	0	1
3	38	2	2	1	0	0	0	0
2	40	1	3	0	1	0	0	1
3	42	2	3	0	1	0	0	0
3	44	2	2	1	0	0	0	0
3	45	1	2	1	0	0	0	1
4	48	1	1	0	0	0	0	1
5	50	2	1	0	0	0	0	0

【问题 18.1】针对例 18.1 的数据，回答以下问题：

1. 自变量和因变量是什么？

2. 为何要设立虚拟变量？

3. 若研究曾生子女数的影响因素，应采用哪种统计分析方法？

【分析】

1. 例 18.1 有 3 个自变量（AGE、EDU、AREA）和 1 个因变量（CEB）。

2. 因为分类变量的各类之间没有定量关系，不能像连续型变量的情况那样分析 x 变化一个单位，y 的平均变化。因此，必须以类为单位，分析各类对 y 的影响。

3. 若研究曾生子女数的影响因素，本例包括年龄、受教育程度和居住地类型共 3 个影响因素，故应采用多重线性回归分析。

本节将介绍用于对多个自变量和一个连续型类型因变量进行分析的统计分析方法——多重线性回归。

18.1.2　多重线性回归的数据结构和模型

多重线性回归（multivariate linear regression）是研究一个连续型因变量与多个自变量之间线性关系的一种统计分析方法。

1. 数据结构

若根据专业知识得知，有某 p 个变量分别取不同值时，将会影响另一个变量的取值，则这 p 个变量称为自变量，而受其影响的变量就称为因变量，或反应变量。当因变量是一个近似服从正态分布的连续性变量，自变量是一系列互相独立的数值变量、分类变量中的二分变量或有序多分类变量时，就可进行多重线性回归分析。将调查问卷中需要进行多重线性回归分析的各个项目进行量化（定量资料除外），设自变量为 $X_1, \cdots, X_p$，因变量为 Y，按调查（或观察）对象进行整理，数据结构如表 18.2 所示。

表 18.2　多重线性回归分析的数据结构

调查对象编号	X_1	X_2	…	X_p	Y
1	a_{11}	a_{12}	…	a_{1p}	y_1
2	a_{21}	a_{22}	…	a_{2p}	y_2
…	…	…	…	…	…
n	a_{n1}	a_{n2}	…	a_{np}	y_n

2. 多重线性回归分析模型

（1）多重线性回归的数学方程是简单线性回归方程的扩展，其模型表达式为：

$$\hat{Y} = b_0 + b_1 X_1 + b_2 X_2 + \cdots + b_p X_p \tag{18.1}$$

其中，b_0 为常数项，又称为 Y 轴截距，是总体参数 β_0 的估计。 b_i 为自变量 X_i 的偏回归系数（partial regression coefficient），是总体参数 β_i 的估计值，表示当方程中其他自变量保持常量时，自变量 X_i 每增加（或减少）一个计量单位，因变量 Y 估计平均变化 b_i 个单位。

在许多研究中，往往需要评价各个自变量对因变量的贡献大小，一般可通过对自变量进行标准化，使其成为无量纲单位的相对变化的自变量。比较常用的标准化方法如式（18.2）所示：

$$X_i' = \frac{X_i - \bar{X}}{S_i} \tag{18.2}$$

(2)偏回归系数的估计：多重线性回归分析通常采用最小二乘法(least squared method)来估计偏回归系数。其基本原理是：寻找适宜的偏回归系数($b_0, b_1, b_2, \cdots, b_p$)建立多重线性回归方程，使得因变量的观测值 Y_i 与回归方程的估计值 $\hat{Y}_i$ 之间的残差平方和最小。满足这个条件的偏回归系数就是根据最小二乘法得到的偏回归系数的估计值。

(3) 统计推断：模型的总体检验采用的是方差分析的方法；采用 t 检验推断总体偏回归系数是否为零。

从方差分析的计算结果中可以得到拟合回归模型的确定系数(coefficient of determination)，或称决定系数，以反映回归方程的效果好坏。确定系数常记为 R^2，其计算公式为：

$$R^2 = \frac{SS_{回归}}{SS_{总}} \tag{18.3}$$

除了确定系数，还常常用到调整的确定系数(adjusted R^2, R^2_{ad})，其计算公式为：

$$R^2_{ad} = 1 - \frac{MS_{残差}}{MS_{总}} = 1 - \frac{SS_{残差}/(n-p-1)}{SS_{总}/(n-1)} = 1 - (1-R^2)\frac{n-1}{n-p-1} \tag{18.4}$$

其中 n 是观察值的数目，p 是自变量的数目。

(4)变量筛选：常用方法有前进法(forward selection)、后退法(backward selection)和逐步回归法(stepwise selection)。前进法中自变量由少到多，一个一个引入回归方程，直到再不能拒绝 H_0 时为止；后退法是自变量由多到少，一个一个从方程中剔除，直到再不能剔除时为止；逐步法是将上述两法结合起来，在向前引入的每一步之后都要考虑从已引入方程的变量中剔除无统计学意义的变量。事先规定两个界值 $P_{引入}$ 和 $P_{剔除}$ 并且($P_{引入} < P_{剔除}$)，当方程外候选变量中偏回归平方和最大者 P 值小于等于 $P_{引入}$ 时，引入相应的变量；当已进入回归方程的变量中偏回归平方和最小者 P 值大于等于 $P_{引入}$ 时，剔除相因变量。如此引入和剔除交替进行，直到方程外无可引入变量而方程内也无可剔除变量时为止。注意根据实际情况调整两个回归系数检验的 P 值水平(即 $P_{引入}$ 和 $P_{剔除}$)，如备选自变量较少时希望多引入相关变量，可增大 $P_{引入}$；如备选自变量较多时希望少引入相关变量，可减小 $P_{剔除}$。

18.1.3　多重线性回归分析软件实现方法

针对例 18.1 数据，采用 SPSS 软件实现多重线性回归分析的具体方法如下。

1. 建立 SPSS 数据文件

首先将定性变量进行赋值量化，如地区：城市＝1，农村＝0。

本例数据是先用 Excel 输入的(如图 18.1 所示)，然后再转化成 SPSS 数据，过程为：SPSS 的菜单 File→Open→Data→选取数据所在的位置，或将数据内容直接从 EXCEL 拷到 SPSS 软件(数据量不是很大时可行)，然后可以通过改变 Variable View，确定数据类型与小数点位数，如图 18.2 所示。

2. SPSS 实现多重线性回归分析途径

利用 SPSS 16.0 探讨曾生子女数(CEB)与 3 个自变量(AGE、EDU、AREA)间的多重线性关系，实现的主要过程是：Analyze→Regression→Linear→CEB→选入 Dependent→AGE、

DE2、DE3、DE4、DE5、DU 选入 Independent(s)→Method→Enter→Options→OK。

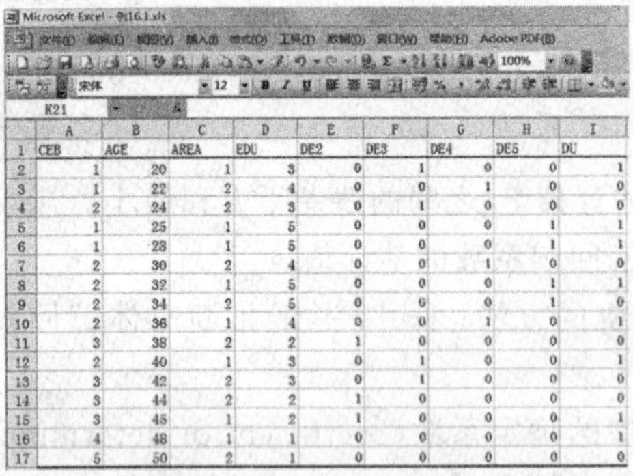

	CEB	AGE	AREA	EDU	DE2	DE3	DE4	DE5	DU
2	1	20	1	3	0	1	0	0	1
3	1	22	2	4	0	0	1	0	0
4	2	24	2	3	0	1	0	0	0
5	1	25	1	5	0	0	0	1	1
6	1	28	1	5	0	0	0	1	1
7	2	30	2	4	0	0	1	0	0
8	2	32	1	5	0	0	0	1	1
9	2	34	2	5	0	0	0	1	0
10	2	36	1	4	0	0	1	0	1
11	3	38	2	2	1	0	0	0	0
12	2	40	1	3	0	1	0	0	1
13	3	42	2	3	0	1	0	0	0
14	3	44	2	2	1	0	0	0	0
15	3	45	1	2	1	0	0	0	1
16	4	48	1	1	0	0	0	0	1
17	5	50	2	1	0	0	0	0	0

图 18.1 EXCEL 数据文件夹

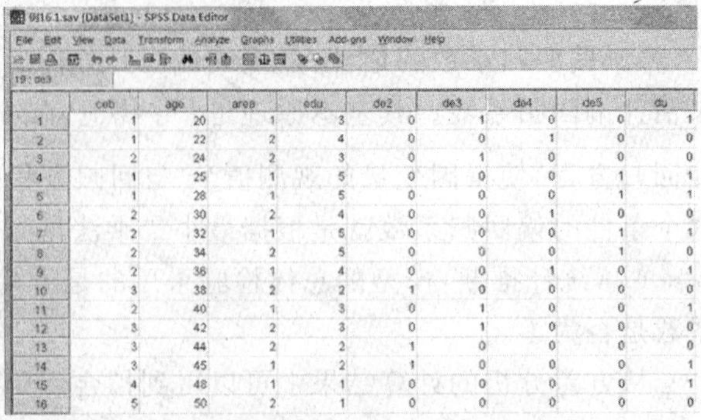

	ceb	age	area	edu	de2	de3	de4	de5	du
1	1	20	1	3	0	1	0	0	1
2	1	22	2	4	0	0	1	0	0
3	2	24	2	3	0	1	0	0	0
4	1	25	1	5	0	0	0	1	1
5	1	28	1	5	0	0	0	1	1
6	2	30	2	4	0	0	1	0	0
7	2	32	1	5	0	0	0	1	1
8	2	34	2	5	0	0	0	1	0
9	2	36	1	4	0	0	1	0	1
10	3	38	2	2	1	0	0	0	0
11	2	40	1	3	0	1	0	0	1
12	3	42	2	3	0	1	0	0	0
13	3	44	2	2	1	0	0	0	0
14	3	45	1	2	1	0	0	0	1
15	4	48	1	1	0	0	0	0	1
16	5	50	2	1	0	0	0	0	0

图 18.2 转化成 SPSS 数据文件

分步可选择的过程是:

(1)Analyze→Regression→Linear,进入 Linear Regression 分析模型,如图 18.3 所示。

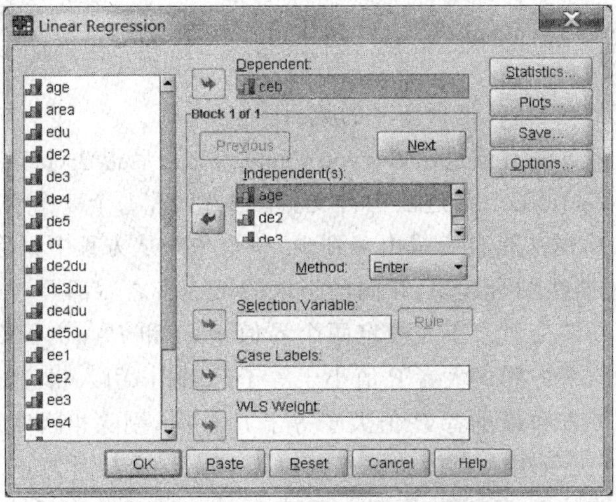

图 18.3 进入 Linear Regression 分析模型

(2)在 Linear Regression 窗口(图 18.4)中,选择曾生子女数 CEB 作为 Dependent,自变量 AGE、DE2、DE3、DE4、DE5、DU 作为 Independent,Method 选取 Enter。在 SPSS16.0 中,

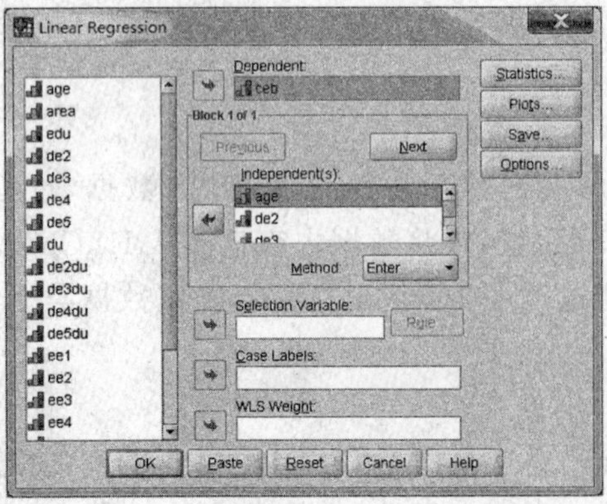

图 18.4 Linear Regression 对话框

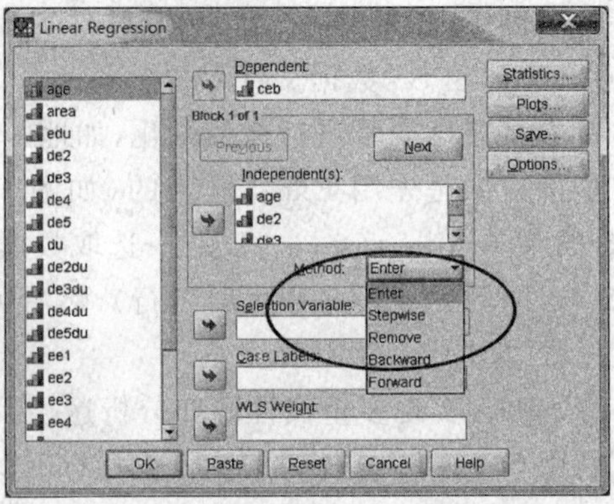

图 18.5 筛选变量的选取方法

提供了 5 种筛选变量的方法：Enter（强行进入法）、Stepwise（逐步法）、Remove（强制剔除法）、Backward（后退法）、Forward（前进法），如图 18.5 所示。

（3）在 Linear Regression 窗口单击 Statistics，会出现 Linear Regression：Statistics 窗口，如图 18.6 所示，选取 Estimates、Model fit、R squared change、Durbin-Watson，单击 Continue 按钮。

（4）在 Linear Regression 窗口单击 Plots，会出现 Linear Regression：Plots 窗口，如图 18.7 所示。选择 SRESID 作为 y 轴，DEPENDNT 作为 x 轴，并选取 Histogram、Normal probability plot，单击 Continue 按钮。

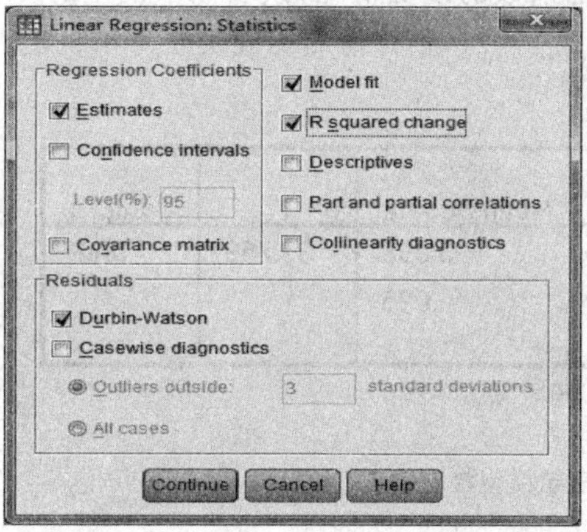

图 18.6　Linear Regression：Statistics 对话框

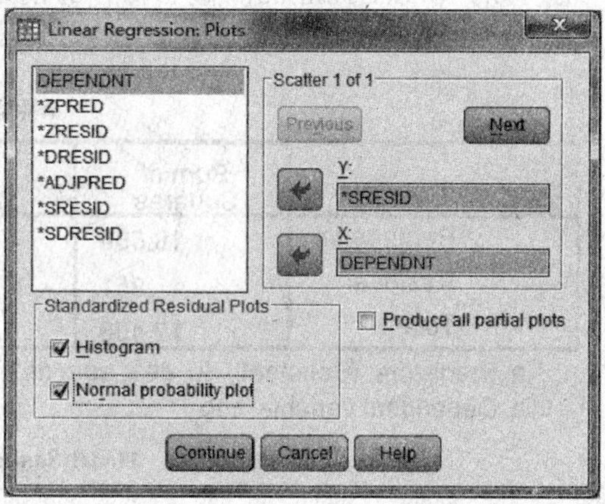

图 18.7　Linear Regression：Plot 对话框

（5）在 Linear Regression 窗口单击 Options，会出现 Linear Regression：Options 窗口，如图 18.8 所示。选取 Use probability of F，在 Entry 中输入 0.05，在 Removal 中输入 0.10（也是系统默认值，可根据实际问题调整大小），单击 Continue 按钮，最后单击 OK 按钮。

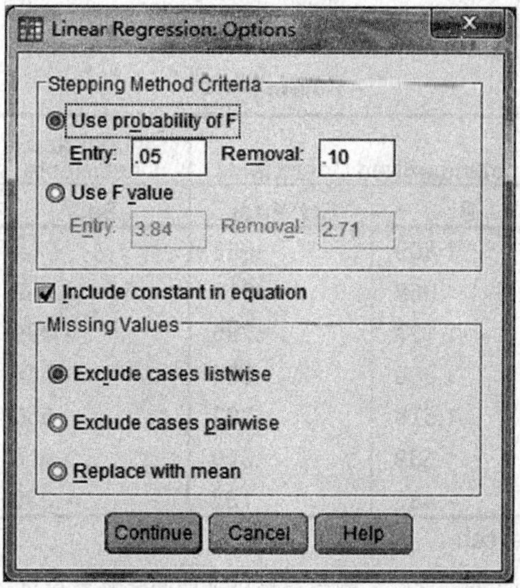

图 18.8　Linear Regression：Options 对话框

3. 主要输出结果

Model Summaryb

Model	R	R Square	Adjusted R Square	Std. Error of the Estimate	Change Statistics					Durbin-Watson
					R Square Change	F Change	df1	df2	Sig. F Change	
1	.978a	.956	.927	.308	.956	32.759	6	9	.000	2.707

a. Predictors: (Constant), du, de3, age, de2, de4, de5

b. Dependent Variable: ceb

图 18.9 Model Summary 显示模型决定系数情况

图 18.9 Model Summary 显示拟合的模型决定系数的改变情况，该表显示模型的复相关系数为 0.978，决定系数为 0.956，调整决定系数为 0.927，估计值的标准误差为 0.308。

ANOVAb

Model		Sum of Squares	df	Mean Square	F	Sig.
1	Regression	18.586	6	3.098	32.759	.000a
	Residual	.851	9	.095		
	Total	19.438	15			

a. Predictors: (Constant), du, de3, age, de2, de4, de5

b. Dependent Variable: ceb

图 18.10 Model Summary 显示模型检验情况

图 18.10 显示拟合的模型检验结果，模型有统计学意义。模型的 F 统计量，F＝32.759，＜0.000，在 ＝0.05 的检验水准下，可以认为曾生子女数和年龄、受教育程度、居住地类型之间有线性关系。

模型有统计学意义不等于模型内所有的自变量都有统计学意义，还需进一步对各自变量进行检验。图 18.11 是对模型中各个系数检验的结果。结果显示模型的自变量的系数都有统计学意义。

Coefficientsa

Model		Unstandardized Coefficients		Standardized Coefficients	t	Sig.
		B	Std. Error	Beta		
1	(Constant)	1.409	.682		2.066	.069
	age	.068	.013	.569	5.183	.001
	de2	-1.127	.295	-.399	-3.820	.004
	de3	-1.309	.352	-.514	-3.723	.005
	de4	-1.576	.382	-.558	-4.127	.003
	de5	-1.569	.370	-.616	-4.240	.002
	du	-.486	.162	-.220	-2.989	.015

a. Dependent Variable: ceb

图 18.11 Coefficient 显示多重线性回归系数及假设检验情况

从图 18.11 模型 3 结果得出多重线性回归方程为：

$$CEB = 1.41 + 0.068AGE - 1.13DE2 - 1.3IDE3 - 1.58DE4 - 1.57DE5 - 0.49DU$$

4. 结论：曾生子女数主要与年龄、受教育程度、居住地类型有关，各变量的具体意义是：年龄越大曾生子女数越多，受教育程度越低曾生子女数越多，农村妇女比城市妇女曾生子女数多。

18.2　Logistic 回归

18.2.1　案例引入

例 18.2　假设通过抽样调查得到来自城乡的 30 个家庭的数据。其中包括 3 个变量，第 1 个是虚拟编码的变量（OWN），表示每个家庭是否拥有汽车（1 表示有，0 表示没有）；第 2 个变量是家庭的年收入（INCOME）；第 3 个变量是家庭所在地区类型的虚拟变量（AREA），编码 1 和 0 分别代表城市和农村。研究目的是分析家庭收入和家庭所在地区类型对家庭拥有汽车的影响。

表 18.3　家庭收入、家庭所在地区类型、家庭拥有汽车情况调查数据

ID	OWN	INCOME	AREA	ID	OWN	INCOME	AREA
1	0	11	0	16	1	13	1
2	1	13	0	17	1	11	0
3	1	14	0	18	1	15	0
4	0	12	0	19	1	15	1
5	1	18	1	20	0	11	0
6	1	20	1	21	1	17	1
7	0	9	0	22	0	7	0
8	1	13	1	23	0	9	0
9	0	12	0	24	1	12	1
10	1	16	0	25	1	13	1
11	1	13	0	26	1	17	1
12	0	11	1	27	0	14	0
13	1	13	1	28	1	13	1
14	0	10	1	29	0	15	0
15	0	9	0	30	1	11	1

【问题 18.2】针对例 18.2 的数据，回答以下问题：

1. 自变量和因变量是什么？

2. 研究家庭收入和家庭所在地区类型对家庭拥有汽车的影响，应采用哪种统计分析方法？

【分析】

1. 例 18.2 有 2 个自变量（INCOME、AREA）和 1 个因变量（OWN）。

2. 本例的因变量是二分定类变量，不能满足多重线性回归的假设条件，故不能采用多重线性回归分析，可以考虑采用 Logistic 回归分析方法。本节将介绍用于对多个自变量和一个二分定类因变量进行分析的统计分析方法—Logistic 回归[①]。

① Logistic 回归还涉及多分类因量和有序多分类因变量的情况，本节只介绍二分类因变量的情况，故此后所称的 Logistic 回归是指二分类 Logistic 回归。

18.2.2 Logistic 回归的数据结构和模型

Logistic 回归(Logistic regression)是研究一个分类因变量与多个自变量之间关系的一种统计分析方法。

在实际研究中,经常会碰到因变量不是连续性变量的情况,这时多重线性回归分析方法就不适用。比如,研究家庭规模的影响因素,虽然家庭规模在概念上是一个连续性变量,但现代社会绝大多数家庭都是 5 人以下,也就是说因变量只有少数几个整数取值。在这种情况下,不论自变量如何变化,因变量也不可能有太大的变化,这就会损伤多重线性回归的效力。在极端情况下,因变量缩减到只有两种可能性的情况。社会生活中人们会涉及大量的决策,比如政治选举、是否同意某项提议、是否迁移、是否再生育一个子女等,如果把它们作为研究的因变量,都应该考虑采用 Logistic 回归进行分析。

1. 数据结构

当因变量是一个二分的定类变量,自变量是一系列互相独立的数值变量、分类变量中的二分变量或有序多分类变量时,就可进行 Logistic 回归分析。将调查问卷中需要进行 Logistic 回归分析的各个项目进行量化(定量资料除外),设自变量项目为 X,因变量为 Y,按调查(或观察)对象进行整理,数据结构如表 18.4 所示。

表 18.4 Logistic 回归分析的数据结构

调查对象编号	X_1	X_2	…	X_p	Y
1	a_{11}	a_{12}	…	a_{1p}	y_1
2	a_{21}	a_{22}	…	a_{2p}	y_2
…	…	…	…	…	…
n	a_{n1}	a_{n2}	…	a_{np}	y_n

从表 18.4 可见,Logistic 回归与多重线性回归的数据结构是相同的,只是因变量的类型不同。

2. Logistic 回归分析模型

(1)Logistic 回归的数学方程。如果因变量 Y 是二分类变量,取值为 1 或 0 分别表示事件的发生或不发生(如是否生育、是否迁移等),另外有 p 个自变量(通常是一些可能影响 Y 变化的因素),记作 $X=(x_1,x_2,\cdots,x_p)$,其中每一个自变量可以是定性变量或定量变量。

用 $P=P(Y=1\mid X)$ 表示在一组自变量为 X 时事件的发生概率,建立 $P=P(Y=1\mid X)$ 与影响因素 $X=(x_1,x_2,\cdots,x_p)$ 间的关系。

与线性回归模型不同的是,这时的因变量 P 取值为[0,1],如果直接将 P 表示成自变量的线性组合,则可能会出现 P 值大于 1 或小于 0 的情况。且在实际问题中,事件发生的概率往往与自变量的变化并不是线性关系。对因变量 P 作 logit 变换后,再表示成自变量的线性组合:

$$\mathrm{logit}(P)=\ln\left(\frac{P}{1-P}\right)=\alpha+\beta_1x_1+\beta_2x_2+\cdots+\beta_px_p \tag{18.5}$$

或

$$P=\frac{1}{1+\exp[-(\alpha+\beta_1x_1+\beta_2x_2+L+\beta_px_p]} \tag{18.6}$$

而事件不发生的概率

$$1-P=\frac{\exp[-(\alpha+\beta_1 x_1+\beta_2 x_2+\cdots+\beta_p x_p)]}{1+\exp[-(\alpha+\beta_1 x_1+\beta_2 x_2+\cdots+\beta_p x_p)]} \tag{18.7}$$

模型中的 α 和 $\beta_1,\beta_2,\cdots,\beta_p$ 分别是需要估计的常数项和各变量的回归系数，由样本得到的估计值用 α 和 $b_1,b_2,\cdots,b_p$ 表示。

(2)参数估计与系数的解释。Logistic 回归的参数估计常用方法是极大似然估计(maximum likihood,ML)，可以通过 R,eviews,stata,SAS,SPSS 等统计软件来完成。

在实际研究中，如果把 Logistic 模型中的 P 看作是在某一事件发生的概率，则回归系数与衡量影响因素作用大小的优势比 (odds ratio,OR,总体参数用 Ψ 表示)的关系是：

$$\begin{aligned}\ln\Psi_k&=\ln\left[\frac{P/(1-P)}{P^*/(1-P^*)}\right] \\ &=\text{logit}(P)-\text{logit}(P^*) \\ &=(\alpha+\beta_k x_k+\sum_{l\neq k}\beta_l x_l)-(\alpha+\beta_k x_k^*+\sum_{l\neq k}\beta_l x_l) \\ &=\beta_k(x_k-x_k^*)\end{aligned} \tag{18.8}$$

也即，回归系数 β_k 表示其他因素保持不变时，因素 x_k 改变一个单位时 logit(P) 的改变量，它正好等于优势比的对数。

如果影响因素 x_k 是二分类变量，取事件发生 $x_k=1$，事件不发生 $x_k^*=0$，则根据 Logistic 模型，事件发生与不发生的比数比为 $\Psi_k=\exp(\beta_k)$。

当 $\beta_k=0$ 时，$\Psi_k=1$，说明 x_k 对事件发生不起作用；

当 $\beta_k>0$ 为正值时，$\Psi_k>1$，说明 x_k 是一个事件发生的正影响因素；

$\beta_k<0$ 为负值时，$\Psi_k<1$，说明 x_k 是一个事件发生的负影响因素。

如果影响因素 x_k 是连续型变量时，$\Psi_k=\exp(\beta_k)$ 表示 x_k 增加 1 个单位时的优势比(控制其他因素下)。比如控制其他因素保持不变，收入增长 1 万元，拥有汽车的风险是原来的 $\Psi_k=\exp(\beta_k)$ 倍。

如果影响因素是无序多分类变量，在进行 Logistic 回归前，常将其转化为虚拟变量。如果该变量有 k 个分类，则以某个分类为参考组，将其转化为 $k-1$ 个虚拟变量，其中每个虚拟变量都是二分类变量。比如地区类型，有城市、镇、农村 3 个分类，以城市为参考组，将其转换为 $D1$,$D2$ 二个二分类变量。

$D1=0$，$D2=0$，表示城市；

$D1=1$，$D2=0$，表示镇；

$D1=0$，$D2=1$，表示农村。

由于，每个虚拟变量都有对应的回归系数 β_k，其意义为与参考组比较影响因素的优势比。若 $D1$ 的回归系数为 β_1，$D2$ 的回归系数为 β_2，则 $\exp(\beta_1)$ 的意义为镇与城市相比的优势比；$\exp(\beta_2)$ 的意义为农村与城市相比的优势比。

(3)参数的假设检验与区间估计。对回归系数进行假设检验，以说明所研究的影响因素是否有作用。

似然比检验(likelihood ratio test)是通过比较两个相嵌套模型的对数似然函数统计量 G(又称为 Deviance)来进行的，具体作法是先拟合一个不包含准备检验因素在内的 Logistic

模型，求出它的对数似函数值 $\ln L0$，然后把需要检验的自变量加入模型中去再进行拟合，得到一个新的对数似然函数值 $\ln L1$，假设前后两个模型分别包含 l 个自变量和 p 个自变量（$p \geqslant l$），似然比统计量 G 的计算公式为

$$G = G_0 - G_1 = (-2\ln L_0) - (-2\ln L_1) = -2(\ln L_0 - \ln L_1) = 2(\ln L_1 - \ln L_0) \tag{18.9}$$

当样本含量较大时，在零假设下得到的 G 统计量近似服从自由度为 $p-l$ 的 χ^2 分布。

18.2.3　Logistic 回归分析软件实现方法

针对例 18.2 数据，采用 SPSS 软件实现 Logistic 回归分析的具体方法如下。

1. 建立 SPSS 数据文件

首先将定性变量进行赋值量化，如地区：城市＝1，农村＝0。建立数据文件的过程和方式与多重回归分析相同。

2. SPSS 实现 Logistic 回归分析途径

利用 SPSS 16.0 探讨是否拥有汽车（OWN）与 2 个自变量（INCOME、AREA）间的关系，实现的主要过程是：Analyze→Regression→Binary Logistic→OWN→选入 Dependent→INCOME 和 AREA 选入 Independent(s)→Method→Enter→Options→OK。

分步可选择的过程是：

(1) Analyze→Regression→Binary Logistic，进入 Logistic Regression 分析模型，如图 18.12 所示。

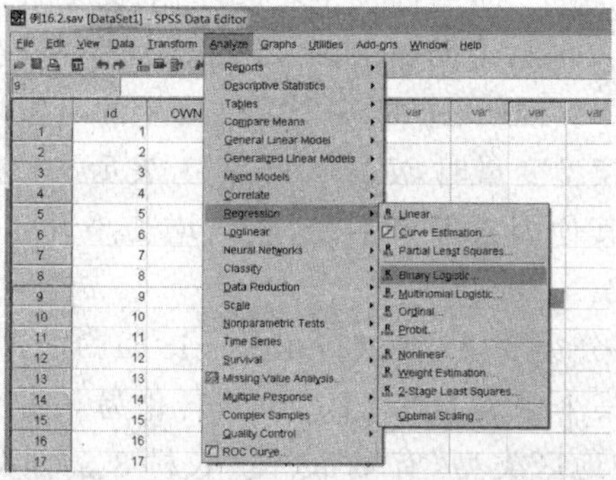

图 18.12　进入 Logistic Regression 分析模型

(2) 在 Logistic Regression 窗口（图 18.13）中，选择 OWN 作为 Dependent，自变量 INCOME 和 AREA 作为 Covriates，Method 选取 Enter。在 SPSS16.0 中，提供了 7 种筛选变量的方法：本例选择第一种方法（Enter），如图 18.14 所示。

这样，因变量为 OWN，两个自变量分别为 INCOME 和 AREA 的 Logistic 回归模型就定义好了。一般情况下，不需要改变 SPSS 中的其他默认选项。只要点击 OK 键，就开始执行分析。

(3) Logistic 回归分析报告解读。

1. Logistic 回归分析报告第一部分是关于案例数量的情况（如图 18.15），检查这一部分以确保案例选择、加权、缺失值等方面处理是否合适。

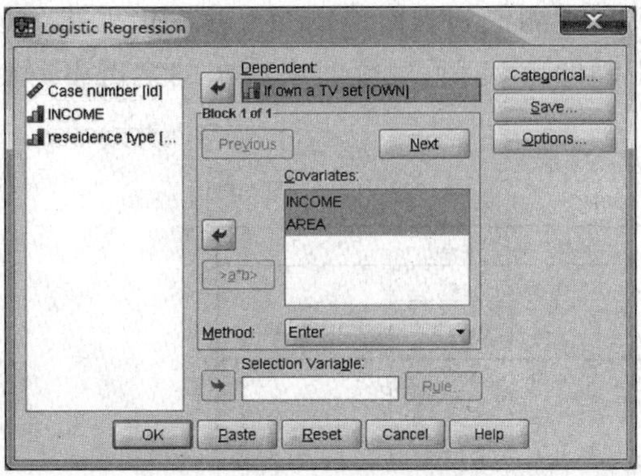

图 18.13　Logistic Regression 对话框

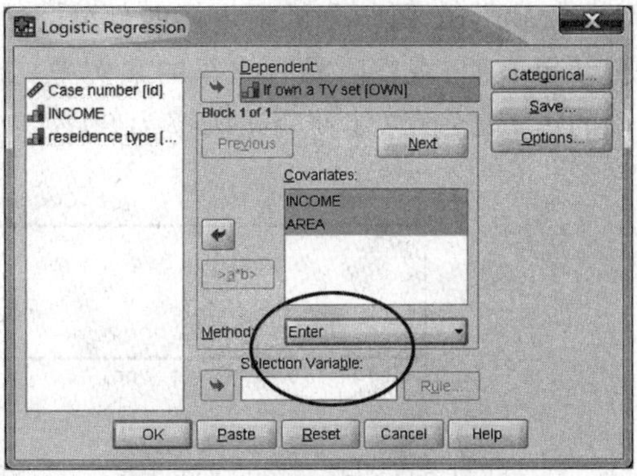

图 18.14　筛选变量的选取方法

Case Processing Summary

Unweighted Cases[a]		N	Percent
Selected Cases	Included in Analysis	30	100.0
	Missing Cases	0	.0
	Total	30	100.0
Unselected Cases		0	.0
Total		30	100.0

a. If weight is in effect, see classification table for the total number of cases.

图 18.15　Logistic 回归的案例情况

2. Logistic 回归分析报告第二部分是关于因变量取值的情况(如图 18.16)。Logistic 回归必须把因变量转换虚拟变量内码才能进行分析,分析结果报告的因变量赋值情况直接关系到结果解释的正确与否。比如,本例因变量 OWN 的编码方式是 1 代表拥有、0 代表不拥有。如果将编码方式改为 1 代表拥有、2 代表不拥有,这时 SPSS 会将 1 转换为 0,2 转换为 1,其结果正好与本例的结果相反。

Dependent Variable Encoding

Ori···	Internal Value
no	0
yes	1

图 18.16　Logistic 回归因变量编码情况

3. Logistic 回归分析报告第三部分是关于模型整体性检验的情况(如图 18.17)。模型的 Chi-square 值为 18.711,它说明模型中的自变量是否有显著性的解释作用,本例的 Sig.=0.000,说明假设模型整体性检验十分显著。

Omnibus Tests of Model Coefficients

		Chi-square	df	Sig.
Step 1	Step	18.711	2	.000
	Block	18.711	2	.000
	Model	18.711	2	.000

图 18.17　Logistic 回归的整体性检验情况

4. Logistic 回归分析报告第四部分是关于模型预测值和观察值的交互表(如图 18.18)。分析结果表明,观察时没有汽车的案例中,预测正确的占 75%;观察时有汽车的案例中,预测正确的占 83%。总体预测正确率为 80%。

Classification Table[a]

Observed			Predicted: If own a TV set: no	Predicted: If own a TV set: yes	Percentage Correct
Step 1	If own a TV set	no	9	3	75.0
		yes	3	15	83.3
	Overall Percentage				80.0

a. The cut value is .500

图 18.18 Logistic 模型预测值和观察值的交互表

5. Logistic 回归分析报告第五部分是关于模型回归系数及检验情况(如图 18.19)。从显著性水平(Sig.)一栏看,所有自变量都是显著的(Sig. <0.05),因此肯定了自变量的影响作用。回归系数一栏(B)中,两个自变量的系统都正值,说明收入越高拥有汽车的概率越高,城市地区比农村地区拥有汽车的概率高。实际使用时,发生比率比概率要方便,它测量自变量每变化一个单位给发生比所带来的变化。Exp(B)一栏提供了发生比率,根据本例的实际意义,家庭收入每增加 1 万元,拥有汽车的发生比将是原来的 2.35 倍,比原来提高 1.35 倍;城市地区拥有汽车的发生比是农村地区的 10.49 倍。这里报告的是偏回归系数,它们是在控制其他变量的情况下的单独作用,比如,在收入相同的情况下,城市家庭在购买汽车上有更强的倾向性。

Variables in the Equation

		B	S.E.	Wald	df	Sig.	Exp(B)
Step 1[a]	INCOME	.857	.361	5.620	1	.018	2.355
	AREA	2.350	1.187	3.922	1	.048	10.487
	Constant	-11.222	4.695	5.712	1	.017	.000

a. Variable(s) entered on step 1: INCOME, AREA.

图 18.19 Logistic 模型回归系数及检验情况

SPSS 进行 Logistic 回归时,不提供标准化回归系数,自变量之间的相对作用比较无法进行。但是通过简单手工计算即可得到 Logistic 回归的标准化回归系数。计算公式如下:

$$\beta_i = \frac{b_i \times s_i}{1.8138} \tag{18.10}$$

其中,β_i 为第 i 个标准化回归系数;b_i 为第 i 非标准化回归系数;s_i 为第 i 自变量的标准差①。

将相关数值代入式(18.10),得到 INCOME 的标准化回归系数约为 1.37;AREA 的标准化回归系数约为 0.66。可见,对于是否拥有汽车而言,家庭收入的作用比居住地区类型的作用大得多。

---

① 通过 SPSS 的统计描述(descriptives),很容易得到变量的标准差。

【本章小结】

多重线性回归的功能是描述和预测多个自变量对一个因变量发生影响作用的数量关系。多重线性回归分析的因变量必须是连续性变量，自变量则必须是连续性变量或特定的虚拟编码形式的变量。偏回归系数表示在控制其他自变量的条件下，其一自变量与因变量之间的数量关系，表示自变量每变化一个单位所造成的因变量的变化量。标准化偏回归系数为其一自变量对因变量的统计联系，不受变量实际测量单位的影响，可以用来比较各自变量对因变量相对作用的大小。

当因变量是两种或多种结果的定性变量时，由于违反多重线性回归的假设条件，不能采用多重线性回归方法。这时，可以采用 Logistic 回归来分析。与多重回归分析不同，Logistic 回归不存在像确定系数那样明确的指标来表达整体拟合优度，常用 Chi-square 值进行整体性检验。

【思考练习】

1. 多重线性回归分析的应用要满足哪些条件？
2. 虚拟变量的编码方法？
3. 如何诊断多重共线性，以及常用的处理多重共线性的方法？
4. Logistic 回归分析的应用要满足哪些条件？
5. 如何解释 Logistic 回归系数的意义？
6. 表 18.5 是居民食品支出情况的调查数据，用于分析食品支出的影响因素。其中包括 4 个变量：食品支出(FOODEXP)、收入(INCOME)、食品价格指数(PRICE)、地区类型(AREA，城市(1)、农村(0))。

表 18.5　居民食品支出情况调查数据

AREA	FOODEXP	INCOME	PRICE	AREA	FOODEXP	INCOME	PRICE
1	1016	2359	1.04	0	644	1612	0.84
1	928	2087	1.01	0	717	1906	0.8
1	650	1959	0.83	0	723	2045	0.63
1	576	1691	0.65	0	1267	3329	1.37
1	540	1532	0.74	0	874	2106	0.72
1	829	1987	0.7	0	968	2032	1.49
1	638	1641	0.73	0	772	2008	0.67
1	621	1611	0.77	0	716	1705	0.72
1	1234	2925	0.98	0	763	1963	0.75
1	852	2101	0.72	0	1072	2675	1.21
1	992	2512	0.78	0	650	1764	0.78
1	767	1727	0.7	0	665	1683	0.7
0	968	2139	1.01	0	711	1684	0.72
0	627	1542	0.61	0	654	1951	0.7
0	733	1929	0.84	0	609	1877	0.68

(1)单独计算 FOODEXP 与 INCOME 和 PRICE 的线性回归。

(2)计算食品支出的多重线性回归。

(3)比较多重线性回归是否比简单线性回归有改进。

3. 表 18.6 是居民还贷情况调查数据,用于研究是否还贷违约(变量名为 DEFAULT,1=是,0=否)的影响因素。可能影响因素包括:家庭收入(INCOME),在职年限(EMPLOY),债务收入比(DEBT)。试分析各影响因素的作用方向。

表 18.6 还贷情况调查数据

EMPLOY	INCOME	DEBT	DEFAULT	EMPLOY	INCOME	DEBT	DEFAULT
3	19	24.4	1	2	22	22.7	1
4	23	5.2	0	19	60	27.1	1
0	26	1.7	0	4	17	17.3	0
12	58	18.4	0	1	18	1.1	0
1	22	10.5	0	2	41	2.5	1
8	27	14.4	0	11	53	3.3	0
7	41	4.6	0	7	43	15.4	0
10	80	12.2	0	6	31	12.2	0
1	20	18.6	1	8	43	0.7	0
5	34	23.8	0	2	22	23.1	1
14	37	2.6	0	22	99	2.3	0
13	82	3.3	0	15	126	3.1	0
9	65	6.2	0	22	95	3.6	0
7	43	4.4	0	5	78	17.3	1
13	28	5.9	0	14	28	17	0
16	68	5.4	0	10	31	4.8	0
5	41	3.4	0	0	24	12.1	1
13	39	19.2	0	8	56	6.4	0
9	29	13.8	1	0	32	18.4	1
7	22	9.7	0	12	68	25.1	1
1	20	4.8	1	3	43	13.2	1
14	73	8.8	0	1	33	16.1	1
6	21	7.5	0	2	20	4.5	1
7	34	7	0	13	59	2.4	0
13	24	8.9	0	0	18	18.9	1
2	35	22.9	1	9	20	3.5	0
12	46	5	0	7	32	2.9	0
11	56	16.9	0	12	86	26.5	1
8	47	6.9	0	18	114	8.5	0
14	81	7.2	0	4	73	5.4	0
9	60	15.3	0	7	63	15.4	0
12	31	23.7	0	15	186	3.6	0
22	144	11.1	0	7	61	7.9	0
19	96	7.8	0	12	24	6.6	0
9	24	19.2	1	10	43	13	0
6	38	7.2	0	3	24	6.3	0
11	32	6	0	6	20	1.2	0

(1)用 SPSS 软件计算还贷违约的 Logistic 回归。

(2)解释 SPSS 输出的分析报告。

【参考文献】

1. 丁元林,孔丹莉,毛宗福. 多重线性回归分析中的常用共线性诊断方法[J]. 数理医药学杂志,2004,17(4):299－300.
2. 郭志刚. 社会统计分析方法:SPSS 软件应用[M]. 中国人民大学出版社,1999.
3. 孙日扬,胡良平. 复杂随机抽样数据的多重线性回归分析方法及其应用[J]. 军事医学,2015(5):380－385.
4. 孙振宇. 多元回归分析与 Logistic 回归分析的应用研究[D]. 南京信息工程大学,2008.
5. 万崇华. 高级医学统计学[M]. 科学出版社,2014.
6. 袁世新. 应用条件 Logistic 回归分析探讨早产的危险因素[J]. 华中科技大学学报(医学版),2010,39(4):547－549.
7. 张智勤,胡继芬. 无医学指征剖宫产相关因素 Logistic 回归分析[J]. 中国实用妇科与产科杂志,2010(11):859－862.
8. 周吉霞. 乌鲁木齐市血液中心检验科影响检测质量因素的多重线性回归分析[J]. 新疆医科大学学报,2009,32(5):608－609.
9. 朱从亚,周海斌,董启榕,等. 多重线性回归分析自身因素对全膝关节置换术后疗效的影响[J]. 中国矫形外科杂志,2010,18(20):1677－1681.
10. 朱善冰,项方吕. 手足口病疫情与气象因素的多重线性回归分析[J]. 浙江预防医学,2013,25(3):37－55.

第 19 章 因子分析

【目的要求】

了解因子分析的基本思想。

熟悉因子分析的数学模型，常用的确定因子数目的方法和常用的因子旋转方法。

掌握因子分析的主要步骤、常用的因子载荷矩阵的估计方法，因子分析的一些主要应用，并能对因子分析结果进行正确解读。

19.1 因子分析的原理

因子分析(Factor Analysis)的概念起源于 20 世纪初 Karl Pearson 和 Charles Spearman 等关于智力测验的统计分析。近年来，因子分析已经被广泛地应用于心理学、教育学、社会学、管理学、自然科学等诸多领域，使得因子分析的方法更加丰富和成熟。本章主要介绍因子分析的基本理论、数学模型和具体方法，并结合实例讨论其在实际工作中的应用。

19.1.1 因子分析的基本思想

在调查研究中，有一些现象难以被直接观测，通常称为不可测现象，它们只能通过其他多个可观测指标来间接地测量。例如，在心理学测量量表中，个体的生存质量(Quality of life)是一个不能被直接观测的变量，它包含了个体的心理健康、生理健康、独立能力、社会关系、个人信仰和与周围环境的关系等诸多方面，此时就需要通过一系列可直接测量的指标来反映个体的生存质量。在这种情况下，由于各可观测指标都不同程度地反映了生存质量这一不可被直接观测的变量，因此，这些可观测指标之间会呈现出一定的相关性。换句话说，研究者可以认为这些可观测指标之间的相关性主要是由它们所共同反映的潜在的不可被直接测量的现象决定的。

从理论上讲，那些相关性较高(无论正相关或负相关)的观测指标很可能受同一个潜在变量的支配，而相关性较低(或者不相关)的指标很可能受不同的潜在变量支配。表 19.1 是以往研究中《自我效能量表》8 个条目的相关系数矩阵，通过观察相关系数的强弱可以初步将这 8 个条目分为两类。第一类包括条目 1、条目 6、条目 8 和条目 10，两两之间的相关系数介于 0.494～0.636；第二类包括条目 2、条目 4、条目 9 和条目 11，两两之间的相关系数介于 0.602～0.722。而这两类之间条目的相关性则较弱，相关系数介于－0.038～0.239。这就构成了因子分析的理论基础。

表 19.1 自我效能量表条目间的相关系数矩阵

	条目 1	条目 6	条目 8	条目 10	条目 2	条目 4	条目 9	条目 11
条目 1	1.000							
条目 6	0.499	1.000						
条目 8	0.580	0.494	1.000					
条目 10	0.636	0.541	0.580	1.000				
条目 2	0.048	0.155	0.165	0.041	1.000			
条目 4	−0.021	0.083	0.101	−0.038	0.722	1.000		
条目 9	0.085	0.197	0.239	0.088	0.682	0.712	1.000	
条目 11	0.078	0.221	0.195	0.082	0.602	0.646	0.630	1.000

因子分析就是从众多可观测指标的相关关系(或协方差关系)出发,归纳出支配这种关系的少数几个潜在的相对独立的共性因子(common factor)(或称潜在变量,latent variable),并用这些共性因子来解释原始观测指标之间的相关关系(或协方差关系)的多元统计方法。如图 19.1 所示,每一个观测指标(变量 1～变量 5)都受潜在的共性因子(共性因子 1 和共性因子 2)和对应的特异因子($\varepsilon_1 \sim \varepsilon_5$)的影响。

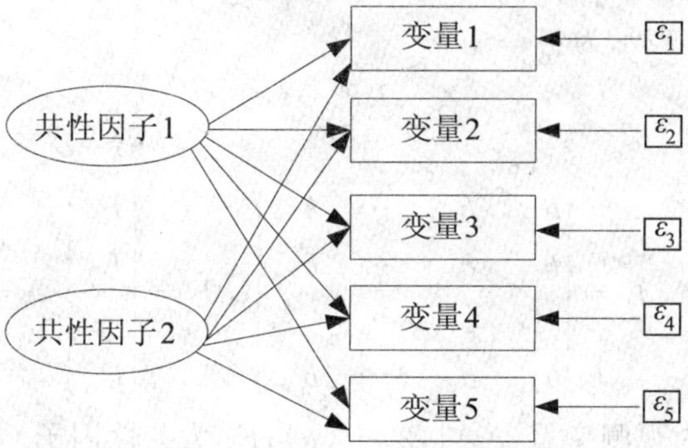

图 19.1 一般的因子模型示意图

因子分析分为探索性因子分析(Exploratory Factor Analysis,EFA)和验证性因子分析(Confirmatory Factor Analysis,CFA)。探索性因子分析不事先假定共性因子与测量指标之间的关系,研究者对测量指标的内在结构以及隐含的因子结构不清楚,分析结果完全取决于研究资料本身。探索性因子分析的目的在于归纳支配原始变量的共性因子,进而探讨事物内在的本质结构。验证性因子分析首先需要研究者根据已有的经验或其他相关信息假定共性因子数目及其与测量指标之间的所属关系,主要用来验证事先假定的因子结构模型与样本数据的吻合程度。本章主要介绍探索性因子分析的相关理论知识及其实际应用。关于验证性因子分析的内容,读者可参阅本章“延伸阅读”部分推荐的相关参考书籍。

19.1.2 因子分析的数学模型

设有 n 例样品的 p 个变量 $X_1, X_2, \cdots, X_p$,将观测数据整理成如表 19.2 的形式。

表 19.2 因子分析的原始数据形式

样品编号	原始观测变量			
	X_1	X_2	…	X_p
1	X_{11}	X_{12}	…	X_{1p}
2	X_{21}	X_{22}	…	X_{2p}
⋮	⋮	⋮		⋮
n	X_{n1}	X_{n2}	…	X_{np}

因子分析的目的就是通过分析观测变量 $X_1, X_2, \cdots, X_p$ 之间的相关关系，找出对这些观测变量起支配作用的潜在因素——共性因子 $F_1, F_2, \cdots, F_m (m < p)$，使得这些共性因子可以解释原始变量之间的相关关系。就统计学而言，是要建立如下的数学模型(为方便计算，我们假设各变量 X_i 为标准化数据)：

$$\begin{cases} X_1 = b_{11}F_1 + b_{12}F_2 + \cdots + b_{1m}F_m + \varepsilon_1 \\ X_2 = b_{21}F_1 + b_{22}F_2 + \cdots + b_{2m}F_m + \varepsilon_2 \\ \quad \vdots \\ X_p = b_{p1}F_1 + b_{p2}F_2 + \cdots + b_{pm}F_m + \varepsilon_p \end{cases} \tag{19.1}$$

式(19.1)也可用矩阵表示为：

$$X = LF + \varepsilon$$

其中，

$$X = \begin{pmatrix} X_1 \\ X_2 \\ \vdots \\ X_p \end{pmatrix}, L = \begin{pmatrix} b_{11} & b_{12} & \cdots & b_{1m} \\ b_{21} & b_{22} & \cdots & b_{2m} \\ \vdots & \vdots & \ddots & \vdots \\ b_{p1} & b_{p2} & \cdots & b_{pm} \end{pmatrix}, F = \begin{pmatrix} F_1 \\ F_2 \\ \vdots \\ F_m \end{pmatrix}, \varepsilon = \begin{pmatrix} \varepsilon_1 \\ \varepsilon_2 \\ \vdots \\ \varepsilon_p \end{pmatrix}$$

式(19.1)中，X_i 即为观测变量($i=1,2,\cdots,p$)；F_j 为共性因子 (common factor；$j=1, 2,\cdots,m$)；ε_i 为变量 X_i 的特异因子 (specific factor)，它反映了观测变量 X_i 不能被共性因子所解释的部分。b_{ij} 为第 i 个变量 X_i 在第 j 个共性因子 F_j 上的载荷，简称因子载荷(factor loading)，它反映了变量 X_i 在共性因子 F_j 上的相对重要性。

在模型(19.1)中，要求：

1. 各观测变量 $X_i (i=1,2,\cdots,p)$ 的均数为 0，方差为 1，即 $E(X_i)=0, Var(X_i)=1$。

2. 各共性因子 $F_j (j=1,2,\cdots,m)$ 的均数为 0，方差为 1，即 $E(F_j)=0, Var(F_j)=1$。

3. 各特异因子 ε_i 的均数为 0，方差为 σ_i^2，即 $E(\varepsilon_i)=0, Var(\varepsilon_i)=\sigma_i^2$。

4. 各共性因子之间的相关系数为 0，即 $r_{F_i,F_j}=0$；各特异因子之间的相关系数为 0，即 $r_{\varepsilon_i,\varepsilon_j}=0$；各共性因子和各特异因子之间的相关系数为 0，即 $r_{F_j,\varepsilon_i}=0$。

即原始指标向量 X 的协方差矩阵 $\sum_X$ 为相关矩阵；共性因子向量 F 的协方差矩阵 $\sum_F$(此时为相关矩阵) 为单位矩阵(identity matrix)；特异因子向量 ε 的协方差矩阵 $\sum_\varepsilon$ 为对角矩阵(diagonal matrix)：

$$\sum_X = R_X, \sum_F = R_F = I_{m\times m}\text{（单位阵）}, \sum_\varepsilon = \sigma^2 = \begin{pmatrix} \sigma_1^2 & & & \\ & \sigma_2^2 & & \\ & & \ddots & \\ & & & \sigma_p^2 \end{pmatrix} \tag{19.2}$$

由此可知，求解共性因子的问题，就是求满足上述条件的 $p \times m$ 矩阵 $L_{p\times m}$。

19.1.3 因子分析中的有关统计量

由条件(1) ～(4) 知原始变量 X 的协方差矩阵

$$\sum_X = E(LF+\varepsilon)(LF+\varepsilon)' = LL' + \sum_\varepsilon \tag{19.3}$$

下面来看矩阵 L 的统计意义：

1. 公共度

由式(19.1)(19.2)以及式(19.3)得到

$$\begin{cases} X_i = \sum_{k=1}^{m} b_{ik}F_k + \varepsilon_i \\ 1 = Var(X_i) = \sum_{k=1}^{m} b_{ik}^2 + \sigma_i^2 \end{cases}, \quad i=1,2,\cdots,p \tag{19.4}$$

其中，记 $h_i^2 = \sum_{k=1}^{m} b_{ik}^2$（$h_i^2$ 为横读矩阵L 第i 行元素的平方和），则有 $1=h_i^2+\sigma_i^2(i=1,2,\cdots,p)$，即 h_i^2 和σ_i^2 分别反映了变量 X_i 的方差(标准化后为 1) 中共性部分和特异部分的构成比例。

h_i^2 的大小反映了全体共性因子对原始变量 X_i 的影响，称为“公共度(communality)”或“共性方差(common variance)”。“公共度” h_i^2 的取值范围为：$0 \leqslant h_i^2 \leqslant 1$。当 $h_i^2=1$ 时，$\sigma_i^2=0$，即 X_i 只由共性因子的线性组合来表示，而与特异因子无关；当 h_i^2 接近于 0 时，提示 X_i 受共性因子的影响不大，而主要是由特异因子来描述的。因此，“公共度”h_i^2 反映了原始变量 X_i 对所有共性因子的依赖程度。h_i^2 越大，则因子分析的效果越好，从变量空间到共性因子空间的转化未严重损失原始变量的信息。

2. 因子贡献及因子贡献率

另一方面，考虑指定的一个共性因子 F_j 对所有原始变量的影响。矩阵 L 的第 j 列元素的平方和

$$g_j^2 = \sum_{i=1}^{p} b_{ij}^2, \quad j=1,2,\cdots,m \tag{19.5}$$

g_j^2 反映了第j 个共性因子F_j 对所有原始变量的影响，称为共性因子 F_j 的因子贡献。显然，g_j^2 的值越大，则 F_j 对原始变量的影响也越大。

注意到数据标准化后，全部原始变量的总方差为变量个数 p，故

$$\frac{g_j^2}{p} = \frac{\sum_{i=1}^{p} b_{ij}^2}{p} \tag{19.6}$$

反应了共性因子 F_j 对原始变量方差贡献程度的大小，称 g_j^2/p 为共性因子 F_j 的方差贡献率。

3. 因子载荷及因子载荷矩阵

由式(19.4)可得原始变量 X_i 与共性因子 F_j 之间的协方差为

$$Cov(X_i, F_j) = \sum_{k=1}^{m} b_{ik} Cov(F_k, F_j) + Cov(\varepsilon_i, F_j) = b_{ij}$$

由于假定各原始变量与各共性因子的方差均为 1,故有

$$b_{ij} = r_{X_i, F_j}$$

即 b_{ij} 是 X_i 与 F_j 之间的相关系数。

显然,b_{ij} 作为 X_i 与 F_j 之间的相关系数,反映了 X_i 与 F_j 之间相互联系的密切程度;另一方面,b_{ij} 作为式(19.1)中共性因子的系数,它又体现了原始指标 X_i 的信息在共性因子 F_j 上的影响,因此 b_{ij} 为原始指标 X_i 在共性因子 F_j 上的因子载荷(factor loading),而矩阵 $L=(b_{ij})_{p\times m}$ 为因子载荷矩阵(factor pattern)。本章如非特别指出,文中"因子"均表示共性因子。

19.2 因子载荷矩阵的估计

19.2.1 因子载荷矩阵的求解过程

下面我们来讨论如何由一组 $X_1, X_2, \cdots, X_p$ 的样本观测值求出因子载荷矩阵 L。

1. 计算样本观测值 $X_1, X_2, \cdots, X_p$ 的相关系数矩阵

(1)将收集到的原始数据整理成如表 19.2 的形式

(2)对原始变量进行标准化处理

(3)求标准化后各变量间的相关系数矩阵 R_X

$$R_X = \begin{pmatrix} r_{11} & r_{12} & \cdots & r_{1p} \\ r_{21} & r_{22} & \cdots & r_{2p} \\ \vdots & \vdots & \ddots & \vdots \\ r_{p1} & r_{p2} & \cdots & r_{pp} \end{pmatrix} = \begin{pmatrix} 1 & r_{12} & \cdots & r_{1p} \\ r_{21} & 1 & \cdots & r_{2p} \\ \vdots & \vdots & \ddots & \vdots \\ r_{p1} & r_{p2} & \cdots & 1 \end{pmatrix}$$

2. 求出各变量间的约相关矩阵 R^* (reduced correlation matrix)

将相关系数矩阵 R_X 的对角线元素换成共性因子方差 h_i^2,即得约相关矩阵:

$$R^* = \begin{pmatrix} h_1^2 & r_{12} & \cdots & r_{1p} \\ r_{21} & h_2^2 & \cdots & r_{2p} \\ \vdots & \vdots & \ddots & \vdots \\ r_{p1} & r_{p2} & \cdots & h_p^2 \end{pmatrix}$$

3. 求出约相关矩阵 R^* 所有大于零的特征值(eigenvalue)及相应的特征向量(eigenvector)

由 R^* 的特征方程

$$|R^* - \lambda I| = 0$$

求得所有 q 个特征值,取前 m 个大于零者,并按从大到小的顺序排列为:

$$\lambda_1 \geqslant \lambda_2 \geqslant \cdots \geqslant \lambda_m > 0$$

再由矩阵方程

$$(R^* - \lambda_j I) l_j = 0_{p\times 1}, j = 1,2,\cdots m$$

求得各 λ_j 所对应的特征向量 l_j，并将 l_j 单位化，仍记为 l_j。

4. 写出因子载荷矩阵 L，并得出原始变量 X 的共性因子表达式

$$L = (\sqrt{\lambda_1} l_1 \ \sqrt{\lambda_2} l_2 \cdots \sqrt{\lambda_m} l_m)_{p\times m} = \begin{pmatrix} b_{11} & b_{12} & \cdots & b_{1m} \\ b_{21} & b_{22} & \cdots & b_{2m} \\ \vdots & \vdots & \ddots & \vdots \\ b_{p1} & b_{p2} & \cdots & b_{pm} \end{pmatrix}$$

$$\begin{cases} X_1 = b_{11}F_1 + b_{12}F_2 + \cdots + b_{1m}F_m \\ X_2 = b_{21}F_1 + b_{22}F_2 + \cdots + b_{2m}F_m \\ \vdots \\ X_p = b_{p1}F_1 + b_{p2}F_2 + \cdots + b_{pm}F_m \end{cases}$$

19.2.2 约相关矩阵 R^* 的估计方法

上述求解过程的前提是原始变量的相关矩阵 R_X 和特异因子的协方差矩阵 $\sum_\varepsilon$ 均为已知，但在实际问题中，通常只有原始变量的相关矩阵 R_X 为已知，而对于特异因子的协方差矩阵 $\sum_\varepsilon$ 是未知的。因此，在实际问题中欲建立因子分析模型，必须先对约相关矩阵 R^* 进行估计。我们知道，约相关矩阵 R^* 与相关矩阵 R_X 除主对角线上的元素外是完全相同的，因此，只需对 R^* 的主对角线元素 h_i^2 进行估计，估计的方法不同，所进行的因子分析方法也不同。约相关矩阵 R^* 的估计方法包括主成分法(principal component method)，主因子法(principal factor method)，极大似然估计法(maximum likelihood method)，主轴因子法(principal axis factoring method)，非加权最小二乘法(unweighted least squares method)，一般最小二乘法(generalized least squares method)等。下面介绍3种常用的约相关矩阵 R^* 的估计方法。

1. 主成分法

如果取 $h_i^2 = 1$，这时，$R^* = R_X$，进行分析的结果即为主成分分析的结果，按照相应规则保留一定数目的主成分，所得主成分就是共性因子。这样所得结果即为因子分析的主成分解。

2. 主因子法

先估计 h_i^2，一般可用：

(1) h_i^2 取为第 i 个变量与其他所有变量的多元复相关系数的平方和；

(2) h_i^2 取为 R_X 第 i 行上各相关系数绝对值的最大值(主对角元素除外)；

(3) 确定 R_X 第 i 行上最大的两个值(主对角元素除外)，如第 i 行上最大的两个相关系数为 r_{ik}, r_{il}，取 $h_i^2 = \dfrac{r_{ik} \cdot r_{il}}{r_{kl}}$；

(4)取 $h_i^2 = 1$，它等价于主成分法；

(5)由研究者自行确定。

由此估计出约相关矩阵 R^*，进行因子分析的计算，所得结果即为因子分析的主因子解。

需要注意，因子分析的主成分解和主因子解均为近似解，为了得到近似程度更好的解，

常常采用迭代法，即将上述 h_i^2 的各种取值视为共性方差的初始估计值，求得的因子载荷矩阵 L 则为初始解，再由解得的因子载荷矩阵 L，按 $h_i^2=\sum_{k=1}^{m} b_{ik}^2$ 计算出共性方差，重复上述步骤，直到所求得的解稳定为止。

3. 极大似然法

假设共性因子 F 和特异因子 ε 服从正态分布，则可以利用迭代方法求得因子载荷矩阵 L 和特异因子协方差矩阵 $\sum_\varepsilon$ 的极大似然估计 $\hat{L}$ 和 $\hat{\sum}_\varepsilon$，所得结果即为因子分析的极大似然解。该方法需要较多的计算，有时可能不收敛，但所获得的结果具有较好的统计性质。极大似然法要求变量服从正态分布，但满足多元正态分布的条件并非易事。

19.2.3 因子数目的确定方法

在因子分析中，研究者总是希望通过提取少数几个意义明确的共性因子来反映原始变量间的相关关系或协方差关系。因子数目的确定就显得非常重要。如果保留的因子数目过多，则不能达到简化数据的目的；提取的因子数目较少，则不能保证这些共性因子能够代表原始数据中的主要信息。这就需要研究者在得到因子分析的初始解后，根据分析结果决定需要提取的因子数目（optimal number of factor to extract）。总体上，在进行因子分析时，研究者总是希望：

1. 用尽可能少的几个潜在因子解释原始变量中的绝大部分变异，即保留的共性因子个数 m 远小于原始变量个数 p；

2. 保留的共性因子所对应的特征值 λ_i（$\lambda_i=g_j^2, j=1,2,\cdots,m$）最好都大于1，且它们的和接近于 p，即 p 个原始变量的总方差基本上能被所保留的共性因子解释；

3. 各共性因子方差 h_i^2（$i=1,2,\cdots,p$）接近于1，即各原始变量 X_i 的方差绝大部分能被所保留的共性因子解释；

4. 所有原始变量在同一共性因子 F_j 上的因子载荷的绝对值 $|b_{ij}|$（$i=1,2,\cdots,p$，即竖读因子载荷矩阵 L）之间的差别明显，使得共性因子 F_j 的意义主要由1个或几个 $|b_{ij}|$ 值大的原始变量所表达。

基于上述原则，确定因子数目的方法主要有 Kaiser-Guttam 法、碎石图（scree test）、累积方差贡献率（cumulative percentage of variance）和平行分析法（parallel analysis）。

1. Kaiser-Guttman 法

Kaiser-Guttman 法，又称“特征值大于 1”准则，即保留特征值大于等于 1（$\lambda_i \geqslant 1$）所对应的共性因子，而舍去特征值小于 1 的共性因子。Kaiser-Guttman 法是目前最常用的方法，也是许多统计软件的默认选项（如 SPSS）。由于对原始变量标准化后，每个变量的方差为 1，Kaiser-Guttman 认为每个保留下来的共性因子的方差理论上应该要大于任何单一变量的方差（即为 1），否则达不到简化数据结构的目的。需要注意的是，“特征值大于 1”准则受观测变量数的影响较大，当变量数目较多时，可能会导致提取过多的共性因子。

2. 碎石图

碎石图是按照因子被提取的顺序绘制出因子特征值随因子个数变化的散点图，意在通过图形的方式直观地判断需要提取的因子数目。在碎石图中，横轴为因子数，纵轴为对应的特征值，由高到低，先陡后平，最后几乎成一条水平线。在整个曲线下降的过程中，理论上存在一个拐点，在拐点之前，曲线较陡峭，而拐点之后，曲线则趋于平缓。曲线开始变平的前一个点被认为是有意义的，对应于需要提取的最大共性因子数。如图 19.2，通过观察可以发现，第二个因子以后的曲线较平缓，而第二个因子之前的曲线较陡峭，提示需要提取 2 个共性因子。与“特征值大于 1”准则相比，碎石图是一种比较主观的方法，而且多数情况下，碎石图上并没有明显的拐点，导致研究者很难准确地判断需要提取的因子数目。

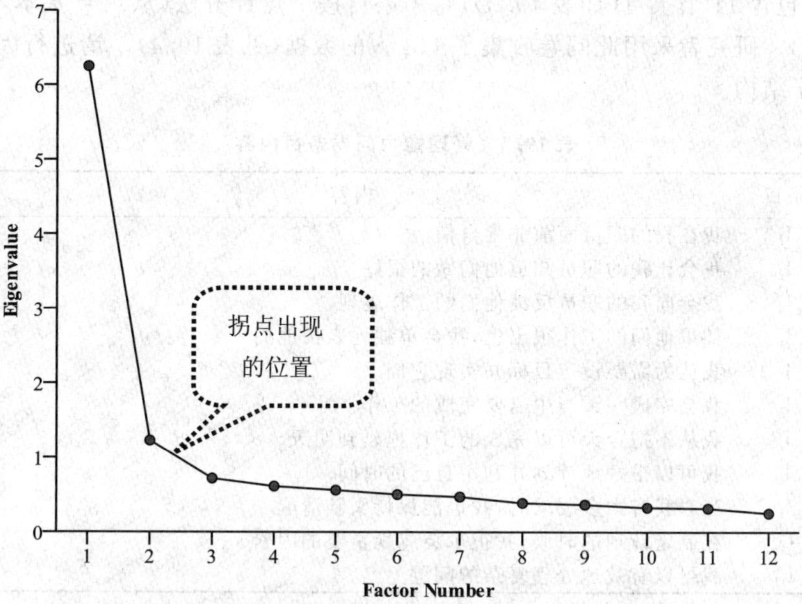

图 19.2　因子分析的碎石图

3. 累积方差贡献率：根据经验，一般认为，若前 k 个共性因子的累积方差贡献率达到一特定的数量（一般认为达到 70%以上即可，也有研究者认为达到 80%为宜），则保留前 k 个共性因子。

4. 平行分析法

平行分析为探索性因子分析中因子数目的确定提供了一种新思路。相比上述几种方法，平行分析法更为客观。其潜在逻辑：特征值代表了因子分析所能解释的变异的大小，如果一个从真实数据中提取的因子所解释的变异比从模拟的随机数据中提取的相应因子解释的变异还小，就没有保留的价值，应当舍去。

平行分析法通过比较观测数据中特征值的碎石图与一组随机矩阵的平均特征值曲线来判断需要提取的因子数目。首先，需要生成一组与原始数据有相同变量个数和样本量的随机数据。然后，求出这组随机数据的特征值，并计算这些特征值的平均值。最后，通过比较真实数据中特征值的碎石图和这组随机数据的平均特征值的曲线，找到两条特征值曲线的交点，根据交点的位置确定需要抽取共性因子的绝对最大数目。如果真实数据的特征值落在随机矩阵的平均特征值曲线之上，则保留这些因子；反之，则舍弃这些因子。

尽管平行分析法被认为是确定因子数目的最精确的方法，但由于常用的统计软件（如 SPSS，SAS）都不能直接进行平行分析，需要研究者通过复杂的编程语言实现，导致这种方法在实际研究中极少受到重视和应用。

需要说明的是，Kaiser-Guttman 法、碎石图和累积方差贡献率都是经验性法则。在实际工作中，最终提取几个共性因子还需要结合各共性因子的实际含义以及它们的可解释性来确定。

下面通过实例简述探索性因子分析的基本原理和分析步骤。

例 19.1 为了合理地评价管理人员的管理能力，某研究者设计了一份管理能力调查问卷，此问卷共包含 11 个条目(如表 19.3)，每个条目按 7 点计分法(从“1＝基本不符合”到“7＝完全符合”)。研究者采用此问卷收集了 114 人的数据(见表 19.4)。请进行因子分析探讨此问卷的因子结构。

表 19.3 管理能力问卷条目内容

条目	内容
I_1	我在我的职员面前非常自信
I_2	我会让我的职员知道他们做的很好
I_3	我会向我的职员反馈他们的工作表现
I_4	如果他们的工作很出色，我会单独地表扬他们
I_5	我认为需要设定目标并实现它们
I_6	我会完成一天当中需要完成的工作
I_7	我从不把今天可以完成的工作拖延到明天
I_8	我可以很好地计划并利用自己的时间
I_9	当对我有太多要求时，我仍能保持头脑清醒
I_{10}	在制定计划的时候，我很少会忽视重要的因素
I_{11}	我可以有效地处理复杂的问题

表 19.4 管理能力问卷调查数据(n＝114)

编号	I_1	I_2	I_3	I_4	I_5	I_6	I_7	I_8	I_9	I_{10}	I_{11}
1	3	3	4	4	4	5	3	5	3	4	3
2	2	4	3	2	3	2	3	2	2	2	3
⋮	⋮	⋮	⋮	⋮	⋮	⋮	⋮	⋮	⋮	⋮	⋮
113	4	4	4	3	4	3	2	3	3	4	3
114	2	1	1	1	2	5	3	3	2	2	2

就上述实例，利用 SPSS 的 Factor 过程，进行因子分析。SPSS 实现探索性因子分析的主要过程：Analyze → Dimension Reduction → Factor →Variables 框：选入变量 I_1～I_{11}。

分步骤可选择的过程：

(1)Analyze →Dimension Reduction → Factor，进入探索性因子分析模型，选择 11 个条目 I_1～I_{11} 作为 variables，如图 19.3 和 19.4 所示。

(2)在 Factor Analysis 窗口点击 Descriptives，会出现 Factor Analysis：Descriptives 对话框，如图 19.5，选取 Univariate descriptives、Initial solution、Coefficients、KMO and Bartlett's test of sphericity，单击 Continue 按钮。

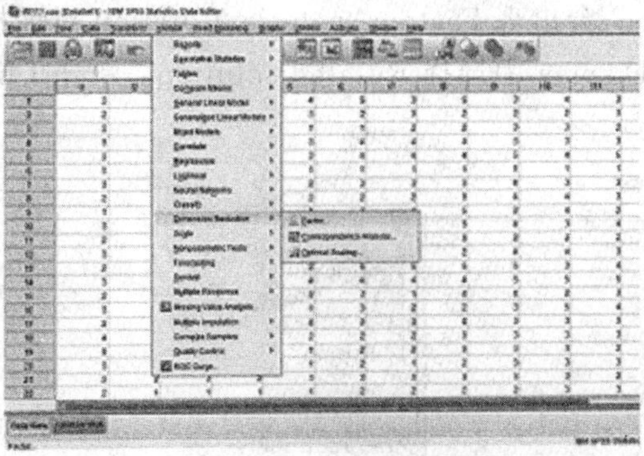

图 19.3　进入 SPSS 软件的 Factor 模型

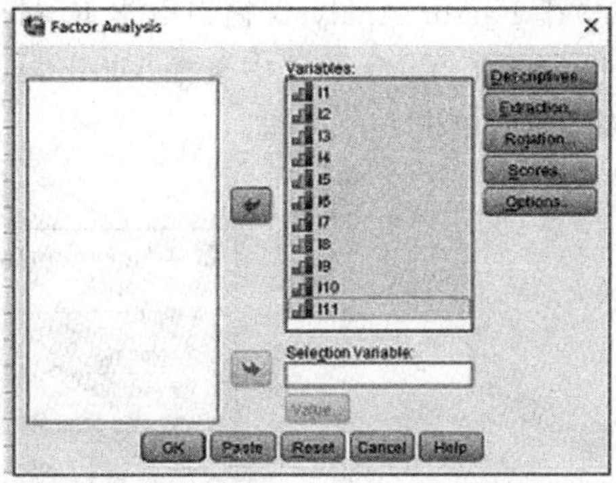

图 19.4　Factor Analysis 对话框

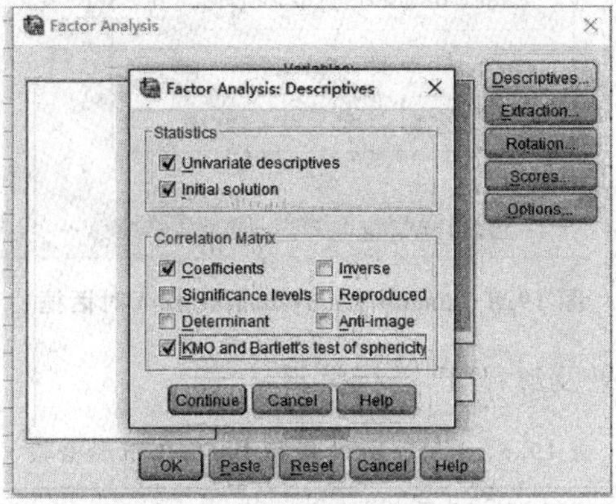

图 19.5　Factor Analysis: Descriptives 对话框

(3)在 Factor Analysis 窗口点击 Extraction，会出现 Factor Analysis: Extraction 对话框，如图 19.6。在 Method 下，SPSS 提供了 7 种因子提取方法供研究者选择，如图 19.7。例 19.1 的分析中，我们选择"Principal components"方法进行因子提取，同时在 Analyze 中选择 Correlation matrix、Display 中选择 Unrotated factor solution 和 Scree plot、Based on Eigenvalue 中设定 Eigenvalues greater than: 1。单击 Continue 按钮。

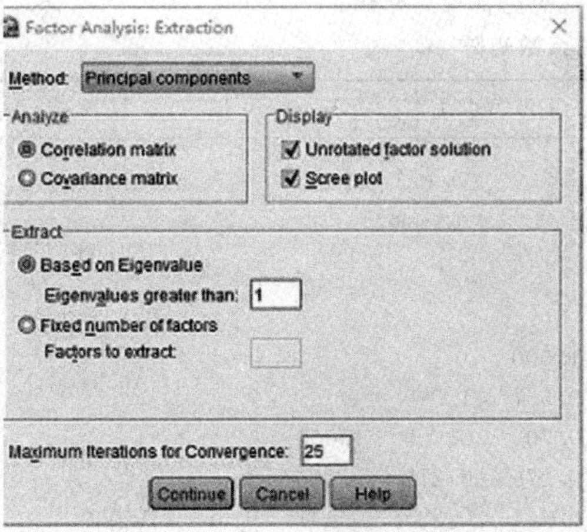

图 19.6　Factor Analysis: Extraction 对话框

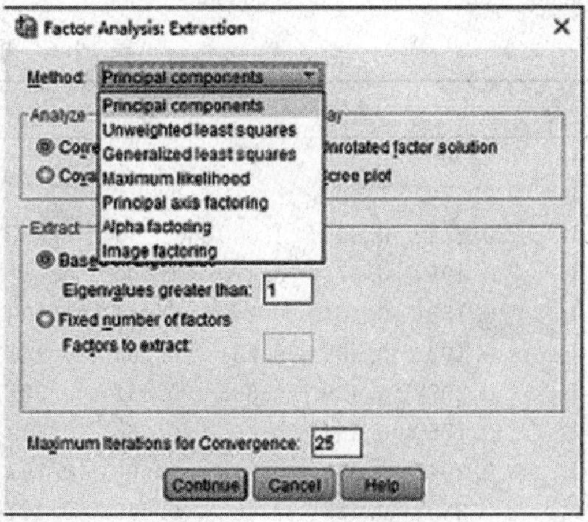

图 19.7　Factor Analysis: Extraction 中因子提取方法

(4)在 Factor Analysis 窗口点击 Rotation，会出现 Factor Analysis：Rotation 对话框，如图 19.8 所示。在 Method 中选择 Varimax、Display 中选择 Rotated solution。单击 Continue 按钮，最后单击 OK 按钮。

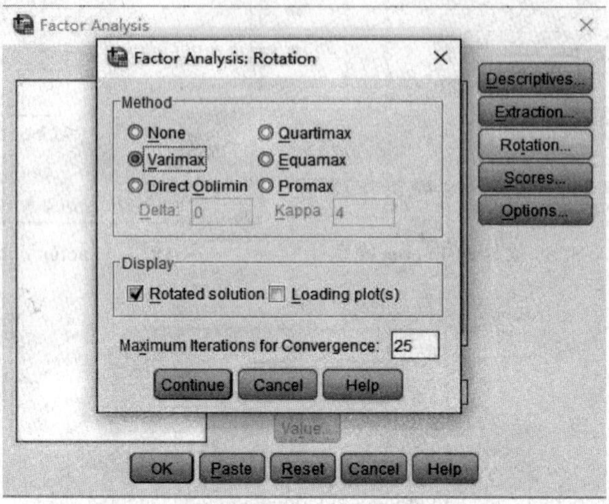

图 19.8 Factor Analysis：Rotation 对话框

(5)SPSS 主要输出结果及解释(已进行编辑)

表 19.5 KMO 统计量和 Bartlett 球形检验

Kaiser-Meyer-Olkin Measure of Sampling Adequacy		0.849
	Approx. Chi-Square	558.985
Bartlett's Test of Sphericity	df	55
	p	.000

由表 19.5 知，KMO 统计量为 0.849，大于 0.7，说明变量间信息的重叠程度较高；同时 Bartlett 球形检验显示，应拒绝各变量独立的假设，即变量间具有较强的相关性。提示实例数据适合进行因子分析。

表 19.6 相关系数矩阵

	I_1	I_2	I_3	I_4	I_5	I_6	I_7	I_8	I_9	I_{10}	I_{11}
I_1	1.000										
I_2	0.578	1.000									
I_3	0.414	0.609	1.000								
I_4	0.495	0.678	0.470	1.000							
I_5	0.158	0.384	0.245	0.436	1.000						
I_6	0.193	0.308	0.261	0.281	0.441	1.000					
I_7	0.207	0.429	0.306	0.442	0.521	0.637	1.000				
I_8	0.175	0.264	0.265	0.260	0.549	0.702	0.605	1.000			
I_9	0.394	0.338	0.316	0.406	0.197	0.276	0.272	0.316	1.000		
I_{10}	0.335	0.488	0.436	0.449	0.264	0.374	0.335	0.431	0.555	1.000	
I_{11}	0.270	0.350	0.274	0.311	0.230	0.423	0.416	0.402	0.515	0.488	1.000

表 19.7　初始共性因子、特征值及其累积方差贡献率

共性因子	特征值	方差贡献率(%)	累积方差贡献率(%)
1	4.879	44.352	44.352
2	1.606	14.597	58.949
3	1.090	9.913	68.863
4	0.641	5.831	74.693
5	0.609	5.534	80.228
6	0.537	4.883	85.111
7	0.434	3.943	89.054
8	0.411	3.737	92.792
9	0.298	2.714	95.505
10	0.268	2.433	97.939
11	0.227	2.061	100.000

表 19.8　因子载荷矩阵

↓	共性因子 1	共性因子 2	共性因子 3
I_1	0.566	0.517	−0.079
I_2	0.748	0.393	−0.298
I_3	0.627	0.364	−0.184
I_4	0.721	0.322	−0.284
I_5	0.604	−0.362	−0.404
I_6	0.673	−0.523	0.025
I_7	0.715	−0.409	−0.178
I_8	0.682	−0.553	0.040
I_9	0.620	0.212	0.540
I_{10}	0.709	0.145	0.356
I_{11}	0.637	−0.065	0.516

注:"↓"表示竖读。

表 19.9　因子分析后的公共度

I_1	I_2	I_3	I_4	I_5	I_6	I_7	I_8	I_9	I_{10}	I_{11}
0.412	0.651	0.407	0.562	0.440	0.574	0.558	0.624	0.442	0.495	0.402

如表 19.6 显示,管理能力问卷的 11 个条目间存在一定的相关性。本例中采用"主成分法"提取初始共性因子,如表 19.7 显示,前 3 个共性因子的特征值大于 1。此外,本例的碎石图(如图 19.9)亦提示前 3 个共性因子对应的曲线较陡峭,从第 4 个因子开始,曲线趋于平缓。故本例中考虑提取 3 个共性因子,前 3 个共性因子解释了原始变量 68.86%的信息。

竖读表 19.8 所提供的因子载荷矩阵，发现因子 1 在所有 11 个条目上都有较大的载荷；因子 2 在 I_1 上有较大的载荷；因子 3 在 I_9 和 I_{11} 上有较大的载荷。由此可见，提取的三个初始因子的意义都不清晰。

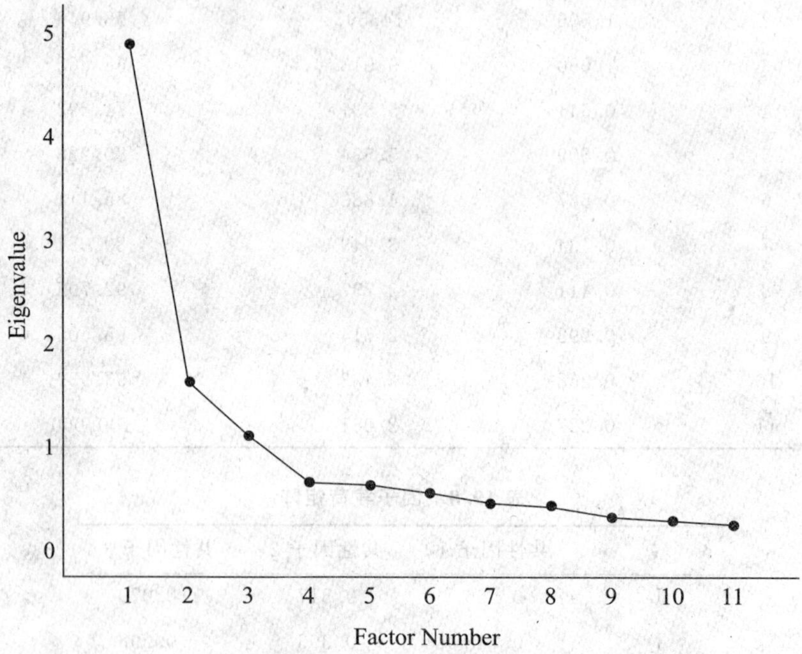

图 19.9 实例 19.1 因子分析的碎石图

从共性方差的角度看，由表 19.9 知，超过一半条目的共性方差都较为理想(超过 50%)，但 I_1、I_3、I_5、I_9 和 I_{11} 所对应的共性方差偏低(不足 50%)。

19.2.4 因子旋转

建立因子分析模型的目的不仅仅要找出共性因子，更重要的是能够对提取的每个共性因子有比较清晰的专业解释，以便进一步的分析。然而在多数情况下，因子分析的初始结果中，各共性因子的典型代表变量并不是很突出，致使各共性因子的专业意义难于解释，从而达不到因子分析的主要目的。

当提取的共性因子的专业意义不清晰时，可以尝试通过因子旋转的方法来解决。因子旋转(factor rotation)就是通过适当旋转基于初始因子 $F_1, F_2, \cdots, F_m$ 形成的坐标系的位置，重新分配各共性因子所解释的方差比例，使因子结构更简单明了。因子旋转的方法有：正交旋转法(orthogonal rotation method)和斜交旋转法(oblique rotation method)。

1. 正交旋转法

正交旋转法假定共性因子之间不相关，旋转过程中保持各因子轴间的直角角度不变，如图 19.10(a)，图示了两因子模型的正交旋转。正交旋转具有以下性质：①保持各变量的共性方差不变；②旋转后所得的共性因子保持不相关。可以按不同的原则求得正交旋转矩阵，相应地就有不同的正交旋转方法，主要包括方差最大化法(varimax)，四次方最大化法(quartimax)和均方最大化法(equamax)。

其中,方差最大化法是目前最常用的正交旋转方法。该方法通过旋转因子轴使每个变量在诸共性因子上的载荷向两个极端分化,在一个共性因子上的载荷尽量大,而在另一个共性因子上的载荷尽量小,换言之,使每个变量在各共性因子上的载荷变异尽量大,从而使各共性因子具有较为清晰的专业意义。

2. 斜交旋转法

有时为了使共性因子的意义更清晰,甚至不惜放弃因子间互不相关的限制,使共性因子所对应的坐标轴穿过因子图上聚集的点,从而这些点在新因子轴上有较大载荷,而在其他因子轴上的载荷几乎为零,这就是斜交旋转。斜交旋转法允许各共性因子之间存在相关性,旋转过程中因子轴间不必保持 90°角,如图 19.10(b),图示了两因子模型的斜交旋转。斜交旋转使因子载荷的解释复杂得多,但在加大因子载荷平方的差别上,取得的效果一般要比正交旋转的效果好。

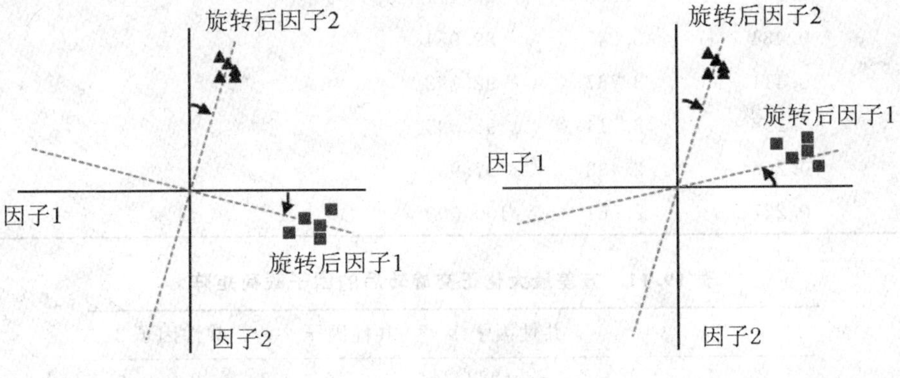

(a) 正交旋转　　(b) 斜交旋转

图 19.10　因子旋转的示意图

选用哪种方法进行因子旋转,取决于研究者是否有足够的理论依据来假设共性因子之间的相关性,同时还需要考虑共性因子对观测变量的影响和专业意义来确定。斜交旋转后新共性因子的意义格外清晰,但假设共性因子之间存在相关性,使因子载荷的解释复杂得多,故一般主张采用方差最大化旋转。也有研究者,分别用正交和斜交旋转法进行因子旋转,如果斜交旋转法提示共性因子之间的相关性较弱,则可以采用正交旋转法。

例 19.2(续例 19.1)例 19.1 中初始因子的实际意义并不很明确,故对上述主成分法求得的因子载荷矩阵进行"方差最大化正交旋转",结果如下:

由表 19.10 知,旋转后 3 个共性因子的特征值及其方差贡献率均发生了变化,但仍然保持从大到小的顺序且累积方差贡献率仍为 68.86%,和旋转前完全相同,因此保留前 3 个共性因子。

竖读旋转后的因子载荷矩阵表 19.11,可以看出:因子 1 在 I_5、I_6、I_7 和 I_8 上有较大的因子载荷;因子 2 在 I_1、I_2、I_3 和 I_4 上的载荷较大;因子 3 在 I_9、I_{10} 和 I_{11} 上的载荷较大。进一步结合各条目的具体内容,可以认为,因子 1 反映了管理能力中的时间管理能力,命名为时间管理因子;因子 2 则反映了管理能力中的信息反馈能力,命名为反馈因子;因子 3 反映的是解决问题的能力,故命名为问题解决因子。由此可知,此管理能力问卷,主要测量了管理者"反馈、时间管理、问题解决”三个方面的能力。

表 19.10 旋转后各共性因子的特征值、方差贡献率及其累积方差贡献率

共性因子	初始因子			旋转后因子		
	特征值	方差贡献率(%)	累积方差贡献率(%)	特征值	方差贡献率(%)	累积方差贡献率(%)
1	4.879	44.352	44.352	2.771	25.190	25.190
2	1.606	14.597	58.949	2.745	24.953	50.143
3	1.090	9.913	68.863	2.059	18.719	68.863
4	0.641	5.831	74.693			
5	0.609	5.534	80.228			
6	0.537	4.883	85.111			
7	0.434	3.943	89.054			
8	0.411	3.737	92.792			
9	0.298	2.714	95.505			
10	0.268	2.433	97.939			
11	0.227	2.061	100.000			

表 19.11 方差最大化正交旋转后的因子载荷矩阵

↓	共性因子 1	共性因子 2	共性因子 3
I_1	−0.023	0.721	0.270
I_2	0.239	0.848	0.162
I_3	0.156	0.705	0.195
I_4	0.271	0.779	0.153
I_5	0.746	0.312	−0.079
I_6	0.793	0.061	0.307
I_7	0.787	0.251	0.167
I_8	0.817	0.040	0.322
I_9	0.072	0.283	0.797
I_{10}	0.226	0.375	0.677
I_{11}	0.296	0.122	0.757

注:“↓”表示竖读。

通过比较旋转前后的因子载荷矩阵,可以看出,经方差最大化正交旋转后,3 个因子的载荷矩阵均明显地集中在少数几个条目上,这说明因子旋转对因子载荷起到了较好的分离作用,从而使各因子具有了清晰的专业意义。

19.2.5 因子分析的流程

为方便读者对探索性因子分析的过程有更清晰的了解和认识,我们将探索性因子分析的具体流程归纳如下，见图 19.11。

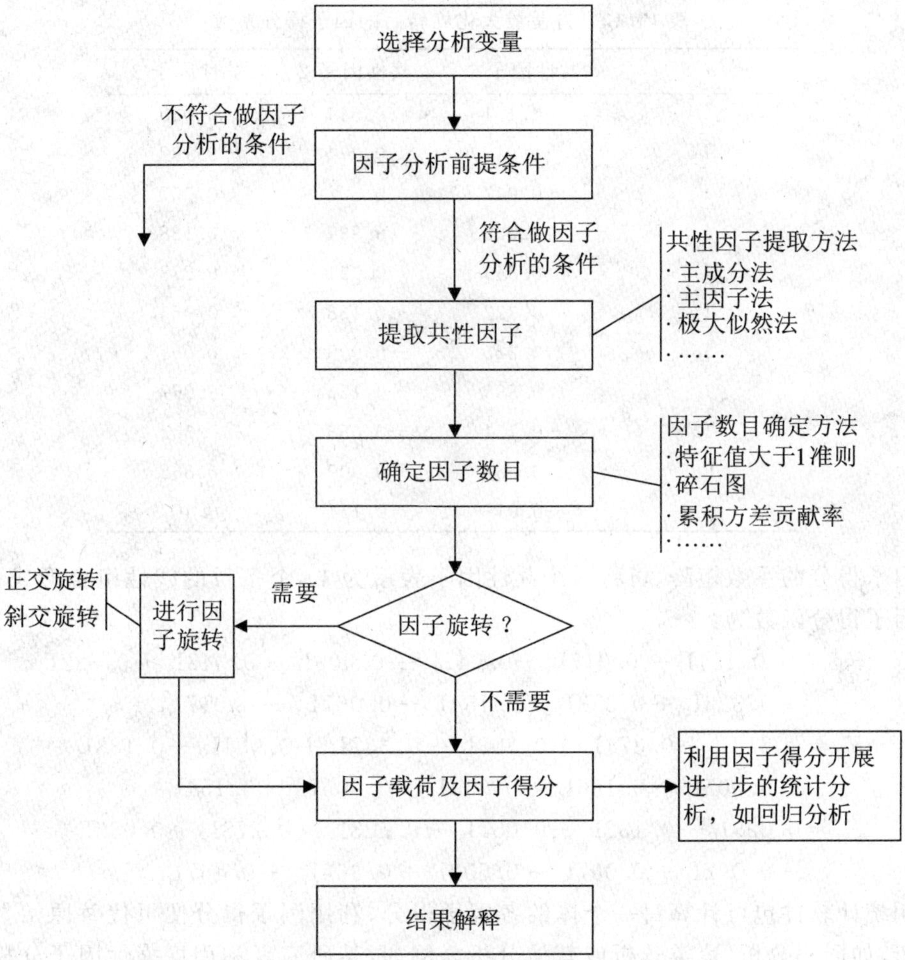

图 19.11　探索性因子分析的基本流程

19.3　因子得分与因子模型的应用

19.3.1　因子得分

因子模型建立起来后，有时候需要把共性因子表示为原始变量 $X_1, X_2, \cdots, X_p$ 的线性组合，并对每个样本计算各共性因子的估计值，称为因子得分。个体的因子得分类似于主成分，综合反映个体的大部分信息。从数学模型上看，因子得分函数可表示为：

$$F_j = \beta_{j1} X_1 + \cdots + \beta_{jp} X_p, \quad j = 1, 2, \cdots, m \tag{19.7}$$

可见，要求得每个共性因子的得分，必须求出因子得分函数的系数 β_{jp}，由于 $m < p$，所以因子得分矩阵不能直接计算，只能通过估计的方法求得。最常用的估计方法是回归估计法（SPSS 的默认估计方法），其次也可以用 Bartlett 估计法，具体的数学理论和计算方法可查阅相关的参考文献。

多数统计软件包可以给出因子得分系数，相当于给出了由变量值计算各因子得分的公式。例19.1的因子得分系数见表19.12。

表19.12 方差最大化旋转后的因子得分系数

	共性因子1	共性因子2	共性因子3
I_1	−0.151	0.314	0.029
I_2	−0.017	0.374	−0.132
I_3	−0.047	0.302	−0.057
I_4	0.009	0.337	−0.128
I_5	0.343	0.091	−0.278
I_6	0.322	−0.138	0.056
I_7	0.323	−0.005	−0.092
I_8	0.333	−0.156	0.067
I_9	−0.154	−0.053	0.502
I_{10}	−0.067	0.005	0.362
I_{11}	−0.017	−0.154	0.467

由因子得分的系数矩阵，可将3个共性因子表示为11个条目的线性组合形式，例19.1具体的因子得分函数为：

$$F_1 = -0.151I_1 - 0.017I_2 - 0.047I_3 + 0.009I_4 + 0.343I_5 + 0.322I_6 + 0.323I_7 + 0.333I_8 - 0.154I_9 - 0.067I_{10} - 0.017I_{11}$$

$$F_2 = 0.314I_1 + 0.374I_2 + 0.302I_3 + 0.337I_4 + 0.091I_5 - 0.138I_6 - 0.005I_7 - 0.156I_8 - 0.053I_9 + 0.005I_{10} - 0.154I_{11}$$

$$F_3 = 0.029I_1 - 0.132I_2 - 0.057I_3 - 0.128I_4 - 0.278I_5 + 0.056I_6 - 0.092I_7 + 0.067I_8 + 0.502I_9 + 0.362I_{10} + 0.467I_{11}$$

利用统计软件包可计算每一个体的各因子得分，利用因子得分便可代替原始数据做进一步分析，如回归分析、聚类分析或其他分析。例如，某研究者利用探索性因子分析将代谢综合征的组成成分归纳为三个因子：体重/胰岛素因子（体重指数、腰围，皮褶厚度和空腹胰岛素水平）、血压因子（收缩压和舒张压）和脂代谢因子（三酰甘油和高密度脂蛋白），并利用因子得分将个体区分为高风险人群和低风险人群，通过logistic回归进一步探讨了高风险人群的危险因素。

19.3.2 综合评价

研究者可以利用因子得分对样本进行综合评价。例如，为了考察某市各区县经济发展状况，研究者搜集了该市各区县的一批社会经济指标（如GDP，工业生产总值等）。采用回归方法求出因子得分函数，并求得3个共性因子的因子得分，这3个共性因子分别从不同方面反应了该市各区县的经济发展状况的总体水平，但单独利用某一个因子并不能对各区县在全市中的经济地位做出综合评价。因此按各共性因子对应的方差贡献率作为权重可计算出各区县的综合因子得分，利用此综合因子得分即可对该市各区县社会经济发展水平进行排序，得出综合评价结果，用于指导该市制定整体的经济发展战略。

19.3.3 探索量表的因子结构

考核量表的结构效度是因子分析的主要目的之一，包括探讨量表的因子结构、条目与共性因子之间的相关性、量表的修订和完善、以及共性因子的命名等。在社会心理学研究中，研究者通常需要通过多个条目组成的量表来测量一些社会心理属性。尤其是在量表研制的过程中，由于研究者事先对各条目之间的关系和其隐含的潜在因子并不清楚，此时就需要通过探索性因子分析考察量表的因子结构。必要时，还可根据因子载荷矩阵对量表条目进行修订和完善。

19.3.4 共性因子与潜在变量

如果把共性因子$F_1, F_2, \cdots, F_m$视为不可直接测量的潜在变量(latent variable)，由可观测的变量$X_1, X_2, \cdots, X_p$的数值推算出潜在变量$F_1, F_2, \cdots, F_m$的数值可帮助人们深刻地了解个体的潜在本质。这也是人们强调共性因子的意义必须清晰的原因所在。

19.4 因子分析的注意事项

19.4.1 样本量

样本量是所有研究都需要考虑的问题。对于因子分析，亦是如此。样本量对因子分析结果有较大的影响，小样本研究不仅会增大估计参数的标准误，甚至会导致对因子结构及因子数目的错误判断。普遍认为较大的样本量才能使得因子分析结果具有代表性，参数估计具有较好的精确性。但是，究竟多大的样本量足够？不同的学者给出了不同的看法。有学者认为，至少需要300的样本量，才能获得较为稳定的因子分析结果。也有学者，按照多变量统计分析的经验准则，建议用样本量与所分析变量数的比值(subject to item ratio)来确定因子分析所需的样本量，通常认为是纳入变量个数的10～15倍。

19.4.2 因子分析的前提条件

在进行因子分析之前，首先要判断研究样本是否适合进行因子分析，如果变量间彼此独立，则无法从中提取共性因子，也就没有必要进行因子分析。因子分析的前提条件包括：

1. 数据类型

因子分析要求原始变量为连续型变量(continuous variable)。对于量表条目，一般要求至少采用Likert 3点计分法。

2. 正态性

当采用极大似然法进行因子载荷矩阵的估计时，还要求变量服从多元正态分布，但是这一前提条件经常被研究者忽视。如果变量不服从正态分布，常用的处理方法包括：①尝试进行变量变换使其满足正态分布的条件；②选用其他的因子载荷矩阵估计方法。

3. 因子分析适用性检验

KMO(Kaiser-Meyer-Olkin Measure of Sampling Adequacy)统计量和Bartlett球形检验(Bartlett's test of Sphericity)用于因子分析适用性的检验。

KMO统计量是用于检验变量间相关性的一个指标，取值介于0～1，越接近1，提示变量间的相关性越强，进行因子分析的效果也越好。实际分析中，KMO统计量＞0.7时，进行因子分析的效果较好。此外，也有学者认为KMO统计量＞0.5即提示适合进行因子分析，而如果 KMO 统计量<0.5，则提示不适合应用因子分析，需要重新设计变量结构或者采用其他统计分析方法。

Bartlett 球形检验，又称对称性检验，通过检验相关系数矩阵是否为单位矩阵（identity matrix），来判断各变量间的相关程度。如果相关矩阵是单位矩阵，提示各变量间独立，则不适合进行因子分析。Bartlett 球形检验的零假设是相关矩阵为单位矩阵，如果拒绝零假设，即 Bartlett 球形检验结果有统计学意义，才适合应用因子分析。

SPSS 统计软件通过对应的选项可以自动给出 KMO 统计量和 Bartlett 球形检验结果。

19.4.3 因子分析与主成分分析的区别

因子分析和主成分分析既有紧密的联系，同时又有着很大的不同。表 19.13 归纳了因子分析和主成分分析的主要异同点。

表 19.13 因子分析与主成分分析的异同

	主成分分析	因子分析
相同点：	1. 都是从多个原始变量的相关关系入手，将存在相关关系的多个变量简化为少数几个综合指标的多元统计方法，可以在尽可能保留原始变量信息的基础上降低变量维数。 2. 因子分析在某种程度上可以看成是主成分分析的推广和扩展。 3. 当因子分析中采用主成分法进行因子载荷矩阵的估计时（即约相关矩阵 R^* 中，取 $h_i^2 = 1$），因子分析的结果即为主成分分析的结果，此外，因子分析的主因子解也常常是由主成分分析的结果作为 h_i^2 的初始值来计算的。	
数学模型	主成分为原始变量的线性组合，分析重点在于综合原始变量的信息，即 $C = AX$	原始变量为共性因子与特异因子的线性组合，重点在于解释原始变量之间的关系，即 $X = LF + \varepsilon$
得分计算	各主成分的得分可以精确计算	各共性因子得分只能通过估计得来

【本章小结】

1. 因子分析是多元统计分析中简化数据结构的一种统计方法，通过研究原始观测变量的相关矩阵（或协方差矩阵），将多个可观测变量综合为少数几个不可被直接测量的潜在的共性因子，以再现原始观测变量与共性因子之间的相关关系，从而简化原变量的数据结构。

2. 因子载荷 b_{ij} 是第 i 个变量 X_i 与第 j 个共性因子 F_j 的相关系数，反映了原始变量 X_i 对共性因子 F_j 的依赖程度；因子贡献 g_j^2 为因子载荷矩阵 L 第 j 列元素的平方和，反映了第 j 个共性因子 F_j 对所有原始变量的影响程度；公共度 h_i^2 为因子载荷矩阵 L 第 i 行元素的平方和，反映了全体共性因子对原始变量 X_i 的影响程度。

3. 因子载荷矩阵的估计方法很多，常用的估计方法包括：主成分法、主因子法和极大似然法等。

4. 因子分析中确定因子数目的方法有特征值大于 1、碎石图、累积方差贡献率和平行分析法等。其中，特征值大于 1 是目前最常用的确定因子数目的方法。

5. 因子分析的目的之一是要对提取的共性因子的实际含义进行专业解释，即对共性因子进行合理的命名。然而，在实际工作中，有时初始共性因子的意义不明确，为了更好地解释结果，需要进行因子旋转。方差最大化正交旋转是目前常用的因子旋转方法。

6. 因子得分是因子分析的最终体现。计算得出个体的因子得分后，就可以利用它们代替原始数据，对数据结构降维，开展进一步的分析，如回归分析、聚类分析、方差分析等；还可以利用因子得分对样本进行综合评价。此外，因子分析还可用来考核量表的因子结构，指导量表的修订和完善。

※ 延伸阅读

1. 本章对探索性因子分析的相关理论进行了简要介绍，有关探索性因子分析更详尽的介绍及其 SPSS 软件实现，读者可参阅如下书籍：

(1) Fabrigar LR, Wegener DT. Understanding statistics: Exploratory factor analysis [M]. New York, NY: Oxford University, 2012.

(2) 张文彤，董伟 . SPSS 统计分析高级教程[M]. 北京：高等教育出版社，2004：213—234.

2. 读者若对验证性因子分析的相关内容感兴趣，可参阅以下的书籍，这些参考书既有模型理论方面的，也有软件实现方面的：

(1) 侯杰泰，温忠麟，成子娟 . 结构方程模型及其应用[M]. 北京：教育科学出版社，2004.

(2) 邱皓政，林碧芳 . 结构方程模型的原理与应用[M]. 北京：中国轻工业出版社，2009.

(3) 吴明隆 . 结构方程模型：AMOS 的操作与应用[M]. 2 版 . 重庆：重庆大学出版社，2010.

【思考练习】

1. 简述因子分析的基本思想。
2. 简述公共度、因子贡献及因子贡献率、因子载荷及因子载荷矩阵的意义。
3. 常用的因子载荷矩阵估计方法有哪些？
4. 常用的确定因子数目的方法有哪些？各有什么优缺点？
5. 一般情况下，为什么要进行因子旋转？常用的因子旋转方法有哪些？
6. 简述因子分析的基本流程。
7. 因子分析都有哪些前提条件需要考核？
8. 简述因子分析的应用。
9. 因子分析与主成分分析的区别和联系。
10. 研究者搜集得到洛杉矶 12 个人口调查区的 5 个社会经济指标：人口总数、居民受教育程度（平均校龄）、总雇员数、服务行业从业人数和房价，如表 19.14，试作因子分析，并对这 12 个区的社会经济水平进行综合评价。

表 19.14 洛杉矶 12 个区的社会经济学指标数据

	人口总数	居民受教育程度	总雇员数	服务行业从业人数	房价
1	5700	12.8	2500	270	25000
2	1000	10.9	600	10	10000
3	3400	8.8	1000	10	9000
4	3800	13.6	1700	140	25000
5	4000	12.8	1600	140	25000
6	8200	8.3	2600	60	12000
7	1200	11.4	400	10	16000
8	9100	11.5	3300	60	14000
9	9900	12.5	3400	180	18000
10	9600	13.7	3600	390	25000
11	9600	9.6	3300	80	12000
12	9400	11.4	4000	100	13000

11. 某课题组采用自行设计的吸烟态度问卷，调查了 107 名成年人对吸烟相关行为的态度，吸烟态度问卷包含以下 5 个条目。调查结果见表 19.15，表中每个条目采用 100 分制，1 分代表完全不同意，100 分代表完全同意。试通过因子分析探讨此问卷的因子结构，并对提取的共性因子进行命名。

S1：我认为吸烟是可以接受的

S2：我不介意别人在我周围吸烟

S3：我认为人们不应该在餐厅吸烟

S4：我认为人们有权选择吸烟

S5：我认为人们不应该在就餐时吸烟

表 19.15 某课题组对 107 名成年人吸烟态度问卷的调查数据

编号	S1	S2	S3	S4	S5
1	65	65	43	65	43
2	45	23	65	35	43
⋮	⋮	⋮	⋮	⋮	⋮
106	60	60	99	60	91
107	56	33	91	56	98

【参考文献】

1. Brett Williams, Andrys Onsman, and Ted Brown. Exploratory factor analysis: A five-step guide for novices [J]. Journal of Emergency Primary Health Care (JEPHC), 2010, 8 (3): 1−13.

2. DeCoster J. Overview of factor analysis. Retrieved May 2016 from http://www.stat-help.com/notes.html.

3. Dilorio CK. Measurement in health behavior: methods for research and evaluation

[M]. Jossey-Bass, San Francisco VA; 2005.

4. Hayton JC, Allen DG, Scarpello V. Factor retention decisions in exploratory factor analysis: A tutorial on parallel analysis[J]. Organizational research methods, 2004: 191-205.
5. Peter M. Fayers and David Machin. Quality of Life: Assessment, Analysis and Interpretation[M]. John Wiley and Sons; 2000.
6. Tinsley HEA and Brown SD. Handbook of applied multivariate statistics and mathematical modeling [M]. San Diego, CA: Academic, 2000: 265-296. 7. Vikram Naval K, Pandey Ravindra M, Misra Anoop, et al. Factor analysis of the metabolic syndrome components in urban Asian Indian adolescents[J]. Asia Pacific Journal of Clinical Nutrition, 2009, 18(2): 293-300.
8. 陈一，唐飞，李铁刚，等. 因子分析法在质谱成像数据分析中的应用[J]. 分析化学，2014(8):1099-1103.
9. 方积乾. 生物医学研究的统计方法[M]. 北京：高等教育出版社，2007：424-437.
10. 方积乾. 医学统计学与电脑实验[M]. 4版. 上海：上海科学技术出版社，2012：307-319.
11. 傅德印. 因子分析统计检验体系的探讨[J]. 统计研究，2007，24(6):86-90.
12. 何羿婷，查青林，阎小萍，等. 类风湿性关节炎症状因子分析及其与疗效的关系[J]. 中国中西医结合杂志，2005，25(12):1077-1081.
13. 孔明，卞冉，张厚粲. 平行分析在探索性因子分析中的应用[J]. 心理科学，2007，30(4)：924-925.
14. 林海明. 因子分析应用中一些常见问题的解析[J]. 统计与决策，2012(15):65-69.
15. 孙振球，徐勇勇. 医学统计学[M]. 3版. 北京：人民卫生出版社，2010：362-374.
16. 王云霞，罗荣，金曦，等. 因子分析与聚类分析在妇幼保健评价指标筛选中的应用比较[J]. 中国妇幼保健，2009，24(34):4793-4796.
17. 俞立平，刘爱军. 主成分与因子分析在期刊评价中的改进研究[J]. 情报杂志，2014(12):94-98.

第20章 定性研究资料的整理分析

【目的要求】

了解定性研究和定量研究的区别。

掌握定性资料的整理方法，定性资料和定量资料分析过程中的相同和不同之处，语义分析法的特点和实施。

重点是定性研究资料的编码原理和方法。

难点是定性研究整理和分析资料的方法。

一般研究使用方法可分为定量研究（quantitative study）及定性研究（qualitative research）两种类型，对于不同类型的研究及目的，两种研究方法各有所长。近年来，定性研究的方法在医疗卫生领域的应用越来越广泛，在挖掘事物的深层次原因及细节把握方面，定性研究具有独到之处，尤其适用于研究特殊群体和复杂敏感的社会问题。那么，定性研究和定量研究到底存在哪些区别呢？下面为大家总结了几处不同：

表20.1 定量研究与定性研究的区别

	定量研究	定性研究
研究工具	问卷、量表、测量或实验仪器	研究者本身
研究对象特征	数量属性为主	文本属性为主
研究对象的采集	从总体中抽样得到	根据研究目的选择能够最大限度回答研究问题的样本
研究过程与方法	首先提出研究假设，收集资料，整理与分析后，提出研究结论来解答研究问题或验证研究假设。	研究没有先决的假设，但需确定研究问题，深入研究场所及情境中，研究者利用观察、访谈等技术广泛收集资料，叙述和剖析真相。
研究结果	侧重于统计，可用于推断总体。	侧重于叙述，结果不易复制，一般适用于特定的情形。

定量研究所获得的资料具有数量属性，因此通过定量研究获得的资料一般进行数量的分析，其中最常用的就是统计分析法——基于统计理论基础之上对所获得的数据进行整理，计算，分析和解释，使用的方法包括统计描述和统计推断。

在定性研究中，通常使用观察法、访谈法、专题小组讨论和文献分析等方法来收集资料，得到的资料可能以文本、音频或视频的资料形式出现，因此在数据整理、利用和分析上有其独特的手段。

20.1　研究对象及样本的特征

定性研究的研究对象是以研究目的和研究内容为基础来选择的，这与定量研究相似，定性研究中往往是选择那些最能够有助于实现研究目的的访谈对象、观察对象或文献、影像资料。

20.1.1　访谈对象

选取被访谈者作为研究对象时，可能采取面对面访谈（interview）、电话或者专题小组讨论（focus group）的形式来收集资料。首先，可能关注到底需要多少访谈对象。在定性研究中，由于资料的采集更耗时而且昂贵，因此采用概率抽样来抽取访谈对象往往是不切实际的，因此，访谈对象的选取很大程度上决定于研究目的、对象的特征及他们所具有的与研究相关的内容信息。一般，在一项定性研究中，访谈的人数往往是 15±10 个，访谈人数太少时，研究对象的结果难以概括；反之，则无充足时间对研究对象进行深入分析。因此，总的标准是通过较少的访谈来获得较多的信息。而在专题小组讨论中，参加人数通常以 5～7 人为宜，最多不要超过 10 人。

除了专题小组讨论外，为了确保研究结果的可靠性和客观性，也应着眼于采用更为广阔的、全景的视野来进行资料的收集，以尽量减少在特定场合中可能出现的偏见、价值观和厉害关系对研究结果的影响。此时，可结合一些深入的个人访谈来补充必要的信息。

不管采用哪种形式进行访谈，都需要对访谈对象的特征进行描述，描述的内容包括：①对象的基本信息；②和研究内容相关的一些背景说明。

例 20.1　在欠发达地区，引进和留住优秀医护人员是老大难问题，一项关于“欠发达地区医护人员的引进和激励机制研究”的研究，拟从制度、文化和技术层面探索欠发达地区医护人员的引进和激励策略。

【分析】在本例中，需要面向相关政府部门负责人、医疗机构管理者、医护人员开展访谈，除了组织相关政府部门负责人、医疗机构管理者、部分医护人员开展专题小组讨论外，还需要到临床一线抽取一些医护人员进行面对面的访谈，以便更深入全面地了解医护人员目前的激励情况和真实需求。

首先，对参加专题小组访谈（包含相关政府部门负责人 A、医疗机构管理者 B、医务人员 C）的对象进行描述，由于访谈对象不多，本访谈中的研究对象均采用立意抽样（purpose sampling），研究对象的特征可采用文字逐一介绍：

① A1 局长，××县××卫计局副局长，分管医政科教、人事等工作，从事卫生行业相关工作 32 年，曾在 D2 卫生院担任卫生院院长。

② A2 局长，××县人社局副局长，分管专业技术人员管理、事业单位人事管理、工资福利与离退休方面工作。

③ A3 主任，××县机构编制委员会办公室副主任，分管事业机构编制工作。

④ B1 院长，××县 D1 卫生院院长，从事医疗卫生工作 25 年，担任该卫生院院长 5 年。

⑤ B2 院长，××县 D2 卫生院院长，从事医疗卫生工作 29 年，担任该卫生院院长 4 年。

⑥ C1 主任，主任医师，D1 卫生院妇产科主任，曾到省妇幼保健院进修妇产科，从事妇产科临床医疗工作二十多年，擅长于产科分娩、剖宫产及常见妇科手术。

⑦ C2 医生，主治医师，D2 卫生院综合门诊主任，毕业于本科医学院校，从事临床工作十多年，曾到市人民医院进修内科，熟练掌握内、儿科病人的诊治。

本研究进一步在医护人员群体中进行配额抽样(quota sampling)并进行个别采访，以了解不同岗位不同级别的医护人员对激励制度的切实需求。下表描述了抽取的医护人员的基本情况：

表 20.2　欠发达地区医护人员激励机制研究的个别访谈对象

因素	分组	人数	因素	分组	人数
岗位			性别		
	医生	8		男	9
	护士	8		女	11
	医技	4	年龄(岁)		
医院				＜30	3
	A	10		30～	8
	B	10		40～	5
工作年限(年)				50～	4
	＜3	2	职称		
	3～	3		未取得职称	4
	5～	6		初级	10
	10～	9		中级	6

访谈是定性研究过程中不可或缺的信息来源，但访谈仅仅是口头陈述，其中可能无法避免会有偏见、描述不清或者不确切、发音不准等困难，而解决这些问题的办法是，将访谈的资料和从其他途径中获得的资料结合。

20.1.2　实地观察

当研究除了关注人们的行为之外，也关注他们的行为与所处环境的交互作用时，那么到研究场所开展实地观察则可能获取更多的信息。实地考察通常能够对研究课题提供附加信息，比起仅仅询问访谈对象有关他们日常工作或行为、思想方面的一些问题来说，观察法可以减少参与者反应性(Reactivity，即被访谈的个体对其自身被研究的意识，人们基于这种意识而作出的各种反应会影响到资料准确性和结果的可信度，Rosnow and Rosenthal，1996)的问题。

在实施观察的过程中，不仅要用眼，更要用脑，对研究对象、行为和事件进行系统观察，然后做出客观严谨系统的记录，并加以分析以获得结论。在实地观察过程中，研究者经常需要辅以摄影机、记录表格或笔记，将所观察到的现象、事件或行为逐一记录。基本上，参与观察的研究者必须融入研究场所，并对研究现象进行密集式的观察，所以颇为耗时。

根据研究者自身对研究情境的涉入程度与角色，进一步将实地观察法区分为以下 4 种形式：

(1)完全参与(complete observer)，指在实地参与观察时，研究者的身份与其他人是一样的，被观察的人并不知道研究者真实的身份，研究者可以自然地和被观察者互动。

(2)如观察者般参与(participant as observer),研究者能够完全参与整个场景或活动,但需要向被研究者表明自己的身份;因此身份的表明可能影响互动过程,使原貌失真。

(3)如参与者般观察(observer as participant),研究者需要表明自己的身份,同时和被研究者在研究过程中不断互动,与第二种情况相比,研究者涉入情境的程度较少。

(4)完全观察(complete observer),研究者完全从旁观者的角度与立场,不参与研究场所的活动,仅仅作为旁观者的角度来进行观察。

例 20.2　一项远程医疗技术正在应用推广,研究者前往开展该项技术的基层接入点进行实地观察,了解其实施和应用的情况。

【分析】为了真实客观地了解该远程技术的应用情况,研究者采用了完全观察的方式到研究场所开展实地观察。在观察过程中,一般可利用一个观察草案(Observational protocol)来对观察过程作详尽的描述,里面一般包含如下几个要素:

①场所:场所的位置与环境。

②活动者:在该场所中的人物。

③活动:活动者在该场所中所进行的一系列行动。

④物体:在该场所中,有哪些布置与装置。

⑤行动:在该场所中,每个成员所做的单一行动。

⑥事件:在该场所中,哪些活动是有系列相关的。

⑦时间:随着时间的进展,陆续发生或完成的事情。

⑧感情:在事件发生过程,相关人物的知觉与情绪的表达。

下面是本例整理出来的观察草案:

场所描述:一个城乡结合部的药店,门口挂着“××远程医院”就诊点的招牌,走进药店里头,有一间大约 10 平米左右的隔间。

物体描述:隔间里面摆放着电脑、摄像头、体温计、血压计和打印机。

活动者描述:(1)药店的工作人员,女,约 30 岁,已出示执业药师资格证。(2)一位自述喉咙痛的患者,男,26 岁,流动人口,无本地医保。(3)远程医院的医生,男,约 35 岁,内科主治医师,擅长常见病多发病的诊疗。

活动、行动及事件、时间的记述:在药店工作人员的帮助下,患者输入姓名、性别、年龄、手机号等基本信息进行注册,注册成功后患者登陆,此时线上有 5 位医生能够提供服务,患者根据在线各位医生的专长选择了一位无需等候的开始与接诊医生进行视频对话。患者向医生描述发病经过和主要症状,医生根据病情描述诊断其为上呼吸道感染,全程大约 10 分钟,医生开具处方后药店将处方打印出来,患者可选择是否在药店买药,但药方则会保存在药店,患者诊疗完毕在药店购药后离开,共需支付药费 38.20 元。

感情描述:患者自述是外地打工者,平时基本不会到大医院看病,听工友介绍后初次体验该远程医疗技术,感觉比较方便满意。药店工作人员态度热情,积极和患者介绍其诊室的服务和特色。远程医院的医生态度温和,对患者的患病经过询问较为仔细,并提醒患者如服药后未改善应及时到医院复诊和检查,沟通较为流畅。

通常,对研究场所的实地观察可以为解释现象发生的过程提供直接的和更详细的资料,常常有意外的收获,例如在上述的研究中,研究者发现该技术大大有助于方便居民群众的常见病多发病的就诊，但同时也发现，就诊过程中视频通话的质量仍有待提升，偶尔会出现通话不清晰及中断的问题。

在研究场所开展观察研究时，研究者可以作为参与者，也可以仅仅是观察者；可以公开也可以隐蔽，实地考察的方法有助于获得社会现实的真实图像，但同时也可能会将研究者自身的猜想、判断、看法和观点强加给读者。因此研究者必须具备一种能力，随时跳出现场，保持客观中立的立场和实事求是的态度进行科学评价。

20.1.3 次级资料(文献或其他类型资料)

在定性研究过程中，除了研究者亲自研究设计和搜集资料外，可能也需要收集符合自己研究目的的次级资料，如相关的文献，包括一些公众文献，如政府报告、报纸、会议记录；也可以是私人文献，如病例报告、往来信件等。可将搜集的原始资料和次级资料相比较，以探索事物变迁的过程和现象。

在研究的初始阶段，研究者利用次级资料来解决要研究的议题、寻找可进一步研究的新点子，帮助问题的定义、发展假设及延伸理论，让现有的知识得以拓展。例如，使用某地区人口普查的数据结果来了解研究地区的社会、人口、家庭、民族及流动等背景属性。

使用次级资料时，应注意资料的来源、真实性和可靠性，如果次级资料的来源是可靠且正确的，则可优先使用。其次可以通过收集各时期数据，使研究者能够采取时间纵向的研究设计，当研究者将他们的原始资料与以前研究所搜集到的次级资料相比较时，相对于原先的研究而言，研究者进行的是一个后续研究。第三，次级分析可以改善测量的方式，如扩展研究变量的范围也使研究者能获得新的启发。第四，次级资料能运用在交叉验证上，以提高经原始资料所获得的研究结果的效度。

在运用次级资料时最严重的问题也许是：研究者因为特定研究目的而搜集的原始资料，与其他人基于其他目的所搜集的数据，两者之间实际上是存在无法避免的差距。这些差异可能出现在样本大小和设计、问题措辞与顺序、访谈议程与方法细节以及实验条件上。

例 20.3 某研究者开展项目研究乡村医生的责任和相关权益的落实，在开始访谈前，搜集了近十年政府在推动乡村医生的培养和激励方面的政策历程。

【分析】研究者收集了某省近十年来出台的相关人才扶持政策，并描述如下：

2005 年 3 月，印发卫生技术人员培训计划的通知，重点对农村、社区和预防保健在职卫生技术人员进行有计划、有针对性的分级分类培训。

2006 年 11 月，农村卫生人才培训项目工程启动，项目将对经济欠发达县(区)的 20000 名乡村医生进行系统培训。

2012 年 11 月，印发进一步加强乡村医生队伍建设的实施意见，明确乡村医生职责，改善执业场所条件，健全乡村医生补偿、养老保障机制，完善培养培训制度。

2013 年 4 月，印发镇村卫生服务一体化管理工作的通知，鼓励卫生院对辖区内具备执业(助理)医师资格的乡村医生纳入编制管理。

2015 年 1 月，印发镇村两级卫生机构基本公共卫生服务项目职责分工通知，将 48%左右的基本公共卫生服务项目交由村卫生站承担，加强绩效考核，并根据考核结果将相应的基本公共卫生服务经费拨付给村卫生站。

通过对时间轴上各政策的梳理和分析，可以发现近年来，该省越来越重视对乡村医生的培养工作，出台了一系列政策文件，从强化培养到规范管理，以及身份职责的赋予，力图提升村级医疗卫生队伍的总体水平，从而筑牢农村医疗卫生事业的网底。因此，这类文件资料的搜集和整理为接下来的访谈和观察研究提供了相应的思路和框架，在后续的访谈研究中，研究者可从乡村医生的人才结构、服务项目、绩效考核等角度进行资料的搜集。

定性研究不能仅仅局限于某种单一的资料来源，各种材料之间具有相辅相成的作用，如搜集相关政策文件可以有助于验证访谈中提到的某些细节，如果出现矛盾时则需进一步进行确认和探索。又如在文件中发现的某一项措施，可能需要在访谈中或现场考察时去验证其是否得到实施或者其效果如何。各种来源的资料各有长短，因此，成功的定性研究应努力通过各种来源获得资料。

20.2　定性研究资料整理

在完成大量的定性资料收集后，研究者需要将浩瀚的信息“打散”、“重组”和“浓缩”，对资料进行深入挖掘，才能获得有价值的信息、实现研究目的。与格式统一，能规范采集和录入整理的定量研究资料相比，定性研究资料的整理工作量更大，难度也更大，主要包括录入、编码、分类、建立关联等。研究者必须将前述收集到的各种来源的资料进行转换，一般以文本形式保存，即使是搜集到的声音或影像资料也可以通过导入到软件中进行编码说明以进行后续分析。目前，通常的做法是将前期收集的资料全部如实转录入计算机内，不做任何的修改，以便于随时调用、复制和处理。

与定量研究不同，定性研究资料的分析并非简单的线性过程，而是一个循环往复、螺旋式前进的动态过程，资料收集和整理分析等过程是循环交叉进行的。另外，应及早开展对资料的整理和分析，可以帮助研究者对已收集的资料获得一个比较系统的把握，并为下一步资料收集提供方向和依据，从而使资料收集更具方向性和目的性，提高整个研究的效率。

20.2.1　整理原则

Levine (1985)根据图书馆与信息科学所得到的启发，定性研究数据整理和管理的五项原则：

1. 建立格式(formatting)：建立读书笔记与备忘录，并有统一规范结构，便于组织与管理。

2. 交互参照(cross-referral)：建立文档间的参照关系。把有相关数据的文档连接起来。计算机软件尤其擅长这一块的工作。

3. 编制索引(indexing)：也称为编码(coding)。包含了：①定义每个代码(code)的意义；②将各代码组织成一个系统性架构，将架构记录在编码表中；③将这些代码放在数据库中，以便后续增减与编辑。

4. 摘要(abstracting)：将较长的内容浓缩简化。

5. 编号(pagination)：建立唯一的位置指示(unique locator)，以标示内容所在位置。

20.2.2　整理工具

在 20 世纪 90 年代以前，国外从事定性研究的学者仍然以手工整理资料为主，用铅笔或彩色笔做记号，加以剪贴、分类，然后贴在档案卡里，将卡片分类。但进入 90 年代后，随着计算机辅助定性数据分析软件(computer assisted qualitative data analysis software，CAQDAS)的运用和发展，越来越多研究人员使用计算机软件做数据输入、编码、搜寻与显示以及概念建构等工作。目前，使用计算机软件已经成为一个趋势。

使用计算机软件来处理定性研究资料具有不少便利之处，首先这些软件对所能处理的数据并没有型态上的限制，除了常见的焦点小组访谈记录、深度访谈逐字稿以及参与观察的笔记这类文本型资料，对于声音、图片、影片文件等等非文本类型资料，也可以加载分析。因此，使用软件的好处是可以把不同类型的资料全部放在一起储存、管理，并且在进行分析时很容易根据关注的主题或范畴，将相关不同型态的数据搜寻出来。定性分析软件的优势在于提高资料分析的效率和深度。虽然计算机程序并不能代替研究者直接对定性资料进行分析，但它们可以是研究者处理纷繁琐碎定性材料的好帮手。在许多主流常见的定性研究分析软件中，主要包含以下五项常用功能：①编码与搜寻；②产生规则、建立理论；③建立逻辑关系；④建立概念网络；⑤结果展现。

20.2.3 编码

在定性研究资料的整理过程中，最重要的过程就是进行编码(coding)，因此，在转录完毕后，在忠于原意的前提下，研究者需要对文本资料作逐字逐句的分解，加深对研究问题的思考，对关键的语句和词语进行编码。通过把编码指定给搜集到的描述性或推理性的资料，进而提炼概念，并通过分析，探讨这些概念间彼此的关系。

在定性研究中，编码的含义和定量研究中的变量编码不同，前者是从经验材料和现存理论中形成概念或范畴的过程，并赋上相应的代码；而后者则是把变量的取值转换为逻辑上互斥、范围上穷尽的选项。

编码时可以使用长短不一的文字，如字词、词组、句子，或段落。代码可以是平铺直叙的，也可以是较复杂的。

代码可用于检索与组织资料，研究者能利用代码很快找到一段段文字，并引用和汇集起来，进而与某一研究问题、假设或主题等关联起来。数据经过编码分析后，可将浓缩的段落展示出来，进一步就可以引出结论了。

那么如何进行编码呢？传统方法是在逐字稿上画记，把有关同一主题的单位标示出来，然后根据分析层级把这些单位再放在主题或次主题下。一般而言，这些可辨认的主题(theme)，会以某种规律性重复出现。研究者会给这些主题命名，然后将此题的示例都标示上一个易记得的编码。研究者运用剪刀、档案卡或软件，将这些主题作更妥当的区分、汇集，乃至重新命名。

在这些代码建立之后，就会形成代码清单。而有些代码彼此会相互有层级上的隶属关系，把层次比较低的代码归并到层次比较高的代码之下，慢慢地形成代码清单。那么这些代码清单是如何产生的呢？这就牵涉到代码产生的方式。

产生编码的方式主要有三种：开放性编码(open coding)、主轴性编码(axial coding)、选择性编码(selective coding)。这三种编码分别代表不同的分析层次。

1. 开放性编码，要求研究者排除个人偏见和原有的理论定势，将所有的材料按其本身的属性、主题进行编码，把大量的资料浓缩成若干个概念，这些概念可以代表资料中所浮现出的重要含义。这种方式的编码多半用于处理一些抽象层次较低或新兴的议题。主要采用逐行分析来操作，虽然逐行分析检验非常耗时，但是它能够让分析者快速产生概念，并有助于发展出更多概念。开放性编码一般是在将访谈完成并全部整理成逐字稿后进行阅读时进行的，在这个过程中可以生成一些自由节点(node)。

2. 主轴性编码，要求以主题、概念、语义间的关系或关联来进行编码，其目的是为了把从开放性编码中获得的概念，进一步关联和连接，以对现象更精确的解释。主轴编码可以刺激研究者对于概念或是主题间的关联性进行更深入的思考，但也可能使研究者放弃某些主题。主轴性编码是在完成了开放性编码后，对所有自由宽泛的节点进行整理的过程，在这个过程中，研究者可能对原有的节点进行归纳产生新的概括性的树状节点。

3. 选择性编码，要求研究者选择一个统一的主题，在统一的主题框架下进行编码。一般是在大部分或所有的数据搜集完成之后，研究者选择性查阅其中一些更能彰显主题的案例，进行分类、关联和比较，生成一些编码矩阵来展现研究结果。

一般，编码工作开始时需要制作编码备忘录，用来记录不同编码的名称、负责每一部分材料编码的研究人员、编码的定义以及相应的一些解释。这些编码可以根据事先查阅相关文献提取或者在阅读材料过程中逐步生成。

编码过程中研究者主要是将涉及到相应概念的段落加以编码命名，并做理论架构分类，完成后再请其他学者进行评估，判断编码、分类逻辑是否恰当，如果出现歧义则共同讨论其语意直到产生共识。为了评价双方评定的一致程度，Holsti(1969)提出了衡量评定者间信度的公式：

$$\text{信度}=\frac{N\times\text{平均相互同意度}}{1+(N-1)\times\text{平均相互同意度}},\tag{20.1}$$

其中 N 为共同评定的人数；

$$\text{平均相互同意度}=\frac{2\times\text{双方均完全同意的数目}}{\text{甲应同意数目}+\text{乙应同意数目}}\tag{20.2}$$

后来 Gerbner(1973)提出，如利用上述公式计算得到的信度系数超过 80%时则认为当前的评定结果是可信的。

上述的这些过程均可透过计算机辅助定性分析软件来进行操作，其优点是能快速整理大量资料，产生编码、比较编码的一致性，并增加精确度，搜寻资料中的任何信息都可透过软件计算整理，以减少人为失误。

20.3　定性研究资料分析

在逐字稿完成之后方能着手进行定性研究数据的分析，一般来说定性研究数据的分析方法大致分成四种：内容分析法(content analysis)、模板分析法(template analysis)、编辑分析法(editing analysis)及融入化分析法(immersion/crystallization analysis)。

20.3.1　内容分析法

内容分析法又被称为类统计分析(quasi-statistical analysis)，内容分析法的资料来源可以是正式文件(学术期刊、书籍、文书、报纸、杂志、照片、档案、教科书等)、私人文件(信件、日记、手稿、绘画等)、数据结果报告(如统计数据、预算、销售记录、成绩等)、口头证词与口述历史、网页资料(网站、微信、微博等)。在社会科学领域中内容分析法最常应用于分析访谈时所记录下的文件或逐字稿。

内容分析法可以分为概念分析(conceptual analysis)和相关分析(relational analysis)。

概念分析的目标是确定某一特定概念(concept)在分析文档中是否存在和出现的次数。相关分析是在概念分析基础上探索分析文档中概念(concept)与概念(concept)之间的关系。

内容分析法首先根据研究者的主题及目的制作代码手册(codebook),根据代码手册中的编码将访谈内容的字或句分门别类归纳,并计算这些字句出现的频率或进行深入的统计分析,目前主要采用计算机软件辅助的方法来进行归类及统计分析的工作。

在分析访谈稿的过程中,由于重要的概念在访谈中越常被提及,因此进行频率分析时主要分析下面的指标:①相关概念在每个受访者访谈过程中出现的频次及其占访谈稿字数的百分比;②统计该概念在不同受访者中出现的总频次;③概念加总百分比,即每一概念在所有访谈稿中所占的总百分比,能代表此概念跨访谈样本的重要性。

20.3.2 模板分析法

模板分析法是主要是基于已有理论、行为模式等架构观念下所发展出来的分析方法,即采用分析大纲(如从理论、行为、语言各个角度分析),以开放的方式(即不使用固定的编码手册)进行分类分析,根据理论将访谈内容作概念化的分类,再将分类结果加以诠释。该法必须反复回到访谈逐字稿中进行文字、情境等方面的审查和修订,最后再进入诠释的阶段。

20.3.3 编辑分析法

编辑分析法更侧重于主观及诠释性的分析理念,研究者可根据扎根理论,如编辑一般剪辑和安排文本的呈现,直至探寻出有意义的类别和关联,再将重新编辑过的访谈数据以不同面貌加以呈现。

Kvale(1996)指出,使用编辑分析法时要注意4个方面:①浓缩。即精简访谈内容,保留有意义的内容。②归类。将受访者所提及的内容,按类别编码后再以图表形式呈现。③叙述。将访谈内容进行组织以反映真实的情节。④特别重置。再次以新的思维和方式来展示访谈内容的涵义。

20.3.4 融入化分析

融入化分析方法经常被使用于个人深度性研究中,如传记、回忆录、人物志等,研究者必须长期回顾研究对象的经验,经过不断洞察相关经验,融入整体的分析再加上因洞察经验所获得的新的领悟,使其分析结果被诠释成可报导的型态,使其可以影射社会的实相。

不论以哪一种分析方式来处理定性访谈的结果,整体的分析过程都具备了弹性、充满创造力的特质。Carney(1990)提出一个分析性抽象阶梯,可以作为定性研究资料分析的步骤:①将各种收集回来的资料整理成文稿;②为资料编码,提出相应的概念,写备忘录;③找出整个资料中的命题和重点;④交叉检验各种暂时的主题,以分析其中趋势;⑤勾勒深层结构,把数据统整,放入这个深层的理论框架中。

下面以一个实例来介绍定性研究资料的编码和分析过程:

例 20.4 一名医学统计学的教师正在进行一项教学研究,拟对目前的医学统计学教学情况进行评价,除了开展相关的问卷调查外,随机抽取了8名已完成医学统计学课程学习的学生进行访谈以了解影响学生学习兴趣的因素。

【分析】在整理分析过程中,需先将访谈的内容仔细反复地阅读、分析和归纳,可采用计算机辅助分析软件NVivo11对文本进行编码分析,主要的思路是结合内容式分析法和编辑式分析法对文本进行分析，目的是找出受访学生在访谈内容中所表达的有意义的字句。

下面结合 Nvivo11 软件介绍分析的主要经过：

(1)首先将 8 位学生的访谈记录 STU1-STU8 全部转录到软件的“材料来源”中：

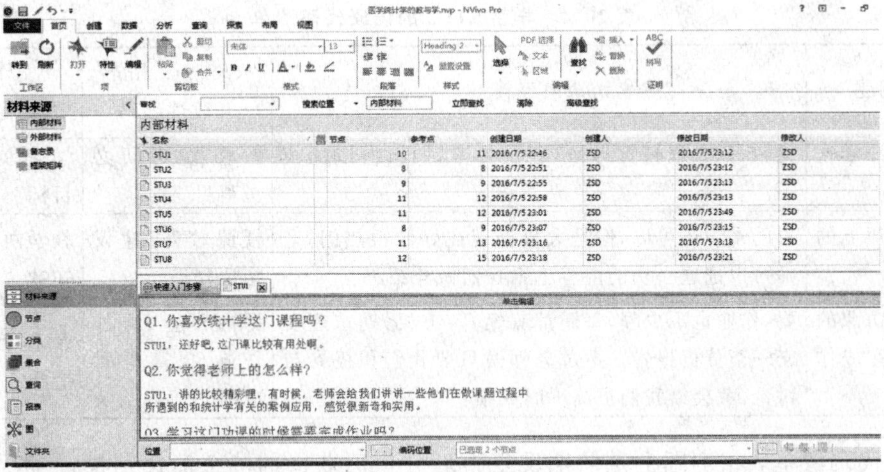

图 20.1 访谈记录转录

将所有的访谈文档创建为“案例”，打开案例菜单，仔细阅读每一个访谈记录，然后进行初步编码：选择关键的词语或句子或段落，对选定的内容进行编码；如学生 STU1 在被提问到对卫生统计学的兴趣时，回答“还好吧，这门课比较有用处啊”，此时可对该回答编码为“较喜欢”；如 STU1 被问及对老师教学内容评价时，学生回答“老师会给我们讲讲一些他们在做课题过程中所遇到的和统计学有关的案例应用，感觉很新奇和实用”，此时可对该回答编码为“拓展知识应用”；如 STU1 被问及是否需要做作业时，学生回答“平常功课都是课本里的作业，但是有一次老师让我们做了一个特别的作业。她让我们自组小组，根据自己的兴趣从日常生活中去收集一些资料回来分析，后来我们还做了 PPT 上台报告，那些结果都很有意思呢，呵呵”，此时可将该段文字编码为“调查报告”。

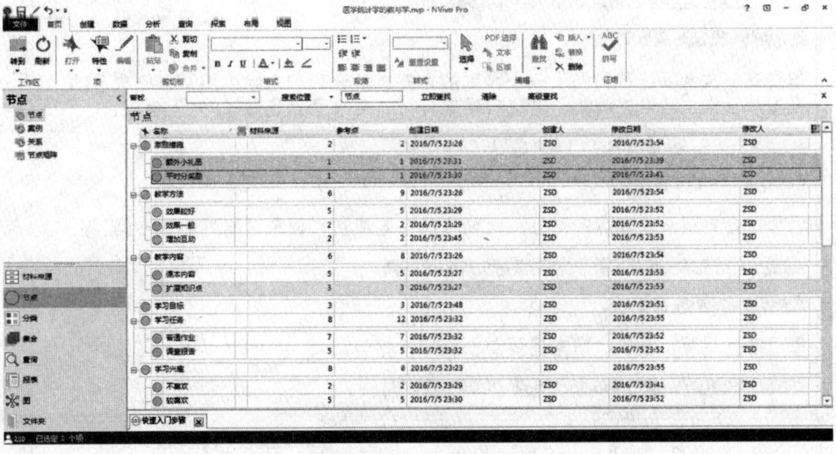

图 20.2 编码层次

在完成所有文档的第一遍编码后，将第一遍编码生成的自由节点代码进行整理和合并，将代码分类分层，形成概念与层级，这时可在“节点”中看到生成的各级编码层次：

下面举例介绍其中的STU2学生访谈的编码过程和编码的合并、分类。

表20.4 学生STU2的访谈代码清单

研究问题	访谈内容转录	Open Coding 开放性编码	Axial Coding 主轴性编码
你喜欢统计学这门课吗？	比较喜欢，我打算考研，这是必考科目，所以比较关注。	较喜欢、考研必考科目	学习兴趣学习目标
你觉得老师上的怎么样？	总的来说还可以，但是大数据现在好像很热门，老师可以把这一块的内容也跟我们做介绍吗？	授课较好、建议拓展知识	教学内容学生求知欲
学习这门功课的时候需要完成作业吗？	要，作业也不少哩，每周都有笔算、上机，期末还要交一篇分析报告。不过老师说只要我们积极参与讨论，就会给我们提高平时成绩！	课内作业、课外作业、提高平时成绩	课程目标奖励措施

这个代码清单表格实际上是前期反复整理分析后获得的一个简化结果，一般会放在报告的附录中，正文中则会使用更加简单扼要的表格。因此，从代码清单中可获得影响学生学习医学统计学的因素包括有：学习兴趣、学习目标、奖励措施、课程目标、教学内容、学生求知欲。

在编码完成后，打开其中的某一个节点，会有相应的编码材料位置、内容的频次分析的标示：

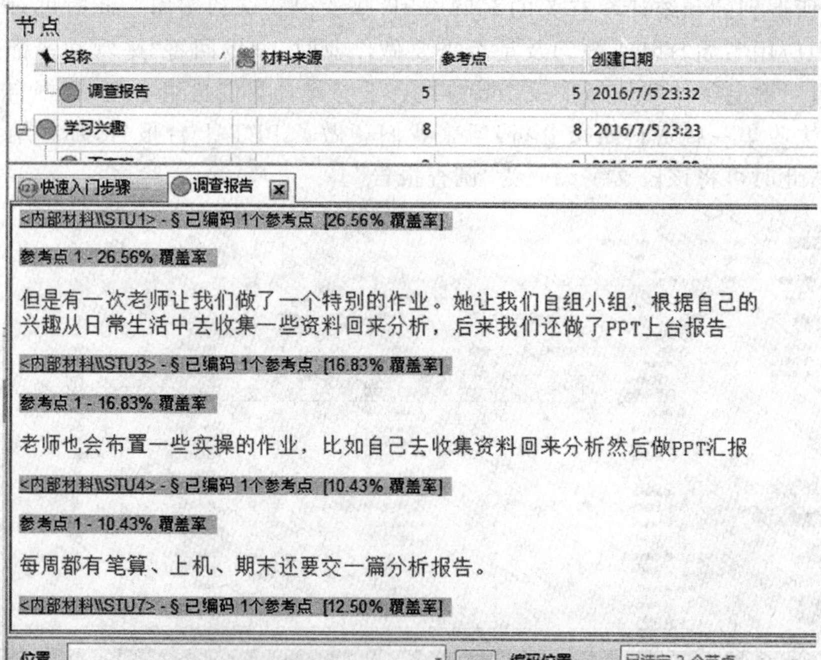

图20.3 编码材料位置、内容的频次分析

为了方便进一步分析，可在“分类”的“案例节点分类”下“新建分类”，如学生，并为学生“新建属性”：性别。

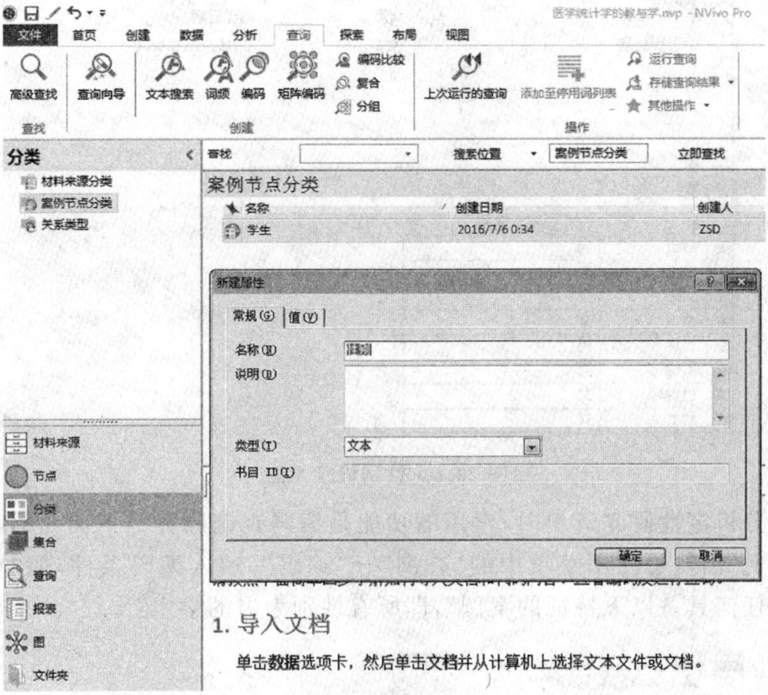

图 20.4　新建属性

增加案例节点分类“学生”后，可将“节点”的“案例”下所有学生的访谈记录选中并“分类”为学生。此时回到“分类”→“案例节点分类”下，点击“学生”，则可出现“学生”所对应的名单：

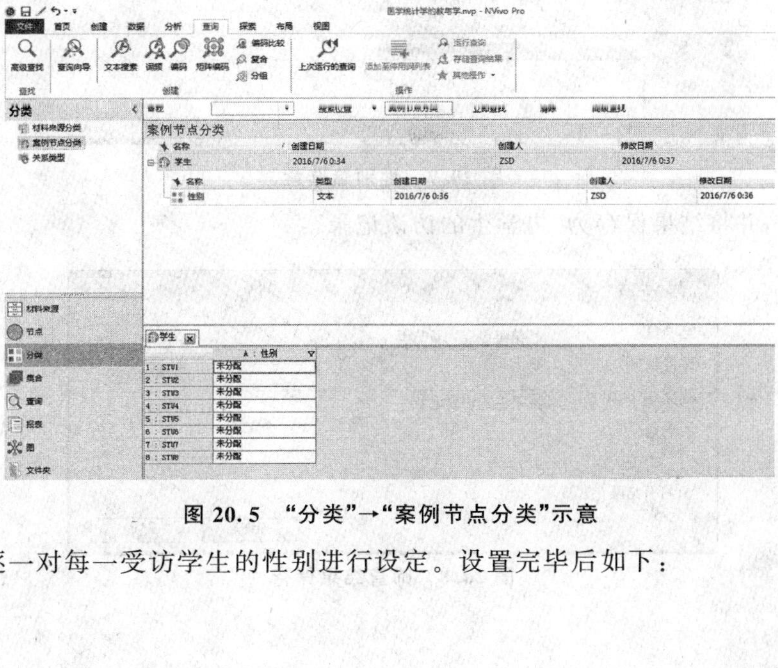

图 20.5　“分类”→“案例节点分类”示意

此时可逐一对每一受访学生的性别进行设定。设置完毕后如下：

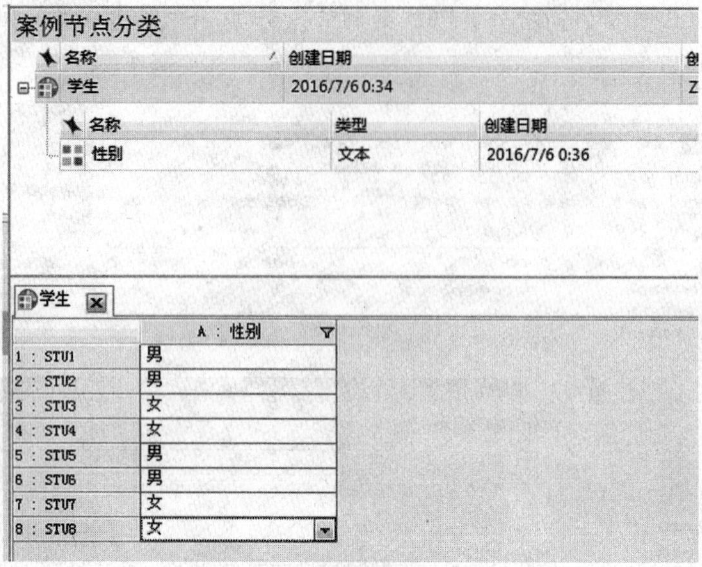

图 20.6 性别设定示意

利用软件分析定性研究资料时，常用的功能是编码查询服务。下面介绍筛选符合某个编码条件的案例资料：可使用菜单中的“查询”→“编码”，填入编码条件，如“在整个材料来源”中筛选出“任何具备以下特征的案例”，即所有性别为男的学生：

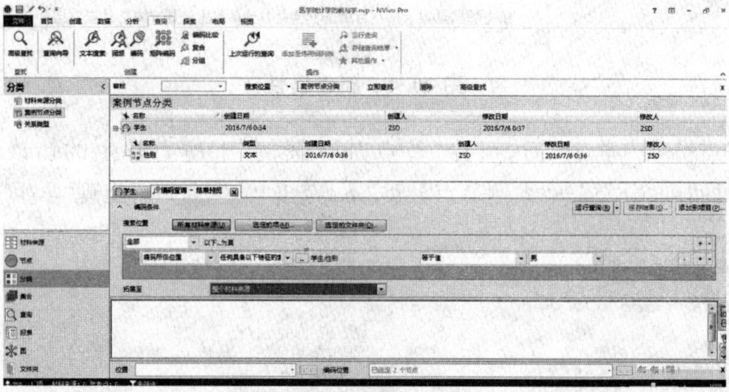

图 20.7 性别筛选意

运行结果，并将结果保存为“男学生的访谈记录”：

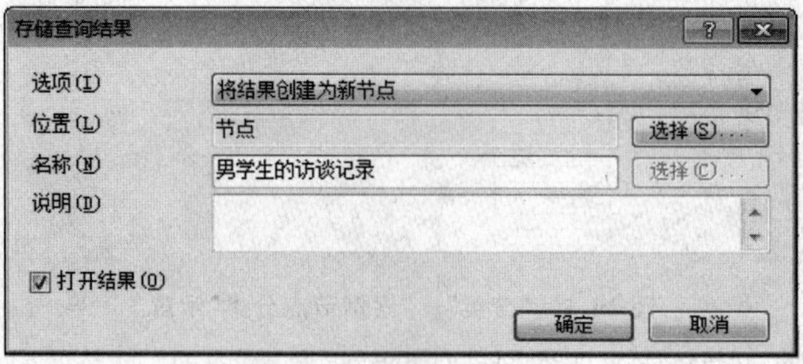

图 20.8 筛查结果保存

此时,在节点下,可找到新产生的节点:“男学生的访谈记录”。打开该节点时可发现有 4 名男学生的访谈记录。

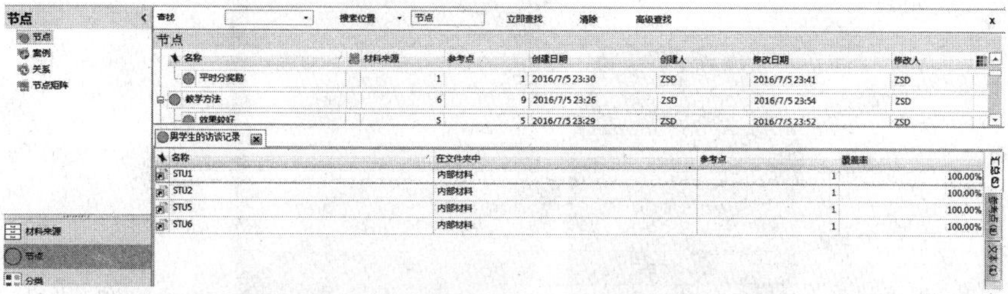

图 20.9　筛查结果显示

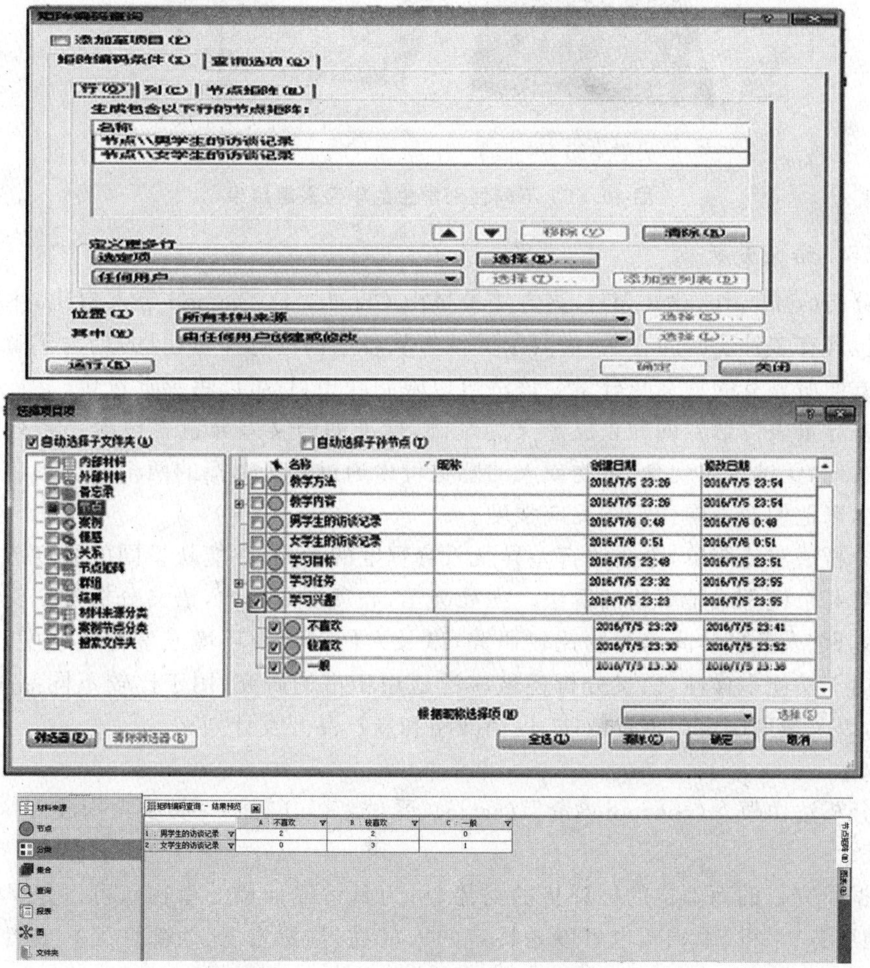

图 20.10　筛查不同性别学生的学习兴趣

类似的,可将女学生的访谈记录也搜寻出来。接下来,便可结合男生节点、女生节点、对统计学的学习兴趣节点,并利用矩阵编码进行分析和比较:在行方向上选择男学生访谈记录节点、女学生访谈记录节点;在列方向上选择三个不同的学习兴趣子节点,查询即可生成矩阵编码,并利用立体条图描述不同性别的学生对统计学的学习兴趣。

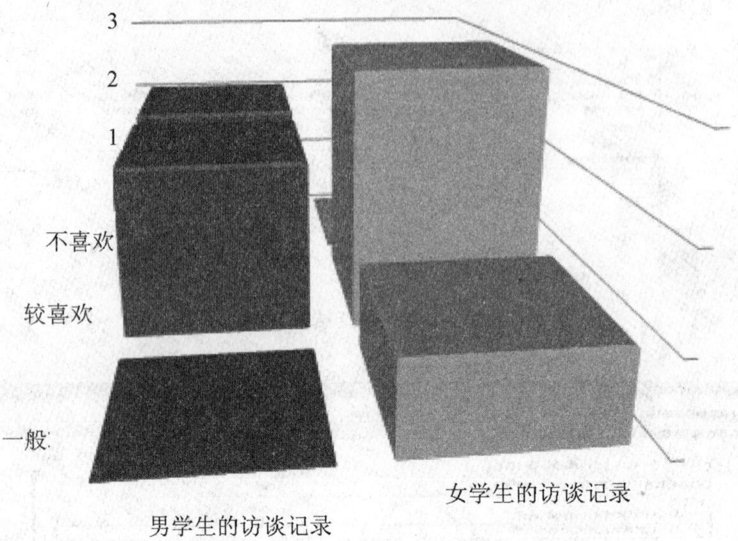

图 20.11 不同性别学生的学习兴趣结果

20.3.5 语义分析

语义分析(semantic analysis),该方法最早由 Charles E. Osgood 等人提出,主要是假设事物可能包含有多种层面的含义,而要求受试者从各层面进行评量,目的是为了解该事物或概念在各方面所具有的意义与分量。该法可以限制联想,且可以将感觉量化。

语义差异量表以形容词的正反意义为基础,标准的语义差异量表包含一系列形容词和它们的反义词,受试者对观念、事物或人的感觉可以通过其所选择的两个相反形容词之间的区间反映出来他们对不同词汇的反应强度。

语义分析法实施简单,不受语言差异及教育程度的影响,并能从不同的维度或因素来了解受试者对某个概念或是事物的看法。在社会学、心理学研究中,语义分析被广泛用于文化的比较研究,个人及群体间差异的比较研究,以及人们对周围环境或事物的态度、看法的研究等等。由于功能多样性,语义分析还被广泛地用于市场研究,用于比较不同品牌商品,产商的形象,以及帮助制定广告等战略、促销战略和新产品开发计划。

1. 定义

语义分析法由概念(concept)、量尺(scale)、受试者(subject)三类要素构成。

(1)概念

指根据研究目的而确定的被评析的对象(可为具体或抽象的事物),可以是具体的事物(如医院的服务、手机、牛奶),也可以是特定的人或物(如贾宝玉、西部地区),或者抽样的事物或概念(如信仰、高考制度)。

在确定概念时,要注意两点,其一是选择的“概念”在人群中能引起不同的意见或反应;其二是这个“概念”可以从 Osgood 所定义的语义空间(semantic space)的 3 个方面去评量:

评价(evaluation):指对某种事物的价值予以评定的过程。

力量(potency):指将来有机会学习或接受训练时可能达到的程度。

行动(activity)：指个体对于各种活动的参与性。

Osgood 发现，一旦某个人或事或物被置于这三个维度上，即使有再多的评定，也无法增加对这个人的信息；而其中的“评价”是最重要的维度，一旦人们的观点在这个维度上定位，那么对此的其他知觉也基本落在同一地方。

(2)量尺

量尺是由成对的形容词所构成的，形容词应与研究概念息息相关，且能让受访者容易理解，且尽量包含多方面的因素，Osgood 提出的形容词搜集方法有两种：

联想法：对所提出的概念，从多数的受试者搜集其第一印象的语汇。

文献调查法：从辞典或是与该概念相关的文献中抽出词语。

习惯上每一因素上采用 3 个或 3 个以上的量尺，研究者可根据研究的性质、受试者情况及时间做出安排。量尺的总数大约是 10～30 个，应避免过多引起受试者的反感。而评价的等级，为了能产生中点(neutral point)，选用点数必须是奇数(3,5,7,9,11)，一般最常用的是五点和七点。

如某一研究者为了解患者对医院的综合评价，通过阅读相关文献，选取如下概念进行评价：

态度冷淡								态度热情
技术不佳								技术专业
环境嘈杂								环境舒适
等候很久								无需等候
费用昂贵								费用低廉
交通不便								交通方便
	1	2	3	4	5	6	7	

(3)受试者

即“样本”。样本数目最少需要 30 人，才能得到较稳定的资料。

2. 实施步骤

语义分析的实施步骤包括：

(1)针对概念项目建立题库，根据研究目的和受访者可能的反应，选择两极化的形容词。

(2)对受访者所回收的数据进行数据分析，对资料进行描述分析。

(3)根据分析结果形成整个量表的特征轮廓。

3. 资料分析

受访者对某项概念或事物进行评分后，研究者便可获知受访者对这些因素的观点，并可进行不同人群之间的比较，也可分析同一群体对不同概念的评量差异。使用的统计分析方法可利用定量资料研究中的描述和统计推断方法。

同时，Osgood 也提出了，当两项事物在某个受访者或某个群体中的评价相似时，那么这两个事物语义空间里的距离也会比较接近，由此建议计算这两项事物的距离 D：

$$D_{ij}=\sqrt{\sum d_{ij}^{2}}=\sqrt{\sum (x_i-x_j)^2} \tag{20.3}$$

其中 d_{ij} 为两个事物在某一量尺上的分数之差。

通过计算这些概念或事物的距离，其实是衡量了这些概念间的关联性，从而筛选出有相似意义的语义空间概念。

4. 应用

语义分析法具有如下的优点，包括：实施非常简便，容易操作；评分方法固定，资料容易分析；所选择的量尺可根据研究目的进行调整；应用范围广等。但其也由于量尺的选择颇有难度而偶尔受到诟病，不过在以下的一些场合，它仍然是一种很有用的研究方法：

(1)当研究中需要获得大量受试者的反应或意见时。

(2)当需要探讨的问题比较简单或者只需要了解受试者在某些量尺上的反应时。

(3)配合其他研究方法一起使用，作为初步研究的准备。

20.4 定性资料分析注意事项

20.4.1 获得结论并论述结论的可靠性

结论是指根据搜集的事实证据或资料规律所做的系统化解释(Babbie，1998)，这个定义也隐含着：理论是被建构出来的，而不是被发现的。相对于定量研究，定性研究的研究样本量往往非常少，通常只有少数几人，所能建立的理论的外延比较小，但这不影响其内涵，反而更有助于阐述具体的科学知识。而且这种“小而实”的理论更贴近现实生活，更能打动人心、启迪智慧。

但同时，由于定性研究的真实性和可靠性受到研究者的科研素质、研究技能、培训背景、创新能力、信息偏倚等因素的影响，为尽量减少和避免上述缺点，提高定性研究结论的可靠性和严谨性，可以考虑从以下几方面进行优化：

1. 澄清研究者的背景和立场：在研究开始，对研究者自身和研究相关的经验背景、具备的理论观点及假设，以及可能存在的偏见进行说明，并在研究过程中加以反思，有利于研究者及时认清和调整研究过程中的一些主观偏倚。

2. 预见研究限制，在利用访谈法收集资料时，可能受访者会对敏感性话题有所保留以致不敢畅所欲言，因此可能收集得到的资料会是一些美化过的信息而导致失真。研究者可以事先进行一些努力和布局，如进入现场时向受访者陈述相应的保密措施和伦理方面的考量。但即使研究者已事先进行安全性布局，但仍无法明确得知受访者是否已消除心中疑虑，故应在最后的结果讨论中进行说明。

3. 收集资料的时间可以适当延长，以便研究人员更深入地观察、了解研究对象，从而获取更详实的信息。在面对面访谈时，由于时间受限，受访者的回答可能较为简短，多半是由访问者一问一答的方式完成；另外每位受访者在受访时也不全然按照访谈大纲的题号顺序进行，因此事后整理逐字稿时，可根据访谈逐字稿的内容与研究大纲各题的相关性，重新整理归纳，并将逐字稿中受访者的片段式回答重新整理，但不多作文句修饰。

4. 参与者校正(member check)，研究者可将整理好的逐字稿或所做的分析、结果阐述和结论与参与者进行沟通核实，以检查其中是否有偏误之处。

5. 撰写报告时，需要对研究过程作详细的叙述(thick description)：对关联主题的各种现象作细致详实的描述；介绍相关的概念和主题是如何在研究过程中逐渐浮现、且被找到的；还要详述研究者的研究方法和研究过程中对研究关系的反省历程，这些都有助于读者判别研究的真实性、可靠性。

6. 同行间互审(peer reviewing or debriefing),或将不同研究者的分析结果相互比较;通过邀请志趣相投的同行,针对研究过程中所使用的方法、所做的资料分析和阐述,提出问题诘问,以帮助研究者更全面地思考研究过程,也有助于避免研究者本人的主观偏见。

7. 使用三角校正(triangulation),三角校正是指使用不同形式的方法、资料来源、研究者和理论来查核与确定资料来源、资料收集的策略、时间与理论框架等方面的效度,从而降低研究者的偏倚。方法的三角校正是指采用多种资料收集方法来检验研究发现的一致性,如结合访谈、观察、文件资料几种方式。资料来源的三角校正是指在同一种方法中,检验不同资料来源的一致性,如访谈时,既收集小组访谈的观点,也参照研究者的观察记录。研究者的三角校正是将初步的分析结果或报告大纲拿来与其他研究者讨论,以便获得校正与启发。

8. 外部审核(external audits):一般是请第三方对研究过程和结果加以评鉴,以判断研究中所提出的概念是否妥当、研究结论是否有相关的资料支持。

上述提及的这些方式,在一项定性研究中并非全部需要使用,但经常会选取其中至少两项来探讨,通常参与者校正、三角校正和详细描述研究过程是最常用且容易使用的。

20.4.2 结束分析时应检查的几个要点

定性研究不同于思辩研究和对策研究,更不同于闭门造车式的玩弄概念转换。定性研究跟定量研究一样有着规范化的研究程序,同样需要研究设计,同样需要遵循问题分析、文献评估、收集资料、研究评价等基本研究程序。

在结束资料分析时,需要审视如下几个问题:

1. 方法部分:

(1)对象:包括研究样本的来源和代表性、抽样方法、样本量大小。

(2)工具:包括访谈大纲、结构和顺序,研究者的背景可能产生的偏倚。

(3)实施过程:实施过程是否符合伦理学要求。

(4)数据分析:包括数据分析方法和过程的科学性,构建的概念是否恰当。

2. 结果和结论部分:

(1)结论及建议是根据哪部分研究结果或发现得到。

(2)研究结果的可靠性和可信度。

(3)研究结果的外推性。

(4)研究结果对理论及实践的贡献。

【本章小结】

在学完本章后,回到一开始的问题,为何要开展定性研究?其原因与研究题目有关,因为定性研究比较擅长回答How或者What的问题;还有研究的主题需要在不断探索中进行完善。定性研究的研究方法和结果报告具有详尽且足够的深度;而且也更具开放性,足以发展出新的理论;从而协助人们从更广的视野看待和研究世界,而不会局限于过去所得研究发现。近年来,随着多学科交叉,定性研究和定量研究相结合的模式也越发受到重视,称之为混合研究。混合研究可以根据研究目的搜集不同性质的资料,回答所提出的研究问题。其中定量方法可以提高研究资料及研究结果的可靠性,而定性方法则可进一步就不同层面进行探问及说明。

在定性研究中,研究者注重的是自然的情境下,通过访谈、观察、历史回溯等手段搜集完整且丰富的资料,进而深入了解研究对象的思想及行为的意义。因此,研究者在整个研究过程,必须充分理解社会现象是一种不确定的事实,透过一种或多种的资料收集和分析方法,对所研究的社会现象或行为进行全面式的、深入式的理解,同时客观地评价研究中的偏倚、结果的可靠性和有效性。

【思考练习】

1. 定性研究和定量研究的差异是什么?
2. 整理定性研究资料时如何进行编码和分析?
3. 如何保证定性研究的可靠性?
4. 思考您的工作实际,讨论语义分析法在定性研究中的应用。

【参考文献】

1. Denzin,N. K. The art and politics of interpretation. In K. D. Denzin & Y. S. Lincoln (Eds.). Handbook of qualitative research . (1st ed.). London:Sage. 1994.
2. Miller W. L. ,Crabtree B. F. Primary Care Research: A Multimethod Typology and Qualitative Road Map. In: W. L. Crabtree & B. F. Miller (Eds.),Doing Qualitative Research. Newbury Park CA: Sage. 1992.
3. Strauss,A. ,Corbin,J. Basics of qualitative research: Grounded theory procedures and techniques. (2nd ed.). London:Sage. 1998. 4. Yin R K. Case study research: Design and methods[M]. Sage publications,2013.
5. 陈耀东,王挺,陈火旺. 浅层语义分析研究[J]. 计算机研究与发展,2008(S1):321—325.
6. 风笑天. 社会研究方法[M]. 北京:中国人民大学出版社,2013.
7. 郭贵春. 语义分析方法与科学实在论的进步[J]. 中国社会科学,2008(5):54—64.
8. 林金定,严嘉枫,陈美花. 定性研究方法:访谈模式与实施步骤分析,身心障碍研究[J]. 2005,3(2):122—134.
9. 刘洪. 定性资料处理技术的应用研究[D]. 吉林大学,2005.
10. 诺曼·K·邓津,伊冯娜·S·林肯. 定性研究:经验资料收集与分析的方法第3卷. 风笑天等,译. 重庆:重庆大学出版社,2015.
11. 斯丹纳·苛费尔,斯文·克林克曼. 质性研究访谈[M]. 范丽恒,译. 北京:世界图书出版社. 2013. 1.
12. 杨国枢. 社会及行为科学研究法下[M]. 13版. 重庆:重庆大学出版社,2006. 5.
13. 詹绍康. 现场调查技术[M]. 上海:复旦大学出版社,2003.

第 21 章　调查研究报告的撰写与评估

【目的要求】

了解调查研究报告的特点、类型以及调查研究报告的评估。

熟悉调查研究报告的写作步骤与注意事项。

掌握调查研究报告的结构。

【引入案例】

首次中国居民健康素养调查报告

摘要

一、背景

健康素养是健康素质的重要组成部分，指的是个人获取和理解基本健康信息和服务，并运用这些信息和服务做出正确判断，以维护和促进自身健康的能力。提高我国公民健康素养，是贯彻落实科学发展观、全面建设小康社会和构建社会主义和谐社会的重要任务。

2007 年，卫生部组织医药卫生领域百余位专家，研讨并界定我国公民健康素养的基本内容。2008 年 1 月，卫生部第 3 号公告发布《中国公民健康素养—基本知识与技能(试行)》(以下简称《公告》)。《公告》是世界上第一份全面界定公民基本健康素养内容的政府文件。

为了解我国居民的健康素养水平，在参考国内外健康素养研究成果和工作经验基础上，卫生部组织专家，根据《公告》内容，运用 Delphi 方法确定调查指标，编写了《中国居民健康素养调查问卷》，并结合中央补助地方项目，于 2008 年开展了全国范围的调查。

二、调查方法与内容

调查采用多阶段分层随机抽样方法，覆盖全国 31 个省(自治区、直辖市)及新疆生产建设兵团。每省确定 6 个调查点，城市、农村点各 3 个。其中城市调查点除选取省会城市外，另随机抽取 2 个地级城市，每个城市随机抽取 1 个城区；农村调查点则为每省随机抽取 3 个县；全国共计 192 个调查点。回收问卷 79542 份，有效问卷 79438 份，问卷有效率 99.87%。调查对象为全国 31 个省(自治区、直辖市)及新疆生产建设兵团的 15～69 岁常住人口。

调查内容包括基本情况、健康素养内容、调查员评价 3 个部分。调查数据使用图像录入软件进行双录入核对，采用 SAS 9.2 统计软件进行双盲平行分析，调查结果根据《2005 年全国 1%人口抽样调查资料》进行标化处理。

三、主要结果

中国居民具备健康素养的总体水平为 6.48%。从健康素养的 3 个方面上看，具备基本知识和理念素养、健康生活方式与行为素养、基本技能素养的人口比例分别是14.97%、6.93%和20.39%。总体健康素养和3个方面健康素养均显示如下特征:(1)城市高于农村;男性高于女性;(2)45岁以下年龄组高于45岁及以上年龄组;(3)受教育程度越高,具备健康素养的比例也越高,不识字少识字和小学文化程度的具备健康素养的比例远低于全国平均水平。

根据我国当前的主要卫生问题,就科学健康观、传染病预防、慢性病预防、安全与急救、基本医疗等五类健康问题相关健康素养现状及其影响因素进行了分析。我国居民具备相关健康素养的比例由高到低分别是:科学健康观素养29.97%、安全与急救素养18.70%、传染病预防素养15.86%、基本医疗素养7.43%、慢性病预防素养4.66%。

对71项测评内容总体回答情况进行分析发现,有6项指标的正确回答率低于20%,分别为:“对四害传播疾病的认识”(3.28%)、“对肥胖的正确认识”(7.16%)、“对镇静止痛药的正确理解”(13.95%)、“骨折伤员的处置”(17.28%)、“认识药品说明书”(18.70%)、“成年人饮酒日饮用量”(18.79%)。

四、结论与建议

(一)大力推进健康教育与健康促进工作,提高全民健康素养水平

(二)努力探索提高全民健康素养水平的新思路和新方法

(三)定期开展健康素养监测,及时发布监测结果

第一部分 背景

健康素质是公民素质的重要组成部分,党的十六大报告把提高全民族健康素质、科学文化素质与思想道德素质列为全面建设小康社会的奋斗目标之一[1]。十六届六中全会在《中共中央关于构建社会主义和谐社会若干重大问题的决定》中指出,到2020年,全民族的健康素质明显提高是构建社会主义和谐社会的目标和主要任务之一。2007年《国家人口发展战略研究报告》指出,提高人口健康素质,必须从提高出生人口素质、提高全民健康素养、建立以预防为主的公共卫生体系三方面着手[2]。党的十七大报告进一步明确“健康是人全面发展的基础,关系千家万户幸福”[3],并把“建立基本医疗卫生制度,提高全民健康水平”写入了实现全面建设小康社会的奋斗目标。健康素养是健康素质的重要组成部分,指的是个人获取和理解基本健康信息和服务,并运用这些信息和服务做出正确判断,以维护和促进自身健康的能力。不断提高我国公民健康素养,是贯彻落实科学发展观、全面建设小康社会和构建社会主义和谐社会的一项重大任务和提高人民生活质量的重要举措。健康素养的高低,直接影响到人的全面发展的速度和质量,影响到社会生产力的水平,从而影响到整个社会经济的发展[4]。

(以下略)

第二部分 调查方法与内容

一、调查对象

全国31个省(自治区、直辖市)及新疆生产建设兵团的15～69岁常住人口，79542人。常住人口指在调查前一年内，在调查地区连续居住并生活6个月及以上者。

二、调查方法

本调查属于大规模现况调查，在保证调查设计科学性的基础上，兼顾地理分布均衡性、经济有效以及方案可行性等原则，采用多阶段分层随机抽样方法进行。

1. 样本量估计(略)

3. 调查点地理分布(略)

4. 资料收集方式由经过培训的调查员通过深入样本户对调查对象进行访谈式问卷调查的方式收集资料(略)。

三、调查内容

调查问卷以卫生部发布的公告《中国公民健康素养——基本知识与技能》内容为基础，运用Delphi法经过两轮专家咨询产生，并通过预试验进行信度和效度的分析，对问卷进行调整。问卷内容由基本情况、健康素养内容、调查员评价3个部分组成。健康素养内容分为3个方面：健康理念和基本知识(34题)，健康生活方式与行为(30题)，健康技能(7题)，共计71题。一致性检验表明该71题的内部一致性信度为0.916，说明问卷的内部一致性较好。问卷具体结构见附表2。

四、数据处理及分析

(一)数据录入和整理

采用Surveyer V2.1图像录入软件(北京域通捷信息技术有限公司自主研发)进行数据双录入并核对。使用SAS9.2统计软件进行数据整理。按照有效问卷的确定标准(①调查对象基本信息中省份、地区、性别、年龄、文化程度5个变量填写完整无缺失；②问卷主体部分填写完整率高于95%)进行问卷整理。回收问卷79542份，有效问卷79438份，问卷有效率99.87%。

(二)数据分析

使用SAS9.2统计软件完成数据统计分析。

1. 分析内容

(略)

2. 健康素养标准界定

(略)

3. 标化方法

(略)

五、质量控制

(略)

第三部分 结果

一、调查对象的人口学和社会学特征

本次调查的79438人中，城乡人口比是1.11∶1，男女性别比为0.90∶1，平均年龄41.44±13.94岁。调查对象文化程度以初中和高中为主，占56.61%；民族以汉族为主，占87.90%；婚姻状况以在婚为主，占80.78%。（略）

二、调查对象对健康素养调查内容的正确回答情况

以正确回答题目数占健康素养题目总数的百分比（正确回答率）为横坐标，以达到某正确回答率的人数为纵坐标，绘出调查对象正确回答健康素养题目百分比频数分布图。如图6所示，调查对象健康素养题目正确回答率呈正偏态分布，正确回答率在40%以下、40%～、60%～、80%及以上的人数占被调查对象的比例分别为12.34%、29.56%、48.69%和9.41%（未标化）。

三、中国居民健康素养总体结果

依据《2005年全国1%人口抽样调查资料》的数据对调查结果进行标准化处理后，中国居民具备健康素养的比例是6.48%，具备基本知识和理念、健康生活方式与行为、基本技能三方面素养的比例分别是14.97%、6.93%和20.39%。具备基本技能素养的比例最高、基本知识和理念素养其次、健康生活方式与行为素养最低的特点在不同特征的居民中普遍存在。

（以下略）

四、中国居民具备5类健康问题素养的情况

根据我国当前的主要卫生问题，就科学健康观、传染病预防、慢性病预防、安全与急救、基本医疗等五类健康问题相关健康素养现状及其影响因素进行了分析。首次中国居民健康素养调查报告中国居民具备5类健康问题素养的比例由高到低分别是：科学健康观29.97%、安全与急救素养18.70%、传染病预防素养15.86%、基本医疗素养7.43%、慢性病预防素养4.66%。

（以下略）

第四部分 讨论

此次现况调查是我国首次在全国范围内开展的健康素养现况调查，调查结果有助于了解和掌握我国居民现阶段的健康素养水平，为今后制定健康教育与健康促进工作策略与规划提供了重要参考依据。

一、关于健康素养层次与内容的探讨（略）

二、关于健康素养界定标准的探讨有关健康素养的计算方法，目前常用的有百分数法和综合指数法两种方法（略）。

三、健康素养的重要意义及与传统健康教育评价指标的关系（略）

四、我国居民健康素养现状不容乐观（略）

(一)城乡居民健康素养水平存在差异(略)

(二)健康素养水平与文化程度密切相关(略)

(三)低龄和高龄人群健康素养水平较低(略)

五、健康素养3个方面的划分(略)

六、5类健康问题素养分类意义(略)

(一)具备科学的健康观是基础和前提(略)

(二)传染病预防素养中免疫接种认知度较高,但对"四害"传播疾病的认知(略)

(三) 慢性病预防素养较低的原因分析(略)

(四)基本医疗素养亟待提高(略)

(五)急救技能水平处于较低水平(略)

七、局限性(略)

第五部分 建议

一、大力推进健康教育与健康促进工作,提高全民健康素养水平

调查结果显示我国居民具备健康素养的总体水平仅为6.48%,这充分证实了《中共中央国务院关于深化医药卫生体制改革的意见》和《国务院医药卫生体制改革近期重点实施方案(2009—2011年)》中关于加强健康教育与健康促进工作意见的正确性。提高全民健康素养水平,需要全社会的共同努力。各级政府要结合新医改工作,充分发挥健康教育与健康促进在提高全民健康素养中的作用,加大经费投入,建立健全健康教育机构工作网络,提供规范优质服务,促进城乡居民平等享有健康教育与健康促进等基本公共卫生服务,确保全民健康素养水平逐步得到提高。

二、努力探索提高全民健康素养水平的新思路和新方法(略)

三、定期开展健康素养监测,及时发布监测结果(略)

第六部分 参考文献(略)

第七部分 附件

附件1 2008年中国居民健康素养调查192个调查点名单(略)

附件2 2008年中国居民健康素养调查——调查问卷结构(略)

附件3 2008年中国居民健康素养调查—5类健康问题素养的结构划分(略)

附件4 调查样本的可靠性检验(参照《2005年全国1%人口抽样调查资料》)(略)

调查研究报告的撰写是调查研究最后的任务,也是整个调查研究成果的集中体现,在经历调查设计、资料收集和整理以及资料分析过程后,研究者要将调查研究的结果客观地展现给读者,因此,调查研究报告的撰写对整个调查研究过程而言具有重要的意义。

本章将介绍调查研究报告的特点、类型,调查研究报告的结构与体系,调查研究报告的写作步骤与要则以及调查研究报告的评估。

21.1 调查研究报告的特点与类型

21.1.1 调查研究报告的特点

调查研究是通过调查对社会现象的状况及其规律进行认识的过程，其本质是一种典型的实证研究，从该意义上来讲，调查研究结果的呈现形式即调查研究报告也相应具备了针对性、真实性和时效性三个特点。

1. 针对性

调查研究报告的首要特点就是具备鲜明的针对性，主要表现在以下三个方面：首先是指向的针对性。调查研究报告主要是在通过对某个特定社会现象进行调查研究的基础上所作出的实证探讨，因此，其在写作指向上要求是调查研究所针对的特定社会现象。其次是目的的针对性。调查研究报告撰写的目的直接决定了其撰写的内容和侧重点，因此在撰写过程中必须做到有的放矢，根据不同的研究目的灵活处理。最后是受众的针对性。在撰写调查研究报告时，还必须考虑其接受对象，根据对象的不同，调查研究报告在撰写内容和措辞等方面都会有所不同，例如受众是普通公众，而调查研究报告中全部是复杂的统计公式和专业性的词汇用语，此时报告所达成的效果必然会大打折扣。

2. 真实性

真实性是调查研究报告存在的基础，调查研究的客观性决定了调查研究报告具有真实性的特点。首先，调查研究报告所呈现的社会现象必须是客观真实的。其次，调查研究报告在写法上必须注重用事实说话，尽量消除主观影响，保证用大量的事实材料来说明问题。

3. 时效性

时效性是调查研究报告价值体现的必然要求。在对某些热点问题进行调查研究后，我们必须突出一个“快”字，即要适时迅速地以调查研究报告的形式呈现当前的社会热点现象。因为，社会现象和人们的社会行为都会随着时间的变化而产生差异，因此调查研究报告仅可以依据某一特定时间维度内的客观事实作出有益的说明和解释，如果在调查研究完成后，调查研究报告的完成超出了某个时间点，其必然会丧失原有的说明解释力。

调查研究报告的三个特点并不是孤立存在的，其内部存在着紧密的逻辑联系。针对性是调查研究报告的目的所在；真实性则是调查研究报告存在的基础，也是撰写调查研究报告需遵循的首要原则，是针对性和时效性赖以存在的前提；时效性则是在针对性和真实性的基础上对撰写调查研究报告的补充要求，是调查研究报告的生命力和价值体现。

21.1.2 调查研究报告的类型

根据调查研究报告的性质、内容、用途、读者对象等方面的不同，可将调查研究报告分为各种不同类型。

1. 定性调查研究报告与定量调查研究报告

根据采用的资料分析方式和论证方法的不同，调查研究报告可以分为定性和定量两种类型。定性调查研究报告主要是在以对文字资料的描述和对资料进行定性分析为主的基础上作出的结论。定性调查研究报告在结构上没有固定的规范和格式，在写作内容上则主要是围绕文字资料进行描述和经验分析，在论证层面更侧重理论阐述和逻辑推理，体现的主观色彩较为浓厚。

定量调查研究报告则是在对数据资料进行统计分析的基础上对现象和事物进行客观描述和关系探讨，数量化和表格化是其主要特征。定量调查研究报告在结构上往往具有较强的规范性和相对固定的格式，在写作内容上主要围绕量化资料进行统计描述和推论，在论证层面则以对数据间的数理统计分析为依托。

2. 应用性调查研究报告与学术性调查研究报告

根据目的和作用的不同，调查研究报告可以分为应用性调查研究报告和学术性调查研究报告两种类型。应用性调查报告以提供政策决策参考和解决实际社会问题为主要目的，往往面向政府部门和普通群众，主要侧重于向其阐明社会现实情况、提出问题及其成因并作出相关对策分析。应用性调查研究报告对各级政府决策部门了解社会情况、分析社会问题和制定社会政策有着重要的参考借鉴作用，对社会舆论的形成和引导也具有较大影响。这类报告只强调应用，因此对规范性要求较为宽松，没有相对固定的格式，语言也力求通俗易懂。

学术性调查研究报告则以构建或检验理论为目的，主要面向专业研究人员，侧重对社会现象的理论探讨，主要分析诸多要素间的关联性和因果关系并提出具备一定说服力的结论。这类报告的专业性特征要求其在内容上更侧重研究探讨而非应用，因此报告必须具备固定的格式、严谨的结构和客观严密的写作语言，对研究设计、理论基础以及研究的方法过程都要求有必要的说明和阐释。

3. 描述性调查研究报告与解释性调查研究报告

根据研究的性质不同，可以将调查研究报告分为描述性调查研究报告和解释性调查研究报告两种类型。描述性调查研究报告侧重于对所研究的现象进行系统、全面和客观的描述，这种描述可以用定性的方法也可以用定量的方法呈现。这类报告力求客观，仅限于通过对调查资料的分析向读者展现现象的基本状况、主要特征，并在此基础上提出一些基本的描述性结论，并不需要引入与调查研究无关的理论分析来进行某些深层次原因和规律的探讨和议论，也无需提出针对相关问题的对策。解释性调查研究报告虽然具有一定的描述内容，但这种描述是为解释现象而做的必要铺垫，总体而言，这类报告的主要目的在于通过调查资料来解释和说明某种现象产生的原因或不同现象间的相互关系。

值得注意的是，由于调查研究报告往往期望说明和解释某个社会现象，因此描述性调查研究报告与解释性调查研究报告实际上也无明确的界限之分。在大部分情况下，一份具体的调查研究报告既有描述的性质也带有解释的性质，研究者在具体撰写报告时也往往难以把描述和解释截然分开。如果确实要区分类型的话，可以针对不同的报告对描述和解释的侧重程度的不同而进行具体定位。

4. 综合性调查研究报告与专题性调查研究报告

根据调查研究报告的主题范围的不同，可以将其区分为综合性调查研究报告和专题性调查研究报告两大类型。综合性调查研究报告多用于反映某些综合现象或某一现象各方面的内容，其主题并非一个独立的现象或者某个现象单独的一方面，由此在报告中也力求全面反映方方面面的状况，篇幅一般较大。例如，针对关于灾后社区发展的调查所作的综合性报告，其内容可能不仅包括社区政治、经济和文化发展等方面，同时也会涉及宏观的区域经济、社会和文化环境，以及微观的社区居民、社区意识和社区参与状况等内容。

当一项调查主要涉及某个现象特定层面的情况或者从一项综合性调查中抽取的某个特定问题时，一般采取专题性调查研究报告的形式。专题性调查研究报告多用于针对某一特定现象或某个专门问题所进行的分析和研究，其在主题上相对单一和集中，在内容和目的上则力求通过对某个单一的具体现象的分析达成描述和解释的功能。例如，从灾后社区发展调查中专门抽取居民社区参与的主题撰写的报告或专门针对灾后社区残疾人社会支持这一主题进行专项调查后撰写的报告，都属于专题性调查研究报告。

21.2 调查研究报告的结构与体例

【引入案例】

农民眼中的新农合——某县农民新型农村合作医疗制度满意度调查报告

“脱贫三五年，一病到从前”、“一人得病，几代受穷”一直是农民看病贵、看病难状况的真实写照。对于农民来说，生病是一件最可怕的事情。为了解决农民看病难、看病贵的难题，我国实施了以大病统筹为主的新型农村合作医疗制度(以下简称新农合)。卫生部新闻办公室公布的数据表明：截止2007年9月30日，全国开展新农合的县(市、区)占全国县(市、区)总数的85.53%。农民参加新农合(以下简称参合)人数达到7.26亿，参合率达85.96%。

某县从开展新农合试点工作以来，截止2008年，农民参合率达到98%，参合农民的人均等资水平达70元。可以说，新农合制度总体运行平稳，舆论一片叫好。但作为新农合主体的广大农民是怎样看待这一政策的实施状况的呢？为了真实反映基层民众的呼声．加强百姓和政府之间的沟通和联系，X大学调查组于2009年7—9月在某市某县对农民对新型农村合作医疗制度的满意度展开了客观深入的调研。

第一部分 调查的主要内容

本次调查的内容主要分为六个方面：

一、农民参合的基本情况

二、农民对新农合制度的了解状况

三、农民对定点医疗机构的评价

四、农民对医保机构的评价

五、农民对新农合制度的总体评价

六、未参加新农合者情况分析

第二部分 调查方法

一、总体界定

本次调查以某市某县的全部农民为调查总体。调查的样本容量为300人。

二、样本选取方法

我们采用多阶段随机抽样的方法选取样本。第一步采用分层抽样抽取行政村，第二步采用简单随机抽样抽取被调查者。课题组根据某县统计年鉴所提供的数据．按农民人均纯收入的高低将某县607个行政村聚类为10层．然后，在每层中随机抽取两个行政村(一个作为调查点，一个备用)。调查点确定后，我们采用简单随机抽样的方法在每一个被抽取的行政村中抽取30个村民作为调查对象。这样，样本总容量为300人。

三、收集资料的方法

根据本次调查的目的和要求，我们采用问卷面访和个案访谈相结合的方法来收集资料。由访员对抽中样本进行问卷面访，并对村中的部分典型个案进行实地调查(深度访谈)访问。

四、分析资料的方法

在资料分析过程中．我们使用国际通用的社会调查分析软件SPSS15.0对量化资料进行客观、透彻的分析，保证调查的准确性；对开放式的部分资料以及个案访谈的内容将作深入、细致的定性分析。

第三部分 调查结果与分析

一、农民参加新农合的基本情况

(一)农民参合率

表1 新农合制度参合率

是否参加新农合	频数(个)	百分比(%)
参加	286	95.3
未参加	14	4.7
合计	300	100.0

由表1可知，在本次调查的300个被访家庭中，有286个家庭参加了新型农村合作医疗，14个家庭未参加新型农村合作医疗．参合率为95.3%。另外，300个被访家庭中有10.76%的家庭同时参加了新农合和商业医疗保险。

二、农民对新农合制度的了解

(一)农民了解新农合的渠道

从表2中可以看出，在286个参加新农合的被访家庭中大约75%的家庭通过村广播或宣传栏了解的新农合政策，另外，大约15%的家庭通过看宣传册的方式来了解政策内容，村广播和发放宣传册这两种方式占到了总渠道的90.2%，是最主要的宣传方式．是农民了解新农合制度的主要渠道。

表2 农民了解新农合的渠道分布表

了解渠道	家庭数(个)	百分比(%)
座谈会、群众大会	2	0.7
亲戚朋友口口相传	6	2.1
报纸电视等	18	6.3
工作人员上门介绍	45	15.7
村广播、宣传栏	213	74.5
其他	2	0.7
合计	286	100.0

三、农民对定点医疗机构的评价

(一)农民对定点医院医药费用满意度

表3 定点医院与非定点医院医疗费用比较

与非定点医院比,定点医院的费用	百分比(%)
要高很多	8.4
稍高一些	36.7
差不多	25.9
要低一些	6.3
不知道	22.7
合计	100.0

由表3可以看出.在286个参加新农合的被访家庭中,除去22.7%的被访家庭不清楚外,有45.1%被访家庭认为定点医院比非定点医院费用高,25.9%的家庭认为差不多,只有6.3%的被访家庭认为定点医院费用要低一些。因此,在医药费用方面,大部分人认为定点医院是要高一些的。如在实地访谈中有一位被访者反映,自己在某一省级定点医院买某种药品,划价是125元,到该医院对面的药店里这种药价格是97元,药品价格相差悬殊。

(三)对定点医院服务态度的满意度(表格及分析,略)

(四)定点医院就医方便性的满意度(表格及分析,略)

(五)对定点医院就医条件的满意度(表格及分析,略)

四、农民对医保机构的评价(表格及分析,略)

五、农民对新农合制度的总体评价(表格及分析,略)

第四部分 结论与建议

一、主要结论

(一)广大农民有着极高的参合率和再参合意向。

(二)大部分农民对新农合制度表示认同,认为新农合给参保者带来了实际好处。

(三)农民对新农合政策的知晓度偏低。

(四)多数农民对新农合的实施效果评价较低。

(其他结论此略)

二、主要意见建议

(一)进一步优化制度设计,实现参合农民利益最大化

1. 针对农民受益率低的问题 应加大财政投入,提高报销水平

各级政府即是新型合作医疗的主导者,也是最后的责任者。为了提高新农合医疗保障水平,中央以及地方各级财政应逐步加大对新型农村合作医疗制度补助金的投入。只有加大财政投入,提高报销比例和报销水平,尤其是提高省市级医院的报销水平,才能从根本上减轻农民生病就医所带来的负担,从而有效解决农民看病难、看病贵的问题。

2. 针对报销限制多的问题,应简化报销程序

针对目前存在的报销程序烦琐,报销限制多,农民报销不方便的问题.我们认为应简化报销程序,建立一套更科学合理、简单方便、行之有效的报销办法。

(二)进一步加强新农合制度的宣传工作

(三)进一步规范医疗机构行为,保证制度健康运行

(四)强化对定点医院和基金使用的监管,依制度高效运行

(其他建议,略)

第五部分　参考文献:(略)

第六部分　附录:(略)

调查研究报告的形式有很多种,为了便于掌握它的写作方法和进行实际应用,本教材主要介绍两种常用的调查研究报告形式:普通调查报告和学术研究报告。

普通调查报告的重点在于"调查",它往往以了解社会现实情况、解决实际社会问题为主要目的。因此,普通调查报告中往往更强调对调查结果的描述、说明和应用,而对研究的方法、过程及工具等不大关心。此外,普通调查报告的语言往往更加大众化,对社会现象的描述和分析也没有十分固定的格式,更多地采取直观的图表方式进行说明。

学术研究报告是以探讨学术问题为主要目的的报告,它的着眼点在于"研究"。学术研究报告着重于对社会现象的理论探讨,分析各种社会现象间的相关关系和因果关系,通过对调查资料的分析或归纳,达到检验理论和构建理论的目的。学术研究报告往往需要运用各学科的专业术语、概念、数据、理论等,通常要对研究方法、研究过程进行具体的说明,在形式上也有较为固定、严格的格式,结构更加严谨,论述的语言也要求更加严密和具有逻辑性。

21.2.1　普通调查报告的结构

普通调查报告的结构主要依据调查的目的、内容、结果以及调查报告的读者对象和主要用途来决定。一般来说,普通调查报告包括标题、前言、正文和结尾等几个部分。

1. 标题

标题是引起读者注意的关键因素,标题生动、明确、针对性强,就能打动读者、吸引读者。标题平平常常,往往难以引起读者的关注。调查研究报告中,较常用的标题形式主要有以下几类:

(1)陈述式

为了让别人看到标题就可以大致了解文章内容,作者可以在标题中直接陈述所调查的对象或问题,使调查涉及的主要内容一目了然,比如《京津地区低收入人群消费情况调查》《关于离婚问题的调查分析》《关于大学生偶像崇拜现象的调查》《北京市老年人业余生活状况调查报告》等。这类标题的优点是读者一看题目就可以知道该调查报告所反映的主要内容和要说明的主要问题,有利于读者根据自己的实际情况和需要来选择是否阅读。但是这类标题的最大弱点就是千篇一律,太一般化,难以吸引读者的阅读兴趣。因而,发表在各种非专业的报刊杂志上的调查报告很少用这类标题。

(2)提问式

所谓提问式标题也就是要在标题中给阅读者提出一个问题,而调查报告本身则需回答这一问题。以提问的形式作标题的突出特点是十分吸引人们的注意力,有利于调动人们进一步阅读的欲望。比如《他们为什么无家可归?》《我市为什么会出现出行难的现象?》《网瘾

少年的路在何方?》等。对于以揭示和分析某一社会现象的原因为目的的社会调查来说，其调查报告往往采用这种形式的标题。此外，发表于普通的报纸、杂志上的调查报告，也多采用这种标题形式。

(3)判断式

普通调查报告也可以以某种结论式的语言或判断句作为标题，比如《同龄群体亚文化是影响青少年犯罪的重要因素》《农村人口向城市的迁移是工业化的必然产物》等。这种类型的标题的优点是既指明了调查报告所涉及的主要内容或现象，同时又表明了作者的观点和结论，具有较强的针对性。其缺点是理论性较强，往往不够通俗易懂，有时还显得比较呆板。这种标题在专业刊物上用得较多，而在一般刊物上较少见。

(4)双标题

很多调查报告也采取了双标题．即主标题和副标题的形式。主标题可以采用陈述式、提问式或判断式三种形式，副标题则以陈述式为主。例如《在"社会"上贡献，于"市场"中受损——女性就业悖论及其破解》《社会学如何想象——有关社会学基础的思考》。这种形式的标题具有上述几种标题的优点，因而也是各种报刊、杂志中用得较多的一种。

标题的写法固然可以灵活多样，但有一点要十分注意，就是标题要与报告的内容相符，不能只求引起读者的注意而使用超出报告内容的标题。

2. 前言

普通调查报告虽然可以灵活运用各种写作形式，但是它毕竟不同于纯粹的文学作品。所以，最好在文章中对调查的目的、调查的主要问题及使用的方法加以简要的说明，这些内容常常要以前言的形式出现，有的调查报告还要把调查的结论也写进这一部分。前言部分的具体写法有下列几种主要方式：

(1)开门见山地直接说明调查的主要目的和意义，然后依次介绍调查的范围、内容和方法。这种写法是最为常见的，它的优点是便于读者把握调查报告的主要宗旨和基本精神。

(2)从对某种社会现象的描述开始，然后再针对这一现象产生的原因或这一现象的影响、作用、意义等提出若干问题。这种写法的效果是引人入胜，增强读者阅读报告的意愿。

(3)在描述现象、提出问题之后，直截了当地给出结论，然后在调查报告的正文部分中说明这一结论是如何得出的。

3. 正文

这一部分是调查报告的核心，也是占据篇幅最大、内容最多的部分。因此，在结构上必须进行精心的安排。正文的结构因人而异，研究者可以根据自己的写作特点灵活掌握。但应注意的是，正文的结构安排还需要根据调查报告的内容来确定，是定量形式的资料，还是定性形式的资料，要表现什么样的内容，要说明什么样的问题，都是需要考虑的。总之，正文要力求做到清晰地分析某个问题。具体来说，正文结构的安排有以下几种方式：

(1)纵向结构

这是按所调查的现象在时间上的先后顺序，从纵向的角度来安排文章的结构。这种方法多用于纵贯研究、个案研究等。采用这样的结构来组织文章，有利于清楚地认识某一现象或问题的来龙去脉，使读者既了解了问题的起因，又能了解它的发展、变化状况。

(2)类别结构

根据所调查的现象本身所包含的各种不同特征或不同方面,将调查对象分成不同的类别,对每一类别分别进行论述,并逐一描述、分析和比较。这样可以使与某一现象或问题有关的各个方面的内容都得到集中的讨论。通过比较分析和描述,就能使读者对报告的中心问题有更全面,更深入的理解。

(3)纵向结构与类别结构相结合

纵向结构和类别结构可以单独使用,也可以结合在一起使用。为了行文的清楚,在结合使用的时候要以其中一种结构为主。比如,在总体结构上按时间顺序进行叙述,但在每个不同时点,又分别对各个类别进行讨论;或在总体上按类别的结构来行文,而对每一个类别又可以具体描述它的来龙去脉。

4. 结尾

结尾在普通调查研究报告中通常是以“结论与讨论”的形式出现。它的主要作用是用简洁的语言对调查所得到的结果进行总结,根据这些结果提出意见或建议,以供有关部门决策时进行参考;或者通过对调查结果的深入剖析,说明某一现象或问题对社会的危害性,以便引起有关部门的注意和重视。此外,还常常需要总结调查研究的创新之处和不足的地方,以及需要进一步深入研究的方面。在写法上,结尾部分要简明扼要,要抓住调查结果中最关键、最有价值的部分,给读者留下深刻的印象和进一步思考的空间。

21.2.2　学术研究报告的结构

学术研究报告主要是指发表于专业学术会议或学术刊物的文章,也包括各类学位论文。学术研究报告的目的是就学术问题进行探讨或取得学术学位,它的读者主要是各具体学科的专业人员。因此,学术研究报告的撰写要依照比较严格的格式,在行文方面也有需要特别注意的地方。

1. 学术研究报告的写作要求

学术研究报告从本质上说是对某一学科的科学研究所作的表述和总结,因此,在行文方法上与文学作品有所不同。文学作品不但要向读者传达某种观点和见解,还要做到文句优美、富有感情色彩,可以采用夸张、比喻的手法作为表现形式;学术研究报告固然也可以文辞优美,但是,科学的第一要务是准确严谨。学术报告作为科学成果的表述形式,它的语言必须客观、真实和准确。

(1)语言要简明和准确

学术研究报告的语言要简单扼要,对事物的描述不作任何渲染,以清楚表达事实为标准,并按照中文的表达习惯,语句尽量要简短,最好不采用长句表述。所谓准确,就是指判断要有所依据,推论要有严密的逻辑。此外,学术研究报告要尽量使用专业术语。

(2)陈述要客观

科学研究的一个重要原则是价值中立,这体现在研究报告中,就是要求不能在叙述中使用主观的、带有感情色彩的语言,对事实的陈述要客观,不要对事实作价值判断。研究者主要关注的是社会现象“是什么”,而不是“应该是什么”,只求做到讲述客观事实,而不是去说服读者应该怎样做、要读者相信你的判断。

(3)尽量避免使用第一人称

学术研究报告为了体现客观性和非私人性质，在陈述中如果需要出现第一人称“我”或“我们”时，一般要用非人称代词，或者不使用人称代词。如需要说“我发现……”“我们认为……”时，可以用另一种说法：“本研究认为……”“根据以上数据，可以发现……”等。

2. 学术研究报告的结构

(1)标题

标题是研究报告的缩影与代表，是提纲中的提纲。对于研究报告来说，标题具有重要的提示作用，它含有研究对象、报告所解决的问题等信息。一个好的标题能使读者透过它而窥及报告的全貌。因此，标题是研究报告的高度概括，标题应选用最简明、最恰当的词语反映研究报告最主要的内容，标题一般不超过 20 个字为宜。标题还应有严密的逻辑性、便于选定关键词、撰写摘要、编制题录与索引等，标题中尽量不使用标点符号。此外，当一个标题不足以概括研究报告的内容时，有时可以加副标题进行补充和说明。副标题的前面加一破折号，一般置于标题的下面。

(2)摘要

在正式的研究报告中，一般来说在正文之前要有一个非常简洁的摘要。摘要是对研究报告的主要内容所作的一个提纲挈领的说明，通常不超过 500 字。摘要居于报告的最开头，并且是单独作为一个部分与报告隔开。

摘要虽然短小，但是对研究者写作水平的要求非常之高。正因为它的篇幅十分有限，其中的每一个字、每一句话都要十分准确和恰当。研究者必须在有限的篇幅中清晰地概括整个研究报告的精华。所以，不可能把各方面的情况都写进摘要里，写作者必须仔细考虑．做出适当的取舍。下面是一篇关于某省高校大学生职业地位获得方面的论文的摘要：

摘要：通过对某省三所高校 1052 名大四学生的分析，以定量研究方法计算人力资本诸要素与大学生职业地位获得之间的相关性，了解人力资本诸要素对大学生职业地位获得的具体影响程度。发现大学生的工作经历、担任学生干部经历、家庭出身和所学专业是影响职业地位获得的最重要因素。提高大学生的就业能力，从人力资本的角度来说，要重视对大学生的这几个方面能力的培养。

(3)前言

前言是学术研究报告正文的第一部分，即说明研究的是什么问题以及为什么要进行这一研究。在前言部分中，通常会涉及以下几个方面的内容：

①研究的主要问题

通过前言，要向读者介绍所研究的问题是什么，为什么选择这一问题进行研究，陈述研究问题的性质和背景，介绍研究的目的和意义。

②对文献的评述

科学研究是一种知识积累的过程，每位研究者都是在前人已有成果的基础上进行自己的研究的。所以，当陈述了所研究的问题及背景后，要对有关这一问题已有的研究及其结果进行综述和评论。文献评述就是要全面地说明与自己所研究的问题有关的理论和方法，以便阅读者能掌握关于某个问题的最新的研究资料、研究动态和研究成果。

③主要研究方法

在学术研究报告中，方法部分是一个十分重要的部分，这也是学术研究报告区别于普通调查报告的一个突出标志。在普通调查报告中，读者往往只关心调查的结果，而不会对调查的方法感兴趣。但在学术研究报告中，读者关心的不只是研究的结果，他们更为重视研究方法，关注研究结果是如何得到的，也就是研究的程序是否具有逻辑上的严谨性。只有知道了某项研究所采取的方法，明白了研究的各种具体操作步骤，读者才能评价该项研究是否具有科学性、研究的结果是否可信和有价值。研究方法不仅仅是研究中具体的操作方法，还要包括研究的思路、研究对象的选取、研究假设和主要变量等。

1)研究思路

在这一部分中，需要告诉读者你的研究采取的是哪种方式，是定量的还是定性的；为开展此项研究，进行了哪些研究设计工作，是统计调查还是实地研究，是采用问卷法还是访问法收集资料；是普查、抽样调查，还是个案调查等等。对于调查的时间、地点、调查工作的组织、调查员的培训、调查工具的准备等情况也都应简要地做些介绍。

2)研究对象的选取方法

在调查研究中，研究对象可以是群体、组织、社区、社会产物等，但绝大多数的研究对象是社会中的个人。研究对象是哪些人，这些人是如何成为研究对象的，也是需要加以说明的。

对于定性研究来说，研究的目的不是以样本特征来推论总体，所以研究对象的选取一般可以较为灵活，只要有助于了解所研究的问题的本质，可以选择任何能够找到的个案来加以研究。而对于定量研究来说，研究对象的选取要严格得多。首先要对研究总体进行说明，即给出所调查和研究对象总体的定义。总体不明确，就难以确定样本的性质，也无法评价调查结果的推论范围及适用性。其次要对调查的样本及抽样方法、抽样过程进行说明，不能只是简单地说"我们在某学校的学生中进行了抽样"、"根据研究的需要抽取了200人作为样本"。在学习抽样方法的时候，我们知道如果抽样过程不符合科学要求，可能会使整个研究得出不可靠的结论。所以，上面的说法是不够严谨的，也无助于其他的人了解你的研究的精确性，无法判断研究结果在多大程度上反映了现实的情况。

3)研究假设和主要变量

对于解释性研究来说，要在研究之前提出研究假设，研究的过程就是对研究假设进行检验的过程。所以在前言部分要向读者明确指出研究假设，这有助于在下面的行文过程中进一步地叙述研究者是如何对假设进行检验的。

研究假设一般要包含一个或几个主要变量，变量是通过对概念加以界定而得到的。这里要说明的是研究的主要变量是什么，变量的操作定义是什么，又是通过哪些具体的指标来测量的，本项研究所使用的变量与其他人在同类研究中所使用的变量在内涵上有无不同。

4)资料的分析方法

由于研究方式的不同、样本规模的不同、资料收集方法的不同等等，使得每一项具体的研究所采用的分析方法也不完全一样。有的研究以定性分析为主，有的则以定量分析为主；有的只进行一般性的统计描述或频数分析，有的则要对变量之间的关系进行相关分析，还有的为了精确地了解某一现象的影响因素而进行回归分析；有的完全采用手工的方式对资料进行分析,有的则是用计算机和分析软件进行处理分析。因此,为了使读者了解具体分析方法,要进行简要的说明。

5)调查的质量及局限性

在方法部分的结尾,常常需要对调查程序、方法、样本、资料等方面的质量进行评估。一般来说,每项调查研究工作都不可能十全十美,总会在某些方面存在着这样或那样的问题或局限。由于调查研究的全过程只有研究者本人才清楚,因此,实事求是地指出这些问题,说明调查结果的局限性,既是科学的研究报告的要求,也是研究者应具备的科学态度,在研究报告中指出调查在哪方面存在误差,在哪方面存在缺陷,哪些方面受到限制,哪些方面还有待探讨。这样的说明既可以避免其他的研究者或读者将研究的结论不适当地进行推广或运用,同时也可以启发其他的研究者在该研究的基础上,进行新的、进一步研究来弥补它的不足。

(4)研究结果

这一部分是研究报告的主体,一般是运用收集到的资料详细证明研究的主要观点,逻辑地论述得出结论的过程。

在定量研究中,主要通过数据资料描述样本的基本情况,再进行统计推论,利用统计分析对研究假设进行检验。目前,在某些领域中,定量研究已经达到了较高级的统计分析的水平,比如下面要叙述的关于"民众对于收入分配差距的态度研究"就采用了多元回归分析的方法来确定变量间的具体数量关系。但是在定量研究中应用得更多的仍是频数分析和简单的统计描述以及相关分析等。对于定性研究结果的论证主要依靠在调查中获得的访问与观察资料,它特别强调原生态的资料形式,要尽可能地以访问对象的原话或原始的观察资料对问题进行阐述,还要通过作者对资料的概括进行解释和分析。在以事件分析为主的定性研究报告中,一般要详细地描述事件发展的全过程。

研究结论的表述一般是先给出总体的、一般性的陈述,然后才是个别的和具体的细节陈述。

①再次陈述问题

学术研究报告一般会在前言中提出研究的主要问题。为了做到上下连贯,在报告的主体部分要再次向读者提示在报告的前言部分所提出的主要问题。比如,在"民众对于收入分配差距的态度研究"中有这样的陈述:"据调查,2004 年我国的基尼系数已达到 0.53。本研究希望了解的问题是,在这样的背景下,民众对于社会收入分配差距的态度是什么样的。"

②介绍操作化与测量过程

在上面的研究中,就可以这样叙述:"对于这一问题,我们将从三个方面进行操作化:民众对于收入分配差距的态度是什么样的;民众认为造成目前的收入分配差距的主要原因是什么,是先赋性原因起的作用更大些,还是自获性原因起的作用更大些;是哪些因素影响了人们对于收入分配差距的态度。"在此基础上,还要进一步将这三个方面的变量具体化为多个测量指标,进行详细的介绍。接下去还要向读者说明在研究中实际完成的测量行为,以便得出研究结论。

③说明研究结论

这是对上面所提问题的回答,如"根据对上述指标的测量,笔者发现,我国民众已经感受到了目前收入分配差距的扩大，但绝大多数人持乐观的态度，认为自获性因素起了更大的作用，而未来这种过大的差距将得到改观。”当然，对于一个比较复杂的研究来说，结论并不是一两句话就可以表述清楚的，需要逐层深入地展开论述。结论是要靠经验材料作为支撑的，在说明研究结论的时候要让调查得到的各种数字、图形、表格和材料来向读者说话。要向读者展示详细的、具体的证据和结果，并对这些数字、图表进行必要的说明和解释。要注意的是，各种图表应设计得清晰、直观，要有清楚完整的标题，使读者可以通过查看图表来抓住主要结论。

(5)结论和讨论

结论部分即是要简单地概括本次研究的主要结果，在这一部分要告诉读者本项研究有什么样的发现，要明确说明研究假设是否得到了证实，或者明确地回答导言部分所提出的问题。但是要注意，不要简单地再次解释和重复在上一部分已经总结了的观点和结论，而是要在此基础上，挖掘新的、更为深入的、具有普遍性和规律性的东西。因此，在撰写研究报告的讨论部分时，应该思考这样一些问题：我们的研究结果是否证实了原假设？如果与假设不符，这说明了什么？从我们的研究结果中，能够得出一些什么样的推论？这些推论中，哪些与研究的数据资料结合得更为紧密？哪些则在较抽象的层次上与理论更加相关？我们的研究结果在理论方面和实践方面，具备什么样的内涵和意义？我们还可以把自己的研究结果同文献评述中列举的那些研究结果进行比较，看看是否又一次验证了它们的结论。在将自己的结论进行推广时，应考虑必须具备的条件及所受到的限制。

讨论就是对研究的质量及局限性进行评价，即说明发现的结果具有哪些意义，从这一结果出发，还能得到什么或还可以继续做些什么。一般来说，每一项社会研究工作都不可能十全十美，总会在某些方面存在着这样或那样的问题或局限。如果得到某些相反的结果或始料未及的结果时，需要如实地陈述和深入地讨论它们，而不能用歪曲的意图来解释它们。实事求是地指出这些问题，说明研究结果的局限性，既是学术研究报告的要求，也是研究者应具备的科学态度。除了上述内容外，讨论部分通常还包括以下的方面：对自己的研究仍未能回答的那些问题的讨论；对于那些在研究中新出现的问题的讨论；对探讨和解决这些新的问题有所帮助的研究建议等等。在实际发表的研究报告中，有相当一部分是以对进一步研究的建议作为报告的结尾的。

(6)参考文献与注释

每一项科学研究都要建立在前人研究成果的基础之上。我们要通过文献了解相关领域的研究动态，掌握一定的研究方法。为了做到不掠人之美和表示对文献作者的尊重，学术研究报告要在文章结尾处列出参考文献目录。此外，对于一些与研究有关但无法在文中进行说明的内容还要进行注释。但是，不是所有与研究内容相关的文章都可以作为参考文献，对参考文献的选择是有一些标准可循的。

①参考文献的选择标准

1)相似性。即根据研究的主要变量、样本类型和理论框架等，参考与自己的研究相似程度高的文献。这样，可以更容易地与别人的研究成果进行对比。

2)时间性。即根据文献发表时间的早晚来选择文献。调查研究的主要是社会现象，而社会现象是在随时发生变动的。经验研究的成果往往针对的是某个具体的时间段，它的某些数据在一段时间之后可能已经发生了改变。所以,文献发表的时间是需要注意的,研究者要尽量参考发表时间较晚较近的文献。

3)权威性。这是指根据文献的作者在该领域中的影响以及别人对文献的评价来选择。在每个研究领域中,总是有一些研究者比较著名,具有一定的学术声望。这些研究者由于长期从事这一领域的研究,有了相当成熟的研究思路,所以他们的观点相对要更加重要一些。但是,应该注意的是,这种看法实际上也存在着一定的偏见。选择文献时,最重要的仍然是文章的质量和作者的实际研究水平。

4)非学术性的文献要慎用。报纸、杂志、广播、电视和互联网等大众传播媒介中的文章尽量不要选用。如必须选用,也无须列入参考文献目录。这些文章的作者无论在收集资料的方式,还是在分析资料、表述结果的方式上,更多地是从新闻学的角度出发,而不是从社会科学研究的角度出发的。因此这些文章虽然涉及到所研究的问题,但它们并不具备科学研究的性质,结论的获得往往也没有遵循严格的科学程序。如果以这些资料作为研究的依据,可能无法保证研究结论的准确性。

②参考文献的格式

参考文献通常包括学术专著、期刊中的论文、学术会议论文、论文集等。不同文献的格式可能会有些差异,不同刊物对参考文献格式的要求也不尽相同。常见的参考文献的格式如下:

1)专著:

[序号] 责任者. 文献题名[M]. 出版地:出版社,出版年:页码.

[1]费孝通. 生育制度[M]. 天津:天津人民出版社,1981:24-26.

2)期刊:

[序号] 主要责任者. 文献题名[J]. 期刊名,出版年份,卷号(期号);起止页码.

[1] 王海粟. 浅议会计信息披露模式[J]. 财政研究,2004,21(1):56-58.

3)学位论文:

[序号] 主要责任者. 文献题名[D]. 保存地:学校,年份:起止页码

[1] 张和生. 地质力学系统理论[D]. 太原:太原理工大学. 2008:13-15.

4)报纸文章:

[序号]作者. 篇名[N]. 报纸名,出版日期(版次).

[1] 李大伦. 经济全球化的重要性[N]. 光明日报,1998-12-27(3).

5)论文集

[序号]作者. 篇名[C]. 出版地:出版者,出版年份:起始页码.

[1] 伍蠡甫. 西方文论选[C]. 上海:上海译文出版社,1979:12-17.

6)电子文献:

[文献类型/载体类型标识]:[J/OL]网上期刊、[EB/OL]网上电子公告、[M/CD]光盘图书、[DB/OL]网上数据库、[DB/MT]磁带数据库

[序号]主要责任者. 电子文献题名[电子文献及载体类型标识]. 电子文献的出版或获得地址,发表更新日期/引用日期

[1]王明亮. 关于中国学术期刊标准化数据库系统工程的进展[EB/OL]. http://

www.cajcd.edu.cn/pub/wml.html,1998-08-16/1998-10-01.

[2]万锦．中国大学学报文摘(1983-1993)．英文版[DB/CD]．北京:中国大百科全书出版社,1996.

③注释

注释指的是对报告中的语汇、内容、背景、引用介绍、评议的文字,调查者可以将正文中不便出现,但又需要解释的内容以注释的方式呈现出来,以便于读者理解报告中的疑难,又不使报告中断和过于冗长。报告中注释的一个重要作用是为引用作出注明。引用就是援引别人的论述、结果、资料或数据,来支持、佐证或说明白己的某种观点或结论。凡是引用别人的资料,一定要注明来源,而不能将别人的工作和成果不加注明地在自己的报告中使用。引用别人的观点或结论可以直接引用,即直接在报告中出现别人的原话、原文,这时要用引擎引起来,再用注释注明;也可以间接引用,即援引别人的观点、结论但并非别人的原话、原文,这时不用引号,但需要注释注明。引用部分的注释目的在于指出所引用资料的来源,供读者参考查证;同时表示作者遵守学术道德,不把别人的成果掠为己有,保障了原作者的著作权,注释的形式主要有三种:夹注、脚注和尾注。

夹注即直接在所引资料之后,用括号将其来源或有关说明括起来进行注释或提示,比如:

"社会政策的实质是政府在社会福利事务领域中的干预行动"(关信平,2004)

夹注往往与报告最后的"参考文献"相呼应。在参考文献中,一定要列出一条与此夹注相配合的文献,即应有下列文献:

关信平．社会政策概论．背景:高等教育出版社,2004.

脚注即在所引的资料处只注明一个注释号,比如在该资料后的右上角用①、②、③等来标明,然后在该页码的最下端,用小一号的字体分别说明引文的出处、时间等情况,或作出有关的解释。

尾注则是将所有脚注都移到文章的结尾处并排出,并冠以"注释"的标题,而不是分别排在各页之下。在目前学本刊物上所发表的调查报告中,三种注释形式都在使用,不过不同的刊物的要求往往不太一致。

(7)附录

附录部分是将一些可以帮助读者更好地了解研究细节的资料编排在一起,作为正文的补充。这些资料主要有:收集数据资料所使用的调查表、问卷、心理测验量表等;计算某些指标或数据的数学公式介绍;某些统计和测量指标的计算方法介绍;某些调查工具、测量仪器以及计算机软件介绍等等。由于这些材料往往占有较大的篇幅,学术期刊中的论文可以没有附录部分,而在学位论文中如果使用了上述工具则需要将其列入附录部分。

21.3　调查研究报告的写作步骤与要则

【引入案例】

新入园幼儿家庭饮食习惯的调查与分析(写作提纲)

前言

1. 调查的目的

2. 调查对象、内容与方法

2.1 调查对象

2.2 调查内容与方法

3. 主体

3.1 调查结果

3.1.1 幼儿饮食习惯

3.1.2 影响幼儿饮食习惯的因素

3.1.2.1 幼儿餐前吃零食情况

3.1.2.2 幼儿餐前运动量较小

3.1.2.3 大多数家长没有科学地考虑幼儿的饮食质量

3.1.2.4 大多数幼儿在饮食前缺乏愉快情绪

3.1.2.5 不少家长对幼儿饮食习惯的教育方式不当

3.2 调查结果分析

3.2.1 家长的教育观念对孩子饮食习惯的影响

3.2.2 家长的教育方式对幼儿饮食习惯的影响

3.2.3 幼儿饮食习惯与幼儿活动的关系

3.3 改进措施

3.3.1 适量的身体活动

3.3.2 家庭和幼儿园要保证幼儿在最佳的生活和心理状态下进食

3.3.3 家庭和幼儿园要安排好幼儿生活作息时间

3.3.4 合理的营养是孩子健康成长的物质基础

3.3.5 培养良好的饮食习惯

4. 结语

5. 参考文献

6. 附录

21.3.1 确立主题

研究报告的主题就是研究报告要讲的中心思想,这是研究报告的灵魂。主题是否明确和有价值,是否能引起人们的重视,对研究报告具有决定性的意义。主题的确立,应注意如下几个问题:

1. 与研究主题一致

一般来说,调查的主题就是研究报告的主题。比如:我们进行一次合理使用科技人才的调查,研究报告的主题就是合理使用科技人才的状况和问题,报告的标题就可以定为《关于合理使用科技人才的调查》。我们进行一次关于某地农村专业户、重点户的调查,研究报告的主题就是某地农村专业户、重点户的状况与发展趋势,报告的标题就可以定为《关于某地农村专业户重点户的调查》等等。在这种情况下,出于研究报告的主题在调查开始时就被选定了,所以写作报告时确立主题比较容易,只要与调查主题取得一致就可以了。

2. 根据调查和分析结果重新确立主题

有的时候,研究报告的主题不一定就是调查的主题,两者并不一致。不一致的情况有三种:第一,调查的问题多,面较宽,一篇报告不能全部交代,需要分写几篇报告,每一篇报告所要交代的问题较少，面较窄，需要缩小原主题的范围；第二，有些情况和问题调查分析得比较透彻，而其他情况和问题调查分析得比较肤浅，没有很大把握，所以研究报告要选择前者立题，后者留待进一步调查研究后再处置；第三，有些调查经过整理分析后觉得内容完实，问题突出，实际价值大，而有些没有新意，价值不大，所以从报告实际价值着眼，也要做好选择。在上述三种情况下，研究报告的主题就可以根据实际调查和分析结果重新确立，不一定拘泥于与调查主题相一致。

3. 主题宜小，宜集中

主题越小、越集中，报告就越短，越容易写。鼓励初学者从工作小型研究报告做起，不要一下子就写大报告。专题研究报告比较短小精悍，材料扎实、观点鲜明，以讲清一条道理和两个观点为目的，所以要求主题必须明确突出，初学者善于发掘新的写作角度，找到小题目来做文章，只有靠不断摸索、反复锻炼，才能有所提高。其中，勤于思考，善于思考，善于分析，培养洞察能力，并审时度势，及时了解上级领导、人民群众和实际的需要是重要的问题。

4. 要讲究标题

调查报告的标题往往是研究报告主题的体现。标题有单标题和复标题两种。单标题如"关于××的调查"，比较简单；复标题如"人才不能浪费！—某地某部门人才问题的调查"。主标题表明作者的观点，副标题表明调查地区和范围，复标题的形式对调查报告的主题有加强作用。不论哪种形式，一般都要注意：①要与报告主题协调吻合，不能题文不符；②尽可能醒目，有吸引力；③文字简短，一目了然；④表明作者的思想倾向性。陈云同志的青浦农村调查，三篇研究报告的题目是：《母猪也该下放给农民私养》、《种双季稻不如种蚕豆和单季稻》和《按中央规定留足自留地》，每篇研究报告的标题都体现了这些特点，值得我们学习。

21.3.2 材料取舍

我们把调查的全部所得称为"调查资料"，而把将用于研究报告写作的调查资料称作"材料"。研究报告要用充分的调查材料来说明问题，用材料证明观点。调查和分析的材料很多，不能一股脑儿都写进报告，要注意取舍。

第一，选取与主题有关的材料，去掉与主题无关的材料，才能使主题更加集中突出。与主题无关的材料，要忍痛割爱，否则，堆砌材料，反而冲淡主题、不得要领。

第二，要学会精选材料。精选的方法是：①精选的材料要能深刻地说明问题的本质，而不是图解现象，这是根本的标准；②将有关的近似材料加以比较，选择符合标准的材料，这是鉴别的方法；③可用可不用的材料，要敢于放弃。

21.3.3 拟定提纲

在确定了主题，取舍了材料以后，就可以拟订一份写作提纲了。写作提纲的作用是搭起研究报告的"骨架"，以便把调查和分析的结果按要求"填"进去，层次分明地表达材料和作者的观点。提纲的另一个作用是进一步明确写作的任务，理通思路，弄清报告内容各部分之间的联系。

写作提纲分为条目提纲和观点提纲两类。条目提纲就是从层次上列出研究报告的章节目，而观点提纲是在此基础上列出各章节目所要叙述的观点，比如大多数实际建议型报告，最好拟定一份观点提纲。

写作提纲还有粗细之分。一般来说,先拟订粗提纲,把研究报告的几大部分定下来,然后再充实详列,形成细提纲。提纲的粗细,反映了作者对写作内容了解的深度,提纲越细,说明了解越深、越具体,在撰写报告时就越"顺手"。应当提倡撰写研究报告先拟订写作提纲,特别提倡拟订细提纲的做法,初学者尤其应该这样做。

21.3.4 撰写研究报告

在拟好研究报告提纲以后,可以按照提纲的纲目进行选材和进行科学抽象,也就是通过对素材的"去粗存精、去伪存真、出此及彼、出表及里"的加工制作,从而引出规律性的东西,应注意掌握好三个方面。

1. 研究报告的结构要合理。研究报告的内容一般包括三个部分:第一部分是引言/前言,叙述调查的意义和目的、调查对象和范围、调查方法和过程等,这部分文字要简明扼要。第二部分是分章节陈述调查材料并予以一定的分析,这是研究报告的中心,这部分占较大篇幅。第三部分是结论、讨论和建议,作为研究报告的总结。这部分可长可短,依内容而定。这三个部分的比例布局不是一成不变的,调查内容和报告用途不同,写作重点和布局相应的应有所调整。

2. 语言要通俗易懂。研究报告写的都是目前的事件,是实际生活中的现象,写了以后是要给别人看的,所以要用群众懂得的语言,提倡通俗易懂的文风。有些人以为写文章也好,写研究报告也好,没有几个"大名词"就显得没有"学问',实际上这是误解。还有些人借题发挥,为展示专业知识或一技之长,滥用数字、图表、公式,使大多数人看不懂研究报告,这是不正确的。其实,研究报告不外乎摆事实,讲道理,事实要让别人了解,道理要使别人明白。当然,通俗易懂并不是不讲深刻的道理,而是论理要深入浅出。

3. 学会使用资料。研究报告不同于一般论文的显著特点就是大量使用调查资料。调查资料是客观事实的反映,使用调查资料就是让事实"说话"。怎样使用调查资料呢？一是"点""面"资料结合使用,既有典型事例,又有分类资料,还有反映总体情况的综合资料。二是文字、数字、图表这三种形式配合使用,选择最好的表达方式。一般来说,文字表达具有叙述性、分析性和概括性;数字表达具有数量精确性和意义抽象性;图像表达具有直观性和示意性。三是统计资料与座谈、访问、观察资料要适当的配合,必要时还要引用历史文献资料。四是学会用观点统帅资料,用资料证明观点、有些初学者搞了一个很好的调查,搜集了很多资料,可是写报告时用不上,只要按照上述要点多练几次,就会摸索出经验来。

21.3.5 修改研究报告和作必要的补充调查

研究报告不是一次完成的,要经过反复的审查、修改,如同人们说的:文章不是"写"出来的,而是"改"出来的。修改报告的主要任务是:第一,检查引用资料的合理性和正误;第二,检查所用概念、观点是否明确,表达是否准确;第三,检查全篇报告是不是言之有理,持之有据;第四,检查报告的思想基调是不是符合调查的目的和时代的要求;第五,通读全篇报告,检查语言是否畅达。

在撰写、修改研究报告时,往往发觉某项资料未做调查,需及时做补充调查。补充调查的任务,一般都是搜集少量典型资料或个别资料,也有的用来核实和验证原调查资料的可信度。这种调查范围小,比较容易做到,要注意的问题是:需要做补充调查时不要图方便而用其他资料代替，应按科学程序搜集资料，不要忽视必要的中间环节，如抽样或选"点"；选择调查对象和地点尽可能客观一些，不要随意行事，用就近找熟人的办法代替到应该去的地方去搞调查。

21.3.6　调查研究报告撰写的注意事项

要写好研究报告，需要了解研究报告的类型和作用，把握研究报告的内容、结构和写作过程，除此之外，还应注意下面一些问题。

1. 明确读者对象

研究报告是写给谁看的，这是撰写者首先必须明确的。因为读者不同，对研究报告的具体要求也就不同，在结构的选择、内容的安排以及理论阐述的深浅程度、表达的方式等方面都会有所区别。

确定的读者对象不同、写作的具体要求也不同。如果是写给党政领导看，则研究报告宜短小精练，用短的篇幅容纳较多的信息量，写作重点应放在总结经验教训，提出具体建议，解决实际问题上。如果是写给科研工作者看，则在理论分析上要讲究深度，结构须严谨，调查的背景、过程、方法、手段应作详细介绍。如果是写给一般群众看，则应考虑一般读者的文化水平，文字要通俗易懂，图表、数据应简单、明了。

2. 注意文体特点

调查报告是以叙事为主的说明性文体，所以在语言上应该保持准确、简洁、朴实、客观的特点。具体来说应该注意以下几点：

(1)表达准确。一篇好的调查报告在撰写上最重要的标准是准确、清楚、客观、严密，经得起斟酌和推敲。能够恰当地表现事物的不同性质和状态，能够恰如其分地把握程度和分量，尽量不用揣测性的模糊词语。

(2)简洁朴实。调查报告与文学作品不同，它的撰写不十分强调和注重文学性、可读性等等，而是着重强调报告的客观性、准确性。所以行文中一般不要对事物的过程和细节进行不必要的渲染，使用数据时也不要故作高深，不要追求华丽的辞藻和文学化的修饰，应该尽量用平实的语言撰写，以简单明了、科学严谨为标准，清楚明确地表达研究的结果。

(3)陈述事实力求客观，避免使用主观或感情色彩较浓的语句。叙述中最好使用第二人称或非人称代词，尽量不用第一人称。比如用"从上表中可以发现……""数据表明……"等等，而不用"我认为……""我们发现……"等等。

(4)调查报告的语言风格应以一种向读者报告的口气，而不宜表现出非要说服读者同意某种观点或看法的倾向，更不能把自己的观点强加于人。尽管在研究结论的阐述中离不开作者个人的主观分析和思考，但各种研究结论的得出只能是研究资料和客观数据的逻辑结果，让事实来说话才会更有说服力。

3. 结论的注意事项

(1)结论要有条理性和逻辑性

在调查研究报告中，我们很可能面对众多的统计分析表格和分析语言，在作结论的时候很多人往往无从下手，此时只要秉持条理性和逻辑性，依据分析内容的层次结构一一进行简要的结论总结就可以了，也可以进一步进行合理的和有依据的讨论。切忌东一块西一块地去总结分析，更不能打破原有分析的逻辑层次进行结论总结。例如，我们在统计分析过程中，先是进行单变量描述，再进行双变量描述，进而再进行双变量的推论统计分析，那么我们在作结论时就应该按照前述的分析步骤，依次进行单变量分析结果的结论概况总结、双变量描述分析结果的结论概况总结和推论统计的结论概况总结。又如，我们通过对某一问题的分析发现，宏观制度和社会因素、中观组织和社区因素以及微观的个体因素是某一现象的制约因素，那么我们在作对策性结论总结时也应该按照这一逻辑层次一一对应提出，而不能先提一个从个体修养角度出发的对策，又提一个从法律制度角度出发的对策，再提一个从社区建设角度出发的对策。

(2)结论要保证客观性

结论要保证客观性即结论要保证是通过调查研究或者是通过后续的研究分析得出的结论。在撰写报告时，一定要根据实际的数据结果作出针对性结论，表述力求准确精确，切忌用模棱两可的语句，更不能无中生有。如果调查报告中的定量分析始终是描述性的统计分析，则不能得出带有因果或相关性的结论出来，除非在描述性的统计分析后补充了定性的因果分析。

在撰写调查研究报告时，尤其是定量的报告时，多数人最容易犯的错误是得出的结论和调查结果看似相关，其实毫无根据。这种情况最容易出现在只经过描述性统计而得到的调查结论中。这一点尤其值得我们重视。如："某项研究发现，被调查的 100 名男性平均每天消耗 600 克大米，而被调查的 100 名女性则平均每天消耗 500 克大米"，则结果可以写成"在被调查者中，男性人均每日消耗的大米比女性要高 100 克左右"或者"研究发现，在被调查者中，男性的平均饭量比女性要高"，而不能得出"男性饭量大于女性是因为……"这样的结论。

21.4 调查研究报告的评估

调查研究报告作为调查研究的重要成果，判断其社会价值如何，能否应用于实际，常常不是由调查研究者本人决定的，而是取决于社会的评价和态度，具体来说，取决于国家、社会和其他团体对这一成果的承认、评估结果。因此，对调查研究报告的评估是非常有必要的。

对调查研究成果给予正式和科学评估，其意义首先在于架起研究成果通往实际的桥梁，为其迅速传播创造必要的条件。其次，通过科学评估可以进一步提高调查研究成果的实用价值。通过有组织的评估，不仅可以进一步鉴别成果的真伪正误，而且能全面认识成果的实用价值和局限性，明确成果产生的历史条件和运用范围，以及在推广过程中应注意的事项，从而使调查研究成果更趋完善、更加适用。第三，通过评估，可以促进互相学习、互相交流、互相启发，提高学术领域的整体调查研究水平。第四，通过对调查研究成果进行客观、公正的评价，以及对优秀成果的推广和表彰，可以调动调查研究者的工作积极性，推动调查研究工作的开展，同时也有利于发现和培养调查研究的人才。

21.4.1 调查研究成果评价的原则

调查研究成果的评价是一个较为复杂的过程，其中涉及到方方面面的诸多问题与利益。调查研究成果的评价会受到评价人的世界观和具体的方法论的限制。对同一个调查研究成果的结论，人们会得出不同的，甚至是绝然相反的评价，这很自然会受到人们不同的立场、观点，不同的目的，不同的价值观念的限制。因此，我们在评价调查研究成果时必须遵循科学性、实践性和客观性的原则。

1. 每一个设计的评价指标一定要具体,并要有可测性,便于评价成果时量化分解评析,要做到指标明确,量化解析简便易行。

2. 测量的评价指标一定是具有实质关键性内容的,如少了某项指标,会使得评价不全面,不准确。所以每一项应测得的指标都是重要的。

3. 进行多项、单项等综合计算时,一定要做到符合运算法则的要求。必须规范,有科学依据,不能自搞一套所谓的简便运算。

4. 对规定的等级指标进行给分时需要有正确的评判基础。这时的标准不仅要一致,而且要合理。否则,评判的结果就不准确。

5. 在具体进行实施测定时,评价工作必须依据科学的程序和规范的要求,不能别出心裁,随意地测定和评价,对这一点,每个调查研究评价人都应该注意。

21.4.2　调查研究成果评估的内容

调查研究成果的评估,是指通过设计一套客观的指标或标准,采用一定的方式、方法、程序,对调查研究成果进行科学测量和客观评价。评估的主要内容有:

1. 测定学术价值。主要是测量调查研究成果在调查材料、理论观点和调查方法上所具有的水平等级。如材料新颖详实,理论观点有深度和创见,调查研究的方法科学、合理等。通过测量,对这些方面所具有的水平作出客观评价。

2. 测定社会效应。主要是测量调查研究成果的社会影响面和影响力如何,对人们认识问题及解决问题的指导性、启发性及咨询功能如何?所提建议、办法在实际工作中的可行性和运用面如何?等等。

3. 测定经济效益。主要是测量调查研究成果在社会(或有关实际部门)经济活动过程中所起的作用和在经济上获利情况如何等等。

出于各项调查研究的目的不同,成果的类型不同,因而评价的内容和侧重点也就不同。比如以应用为主要目的的调查研究成果,主要测定它的经济效益及社会效益;以理论探索为主要目的的调查研究成果,主要测定它的学术价值。

21.4.3　调查研究成果评估的指标体系

做好调查研究成果的评估,必须遵循科学的评估原则和一整套测量指标体系。根据有关学者研究,测定、评价一项调查研究成果,有如下十项指标:

第一,成果的理论水平;

第二,学术界的评价及此项成果的利用水平;

第三,调查研究的理论方法、技术系统应用水平;

第四,语言表达及逻辑推理水平;

第五,此项成果的社会效益;

第六,此项成果的经济效益;

第七,调查研究的规模、难度与组织管理水平;

第八,调查研究的周期率;

第九,调查研究的人工利用率;

第十,调查研究的经费利用率;

在上述每一项指标中，还可以有几个或多个分指标。上述1～4项是测量调查研究成果的学术价值的指标；5～6项是测量调查研究成果的社会价值的指标；7～10项是测量调查研究活动的管理水平的指标。对这三个方面进行综合评价，求出综合评价指标值，并依一定运算法则计算，就可得出最后的综合评价结果。例如，以“理论水平”为测量指标，分为甲、乙、丙三个等级；

表21.1 调查研究报告“理论水平”测量评分表

评价内容	甲	乙	丙	评分
对客观规律作出新的或首次解释；提出新的研究方法；引入新的概念；创立新的理论。	“四新俱全”得10分。 评分：	“二至三新”得7分。 评分：	“一新”得4分。 评分：	
对已有理论知识进行补充，并使之深化、系统化、科学化，能够提出新的资料、新的论证、新的观点。	“三化”“三新”中有崭新的内容得6分。 评分：	有较新的内容得3分。 评分：	没有什么新内容得1分。 评分：	
在已有理论范围内进行分析，并能够阐述。阐述水平高，较准确、精炼；	水平高得4分。 评分：	一般化得2分。 评分：	有曲解和遗漏得0分。 评分：	

总评分：

按照上述测定，可能得到的最高假设分数为20分。以上“理论水平”测量评分表中，每一级甲乙丙三项中，只能填一个空格。在所得结果总计分上，凡总计分超过14分以上的为高水平，凡总计分在7分以下的为低水平，当然，这只是一种简单的测量和评估方法，还有待在实际的调查研究工作中进一步去改进和完善

【本章小结】

调查研究报告是调查研究成果的集中体现，调查研究报告具有针对性、真实性和时效性的特点；调查研究报告按资料分析方式和论证方法分为定性调查报告与定量调查报告，按目的和作用可以分为应用性调查报告与学术性调查报告，按研究的性质可以分为描述性调查研究报告与解释性调查研究报告，按研究的主题范围可以分为综合性调查研究报告与专题性调查研究报告；普通调查研究报告一般包括标题、前言、正文和结尾等，学术研究报告一般包括标题、摘要、前言、研究结果、结论和讨论、参考文献与注释、附录等。调查研究报告的撰写一般分为确立主题、材料取舍、拟定提纲、撰写研究报告、修改研究报告和作必要的补充调查等几个步骤，撰写调查研究报告时应注意读者对象、文体的特点以及结果、结论的客观、真实性。调查研究成果评估的主要内容包括学术价值、社会效应、经济效益等。

【思考练习】

1. 调查研究报告的特点及类型有哪些？
2. 普通调查研究报告和学术研究报告的基本结构。
3. 调查研究报告的撰写一般分为哪几个步骤？

4. 调查研究成果评估的主要内容与指标体系包括哪些?
5. 结合所学专业自由选题,完成一次小规模调查,撰写一份调查研究报告。

【参考文献】

1. 范伟达,范冰.社会调查研究方法[M].上海:复旦大学出版社,2010.
2. 风笑天.现代社会调查方法[M].武汉:华中科技大学出版社,2014.
3. 洪小良.社会调查研究原理与方法[M].北京:首都经济贸易大学出版社,2011.
4. 侯典牧.社会调查研究方法[M].北京:北京大学出版社,2014.
5. 李昌远.调查报告的撰写[J].常州工学院学报,2002,15(1):50—53.
6. 李洪曾.怎样撰写教育科研调查报告[J].教育学术月刊,1999(1):69—71.
7. 泥安儒,林聚任.社会调查研究方法纲要[M].济南:山东人民出版社,2012.
8. 宋立成,高志清,周继中.关于调查和调查报告的撰写[J].成人高教学刊,1994(6):21—24.
9. 谭祖雪,周炎炎.社会调查研究方法[M].北京:清华大学出版社 2013.
10. 王晶舒.社会调查研究方法长春[M].长春:吉林大学出版社,2014.
11. 王萍.浅谈调查报告的撰写[J].牡丹江师范学院学报(哲学社会科学版),2004(6):25—36.
12. 邢占军,衣芳.社会调查研究方法[M].北京:人民出版社,2010.
13. 赵胜楠.怎样撰写研究性学习调查报告[J].新课程学习(学术教育),2010(12):13—14.
14. 朱胜.市场调查方法与应用[M].北京:中国统计出版社,2004.

附录1　生命质量/健康状况测评常用量表

附录1.1　健康状况调查问卷SF－36

填表指导：该表问题是询问您对自己健康状况的看法及您做日常生活活动的能力。请您根据您的情况选择一个答案，在相应的数字上画个圈即可。如选择1，①。

1. 总体来讲，您的健康状况是：　　以下方框由审核员填

非常好	很好	好	一般	差	
1	2	3	4	5	□

2. 跟一年前相比，您觉得您现在的健康状况是：

好多了	好一些	差不多	差一些	差多了	
1	2	3	4	5	□

健康和日常活动

3. 以下这些问题都与日常生活活动有关.请您想一想，您的健康状况是否限制了这些活动？如果有限制，程度如何？

活动	限制很大	有些限制	毫无限制	
a 重体力活动（如跑步、举重物等）	1	2	3	□
b 适度活动（如移桌子、扫地等）	1	2	3	□
c 手提日杂用品（如买菜、购物等）	1	2	3	□
d 上几层楼梯	1	2	3	□
e 上一层楼梯	1	2	3	□
f 弯腰、曲膝、下蹲	1	2	3	□
g 步行1600米以上的路程	1	2	3	□
h 步行800米以上的路程	1	2	3	□
i 步行约100米的路程	1	2	3	□
j 自己洗澡、穿衣	1	2	3	□

4. 在过去四个星期里，您的工作和日常活动是否因为身体健康的原因而出现以下这些问题？

	是	否	
a 减少了工作或其他活动的时间	1	2	□
b 本来想要做的事情只能完成一部分	1	2	□
c 想要干的工作和活动的种类受到限制	1	2	□

d 完成工作或其他活动困难增多，

(比如需要额外的努力)　　1　　2　　□

5. 在过去四个星期里，您的工作和日常活动有无因为情绪的原因(如压抑或者忧虑)而出现以下问题？

	是	否	
a 减少了工作或活动的时间	1	2	□
b 本来想要做的事情只能完成一部分	1	2	□
c 干事情不如平时仔细	1	2	□

6. 在过去的四个星期里，您的健康或情绪不好在多大程度上影响了您与家人、朋友、邻居或集体的正常社会交往？

完全没影响	有一点影响	中等影响	影响较大	影响极大	
1	2	3	4	5	□

7. 过去四个星期里，您有身体疼痛吗？

没有疼痛	很轻微疼痛	轻微疼痛	中度疼痛	严重疼痛	极严重疼痛	
1	2	3	4	5	6	□

8. 过去四个星期里，身体上的疼痛影响你的工作和家务事吗？

完全没有	有一点影响	中等影响	影响较大	影响极大	
1	2	3	4	5	□

您的感觉

9. 以下这些问题有关过去一个月里您自己的感觉，对每一条问题所说的事情，请圈出最接近您情况的那个答案.

持续的时间	所有的时间	大部分时间	比较多时间	一部分时间	小部分没有此感觉		
a 您觉得生活充实	1	2	3	4	5	6	□
h 您是一个精神紧张的人	1	2	3	4	5	6	□
c 您情绪非常不好，什么事都不能使您高兴	1	2	3	4	5	6	□
d 您心里很平静	1	2	3	4	5	6	□
e 您做事精力充沛	1	2	3	4	5	6	□
f 您的情绪低落	1	2	3	4	5	6	□
g 您觉得精疲力尽	1	2	3	4	5	6	□
h 您是个快乐的 人	1	2	3	4	5	6	□
i 您感觉累	1	2	3	4	5	6	□
j 不健康影响了您的社会活动(如走亲访友)	1	2	3	4	5	6	□

总体健康情况

10. 请看下列的每一个问题，请圈出最符合您情况的答案

	绝对正确	大部分正确	不能肯定	大部分错误	绝对错误	
a 我好象比别人容易生病	1	2	3	4	5	□
b 我跟周围人一样健康	1	2	3	4	5	□
c 我认为我的健康状况在变坏	1	2	3	4	5	□
d 我的健康状况非常好	1	2	3	4	5	□

如果您有要补充或解释的，请写在下面：

附录 1.2 健康状况调查问卷 SF—12

以下问题是关于您健康的评价，请选择最佳答案并在方框中打"√"。

1. 总体而言，你认为你现在的健康状况如何？

□极好 □很好 □好 □一般 □差

下列项目是你在日常生活中可能进行的活动。以你目前的健康状况，您在进行这些活动的时候是否受到限制？如果有的话，程度如何？

2. 适度活动诸如搬桌子，打扫卫生，打保龄球或打太极拳。这些活动你受到限制吗？

□限制很多 □限制一点点 □一点也没有限制

3. 爬几层楼梯，受到限制吗？

□限制很多 □限制一点点 □一点也没有限制

以下问题是关于您的身体健康状况和日常生活的关系。

4. 在过去四周，您是否会由于身体原因而不能完成你想做的工作？

□会 □不会

5. 在过去四周，您是否会由于身体原因而令你的工作或日常活动限制？

□会 □不会

6. 在过去四周，您是否会由于一些情感问题如感觉郁闷或焦虑而不能完成你想做的工作？

□会 □不会

7. 在过去四周，您是否由于一些情感问题如感觉郁闷或焦虑而令你的工作或日常活动限制？

□是 □不是

8. 在过去四周，疼痛在多大程度上妨碍你的正常工作(包括上班和家务劳动)？

□一点也不 □有一点 □轻度 □中度 □严重影响

这些问题是关于在过去四周对你身边的一些事情的感觉。对每一个问题，请给出一个接近你感觉的回答。

9. 在过去四周，你感觉有多长时间是内心平静的？

□所有时间　□大部分时间　□很多时间

□有些时间　□偶尔一两次　□从来没有

10. 在过去四周,你有多长时间感到精力充沛?

□所有时间　□大部分时间　□很多时间

□有些时间　□偶尔一两次　□从来没有

11. 在过去四周,你有多长时间感觉心情不好,闷闷不乐或沮丧?

□所有时间　□大部分时间　□很多时间

□有些时间　□偶尔一两次　□从来没有

12. 在过去四周,你的健康状况或情感问题有多长时间影响到你的社交活动(像访友,亲戚等)?

□所有时间　□大部分时间　□有时有　□偶尔一两次　□完全没有

附录 1.3　欧洲五维健康量表 EQ－5D

请在下列各组选项中,指出哪一项最能反映您今天的健康状况,并在空格内打(√)

行动

我可以四处走动,没有任何困难。　□

我行动有些不方便。　□

我不能下床活动。　□

自己照顾自己

我能照顾自己,没有任何困难。　□

我在洗脸、刷牙、洗澡或穿衣服方面有些困难。　□

我无法自己洗脸、刷牙、洗澡或穿衣服。　□

日常活动(如工作、学习、家务事、家庭或休闲活动)

我能进行日常活动,没有任何困难。　□

我在进行日常活动方面有些困难。　□

我无法进行日常活动。　□

疼痛/不舒服

我没有任何疼痛或不舒服。　□

我觉得中度疼痛或不舒服。　□

我觉得极度疼痛或不舒服。　□

焦虑(如紧张、担心、不安等等)/抑郁(如做事情缺乏兴趣、没乐趣、提不起精神等等)

我不觉得焦虑或抑郁。　□

我觉得中度焦虑或抑郁。　□

我觉得极度焦虑或抑郁。　□

为了帮助您反映健康状况的好坏,我们画了一个刻度尺(有点像温度计),在这刻度尺上,100 代表您心目中最好的状况,0 代表您心目中最差的状况。请在右边的刻度尺上标出您今天的健康状况。请从下面方格中划出一条线,连到刻度尺上最能代表您今天健康状况好坏的那一点。

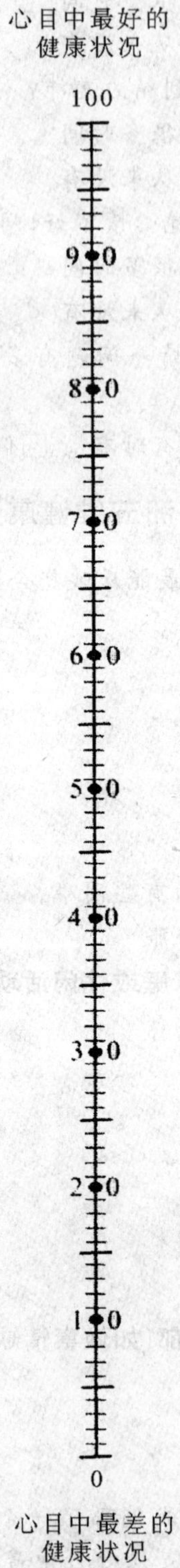
心目中最好的
健康状况
100
90
80
70
60
50
40
30
20
10
0
心目中最差的
健康状况

附录 1.4　世界卫生组织生存质量测定量表简表(WHOQOL-BREF)

填表说明：

下列问题是要了解您对自己的生存质量、健康状况以及日常活动的感觉如何，请您一定回答所有问题。如果某个问题您不能肯定如何回答，就选择最接近您自己真实感觉得那个答案。

所有问题都请您按照自己的标准、愿望或者自己的感觉来回答。

例如：您能得到您所需要的支持吗？

根本不能	很少能	能(一般)	多数能	完全能
1	2	3	4	5

请您根据最近两个星期您从他人处获得所需要的支持的程度在最适合的数字处打一个√，如果您多数时候能得到所需要的支持，就在数字“4”处打一个√，如果根本得不到所需要的帮助，就在数字“1”处打一个√。请阅读每一个问题，根据您的感觉，选择最适合您情况的答案。

1.(G1)您怎样评价您的生存质量？

很差	差	不好也不差	好	很好
1	2	3	4	5

2.(G4)您对自己的健康状况满意吗？

很不满意	不满意	不好也不差	既非满意也非不满意	很满意
1	2	3	4	5

下面的问题是关于最近两星期内您经历某些事情的感觉。请阅读每一个问题，根据您的感觉，选择最适合您情况的答案。

3.(F1.4)您觉得疼痛妨碍您去做自己需要做的事情吗？

根本不妨碍	有点妨碍	有妨碍(一般)	比较妨碍	极妨碍
1	2	3	4	5

4.(F11.)您需要依靠医疗的帮助进行日常生活吗？

根本不需要	很少需要	需要(一般)	比较需要	极需要
1	2	3	4	5

5.(F4.1)您觉得生活有乐趣吗？

根本没乐趣	很少有乐趣	有乐趣(一般)	比较有乐趣	极有乐趣
1	2	3	4	5

6.(F24.2)您觉得自己的生活有意义吗？

根本没意义	很少有意义	有意义(一般)	比较有意义	极有意义
1	2	3	4	5

7.(F5.3)您能集中注意力吗？

根本不能	很少能	能(一般)	比较能	极能
1	2	3	4	5

8.(F16.1)日常生活中您感觉安全吗？

根本不安全	很少安全	安全(一般)	比较安全	极安全
1	2	3	4	5

9.(F22.1)您的生活环境对健康好吗？

根本不好	很少好	好(一般)	比较好	极好
1	2	3	4	5

下面的问题是关于最近两个星期您做某些事情的能力。请阅读每一个问题，根据您的感觉，选择最适合您情况的答案。

10.(F2.1)您有充沛的精力去应付日常生活吗？

根本没精力	很少有精力	有精力(一般)	多数有精力	完全有精力
1	2	3	4	5

11.(F7.1)您认为自己的外形过得去吗？

根本过不去	很少过得去	过得去(一般)	多数过得去	完全过得去
1	2	3	4	5

12.(F18.1)您的钱够用吗？

根本不够用	很少够用力	够用(一般)	多数够用	完全够用
1	2	3	4	5

13.(F20.1)在日常生活中您需要的信息都齐备吗？

根本不齐备	很少齐备	齐备(一般)	多数齐备	完全齐备
1	2	3	4	5

14.(F21.1)您有机会进行休闲活动吗?

根本没机会	很少有机会	有机会(一般)	多数有机会	完全有机会
1	2	3	4	5

15.(F9.1)您行动的能力如何?

很差	差	不好也不差	好	很好
1	2	3	4	5

下面的问题是关于最近两个星期您对自己日常生活各个方面的满意程度。请阅读每一个问题,根据您的感觉,选择最适合您情况的答案。

16.(F3.3)您对自己的睡眠情况满意吗?

很不满意	不满意	既非满意也非不满意	满意	很满意
1	2	3	4	5

17.(F10.3)您对自己做日常生活事情的能力满意吗?

很不满意	不满意	既非满意也非不满意	满意	很满意
1	2	3	4	5

18.(F12.4)您对自己的工作能力满意吗?

很不满意	不满意	既非满意也非不满意	满意	很满意
1	2	3	4	5

19.(F6.3)您对自己满意吗?

很不满意	不满意	既非满意也非不满意	满意	很满意
1	2	3	4	5

20.(F13.3)您对自己的人际关系满意吗?

很不满意	不满意	既非满意也非不满意	满意	很满意
1	2	3	4	5

21.(F15.3)您对自己的性生活满意吗?

很不满意	不满意	既非满意也非不满意	满意	很满意
1	2	3	4	5

22.(F14.4)您对自己从朋友那里得到的支持满意吗?

很不满意	不满意	既非满意也非不满意	满意	很满意
1	2	3	4	5

23.(F17.3)您对自己居住地的条件满意吗?

很不满意	不满意	既非满意也非不满意	满意	很满意
1	2	3	4	5

24.(IU9.3)您对得到卫生保健服务的方便程度满意吗?

很不满意	不满意	既非满意也非不满意	满意	很满意
1	2	3	4	5

25.(F23.3)您对自己的交通情况满意吗?

很不满意	不满意	既非满意也非不满意	满意	很满意
1	2	3	4	5

下面的问题是关于最近两个星期来您经历某些事情的频繁程度。

26.(F8.1)您有消极感受吗?(如情绪低落、绝望、焦虑、忧郁)

没有消极感受	偶尔有消极感受	时有时无	经常有消极感受	总是有消极感受
1	2	3	4	5

附录 2 SPSS 统计软件包简介

1. SPSS 概述

SPSS(Statistical Package for Social Sciences,即社会科学统计软件包)是美国 SPSS 公司开发的大型统计软件包。SPSS1.0～5.0 为 DOS 版,SPSS6.0 以后为 windows 版,现在用户使用的最多版为 SPSS17.0。2008 年被 IBM 公司收购,改为 PASW18.0,19.0 又改为 IBM SPSS19.0,目前最新版为 IBM SPSS24.0。SPSS 统计软件包窗口式操作简便、输出结果美观、计算功能强大,是世界公认的最优秀统计分析软件之一。SAS 和 SPSS、BMDP 并称为国际上最著名的三大统计软件包。在我国使用国际统计软件包的人员中,使用 SPSS 的占 80%。因此,掌握 SPSS 统计软件包,可以提高竞争能力或就业机会。

SPSS 是世界上最早的统计分析软件,由美国斯坦福大学的三位研究生于 20 世纪 60 年代末研制,同时成立了 SPSS 公司,并于 1975 年在芝加哥组建了 SPSS 总部。1984 年 SPSS 总部首先推出了世界上第一个统计分析软件微机版本 SPSS/PC+,开创了 SPSS 微机系列产品的开发方向,极大地扩充了它的应用范围,并使其能很快地应用于自然科学、技术科学、社会科学的各个领域,世界上许多有影响的报刊杂志纷纷就 SPSS 的自动统计绘图、数据的深入分析、使用方便、功能齐全等方面给予了高度的评价与称赞。迄今 SPSS 软件已有 30 余年的成长历史。全球约有 25 万家产品用户,它们分布于通讯、医疗、银行、证券、保险、制造、商业、市场研究、科研教育等多个领域和行业,是世界上应用最广泛的专业统计软件。

SPSS 可进行统计报表、统计描述、均数比较分析、一般线性模型分析(方差分析等)、相关分析、回归分析、对数线性分析、非参数分析、聚类分析、判别分析、因子分析、生存分析、尺度分析、多重响应分析等,以及强大的作图功能。

本书主要简介 SPSS for Windows 13.0～23.0 版本在医学领域中的应用。

2. SPSS 的安装与启动

(1)SPSS 的安装　SPSS for Windows 13.0～23.0 安装十分简单,只要打开装有 SPSS 系统的光盘、u 盘或硬盘,运行其上的 Setup.exe 程序或 SPSS_20.0_win32.exe 并按照提示进行有关操作即可完成。

(2)SPSS 的启动　双击桌面 SPSS 快捷图标或单击开始→ 程序 → SPSS Statistics → SPSS Statistics(或 IBM SPSS Statistics → IBM SPSS Statistics 20),即可启动(激活)SPSS 的数据编辑窗口;SPSS 数据编辑窗口的第一行是主菜单,共包含 11 个菜单项,第二行是数据编辑快捷工具栏。单击窗口左下角的 Variable View(变量视图)或 Data View(数据视图),可以在变量视图窗口和数据视图窗口(附图 1)之间互相切换。下面介绍主要菜单。

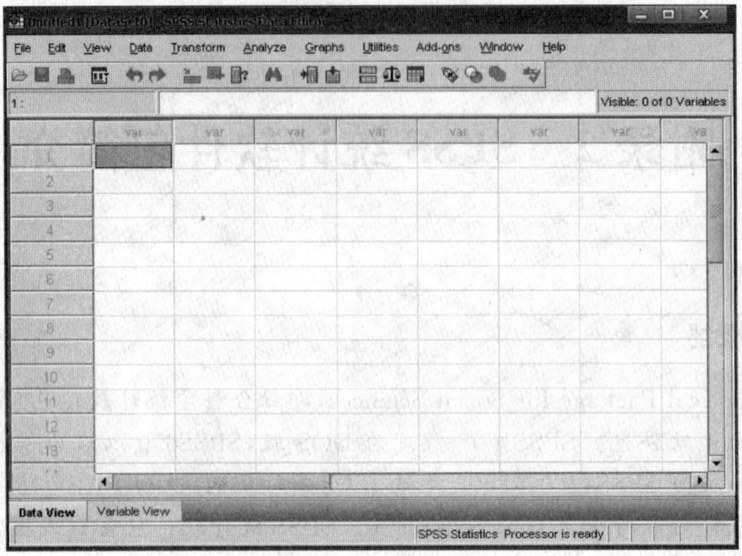

附图 1　数据视窗

3. SPSS 的菜单

3.1　File 菜单(文件操作)

(1)New　新建文件,快捷键为 Ctrl+N。包括新建 Data(数据)、Syntax(程序)、Output(输出结果)、Draft Output(草案输出结果)、Script(手稿)。

(2)Open　打开文件,快捷按钮为,快捷键为 Ctrl+O。包括打开 Data、Syntax、Output、Script、Other(其他类型文件)。

(3)Save　保存文件,快捷按钮为,快捷键为 Ctrl+S。保存文件时,文件的格式不同,其后缀名也不同。SPSS 数据文件的默认后缀名为“.sav”;程序文件的默认后缀名为“.SPS”;输出结果的默认后缀名为“.spv”。

(4)Save as　另存为…。若要保留原数据文件,可用 Save as 将修改过的数据以新文件名保存。可用 Save as 将 SPSS 数据文件转换为 Excel、SAS、Stata 等数据文件。

(5)Export 导出…。将 SPSS 结果转换为 Word 文件,或将 SPSS 数据文件导出为 Excel、SAS、Stata 等数据文件。

(6)Exit　退出 SPSS 系统,快捷键为 Alt+F4。

3.2　Edit 菜单(编辑)

(1)Undo　撤消单元输入值,快捷按钮为,快捷键为 Ctrl+Z。

(2)Redo　恢复单元输入值,快捷按钮为,快捷键为 Ctrl+Y。

(3)Cut/Copy/Paste/Clear　剪切/复制/粘贴/清除数据或变量,此四项既可在菜单中选择,也可以选中单元格或变量后,单击鼠标右键调出。

(4)Find　查找数据,快捷按钮为,快捷键为 Ctrl+F。

(5)Options　选项,选择 SPSS 参数。通过 Options(选项)语言选择调整,实现中英文

SPSS统计软件包转换。

3.3　View菜单(视图)

(1)Status Bar　显示或隐藏状态栏。

(2)Toolbars　工具栏定义,系统默认为Data Editor(数据编辑)工具栏。小技巧:工具栏中的为Dialog Recall(重复调用对话框),单击之,所弹出的下拉列表中就依次列出了最近几次使用的一些过程名(包括非统计分析过程),直接从中选择需要的过程,就可重复已做过的分析。

(3)Fonts　自定义字体。

(4)Grid Lines　显示或隐藏表格线。

(5)Value Labels　变量值标签/变量值显示切换,系统默认不显示变量值标签,快捷按钮为。

(6)Variables　变量视图/数据视图切换,快捷键为Ctrl+T。

3.4　Data菜单(数据操作)

(1)Define Dates　定义日期,主要用于时间序列模型。

(2)Insert Variable 插入变量,在当前列插入新变量,快捷按钮为。

(3)Insert Cases　插入个案,在当前行插入新个案,快捷按钮为。

(4)Go to Case　个案定位,到达指定记录号的个案,快捷按钮为。当数据较多时,非常有用。

(5)Sort Cases过程　个案排序,按个案排序,排序方式有升序(Ascending)和降序(Descending)两种。

(6)Transpose过程　数据行列转置,可以将原来的一条记录转成为一个变量,或将原来的一个变量转成为一个记录。原变量名会自动保存在系统生成的case_ $|b|$ 的字符变量中。

(7)Restructure过程　数据重排,例如,进行随机区组设计资料的秩和检验时,处理组各为一个变量,但是,当对其进行两两比较时(秩变换分析方法),变量定义需按随机区组设计方差分析的形式,这时就可以调用Restructure过程完成这一任务。

(8)Merge Files过程　合并数据文件。

① Add Cases过程　增加个案(或记录),从外部数据文件中增加个案到当前数据文件中,称为纵向合并。注意:相互合并的数据文件中应该有相同的变量;

② Add Variables过程　增加变量,从外部数据文件中增加变量到当前数据中,称为横向合并。注意:横向合并时默认按照相同个案(或记录)数进行合并,否则会丢弃一部分记录。

(9)Aggregate过程　数据分类汇总,分类汇总是按指定的分类变量(选入Break Variables框)对观察值(选入Aggregate Variables框)进行分组,在Function子对话框中定义需描述的统计量。

(10)Orthogonal Design过程　正交设计,用于自动生成正交设计表格。分为Generate(生成)、Display(显示)两个过程。

(11)Split File过程　拆分数据文件,用于数据文件的分组处理,快捷按钮为。选择某分组变量(如性别、职业、实验分组等)对数据文件进行分组后,就可以对数据文件进行分组统计分析。

(12)Select Cases 过程 选择个案,用于选择需分析的个案,快捷按钮为。当不需要分析某变量的全部数据时,可调用该过程进行选择。

(13)Weight Cases 过程 个案加权或频数加权,快捷按钮为。在使用频数表格式录入数据时(如 χ^2 检验),相同取值的观察(如处理、疗效)或组段只录入一次,另加一个频数变量用于记录该数值共出现了多少次,分析时需要用 Weight Cases 过程将频数加权即将频数变量的数据乘以组段。

3.5 Transform 菜单(数据转换)

(1)Compute 过程 计算变量,用于对变量进行计算。主要特点:

① 目标变量可以是新变量,也可以是已有的变量。

② Compute 过程中赋给变量的值可以是一个常数,也可以是从已有变量值或系统函数计算而得的值,系统函数可以从 Function 框中选择。

③ 操作记录既可以是所有记录,也可以设定逻辑条件。Compute 过程可以直接调用菜单进行,也可以编写程序进行。

(2)Random Number Seed 过程 随机数字种子,用于设定伪随机种子数,默认情况下随机种子随着时间在不停改变,这样所计算出的随机数值无法重复。在临床试验等情况中,可以人为指定一个种子,结果就可重现。

(3)Count 过程 计数,用于计数每个个案在多个变量中相同数值的发生次数,或某个值或某些值在某个变量取值中出现的次数,并生成一个新变量。

(4)Recode 过程 重新编码(或重新赋值),用于将原变量值按照某种一一对应的关系生成新变量值。

①Into Same Variables 过程:在相同变量中重新编码。

②Into Different Variables 过程:在不同变量中重新编码。

(5)Categorize Variables 过程 分类变量,用于将连续型变量按要求转化为分类变量,根据需要在 Number of categories(分类数)框中输入数字,比如输入 2 时,原连续型变量就可转化为二分类的新变量。

(6)Rank Cases 过程 个案排秩,用于变量的秩变换。可根据某变量的大小进行编秩,并将秩次结果存入新变量。

(7)Automatic Recode 过程 自动重新编码,自动按原变量大小生成新变量,功能与 Rank Cases 过程类似。。

(8)Create Time Series 过程 建立时间系列,用于创建时间序列变量。

(9)Replace Missing Value 过程 替换缺失值,用于时间序列模型数据的预处理。

3.6 Analyze 菜单(统计分析)

(1) Reports 菜单(统计报表)

①Codebook 过程:显示活动数据集中所有或指定变量和多重响应集的变量信息。

②OLAP Cubes (Online Analytical Processing Cubes) 过程:在线分层分析,用于对分

组变量的各组之间或不同变量之间进行统计，可计算 Sum(总和)、Number of case(个案例数)、Mean(均数)、Median(中位数)、分组中位数(Grouped Median)、Standard Error of mean(标准误)等。

③Case Summaries 过程：个案汇总，用于计算例数(Number of case)、Mean(均数)、Median(中位数)、Harmonic mean(调和均数)、Geometric mean(几何均数)、分组中位数(Grouped Median)、Standard deviation(标准差)、Standard Error of mean(标准误)等。注：几何均数和调和均数的计算常调用 Case Summaries 过程实现。

④Report summaries in row 过程：按行报表汇总，用于按行形式表达变量或指标的统计量输出报告。可计算 Sum of values(总和)、Mean of values(均数)、Standard deviation(标准差)、Percentage above value(高于某值的百分数)、Percentage below value(低于某值的百分数)、Percentage inside low …high …(界于 Low 与 High 之间的百分比)等。

⑤Report summaries in columns 过程：按列报表汇总，用于按列形式表达变量或指标的统计量输出报告。可计算按行报表汇总的指标。

(2)Descriptive Statistics 菜单(描述性统计分析)

① Frequencies 过程：频数分布分析，用于生成详细的频数表，并可按要求计算描述统计量，生成常用的条图、圆图、直方图等。

② Descriptive 过程：描述性分析，进行一般性的统计描述，适用于服从正态分布的计量资料。

③ Explore 过程：探索行分析，进行数据分布状况的探索性分析，例如正态性检验。

④ Crosstabs 过程：行列表(或列联表，或交叉表)分析，进行行列表资料的分析，用于分类资料/等级资料的统计描述及各种假设检验，例如 χ^2 检验、McNemar 检验等。

⑤ Ratio 过程：比率统计分析，用于对两个连续型变量计算相对比指标。

⑥P-P Plots 过程：绘制 P-P 图。

⑦Q-Q Plots 过程：绘制 Q-Q 图。

(3)Tables(统计表格)菜单：Custom Tables(设定表格)、Multiple Response Set(定义多重响应集。

(4)Compare Means 菜单(均数间的比较)

① Means 过程：平均数分析，用于对样本进行统计描述，即检验前的预分析。

② One-Sample T Test 过程：单样本 t 检验，进行单样本 t 检验。

③ Independent-Samples T Test 过程：独立样本 t 检验，进行完全随机设计两样本均数比较的 t 检验。

④ Paired-Samples T Test 过程：配对 t 检验，进行配对 t 检验。

⑤ One-Way ANOVA 过程：单因素方差分析，进行完全随机设计的方差分析。

(5)General Linear Model 菜单(一般线性模型)

① Univariate 过程：单变量方差分析，当应变量为一个时，进行随机区组设计的方差分析。

② Multivariate 过程：多变量或多元方差分析，当应变量为多个时，进行多元方差分析。

③ Repeated Measures 过程：重复测量方差分析，进行重复测量资料的方差分析。

④ Variance Components 过程：方差成分分析，对层次数据拟合方差成分模型分析。

(6)Generalized Linear Models 菜单(广义线性模型)：Generalized Linear Models(广义线性模型)、Generalized Estimating Equations(广义估计方程)。

(7)Mixed Models(混合模型)菜单：Linear(线性混合模型)。

(8)Correlate 菜单(相关分析)

① Bivariate 过程：双变量相关分析，进行两个/多个变量间的参数/非参数相关分析。如果是多个变量，则给出两两相关的分析结果。

② Partial 过程：偏相关分析，进行偏相关分析。如果需要进行分析的两个变量的取值均受到其他变量的影响，就可以利用偏相关分析对其他变量进行控制，输出控制其他变量影响后的相关系数。

③ Distances 过程：距离相关分析，可对同一变量内部各观察单位的数值或各个不同变量间进行相似性或不相似性(距离)分析。

(9)Regression 菜单(回归分析)

① Linear 过程：线性回归分析，用于拟合线性回归模型，包括简单线性回归(1个自变量)和多重线性回归(多个自变量)。

② Curve Estimation 过程：曲线参数估计法，用于拟合常用曲线。

③ Partial Least Squares Regression 过程：部分(偏)最小平方回归。

④ Binary Logistic 过程：二分类 Logistic 回归分析，进行二分类资料的 Logistic 回归分析。

⑤ Multinomial Logistic 过程：多分类 Logistic 回归分析，进行无序多分类资料的 Logistic 回归分析。

⑥Ordial 过程：有序分类回归，进行有序分类资料的 Logistic 回归分析。

⑦ Probit 过程：概率单位法，用于分析剂量反应关系。

⑧Nonlinear 过程：非线性回归，对非线性关系资料进行回归分析。

⑨Weight Estimation 过程：权重估计法，对观测值精确度不同的资料进行回归分析。

⑩2-Stage Least Squares 过程：

11Optimal Scalling(CATREG)：分类回归分析，对分类资料进行回归分析。

(10)Loglinear 菜单(对数线性模型分析)

① General 过程：广义线性模型分析，进行一般对数线性模型分析，主要用于证实性研究。

② Logit 过程：Logit 对数线性模型分析，当应变量为两分类时，可以用 Logit 过程提供的对数线性模型来分析。

③ Model Selection 过程：模型选择对数线性分析，用于拟合分层对数线性模型。

(11) Neural Networks(神经网络)菜单：Multilayer Perceptron(多层感知器)和 Radial Basis Function(径向基函)。

(12)Classify 菜单(分类分析)

① TwoStep Cluster 过程：二阶段聚类分析，可进行两步聚类分析。

② K-Means Cluster 过程：快速聚类分析，对记录进行快速聚类，称为 K—均值聚类法

(快速聚类法、逐步聚类法)。

③ Hierarchical Cluster 过程:系统聚类分析,进行系统聚类或分层聚类分析。

④Tree(决策树)过程。

⑤ Discriminant 过程:判别分析,进行判别分析。

⑥Nearest Neighbor Analysis(最近邻元素分析)

(13)Dimension Reduction 菜单(降维分析)

① Factor 过程:因子分析,进行因子分析/主成分分析。

② Correspondence Analysis 过程:对应分析,进行简单对应分析。

③ Optimal Scaling 过程:最优尺度分析,可进行同质性分析、最优尺度分析。

(14)Scale 菜单(信度分析)

① Reliability Analysis 过程:可靠性分析或信度分析,进行内在的信度分析,用于评价问卷的稳定性和可靠性。

② Multidimensional Scaling 过程:多维尺度分析,进行多维尺度分析,反映多个研究事物间的不相似程度。

③ Multidimensional Scaling(PROXSCAL)过程:多维邻近尺度分析,进行多维邻近尺度分析,反映多个研究事物间的相似或不相似程度。

(15)Nonparametric Tests 菜单(非参数检验)

① Chi-Square 过程:单样本 χ^2 检验,用于检验二项/多项分类变量的分布,即检验分类数据样本所在总体分布(各类别所占比例)是否与已知总体分布相同即拟合优度检验。

② Binomial 过程:二项式检验,用于检验二项分类变量的分布是否服从指定概率参数 P 的二项分布。

③ Run 过程:游程检验,用于检验样本序列的随机性。

④ 1-Sample K-S 过程:单样本 K－S 检验(1－Sample Kolmogorov-Smirnov Test,即 1－Sample K－S),用于检验样本是否服从各种常用分布,如正态分布、均匀分布、指数分布。

⑤ 2 Independent Samples 过程:两独立样本秩和检验,进行完全随机设计两样本资料的秩和检验。

⑥ K Independent Samples 过程:多个独立样本秩和检验,进行完全随机设计多个样本资料的秩和检验。

⑦ 2 Related Samples 过程:两个相关样本秩和检验(配对秩和检验),进行配对设计资料的秩和检验、单样本资料的秩和检验。

⑧ K Related Samples 过程:多个相关样本秩和检验(随机区组秩和检验),进行随机区组设计资料的秩和检验。

(16) Forecasting 菜单:(预测分析)

Create Modeler(时间序列建模器)包括 Expert Modeler(专家建模器)、Exponential Smoothing(指数平滑法),Seasonal Decomposition(季节分解法),Spectral Analysis(频谱分析),Sequence Chart(系列图),Autocorrelations(自相关图),Cross-Correlations(交叉相关图)。

(17)Survival 菜单(生存分析)

① Life Tables 过程：寿命表方法，用于分析分组生存资料，求出不同组段的生存率。当样本量较大时（如 $n>50$），可以把资料按不同时间段分成几段，观察不同时间点的生存率。

② Kaplan-Meier 过程：Kaplan-Meier 法（Kaplan-Meier，1958），用于样本含量较小时，不能给出特定时间点的生存率。

③ Cox Regression 过程：Cox 回归分析，用于拟合 Cox 比例风险模型，这是生存分析中最重要的一个分析方法。

④ Cox w/Time-Dep Cov 过程：含时间—依赖协变量的 Cox 回归分析（Cox 时效协变量回归分析），当所研究的危险因素取值随时间不断变化，或危险因素强度随时间不断变化时，不符合 Cox 模型的适用条件，此时需要对模型加以修正，就必须用这个过程进行分析。

(18)Multiple Response 菜单：Define Variable Sets（定义多重响应集），Frequencies（多重响应频率分析）和 Crosstabs（多重响应交叉表分析）。

(19)Missing Value Analysis 菜单：缺失值分析。

(20)Multiple Imputation 菜单：Analyze Patterns（分析模式）和 Impute Missing Data Value（归因缺失数据值）。

(21)Complex Sample 菜单：复杂抽样，包括 Select a Sample（选择抽样），Prepare for Analysis（准备分析），Complex Sample Plan（以下统计分析的复杂计划）：Frequency（频率分析）、Descriptive（描述性分析）、Crosstabs（交叉表分析）、Ratios（比率分析）、General Linear Model（一般线性模型）、Logistic Regression（Logistic 回归）、Ordinal Regression（有序回归）和 COX Regression（

(22)Quality Conrrol 菜单：质量控制，绘制质量控制图。

(23)ROC Curve 菜单：通过 ROC Curve 过程绘制计量资料或分类资料的 ROC 曲线，并计算曲线下的面积，对诊断价值做出判断。

3.7 Graphs 菜单（统计图形制作与编辑）

(1)Chart Builder 可绘制 Bar（条图）、Line（线图）、Area（面积图）、Pie（圆图）、Scatter/Dot（散点图/点图）、Histogram（直方图）、High-Low（高—低图）、Boxplot（箱式图）和 Dual Axes（双轴图）。

(2)Graphboard Template Chooser（图形画板模板选择程序） 可绘制 Bar（条图）、Line（线图）、Area（面积图）、Pie（圆图）、Scatter（散点图）、Histogram（直方图）等。

(3)Legacy Dialogs（旧对话框） 传统得图形构建界面，可绘制多种统计图：Bar（条图）、3—D Bar（3—D 条形图）、Line（线图）、Area（面积图）、Pie（饼图或圆图）、High-Low（高—低图）、Boxplot（箱式图）、Error Bar（误差图）、Population Pyramids（人口金字塔）、Scatter/Dot（散点图/点图）、Histogram（直方图）。Interactive（交互式绘图）：可绘制 Bar（条图）、Dot（点图）、Line（线图）、Area（面积图）、Pie（饼图或圆图）、Boxplot（箱式图）、Error Bar（误差图）、Scatterplot（散点图）等。

4. SPSS 的数据输入与保存(数据准备)

【例 1】抽样调查某地 110 名健康成年男子的红细胞数（$\times 10^{12}$/L），结果如附表 1，试建立 SPSS 数据库并输入数据。

附表 1　某地 110 名健康成年男子红细胞数($\times 10^{12}$/L)

5.25	4.60	5.20	5.00	5.62	4.80	5.53	4.71	5.40	5.25
5.10	4.40	4.80	5.56	5.20	4.10	5.10	4.62	5.60	5.86
4.30	4.52	5.52	4.32	4.10	4.40	4.42	4.80	5.50	5.16
4.49	4.99	5.21	5.10	5.00	4.85	5.00	4.29	4.36	4.60
4.22	5.30	4.26	4.78	4.50	4.92	4.52	5.45	5.10	5.06
4.90	4.75	4.63	4.72	4.10	5.12	4.72	5.28	4.95	4.88
4.81	4.50	5.20	4.64	4.25	5.14	5.42	5.11	4.55	4.60
5.40	5.01	5.70	4.89	4.07	5.20	4.65	4.96	5.13	5.04
5.10	5.30	5.05	5.32	4.82	5.19	4.86	5.11	5.16	4.85
5.60	3.99	5.20	5.64	4.72	5.18	5.13	5.01	5.15	5.90
4.84	4.78	5.30	5.50	4.89	5.60	5.45	5.36	5.15	4.65

【分析】该资料为同一个观察指标(红细胞数)的测量数值,应当输入到同一个变量中,本例的变量为红细胞数;同一观察对象的数据应当独占一行,为一个记录,本例应该有 110 个记录。

【操作】

4.1　建立数据库

(1) 定义变量:激活 SPSS 的数据编辑窗口,单击窗口左下角的 Variable View(变量视图),切换到 SPSS 的 Variable View 窗口。变量视图的每一行代表对一个变量的定义,每一列代表定义该变量时用到的某种属性,包括 Name(变量名)、Type(变量类型)、Width(宽度)、Decimals(小数点位数)、Label(变量名标签)、Values(变量值标签)、Missing(缺失值)等。

在第 1 行第 1 列中输入"红细胞数",敲击 Enter 键(回车)或用鼠标点中,就可以依次对 Type、Width、Decimals、Label、Values 等进行定义。本例均为系统默认,即 Type 为 Numeric(数值型),宽度为 8,小数点位数为 2。这样就完成了定义变量的过程,如附图 2 所示。

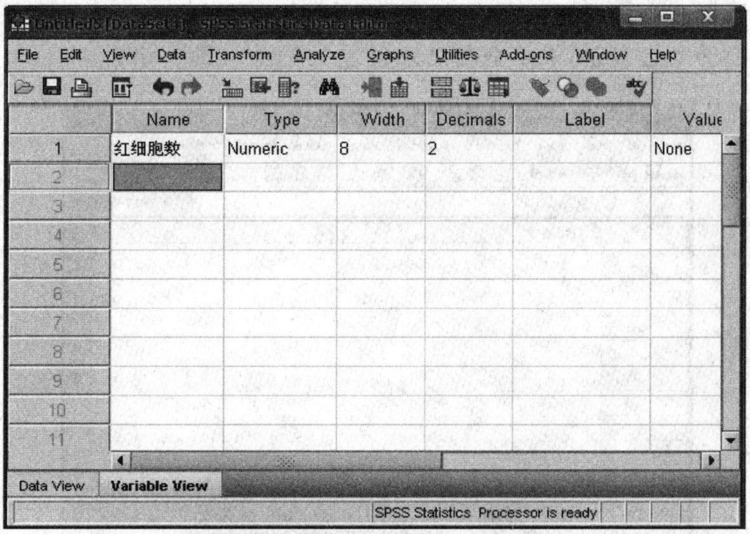

附图 2　SPSS 的 Variable View 窗口

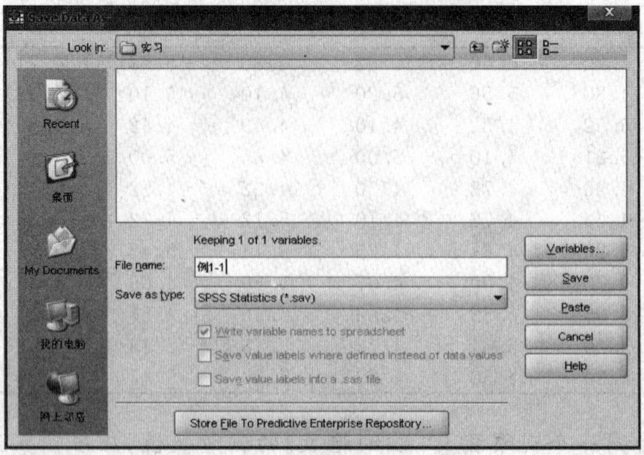

附图 3 **Save Data As 对话框**

(2) 保存文件:选择菜单 File → Save 或 Save as,弹出 Save Data As(数据存为…)对话框。值得注意的是,系统默认的存盘目录是 SPSS 系统的根目录,为保证文件的安全性,应将文件储存到 C 盘以外的其他本地磁盘(如 D 盘、E 盘等)或可移动磁盘(如移动硬盘、U 盘等)。选择好存盘目录后,在"文件名"框中输入"例 1—1",保存类型为默认的 SPSS(*. sav)文件,单击"保存",该文件就以"例 1—1. sav"的文件名保存了(默认后缀名". sav"自动加上),如附图 3 所示。

4.2 输入数据

点击数据编辑窗左下角的 Data View(数据视图),切换到 SPSS 的 Data View 窗,可见第 1 列的名称为深色显示,即刚定义的变量"红细胞数",其余各列名称仍为灰色的"var",表示尚未使用。同样,各行的标号仍为灰色的"1、2、3…",表明该数据集中没有记录。

从第 1 行第 1 列开始输入数据,输入第 1 个数据 5. 25,如附图 4 所示,敲击 Enter 键下移一行,继续输入下一条记录。依此方法,将 110 个数据全部输入,记录号一直到 110 都是深色显示,其后均为灰色显示,表示全部记录数为 110,如附图 5 所示。

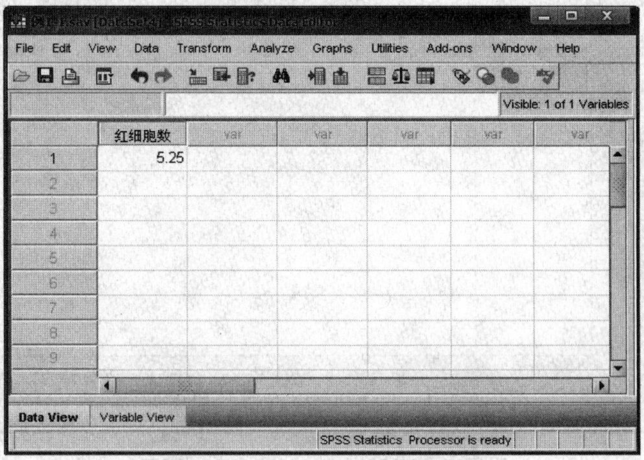

附图 4 **SPSS 的 Data View 窗口**

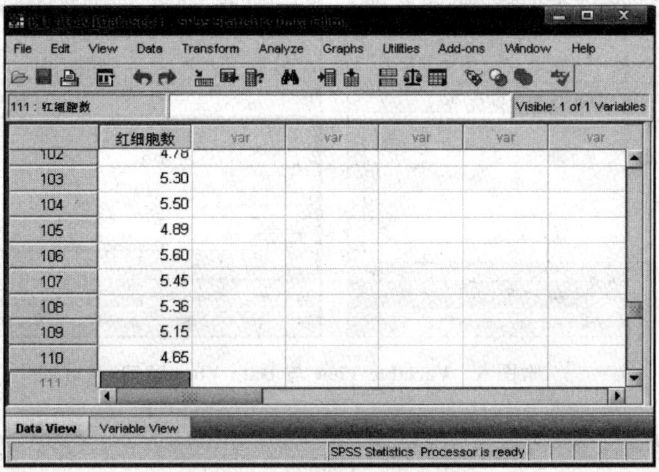

附图 5　数据输入完毕

5. 统计分析

5.1　t 检验

【例 2】某医师欲了解降压药伲福达对高血压患者的降压效果，调查了 15 例已确诊的高血压患者，分别测定了服用伲福达前后的血压值。数据如附表 2 所示。该医师计算服用伲福达前后的血压值的差值，均数为 11(mmHg)，故认为伲福达对高血压患者有明显的降压效果。

附表 2　服用伲福达前后的血压值(mmHg)

编　号	1	2	3	4	5	6	7	8	9	10	11	12	13	14	15
用药前	98	92	96	93	100	106	88	95	97	103	108	95	87	91	102
用药后	90	81	85	83	88	89	79	89	86	91	90	86	80	83	86

【分析】该资料为同一受试对象处理前后的比较，为自身配对设计，可采用配对 t 检验进行统计推断，而不能直接用样本信息下结论。

【操作】调用 SPSS 的 Paired-Samples T Test 过程实现。

5.1.1　数据准备

定义变量：治疗前、治疗后。输入数据，以"例 2".sav 文件名保存。如附图 6 所示。

5.1.2　统计分析

选择菜单 Analyze → Compare Means →Paired-Samples T Test，弹出 Paired-Samples T Test (配对 t 检验) 主对话框。依次选中两个成对变量"治疗前"和"治疗后"，单击中间的 ➡，将其成对送入 Paired Variables(配对变量)框中，如附图 7 所示。单击 OK，输出结果。

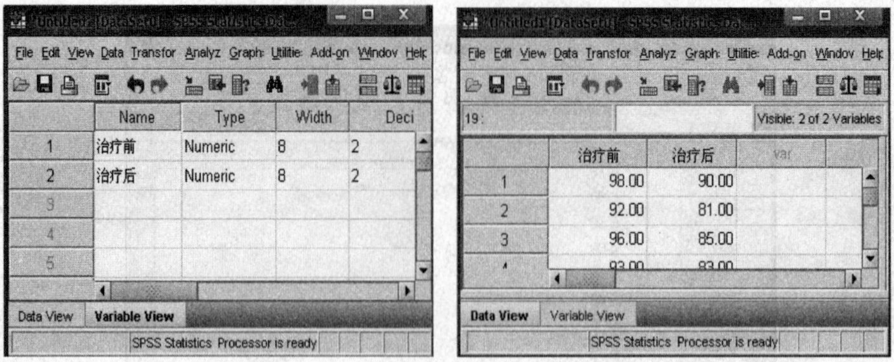

附图 6 Variable View 与 Data View 窗口

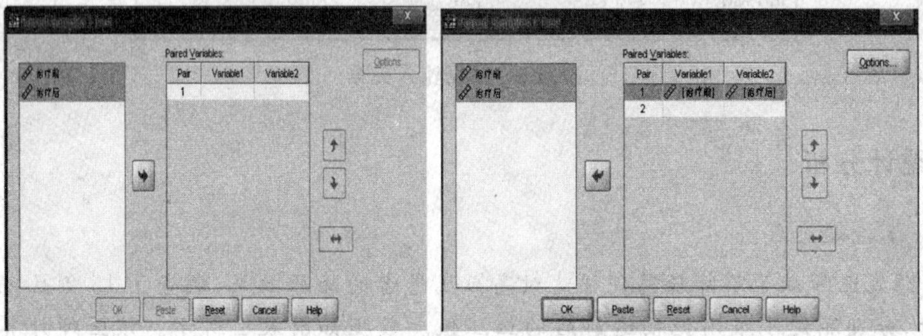

附图 7 Paired-Samples T Test 主对话框

5.2 其他检验

方差分析、χ^2 检验、秩和检验、相关与回归分析等，操作方法与统计描述、t 检验相似，只要换成相应分析菜单即可。

附录3 定性资料分析常用软件简介

定性研究是一种在社会科学及教育学领域常使用的研究方法，通常是相对量化研究而言。定性是以研究者本人作为研究工具，在自然情境下采用多种资料收集方法(访谈、观察、实物分析)，对研究现象进行深入的整体性探究，从原始资料中形成结论和理论，通过与研究对象互动，对其行为和意义建构获得解释性理解的一种活动。

定性研究是从19世纪随着人类学、民俗学、社会学和心理学等学科的发展而发展起来的。早期的定性研究主要是凭借主观经验和理论思辨来进行的。由于长期以来，实证主义方法论一直占据着社会研究方法论的主流地位，所以定量研究的方法发展十分迅速，而定性研究方法则由于其来自于与定量研究所不同的哲学传统，缺乏统一的方法论指导原则和操作规范，主观随意性较大，在实践上被批评为“非科学的”和缺乏信度的，因此长期不被重视。第二次世界大战以后，人类社会急剧变化，不仅社会结构进行了重组，而且利益也重新进行了分配。同时，科学技术的空前发展，其影响日益深远。科学技术的误用已经威胁到人类社会的生存环境，这不仅要求对科学技术的成果进行经济、社会、伦理、道德等方面的综合研究，而且还要从整体上对人类集体活动的合理性进行规范和评价。所以，以实证主义为理论基础的定量研究方法的局限性越来越被人们所意识到，定性研究方法逐渐引起了人们的注意。到20世纪80年代，定性研究方法逐步成熟起来，形成了自己独有的概念、方法、理论以及统一的规范和操作程序。定性研究方法在社会科学研究中所发挥的作用越来越大。

定性研究方法主要包括访谈研究法、个案研究法、参与观察研究法、民族志研究法、扎根理论研究法等。

定性分析资料种类多，数量大，人工处理不仅耗时，而且费力。为了解决这一问题，定性分析工具应运而生。定性分析工具主要依据扎根理论的理念进行设计，从资料录入到理论形成都有较系统的支持，使分析过程相对简单化。由于定性分析工具应用起来简捷方便，利用定性分析工具快速分析定性资料已经成为一种新的趋势。

一、定性分析软件的基本功能

(1)文本输入和管理：相关操作包括输入文本、打开文本和保存文本，文本分组和不同文本组的管理，检索单个文本或文本组，合并已编码文本、项目及文本结构类型。

(2)分析：不仅指文本分析，即关于词语或文本的字串的信息，还有编码分析，即关于使用的类目或已编码文本段的查询和检索信息。文本分析涉及的操作包括生成和维护文本语料库中所有词的词表并计算其出现频率，创建词索引，统计词语类型、标记、句子长度等一般项目，检索特定项、词和字串，模糊检索、基于布尔逻辑的检索等，提供上下文关键词(Key-Words In Context)对照。而编码分析指生成和维护所有已编码文本段，基于布尔和语义操作的检索列表，根据特定目录体系展示一个或更多已编码文本段、已分组文本段或已筛选文本段，也可将已编码文本段和已分类的关系链接起来。

(3)词典、类目体系和编码：包括创建一个类目体系或一个词典用于编码，并加以维护，定义类目之间的关系，自动交互进行全文或特定文本段的编码，给文本以及代码或已编码文本段加注释，以及合并编码表。

(4)结果输出：保存文本、保存编码或两者都保存，以及保存以不同方式使用的类目体系或词典，如用纯 ASCII/ANSI 或 HTML 或标准一般标记语言(SGML)/可扩展标记语言(XML)编码的文件输出编码到其他软件包，或为了统计分析将文本导入数据库软件。

二、常用的定性研究软件介绍

目前在市场上有基本的定性分析工具三十余种(见附表)，但实际上已经在使用或者还在开发的工具还有不少。下面将部分定性分析工具简单介绍如下，并选国内最常用 ATLAS. ti 与 NVivo 做介绍。

附表 常用的定性分析软件

序号	软件名称	类型	工作系统	接口语言
1	ATLAS. ti	专有软件	windows	英/德/中
2	Nvivo	专有软件	windows	英/德/法/中
3	MAXpad	专有软件	windows	英/德/法/中等
4	HyperRESEARCH	专有软件	Mas OS Windows Linux	英
5	Kwalitan	专有软件	windows	荷兰/英
6	ETHNOGRAPH	专有软件	windows	英
7	QDA Miner	专有软件	Windows	英
8	Qualms	专有软件	Windows	英
9	Aquad	专有软件	Windows	英
10	Qiqqa	专有软件	Mas OS Windows Linux	英
11	XSight	专有软件	Windows	英/中
12	Alceste	专有软件	WindowsLinux	英/德/中
13	Inspriation	专有软件	Windows	英
14	Interclipper	专有软件	Windows	英
15	Leximancer	专有软件	Mas OS Windows Linux	英/德/中
16	Qualifiers	专有软件	Windows	英
17	StorySpace	专有软件	Windows	英
18	The Observer	专有软件	Windows	英/中
19	Concordance/Lexis Nexis	专有软件	Windows	英

续表

序号	软件名称	类型	工作系统	接口语言
20	HyperTRANSCRIBE	专有软件	Mas OS Windows Linux	英
21	Weft QDA	开源软科	Windows	英
22	TAMS	开源软科	Mas OS Linux	英
23	TranscriberAG	开源软科	Mas OS Windows Linux	英/中
24	F4 PC transcription software	开源软科	Mas OS Windows Linux	英/中
25	IHMC Concept Map Software	开源软科	Mas OS Windows Linux	英/中
26	Dedoose	基于网络的软件	基于 Wed	英
27	Coding Analysis Toolkit	基于网络的软件	基于 Wed	英

1. ATLAS. ti 软件介绍

ATLAS. ti 是 windows 下运行的一个内容分析程序，能对大量文字、图片、声音和图像数据进行定性分析，尤其是在管理、编码、备忘、抽取、分析和比较文本及编码方面独具特色。ATLAS. ti 能提供强大的带有布尔逻辑、语义和模糊性操作选项的代码检索功能，还能生成 SPSS 可读文件以便作进一步统计分析。应用领域包括社会科学、经济学、教育学、犯罪学、市场调研、质量管理、知识获取和神学。

ATLAS. ti 有两个主要的工作模式：文字水平和概念水平。文字水平的工作包括数据文件的分割，文字、图片、声音和图像片断的编码等；概念水平的工作主要是建立理论模型，比如把编码连接成网络。在文字水平的工作中，ATLAS. ti 将源文件分割成论据，对相应段落加以注解，选择源文件中的段落、二次文字材料、注释和备注加以编码以便于将来的查询。这为进一步更高层次的阐述和理论建构等富有创造性的概念水平的工作打下基础。ATLAS. ti 不但能协助用户进行上述工作，同时能对所做工作提供全面的回顾，如快速搜索、追踪和浏览功能。在 ATLAS. ti 中，原先的理念可以通过编码和备注来表示，而编码和备注将由相应的文字和观点来支持。ATLAS. ti 提供给研究者高效的方法来快速追踪与一个理念相关的数据和注解。除了编码和追踪，ATLAS. ti 的网络特征可以让用户可视化地将选择的段落、备注和编码连接成图表，从而形象得显示出复杂的联系。这一特征实际上将以文字为基础的工作空间转变为图形环境。用户能够在编码、文字段落和备注之间联系的基础上建构概念和理论。这一过程有时可以发现以前数据中不甚明了的联系，并且此时仍然允许用户立刻追踪到相关的注解和源文件的段落。文字/概念水平这两种模式是 ATLAS. ti 所特有的。

ATLAS. ti 工作的主要步骤描述如下：

(1)创建一个阐述单位(HU)，即一个项目，将数据、所有的发现、编码、备注和结构统一放置于一个单一的名称下。

(2)给 HU 指定作为源文件(PD)的文件，可以是文字、图片、声音和图像文件。此时，由许多文件围绕着一个主题就形成了一个框架(HU)，这个框架可以让用户迅速接触到数百甚至是数千个文件(PDs)。

(3)阅读并选择感兴趣文字段落(或在一张图片或一个多媒体文件中)，指定编码，并写下备注。以上三个步骤我们称为文字水平的工作阶段，然而，"文字"不仅指"文字"，也指图片、声音和图像数据。

(4)比较以编码为基础的数据片断。如有需要随时可以给项目指定更多的数据文件。

(5)用"家族"来组织源文件，编码，备注。

(6)以已创建的编码为基础构建语义网络，这些网络和编码、备注一起形成理论框架。

(7)如有需要，用户也可以导出相关数据用统计软件进一步分析。

(8)最后，以在项目不同的阶段所做的备注和创建的网络为基础编纂书面报告，并可以应用 XML 在因特网上发布项目报告。

2. NVivo 软件介绍

Nvivo 是由澳洲 QSR 公司推出的一款支持定性研究方法和混合研究方法的软件。它可以收集、整理和分析访谈、焦点小组讨论、问卷调查、音频等内容。能够帮助个人或者姐织挖掘数据信息、进行可视化的管理和呈现。Nvivo 的分析流程可以分为准备阶段、编码阶段、质性分析阶段、整合四个步骤。

第一、准备阶段：准备阶段的第一步是新增项目，打开 Nvivo 软件，在弹出的视窗中点击新建项目，输入标题和文件说明，在"浏览"中选择文件放置在计算机中的位置，一个新的项目就建立完成了。建立好的项目会出现在"我最近的项目"中，使用者只要点选项目名称，就可以开启项目。另外，使用者也可以通过打开项目，指定项目所在的路径来进行开启。Nvivo8 将原始资料分为内部材料、外部材料和备忘录三类，与前面的版本相比较，Nvivo8 不仅支持访谈记录、文档、研究者札记，还支持音频、视频和图片格式的原始资料。举凡上述提及到的类型，在 N8 中均可建立成内部材料，使用者可以新增或导入文件，并任意编辑文件内容，甚至可在文件中插入图片和表格。除内部资料外，Nvivo8 也能透过联结外部文件的方式来处理其他类型的资料，尤其是程式本身不支持的文件类型。建立好之后的外部文件只能通过外部程式来开启联结进行分析。在质性研究的过程中，研究者可能会针对主题、资料搜集、资料内容或分析过程心有所感，此时可借由备忘录的方式将其记录下来，因此，备忘录也可以说是一种文件。在 Nvivo8 中，使用者可以新增、导入或者借由联结的方式来产生一份备忘录。文件导入到软件中，双击打开之后，在软件中对原始资料进行整理。

第二、编码阶段：在编码阶段，研究者要选择适当的节点类型建立节点系统。一般常用到的节点形式是自由节点和树状节点，自由节点是进行试探性的质性分析所建立的节点，树状节点能被分类且具有树状结构，亦即是存在有主从关系的节点。初次之外，也可以选择个案节点对其设定属性并针对属性进行分析，关系节点用来说明项目之间的关联性，通过查询中矩阵编码的结果来形容两概念交集所形成的节点。一旦建立了节点系统，要在此基础上对节点进行编码,可以根据研究者的需求选择查询中的关键字搜寻、字词频率、条件编码、矩阵编码、符合编码或编码比较进行第二层次的编码。

第三、质性分析阶段:在质性分析阶段树状节点分析可以通过如下步骤完成:先从树状节点中,观察了解哪个节点涉及的信息比较多;从节点浏览其相关论述并进行比较;将对该节点的看法加入备忘录中。矩阵节点的分析采用如下步骤:通过交叉分析方式,分析个案;通过查询中的矩阵编码,将分析后的结果变成节点;最后可以通过图表的矩阵功能将矩阵结果以图示方式显示出来。关系节点得到结果

第四、整合阶段:分析完之后,须将分析结果与讨论进行整合,此时要通过组合、图表或者关系模型来整合研究结果。点击导览视窗中的组合进行新建,将与组合有关的项目放置其中,可以通过图表或者模型的方式将资料的关联性展示出来。建立图表通过工具列中的图标精灵进行图表功能选择,设置相关参数即可。如果是要建立模型,需要首先建立单向或双向的关系类型,在节点中运用合适的关系类型建立关系节点,最后在新建的模型中选择这些。

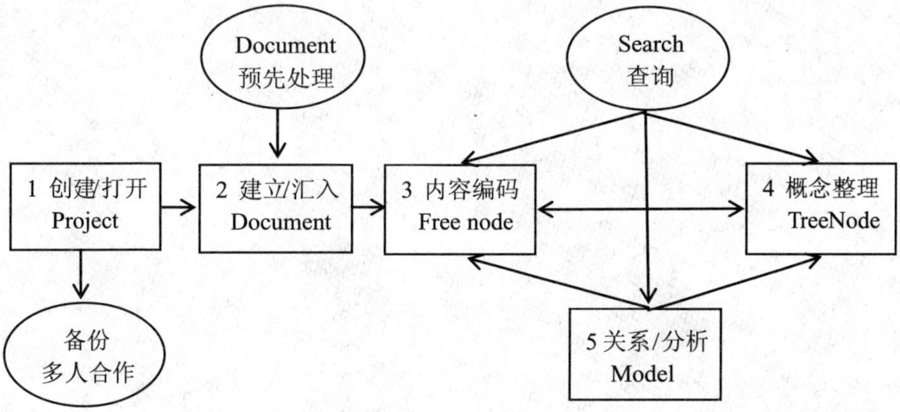

Nvivo 的分析流程和概念结构

上图所示即是 Nvivo 的分析流程与概念结构。一个项目的创建可以由多人协作,将各自搜集到的资料进行初步的整理后合并在一起导入 Nvivo 中,对材料的内容进行编码,这时可以看到编码、概念整理、查询和模型之间的关系是相互影响的,编码在概念整理的基础上形成完整的节点系统,又通过查询的方式最终获得模型,展现资料的相互关系,便于研究者对资料深入分析。

参考文献

1. 焦会丽.社会科学研究中的定性与定量问题[D].山西大学,2009.
2. 苗金花.试论质性研究方法在思想政治教育中的运用[D].天津师范大学,2014.
3. 文军,蒋逸民.质性研究概论[M].北京大学出版社,2010。